総合防災学への道

亀田弘行………監修　　萩原良巳・岡田憲夫・多々納裕一………編著

京都大学学術出版会

総合防災学への道◎目　次

まえがき [亀田弘行]		1
第1章　総合防災学へのPerspective（みちしるべ）[岡田憲夫]		9
1.1　生命体システムとしてみた都市・地域と総合防災		9
1.2　生命体の多様性——身の丈を知る知恵と相互扶助の知恵		13
1.3　共助・自助のネットワークとしての地域防災力の向上		15
1.4　21世紀型の総合防災計画論へむけて		16
1.5　総合防災へのアプローチ		17
1.6　どうして今，リスクマネジメントが必要なのか		44
第2章　防災情報論		55
2.1　防災情報とは何か [多々納裕一]		55
2.2　災害リスク情報の認知と減災行動 [多々納裕一]		60
2.3　災害危険度情報の提供と土地利用の誘導　[多々納裕一・山口健太郎]		67
2.4　認知リスクとリスク回避選好の計量化 [松田曜子]		81
2.5　防災のための社会資本の情報の取得 [谷本圭志]		100
2.6　被害軽減と復興支援のための情報基盤システム　—— RARMISとDiMSIS [角本　繁・畑山満則・亀田弘行]		112
第3章　防災まちづくり論		141
3.1　防災まちづくりのためのモデル [多々納裕一]		141

3.2　伝統構法木造住宅の耐震設計・耐震補強　[鈴木祥之]　146

3.3　建築物の被害率曲線と地震防災対策　[林　康裕]　172

3.4　都市の震災評価
　　　――地理情報システム（GIS）を用いた地震被害の分析　[岩井　哲]　183

3.5　高速道路システムの震災評価　[田中　聡]　204

3.6　基幹交通網の被災に伴う経済被害の定量的評価　[土屋　哲]　216

3.7　「災害に強い都市」とは？
　　　――トポロジカルインデックスによる都市道路網の評価　[榊原弘之]　235

3.8　ニッチ分析を用いたコミュニティの診断
　　　――お年寄りと若者の重なり合いで地域の防災力を測る　[梶谷義雄]　268

3.9　京都市市街地における震災弱地域分析
　　　――震災リスク軽減のためのコミュニティの役割　[萩原良巳・畑山満則]　288

第4章　防災環境論　315

4.1　環境と防災　[萩原良巳]　315

4.2　京都の水辺の歴史的変遷と防災　[萩原良巳・畑山満則]　320

4.3　震災時における淀川水循環圏の安定性と安全性
　　　――水辺環境創生による減災をめざして　[萩原良巳・清水康生・西村和司]　350

4.4　大都市域における水辺創生による震災リスクの軽減
　　　[萩原良巳・畑山満則・神谷大介]　379

4.5　飲料水の水質リスクの経済評価　[萩原良巳・萩原清子]　392

4.6　飲料水のヒ素汚染と社会環境
　　　[萩原良巳・萩原清子・酒井　彰・畑山満則・坂本麻衣子・福島陽介]　412

- 4.7 水資源コンフリクトにおける第3者の役割　　　　　　　　　　　　445
  ［萩原良巳・坂本麻衣子］
- 4.8 水資源コンフリクトの変化過程　［萩原良巳・坂本麻衣子］　　460
- 4.9 住民意識に基づく河川開発代替案の多元的評価　　　　　　　　476
  ［萩原良巳・佐藤祐一］

第5章　防災行動論　　　　　　　　　　　　　　　　　　　　　503

- 5.1 行動としての防災学　［岡田憲夫］　　　　　　　　　　　　　503
- 5.2 災害ボランティアの現状　［渥美公秀］　　　　　　　　　　　505
- 5.3 RARMIS概念実現に向けた神戸市長田区役所における　　　　517
  フィージビリティスタディ　［畑山満則・角本　繁］
- 5.4 行動としての防災学——西枇杷島町における　　　　　　　　　533
  家具転倒防止活動の取り組み　［田中正吾・松田曜子］
- 5.5 利用者の受容性を考慮した情報処理技術のインプリメンテーション　545
  プロセス——鳥取県智頭町を対象として　［岡田憲夫・畑山満則］

あとがき　［萩原良巳］　　　　　　　　　　　　　　　　　　　563

参考文献　　　　　　　　　　　　　　　　　　　　　　　　　567

索　　引　　　　　　　　　　　　　　　　　　　　　　　　　583

まえがき

プロローグ

　本書は，京都大学防災研究所に1996（平成8）年4月に設立された総合防災研究部門で活動してきた研究者達が，総合防災学の確立を目指した10年間の成果をとりまとめたものである．筆者は同部門の設立に係わるとともに，その後京都大学退職までの6年間同部門を担当したことから，本書の表題に込められた「総合防災学」への使命の思いを新たにする．ここに本書のまえがきを記す機会を得たことは大変感慨深い．

1．阪神・淡路大震災と総合防災学への要請

　日本列島は自然の恵みが豊かで，人々はここを「瑞穂の国」と呼んできたが，自然は時に大きな外力をもって，人類が築いた社会を襲う．地震・津波・台風・高潮・豪雨・豪雪・火山・斜面崩壊など，あらゆる自然災害が頻発してきたこともまた日本の特徴である．この環境ゆえに，また日本人の勤勉さの故に，災害を少しでも軽減しようとする努力もまた営々と積み重ねられてきた．特に1945年の第二次大戦の終結直後に大きな風水害や地震災害が頻発した経験を経て，戦後の半世紀における我が国の経済発展の時代はまた，防災技術が大きく発展した時代でもあった．

　筆者が専門とする地震工学においても耐震技術の発展ぶりは顕著であったが，一方ではその成果を享受できたのは社会全体の限られた部分であり「優れた耐震技術を持つこと」と「社会総体が安全であること」との間に大きな溝があることを白日のもとに晒したのが1995年（平成7年）の阪神・淡路大震災であった．それは，ひと，もの，情報が都市部に集中する現代都市化社会への大きな警鐘であった．

　阪神・淡路大震災がもたらした社会的影響の大きさは，地震防災技術の基

本概念にも，①低頻度巨大災害に備える〜根拠のない安全神話との決別，②自然現象をありのままに受け止める〜直下地震による強大な地震動を直視する，③耐震設計のシステム化〜構造要素ごとの設計から構造系全体の設計へ，④総合防災システムへの脱皮〜力ずくの防災から耐震構造技術・危機管理技術・社会システム技術を包含する安全の技術体系への指向，という変革を促した．

　これらのうち，④の総合防災システムへの脱皮は，学術研究の場においても，個々の研究者の意識の変革だけでなく，研究体制そのものの変革を迫るものであった．京都大学防災研究所では，震災以前の時代から，都市施設耐震システム研究センター，地域防災システム研究センターなどの活動の中で，総合防災への萌芽的な試みがなされてきたが，震災発生の当時進行中であった研究所の部分的な改組の構想は，震災をきっかけに全体を5部門・5センターに再編する大規模な変革に発展し，その結果，平成8年4月の改組において，総合防災研究部門が設置された．

2．京都大学防災研究所総合防災研究部門が目指したもの

　総合防災研究部門は，総合防災システムの構築に貢献する学術分野としての使命を負って設立された．現実には，個々の研究者が総合防災学のすべてを自分の責任で研究することは不可能である．そのことより，個々の研究者が防災研究の課題を選び取り研究を深めていく過程で，個別課題の狭い視野に閉じこもることなく常に総合防災システムの中での位置づけを追求すること，そしてこの意識を持つ研究者が共同して総合防災システムの包括的な(英語でいう holistic な) 体系を構築する不断の努力が行われるような，研究の「場」こそが重要なのである．

　総合防災研究部門はこのような研究の場とすることを理想として設立され，基本課題として，変貌する都市の発展の中で防災課題を確実に実現するための方策を研究すること，すなわち持続可能な発展 (sustainable development) の中で社会の防災力を向上させることを中心に据え，以下に示す四つの研究分野と国際共同研究のための1分野で活動した．

* 災害リスクマネジメント研究分野／計画システム論，リスクマネジメント，防災投資論
* 防災社会構造研究分野／ライフライン地震工学，防災情報論，都市地震防災
* 都市空間安全制御研究分野／都市防災工学，都市空間制御，
* 自然・社会環境防災研究分野／環境防災システム論
* 国際防災共同研究分野（外国人客員）

　部門の討議の中から，活動の中心とするキーワードを「都市診断の科学」と定め，これに基づき，社会経済的方法論による防災政策論への展開を目指す研究，地震工学と情報システム論による社会基盤の性能規範を明確にする研究，建物の力学特性に立脚しつつ都市全体の防災性を評価するための研究，防災方策と環境課題の連携をシステム論的にモデル化し都市発展の方向づけを目指す研究を実施した．それは，多分野の研究者が，個々の研究課題の深化と「総合防災学」の構築とを常にフィードバックさせる共同作業であった．

　以上，京都大学防災研究所における総合防災研究部門の設立の経緯と活動内容を概観したが，こうした研究体制は決して固定化せずダイナミックに発展していくべきことは当然である．研究所が2001（平成13）年に設立50周年を迎えた記念誌の総合防災研究部門の紹介記事の中で，筆者は以下のように述べた．「『総合防災』なる用語は，一つの研究部門の名称として標榜する時代から，防災研究の中でより普遍的な枠組みを獲得すべき時期に移っていくものと考えられる．（中略：環境防災課題に関する他部門との協力，防災リスクマネジメント論やIT時代に即した防災技術情報論への特化，巨大災害研究センターにおける緊急対応・復旧・復興過程の研究との連携などに言及）－こうした動き全体を包含する，より大きな概念が次の時期における総合防災の名にふさわしいものとして，その実現に今後も努力を傾注すべきである．」

　筆者が京都大学を退職した平成14年以降も防災研究所の活動はめざましく，また国立大学法人化という大きな変化も加わって，平成17年4月から新たな研究グループ制が発足し，その中で総合防災の名称は「総合防災研究グループ（社会防災研究分野／巨大災害研究センター）」として，より包括

的な内容を含むこととなった．総合防災の位置づけに関するこの展開は上記の筆者の思いと軌を一にするものであり，かかる発展に尽力を続けられる研究所の努力に敬意をする．

3．本書の構成

本書は，京都大学防災研究所総合防災研究部門の活動の成果をとりまとめたものである．一部には筆者の在職中まで遡る内容を含むが，多くは筆者の退職後に新たな努力の中から生まれた最新の成果である．

本書の表題「総合防災学への道」は，この分野が阪神・淡路大震災を契機として大きく展開し，いま最も盛んな発展の時期にあることを表している．本書が総合防災学の展開における重要な一里塚となることを念願するものである．

本書の構成は以下の5章からなっている．

「1. 総合防災学の（Perspective）みちしるべ」：総合防災学の必要性，実践論的意義づけ，包括的な枠組み，使命，など，総合防災学への展望を提示している．その中で，都市の時空間システムを，［自然環境］，［社会・文化環境］，［基盤施設］，［土地利用・建築環境］，［人間の活動］の5層からなる階層構造にモデル化し，防災課題もこの枠組みの中で，時空間的に位置づけられることを提示して，第2章以降の課題への整理が行われている．

「2. 防災情報論」では，［社会・文化環境］としての制度および情報システムを含む［社会基盤］に働きかけることにより，他の階層における変化（たとえば，土地利用や人間活動）を誘導する可能性が検討されている．

「3. 防災まちづくり論」では，「まちづくり」の対象が［社会基盤］，［建築環境・土地利用］から論じられる．

「4. 防災環境論」は，［社会・文化環境］や［自然環境］と防災の相互作用を扱っている．

「5. 防災行動論」は，主として都市という舞台における［人間の活動］に検討の主軸を置き，この活動に働きかけてより望ましい活動に移行する

ための計画論が検討されている．

　以上は各章が置く力点の整理したものであるが，どの章も，最終的には［人間活動］に対する評価，さらに社会的厚生の評価の問題となる．

　本書で具体的な研究課題として取り上げられている自然災害の種類は地震と洪水が中心であるが，災害防御の方法論として工学技術的課題と社会・経済的課題が包括的に論じられているところに，総合防災学への取組みを見て頂ければ幸いである．

4．現場への適用戦略を持つ防災研究＝私にとっての総合防災学

　最後に，筆者自身の体験から，総合防災学への現在の思いを述べることとしたい．筆者は平成10年1月に兵庫県三木市に設立された（平成15年4月に神戸市に移転）「地震防災フロンティア研究センター」のセンター長を務め，その期間は京都大学との併任とその後の専任の期間を含めて6年余に及んだ．このセンター長在任の大部分の時期と重なって，科学技術振興調整費多国間型国際共同研究による「アジア・太平洋地域に適した地震・津波災害軽減技術の開発とその体系化に関する研究」（平成11年度～15年度）の研究代表者を務めた．英文タイトル "Development of Earthquake and Tsunami Disaster Mitigation Technologies and their Integration to the Asia-Pacific Region" の主要語句からEqTAPと略称する．このEqTAPプロジェクトは，筆者の総合防災学的実践の大きな訓練の場となった．詳しくは亀田（2004），Kameda（2005）をご覧頂くとして，ここではその核心部分のみを述べることとしたい．

　EqTAPの目的は，以下のような二つの側面を併せ持つ．

①個別技術課題：我が国の防災研究の実力を活かしてアジア・太平洋地域の地域特性を反映する個別防災技術を形成すること（APECから13の国・地域が参加）．

②「マスタープラン」の構築：個別課題の成果を統合するとともに，それらを実践の現場に結びつけるプロセスを包含した，リスクマネジメントの枠組みに基づく総合技術体系を形成すること．

従来型の研究開発では，①型単独や②型単独の研究は多く見られたが，①と②の両方を追求し，それらの統合系としての総合技術の体系を構築する研究プロジェクトは希であり，しかもこれを多国間型共同研究で行おうとする試みは，例のない新しい挑戦であった．

個々の研究開発課題を形成する段階から，参加する APEC 地域に役立つ技術とすることを目指したが，いかにすれば役立つ研究を実現できるかについて，実に多くの試行錯誤を重ねることとなった．その結果，リスクマネジメントの高等な枠組みを振りかざすことをせず（背景の論理的支柱として使うことはあっても），EqTAP の核をなす規範として，「現場への適用戦略 (Implementation Strategies)」を掲げた．

防災研究者（特に筆者のような地震工学者）は往々にして論文を書いて終わり，成果を現場に適用するプロセスには無関心という場合が多かった．冒頭に述べた阪神・淡路大震災の教訓に照らせば，これでは防災研究者の責任を果たしたことにならない．研究コミュニティーが持つこうした閉鎖性を破ることが「現場への適用戦略」が標榜した課題であった．

EqTAP プロジェクトの膨大な経験から，防災研究者が実践すべき「現場への適用戦略」は以下の 6 項目にまとめることができるというのが筆者が得た結論である．

①創造的な研究であること．
②ステークホルダー（成果を利用する人たち，利害関係者，エンドユーザー）との直接対話を通じて，課題の抽出，方法論の形成等が行われていること．
③研究の結果に対して，ステークホルダーが「自分たちが作ったもの／自分たちが関わった成果」という意識を持っていること．
④地域で利用可能な材料・技術に立脚しており，低コストであるなど，地域特性を反映していること．
⑤研究の手段・プロセスに最先端の方法論が用いられ，地域が真に必要とする技術が生み出されていること．
⑥研究計画の段階で，現場への適用戦略に関する実質的な討議がなされたこと．

このまとめについては今後さらに広範な検証が必要であるが，少なくともそれらはEqTAPという実践の場から形成されてきたというリアリティーの裏付けを持つ点が重要と考えている．

　総合防災学は，個別の研究課題の間を統合的に埋めていくべきものであることを上に述べた．それは研究開発の成果が真に社会に役立つものとするための方法論的枠組みを目指すものでなければならない．しかもこうした概念は，総合防災学を標榜するひとびと（「総合防災屋」）の独占物であってはならない．この意味で，EqTAPプロジェクトは，京都大学防災研究所で総合防災学の構築に踏み出した筆者が，再び地震工学者に立ち戻って総合防災学の実践方法を模索するという，またとない機会を与えてくれた．このプロジェクトには，京都大学防災研究所を含む国内の13の機関が担当者として協力し，多くの研究者が「現場への適用戦略」の模索とその実現に尽力されたことも特筆しておきたい．

エピローグ

　総合防災学の役割は重大である．それは包括的な理論的枠組みであると同時に実践的であることが求められる．本書にも，理論的研究と実証的研究が配置されている．それらが有機的なフィードバック回路で結ばれるところに総合防災学の真価が発揮されるはずである．本書でそれがどの程度達成されているかとなると，いまだ道遠しの部分も少なくないと考えられる．この道を今後も着実に進んでいくことが，本書を世に問うものの務めであろう．

　最後に，EqTAPの国際アドバイザーを務め，プロジェクトの運営に大きな貢献をしてくれた米国のShirley Mattingly女史が教えてくれた言葉で締めくくろう．それは，人々が自分の殻に閉じこもらず他の分野の人々と真に協力する行動を言うために使われたもので，Open the door of your "comfort zone", and see wider world（あなたの「安楽な巣－Comfort Zone」の扉を開けて，広い世界に出よう．）

亀田弘行

第1章
総合防災学への Perspective（みちしるべ）

1.1　生命体システムとしてみた都市・地域と総合防災

　20世紀の近代化の過程では，都市の規模や量的な成長や，山間地域の社会経済的な衰退が主たる関心事であった．その中で実は本質的な事項が見落とされてきた．

　すなわち都市や地域は長期的には成長したり衰退したりして変動していく．また比較的短期の期間でも「切迫した（緊張）状態」の中で社会の総合力の限界が試されることもあれば，比較的平穏で「ゆとりのある状態（弛緩状態）」の中で日常的営みが繰り返される場合もある．このような一見背反する動的な振る舞いの中にこそ，都市であれ，地域であれ，大規模であれ，小規模であれ，そのシステムが生きていることの証しがあるはずだ．たとえば，切迫した状態として，都市や地域が大きな災害の危機に見舞われたときが考えられる（1995年1月に起こった阪神淡路大震災はその典型的実例である）．あるいは未曾有の財政危機や，政治的混乱が迫ってきたときもそれに相当するであろう．見ようによっては，昨今の市町村合併の混乱と一連の騒動も，「切迫した状態」に該当するであろう．重要なのは，そのような切迫モードの状態に都市や地域が追い込まれたときに初めて，構成員自身が「社会の総合力」の限界を改めて自覚し，併せてその限界のぎりぎりのところに挑戦することで改めてその総合力が活性化し，拡大すると考えられる点にある．しかもそのような総合力は「切迫モード」という限定された期間に集中的に発揮されるのであって，それから解除された「ゆとり（のある状態の）モード」では，その総合力を発揮する能力は潜在化する．つまり弛緩モード

の中で温存されるのである．注意したいのは，このような弛緩モードと切迫モードが一定のリズムで繰り返される中でこそ，生命体システムとしての律動と生命持続能力が動的に機能し保持されると解釈されるということである[1]．ここにこそ，いわゆる「ゆとりの律動的価値」としてのリダンダンシーの本質が認められるはずである．つまり都市や地域はそのような背反するように見える状態を律動的に繰り返すことで生きていることになる．これは都市や地域が持続的に発展していく上で，もっとも基本的な見方につながると考える．

　本書で繰り返し述べられることになる，「21世紀社会が取り組むべき総合的な防災課題」へ接近する「みちしるべ」は，私たちの都市や地域をこのような律動と生命維持能力を持った生命体システムとしてまるごとに捉えることから始まる．重要なことは，安全で安心できるゆとりを保持し，しかも日常的に活力を失わない都市や地域をマネジメントしていくためには，何にもましてこのような「ものの見方」への発想転換が必要になるということである．そして都市や地域が持続的に発展していくためには，向き合い，乗り越えていくための総合力を養い，発揮していくことが不可欠であり，防災のもつ多元的で複雑な問題は，自然環境問題やその他のあらゆる都市・地域問題へのたゆまぬ取り組みという枠組みの中で，包括的に検討していくことが，今求められているということである．これこそが「総合防災」の本質である．

　図1.1.1の三角形は生命体システム（vitae system）が緊張モードにあるときを図式的に表している．この状態では，左端の「命」（survivability）の端点と，右端の「活」（vitality）の端点，それに上端の「共」（conviviality

---

[1] 考えてみると，私たちの究極の生命維持臓器である心臓こそ，生命体システムそのものであるとみなすことができる．弛緩モードと緊張モードの動的リズムの繰り返しの中で心臓はその機能を死ぬまで（生きている限り）持続することが役目なのである．それならば弛緩状態にあるときのみを見て，心臓臓器の物理的容量を論じることの無意味さが分かるはずである．この臓器は生き続けることを使命としている以上，弛緩モードは緊張モードと対となって働いてこそ，初めて存在していることに意味がある．従って，緊張モードのときの物理的容量と弛緩モードのときのそれとの動的伸縮性にこそ，生きているということの能力のポテンシャルが組み込まれていると考えるべきであろう．この意味では，リダンダンシーの本質は「伸縮余力」にあるといえる．これを，生命体が切迫モードに入ったときの事後的な反応という視点で捉えると「レジリエンシー（resiliency）」あるいは「柔軟復元力」が発現していることになる．このように考えると，リダンダンシーやレジリエンシーの本質的な価値は，時間的律動性という特徴に着目しないと適切に捉えられないことが分かる．

あるいは communication）の端点は，すべて緊張モードにある．三角形の面積で表される生命体システムの総合自活力（viability）はその「臨界状態」にある．この状態を一定の期間保持できれば，総合自活力は外側に膨らむ形で拡大することを経験することになる．この後，図 1.1.2 に示すように，全端点が弛緩状態になって，臨界状態を規定する境界（条件）の内側に相当する「余裕状態」に移る．重要なことは，図 1.1.1 と図 1.1.2 の二つのモードが交互に現れることによって初めて生きていることが動的に可能（viable）であり，両モードがセットになっていてこそ生きていることの前提条件が成立するということである．この意味では，リダンダンシーの価値の評価は本来そのことを成り立たせしめる「伸縮余力」についてなされなければならない．おそらく，このような律動的なリズムは遺伝形質として内生的に組み込まれているもののほかに，外部環境からの適当な刺激に反応することによって社会的・文化的かつ地域的に，また時代文脈的に与件づけられるものと解釈される．つまりあらゆる生命体システムは，それが置かれている文脈に依存し，環境に対して開放的であるほど，生き生きと生きる律動性を獲得することになるはずである．このように考えれば，災害などのハザード要因も，それが生命体システムの臨界状態を超えるほどの衝撃性を持たないのであれば，む

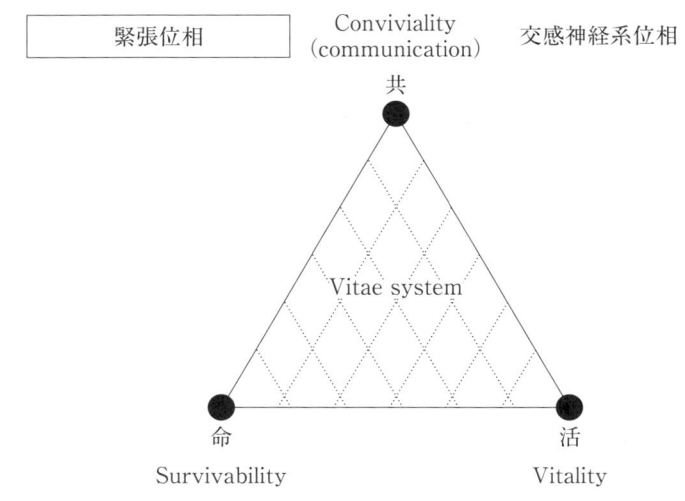

図 1.1.1　生命体システム（Vitae system）の三要件と緊張モード（位相）

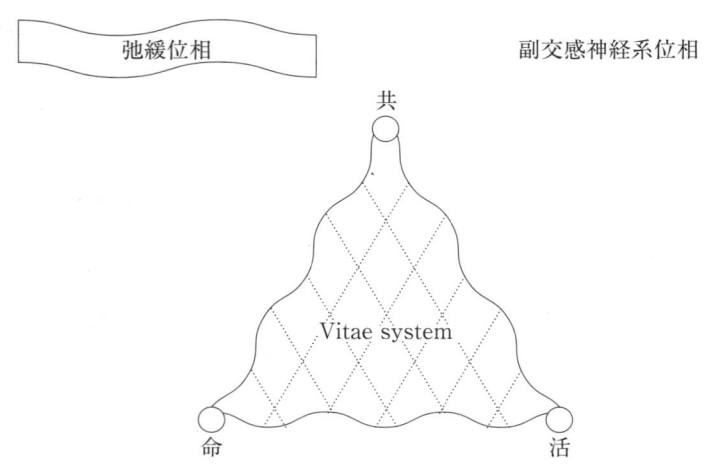

図 1.1.2　生命体システム（Vitae system）の三要件と弛緩モード（位相）

しろ生き生きと生きる状態のリズムを整え，「伸縮余力」を拡大する形で，今後のさらなるハザードを受容する能力を獲得する機会とすることができるはずである．

　図 1.1.3 はそのような想定のもとに，災害に備える活動を戦略的に律動リズムの中に組み込む実践適用知識（implementation knowledge）の有効性を仮説的に提示したものである．たとえばニヤミス的なアクシデント（ヒヤットリスク）や大事に至らない災害の経験（mini-disaster-turned hazard response knowledge）を事後的に活用するために事前にそのルールを設けておくことや，災害の経験を社会的文化的に記憶にとどめておき，必要に応じて緊張モードに変換して律動リズムを励起したり，促進する装置としての「祭り」（festival）の効用とそのタイミングの取り方の知恵に着目することが考えられる．また祭りに参加させることにより，参加者の生命体システムに同時決定的に内部化されると考えられる経験知の効用が挙げられる．このようなハザードやイベントを律動リズムの緊張モードのバランサーとみなすとすれば，その双対的なバランサーとして静穏時の日常的営みの繰り返しとして，営々，黙々と小さな減災施策（たとえば家具転倒防止[2]や消火器の設

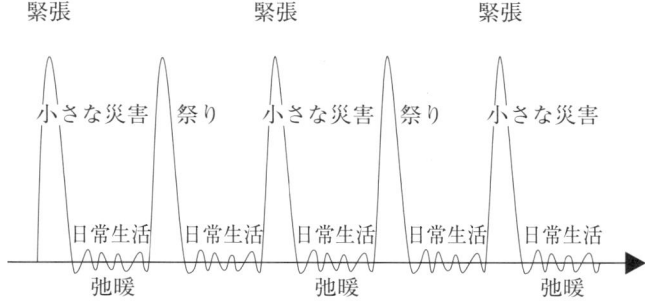

図 1.1.3　生命体システムの緊張と弛緩の律動リズムを活かした災害リスク対応能力の開発戦略

置の数を増やす活動，行き止まりの細路を通り抜けられるようにするための風穴ミニプロジェクト[3]の実績を積み上げるなど）を実行することがそれなりに有効なことが期待される．

1.2　生命体の多様性 ── 身の丈を知る知恵と相互扶助の知恵

　生命体システムの生き生きと生きる知恵のもう一つは，多様性である．それは身の丈を知り持ち場を守る知恵であり，それと並行してお互いの個性を活かしあって各々の得意領域をネットワークする知恵であろう．生命体システムのネットワーク化と相互補完による多様性活用の対応戦略とみなすこともできる（図 1.2.1 参照）．これは主として，各三角形の「共」の頂点を結ぶ形で連携されると解釈される．その場合も「角を突き合わせた緊張モード」と「手を合わせた弛緩モード」の両モードが現れると考えられる．前者は一見コンフリクトの関係にあるように見えるが，律動リズムの中でバランサー

2　名古屋市都市圏で特定非営利活動法人レスキューストックヤードが中心になって行なわれているワークショップはこれに該当する．
3　東京都墨田区の路地尊運動は，現代版天水桶を防火用水兼環境用水のミニ貯留装置に見立て，かつそれに小広場の象徴的・修景的機能を与え，行き止まりの細路を通り抜けられるようにするための風穴を開ける，市民主導型のミニプロジェクトとみなすことができる．

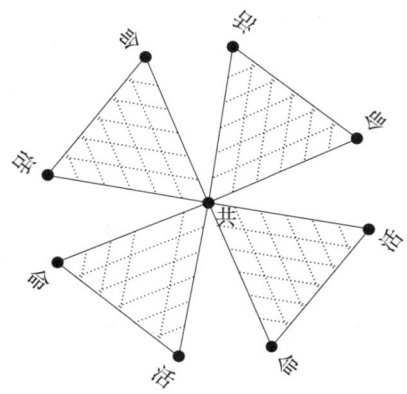

図 1.2.1　生命体システムのネットワーク化と相互補完による多様性戦略

として働いているだけであれば，それはむしろコンフロンテーション（confrontation，対峙性）つまり，緊張的連携性（tensional linkage）の状態にあると考えるべきである．それは生き生きと生きるシステムが必要とするモードの片割れであって，その次の時点では，そのようなコンフロンテーションは解消されて融和的連携性のモードに移行しうるのである．これに対して，適当な時間的な推移によってもそのようなモード変換で解消されないような場合には，本質的なコンフリクトの状態が認められることになる．

　いま，生命体システムの総合活力を三角形の面積の大きさに見立てることが妥当だと仮定してみよう．すると，興味深いことに，このようなコンフリクトの状態にあっても，ネットワーク全体でみたとき，時間的推移に伴って，生命体システムの総合活力としての各三角形の面積は増大する場合があると想定しうる．このような場合，社会全体としては社会的総合活力が向上している（socially more viable）とみなすことができる．これはいわゆる「より良く生きる社会」（human betterment）の概念を拡張したもので，これを社会的総合活力の向上（social (vitally) betterment）と呼んでおこう．このことは，逆に言えば，各生命体システムの，たとえば「活」を表す端点の近傍のみに着目して，異なる時点で見かけ上，win-win の関係が成立したとし

ても，socially more viable とは限らないため，結果として社会的に受容可能（socially acceptable）ではない可能性があると推測されるのである．

1.3　共助・自助のネットワークとしての地域防災力の向上

　実は生命体システムのネットワーク化と相互補完による多様性へ対応戦略という考え方は，そのままそっくり地域防災力を向上させるための今日的課題の解決に当てはまるのである．これは阪神淡路大震災が私たちに尊い犠牲とともに残した教訓の一つともつながる．また昨今，東海・東南海・南海地震に備えることが，特に静岡以西の広域的な太平洋沿岸域で急務の課題とされ，いろいろな事前対策を講じることが求められている．ここでも，やはり同じような総合戦略の有効性が指摘されている．それは，「公助・共助・自助のネットワークとしての地域防災力の向上」ということである（図 1.3.1）．公助・共助・自助とは，それぞれ行政，地域コミュニティ，個人による災害への備えと，いざというときの対応能力を養っておくことを指している．ただ，それはそれぞれがばらばらに行なわれるのでは効果があまりなく，場合によっては却って相互に不要な重複や，摩擦や混乱が生じかねない．つまり三者の取り組みには，それぞれの個性と特徴を活かした自立的なマネジメントと，密接な連携（パートナーシップ）が求められるのである．これこそ，行政，地域コミュニティ，個人を生命体システムと見立てたネットワーク化と相互補完による多様性戦略に他ならない．

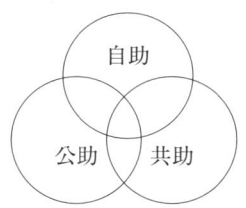

図 1.3.1　公助・共助・自助のネットワークとしての地域防災力

1.4 21世紀型の総合防災計画論へむけて

　上述したような「持続的なマネジメントとしての総合防災」は，本格的な防災計画論の構築を不可欠とするであろう．そのような新しいタイプの防災計画論に要請される特徴や用件はどのようなものであろうか．表 1.4.1 には，そのことを旧来の典型的な防災計画の考え方およびアプローチと対比した形で例示してある．

　ここでは，先見的・事前警戒的で適応的マネジメントとは何か，それがどうして必要となるのかについてのみ触れておくことにする．先行的・適応的マネジメントは図 1.4.1 のようなマネジメントサイクルを循環的に繰り返すことに特徴がある．これはいわゆる PLAN-DO-SEE のマネジメントサイクルが基本となっているが，SEE の部分をさらに，CHECK と ACTION に分解する考え方になっている．このような繰り返しのプロセスを PDCA サイクルという．CHECK とは，実行（DO）することによって事後的に可能となった状況を観察し，情報を追加的に収集すること，ならびにその結果が「事前の計画が＜仮の対策＞として提案され，実行された対策」となったとき，齟齬がないかを検証することを意味している．このことは，冒頭で指摘しておいた「筋書きを検証し，事後の展開の状況に応じて書き換えていく」というアプローチを組み込むことに他ならない．

　ACTION はその結果を受けてさらに仮の対策の補正や改良を図るための場作りや体制を整える行動に移る段階を指している．この意味で，「初めに計画の場ありき」ではなく，そのような「計画設営行為（ACTION）あってこそ，計画の場が生まれる」のである．これは従来の計画の前提を根本的に転換させることに他ならない．このことは，行政と民間，市民などのパー

表 1.4.1　新旧の防災計画の比較

旧来の典型的防災計画	21 世紀型の総合防災計画
事後対応的	事前対応的
緊急対応的	災害リスク軽減型＋災害対応能力開発型
対応マニュアル型アプローチ	先見的・事前警戒的アプローチ
事前確定的計画	適応的マネジメント
個別セクター（部門限定）型対応アプローチ	総合政策的アプローチ

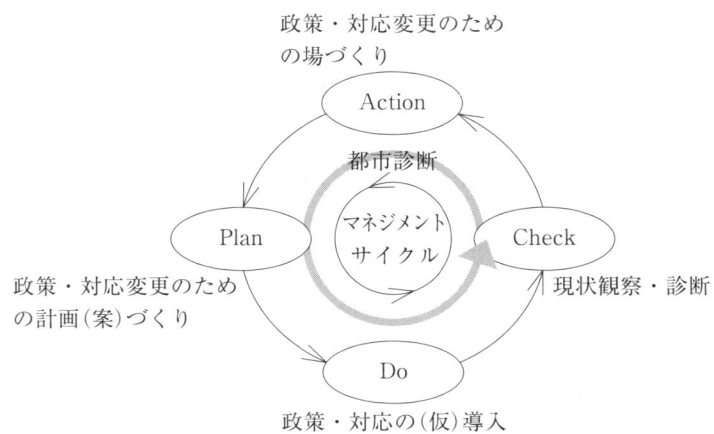

図 1.4.1　PDCA サイクルとしてみた計画とマネジメント

トナーシップによる参加型計画を構築していく上での基本的アプローチとなるであろう．

　以上，総合防災のみちしるべを築き上げていく上で，土台となるであろう新しいものの見方について概説した．本章では，以下，このような新しいアプローチが必要になってきた背景や経緯にも言及するとともに，生命体システムのマネジメントという視点から，総合防災計画とそのマネジメントに接近する上で，どのような概念モデルや方法論が必要とされるかについて，もう少し具体的に掘り下げて説明しておくことにする．

1.5　総合防災へのアプローチ

1.5.1　切れ切れの防災から丸ごとの防災へ

　20 世紀の近代化への大きな疑問符は，いわゆる分業化や専門家への過度の傾斜への異議申し立てでもある．それはそのまま分業化・専門化された「防

災」のありかたを根本的に問い直すものでもある．マズロー（Maslaw）の欲求段階説を持ち出すまでもなく，本来もっとも社会の基本的で全般的な基盤であるはずの「安全と安心」という社会的サービスが，近代化のもとに，切れ切れの防災に身をやつしてしまったことを意味する．広く，漏れなく掬いとめるべき「裾野の広い網の目の織物」が切れ切れの糸の束としてしか働かなくなってきているのだ．それは各々が切れ切れの細路を進んでいく中でてんでに袋小路に突き当たっているかのようだ．それぞれを横につなぐ路と全体をネットワークする思考（志向）」が欠落してしまっているのである．新世紀にはこの行き詰まりを正し，「切れ切れの防災」（袋小路の防災）から，「まるごとの防災」（ネットワークの防災）へと発想転換することが求められているのである．それは，細路化し，単線的に量的整備を目指してきた個別的防災が袋小路に突き当たって，横向きに回りこみながら，新しいネットワークの路を築くことを必要としていることを意味する．つまり防災は総合性を志向することが求められており，量的整備から質的整備，すなわちまるごとの「生活の質」の向上につながる防災とは何かが問題となる．これを再検討することが不可欠になってきているのである（以下たとえば岡田（2002），岡田（2000）参照．）．

1.5.2　実例：切れ切れの防災（細路の防災）

　論より証拠．実例からもう少し噛み砕いて，考えてみよう．

(1)　阪神・淡路大震災から学ぶ

(a)　建物の強化では済まない防災：理工学から社会システム工学へ
　阪神・淡路大震災（1995年）では6000人を優に超える人命を失ったが，その多くの人たちが，住居建物の倒壊や半壊などのために下敷きになったことが原因で亡くなっている．あるいは建物自体の構造的な破壊ではなくて，家具などが倒れてきたり，ぶつかってきたりして，それで押しつぶされたり下敷きになって命を落とすケースも少なくなかったことが報告されている．

このことから,「一見当然の帰結」として,建物の構造的強化を図るべきであり,これによりこの種の都市直下型地震に対しては「人命の損失を可能な限り小さくする」という目的はほとんど達成される,と主張するハード万能主義の考え方が出てくる.もちろんそれが社会的に実現（implementation）可能であれば正しいであろう.しかしそうでなければ,建物の構造的強化という単線を突き進むことだけでは,社会の裾野にまで広がる「安全と安心」のネットワークを強化することには,残念ながら繋がらない.ハード万能主義はその意味でやはり切れ切れの防災の陥穽に陥ってしまうのである.

図 1.5.1 はそのことを図式的に表したものである.建物の構造的強化というハードの整備が第一の課題として位置づけられたとしても,それが社会的に実現可能であるかどうかを検討し,それを担保するための多元的な検証回路がいわば電源のプラグのように引き出され,繋がっているのでなければならない.そして,これらのプラグは,多様でありうるその社会的環境や地域・都市の成り立ちや生き様にまるごと繋がっているのである.岡田らは社会的環境や地域・都市の成り立ちや生き様に自然環境を加えた上で,社会基盤や建築空間も含めた「生きものとしての都市・地域システム」を五層の生体システムとして概念的にモデル化している（図 1.5.2 参照,各層は時間と空間のスケールが生来的に異なっている.これについては後で詳述する）.

この概念図式を用いて説明を補足するならば,個別の建築の集合としての建築空間は,それ自体独立では多くの場合,自己充足的ではありえず,社会的実現化可能性も適切に担保できない.つまり「生きものとしての都市・地域システム」を五層の生体システムとして,統合的にとらえることが必要である.しかし実際には,その統合化が決して自明のものではありえず,むしろ,ともすれば各層は切れ切れになろうとする本来的性向がある.そこに都市や地域のマネジメントのボトルネックが常に内在している.それは各層のみのマネジメントにかかわる「個別専門家」の働き場を可能にするが,各層間相互のコミュニケーションや共同作業をともすれば妨げ,「横断的専門家」の登場を阻むことになる.この意味で,究極的には最上層の「生活の質の向上」（life in community）に寄与すべき各層のマネジメントは,互いに電源のプラグを引き出しあい,つなぎあって相互検証するものでなければならない.それは社会的実現可能性を相互保障する横断的営みとして,21世紀の

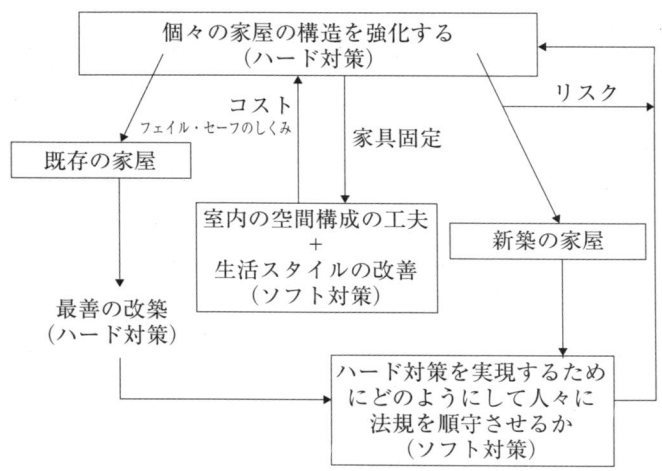

図 1.5.1　建物強化の課題をめぐる社会工学的総合性

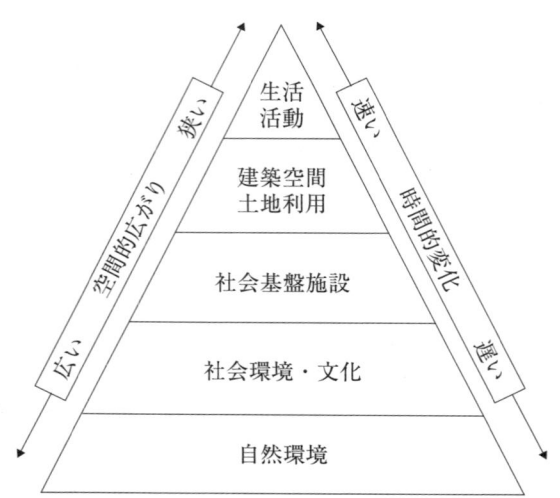

図 1.5.2　生体としてみた都市の時空間五層システム

防災の中核に位置付けられる必要がある．

　なお，もう少し具体的に多元的な検証回路としての電源のプラグの実像に触れておこう．建物の構造的強化を社会的に実現するためには，まず新しい設計基準が提案される必要がある．その意味での社会的翻訳と埋め込み（制度化）が不可欠になる．ここで問題になるのが，「可能な限り最善を尽くす」ということの意味と範囲である．それは構造強度的に専門家として満足（自己満足ではない！）できる基準を達成することなのか．その場合に掛かる経費の増加はいったい誰が負担するのか．その基準を満足した建物が実際に作られるという保障をどのような形で担保するのか．建設プランの段階で事前にチェックするのか．建設施工の段階でするのか．それは査察・検査（inspection）という形をとるのか．その場合の社会的コストは誰が負担するのか．などなど，いろいろと話が広がってくる．それらがうまく連動し，必要ならもう一度，「可能な限り」その大前提を問い直す形で，話を持ち帰る（フィードバックする）検証回路ができていなければならない．

　実は，上述の話が暗に「新たに建てる建物」であることを前提にしていたが，これが「すでに建っている建物」であればもう少し話は込み合ってきて，一筋縄ではいかなくなるのである．既存建物の更新をしかも防災と連動させて行なう（retrofitting）ことは言うほどに簡単ではない．耐震設計の新基準では不適格の建物だからといってすでにそこに住んでいる人を強制的に立ち退かせるわけにはいかない．しかもそのような人たちの多くは，比較的所得が低い人々であったり，高齢者で建物の補強・更新をする気になかなかなれない．つまり補強・更新するための誘因とそれを可能にする経済力を欠いている場合が少なくない．それらの地域は，いわゆる都市のインナーシティ問題を抱える典型的なところである場合が珍しくなく，問題の根は「切れ切れの防災」ではとても太刀打ちできない奥深く複雑な都市・地域問題に繋がっているのである．背後には，そこに特有の社会・文化的要因や歴史的・時間的発展の経緯にかかわる諸要因が横たわっている．これは一国や都市・地域の中での内部的な問題である場合もあるが，先進国と発展途上国の，いわゆる南北問題の形をとってグローバルに現れてくる場合もすくなくない．これが，都市・地域文脈または国土や地球的な文脈での総合的な取り組みが求められるゆえんである．

これは防災とそれを取り巻くあらゆる専門家のあり方を問い直すことにもなる．20世紀型の社会とりわけ先進国型の社会にあっては，「個別専門家」はそれぞれの「専門細路（横丁）」において「一門（ひとかど）の人」あり，防災の大半をゆだねられたと自負する行政・政府の専門家集団はその細路の中では，可能な限りに最善を尽くそうとする．このことは，自分たちの「うちわ」で決められる裁量の範囲にあった．そこには「善意の専門細路化効率主義」があったといえよう．それによって確かに一次近似的な安全は量的にはそれなりに高まったことは言うまでもない．そのことを明記しておかなければ，これまでの善意の専門細路化は報われないであろう．しかしそのように突き進んだ結果として，決定的な行き詰まりに遭遇したのである．実はこれは防災に限ったことではない．問題なのはその行き詰まりの中でもさらにこれまでの細路を直線的に進み，突破しようとしがちなところである．さらに重要なことは，本来的に都市や地域にとってもっとも裾野の広い基底的な営みであるべき防災が，これによって皮肉なことに，自身の細路を築くことに汲々としてしまうという問題である．結果的にその包括的性格と使命を見失ってしまいがちである．都市や地域のマネジメントにとってもっとも基本的であるはずの「安全と安心」の社会的サービスの追求が，このようにして「事なかれ的な自明のこと」として関心の外におかれ，防災の専門家の特殊な管轄事項としてきわめて付随的で，局外化されてしまう．これを筆者は「防災の自己矮小化」と呼んでいる．これからはその通弊を打ち破って，「安全と安心」を真中に置き，防災の裾野に横たわる総合的な課題を都市・地域や国土，ひいては地球コミュニティ全体のマネジメント問題として協働的に進めていく挑戦が不可欠になってきている．わが国は後述するようにその意味でのイニシアティブを国際的に積極的に担っていく資格と使命があると考える．このことを明確に認識しそれを行動に移していく体制づくりが求められているのである．

　要するに，防災は旧来的な「理工学」の専門領域に閉じこもっていてはその限界は明確である．社会の要請や検証を可能にする多くのプラグが回りについた「社会システム工学」的接近が急務の課題になっているのである．

(b) 危機管理とリスクマネジメントの欠如

阪神・淡路大震災の直後から，にわかに脚光を浴び始めたのが，いわゆる「危機管理」であり，また「リスクマネジメント」である．マスメディアはもとより，学会においても突然急にこれらがキーワードとなった．決まり文句はわが国では「危機管理ができていない」，「リスクマネジメントがなっていない」，それがこの震災を不必要に大きくしてしまった，という反省である．これら二つの言葉はその後いわば「現代用語の基礎知識」としていわば社会常識化してきているようである．しかし，厳密にいうと，この二つは必ずしも同じではない．その詳細は1.6.2と参考文献に譲るが，危機管理は emergency management や crisis management と呼ばれるように，すでに災害などの危機（異常事態）が起こってしまったことを前提にしたところから始まる．これに対して，リスクマネジメントは，異常事態が起こりうることを前提にしたうえで，それが不確実な事態であり，その間に他のいろいろなこと（社会的に望ましい事態）も起こりえることを知った上で，事前にどのような手立てを打っておくかというマネジメントである．したがって両者は狭義にはかなり性格を異にしたものである．もちろん広義には両者をあわせて単にリスクマネジメントと呼ぶこともある．両者に共通して言えることは，「起こってほしくないことから目をそらさずに向き合い，不安な闇を英知で照らして理性と合理性をもって対応する」ことである．そのためには旧来型の「切れ切れの防災」では対応しきれない，ということでもある．つまり危機管理もリスクマネジメントも，日常的に常識化した区切りを取り払った横断的な思考と想像力を必要とする．またそれを社会的に実現可能 (implementable) にするためには，そのための社会システム作りと科学的方法論によるバックアップが不可欠となる．

具体例により，説明してみよう．

<u>危機管理の欠如と必要性</u>

危機管理については，①異常時が要請する部署横断性，②日常性の裾野と結びつけたマネジメント，③異常時がありうることをタブー視しない社会意識の情勢，などがあげられよう．

①異常時が要請する部署横断性

神戸市長田区役所の実例をとって説明しよう．長田区は神戸の中でも地震

の被害を大きく受けた地域であり，住宅地や商業地の建物が多く倒壊や半壊した．また地震の直後に起こった火災が延焼し，数多くの家屋が消失した．震災後，長田区は復旧作業に取り掛かったが，その中で損壊した家屋をクリアランスして解体する必要のあることが確認できた場合には，公的に補助をするとともにその解体作業を住民に代って区役所が一括して発注するという行政サービスを直ちに立ち上げることにした．そのため，該当する住民が区役所の窓口に列を成してそのサービスの授与を申請する事態となった．事態の緊急性から見て，できるだけこの申請は迅速に受付をし，時を置かずして家屋解体作業の系統的な発注へと結びつけることが要請されていたので，この事態を解決するために亀田や角本らが，時間の推移も系統的に管理できる新しい地理情報システム（DiMSIS）を試験的に導入して，住民にそれを登録時に利用してもらい，データを使って，家屋解体作業の発注を行政ができるだけ速やかに進めることを支援することにした．結果的にこの試みは大きな効果があった．異常時が要請する部署横断性を保障する情報メディアとして，この情報システムが本領を発揮したのである．つまり住民の身元確認と住所の位置確認，ならびに建築物の損壊の状況の確認という，日ごろは他の部署（住民登録業務や建築確認業務）にかかわることを横断的かつ系統的に情報処理することを必要としたからである．DiMSIS は以下に示すように，このような目的にきわめて有効な地理情報システムであることが実証されたのである（本書 2.6 も参照）．

②日常性の裾野と結びつけたマネジメント

　実はこの長田の例は貴重な教訓を同時に与えてくれることになった．確かに導入された情報メディアは大きな威力を発揮したのであるが，同時に解体業務にかかわる基礎的な情報を災害の後にいちいち入力しなければならないという問題である．しかもそのほとんどが実は災害時であるかどうかに無関係に，行政サービスを行なうための基礎的データとして日ごろから取り扱われ，部署部署ごとに分散して集められ，記録・管理されている性質のものだったということである．このようにいったんことが起これば，部署を超えて共通に必要とされる基本的な情報（共役的情報）で，日常的にもきわめてルーチン的に繰り返されて収集されている基本的データが，部署ごとに独立していて部署間で共有されることなく管理されている．ここに問題の根幹がある．

これは多分に「このような異常事態がありえて，そこでは横断した情報の取り扱いが不可欠になる」という想像力自体の欠如であり，仮にそのような創造が可能だとしても，日常的なセクショナリズムと，ルーチンを少しでも変えることを忌避するという「行政の体質の負の部分」がネックになっている．幸い，当の神戸市長田区役所はこのような弊害に気づいて，震災後それを乗り越える横断的な試みを続けている．その中で，DiMSIS が一つの implementation のシステム技術として導入され，さらに改良が図られていることは注目に値する．また，筆者らもこの長田区役所の応援を得て，震災後の住宅地の復興の過程を DiMSIS を用いてモニターし，診断しながら，より安全で安心できるまちづくりに繋がるような今後の総合的な政策作りの基礎的情報を提供しようと研究を行なっている．これはその一例であるが，日常性の裾野と結びつけた災害の総合的なマネジメントのための小さな突破口を空けるための試みがそこかしこで始まっている．

③異常時がありうることをタブー視しない社会意識の醸成

　阪神・淡路大震災のときに，兵庫県が自衛隊の応援を得るまでに必要以上の時間を要した．その背景には，一つに異常時がありうることをタブー視する社会的体質がある．もとより兵庫県の行政当局だけにその非があるのではなく，わが国のどこにあってもある程度あてはまることであろう．これに，危機管理という，日常とは異なるモードでの都市や地域のマネジメントを平時からきちんと議論しておくということに対するタブーがこれに輪をかけてきた．そのような二重のタブーを社会が放置しておいたことが原因であろう．

　そもそも，当時の日本国政府自体がこのようなタブーに身を任せて，安閑としていたことが，阪神・淡路大震災の災害をより悲劇的にしたことは疑いがないであろう．このような多重のタブーがある程度，震災によって解き放たれたことは事実であり，それによって日本国政府も，地方自治体もそれなりに本気で危機管理を行政のシステムに組み入れようとしているのは歓迎すべきことであろう．しかし，わが国が真に先進国たりえるためには，ことがおこってから，事実にすべてを語らせてそれに寄りかかったように体制を組み替えようとする通弊を，もうそろそろ断ち切るべきであろう．そのためには，社会の先導役や木鐸として「想像力」(imagination) を駆使し，起こってほしくないことを起こりえるとしてみつめることが不可欠である．そのよ

うにしてこそ，「起こってほしくないことのマネジメント」ができる．いわばこのような当然のことを国政に携わる政治家が政策として真剣に議論する．また，それを支援し，説得するための総合的な視点をもった「安全と安心」のマネジメントの「横断的な専門家」が必要になってくるであろう．

<u>リスクマネジメントの欠如と必要性</u>

　阪神・淡路大震災の前までは危機管理だけではなく，リスクマネジメント（狭義）がわが国の社会システムとして非常に不備であった，といわれる．それはどうしてであろうか．その理由として，ここではリスクマネジメントが導入されるための，基本的な用件について筆者なりの見解を述べておきたい．それは①不確実に前向きに向き合い，事前にマネジメントする，②失敗はゼロにはなりえない，失敗しても大失敗にはしない，③よそ事や人任せにしない，④備えて，しかも失敗があればそれを学習につなげる，⑤情報は可能な限り共有し，公開する（情報の質がリスクマネジメントの質の決め手），の以上五つである．その心は何か，たとえて言うとこうなる．「不安の闇を英知で照らして，不確実な海と認め，それぞれが得手の守備範囲について，最善を尽くして総力で立ち向かい，新たな局面を開くマネジメントである」．

　ここで補足しておくと，阪神・淡路大震災はいわゆる「めったに来ないけれども，いったんくると，とほうもない被害が発生しうる災害」であったといわれる．これは専門用語では「低頻度・甚大被害型リスク」（low-frequency-high-impact risk）の災害といわれる．このような特殊なリスクをカタストロフ・リスク（catastrophic risk）と呼ぶこともある．（これはきわめてフロンティア的なリスクマネジメントの研究領域であり，世界の多くの先端的，学際的，かつ国際的な研究活動がその領域を新たに形成する形で展開しつつある．岡田らもそのような研究活動の一翼を担っており，オーストリア・ウィーン近郊にある国際応用システム分析研究所（IIASA）のリスクマネジメント研究部門（Risk and Vulnerability）と協力・提携する形で，災害の総合的なリスクマネジメントに関するシンポジュームや研究活動を推進しつつある．）したがって，こと阪神・淡路大震災に関する限り，それは「リスクマネジメントのこれまでの科学的知見の総体」を大きく超えるものであったということができる．つまりその意味で，人類がむしろ学習すべき多くの課題を提供したともいえるのである．そしてそれこそが犠牲になった数多く

の貴い人命に少しでも報いることでもあろう．以下の姿勢を社会としては決してとらないこと，またそのための仕組みや体制作りをしておくことである．その要諦はずばり，「めったにおこらないことは，当面は自分たちには起こらないことにして，他のことの対策だけに専念しよう」という姿勢からの決別である．

<u>リスクマネジメントの要締</u>

　リスクマネジメント（狭義）は，不確実なことが起こる前の事前の対策を検討し，講じることである．しかもそこには起こってほしいことと起こってほしくないことの両方が入り混じっている不確実性が対象になる．どう手立てを講じても，起こってほしくないことしか起こらないならば，そのような不確実な環境に身をおくこと自体が合理的な選択ではなかろう．火山噴火の危険にさらされているところに居を構え，危険を承知でそこに居続けることを決める人たちの頭の中には，起こってほしいことと，起こってほしくないことの両方が入り混じっており，そのような不確実性がある程度想定されているに違いないのである．火山活動事態が観光資源であり，それを生活の糧にしている人たちはまさにそのようなリスクマネジメントをそれとはしらずとも暗にしているのである．ただしここでいうリスクマネジメントは個人がそのような無意識・無自覚にしていることを指しているのではない．それはなによりもまず，無意識を意識化し，無自覚を自覚し，個人の問題を超えて社会の問題として考え，理性と合理性と責任を持って検討し，手段を講じることを要請している．この意味で，リスクマネジメントは健全で責任ある社会性をもったものでなければならない．

(2)　東海豪雨災害から学ぶ：災害は進化する，都市は進化しているか？

　2000年9月11日に愛知県東海市や名古屋市を襲った東海豪雨水害は，ある意味で都市化したことによって高まった都市の災害に対する脆弱性を如実に暴き出した水災害であったといえる．確かに，災害の引き金（ペリル）を引いたのはこれまでの常識を超える降雨量で，それが特定の地域に，しかも短時間に集中したことが原因である．9月11日愛知県東海市で1時間雨量114ミリを観測，また同日，名古屋市では1日降水量428ミリを観測した．

これはそれまでの最高記録の約2倍にも相当する，まれにみる豪雨であった．

　この結果，多くの被害が発生し，死者10名，負傷者115名，全壊31棟，半壊172棟，床上浸水2万2894棟，床下浸水4万6943棟を記録した．また，約22万世帯，約58万人に避難勧告・指示が出され，避難所における避難者の最大値は約6万5千人にも及んだ．建設省（現国土交通省）発表の被害額の試算値によると，被害額は約8,500億円にも達した．この災害では，一般資産等の被害額が大きかったのが特徴であるという．これに対して，政府は自衛隊（延べ約9700名），海上保安庁（延べ471名），消防，警察等により，孤立者救助等の救助活動を実施した．また，中小企業に関する基準を改定して，激甚災害に指定したほか，河川激甚災害対策特別緊急事業を実施，排水ポンプ車20台を全国より集結させるなど，排水活動を実施した．

　この集中豪雨による名古屋市の浸水による被害の特徴として，以下の点を指摘しておきたい．名古屋市では多くの地域が浸水による被害をこうむったが，特に特徴的であったのは，本川の堤防が破堤したり，越流したりしたわけではないのに，大量の雨水が住宅・商業地域を襲い，大きな浸水被害と濁流による恐怖にさらされた流域がでたということである．ここではその詳細は省略して，その問題の構造を模式図的に示して説明しよう（図1.5.3，図1.5.4参照．図中河道以外の灰色の部分は堤内地の浸水地域を表している）．

　被害にあった流域は，地区A,B,Cのうち，特に地区Cに集中した．実は都市化は概ね，地区A,B,Cの順に進展し，地区Cは30年程前までは水田などのオープンスペースが広がる，地盤の低い地域であった．いいかえれば，このような都市の空き地が，ある種の遊水地として機能していたとも言える．それが急激な都市化の進展とともに，市街化として開発され，空き地が埋め尽くされてきてしまった．

　このような都市化を支えることを使命とされた20世近代化の下での河川防災都市では，

①どの地区も基本的に平等（同じ）の安全基準で守る
②各地区ですべて排水を処理する形で，他地区との連携や相互作用性は考えない（地区ごとの独立性成立の仮定）．

を旨とするものであった．そのため，当然のことながら，後発開発地域は防

災上不利な分だけ，より多くの費用を投じ，大規模な施設（たとえば巨大なポンプ排水施設など）を設けることによって他地区との安全上の格差が生じないように整備することが当然のこととされてきた．そして，このような原則と過程が成立する限りにおいて，この都市流域は基本的に水災害に対して安全であるはずであった．

ところが，今回のような「まれに見る降水量」による集中豪雨は，そのような大前提を根底からくつがえした．たとえば地盤の相対的に高い地区B

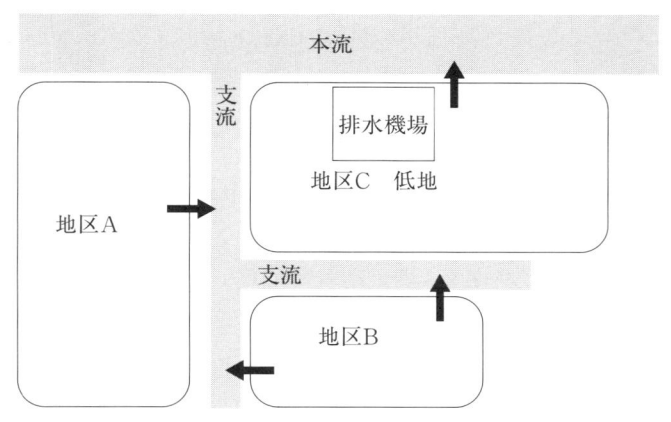

図1.5.3 被害発生地域の図式化（被害発生前）

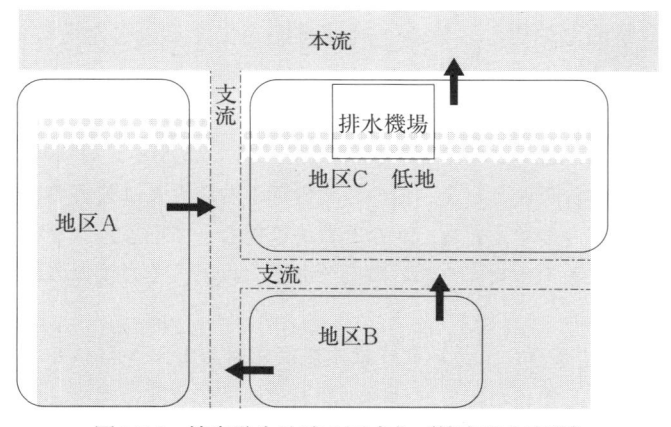

図1.5.4 被害発生地域の図式化（被害発生直後）

から，より低い地区Cに，自地域で独立して排水されない雨水が地区を越えて「領域侵犯」しはじめた．「水は高きから低きに流れる」というごく当たり前の自然の摂理にのっとって，自然は町を大昔の姿に戻そうとしたのである．完全に上記①②の原理・仮定がくつがえされたのである．しかも悪いことは重なるもので，もっとも低い地区である地区Cでは，「想定範囲の排水を処理するための巨大な排水ポンプ場」自体が，浸水するという「椿事」が生じたのである．これが被害の増大と様相をエスカレートさせたのである．

　このことは，都市化がもたらしうる災害の様相の複雑化・巨大化というカタストロフな「相転換」（ある種の災害の進化）のリスクポテンシャルにこれからの防災はもっと柔軟かつ予期的に対応していかなければならないということを意味している．つまり「想定されている災害リスク」に対応することだけでは，その過程でさらに進行している都市化（人口，経済活動，資産の増大と集中化など）がもたらす，カタストロフなリスクポテンシャルの増大には対処し得ない可能性が高いのである．この意味で都市は，生来的にカタストロフなリスクポテンシャルの増大を促す方向に進んでしまう性癖がある．21世紀における都市の安全と安心のリスクマネジメントはこのことを常に基本的認識として踏まえておくことが求められるのである．そして，その取り組みはけっして切れ切れの対応であっては効果は期待できず，包括的・総合的なアプローチが求められるのである．

(3)　鳥取県西部地震から学ぶ：過疎を加速化する災害とその歯止めとしてのリスクファイナンスの工夫は可能か？

　2000年11月に起こった鳥取県西部地震（図1.5.5参照）は，中山間過疎地域を震源とする震災として，他の多くの都市型震災とは被害の様相も，復旧・復興の進め方の考え方も，かなり質的に異なって不思議はない．そのことをわれわれに考えさせてくれる事例である．以下，その要点のみを整理しておこう．

　表1.5.1に示すように，鳥取県庁は本震災に対して，きわめてユニークな対応をして注目を集めた．それは中山間過疎地域で家屋の半壊・倒壊などの被害にあった世帯に対して，その建て直しまたは修理に当てるための資金と

して，それぞれ300万円，100万円程度を補助の形で与えるというある種のリスクファイナンスの仕組みを自ら設計し導入したことである．その後，これを雛形に，県内の各市町村や国も巻き込んだ「災害基金制度」を提案して，今日にいたっている．

各世帯に対して，今回のような形で公的資金を直接投じることは，これまでの防災行政にあってはいわば「禁じ手」とされてきたのであるが，地方分権推進の流れの中で，震災を直接受けた自治体の独自の判断で，このような新しい仕組みづくりモデルが提示されたことは大いに評価されていいであろう．なお，この種の公的な資金投入の「わかりやすい説得論理」として，「人口がひとり，世帯が一軒でも少なくなれば，そのコミュニティ全体が社会的にそれだけ生活がしづらくなる」ということがあげられる．つまり，それは単に個人の家屋の建て直しや修復といったことに対する補助ではなくて，むしろ「コミュニティの活力の維持」という次元での，十分に「公益性のある措置」である，ということになるのであろう．ただし，これはあくまで，人口が少ない過疎地域に限って当てはまる論理であろう．また過疎対策としてであればもっと本格的にかつ事前に対策を講じるべきだという考え方もありうる（図1.5.6参照）．

これはそれなりに説得性をもつ論理であるが，このような形で，補助を行なうことで，かえって「建物を日ごろから安全にしておく努力をする」ということにマイナスのインセンティブをあたえてしまうのではないか，という懸念が提示されていることも付け加えておくべきであろう．もちろん，この

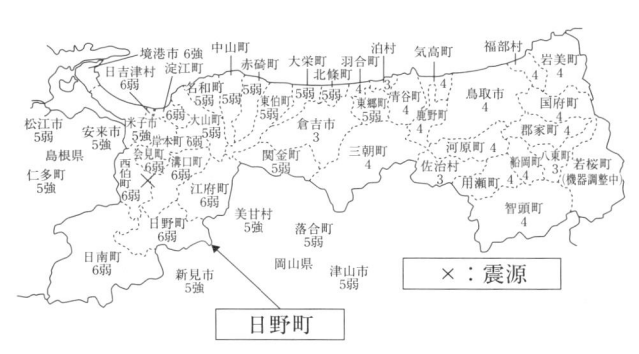

図1.5.5　鳥取県西部地震の震源と被害地域（2000年11月）

表 1.5.1　被災者住宅再建支援制度

(1) 拠出目標金額：50 億円
(2) 拠出年数：25 年
　　その間対象となる災害があった場合には，基金総額が 50 億円に到達するまで．
　　※国からの拠出金 50 億円を別途期待します．
(3) 県と市町村の拠出割合：各 1/2
(4) 支給対象：住宅建設及び住宅補修
(5) 補助金額：補助基本額の 8 割を基金から補助
2 割は被災時に別途県と被災市町村で負担
　　【補助対象限度額】
　　住宅建設　300 万円　住宅補修　150 万円
　　【補助基本額】
　　住宅建設　300 万円　住宅補修　約 117 万円
　　※補助対象限度額は住宅復興補助金と同額です．補助基本額の住宅補修の額は，復興補助金で想定している個人負担額 33 万円を差し引いた額です．

鳥取県ホームページより

ような仕組みと，建物の安全基準の遵守に対するインスペクション制度との組み合わせなど（図 1.5.6 参照），いろいろな工夫により，より現実的かつ有効な仕組みを開発していくことが望まれる．

(4)　中国：災害は都市化の落とし子

　実は，都市化が災害の規模を拡大し，その内容を複雑化・多元化しているというのは，日本の都市圏（たとえば阪神・淡路大震災や東海地域集中豪雨災害）だけの話ではなく，中国を含めた途上国・NIEs 諸国全般にわたっていえることでもある．ただわが国をはじめとする先進国と，成長の著しい NIEs 諸国とではその様相は異なっていることに注意が必要である．前者はすでに都市としての一定の拡大と成長を遂げた後の，見かけ上それなりに成熟化した都市が抱える災害脆弱性が問題となる．一方，NIEs 諸国の多くは，人口や産業活動，それらの面積，のすべてにわたって量的拡大が著しい地域であるが，それに見合ってインフラストラクチャの整備や住宅政策，貧困対策，熟練技術者や熟練工などの人材育成教育やそのノウハウの整備が，成長にともなっていないためにさまざまな社会・経済的ひずみや都市の脆弱性を

鳥取県の挑戦

公的な資金援助の提案

公益の増大

地域コミュニティの活性化

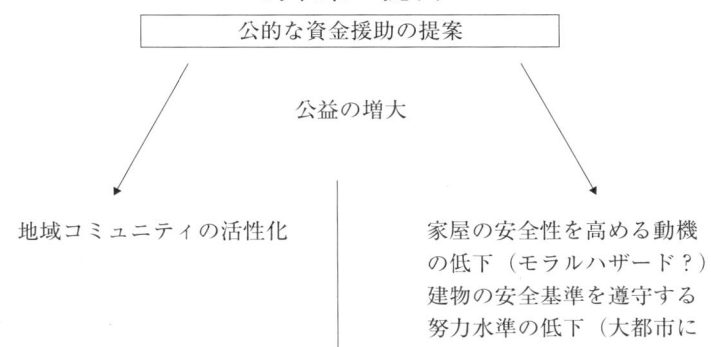

家屋の安全性を高める動機の低下（モラルハザード？）
建物の安全基準を遵守する努力水準の低下（大都市には適さない？）

図1.5.6　本災害基金制度の利点と欠点ならびにその改善点の関係の図式

増大させている地域でもある．また密集市街地の増大や都市のスプロール化の進行も災害脆弱性を増大させることに留意したい．

　このことは，インドやトルコなどの事例でも明らかであるが，以下では中国を取り上げて，都市化と災害の拡大の関係について考察しておこう．図1.5.7はYe（2000）の研究によるものであるが，1950-2000年の半世紀の間に，中国では災害の数は約3倍弱，その被害額はなんと13倍程度に拡大していることがわかる．（後掲の図2.2.1は，世界全体で同様のデータをまとめており，本図と比較対照すると興味深い．）

　特に，この過去10年間の被害額の増大が，その前の40年間をはるかにしのいで急激に拡大していることが特徴的である．その間にそれなりのインフラストラクチャの整備や防災投資が行なわれたはずなのに，このような災害の拡大や様相の変化が特に近年になって著しいのはなぜか．そこには，かつては社会主義国家であったこの国の経済成長の目覚しい発展とそれにともなう都市への人口の集中，資産の増大と集中などが背景にあることは疑いがない．

　なおこれに関連して，いわゆる「保険でカバーされる被害」（insured losses）は，災害の数にきびすをあわせる程度に増大しているものの，経済的被害の額の増大には大きく及ばないという点も指摘しておくことが必要であろう．

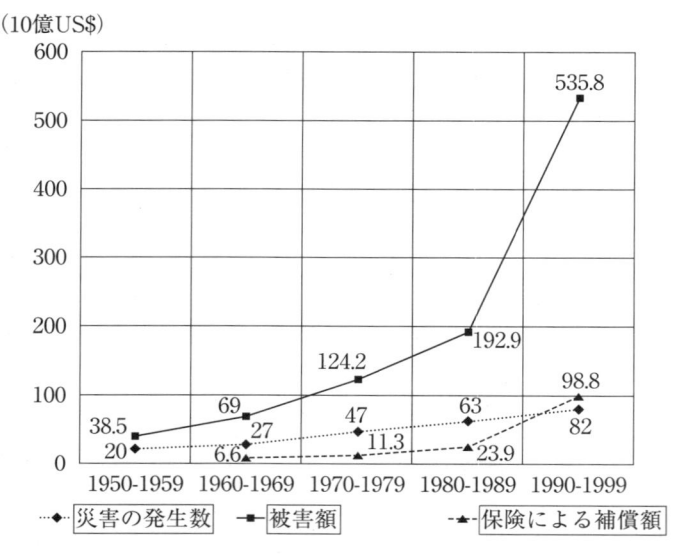

図1.5.7　中国における災害の規模と被害の増大（Ye（2000）による）

1.5.3　持続的発展論の枠組みと21世紀における防災戦略

　じつは，これまで災害の防止という視点から議論してきたことは，21世紀にふさわしい，くにづくり，地域づくりの新しいパラダイムとしての持続的発展（sustainable development）論と密接なかかわりがある．もっとも近代的西欧型科学パラダイムでは，この概念は確かに「新しい」が，ある意味ではアジア的自然観としての対極的な循環論につながるものでもある．つまり，それは「故（ふるき）を温（たずねて）新しきを知る」という東洋思想の知恵に符合するところが少なくない．また仏教などの「輪廻」の考え方とも通じるものがあろう．よってこれは，日本をはじめ，アジア諸国にとって決して他人事ではありえない．「持続的発展」ととりあえず呼ぶことによって人類の英知と行動のエネルギーを糾合しようとする，地球規模の先見的啓蒙運動なのである．それに対して，われわれはただ消極的静観主義であってはいけないのである．

　ともあれ，それは，細路に迷い込んで出口が見えなくなった20世紀の科

学技術システムが，もういちど大自然と人類とのかかわり方を謙虚に見直し，巨大化しすぎてみずからの大きさをもてあまし始めた巨大都市と物質文明，そしてそれを支えてきた量的拡大開発主義から決別し，クオリティオブライフ向上型社会へと発想転換をはかるものである．つまり，いのち（生命＝life）とくらし（生活＝life）と行き来（交流）という，3つの本質的な側面に主眼を置いた生活の場作りが求められてきているのであり，その意味での生活の質（quality of life）の持続的な保持とそのたゆまぬ向上が，くにづくり，地域づくり，都市づくりのメインテーマとされなければならないのである．このことは，1.1の冒頭で述べた生命体システムの議論とも重なってくる．

　このように考えてくると，21世紀における防災戦略もまた，持続的発展論の枠組みの中で展望していくことが決定的に重要になってくる．そしてそれは十二分に根拠のあることなのである．

　実は持続的発展のパラダイムづくりにおいてともすれば，自然の「環境的側面」にスポットがあてられ，「防災的側面」はその影に隠れがちである．しかし，「いのち（生命＝life）とくらし（生活＝life）と行き来という本質的な側面に主眼を置いた生活の場づくり」において，実は防災は環境に劣らず本質的な関心ごとでなければならない．場合によっては多数の生命を奪い，数多くの人々の健康を長い期間にわたって損ないかねないのが災害であり，したがって災害に対する適切なマネジメントとしての防災は，くに，地域，都市の持続的発展を検討していく上できわめて基本的なテーマとして位置づけられなければならないのである．驚くべきことにこのような基本的認識は，既述したように20世紀においては，「矮小化された近代的防災」の推進の影にあってまったく考慮の外に置かれてきたのである．つまり「防災にかかわる専門家」と「国土・地域・都市計画にかかわる専門家」という分離・分極化した専門家集団の中で，そのような認識は決定的に欠落してきたし，必要ともされてこなかったのである．ましてや，「私たち司々の専門家にお任せなさい」というこまぎれの防災が，いつのまにか当たり前とされるようになってしまっている．

　省みると，そのような「専門家の使命と職分」という大義の下で蚊帳の外に置かれたいわゆる「素人の住民」にとっても，それは安逸なセーフティネットを公共的に保障されていることの期待への代償として無自覚的に甘受して

きたものであろう．「まあ，面倒なことはお上にまかせておればよい」，「うまくいかなかったときは，行政に責任をとってもらえばよい」，そういうことである．そこには既述してきたような意味での「健全で責任あるリスクマネジメント」を支える基本的条件が決定的に欠落している．それがいま，それでは立ち行かなくなったこと，そのような警告やシグナルが様々な形でわたしたちの生活環境や地球環境から発せられている．

　またグローバル化が急速に進む経済システムやそれを支える情報技術が20世紀型の社会システムの仕組み自体を根底から突き崩そうとしている．持続的発展論はそのような全盛期の袋小路からの新しい突破口を見出すための，先見的な相互啓発運動なのであろう．そして，災害に痛めつけられてきたわが国は，今や国土，地域，都市，コミュニティにおける安全と安心の基盤システムのマネジメントという「お家芸」をもって，持続的地球社会の発展に貢献しようとする積極的な姿勢が問われているのだ．そのようなリーダーシップを日本が取らずして，どこの「先進国」がそれに代わりうるのか．

　防災戦略をアジア的文脈において検討するならば，上述した論点はより積極的・具体的意味をもってくる．アジアモンスーン型気候や環太平洋地震帯に分布するアジア諸国の多くが，地勢的・地理的にも多様でかつ大きな災害のハザード（災害の発生の可能性）に晒されている．加えて，きわめて高い人口密度が分布する巨大都市が数多くあり，特に途上国の多くはその成長率が極めて大きい．また街区や基盤的道路が未整備で防災上きわめて安全性が低い密集市街地の増大や都市のスプロール化の進行に伴って，これらの地域はきわめて高い災害危険度に晒されており（高いエクスポージャーのため），結果として都市部を中心として，災害に対しての抵抗力のなさ（脆弱性＝バルナラビリティ）がますます顕著になってきているのである．したがって，「いのち（生命 = life）とくらし（生活 = life）と行き来（交流 = communication）という，本質的な3つの側面に主眼を置いた生活の場づくり」において，特にアジアの諸国においては，先進国，途上国のいかんにかかわらず，地域や都市の持続的な発展には，災害のマネジメントとしての防災は，ぜひとも基本的なテーマとして位置づけられ，実行されることが望まれるのである．（1.1で生命体システムとして都市・地域を取り上げることが重要であることを論じたが，そのことと密接に関係しているのである．）

1.5.4 災害・事故の形をとって現れる環境問題と総合的な持続的マネジメントの必要性

実は環境問題も，ときによっては事故や災害という形をとって防災問題と密接にオーバーラップすることがある．たとえば，流域の上流での，ごみの不法投棄は環境問題であるが，それがあるときに忽然と有害物質による水源汚染という形で事故として問題化することがある．海洋を航行するタンカーの衝突や座礁による海洋の油汚染は環境に関わる事故である．いずれにしても事故は人為的に引き起こされるものであるが，その初動的な対応で被害を最小限にくいとめるためには，事前の軽減防止策（ミチゲーション）を適切に講じておくことが効果的である．また，「密集市街地の増大や都市のスプロール化」の問題も，緩衝帯としてのオープンスペース（ある種のリダンダンシー）の不足や区画形式の不整序という，「空間質という環境質の一側面」の問題と解釈することが重要である．このように考えると，この種の都市問題も環境質のマネジメントの問題であり，同時にそれは安全質の向上を図るための，災害のマネジメントという側面を兼ね備えた総合的な都市の持続的マネジメントの問題として，多角的に対応していくことがきわめて緊要であるといえよう．

1.5.5 空間と時間の多様なスケールを考えた協働的な都市のマネジメント

実は上述したような，総合的な都市の持続的マネジメントは，空間のみならず，時間的な次元を適切に考慮したアプローチを導入することを要請する．しかも，そこで肝心なことは，環境質や安全質などに代表される生活の質は，空間的形態や時間的変化の速度に大きく規定されるということである．たとえば都市のスプロール化は単に「空間的な形態の変化の不整合」であるだけでなく，「時間的な変化の速さの不整合」に因るところが少なくない．もし街区を形成する骨格的な道路の基盤整備の進捗が，居住区の形成（空間変化）のプロセス（時間変化）に先行するか，または相互作用的に同時進行するようにタイミングを図る（持続的マネジメントする）ことができれば，都市の

スプロール化は最小限に防ぎうるであろう．20世紀後半におけるわが国の都市づくりは，残念ながら急速な経済成長を背景とする居住地の拡大ドライブが，生活環境の質を保証するべき基盤整備の速度にきびすを合わせられるほどには社会的ゆとりをもちえず，結果として「空間的かつ時間的変化の不整合」による「危険への露出度（エクスポージャー）」を社会的ひずみポテンシャルとしてどんどんと高めることにつながってしまった．1995年の阪神淡路大震災は，不幸なことにそのような都市の脆弱なボトルネックを不意打ちし，それが災害の規模をいやがうえにも拡大してしまったのである．このように空間と時間の両方の軸を視野に置いた「都市マネジメントの総合性」こそ，かけがえのない多くの人命の犠牲という代償の下で，20世紀のわが国の都市づくりが学んだ教訓の一つなのである．

1.5.6　先進国としての日本の課題

21世紀における防災戦略を議論していく上で，先進国としての日本の特徴や特殊性をどのように考慮すればよいかについて，検討すべき項目を列挙しておきたい．

(1)　とりあえずの成熟社会（量的膨張頭打ち型社会）

社会基盤整備や物質的な都市文明の普及という視点からは，わが国はすでにとりあえずの成熟社会を迎えていると言えよう．これは重厚長大型の産業構造のもとでの，量的膨張指向社会から転換し，持続的発展の下での質的成長を目指した産業構造へと舵を切り替えることを意味している．これを社会基盤整備との関わりで捉えると，計画の仕方やプロセスについて発想転換が求められている．すなわち，効率性や社会的優先度を考慮したアカウンタブルな評価規範の導入とそれに準拠した選択的整備が不可欠である．また計画に伴うリスク（たとえば事業リスク）や，その対象自体に含まれるリスク（たとえば災害や事故，環境汚染など）を明示的に取り扱うリスクマネジメントの導入が不可欠になってきている．

(2) 市民社会のめばえ

欧米と比べて,「市民」の存在とその社会的決定におよぼす実質的な役割はいまだしの感がぬぐえないが,一方で「市民社会」の実在感は確実に高まってきていると考える.その結果,まちづくりにおける市民参加型計画や,上述したようにアカウンタブルな評価規範の導入による透明性の高い,社会基盤整備の計画プロセスの導入が現実にいろいろな地域で施行されている.このことは,実効性のある防災計画の立案とそれをまちづくりと結びつけて議論していくアプローチにおいては不可欠なものとなってきている.また,安全と安心の問題のすべてを行政に任せるやり方はもはや適用せず,むしろ最終的には個人個人のレベルでそのリスクを選択し,自己責任のもとで独自に対応することが緊要である.このことは市民レベルでもだんだんと自覚され,受け入れられるようになりつつある.

(3) 新陳代謝を必要とする都市と災害のリスクマネジメント

とりあえずの成熟社会は,ある意味で国土や地域の社会基盤整備が一定の水準を現段階において達成していることの一つの帰結でもあると推察されるが,もう少し長期的に展望すると,そのような社会では現存する社会基盤が徐々に老朽化して,本来の性能を失っていく危険性をはらんでいると考えられる.つまりわが国の国土や都市を形成している社会基盤整備には,長期的な視点から新陳代謝のマネジメントの導入が求められているのであり,このことがまさに成熟型の都市の持続的な発展の典型的な課題であるといえる.これを災害のリスクマネジメントとして解釈してみよう.たとえば水道やガス,電気などのライフラインの減災対策について考えよう.持続的な減災対策として,ライフサイクルを視野に置いた安全質のグレードアップ対策を系統的に実施していく戦略を検討していくことが必要であろう.つまり,今作ろうとしているライフラインは,持続的にその機能を維持しようとするかぎり,いずれ数十年を経て再び機能的更新が不可欠である.よって,現時点でライフラインの整備を計画するときは,そのような更新事業のオプションを保持しておくこともできる.このように考えることにより,これまでの常識

化している整備方式とは異なる新しいタイプの事業のリスクマネジメントが構想できるかもしれない．またそのような安全質の性能基準を，地域やセクターごとに差別化することを認めることにより，異なるサービスを求める当事者間でリスクテーキングしていく仕組みづくりを考案することも考えうる．つまり一律のシビルミニマムとしての安全度から脱却し，異なるリスク負担と引き換えに（ミニマム基準を超えた付加的安全性能については），性能多様性を許容した安全サービスシステムを提供するというふうに，防災を災害リスクのマネジメントの観点から再検討していくのである．

(4)　災害体験先端国・日本とその国際的役割と使命

　災害体験先端国としてのわが国においては，これまでの長年の知恵として，事前的・予防的戦略としての減災（ミチゲーション）と事後的対応としての復旧・復興戦略の，両者の連携性の戦略がそれなりにうまく組み合わされて行なわれている．たとえば，災害復旧事業は災害の事後において，被害を受けた公共や民間の施設を，基本的に元の状態に復旧する事業であるが，そのような事業を災害のたびに繰り返していても，地域・都市の安全性は決して向上しない．それにもかかわらず，災害復旧事業として投じられる財政支出は莫大なものになっていく．それだけではなく，しかるべき減災事業が講じられないために，「災害が繰り返されなければ，本来達成しうる国土や地域の経済成長の経路」から，災害のたびに外れていくと推測される．もちろん予防的な減災事業の投資に割り振られることによって，経済成長がある程度犠牲になると考えられるが，それを十分に補いうるような災害防止効果によって，より経済的に豊かな社会の成長パターンが期待できると推測される．災害体験先端国としてのわが国が，単に災害復旧的な対応だけに明け暮れるのではなく，減災的な多くの事業にも鋭意，力を注いできた経験（暗黙知）がある．これは形式知としてより科学的な見地から定型化されうる．その総合的な効果の検証が必要であろう．ともかく，今後は，後述するような途上国への経済援助の有効な戦略として，積極的な位置づけが望まれる．同時に，援助国としてのわが国が，災害経験先端国としての実績によって裏打ちされた，戦略的にきわめて有効な経済的資金投入策として，減災型の防災戦略を講じていくことを検討していくべきであろう．

(5) リスクコントロールとリスクファイナンスの適正な組み合わせ

災害のリスクマネジメントには，ハードな減災対策としてのミチゲーションと併せて，金融的または財政的方策によって，ファイナンシャルなリスクを転移し，事後の損害の負担を軽減する方策を組み合わせて実行することがより現実的かつ効果的である（図1.5.8参照）．前者は災害リスクがもたらしうる全体的な被害の規模自体を縮小することに主眼があり，リスクコントロールといわれる．より一般的には，社会の災害への備えの能力や態勢を高めておくという事前的対応も減災の一つであり，これはハードな減災対策と区別して，「災害への備え」（プリペアドネス）と呼ぶことがある．リスクファイナンスのもっとも良く知られているものに，損害保険としての火災保険や，それと組み合わせた形で用いられる洪水保険，地震保険などがある．10年から50年程度の再現期間で起こりうる洪水などの災害については，洪水保険がそれなりに普及し，ファイナンシャルなリスク転移の方法として成果をあげているといえるが，これについても今後改善の余地がある．また，地震保険については，関東などのように地震リスクの主観的認知度の高い地域を除いて，加入率が一般的に低く，また，阪神・淡路大震災のときのような，直下型地震に有効な対策とはそのままではなりにくい．つまり，低頻度・甚大被害型のリスク（カタストフ・リスク）の特徴を有する災害に対しては，大数の法則の成立を前提とした，災害保険のスキームが適用できないため，まったく異なる視点からの災害リスクファイナンスのスキームを工夫することが求められることになる．これは災害リスクの分野で目下もっとも先端的研究が進められているテーマの一つであるが，災害の証券化（CAT bond）などによるアプローチはその一例である．

(6) 官民のパートナーシップ

上述した災害保険は，そのサービスの提供は一般的に民間の損害保険会社が担う形をとるものであるが，地震保険などのような場合に，個人のリスク移転を引き受ける個々の損害保険会社が，過度のリスクを集中的に負担することへの予防スキームとして，国がその一定のリスクを再保険の形で担保す

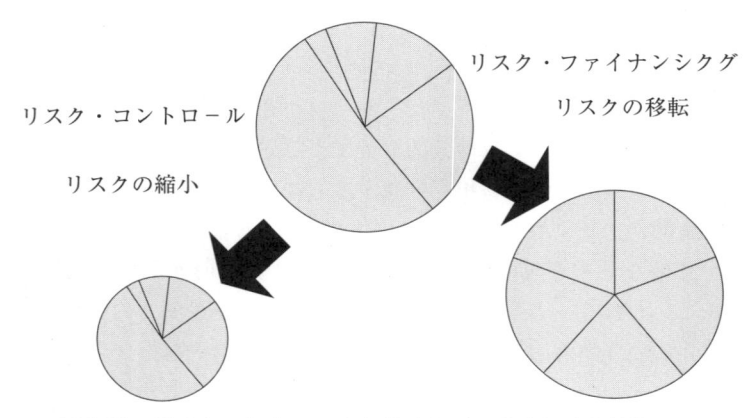

図 1.5.8　リスクコントロールとリスクファイナンスの対比

ることがわが国では制度的に認められている．これはいわば災害のリスクファイナンスにおける，官民の提携と役割分担（public-private partnership）の好例であろう．また，ハードな減災は主として公共セクターが，またプリペアドネスやリスクファイナンスの多くは民間セクターが担う形での，官民や市民とのパートナーシップは今後，日本などの先進国においてはますます主流的アプローチとして注目されてくるであろう．

1.5.7　途上国およびNIEs諸国の課題

(1)　巨大都市の成長管理

途上国および先進国にキャッチアップしつつあるNIEs諸国にあっては，地域や都市の持続的発展論は，先進国とは異なる課題と，それに見合った側面からのアプローチを要請する．その一つの際立った特徴は，人口や経済活動が右肩上がりで成長を続けている中で，都市も空間的膨張を続けており，それが多くの巨大都市を作り上げ，それをさらに増進してやまない状況にあるという点である．それにつれて，都市の環境リスクと災害リスクはますます増大し，それらは空間質の低下という形をとりながら，時間的変化のミス

マッチもあいまって相乗的にリスクを高めあっている．つまりこれらの都市は，空間と時間軸上での総合的なリスクマネジメントがきわめて不適切であり，そのことが都市の脆弱性をますます大きくしているのである．

(2) アフォーダブルなテクノロジー（身の丈に相応した技術）の移入

わが国などの先進国からの災害のマネジメントに関する技術の移入に際しては，ともすれば，当該途上国の国威の発揚や国家的自尊心の名のもとに不用意に大規模で，先端的なハイテクノロジーを前提とした技術移転が行なわれがちである．そしてそのような先進国のシステム技術の直截的な移植というやり方は，けっしてその国になじむものではありえない．つまり，その移入しようとする技術を持続的に支え，その国や地域の社会文化に馴染ませていく土壌と水遣りの社会システムを欠いているため，結局根づくことができず，立ち枯れてしまう．これには，それを使いこなす人材とともに，施設や装置を持続的に保持していくために経常的にかかるメンテナンスコストの問題も大きい．結果として後に残るのは破綻を象徴する巨大な施設や装置の残骸である．したがって，真にその国に根付くことができる技術とは，その国の身の丈に相応したアフォーダブルなテクノロジーでなければならない．また，その技術を習得し，繰り返し適用し，地域により馴染む形で発展させることに関わる人材の養成と，それをサポートする社会システムの育成が並行して行なわれるように支援していくことも不可欠である．つまりそのようなつつましやかな（モデスト）技術とその移入の社会システムづくりのマネジメント技術がパッケージとして提供されることが重要である．

(3) 減災型の防災の積極的な推進

すでに先進国の場合について言及したように，事後的で受身的な災害復旧対応に終始するのではなく，事前に予防的な対応を図る減災型の防災を積極的に組み合わせていくことが求められる．このことは途上国の防災についても当てはまる．それにより，結果的にはより豊かでかつ安全な地域や都市が育成されていく可能性が高いと推察されるが，問題はそれをどのように実践

し，ガイドライン化して，効果的な適用の場面と範囲を規定していくかがいまだ科学的に明らかになっていないことが支障となっている．このため，みずからの財政的資金によってミチゲーションに充当する判断をする裁量を持ち得ない多くの途上国にあっては，このようなミチゲーション方式の防災に対して海外からの融資を正当化しにくい状況がある．いきおい経済投資の優先先は安全性の視点を除外したものになりがちである．このことは援助する側の先進国にあっても，裏表の関係で，そのような投資を経済的に妥当と判断するに足る理論的フレームや実証的なエビデンスを持ち合わせていないことがネックになっているのである．このため，ぜひともそのようなネックを解消するための学際的システム科学による挑戦が求められている．

1.6　どうして今，リスクマネジメントが必要なのか

1.6.1　リスクマネジメントの基本とは何か ── 三つの誤解

　これまでは防災との関係からリスクマネジメントにも触れてきたが，以下ではもう少し視点を変えて，「方法論としてのリスクマネジメント」そのものについて検討しておこう（岡田2001）．
　Christopher（2000）は，経営マネジメントの立場からリスクマネジメントを論じているが，彼が示している「リスクマネジメントをめぐる三つの誤解」について紹介することにより，リスクマネジメントの本質を逆に探ってみることにしよう．
　（i）リスクは常に悪いことである．→間違い
　　これは，上述したようにリスクマネジメントは「忌まわしいこと」を扱うことである，とする一般の誤解と通じるものである．Christopher（2000）によれば，たとえば，この「悪いこと（起こってほしくないこと）」が起こりうることとして，きちんと受け止めるとともに，市民がそのリスクに曝されていることを知らせる役割を果たすと同時に，災害が実際に起こったときには，最終的に負担すべき損害の程度を軽減することを考えよう．災害保険はこのことに貢献する．「悪

いこと」が起こりうることをきちんと受け止め，受益者に知ってもらった上で，保険に加入する人から，保険料を徴収して，そこから経営の機会を作りだすことができるわけである．このとき当の会社はリスクマネジメントの当事者である．加入している市民はその公益性のあるサービスを受ける受益者であり，消費者でもある．（この場合，保険に入るか，それともその保険料を他の優先すべきものに使うべきかの，＜選択の自由＞をもった市民もまた，当事者の一人として，自身のリスクマネジメントを行なっていることになる．ただし市民の方が国などの制度にもとづいて強制保険を掛けさせられているときは，市民は直接このリスクマネジメントの当事者の一人として関わってはいないことになる．）

　ここで重要なことは二つある．第一は，「悪いこと」が起こりうることから，「良いこと」が起こることを引き出す知恵の源泉とする，ということである．「良いこと」が起こりうるチャンスを取り出す梃子を見つけ出すということである．第二は，それが選択する当事者の判断次第であり，そこには選択の自由があるということである．そして，その結果として，うまくいけばその実りを手にする．ただしうまくいかなければ，その損害（負の実り）を受け入れる．これはその選択をした者の，権利であり，義務でもある．これは「自己責任の原則」といわれるものである．

(ii) リスクの中には大変に悪いものがあって，それらはなんとしても（どんなに費用がかかっても）取り除かなければならないものである．→間違い

　防災が話題になったついでに，これを例にとって話を進めよう．というのは，防災に関わる専門家の多くはある意味で，律儀にもこの第二の誤解に取り付かれていると考えられるからである．彼らには，「防災の専門家としての我々が＜災害という悪いこと＞を真剣に心配し，それをなんとしても起こしてはならないと日夜考えている集団である」という思いがある．（この意味で，防災はあえてそうは言わなくても，昔からリスクマネジメントはやっているという，よくある素朴な反論が出てくるのであろう．しかし，これこそ第二の誤解そのものである．）そして，＜自分たちの専門的判断から見て達成しなければならない安全性＞はなんとしても実現しなければならない，と結論づけてしまう傾向にある．もっともこのような，ある意味で律儀な，しかし素人判断を許さない排他的な性癖は，かつての良き土木技術者の典型的な実像であったと思う．その意味で，以下の議論は，防災技術者以外の大方の土木技術者にも当てはまると考えてよい．

ここで発想転換が必要になってくる．以下，ディベート形式で議論の争点を明らかにしてみよう．
① 悪いことを減らそうとするのは，良いことである．ただしそこにはリスクがある．現実にはうまくいくときもあればうまくいかないときもある．

反論：
A1. うまくいかないことはあってはいけない．だからリスクはない．
あるいは
A2. うまくいかないことはあってはいけない．仮にあるときは，それは想定外のことが起こったのであるから，そこまでは責任はもてない．（だからリスクはない．）

再反論
CA1：「あってはいけないこと」が起こらないという保証は何もない．したがってそのようなリスクはある．
CA2：想定はどのようなプロセスで誰が決めたのか．想定外かどうかはどのようにして確認できるのか．それが外部の受益者に確認できる形で明示されていないと，責任がないとは言い切れない．これからの時代はそのような説明責任が不可欠になってきている．その上で想定外ならば，受益者がみずからの責任で最終的に受け入れるべきリスクであり，そうでなければ，防災を担当する行政当局が当事者としてその自己責任を負うリスクはある．

② 良いことにお金を使うことによって，もっと良いことに使う機会を逃してしまうこともありうる．

反論：
われわれは国民や市民に付託されて，その権限と裁量の下で，良いことにお金を使っている．その意味で，もっと良いことに使う機会はありえない．（あるいはそこまで考えるゆとりもその必要もない．）

(iii) 安全なことが分かっていることにしか関わらないことがもっとも安全なことである．→要注意（間違いとは言い切れないが，留保条件が必要である．）

　次のような例を出して，説明をしよう．環境保護，健康や安全といった「政治的にデリケート（センシティブ）な問題」はともすれば，リスクマネジメントに「保守主義」を持ち込みがちで，その傾向はますます高まっている．たとえば，米国政府の食品医薬庁（FDA）は，新薬の認可にあたって「安全性が確認されない限り認可はしない」という政策を取る傾向があるという．人命を預かる行政当局の立場としては，そのような「保守主義」は分からないでもないが，

Christopher はこう反論する．「安全なことが分かっていることにしか関わらないこと」に固執して，「もう一方の安全」を高める機会を社会が失っているかもしれないことはどう考えるのか．つまり，その薬が認められたとして，それを使って助かる患者がいるかもしれない機会がみすみす失われてしまったかもしれないということである．このことは，統計学でいう二通りの誤謬の問題として解釈することができる．

　すなわち，正しい仮説が採択されないことによって生じる第一の誤謬と，誤った仮説が採択されることによって起こる第二の誤謬である．ここでは，「新薬は安全である」という仮説を採択して，実はそれが誤りであったケースが，第一の誤謬である．それに対して，「新薬は安全である」という仮説を採択しなかったが，実はその仮説が正しかった場合があり，それが第二の誤謬である．人間は一般的にこのような場合に，その真偽が確定できない仮説に対して，それを積極的に肯定するよりは，それを否定する性癖があるともいわれる．その意味では，これは人間の本性に根ざしたもので，なかなかそのように偏向を矯正するのは難しいであろう．事実，Christopher もそのことの困難性は認めた上で，しかしあえてそれに挑戦する必要性を唱えている．また，第二の誤謬を事後的に立証するケースはわりと簡単に見つかる（たとえば何人の死者が出たかというデータはある）し，それが明らかになったときのインパクトは大きい．一方，第一の誤謬（たとえば何人の人がその新薬を使わなかったために命を落としたのかということ）を後から裏付ける情報は極めて少ないし，入手しにくい．とりわけ科学者は事実による実証ができないと「現実の適用」への関与を避けようとする習い性がある．このことが問題を困難にしている要因として働いていることは想像に難くない．

　実はこのような問題を前向きに解決していこうとする試みがすでに始まっている．たとえば Amendola（2001）によれば，EU では持続的発展（sustainable development）がヨーロッパ全体のこれからの国土・地域開発や環境施策の骨格を形成するものとして，その基本的指針（Directives）が提示され，それがさらに各加盟国の政策に具現化される動きが進んでいる．

　もとより持続的発展というコンセプトは必ずしも確定されたものではなく，「地球温暖化」を始めとする人為的気候変動やそれが生命生態に与える影響についての多くの仮説に基づいている．しかし，「このままの 20 世紀型消費型文明を続けていくと，地球，そして人類の生存が危ない」という基本的な仮説がそこにある．この場合，それを証明できるまで待つ，というのではなく，そのような仮説の正しさを想定して，「暫定的に採択」し，その真偽を確認するモニタ

リングとチェックポイント（地点と時点）を設けながら段階的に学習し，検証しながら対応を修正・発展させていくというものである．このようなアプローチを「予見的アプローチ（anticipatory approach）」で，「事前警戒的アプローチ（precautionary approach）」という．今後のリスクマネジメントには，このようなアプローチによる段階的で適応補正型のプロセスを導入していくことが不可欠になってくるものと思われる．

考えてみると，我々の周辺には，この種の第二の誤謬にとりつかれて，「それが確実であることが分かるまで，安全を期して＜未知を抱える行動＞を起こさない」という保守主義がなんと多く蔓延していることか．しかし新たな行動を一歩起こしてみないかぎり，それらを実証する事実を手にすることができない場合，行動を起こさないということは，長い目でみて社会の安全の向上に背をむけていることになる．むしろ積極的に予見的事前警戒的アプローチを導入することが合理的であり，長期的にみても社会のためになると考えるべきであろう．

1.6.2　リスクマネジメントを特徴づけるその他の基本的特性

ここでは上述したリスクマネジメントの要件を補足する意味で，いくつかの特徴について簡単に触れておこう．

(1) 健全で責任がとれるリスクマネジメント（sound and responsible risk management）

この表現も Christopher (2000) に負っている．われわれは日常的になにげなくリスクマネジメントをしているのではないか，という議論がある．たとえば遅れかけた会議に間に合わせようと，赤信号を無視して渡って急ぐ人は，無意識のうちに，会議におくれないようにすることを，命を失うかもしれないことよりも，優先して行動しているといえる．これもある種のリスクマネジメントでありうるが，決して健全で責任のあるリスクマネジメントとは呼べないであろう．そもそも，遅れるかもしれないことを予測して十分にゆとりを持って家を出るというのが，健全で責任のとれるリスクマネジメントの基本であろう．（これについては後述する (2) の特徴が関係してくる．）

その上で合理的な判断をして行動するということが大前提となる．なお，この「赤信号を敢えて渡る」リスクを冒す行動に関しては，これをある種の危機管理とみなして説明することもできよう．次のポイントが重要である．
(2) 危機管理とリスクマネジメントは親戚であるが区別したほうがよい．

　危機管理とリスクマネジメントは同じことと考えている人が多いが，厳密には区別した方が良い．確かに両者は重なる特性があって，その意味では親戚であるともいえる．また広義には危機管理もリスクマネジメントに含める考え方もある．狭義には二つを区別する．危機管理は基本的に「悪いこと（危機）が起こってしまったこと」（事後的事象）を前提に，その後の事態の推移ができるだけ被害の拡大につながらない形で終息させる方策を検討し，それを実行するマネジメントである．この場合，不可逆（やり直しがきかない）で限られた時間との戦いでもあるので，時間自体がリスクマネジメントにおける決定的な資源制約であるといえる．

　これに対して，リスクマネジメント（狭義）は基本的に「悪いことが起こりうること」を前提にそれに対して事前にどのような決定と対応をすればよいかを検討するものである．もちろん，事後にどのような対応をするかを事前に決定しておくことは，危機管理とリスクマネジメントを橋渡し，双方のマネジメントの質を向上させるもので，この意味でも両者は，密接な関係にあることはいうまでもない．防災はその典型的な分野であろう．
(3) 未来は不確定であるが，まったく想像できないわけではない．→想像力はリスクマネジメントの能力の源泉である．

　Borge (2001) によれば，リスクマネジメントの目的は未来を向上させることにあり，けっして過去を説明することにあるのではない．その上で未来は不確定であっても，予見に基づく備えと想像力を喚起することによってある程度の姿を描くことができることのプラスの側面を強調する．このことは前述した，予見的アプローチの有効性の議論とつながるものである．
(4) 測れるもの，計量できるものは可能な範囲でそうするように努める．

　これは説明を要しないであろう．科学的な判断を可能にするためにはリスクマネジメントにはできるだけリスクを測り，計量化する科学的方法を導入することが不可欠である．本稿ではこの点については説明を省略する．
(5) リスクの判定には最後は主観としての信念（belief）と選好性（preferences）

が関わってくる．

　リスクを測定し，計量することはきわめて重要であるが，その場合に，リスクは必ずしも客観的数値によって説明づけられるものではなくて，むしろそのリスクに曝されている人間やリスクマネジメントの当事者の主観性に依存しているところが大きいという点である．これは，不確実な事象の起こる確率を主観的にどのように捉えているのかという「信念」や，事象の好ましさをどのように捉えているかという「選好性」の問題とみなすことができる．たとえば災害を体験した地域では人々は，災害のリスクに対しては危機回避的になる傾向があるだろうし，そうでないところではその逆である可能性が高いであろう．このことは災害のリスクマネジメントを行なう上で重要なポイントとなる．社会の意識とリスクとは密接な関係があり，地域や社会を対象としたリスクマネジメントはこのことを無視しては適切なリスクマネジメントは行なえないからである．

1.6.3　社会基盤整備の専門家としてのリスクマネジメントの要諦

　それでは社会基盤整備の専門家としてはリスクマネジメントをどのように導入していけばよいのだろうか．これまでの議論を踏まえた上で簡単にその要諦を列挙しておきたい．

a. 社会基盤整備のリスクマネジメントの最終的な受益者は，当該リスクに曝されている市民である．
b. 社会基盤整備のリスクマネジメントに直接関わる当事者は社会基盤整備の専門家のほかにリスクマネジメントの専門家を含める必要がある．両者の専門家は同じ人や組織でもありうるが，異なる場合も多いと考えるのが現実的であろう．またその種の専門家は行政の中にいる場合もあるが，コンサルタントやシンクタンクに所属している場合も少なくないであろう．あるいはゼネコンなどに属していることもありうる．その他に，それでもカバーしきれないリスクについては各市民個人に最終的に受け入れてもらうことを要請することになる．この意味では，市民自身や彼らが所属する地域コミュニティが当事者となって担うリスクマネジメントもあることを明確に前提とすること

でもある．
c. 起こってほしくないことも，起こりうるとして考慮に入れる．またそれを明示し，公表する．
d. 起こりうることに悪いことと，良いことが混ざっている可能性があり，そこに不確実性が入るからリスクを受け入れる意味がある．
e. リスクマネジメントはそのような下で，事前に取るべき行動や対策を検討し，それを実行するものである．そこでは当事者の「選択の自由」やその「裁量の範囲」を認めるところに特徴がある．ただしその結果の「責任の取りうる範囲」とその「責任が及ばない範囲」とを外部に対して事前に明らかにしておくものである．
f. 明示された条件の下で，専門家の当事者として最善を尽くすが，完璧な安全（ゼロ・リスク）はありえないことを認める．
g. 明示された条件は変えることができ，それによって，あくまで可能性として，より安全にしうるが，それに払うべき費用や手間はその分だけ際限なく大きくなることを，最終的な受益者に明らかにする．
h. 明示された条件を変えることを決めるのは，最終的な受益者を巻き込んだ社会的決定の問題である．これは結果のみではなく，そのプロセス自体がリスクマネジメントのよしあしを最終的に決めることになることを意味している．
i. 以上のことを可能にする上で，基本的な情報の公開と共有と，コミュニケーションは不可欠の要件である．

1.6.4　社会基盤整備にリスクマネジメントが不可欠な応用分野

(1)　災害のリスクマネジメント

　すでに何度か繰り返したように，防災はリスクマネジメントを必要とする典型的な分野であろう．防災の特殊性は，不確定な自然現象のある一面がまず引き金となって生起し，それがインパクトとなって，それが社会現象を引き起こし，結果として大きな損害を引き起こすことにつながる可能性があるということである．この意味では，不確定な自然現象（自然ハザード）の解明とそれをリスクとして捉える研究が重要であり，それが防災研究の伝統的

な研究分野を占めているのもあながち理由のないことではない．しかし，それに加えて，それに対する社会現象の解明と理解がそれに勝るとも劣らないほどに重要である．また，この例は厳密には自然災害に関わる防災の場合で，この他に社会現象が引き金となり，それがさらに別の社会現象を引き起こし，結果として大きな損害につながる場合も考えられる．原子力事故，タンカーの海上における座礁や衝突にともなう油汚染事故，それに加えて，テロリズムや戦争なども典型的なこの例になるであろう．

(2) 環境のリスクマネジメント

環境問題は災害と類似した側面と異なった側面とを有している．その最大の特徴は，不確定な社会現象がきっかけとなって生起したことが，自然の摂理を介して再び社会にインパクトを及ぼし，それが新たな社会現象を引き起こして，結果的に損害を社会に及ぼすもの，と説明することができよう．このようにいったん自然の摂理に還元された影響が再び社会現象に回帰してくるまでには時間遅れがあり，それが緩慢で可視的ではないときには，社会が損害を認知しそれを確認できるようになるまでには，相当の時間が経過することになる．このため環境問題はしばしば，それが「問題化して事象として生起した」かどうかがファジイである．つまり事前なのか，事後なのかの判断自体にある程度のグレーゾーンを設けざるをえないのである．これが環境問題と災害とを分ける大きな特徴であるといえる．したがって，そのリスクマネジメントもそのような環境問題の特徴を適切に踏まえたものであることが求められる．なお，特殊な場合として，最初のきっかけとなる社会現象の生起が起きた後に，それがある時点で災害の形をとって大きな社会的な損害を引き起こすことが予測される場合には，むしろそれは環境問題であると同時に災害の一つであるとみなした方が良いことになる．そして自然の摂理のフィルターに入るまでのリードタイム（移行時間）を利用してある程度の対応ができる場合には，その事後的な対応は，危機管理の一種となる．

(3) プロジェクトのリスクマネジメント

昨今，公共事業の見直しが急務の課題となってきているが，その根幹に，たとえ公共性の高い社会基盤整備のプロジェクトであっても，「計画の見込み違い」などに基づく「プロジェクトの失敗」という「悪いこと」が十分に起こりえることを前提にして，事業決定されるとともに，仮にそのような悪い事態になったとしても，最悪の状況は回避できるような仕組みや対応を事前に講じておくことが要請されるようになってきている．「失敗」につながる要因には，「経済状況の変化」，「社会構造の変化」，「技術革新」などのほかに，事業推進についての事前の合意やそれを裏付ける協定の不備などからくる「事業コンフリクト（利害の対立）」なども無視できなくなってきている．これらの要因の発生はいずれも不確定な事象であるが，事前にまったく予見できないものは意外と少ないのである．このように考えてくると公共性のあるプロジェクトにもリスクマネジメントが不可欠になってきていることは明らかである．また，プロジェクトの推進の仕方についても，事業経営という視点をもっと積極的に導入するとともに，民間と政府の裁量と責任のある分担（パートナーシップ）にもとづく方式を工夫することが求められるようになってきている．たとえば最近大きな注目を浴びている PFI などはその典型であるが，これもプロジェクトのリスクマネジメントのアプローチと結びつけないかぎり，けっして「魔法の杖」のようにとたんに公共事業に新たに課されている要請をクリアできるわけではない．

これらの例からも明らかなように，これからの社会基盤整備にはリスクマネジメントは不可欠の「物の見方」と「マネジメントの方法論」になってきているのである．

1.6.5 総合的なリスクマネジメントの必要性と課題

社会基盤整備にリスクマネジメントを導入していく上で，総合的なアプローチ（総合的なリスクマネジメント）が今後ますます，重要になってくると考えられる．その理由を列挙すると以下のようである．

① 社会基盤整備も単に「新たに作る」時代から，「作ると同時に，作ったものを更新していく」時代へと舵を切り替えることが求められている．これは時間軸上で総合的に社会基盤の持続的な発展を図っていくことが不可欠なことを意味している．たとえば「お守りのできない図体の施設」は，作った時点ではそれなりに効果的かもしれないが，長期的にみて「お荷物」になるのである．その意味でも「持続性」が保証された整備の方式を導入していくことが求められるのである．

② これまでの社会基盤整備はあまりにも「個別・細分化」され過ぎた形で推進されてきた．道路は道路，河川は河川，公園は公園という具合である．それはある時点までは，最低限の基盤整備を個別にかつ時間的に最短かつ確実に実施するという意味では効果的であったことは事実である．しかし，これは明らかに時代の要請に見合わなくなってきている．たとえば市民からみると，「同じオープンスペース」であるはずの公的空間が，道路，河川，公園という形で，切り分けられ，それぞれが強調しない形で整備のための整備が自己増殖しているきらいがある．今後は，都市や地域の環境に適合し，空間形成や建築環境ともマッチした質の高い基盤整備こそが必要とされる時代であろう．その一方で，それに投入できる資金や資源にはこれまで以上の社会的制約と監視がともなうことになる．社会基盤整備の専門家としては，個別的・施設対応的アプローチから脱却して，それぞれの当事者による協調性のある総合的なマネジメントを実現していくことが使命とされるべきであろう．

③ これまでのように，施設対応的なハード・アプローチを中核として，それにソフト・アプローチが脇役を務めるアプローチから卒業して，両者を同格に置いた社会基盤整備が求められてきている．防災や環境の問題では特に，リスクコントロールといわれるハードを主体としたリスクマネジメントに加えて，保険や債券による損害の軽減を意図したリスクファイナンシングのアプローチを適切に組み合わせていくことが，社会が求める総合的な安全と環境の質の向上につながるという考え方が世界的に一般になりつつあるのである．

第 2 章
防災情報論

2.1 防災情報とは何か

2.1.1 災害と情報

　阪神淡路大震災は我々に多くの教訓をもたした．その教訓を今後克服すべき課題として分類すれば，科学技術上の課題，社会経済的な課題，そして，その両者に跨る情報面の課題として分類される．科学技術の発達，特に，情報技術の発達は，災害に関する情報をより迅速にかつ正確に伝達することを可能としてきた．インターネットの普及によって，電子メールは主要なコミュニケーション手段として不可欠な存在となってきているし，Web を通じた情報の提供，取得，利用も急速に進んできている．災害に関しても，ハザードマップ等の災害危険度情報の提供はもちろんのこと，リアルタイムで対応行動を支援しうるような災害情報システムの整備も進み，災害時の円滑な情報共有が期待されている．しかしながら，これらの情報が真に役に立つものとして社会に受け入れられ，かつ利用され得るかという観点からは，検討すべき課題は少なくないと考えられる．

　本節では，災害と情報を巡る課題の概要を整理し，本章で展開される議論の筋道を整理したいと考えている．

2.1.2　情報の意義

　情報という言葉は，日常的に使われるけれども，その意味はかなり多義的である．広辞苑においても情報は「①ある事柄についての知らせ（例：極秘情報），②判断を下したり行動を起こしたりするために必要な，種々の媒体を介しての知識（例：情報が不足している）」のように記述している．
　ここで，本稿において我々が問題とするのは，②の意味の，"判断を下したり，行動を起こしたりする際に必要となる「情報」"である．この定義から，情報は判断や行動の決定に際して利用されるものであり，その価値は情報を利用することでよりよい決定が可能となることによってもたらされることになる．
　まず，いくつかの例を考えてみることにする．情報が役に立った場合を挙げてみよう．桶狭間の戦いにおいて信長が数的な劣勢の下で今川義元を打ち破れたのは，今川勢の位置とその動静を把握する情報をもちえたからであった．日本海海戦においてもバルチック艦隊の航路に関する情報の事前取得がなければ，日本国海軍の戦力は分散され周知のような勝利を得ることは不可のであったであろう．「傘を持って行くかどうか」，「コートを着るかどうか」など，また，もっと卑近な例を挙げれば，天気予報が役に立つのはそれに基づいて我々が自らの選択する行動を変化させうるからである．
　これらの事例に共通する特徴として，「不確実性の存在」を挙げることができる．今川義元の所在が桶狭間近傍のいくつかの個所に絞られていても，確かな情報がなければやはり数的な劣勢の下では勝利はおぼつかない．しかしながら，斥候等から得た追加的な情報を用いることで，義元の所在を確実に（確率1で）知りえたなら，勝利は現実味を帯びたものとなる．信長の情報戦は，このように「不確実性を減らすもの」として，情報を用いている．この特性は，バルチック艦隊の航路，天気予報に関しても当てはまる．シャノン（1949）は「情報」を「不確実性を減少させるもの」として定義している．本稿でも，シャノンの定義に従って，不確実性の減少を通じてよりよい意思決定を可能とするものを「情報」として捕らえることとする．
　ここで，もう一つ，「複数の選択肢の存在」も指摘しておこう．情報によって減少した不確実性が意味を持ちうるのは，そのことによって絞り込まれた

発生可能な状態の集合に対して異なる対応方法がとりうることが想定されていなければならない．

桶狭間でも日本海海戦でも，戦力をある場所に集中するという戦略が用いられている．言い換えれば，情報に応じて集中する場所を変えることが可能であったということである．また，天気予報の場合でも，予報に応じて傘を持っていくか行かないかというような状況依存的な選択が可能であって初めて情報は役に立つのである．

もう一度ここまでの議論を振り返ってみよう．情報が役に立つのは，与えられた情報に依存して異なる決定を下すことができるからであった．これは与えられた情報に基づいて状態の生起に関する主観的な確率を更新し，それに基づいて適切な選択を行なうことが可能であるからに他ならない．このような決定が可能となるためには，もちろん，情報取得後の意思決定の可能性が保証されていることが必要であるが，それ以上に，情報構造に関する知識を有していることが必要である．言い換えれば，情報が役に立つのは「情報構造」（たとえば，Laffont（1989）参照）を知識として保有している場合に限られるのである．すなわち，情報が役に立つための条件としては，①不確実性の存在，②複数の選択肢の存在，③情報の存在とその情報構造に関する知識が必要となるのである．

2.1.3 災害の希少性と情報構造の獲得可能性

前章までの議論では，情報は少なくとも非負の価値を持ちうる，すなわち，役に立つことが想定されている．このことは，誤った情報によって損失を被ることは少なくないという我々が日常的に感じている感覚とは若干異なる．それは，情報が役に立つのは「情報構造」を知識として保有している場合に限られるという前提による．情報構造を知っているということは，少なくとも提供される情報と実際の状態との確率的な対応関係を知っていることを意味している．しかしながら，どのようなリスクに対してもこのような知識を容易に獲得できるわけではない．

災害は再現期間が長く，少なくとも個人にとってはめったに生じない希少

な現象である．このために，ハザードマップ等，災害に関する脆弱性などの情報が提供されていたとしても，その精度を自らの経験をもとに正確に予測することは到底不可能である．すなわち，災害リスクやそれに関わる情報の提供に関しては，提供された情報を解釈し，実際の行動につなげるための「情報構造に関する知識を経験によって獲得することができない」という問題が存在するのである（Tatano, et. al. 2004 参照）．

　情報構造のわからない情報のみを受け取っていかなる意思決定が可能かは定かではない．提供された情報を鵜呑みにして大やけどしてしまうという日常的な感覚は，実は，正しい情報構造をもちえていない状況でのみ発生するのである．このために，情報が提供されてもその利用がなされないのは正しい情報構造が知識として獲得されていない場合に生じやすいのである．結果のみを示した災害情報の提供はこの種の問題に常にさらされており，提供された情報が意思決定に役立つ要件を保持しているとは言いがたい場合も少なくないのである．

　経験によって獲得することが困難であるなら，そのような知識を直接学習し，取得するという方法が考えられよう．野口（1974）によれば，情報は「プログラム情報」と「データ情報」とに区別される．プログラム情報は「体系的"知識"」であり，データ情報は「断片的"情報"」に対応する．経験によって学習が可能な場合は，データ情報からでも帰納的に情報構造を推定することが可能であろう．しかしながら，災害情報のようにデータ情報のみから経験的に情報構造を獲得することが困難な場合には，情報が生み出される過程に関する体系的な知識の伝達が不可欠なのである．

　プログラム情報としての災害情報には，専門的・技術論的な内容が多数含まれる．情報の受け手である行政なり，住民がこれらの内容を完全に理解することは可能であろうか？実際にはこの種の知識を理解するためには大変な時間を伴うであろうし，それを理解する側の個人の能力にも依存する．すなわち，知識の取得にはコストがかかるのである．このような知識取得コストの存在は，効果的な情報提供を行なう際に大きな障壁となる可能性がある．知識は，一朝一夕に獲得できない．従って，教育の役割の重要性を強調しても強調し過ぎることはないであろう．リスクコミュニケーション等の活動によって，この種の知識のギャップを埋めるための活動が今後さらに求められ

るのは言うまでもない．

2.1.4　本章のねらいと構成

　以上の議論から明らかなように，災害情報を巡る研究上の課題は数多く存在している．これらを大別すれば，災害リスクや災害時の情報と人間や社会の行動との関係を明らかにし，より望ましい行動を誘導するための方策に関する研究と，実際に役に立ちうる情報システムを構築していくための研究に大別されるであろう．ここでは，前者を情報意思決定論的研究と呼び，後者を情報技術論的研究と呼ぶ．前者は情報の経済学やリスク心理学との関連の深い領域であるし，後者は情報システム論と密接に関連している．もちろん，災害情報論を研究する際には，両者は車の両輪のように互いに不可欠であり，厳密に区別することは困難ではあることは言うまでもないであろう．

　本章の前半では，特に情報と災害リスクに関する認知との関係に焦点を置いた情報意思決定論的な研究に関して概説し，後半で時空間GISを基盤技術とした防災情報システムの構築技術に関する研究を紹介したい．具体的には，2.2では災害リスクの認知に関する理論を紹介し，2.3ではこのことが都市内の土地利用に及ぼす影響について述べる．その上で，2.4では，アンケート調査によって，災害リスクがどのように認知されているのか，さらに，いかなる災害リスクに対する選好を家計は有しているのかを明らかにする．2.5では意思決定の主体を政府として，インフラの耐震安全性を高めるために情報がいかに貢献しうるのかについて概説する．最後に，2.6では情報技術論的な研究を取り上げる．2.6では，先ず，役に立つ災害情報システムを実際に構築するために必要となる基礎的な概念としてリスク対応型時空間情報システム概念を説明する．その上で，効率的な災害時対応を可能とするような情報システムとして時空間地理情報システムを構成するための技術的な方法論が提示される．この研究は現在，多くの災害現場や災害リスクコミュニケーション（吉川，1999，2000）の現場に適用されるに至っており，着実な発展を遂げているが，紙幅の都合から割愛した．この点に興味をお持ちの読者は多々納ら（2003）等を参照頂きたい．

2.2 災害リスク情報の認知と減災行動

2.2.1 自然災害の特徴

自然災害の特徴として，発生頻度は低いけれども，一度発生した場合の被害は甚大なものになるという性質が挙げられる．このような災害はしばしば低頻度巨大災害と呼ばれる．代表的な事例としては，都市直下型の地震や大規模な台風，大洪水等を挙げることができよう．

近年の自然災害の発生傾向を見てみよう．図 2.2.1（ミュンヘン再保険会社の資料（Munich Re, 2002）をもとに作成）に示すように，1960年代と1990年代における大規模災害（国際的な支援がなされた災害を仮にこう呼ぼう．）の発生件数は，概ね3倍程度に増加しているのに対して，災害による被害額は約9倍と急激な増加を見せている．

このような傾向は，もちろん，自然条件の変化によるとも考えられるが，むしろ，人口や資産の災害脆弱地域への集積による影響が無視し得ないとみることがより素直な見方であろう．1960年代に比べ，自然災害の発生メカニズムに関する理解や予測・予報技術は大幅に進歩してきている．さらに，減災・防災のための技術も進歩し，防災対策も（もちろん十分とはいえないが）進んできている．にもかかわらず被害額が増大しているのは，防災や減災に関する努力が人口や資産の集積に追いつかない状況を露呈しているとい

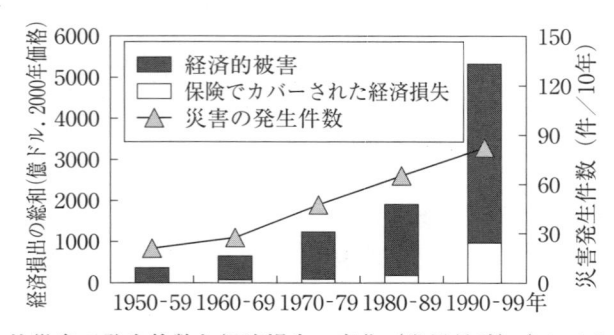

図 2.2.1 自然災害の発生件数と経済損失の変化（世界総計）（Munich Re（2002）をもとに作成

えよう.

2.2.2 不確実性下の人間の行動に関するモデル

不確実性下では個人が選択した行為とその結果が必ずしも一対一対応しない．複数の結果のうち一つが生じるが，どの結果が生じるのかは事前には確定しない．このような不確実性下の行為の選択に関して広く用いられているのが期待効用理論である．伝統的な期待効用理論では，各々の行為 a に対応した結果 $c \in C$ の生起確率 $P_c(a)$ が既知であるとして，代替的な行為の集合 A からある行為 $a \in A$ を選択する行動を，くじ $L_a = \{C, P_c(a)\}$ の選択行動として解釈する．ここで，C は結果の集合である．

このようにして定義された任意の二つのくじにどちらが選択されるかを与える選好が π_L で与えられる．この選好がいくつかの性質を満足するとき，結果に対する実数値関数 $u(c)$ が定義できて，任意の行為 $a, b \in A$ に対して以下の関係が成り立つことが示される．

$$L_a \ \pi_L \ L_b \Leftrightarrow \sum_{c \in C} P_c(a) u(c) < \sum_{c \in C} P_c(b) u(c)$$

ここで，実数値関数 $u(c)$ は効用関数と呼ばれ，$\sum_{c \in C} P_c(a) u(c)$ は期待効用と呼ばれる．

このとき，代替的な行為の集合 A からある行為 $a \in A$ を選択する行動は，以下のように期待効用最大化行動として定式化される．

$$\max_{a \in A} \sum_{c \in C} P_c(a) u(c)$$

この表現はあくまで形式的に選好の順序に矛盾しないように与えられた形式的表現であることに留意しよう．さらに，各々の行為 a に対応した結果 $c \in C$ の生起確率 $P_c(a)$ は，行為を選択した個人が判断した主観的な確率であり，観察者によって観測される客観的な確率とは必ずしも一致する必要はない．ただし，このような客観リスクと認知リスクとの乖離によって生じる行動は，必ずしも望ましいものではない．たとえば，堤防で守られているから安全であると信じて住宅を建てたが実は洪水の危険にさらされていることが

後から判明したとか，逆に，失敗を恐れたがためにチャンスを逃がしたとか，実際の生活においてわれわれが体験する多くの出来事はリスクの認知と関係している．それでは，一体，われわれのリスクに対する認知にはどのような傾向があるのであろうか？

　Slovic ら (1997) は，アメリカ合衆国における年間の死亡者数について，聞き取り調査を行なった．その結果を図 2.2.2 に示す．この結果から，縦軸は被験者が回答した年間死亡者数であり，横軸は統計から算出された客観的な値である．この結果から，客観的リスクが小さな事象では，リスクが大きく見積られ，客観的リスクの大きな事象ではリスクが実際よりも小さく認識されていることがわかる．リスクの認知に影響を与える要因としては，その生起頻度のみではなく，そのリスクが制御可能かどうか，被害を生じせしめる現象の解明が進んでいるかどうかなども影響を及ぼす．

　図 2.2.2 をさらに詳細に検討してみよう．後に議論するように減災行動の選択を考察する場合，認知されたリスクが実際の値よりも大きいか，小さいかはさほど重要ではない．むしろ，客観的リスクの減少がどのような比率で認知リスクに影響を及ぼすかが重要である．Slovic らは，居住者は自らの経験に基づいてリスクを認知しており，その認知を変えるのはそれほど容易なことではないと指摘している．もちろん，情報の提供などによって，その認

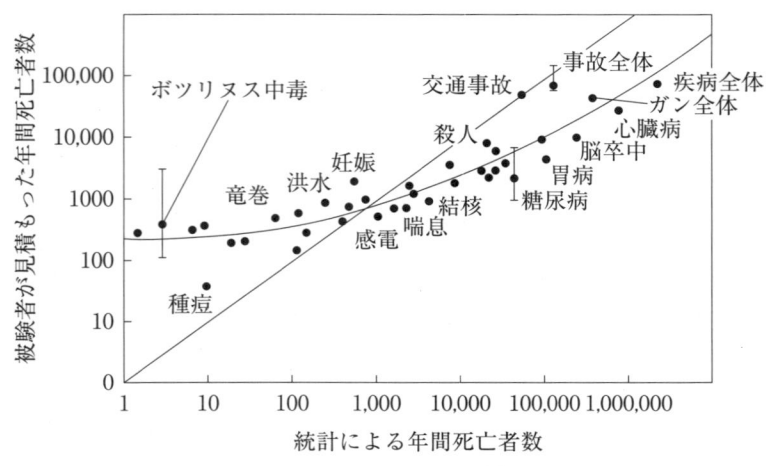

図 2.2.2　認知リスクと実際のリスク

知を誘導しうるが，その際には情報の精度，情報を提供する者との信頼関係などが影響を及ぼすことが知られている．

言い換えれば，提供された情報は100％採用されるわけではなく，情報提供前に個人が持っていた信念（主観的リスク）と提供された情報とを斟酌して新しい信念が形成されるのである．

2.2.3 認知リスクのバイアスを考慮したモデル

Viscussi（1990,1998）は，このような認識に基づき，客観的なリスクと認知リスクとの関係を以下のように定式化した．すなわち，住民が先見的な主観リスクと客観リスクとの線形結合として与えられるとしたのである．

$$q = \frac{\gamma q_0 + \xi p}{\gamma + \xi} \tag{2.2.1}$$

ここで，q_0：先験的な主観的リスク，γ, ξ：パラメータである．パラメータ γ, ξ は主観的なリスク（認知リスク）の形成に対する先験的認知リスクと客観的リスクとの相対的な重みを規定するパラメータであり，いずれも正の定数である．

Viscussiはその初期の研究で，意思決定主体が自らの経験を下にベイズ学習によって自らの信念を形成しており，かつ，事前分布がベータ分布で，事象の生起がポアソン過程に従う場合には式(2.2.1)が得られることを示している．さらに，経験回数が増加すれば，認知リスクが客観的なリスクに一致することも示している．

この事実は，主観的な期待が客観的な期待と一致するという合理的期待仮説とも整合的である．頻度が高く，その事象についての経験回数が増加すれば，主観的信念は客観的リスクに一致するからである．しかしながら，自然災害のようにその生起頻度の低い事象に関しては，事象の発生回数そのものが少ないために直接的な経験を介して主観的信念が客観的リスクに一致するほどの経験回数を持つことは不可能である．このために，ベイズ学習のような合理的な学習を想定しても，主観的信念は客観的リスクとは一致しない．

Viscussiは後の研究で，式(2.2.1)のパラメータ γ, ξ を情報の提供がなさ

れる以前の主観的な信念と提供された情報との信頼性に関する主観的な重みとして解釈し直し，情報の提供の仕方の違いや伝達者の特性といったリスクコミュニケーションの方法の違いと家計の危険回避行動との関係を分析している．

式(2.2.1)からパラメータ γ, ξ を所与として，認知リスクと客観リスクとの関係は図 2.2.3 の実線で表すことができる．この図でも，生起頻度の低いリスク（$p \leq p_f$）では，認知リスクの水準は客観的なリスク水準に比べて高くなり，，生起頻度の高いリスク（$p \geq p_f$）では認知リスクの水準は客観的なリスク水準に比べて低くなるという傾向が示されており，図 2.2.2 の事実と符合している．

しかし，式(2.2.1)で与えられるリスク認知の構造は，単にこれだけの影響をもたらすのではない．ある行為によって，客観的なリスクが Δp だけ減少するものとする．この時，この主体が認知するリスクの減少量 Δq は式(2.2.1)より，

$$\Delta q = \frac{\xi}{\gamma + \xi} \Delta p < \Delta p \qquad (2.2.2)$$

にとどまる．言い換えれば，認知リスクの限界的な変化は客観的リスクのそれを下回ることになる．言い換えれば，減災行動の結果として生じる被災確率の減少は実際よりも低く見積られることとなる．式(2.2.1)のモデルは，客観的リスクの限界的な変化に対する認知リスク変化の感度が低くなることを

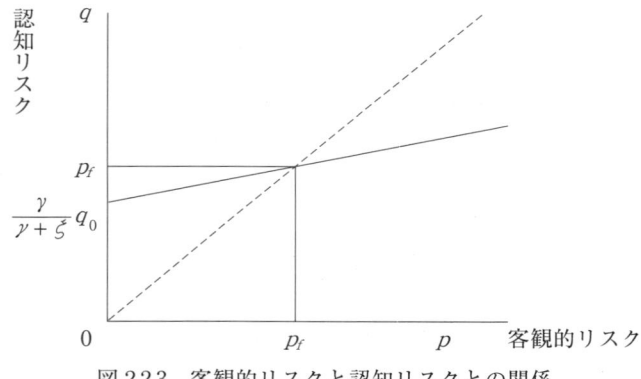

図 2.2.3 客観的リスクと認知リスクとの関係

も示唆しているのである．このことは，耐震化・不燃化等の減災行動の効果が実際よりも割り引いて評価されることを意味している．

この結果，家計によって選択される減災行動の水準は最適な水準よりも低い水準の行動にとどまらざるを得なくなる．このことを説明するために，Tatano（1999）に従い，家計が認知リスクを用いて修正した期待効用を最大化するように行動するものとして，以下のモデル（モデルA）を定式化しよう．

$$\max_c \left(1 - \frac{\gamma q_0 + \xi p(c)}{\gamma + \xi}\right) u(y - c) + \frac{\gamma q_0 + \xi p(c)}{\gamma + \xi} u(y - \lambda - c) \qquad (2.2.3)$$

ここで，c：減災行動に伴う費用，$p(c)$：費用 c を投下して得られる被災リスクの水準であり，$p' < 0, p'' > 0$ を仮定する．さらに，u：効用関数，y：所得，λ：事故に伴う損失であり，$u' > 0, u'' < 0$ を仮定する．モデルA（式(2.2.3)）は，被害の発生確率を $q = \frac{g q_0 + \xi p(c)}{g + \xi}$ と認知している家計がいかなる減災行動を行なうかを表したものである．より安全な行動を選択すると，そのコストは高くなるものと考える．逆に，これらのコストの増加は客観的な被災リスクの減少をもたらすことになる．この関係は，$p' < 0$ によって表現されている．すなわち，より安全な行動を選択することによって，上述のコストは増加するが客観的な事故リスクは減少するのである．しかしながら，式(2.2.2)で示したように，主観的な認知リスクの変化率は客観的なリスクの変化率を下まわる．

モデルAの最適化の一階の条件を求めると，以下のようである．

$$-\frac{\xi}{\gamma + \xi} p'(c) \{u(y - c) - u(y - \lambda - c)\}$$
$$= \left\{\left(1 - \frac{\gamma q_0 + \xi p(c)}{\gamma + \xi}\right) u'(y - c) + \frac{\gamma q_0 + \xi p(c)}{\gamma + \xi} u'(y - \lambda - c)\right\} \qquad (2.2.4)$$

すなわち，「減災行動は，被災リスクの減少に伴う効用の増加分の期待値(左辺)が，減災行動に要する費用を1単位増加させたことによって生じる効用

減少分の期待値(限界効用の期待値,右辺)に一致するように定まる」ことがわかる.減災行動の費用の増加は,一方では,平常時・災害時を通じて確実に家計の消費支出の減少をもたらすから効用の低下を招くが,また,その一方では,災害に対する脆弱性を減少させ,災害時に発生する被害を減少させる.このことによって生じる効用の増加と消費支出の減少による効用の減少の限界的効果が等しいときに効用は最大となるのである.ただし,このモデルでは,家計が形成している主観的な被災リスクに関する認知が実際の客観的なそれとは一致していないために,実際に選択される減災行動の水準は客観的な被災リスクに基づいて彼が行動した場合に比べて必ずしも望ましい水準に達しない.

いま,仮に客観的リスクと認知リスクが一致しているような家計を考えよう.この家計は認知リスクに関するバイアスを持たないという意味で理想的な認知を有する家計ということができる.この時,この理想的な家計の減災行動をモデル化しよう(以下,モデル B と呼ぶ).モデル A と同様にして,モデル B は次式で定式化される.

$$\max_c (1-p(c))u(y-c) + p(c)u(y-\lambda-c) \tag{2.2.5}$$

この時,モデル B の最適化の一階条件は次式のように与えられる.

$$-p'(c) = \frac{(1-p(c))u'(y-c) + p(c)u'(y-\lambda-c)}{u(y-c) - u(y-\lambda-c)} \tag{2.2.6}$$

ここで,モデル A の一階条件(式 (2.2.4))を変形すると,次式を得る.

$$-p'(c) = \frac{(1-p(c))u'(y-c) + p(c)u'(y-\lambda-c)}{u(y-c) - u(y-\lambda-c)}$$
$$+ \frac{\gamma}{\xi} \frac{(1-q_0)u'(y-c) + q_0 u'(y-\lambda-c)}{u(y-c) - u(y-\lambda-c)} \tag{2.2.4'}$$

モデル A 及びモデル B の解をそれぞれ,c^0,c^* とおくと,式(2.2.4')の右辺第 2 項は常に正であるから,$c^0 \leq c^*$ が成り立つことがわかる(図 2.2.4 参照).さらに $p(c^*) \leq p(c^0)$ であり,リスク認知が正確になるほど,より高い水準の危険回避行動が選択されていることがわかる.言い換えれば,式(2.2.1)の

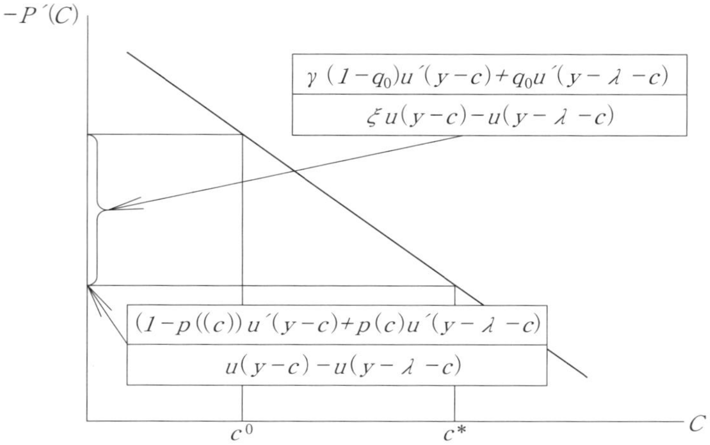
−P′(C)
γ (1−q0)u′(y−c)+q0u′(y−λ−c)
ξu(y−c)−u(y−λ−c)
(1−p((c))u′(y−c)+p(c)u′(y−λ−c)
u(y−c)−u(y−λ−c)
c0
c*
C

図 2.2.4　認知リスクのバイアスが存在する場合の危険回避行動の水準 c^0 と完全なリスク認知がなされる場合の危険回避行動の水準 c^*

ように認知リスクと客観的リスクがかい離することによって，最適な水準に比べて低い水準の危険回避行動が選択され，より危険な行動がとられることが読み取れる．

2.3　災害危険度情報の提供と土地利用の誘導

災害に対して安全な都市の形成のためには，ハード的な防災対策とともに，土地利用や建造物等の耐震化等の減災対策を促進するためのソフト的な防災対策を講じておくことが有効であると考えられる．土地利用に関しては，防災上望ましい土地利用を実現するために，個々の経済主体が立地選択時に，都市内の土地の災害危険度の違いに関する知識を持っていることが重要である．

例えば近年，ハザードマップの作成のように，都市内における災害危険度の分布を示す情報（以下「災害危険度情報」と呼ぶ）を作成・提供することの必要性が高まっている．家計や企業などの経済主体は，災害危険度の空間

的分布に関する信念に基づいて，立地選択を行なう．この際，災害危険度情報の提供は，各主体の信念の更新を促し，結果として立地選択を誘導する働きを持つ．このように災害危険度情報の提供は，その土地の災害危険度に応じた経済活動や施設の再配置を促す効果を潜在的に有している．したがって，災害危険度情報の提供は防災上安全な都市を形成する上で，極めて本質的な施策であると考えられる．

　以上のような観点から，これまでにも災害危険度情報の提供効果は理論的に分析されており，例えば Bernknopf（1997）や山口ら（1999）は，多くの場合においてその提供は，より望ましい土地利用を実現するという結論を導いている．しかしながら，災害危険度情報の提供が必ずしも情報の受け取り手の正確なリスク認知を導くとは限らないということも指摘されている（Tatano, 1999）．情報が提示する客観的なリスク水準と，家計がその情報を利用することによって主観的に認知するリスク水準とのかい離を，リスク認知のバイアスと呼ぶ．前章で示したように，このようなリスク認知のバイアスは，減災行動の選択に影響を及ぼす．このことは同時に各主体の立地選択行動に影響し，災害危険度情報の提供効果を不十分なものとしてしまうことが予想される．本節では，山口ら（2000）の研究をもとに，リスク認知のバイアスが存在するような状況の下での情報提供や土地利用施策について解説することとする．

2.3.1　リスク認知のバイアスを考慮した立地行動のモデル化

モデル化の前提条件

　議論を単純化するために，ここでは幅 h の線形都市を想定し，CBD（中心商業地区）を挟んで S 地区，V 地区という災害に対する脆弱性が異なる二つの地区が存在するものとする（図 2.3.11）．家計が災害時に実際に被災するか否かは，地区ごとによって異なる災害に対する脆弱性に依存するものとする．S 地区は災害に対して強い地域であり，S 地区内に居住する家計は，災害時にも実際に被災する可能性は無いものとする．一方，V 地区は災害に対して脆弱な地域であり，V 地区内に居住する家計は，地区内のどこに居住

図中:
- 災害時に被害を受ける確率(＝災害脆弱性)
- 災害の生起確率 p は共有情報
- 災害脆弱性に関する信念 $Q_V = \dfrac{a + \tau q}{1 + \tau}$
- 災害脆弱性に関する信念 $Q_S = \dfrac{a}{1 + \tau}$
- 客観的な災害脆弱性 $= q$
- 客観的な災害脆弱性 $= 0$
- 農地
- CBD
- V地区(市街地)
- S地区(市街地)

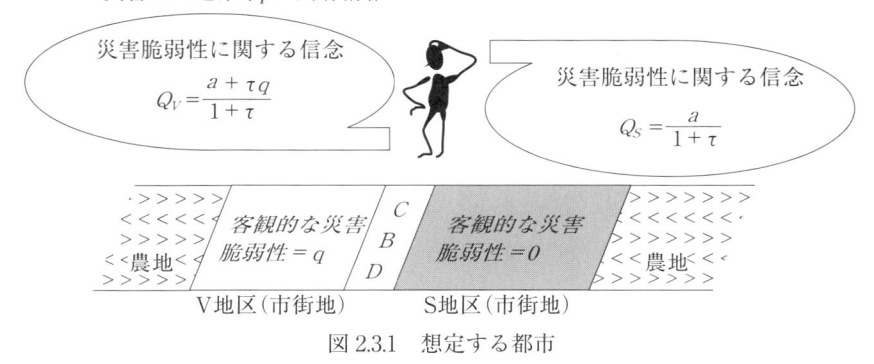

図 2.3.1　想定する都市

しようと，災害時において q の確率で被災するものとする．

さらに，この都市の人口は一定であり，他の都市からの移入や他の都市への転出は生じないものとする．すなわち，閉鎖都市モデルを仮定する．さらに土地の所有形態は不在地主が都市内のすべての土地を所有しており，家計はその土地を賃借しているものとする．さらに，都市内に居住するすべての家計は，十分密に発達した交通機関によって都市中心部に位置する CBD に通勤するものとする．また本研究は，住宅系の土地利用を対象とするので CBD の被災は想定しないものとし，単位期間に同一額の所得を得ているものとする．

以上の前提の下で家計の立地選択行動をモデル化してみよう．

2.3.2　居住地選択行動モデル

(1)　災害危険度情報の提供と家計のリスク認知

情報が利用不可能な場合，家計は都市内の土地の異質性を考慮することができない．したがって家計は，都市内の地点においても，災害時には a の確率で被災するという予測をするものとする．いま都市内の土地の位置と災害

危険度との関係を示す情報が提供されたとし,情報を利用する家計の主観的なリスク認知を,前章で議論した Viscussi のモデルに従って定式化しよう.このモデルでは,情報を利用した家計が,災害時に実際に被害を受けると主観的に予測する被災確率は,家計が情報を利用する以前に認知していた主観的な被災確率 a と,災害危険度情報によって指定される客観的な被災確率 q との線形結合として表現されることになる.いま,τ を災害危険度情報に対する家計の主観的な信頼度とすると,家計が災害時に被災すると予測する条件付き主観確率 $Q_\delta(\tau:a,q)$ は,以下のように定義できる.

$$Q_\delta(\tau;a,q) = \begin{cases} \dfrac{a}{1+\tau} & (\delta = S) \\ \dfrac{a+\tau q}{1+\tau} & (\delta = V) \end{cases} \tag{2.3.1}$$

ここで下付き添え字 δ は当該の土地が($\delta = S$,または V)地区内に位置することを示す.式(2.3.1)は前章の議論と同様にして Bayes 学習によってリスク認知が更新されることを意味している.式(1)について若干説明を追加しよう.τ は災害危険度情報に対して家計が抱く信頼度を表す.$\tau = 0$ のとき,家計は災害危険度情報を全く信頼しないことを意味する.この場合,$Q_\delta(\tau;a,q) = a$ であり,情報が提供されていない場合の被災確率と一致する.これは,提供された情報を全く信用しないために,家計が当初から抱いていた信念がそのまま保持されるからである.これに対し,$\tau = \infty$ は家計が提供された情報を完全に信頼する場合に相当する.この場合には,家計が情報提供前に抱いていた信念(被災確率 a)に関係なく,提供された情報をそのままの形で採用することになる.この場合,家計の被災確率に関する信念は,S 地区で $Q_S(\tau;a,q) = 0$,V 地区で $Q_F(\tau;a,q) = q$ となる.この場合は,情報が客観的なリスクに基づいて提供される限り,家計の主観的な認知リスクは客観的なリスク水準に一致する.したがって,リスク認知のバイアスは生じない.

現実的には,上で議論した極端なケースの中間的な状態が実現すると考えるのが妥当であろう.すなわち,家計は提供された情報を 100% 信頼するわけでもないし,全く信頼できないと判断するわけでもない.このような認知リスクに関する現実的な想定は,式(2.3.1)において τ が正で有限の値をとる

ような状況を想定することによって考慮される．この場合には，認知リスクは客観的なリスクから乖離し，リスク認知のバイアスが生じるが，その程度はτの値が小さいほど大きくなり，τの値が大きいほど小さくなる．

ここで，家計は平常時には$u(s, z) > 0$の効用を得るが，災害時には0の水準の効用しか得ることができないものと仮定しよう．ここでsは賃借した土地面積，zは合成財である．この仮定は，災害時に実現する状況下では家計は被災地域にとどまることができないほど甚大な被害を被ることを意味している．いま，単位期間内にそのような災害が生起する確率をpとし，これを以下「災害生起確率」と呼ぶこととする．この災害生起確率pについては家計はバイアスを持たず全ての家計がその値を正確に知っているものとする．

このとき，地区δに居住する家計の主観的期待効用$EU_\delta^\tau(s, z, r, \tau)$は，以下のように与えられる．

$$EU_\delta^\tau(s, z, r, \tau) = \{1 - pQ_\delta(\tau ; a, q)\} u(s, z) \tag{2.3.2}$$

(2) 家計の消費行動

合理的な家計は，自らの期待効用を最大化するように何をどれだけ消費するかを決定するであろう．このとき，地区δ内の都心（CBD）から距離離れた土地に居住する家計の消費行動は以下のように定式化することができる．

$$V_\delta^\tau(R_\delta^\tau(r), y - tr) = \{\max_{s, z}(1 - pQ_\delta(\tau, a, q))u(s, z) \mid R_\delta^\tau(r)s + z + tr = y\} \tag{2.3.3}$$

ここで，$y, t, R_\delta^\tau(r)$をそれぞれ，所得，単位距離あたりの交通費用，CBD（業務中心地区）から距離離れた地区δの土地の賃料（単位面積当たり）であり，$V_\delta^\tau(R_\delta^\tau(r), y - tr)$は，達成しうる最大の期待効用の水準を与える関数である．以下，この関数を間接効用関数と呼ぶ．式(2.3.3)は，地区δ内の都心（CBD）から距離離れた土地に居住する家計が自らの期待効用を最大化するように，土地s及び合成財zの消費量を決定することを意味している．ここで，合成財は，土地以外の財への支出を示している．したがって，土地s及び合成財

z の消費量は，式(2.3.3)の解 $s_\delta^\tau = \hat{s}(R_\delta^\tau(r), y-tr)$, $z_\delta^\tau = \hat{z}(R_\delta^\tau(r), y-tr)$ として与えられる．

さらに，家計の居住地選択行動は，やはり，期待効用の最大化問題として以下のように定式化できる．

$$\max_{\delta, r} V_\delta^\tau(R_\delta^\tau(r), y-tr).$$

(3) 土地利用均衡

土地利用の均衡を議論するために，付け値関数を以下のように定めることにしよう．

$$\Psi_\delta^\tau(r, u; p, q, a, \tau) = \max_s \left\{ \frac{y-tr-z}{s} \mid (1-pQ_\delta(\tau, a, q))u(s, z) = u \right\} \tag{7}$$

付け値関数 $\Psi_\delta^\tau(r, u; p, q, a, \tau)$ は，都市内の位置 (δ, r) に居住する家計の地代に対する最大の支払意思額を与える関数である．（均衡）地代は，各々の経済主体が与える最大の付け値に一致すると考えられる．（ここでは，家計は均質な選好を有しているから，付け値関数は都市内の各地点において均衡地代を与える．）したがって，

$$R_\delta^\tau(r) = \Psi_\delta^\tau(r, u^\tau; p, q, a, \tau) \quad (r \leq \bar{r}_\delta^\tau, \delta = S, V) \tag{8}$$

ここで，u^τ と $\bar{r}_\delta^\tau$ はそれぞれ均衡効用水準と都市境界距離である．均衡においては，家計は現在の居住地から他の地点に移転するインセンティブを持たないはずである．したがって，均衡においては同質な家計の（主観的な）期待効用水準は都市内のすべての地点で同一となるように地代が定まるはずである．また，都市境界においては，地代は農業地代と一致する．さらに，都市内の家計数は一定 (N) であるから，均衡効用水準 u^τ と都市境界距離 $\bar{r}_\delta^\tau$ 以下の条件を同時に満たす必要がある．

$$R_\delta^\tau(\bar{r}_\delta^\tau) = \Psi_\delta^\tau(\bar{r}_\delta^\tau, u^\tau; p, q, a, \tau) = R_A \quad (\delta = S, V) \tag{9}$$

$$N = \sum_{\delta=S, V} \int_0^{\bar{r}_\delta^\tau} \{h/s(\Psi_\delta^\tau(r, u^\tau; p, q, a), Y\} dr \tag{10}$$

ここで $Y = y - tr$ である.

2.3.3 比較静学分析

前節で定式化したモデルを用いて災害危険度情報の提供が都市内の土地利用にいかなる影響を与えるかを分析してみよう. ここでは, 理論的に導出された結果を命題として記すが, その証明は一括して付録に示す.

命題 1
　任意の $r, u^\tau; p, q, a, \tau \geq 0$ に対して,
$\Psi_S^\tau(r, u^\tau; p, q, a, \tau) \geq \Psi_V^\tau(r, u^\tau; p, q, a, \tau)$ が成立する.
　上式の等号が成り立つための必要十分条件は $q\tau = 0$ である.

命題 1 は, (1)災害危険度情報が提供下では, CBD から等距離にある土地の地代は S 地区での地代が V 地区での地代より常に高いこと, (2)災害危険度に関する情報が提供されていないか, もしくは, 提供された情報が全く信用されていない場合 ($\tau = 0$) には両地区の地代曲線が一致することを意味している. 情報が若干でも信頼される場合 ($\tau > 0$) には,
$\Psi_S^\tau(r, u^\tau; p, q, a, \tau) - \Psi_V^\tau(r, u^\tau; p, q, a, \tau) > 0$, すなわち, 災害に対する脆弱性を除いては同一条件の安全な地区と災害に対して脆弱な地区の地代の差は常に正であり, 安全な地区の地代が脆弱な地区の地代を常に上回る.

命題 2
　任意の $r, u^\tau; p, q, a \geq 0$ に対して,
$\dfrac{\partial \Psi_S^\tau(r, u^\tau; p, q, a, \tau)}{\partial \tau} \geq 0, \dfrac{\partial \Psi_V^\tau(r, u^\tau; p, q, a, \tau)}{\partial \tau} \leq 0$ が成り立つ. 上式の等号が成り立つための必要十分条件は $q = a$ である.

命題 2 は, 情報提供前から正確な認知が形成されている場合 ($q = a$) を除いて, 提供された情報への信頼が増加する (τ が増加する) につれ, S 地区の地代は増加し, V 地区の地代は減少することを意味している. すなわち, 提供される情報への信頼の増加は, 同一条件にある安全な地区と安全でない

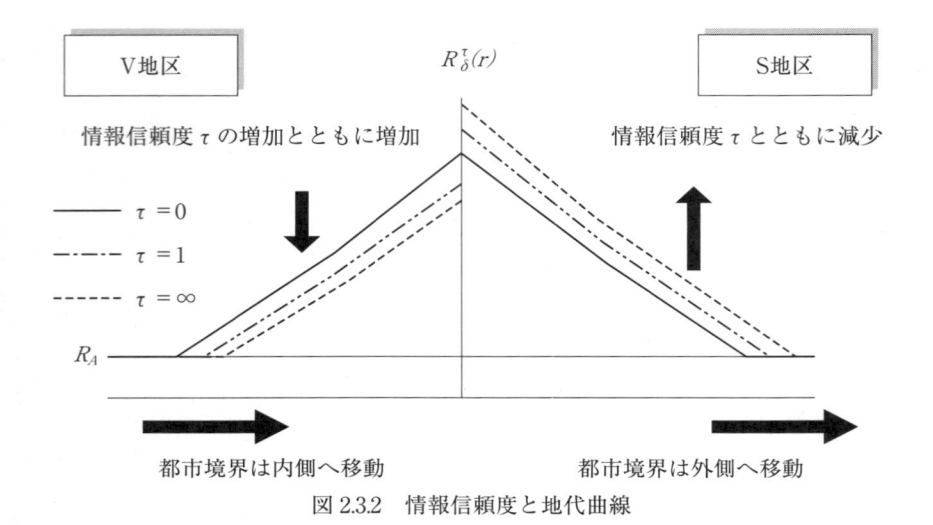

```
   V地区                    R_δ^τ(r)                    S地区
   
情報信頼度 τ の増加とともに増加              情報信頼度 τ とともに減少

  ——— τ = 0
  ─·─ τ = 1
  ---- τ = ∞

  R_A

   都市境界は内側へ移動              都市境界は外側へ移動
```

図 2.3.2　情報信頼度と地代曲線

地区の地代の差を拡大することがわかる．

命題1および命題2から以下の定理が導かれる．

　定理1：都市内の土地の災害に対する脆弱性に関する情報を提供することで，不在地主が所有する閉鎖都市では安全な土地の地代が増加し，災害に対して脆弱な土地の地代が低下する．すなわち，災害危険度情報の提供は災害に対する脆弱性のみが異なる同一条件にある土地の地代の差を拡大させる．この地代の差は，提供される情報への信頼の増加に伴って拡大する．

　系1：情報提供前の均衡効用水準を，情報提供後の均衡効用水準とすると，地代に関して以下の不等式が成り立つ．ただし，$\Psi^0(r, u^0; p, q, a, \tau)$ は情報提供前の地代である．

$$\Psi_S^\tau(r, u^\tau; p, q, a, \tau) \geq \Psi^0(r, u^0; p, q, a, \tau) \geq \Psi_V^\tau(r, u^\tau; p, q, a, \tau)$$

　ここで，得られた結果から導かれる地代曲線の性質を図 2.3.2 に例示する．図 2.3.2 では，CBD からの距離と地代に関して，
$\dfrac{\partial \Psi_S^\tau(r, u^\tau; p, q, a, \tau)}{\partial \tau} > 0$，$\dfrac{\partial \Psi_V^\tau(r, u^\tau; p, q, a, \tau)}{\partial \tau} < 0$ が成り立つように

描かれているが，この関係の成立は容易に証明できる（たとえばFujita 1989参照）．

2.3.4 災害危険度情報の提供と社会的厚生

(1) 認知リスクバイアスが存在する場合の厚生の測度

本節では，災害危険度情報の提供が住民の厚生にいかなる影響を及ぼすかに関して分析することにする．このために，ここではまず家計の厚生の測度に関して検討しよう．

ここでの分析では，情報が提供される以前には，家計は都市内の都市の脆弱性に関する情報を保有していない．このため，情報提供前に形成されている主観的なリスク（災害に対する脆弱性に関する信念）は，客観的な値とは異なる．情報提供後でも，情報が完全に信頼される場合を除いて，客観的なリスクの水準と主観的なそれとは異なる．このような場合，均衡効用水準は必ずしも適正な厚生測度とは言えないであろう．

均衡では各主体の認知する効用水準は立地位置に依存せず一定である．認知リスクが等しくても，認知リスクにバイアスが存在すれば災害に対して脆弱な地域に立地している家計は，安全な地域に立地している家計に比べて相対的に割高な地代を支払っていることとなる[1]．認知リスクが客観的なリスクと乖離するような場合には，同じ地代を払っていても災害に対する脆弱性は居住地によって異なることとなるからである．

家計の厚生を評価する際には，災害に対する脆弱性の違いを適切に反映することが重要であろう．すなわち，他の事情が一定ならば，安全な地域に居

---

[1] 系1および命題2から，$\tau = \infty$ の場合の地代は以下の関係を満たす．
$$\Psi_S^\infty(r, u^\infty; p, q, a, t) \geq \Psi_S^\tau(r, u^\tau; p, q, a, t) \geq \Psi^0(r, u^0; p, q, a, t)$$
$$\geq \Psi_V^\tau(r, u^\tau; p, q, a, t) \geq \Psi_V^\infty(r, u^\infty; p, q, a, t)$$
情報が完全に信頼される場合には，均衡効用水準は完全な情報の下での均衡地代であり，災害に対する脆弱性を適正に評価したものとなっている．上式より，情報が提供されない場合はもちろん，認知リスクが客観的なそれと乖離する場合には，安全な地域での地代は割安であり，災害に対して脆弱な地域の地代は割高となっていることがわかる．

住する場合の家計の厚生が災害に対して脆弱な地域に居住する場合のそれよりも高くなるように厚生の測度を再定義する必要がある.

このような測度として「客観的厚生水準」$w_\delta^\tau(\Psi_\delta^\tau(r, u^\tau; p, q, a, \tau), Y)$ を定義しよう.これは客観的な確率で実際に得られる厚生を重み付けして得られる客観的な期待効用を用いることとする.仮定から,安全な地域($\delta = S$)に居住する家計は常に平常時と同様の環境を享受できるが,災害に対して脆弱な地域では,$1 - pq$ の確率でのみ平常時と同様の環境を享受できる.平常時の環境の下での効用は
$v(\Psi_\delta^\tau(r, u^\tau; p, q, a, \tau), Y)$ for $\delta = S, F$ であるから,客観的厚生水準は以下のように定式化される.

$$w_d^\tau(Y_d^\tau(r, u^\tau; p, q, a, \tau), Y) = \begin{cases} v(Y_S^\tau(r, u^\tau; p, q, a, \tau), Y) & (d = S) \\ (1 - pq)\,v(Y_F^\tau(r, u^\tau; p, q, a, \tau), Y) & (d = V) \end{cases} \tag{9}$$

この場合,情報が正確でしかも家計がそれを 100% 信頼するような特殊な場合を除いて,認知リスクが客観的なそれとは異なる.このとき,それぞれの地域の厚生水準も均衡効用水準とは異なる.式(9)より,明らかに以下の関係が成り立つ.

$$w_S^\tau(\Psi_S^\tau(r, u^\tau; p, q, a, \tau), Y) \geq w_V^\tau(\Psi_V^\tau(r, u^\tau; p, q, a, \tau), Y) \tag{10}$$

$$\lim_{\tau \to \infty} w_S^\tau(\Psi_S^\tau(r, u^\tau; p, q, a, \tau), Y) = \lim_{\tau \to \infty} w_V^\tau(\Psi_V^\tau(r, u^\tau; p, q, a, \tau), Y) \tag{11}$$

このことは,客観的厚生水準を厚生の測度として用いれば,他の事情を一定として,認知リスクにバイアスがあり,認知リスクと客観リスクが異なる場合においてすら,安全な地域に居住する家計の厚生水準が災害に対して脆弱な地域のそれを常に上回ることを意味する.命題2の結果から,以下の関係を導くことができる.

$$\frac{dw_S^\tau}{d\tau} = \frac{\partial v(\Psi_S^\tau(r, u^\tau; p, q, a, \tau), Y)}{\partial R(r)} \frac{\partial \Psi_S^\tau(r, u^\tau; p, q, a, \tau)}{\partial \tau} < 0 \tag{19}$$

$$\frac{dw_V^\tau}{d\tau} = \frac{\partial v(\Psi_V^\tau(r, u^\tau; p, q, a, \tau), Y)}{\partial R(r)} \frac{\partial \Psi_V^\tau(r, u^\tau; p, q, a, \tau)}{\partial \tau} > 0 \tag{20}$$

以上の結果を取りまとめて定理として整理しよう．

定理２：災害に対する脆弱性に関する認知がバイアスを持っているとき，均衡において安全地区の客観的厚生測度は災害脆弱地区のそれを上回る．厚生水準の差は情報への信頼度が増すにつれ減少する．特に情報が完全に信頼され，完全情報が達成されると均衡（期待）効用と各地区の客観的厚生水準が一致する．

(2) 認知リスクのバイアスが存在する場合の最適土地利用

以上では，家計が認知しているリスクと客観的なリスクとが異なりうるという，より一般的な状況の下で，どのような土地利用が市場均衡として達成されうるかについて考察してきた．ここでは，このようにして達成される均衡土地利用が効率的な土地利用となるのかどうかを調べ，もしそれが効率的な土地利用を与えないのであれば，それを効率的なものとなるように修正するための方法について考察したい．このために，最適土地利用モデルをハーバード＝スチーブンスの枠組み（HSモデル）を用いて構築する．すなわち，総差額地代を保留効用制約の下で最大化することにより得られる土地利用を効率的土地利用と呼ぶことにする．均衡においては都市内に立地している家計の効用は等しいから，等効用制約は満たされている．従って，家計が認知しているリスクと客観的なリスクとが一致している限りにおいて，保留効用水準が均衡効用水準と一致している場合には，HSモデルの解である効率的土地利用は均衡土地利用と一致する．

ここで，HSモデルにおける保留効用制約は全ての等しい状況におかれている家計を等しく取り扱うために設けられた制約である．この種の立地の問題に関しては，非凸性があるために，社会的厚生関数を最大化するなどの通常のアプローチを用いると，均衡では少なくとも等しい条件を獲得することができていた複数の家計を，わざと差をつけるような結果が望ましいという結論をうる．このことは，等しき者の等しからざる扱いとしてミルリーズにより指摘された問題であり，それ以来，都市経済学ではHSモデルを用いて土地利用の効率性を判定することが普通となった（Fujita 1989参照）．

さて，我々の問題では，認知リスクのバイアスが存在するために，家計が

認知する均衡（期待）効用水準と客観的な家計の厚生水準は異なる．この場合，どのようにして HS モデルの保留効用制約を取り扱えばよいのだろうか．ここでは，等しき者とは"本来等しくあるべきもの"という意味であると考えよう．すなわち，客観的厚生水準が等しい家計は等しく取り扱われるべきであるとして HS モデルを拡張することにする．

拡張された HS モデルを以下のように客観的厚生水準をもとに測られた保留効用制約を有する効用総差額地代の期待値の最大化問題として定式化しよう．

$$\max_{\tilde{r}\delta n_\delta(r), s_\delta(r)} \{S_S + (1-pq)S_F\}$$

$$s.t. \quad \sum_\delta \int_0^{r\delta} h/s_\delta(r)\,dr = N, \tag{21}$$

$$w_S = w_V = \tilde{w}$$

ここで S_δ は δ 地区における総差額地代であり，次式で与えられる．

$$S_\delta = \int_0^{\tilde{r}\delta} [Y - Z_\delta(s_\delta(r), w_\delta) - R_A s_\delta(r)] n_\delta(r)\,dr \tag{22}$$

また，$\tilde{w}$ は保留効用水準であり，各地区の客観的厚生水準はこの保留効用水準 $\tilde{w}$ に調整される．

定理 3：家計が災害に対する脆弱性に関して認知バイアスが存在しないのであれば，適切な一括税（または補助金）を課すことで効率的土地利用が市場均衡を通じて達成される．しかしながら，災害に対する脆弱性に関して認知バイアスが存在する場合には，効率的土地利用は市場均衡を通じて達成されることはない．

証明：災害の脆弱性に関して認知リスクのバイアスが存在しない場合には，客観的厚生水準と主観的厚生水準は一致する．この場合には，本モデルは通常の HS モデルと一致する．このため，効率的土地利用は市場メカニズムによって達成される（Fujita, 1989）．

一方，認知バイアスが存在する場合には，客観的厚生水準は主観的厚生水準とは必ずしも一致しない．いま，均衡効用水準をとしよう．このとき，各地区

における客観的厚生水準は以下のように与えられる．

$$w_S^\tau = \frac{\tilde{u}^\tau}{1-pa/(1+\tau)}, \quad w_V^\tau = \frac{(1-pq)\tilde{u}^\tau}{1-p(a+\tau q)/(1+\tau)} \quad (23)$$

いま，均衡土地利用が効率的土地利用となっているものと仮定しよう．このとき，この均衡土地利用に対応する均衡効用水準 $\tilde{u}^\tau$ が存在する．従って，少なくともこの均衡効用水準 $\tilde{u}^\tau$ に対して，各地区の客観的厚生水準 w_S^τ および w_V^τ が一致しなければならない．しかしながら，

$$w_S^\tau - w_S^\tau = \frac{pq(1+pa)\tilde{u}^\tau/(1+\tau)}{(1-pa/(1+\tau))(1-p(a+\tau q)/(1+\tau))} > 0 \quad (24)$$

であり，認知リスクのバイアスが存在する限り，効率的土地利用を与えるような均衡効用水準が存在しないことがわかる．(Q.E.D)

市場均衡においては各地区の主観的厚生水準が均衡効用水準に一致する．税や補助金等の間接的な誘導施策も，均衡効用水準を変化させはするものの，各地区の主観的厚生水準を均衡効用水準に一致させる．しかしこのとき，災害脆弱性に関する認知のバイアスが存在している限りにおいて，客観的厚生水準は各地区で異なる．そのため，均衡土地利用は効率的土地利用とはなり得ないことがわかる．このことは，効率的土地利用を実現するためには，土地利用規制や都市計画のようなより直接的な施策が必要であることを意味している．同時に，認知バイアスを縮小していくための，リスクコミュニケーションの重要性も示唆される．すなわち，効率的な土地利用は達成されないかもしれないが，それに漸近するように認知のバイアスを減らしていくためのコミュニケーションが重要となるのである．この点に関しては，この分野は化学物質のリスクマネジメントの分野では，かなりの研究の蓄積があるが，災害リスクに関してはこれからの分野である．また，災害リスクに関する情報伝達の媒体として，災害危険度に応じた保険料を挙げたい．災害保険料率の違いが災害脆弱性に関する違いを反映しているならば，認知のバイアスが縮小される可能性があるからである．

付録；定理命題の証明

準備

間接効用関数 $v(R_\delta^\tau(r), y-tr)$ と Solow の付け値関数 $\psi(R_\delta^\tau(r), y-tr)$ を以下のように定義する.

$$v(R_\delta^\tau(r), y-tr) \equiv \{\max_{s,z} u(s,z) \mid R_\delta^\tau(r)s + z = y - tr\} \tag{a1}$$

$$\psi(u, y-tr) \equiv \{\max_{s,z} \frac{y-tr-z}{s} \mid u(s,z) = u\} \tag{a2}$$

式(4),(7)と式(11),(12)を比較すると, 以下の関係が成立することがわかる.

$$v(R_\delta^\tau(r), y-tr) \equiv \{V_\delta^\tau(R_\delta^\tau(r), y-tr)/(1-pQ_\delta^\tau(\tau, a, q))\} \tag{a3}$$

$$\psi\left(\frac{u^\tau}{1-pQ_\delta^\tau(\tau, a, q)}, y-tr\right) \equiv \Psi_\delta^\tau(R_\delta^\tau(r), y-tr) \tag{a4}$$

命題1の証明：

仮定より $1-pQ_S^\tau(\tau, a, q) \leq 1-pQ_V^\tau(\tau, a, q)$ は常に成立する. 均衡効用水準を u^τ とすると,

$$\begin{aligned} u^\tau &= \{1-pQ_V(\tau; a, q)\} v(\Psi_F^\tau(r, u^\tau; p, q, a), y-tr) \\ &= \{1-pQ_S(\tau; a, q)\} v(\Psi_S^\tau(r, u^\tau; p, q, a), y-tr) \end{aligned} \tag{15}$$

であるから, $v(\Psi_V^\tau(r, u^\tau; p, q, a), y-tr) \geq v(\Psi_S^\tau(r, u^\tau; p, q, a), y-tr)$ が成り立つ. ここで, 効用関数 $u(s, z)$ に関する仮定から, $\partial v(R(r), y-tr)/\partial R(r) < 0$ である. したがって, $\Psi_S^\tau(r, u^\tau; p, q, a, \tau) \geq \Psi_V^\tau(r, u^\tau; p, q, a, \tau)$.

等号が成り立つための必要十分条件は明らかに, $1-pQ_S^\tau(\tau, a, q) = 1-pQ_V^\tau(\tau, a, q)$, である. この時, $\tau q = 0$ である. (Q.E.D)

命題2の証明：略［山口ら（1999）を参照.］

2.4 認知リスクとリスク回避選好の計量化

2.4.1 災害に対する認知リスクの形成とそのバイアス

　ここでは災害リスクを個人が持つ信念として捉える．大半の個人にとって，災害リスク，すなわちある確率で生起するハザードとそれが自分に及ぼす被害の大きさは未知であり，未経験である．だからといって個人はその未知なるリスクを無防備にやり過ごすのではなく，そのリスクに関する情報を可能な限り入手し，自分に及ぶであろう事態を想像した上でリスクに関する認知（risk perception）を形成する．個人はその主観的判断に基づきリスクを受容するか，回避するかの選択を行なう．どの程度のリスクを受容するか，または回避するかの程度をリスク選好（risk preference）と呼ぶ．リスク選好は各個人の信念により異なり，また同じ個人にあってもリスクに関する情報の取得による学習，あるいは被災経験などにより変化する．

　主観的に認知されたリスクのうち被災確率に相当する部分は主観的リスクと呼ばれ，統計的，あるいは経験的に得られた確率変数である客観的リスクと区別される．個人のリスク選好は主観的リスクに基づくのに対し，政府や企業から提供されるリスクマネジメント施策は客観的リスクに基づいて設計されるので，主観的リスクと客観的リスクの間に乖離（バイアス）があると，公正なリスクマネジメント施策であっても社会的合意が得られない，あるいは市場で受容されないという問題が生じる．例えば，日本は世界一巨大な地震リスクを保有する国でありながら，わが国の一般世帯向けの地震保険は十分な市場規模を得ておらず，また地方自治体による耐震診断は無料であっても普及していない場合が多い．この例によらずとも，災害リスク下における個人のリスク回避選択行動においては，リスク認知のバイアスが合理的選択を阻害していると考えられる．したがってリスクマネジメント施策の費用便益分析や市場需要予測を実行する場合には，主観的リスクに基づくリスク選好，およびリスクプレミアム（リスクを回避するために個人が支払いうる最高額）も考慮する必要があると言えよう．

　経済学における不確実性下の意思決定に関する規範的理論は期待効用理論である．同理論では合理的個人は効用の期待値を最大化するような選択（期

待効用最大化仮説)を行なうとされる.期待効用理論は von Neumann and Morgenstern(1944)によって築かれ,その後 Savage によって主観的確率に基づく期待効用理論が提唱された.市場の取引など不確実性下の行動の多くが期待効用理論によって説明され,不確実性下の意思決定ルールとして広範に適用されている.

一方心理学の分野では,現実の選択行動は期待効用理論に沿わないという前提から,同理論の公理を覆す結果を証明する実験を数多く行ない,不確実性下での異なる意思決定ルールが提案されてきた.そのうち代表的なものに参照点を基準にリスク選好が異なる値を持つとされるプロスペクト理論がある(広田ら(2002)).これらの心理実験から導かれた意思決定ルールは,確かに期待効用最大化仮説に反する現実の選択行動を説明しうるが,特定の条件下における実験結果から導かれた仮説を,基本的なパラダイムとして災害リスクに対するリスク選好の分析に適用するべきではない.特に災害リスクの特性を考えた場合,期待被害は自らや家族の生命,家屋等財産の損失,生活質の低下等様々なケースが考えられ,単独で適用できるほどの強い意思決定ルールを仮定するのは適当ではない.それよりはむしろ,強い規範である期待効用最大化仮説を出発点に仮定を緩和する方向で枠組みを構築するほうが,操作性の高いモデルを構築できると考える.リスク選好とリスクプレミアムの計量化に関しては,次節でその試みを紹介する.

また,リスク情報がリスク態度の変容過程に与える影響も,リスクマネジメント施策の提供側にとっては興味深い問題である.再び先ほどの日本における地震保険の普及率の例を引くと,その推移は阪神大震災直後から全国的に急激に増加し,震災から10年が経過した現在ではまた緩やかな増加傾向に復帰している.これは阪神大震災の発生というインパクトのある「情報」が,個人のリスク回避行動に影響を与えた一つの例である.

個人の主観的リスクは情報に左右されやすい極めてヒューリスティックな性質を持つ.この事実を逆にたどれば,リスク情報のやりとりによって認知リスクバイアスを減少させる.リスク情報のやり取りの過程とリスク認知の変容については,2.4.3 で述べる.

2.4.2 リスク選好計量化の実証的試み

(1) モデル枠組みの概要

　ここでは，リスク回避行動に対する家計の支払意思額のアンケート調査結果からリスク回避選好とリスクプレミアムを推定する試みを紹介する（松田ら，2004，多々納ら，1996）．推定手法には非市場財の費用便益分析手法である仮想市場法（Contingent Valuation Method, CVM）の枠組みを用いる．CVMは非市場財やサービスの便益評価手法として開発された手法である（肥田野，1999）．通常のCVMでは，回答者はあるサービスの提供による効用水準の増加に対する支払意思額を回答する．それに対し本手法のアンケートにおいては，想定される災害がもたらす被害を回避するオプションが提供されたときの，家計の支払意思額を尋ねる（図2.4.1）．CVMを援用することにより，分析者は不確実性に関して仮想的なシナリオを自由に設定することが可能となる．この試みにおいては，この利点を災害被害の不確実性に関する情報を与えた標本と与えない標本を作成する形で利用する．両標本を交互に用いてリスク回避度を含む効用関数のパラメータと家計の主観的リスクとを推計する．この方法によって，認知リスクバイアスを観測するのみでは計ることのできない，"主観的リスク下におけるリスク回避行動が客観的リスク下で実現されたときのリスクプレミアムの計量化"が可能になる．

> ・あなたはある確率p_1^iである災害による被害l^iを受けます．
> ・対価cを支払うことで被害額が補償されます．
> ・あなたはこのcを支払いたいと思いますか？　　YES・NO

図2.4.1　アンケートの模式図

　CVMの枠組みを用いる利点の一つとして，表明選好（SP）データを利用する点が挙げられる．通常家計は同時に複数のリスクに面した状態で総合的な判断に基づいてリスク回避策に対する選択行動を行なっている．従ってある特定のリスクに対する回避度を計量化するための枠組みには行動結果データを収集する顕示選好（RP）データではなく，表明選好（SP）データが用

いられるべきである．ただし，CVMには常に限界と信頼性の議論が存在している．そのほとんどはバイアスの問題に帰着されるため，CVMにおいて生じうるバイアスやその対処法に関しては膨大な研究が行なわれている．それら一連の研究によると，バイアスの発生要因としてSPデータの信頼性によるものと，CVMによるパラメータ推定の信頼性によるものに分けられる．本手法においても分析結果の妥当性の検討に当たっては，バイアスの発生を常に疑う必要がある点に留意しておくべきである．

家計は期待効用最大化仮説に従い選択行動を行なうものと仮定し，その下でリスク回避度と主観的リスク（本研究では事象の発生確率と被害確率の積を意味する．）を期待効用関数のパラメータとして含む離散選択モデルを構築する．

家計 i が選択可能な選択肢集合 A^i が $A^i = \{a = 1:$オプション購入 $, a = 0:$購入しない $\}$ で表され，i はオプション購入を選択するとき対価 c を支払うものとする．選択肢 a に対応する結果は $S = \{s = 1:$被害発生 $, s = 0:$被害なし $\}$ であるとし，災害による被害の発生確率は $p_1^i (0 \leq p_1^i \leq 1)$ で与えるものとする．

s と a に対応する家計 i の間接効用水準を $U_{sa}^i(y^i, X^i) = V_{sa}^i(y^i, X^i) + \varepsilon_{sa}^i$ とおく．y^i は家計の富，X^i は富以外の属性項であり，V_{sa}^i は確定効用項，ε_{sa}^i は確率効用項である．

期待効用最大化仮説に従う合理的な家計の選択行動は $\max_{a \in A^i} E_{s \in S}[U_{sa}^i]$ として表される．家計が p_s^i の分布を完全に理解し合理的選択を行なうとすれば，ε_a^i は結果の状態 s によらない確率変数 ε_a^i とおける．よって期待効用 $EU_a^i \equiv E_{s \in S}[U_a^i]$ は式(2.4.1)のように期待効用の確定項 $EV_a^i \equiv E_{s \in S}[V_a^i]$ と確率効用項の和となる．

$$EU_a^i = \sum_s p_s^i (V_{sa}^i(y^i, X^i) + \varepsilon_a^i)$$
$$= EV_a^i + \varepsilon_a^i \qquad (2.4.1)$$

家計はオプションの提示額が彼の支払意思額より小さいとき $a = 1$ を選択する．確率効用項 ε_a^i に標準分布を仮定し $\varepsilon_a^i \sim N(0, \sigma_a^2)$ とおくと両選択行

動の期待効用差関数 $\Delta EV^i \equiv EV_1^i - EV_0^i$ は二項選択プロビットモデルで表される．$a = 1$ と $a = 0$ の選択確率は式(2.4.2), (2.4.3)でそれぞれ表される．

$$\Pi_1^i = \Pr[EV_0^i + \varepsilon_0^i \leq EV_1^i + \varepsilon_1^i]$$
$$= \Pr[\varepsilon_0^i - \varepsilon_1^i \leq EV_1^i - EV_0^i = \Delta EV^i]$$
$$= \int_{\varepsilon^i = -\infty}^{\Delta EV^i} \frac{1}{\sqrt{2\pi\sigma^2}} \exp\left[-\frac{1}{2}\left(\frac{\varepsilon^i}{\sigma}\right)^2\right] d\varepsilon^i$$
$$= \frac{1}{\sqrt{2\pi}} \int_{-\infty}^{\Delta EV^i/\sigma} \exp\left[-\frac{1}{2}u^2\right] du \qquad (2.4.2)$$
$$\Pi_0^i = 1 - \Pi_1^i \qquad (2.4.3)$$

家計の選択に応じた危険中立型，絶対的・相対的危険回避度一定型の効用関数はそれぞれ(2.4.4)～(2.4.6)の各式で表される（酒井（1982））（C^1, C^2 はパラメータのベクトル）．

①危険中立型効用関数

$$V_{sa}(y, X) = C_s^1 y + C_s^2 \cdot X \qquad (2.4.4)$$

②絶対的危険回避度一定型（CARA型）効用関数

$$V_{sa}(y, X) = -\frac{C_s^1 \cdot X}{\eta(X)} \exp[-y\eta(X)] + C_s^2 \cdot X \qquad (2.4.5)$$

③相対的危険回避度一定型（CRRA型）効用関数

$$V_{sa}(y, X) = C_s^1 \cdot X \cdot \frac{y^{1-\gamma(X)}}{1-\gamma(X)} + C_s^2 \cdot X \quad (\gamma(X) \neq 1)$$
$$V_{sa}(y, X) = C_s^1 \cdot X \cdot \ln y + C_s^2 \cdot X \qquad (\gamma(X) = 1) \qquad (2.4.6)$$

$\eta(X)$, $\gamma(X)$ はそれぞれ絶対的，相対的危険回避度であり富の量によらず一定である．
$\eta(X)$ は以下のように定義される．

$$-\frac{\partial^2 V_{sa}(y, X)}{\partial y^2} \bigg/ \frac{\partial V_{sa}(y, X)}{\partial y} = \eta(X) \qquad (2.4.7)$$

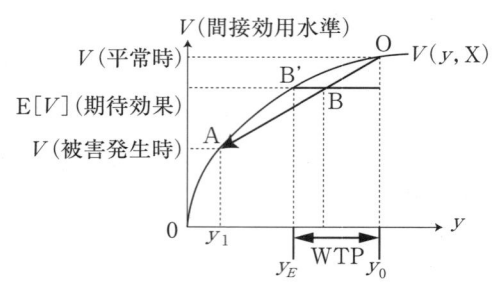

図 2.4.2　VNM 型効用関数

また，$\gamma(\mathrm{X})$ は以下のように定義される．

$$-\frac{y \cdot \partial^2 V_{sa}(y, \mathrm{X})}{\partial y^2} \bigg/ \frac{\partial V_{sa}(y, \mathrm{X})}{\partial y} = \gamma(\mathrm{X}) \tag{2.4.8}$$

ここでは家計に von Neumann-Morgenstern（VNM）型効用関数を規定し，その厚生変化を考える．VNM 型の効用関数 $V(y, \mathrm{X})$ では，被害は富の減少として表現される．図 2.4.2 にその厚生変化を示す．O は平常時（富の量 y_0），A は災害時（富の量 y_1）でありそれぞれの間接効用水準を示す．B は期待値をとったときの家計の期待効用の水準 y_E，はそのときの確実性同値である．このときの被害回避オプションに対する支払意思額（WTP）は $y_0 - y_E$ で表される．家計は価格 c が提示されたときにそれが自分の支払意思額より小さければこのオプションを選好する．このとき BB' はこの家計のリスクプレミアムである．

推定の第 1 段階においては，被害確率 p_s^i を所与としたサンプルを用いる．するとアンケートの提示額における効用差関数の対数尤度（スケールパラメータ $\sigma_a = 1$）$\ln L(\eta, C^1)$ または，$\ln L(\gamma, C^1)$ の最大化により，$\eta(\mathrm{X})$，$\gamma(\mathrm{X})$，C^1 の推定値が得られる．（C^2 は差分をとることにより除去される．）なお後述の実証分析においては，$C^1 \cdot \mathrm{X} = C$ の定数とし，危険回避度 $\eta(\mathrm{X})$，$\gamma(\mathrm{X})$ を属性のダミー変数による線形関数としたモデルの推計を行なっている．

推定の第2段階においては，被害確率 p_1^i を所与としないサンプルを用いる．式 (2.4.1) において被害の発生確率 p_1^i を未知のパラメータ $\tilde{p}$ とする．客観的リスク下で推定されたパラメータを用いた段階推計では，$\eta(X)$，$\gamma(X)$，C^1 の値を用い，$\ln L(\tilde{p})$ 対数尤度の最大化により，家計の主観的リスク $\tilde{p}$ の推定が可能となる．効用関数のパラメータと主観的リスクの同時推計では，対数尤度 $\ln L(\tilde{p}, \eta, C^1)$ または $\ln L(\tilde{p}, \gamma, C^1)$ の最大化により，パラメータの推定値を得る．

(2) 実証分析の概要

(a) 調査の概要

地震保険購入意識調査は上町断層系地震を想定し，2002年8月にNTT電話帳から市町村別人口比に応じてランダム抽出した大阪府の3000世帯を対象に郵送調査法で実施した．なお，上町断層系地震の発生確率は今後100年間以内に6%〜10%である（地震調査研究推進本部による上町断層帯の評価）．これはおよそ1000年に1度の発生頻度と換算できる．

質問紙の構成は図2.4.3に示す．

各回答者は，災害リスクに関する情報を与えられない条件のもとで，提示額における地震保険に対する購入意思を回答する（これを以後 Test1：所与リスク下の調査と呼ぶ）．このとき半数のサンプルにはリスク情報として大阪府が公表している同地震のハザードマップ（震度予想分布図）を付与した．次いで回答者は地震の発生確率とその際の被害の状況を与えられたもとで同様に地震保険に対する購入意思を回答する（これを以後 Test2：客観的リスク下のテストと呼ぶ）．

アンケートにおける地震の発生確率はポワソン分布に従うと仮定し，今後 YR 年間の発生確率は平均再現期間 RP 年で $p_1^i = 1 - \exp[-YR/RP]$ である．アンケートシートには今後25年間を想定し，発生確率 0.5 ($RP = 36$) と 0.05 ($RP = 487$) の2種類を半数ずつランダムに印刷した．

ここで提供される仮想的な地震保険は地震により資産に損失が生じたときに資産額の50%を補償する（カバー率50%）ものとした．保険の保有資産額に関しては Test1 では実際の各家計の資産額を算出してもらい，各自の契約

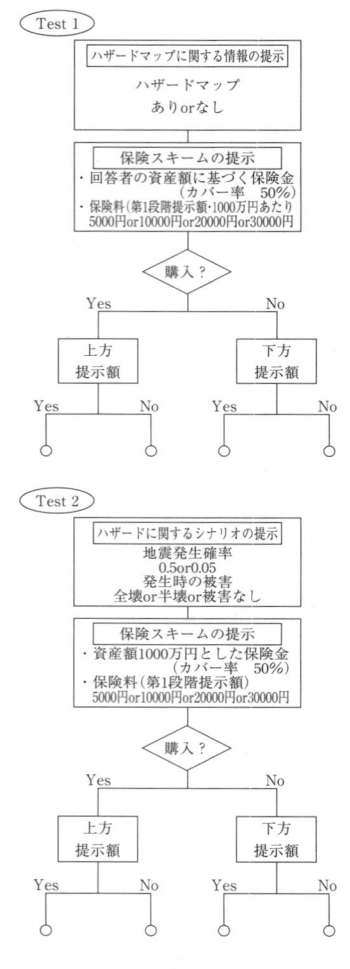

```
                    ┌─────┐
                    │Test 1│
                    └─────┘
              ┌────────────────────────┐
              │ハザードマップに関する情報の提示│
              └────────────────────────┘
                    ハザードマップ
                    ありorなし
              ┌────────────────────────┐
              │     保険スキームの提示      │
              └────────────────────────┘
            ・回答者の資産額に基づく保険金
                        (カバー率 50%)
            ・保険料(第1段階提示額・1000万円あたり)
              5000円or10000円or20000円or30000円
                       ◇購入?◇
                    Yes ╱    ╲ No
                  ┌─────┐  ┌─────┐
                  │上方 │  │下方 │
                  │提示額│  │提示額│
                  └─────┘  └─────┘
                 Yes  No   Yes  No
```

```
                    ┌─────┐
                    │Test 2│
                    └─────┘
              ┌────────────────────────┐
              │ハザードに関するシナリオの提示│
              └────────────────────────┘
                    地震発生確率
                     0.5or0.05
                    発生時の被害
                  全壊or半壊or被害なし
              ┌────────────────────────┐
              │     保険スキームの提示      │
              └────────────────────────┘
            ・資産額1000万円とした保険金
                        (カバー率 50%)
            ・保険料(第1段階提示額)
              5000円or10000円or20000円or30000円
                       ◇購入?◇
                    Yes ╱    ╲ No
                  ┌─────┐  ┌─────┐
                  │上方 │  │下方 │
                  │提示額│  │提示額│
                  └─────┘  └─────┘
                 Yes  No   Yes  No
```

図 2.4.3　質問紙の構成

資産額に基づく保険料の計算を求めた．Test2 では家屋，家財あわせて 1000万円を想定するように説明を行なった．また保険購入の選択を尋ねる質問の前後に表 2.4.1 に示す属性質問を行なった．支払意思に関する質問部分の詳細は図 2.4.4 に示す．アンケートの返送数は 353（返送率 11.8%）保険購入意思と資産額の回答を有する有効回答数は Test1 が 274，Test2 が 315 であった．

表 2.4.1　属性変数の内容

	変数名	説明	変数内容
用紙属性	HM	ハザードマップ付与	1：付与　0：非付与
住居属性	TYP	住居形態	1：一戸建て　0：共同住宅（マンション等）
	STR	住居構造	1：木造　0：非木造
	OWN	住居所有形態	1：持ち家　0：賃貸住宅
	AREA	住居建坪（延べ床面積）	1：81m² 以上　0：80m² 以下
	YEAR	住居建築時期	1：1981 年以前　0：1982 年以降
地震態度属性	PRISK	地震発生可能性の認知　※1	1：おきると思う　0：思わない
	PFLT	地震発生可能性の原因断層（PRISK = 1 のみ）	1：上町断層系　2：中央構造線 3：有馬高槻構造線　4：中央構造線 5：南海トラフ　6：上記以外　7：わからない
	PVAL	地震発生時被害可能性の認知　※2	1：全壊または半壊すると思う　0：思わない
	KNOW	地震保険知識	1：知っている　0：知らない
	TAKE	地震保険保有	1：はい　0：いいえ
世帯属性	AGE	世帯主年齢	1：65 歳以上
	Y	世帯収入（年収）	250　750　1250　1750　2250（万円）
資産属性	HOUS	建物価格	（万円）
	GOOD	家財額	（万円）
	PROP	契約資産額（HOUS + GOOD）	（万円）

※1「今後 25 年以内に，あなたが住んでいる地域で震度 7 程度の揺れを生じる地震が起こると思うか」という問い．
※2「仮にあなたの住んでいる地域で震度 7 の地震が起こったとき，あなたの住居には被害が出ると思うか」という問い．

　表 2.4.2 に属性質問の単純集計の結果を示す．回答結果を見ると，地震リスクや住居の被害可能性に関する認知について，今後 25 年以内に，自分の住む地域で震度 7 程度の揺れを生じる地震が起こると思うと答えた人の割合は 46％で，その中の多くの人は南海地震がおきると思っている．またその地震で全く被害がないと思う人はごくわずかであった．地震保険の認知度は94％で，多くの人がその存在については認識があるものの，地震保険の加入率は 18％と一般的な普及にはいたっていない．

　また，保有資産額と Test2 でのオプションの提示額に対する支払意思の関係を図 2.4.5 に示す．このグラフより，保有資産が多い家計ほどオプションに対する支払意思額は大きいことがわかる．

以下では，地震保険の購入についておたずねします．[A]と[B]両方の質問について，説明をよく読んでからお答えください．

[A]
Aの質問は，あなたが今お住まいの場所，住居に今後も住み続けるものとしてお答えください．また，地震に関して以下のような保険が利用可能であるとして次のページの問10.にお答えください．
まず，下記の絵に従いあなたの家が契約できる資産額を計算してください．
資産額の計算方法は，あなたの家が持ち家か借家かによって異なります．
持ち家の方は，あなたの住んでいる①住居建物（マンション等の共同住宅の場合には戸室）と②家財（家の中にあるものすべて）の価格の合計が③契約する資産額になります．
借家の方は，②家財（家の中にあるすべて）の価格が③契約する資産額になります．

	①住居建物		②家財		③契約する資産額
	マンション等の共同住宅の場合には戸室の値段土地の価格は除いてお考えください．		家の中にある物全ての値段の合計 自動車は除きます．		この額があなたの資産額になります．
持ち家の方	①（　　万円）	＋	②（　　万円）	＝	③（　　万円）
借家の方			②（　　万円）	＝	③（　　万円）

つづいて，下の枠内の例にしたがい，あなたが④毎年支払う保険料と，⑤被災時に支払われる最大の保険料を計算してみてください．

契約する資産1000万円につき5000円を年額の保険料とする地震保険が利用できるとします．この地震保険では，地震によって家財が被災した場合，被害額に応じて最大「契約した建物資産額の50%」までの保険金が支払われます．
あなたの世帯ではおおむね以下のようになります．
　　問9の額（③　　　）万円÷2000＝あなたが毎年支払う保険料（④　　　）万円
（例）問9の額（500）万円÷2000＝あなたの年額保険料（0.25）万円
　　問9の額（③　　　）万円÷2＝被災時支払われる最大の保険金（⑤　　　）万円
（例）問9の額（500）万円÷2＝被災時支払われる最大の保険金（250）万円

問10．さて，あなたは毎年④の額を支払い，地震で被災すれば最大⑤の保険金が支払われるこの保険を購入し，ご自宅の建物資産にかけたいと思いますか．どちらかに○をつけてください．

1．はい（→問11・Aへ）	2．いいえ（→問11・Bへ）
【問11・A】では，保険料の年額が，上の保険の2倍であればこの保険を購入したいと思いますか．どちらかに○をつけてください．　1．はい　　2．いいえ	【問11・B】では，保険料の年額が，上の保険の6割であればこの保険を購入したいと思いますか．どちらかに○をつけてください．　1．はい　　2．いいえ

[B]
Bの質問は，あくまでも仮定の話としてお考えください．
①あなたは，今お住まいの場所で，住居評価額が1000万円の一戸建てに今後も住み続けるものとします．
②あなたが住んでいる地域では，今後25年間に震度7程度のゆれを生じる大地震が50%の確率で発生し，
③その地震が発生するとご自宅の建物は全壊（補修が不可能な状態）の被害を受けるとします．
さて，地震に関して以下のような保険が利用可能であるとして問11.にお答えください．

あなたは，毎年1万円の保険料を支払います．
地震発生時，あなたのご自宅の建物は全壊（補修が不可能な状態）の被害を受けるので最大500万円の保険金が支払われます．

問11．あなたは毎年1万円を支払いこの保険を購入し，ご自宅の建物資産にかけたいと思いますか．どちらかに○をつけてください．

1．はい（→問12・Aへ）	2．いいえ（→問12・Bへ）
【問12・A】では，毎年支払う保険料の額が，2万円であればあなたはこの保険を購入したいと思いますか．どちらかに○をつけてください．　1．はい　　2．いいえ	【問12・B】では，毎年支払う保険料の額が，7000円であればあなたはこの保険を購入したいと思いますか．どちらかに○をつけてください．　1．はい　　2．いいえ

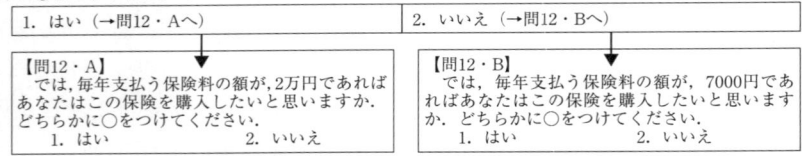

図 2.4.4　支払意思の質問部分（原紙より一部抜粋）

表 2.4.2 単純集計結果

質問項目	回答	回答数	率(%)
住居形態	一戸建て	251	78
	共同住宅	100	21
	無回答	2	1
住居構造	木造(防火木造含)	209	59
	非木造	141	40
	無回答	3	1
住居所有形態	持ち家	295	84
	賃貸住宅	56	16
	無回答	2	1
住居建坪（延べ床面積）	〜20m^2	11	3
	21〜40m^2	26	7
	41〜60m^2	36	10
	61〜80m^2	72	20
	81〜100m^2	60	17
	101〜120m^2	56	16
	121m^2〜	87	25
	無回答	5	1
住居建築時期	〜1961	44	12
	1962〜1971	52	15
	1972〜1981	100	28
	1982〜1995	107	30
	1996〜	47	13
	わからない	0	0
	無回答	3	1
地震発生可能性の認知	はい	161	46
	いいえ	171	48
	無回答	21	6
地震発生可能性の原因断層 ＊回答者中の割合	上町断層系	17	＊9
	生駒断層系	15	8
	有馬高槻構造線	30	15
	中央構造線	1	1
	南海トラフ	67	34
	上記以外	4	2
	わからない	50	25
	無回答	14	7

質問項目	回答	回答数	率(%)
地震発生時被害可能性の認知	全壊	55	16
	半壊	101	29
	居住可能な程度	41	12
	被害なし	3	1
	わからない	49	14
	無回答	104	29
地震保険知識	知っている	291	82
	聞いたことがある	44	12
	知らない	11	3
	無回答	7	2
地震保険加入	加入	62	18
	非加入	283	80
	無回答	8	2
世帯人数	1人	23	7
	2人	139	39
	3人	83	24
	4人	60	17
	5人	22	6
	6人	10	3
	7人	1	0
	8人以上	0	0
	無回答	15	4
世帯主年齢	〜18	4	1
	19〜30	7	2
	31〜40	14	4
	41〜50	45	13
	51〜60	100	28
	61〜70	102	29
	71〜80	59	17
	81〜	11	3
	無回答	4	1
年収（万円）	500未満	122	35
	500〜1,000未満	140	40
	1,000〜1,500未満	50	14
	1,500〜2,000未満	14	4
	2,000〜	8	2
	無回答	19	5

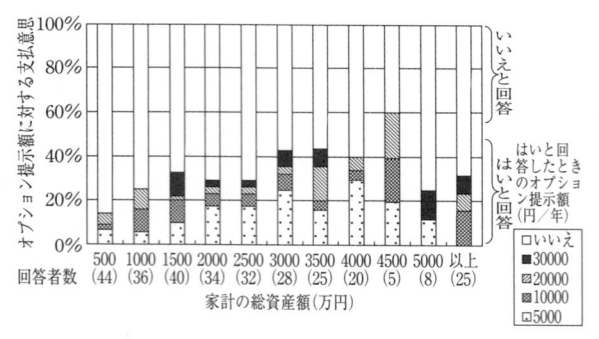

図 2.4.5 Test2：家計の総資産額とオプションの提示額に「はい」と答えた家計の割合

(b) パラメータ推定

以下のモデルのパラメータ推定においては各項を一年間のフロータームに統一するため富を家計の年収とし，ハザード発生確率は今後1年間の発生確率に換算し，資産被害額に関しては割引率2%，耐用年数25年と仮定して1年間のフロー化を図った．なお，収入と世帯主属性より家計調査（総務省統計局）を用いて家計の保有総資産額を推定し，これを富として推計するストックタームのモデルについても同様のパラメータ推定を行なったが，総じて年収使用モデルの尤度が高く，当てはまりが良好であったためフロータームを採用した．

表 2.4.3 に最も適合度の高かった属性項を定数とし危険回避度を属性変数の線形関数としたモデルの推定結果（上段・推定値，下段・漸近的 t 値）を2種類の危険回避度一定型効用関数について示した．有意な推定結果が得られなかったモデルの結果，及び5%水準で有意とならなかった変数の推定値は除いている．

所与リスク，主観的リスクのいずれのモデルにおいても，CARA 型モデル及び CRRA 型モデルの間の対数尤度における尤度比検定は棄却されず，尤度の改善は見られなかった．地震による資産損失のリスクは保有する富が多いとリスクにさらされる資産額も増加するため，当初は CRRA 型効用関数がより適合すると仮定していたが，その仮説は支持されなかった．なおモデルの適合度を示す McFadden の決定係数（尤度比指標）はいずれも良好

である．

(c) 危険回避度と属性の関係

CARA型，CRRA型共通に有意に検出されたのは現在の地震保険所有の変数（TAKE）のパラメータであった．これは，現在実際に地震保険を所有しているか否かが，アンケートで提示された仮想的な地震保険購入に対する選好を説明している．このパラメータの符号は危険回避度を小さくする向き（－0.00462）に効いている．これは実際にはすでに保険を保有している家計がアンケートにおいて仮想的に与えられた地震発生確率の下で提供された保険の購入を選好しなかったことを意味し，アンケートで所与とした確率がこれらの家計の実際の保険購入行動の基準となった主観的確率に比べ微小であったことを示すものと考えられる．

次に特徴的な点は，主観的リスク下においては，所与リスク下調査で一つも有意に検出されなかった地震発生の認知・認識に関するリスク認知に関するパラメータ（PRISK，PVAL）が有意となっている．

主観的リスク下のモデルでは，ハザードマップの付与（HM）のパラメータにも着目する．ハザードマップの付与のパラメータはCARA型，CRRA型双方のモデルにおいて，強く有意に検出されているが，その正負は逆である．すなわち，CARA型ではハザードマップを参照した家計のリスク回避度が大きくなると説明できるが，CRRA型では逆にリスク回避度を小さくする向きにはたらいている．ハザードマップの所与と本研究の調査における支払意思額へ及ぼす影響を調べるにはこの枠組みだけでなく，家計の立地する場所などを含めた分析が必要である．

その他に，CARAモデルでは，世帯主の年齢項（AGE）が有意となっている．これは世帯主が高齢（65歳以上）であるか否かにより保険購入の選好に差があると説明される．パラメータは負を示しており（所与リスク下：－0.00280，主観的リスク下：－0.0147），危険回避度を小さくする向きにはたらいている．すなわち高齢者世帯はより危険中立的に近く，リスク回避選択行動を取らない傾向があると説明される．言い換えればこの結果は，非常に微小な上町断層系の地震リスクに対して，高齢者世帯が保険によって積極的にリスク回避を行なう動機がないために，リスクを引き受けていることを

表 2.4.3　パラメータ推定結果

モデル 被害確率 パラメータ	絶対的リスク回避度一定型（CARA）					
	所与リスク（Test 2）		主観的リスク（Test 1）			
	定数項のみ	最終モデル	定数項のみ 段階推定	定数項のみ 同時推定	最終モデル 段階推定	最終モデル 同時推定
定数項 t-value	1762.706 138.012	4240.506 235.627	1762.706	1175.737 188.666	4240.506	924.785 71.599
主観的リスク $\tilde{p}_s^i$			0.0594 20.31	0.0657 8.641	0.0651 24.57	0.0525 9.427
定数項 t-value	0.0307 11.940	0.0137 10.945	0.0307	0.0170 8.617	0.0137	0.0424 6.591
HM t-value			…………	…………	…………	0.0129 2.774
AREA t-value	…………	0.421 2.383	…………	…………	0.421	…………
PRISK t-value	…………	…………	…………	…………	…………	− 0.0210 − 3.423
PVAL t-value	…………	…………	…………	…………	…………	…………
TAKE t-value	…………	− 0.00462 − 2.888	…………	…………	− 0.00462	…………
AGE t-value	…………	− 0.00280 − 1.792	…………	…………	− 0.00280	− 0.0147 − 3.475
標本数 N	315	315	274	274	274	274
対数尤度 L	− 432.658	− 424.523	− 527.651	− 452.193	− 553.051	− 428.391
初期対数尤度 Lc	− 1894.97	− 1894.97	− 1661.65	− 1661.65	− 1661.65	− 1661.65
対数尤度比	0.771	0.776	0.682	0.727	0.667	0.742

※ 定数項の行（3行目以降）における縦軸ラベル：絶対的リスク回避度（1/10,000,000 円）$\eta(X)$

説明している．

2.4.3　代表的家計におけるリスクプレミアムの算定

(1)　リスクプレミアムの算定手順

　以上の所与リスク下，および主観リスク下における CARA 型，CRRA 型

	相対的リスク回避度一定型（CRRA）					
	所与リスク（Test 2）		主観的リスク（Test 1）			
	定数項のみ	最終モデル	定数項のみ 段階推定	定数項のみ 同時推定	最終モデル 段階推定	最終モデル 同時推定
	66.244 7.204	57.303 7.132	66.244	44.096 5.458	57.303	50.571 3.999
	／	／	0.0340 8.815	0.027 4.299	0.0368 10.72	0.0242 4.613
相対的リスク回避度 $\gamma(X)$	0.226 2.890	0.0833 1.015	0.226	0.221 2.167	0.0833	0.306 2.249
	／	／	…………	…………	…………	−0.328 −3.888
	…………	…………	…………	…………	…………	…………
	…………	…………	…………	…………	…………	…………
	…………	…………	…………	…………	…………	0.221 1.823
	…………	0.232 2.731	…………	…………	0.232	0.294 2.787
	…………	…………	…………	…………	…………	…………
	315	315	244	244	244	244
	−431.609	−427.349	−376.357	−362.041	−388.960	−351.091
	−1894.97	−1894.97	−1507.11	−1507.11	−1507.11	−1507.11
	0.772	0.774	0.75	0.759	0.741	0.763

効用関数の定数項のみのモデルにおけるパラメータ推定結果を用いて，代表的な家計が持つ効用関数を特定化し，特定の条件下におけるリスクプレミアムの算定を試みる．

代表的な家計として年収1000万円，総契約資産額の1年あたりの帰属レント100万円（耐用年数25年，総資産額約2000万円に相当する）を想定する．

この家計のリスクプレミアムは式(2.4.9)で表される．

$$\rho^i = V^{-1}(y_0 - p_1^i \cdot l_0, X)$$
$$- V^{-1}[p_1^i \cdot V(y_0 - l_0, X) + (1 - p_1^i) \cdot V(y_0, X), X] \qquad (2.4.9)$$

1年での地震の発生確率については，A：（公表されている）客観的地震発生確率である 0.001，B：主観的リスクの推定値（CARA 型で 0.0657，CRRA 型で 0.027）の二つを用いる．また，パラメータ推定値を用いた CARA 型，CRRA 型の効用関数は以下の式 (2.4.10)～(2.4.13) で書ける．よってそれぞれの効用関数形について A，B と所与リスク下（リスク情報あり），主観的リスク下（リスク情報なし）の組み合わせにより 4 パターンのリスクプレミアムを計算する．

①絶対的危険回避度一定型効用関数（CARA 型）

（所与リスク下）

$$V(y, X) = \frac{C_s^1}{\eta(X)} \exp[-y\eta(X)]$$
$$= -\frac{1762.706}{0.0307} \exp[-0.0307y] \qquad (2.4.10)$$

（主観的リスク下）

$$V(y, X) = -\frac{1175.737}{0.017} \exp[-0.017y] \qquad (2.4.11)$$

②相対的危険回避度一定型効用関数（CRRA 型）

（所与リスク下）

$$V(y, X) = C_s^1 \frac{y^{1-\gamma(X)}}{1 - \eta(X)}$$
$$= 66.244 \cdot \frac{y^{1-0.0226}}{1 - 0.0226} \qquad (2.4.12)$$

（主観的リスク下）

$$V(y, X) = 44.096 \cdot \frac{y^{1-0.021}}{1 - 0.021} \qquad (2.4.13)$$

図 2.4.6，図 2.4.7 に特定化された効用関数のグラフを示す．また表 2.4.4，表 2.4.5 に上記の効用関数から算出された所与リスク下，主観的リスク下に

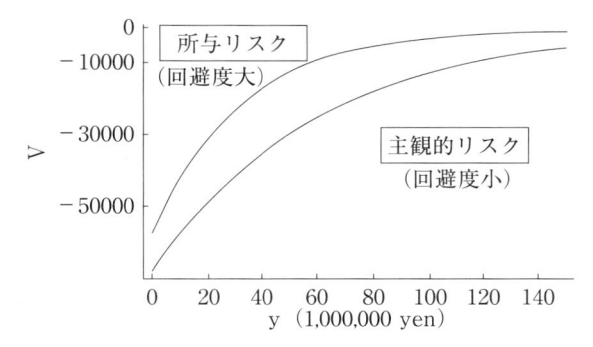

図 2.4.6 絶対的危険回避度一定型効用関数
平常時の効用水準：所与リスク下 -42238.9　主観的リスク下 -58348.7

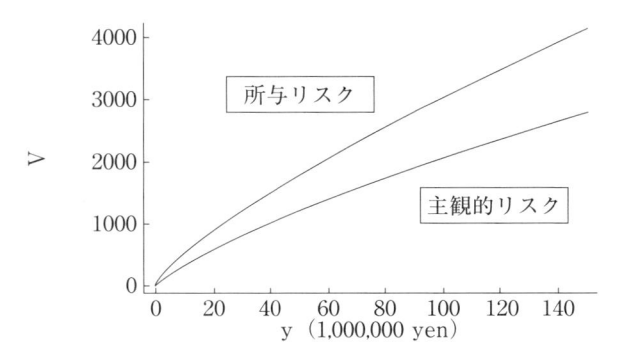

図 2.4.7 相対的危険回避度一定型効用関数
平常時の効用水準：所与リスク下 508.6　主観的リスク下 340.3

おけるリスクプレミアム，期待被害額と両者の比を示した．

(2)　算定結果の考察

表 2.4.4 は，CARA 型効用関数を仮定したときの結果である．

客観的リスク下（被害発生確率を 1 年で 0.001 と仮定）では，上記の家計の 1 年あたりのリスクプレミアムは 1040 円と算出された（表の左上）．この結果は保険数理的に公正な保険を想定したとき，この家計の保険に対する支払意思額が期待被害額 1000 円に対し約 2 倍の値となることを示している．

表 2.4.4　代表的家計のリスクプレミアム（CARA 型）

リスク基準 \ 効用水準	リスク回避度　0.0307　　→　　0.017	
	所与リスク下の効用水準 （リスク情報あり）	主観的リスク下の効用水準 （リスク情報なし）
客観的リスク 0.001	1,040/1,000 (1.040)	1,009/1,000 (1.009)
主観的リスク推定値 0.0657	66,650/65,700 (1.014)	66,220/65,700 (1.008)

リスクプレミアム／期待被害額（単位：円）（　）内は両者の比

　また，主観的リスクの推定値 0.0657 に基づいた1年当たりのリスクプレミアムは 66220 円となった．主観的リスクが高いためにリスク所与条件下の値に比べ高額であるが，リスクプレミアムの期待被害額に対する比は 1.008 とリスク所与条件下より若干小さい程度である（表の右下）．

　以上表の左上と右下の値は CVM の Test1，Test2 の結果に即して直接計測した部分である．次に，これらの推定結果を用いて，主観的リスクのもとでの所与リスクに基づいた効用水準（表の左下）と客観的リスクのもとでの主観的リスクにもとづいた効用水準（表の右上）を用いたリスクプレミアムを算出する．リスク回避度の大小に依存して，所与リスク下での効用水準におけるリスクプレミアムが大きい．

　支払意思額と期待被害額の比が約2倍であるという点，および客観的条件下に比べ主観的条件下において，リスクが高く推計される点は CRRA 型においても同様であった（表 2.4.5）が，リスク回避度の推定値は両者でほぼ等しい値となった．ただしいずれの傾向も，CARA 型での違いほど顕著ではない．

(3)　リスク情報開示がもたらす効果の評価

　以上得られた結果を用いて，認知リスクバイアスの存在下における便益評価について考察する．認知リスクバイアスが存在するとき，家計は表の右下の状態で選択行動を行なう．しかしその帰結として得られる状態は，客観的リスク下における状況，すなわち表の右上の状態となる．このとき，家計の

表 2.4.5 代表的家計のリスクプレミアム（CRRA 型）

リスク基準 \ 効用水準	リスク回避度 0.226 所与リスク下の効用水準（リスク情報あり）	→ 0.221 主観的リスク下の効用水準（リスク情報なし）
客観的リスク 0.001	1,012/1,000 (1.012)	1,012/1,000 (1.012)
主観的リスク推定値 0.027	27,310/27,000 (1.011)	27,303/27,000 (1.011)

リスクプレミアム／期待被害額（単位：円）（　）内は両者の比

リスクプレミアムは当初の金額よりも少なく見積もらなければならない．

次に，リスク情報開示がもたらす効果について考える．推定結果によって，リスク認知にはバイアスがあることが示された．家計のリスク回避度（選好）にはバイアスがないと仮定する．今，リスク情報開示によって家計が客観的リスク水準を完全に理解したとすると，リスク情報の開示が必ずしも合理的な選択行動を導かない．このことは，ハザードマップの開示やリスクコミュニケーションによるリスク情報の開示が，必ずしも家計のリスク回避行動につながるわけではないことを示している．

2.4.4 リスクコミュニケーションとリスク認知

リスクに関する利害関係者の間でリスクを減少させる目的で行なう情報のやり取りの過程はリスクコミュニケーションと呼ばれ，アカウンタビリティ，住民参加型計画などの流れを汲んで環境リスクや医療リスクなど多方面でその重要性が指摘されている（吉川（2000））．災害リスクにおいても東海・東南海地震の発生が近いと言われる状況下で，コミュニティレベルにおけるリスクコミュニケーションの活動を住民自身が主体となって取り組みを開始する例も増えている．

冒頭で述べたように，リスクコミュニケーションを効果的かつ効率的に行なうことで，人々のリスク態度を変容させ，社会全体の災害リスクを軽減させられると考えられる．ところが行政主導型の防災に比べ，住民主導型の災

害リスクに対する事前対応の取り組みは新しく，その系統的な分析方法は開発されていない．

一方モデル構築においても同様に，伝統的な効用理論では，効用関数は個人によって異なるが時間的には一定であるとの仮定をおくのが一般的である．上記のようなコミュニケーションが経済行動に及ぼす影響を知るには，態度行動変容モデルをとり入れた調査枠組みの設計が必要であろうと考える．

2.5 防災のための社会資本の情報の取得

2.5.1 はじめに

一瞬にして多大な社会的な影響を引き起こす災害に対して，防災に関する情報を取得し，それに基づいた効果的な防災対策を講じることの重要性は強調してもし過ぎることはないであろう．例えば，被災に伴う損失を最小とするためには事後対策の優先順位を検討するための被災情報が，被災を未然に防ぐためには構造物の劣化状態の情報が必要である．このように，様々な情報の取得が防災に関する意思決定に重要な役割を果たす多くの例を容易に見出すことができる．

災害発生時において機能の確保が強調される対象として上水道システムや道路システムなどの社会資本がある．社会資本は，救急・医療活動や物資輸送活動などの様々な活動を支援するために欠くことのできないものであり，被災によってその機能が制限されることを未然に防ぐことの必要性に特段の異論はないであろう．被災による機能の制限を防ぐためには，社会資本の更新や補修などの適切な行動を常日頃より管理者が選択しなくてはならない．そのためには，どの行動を選択すべきかについての合理的な判断を可能とするための情報の取得が必要である．以下，本章では，災害時における社会資本の機能を確保するための情報の取得に焦点を当てる．

2.5.2　社会資本の劣化状態に関する情報の取得とその解釈

(1)　社会資本の劣化状態に関する情報の取得

　社会資本の劣化状態の情報を取得するために管理者が行なう行為は，通常「点検」と呼ばれる．点検の目的をより一般的にとらえると，劣化状態の不確実性を減らすことである．一般に，点検には費用がかかる（以後，その費用を「点検費用」と呼ぶ）．その具体的な内訳としては，点検に要する人件費や機材の運転費用，点検期間中にシステムを停止することに伴って発生する損失などが含まれる．このため，多額の点検費用を要する場合に，毎期に点検を行なうことが管理者にとっての合理的な選択かは必ずしも自明ではない．また，点検しようにも，それが実行可能ではない場合がある．例えば，点検に伴ってシステムを停止することに伴う損失が禁止的に大きい場合や，点検の技術が未開発である場合，点検そのものが実行できない．この場合については，点検を可能とするための投資を行なってはじめて点検を行なうことが可能となることがある．また，点検が実行可能であったとしても，劣化状態を正確に特定できないかもしれない．例えば，劣化状態を何らかの手段でモニターして点検を行なう場合，モニターによって得られる情報に観測誤差が混入し，劣化状態を確定的に特定することができない場合があろう．このように，社会資本の管理者が点検によって情報を取得するにしても，彼らがおかれている状況の違いにより，具体的にどのような課題が付随しているのかは異なりうる．

(2)　情報の取得のオプション的解釈

　点検によって情報を取得することの意義は，その情報に基づいて意思決定をより合理的に行なうことにある．その意義をより容易に理解するには，ファイナンス理論におけるオプションの考え方を援用することが有用である．
　オプションの例として，株の売買に関するコールオプションを取り上げる．コールオプションは現物（この例では株）を将来に購入する権利であり，その権利を購入するためにはコールオプションの価格を現在支払わなくてはな

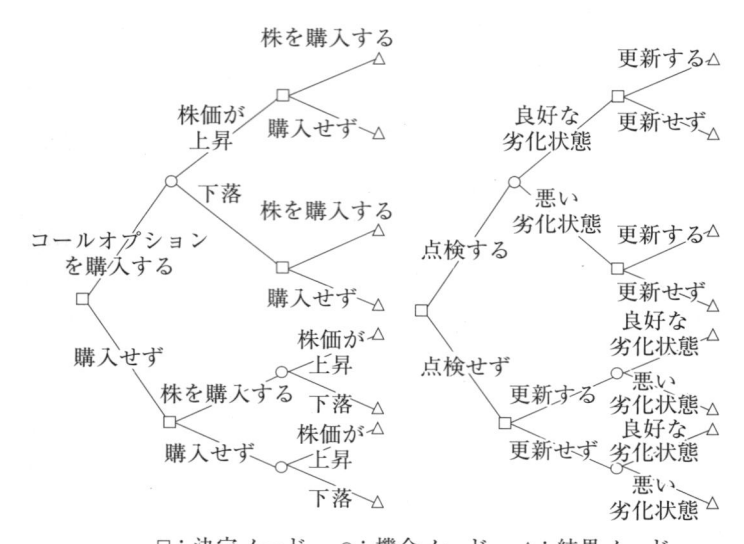

□：決定ノード, ○：機会ノード, △：結果ノード

図 2.5.1　オプションとして解釈した点検（左：コールオプション，右：点検）

らない．図 2.5.1 の左図は，コールオプションの購入に関する意思決定木である．簡単のために，将来時点において株価は上昇するか下落するかのいずれかが確率的に生起するとしている．各ノードは意思決定木の表記方法に基づいており，□は決定ノード，○は機会ノード，△は結果ノードを表している．すなわち，決定ノードを始点にもつリンクの集合はそのノードにおいて意思決定者がもつ選択肢の集合であり，機会ノードを始点にもつリンクの集合は確率的に生起しうる事象の集合である．

　コールオプションを購入した場合，購入者は現在においてはコールオプションの価格を支払うが，将来時点において株価の上昇／下落を観測，特定した後に株を購入するか否かの決定を行なうことができる．つまり，コールオプションを購入していれば株価の上昇／下落という「株価の状態」に応じた意思決定の機会が与えられる．コールオプションの価格は，その機会を享受するための対価である．コールオプションを購入しない場合，株の状態に関するリスクのもとで株を購入するか否かを決定しなくてはならない．

　同様の解釈が点検にも該当する．図 2.5.1 の右図は点検の実施に関する意

思決定木であり，点検の後に選択する行動は更新するかしないかとしている．なお，更新しないとは，何もせずにシステムを放置するということである．点検を行なった場合，管理者は点検費用を現在支払うが，点検によって劣化状態の良し悪しを観測，特定した後に更新するか否かの決定を行なうことができる．つまり，点検を行なうことにより，劣化状態に応じた意思決定の機会が与えられる．点検しない場合，劣化状態に関するリスクのもとで更新するか否かを決定しなくてはならない．

(**3**) いくつかの例

例１：山岳地を通っている道路がある．その道路には多雨期における斜面崩壊を防ぐための防災施設が施されているものの，過酷な環境に曝されていることから経年劣化が懸念されている．防災施設そのものは地中にあることから，それらの施設の劣化状態は目視にて判断できない．そこで，道路管理者は，劣化状態をセンサーで常時モニターするか，多雨期に入る前に数名のスタッフが出向いて状態を調査するかのいずれかの対策を講じることを検討している．

例２：ある都市の水需要は，そこから遠方にある水源からの送水によって満たされている．現在敷設されている送水管は一系統であり，それが被災するとその都市への送水は停止してしまう．そこで，その都市の水道管理者は，通常時において点検，および必要に応じて更新・補修することで送水管の健全性を保ち，被災を防ごうと考えた．しかし，点検するには作業員が送水管の中に入る必要があり，その間の送水を停止しなければならない．僅かな時間であったとしても都市への送水をすべて停止した場合には莫大な損失が発生する．このため，水道管理者は，送水施設の点検をするには点検中も送水を停止することがないよう別系統の送水管を建設することが必要と考え始めた．

例３：あるマンションは建設されてから長い年月が経っており，マンションの管理者は地震が発生した際の被災を危惧している．劣化が相当程度進行していれば，補修することを居住者と協議しなくてはならない．マンションの劣化状態は目視にて概ねを把握することができるが大雑把にならざるを得ない．

そこで，補修の必要性を合理的に判断するための正確な劣化状態を把握することを目的として専門家による耐震診断サービスを購入することを考えている．

　以上は，社会資本の劣化状態の情報を得る場面に関する具体的な例である．いずれの例においても点検に関連した内容であることは明らかである．しかし，各々におけるポイントは多少異なっている．以下では，2.5.2(2)に示した視点から，それらの差異について整理してみよう．
　例1では，防災施設を「常時モニターするか」，「多雨期に入る前に調査するか」という選択に管理者が迫られている．常時モニターすることを選択した場合，点検という行為をせずとも劣化状態の情報が管理者にもたらされることになる．一方で，多雨期を前にスタッフが劣化状態を調査する場合，調査という行為が点検であり，情報は点検（調査）を行なった時点においてのみ管理者にもたらされる．この例は，防災施設の情報取得システムを，点検を不要にするシステムにしようとしているのか，点検を前提としたシステムにしようとしているのかの選択場面と考えることができる．
　仮に，点検を必要としないシステムが無視できるほどの小さな費用で設置・運営できるのに対し，点検を必要とするシステムにおいては点検に際して人件費などの無視できない費用が発生するとしよう．すると，点検を必要としないシステムに関しては，常時の点検には追加的な費用が発生しないこと，情報の取得が常時行なわれているためそれに基づいた更新も常時可能であることに留意すると，このシステムは価格が0であるアメリカンオプションと考えることができる．同様に，点検を必要とするシステムについては，点検費用を価格とし，多雨期を満期とするヨーロピアンオプションとなる．また，点検はそこで得た情報をもとに更新するか何もしないかの行動を切り替えることを可能とするため，これらのオプションは切り替えオプション（switching option）と考えることができる．
　例2は，現在の送水管の点検そのものが可能ではないケースである．点検を可能とするために管理者は別系統の送水管の建設を考えているが，その建設は点検のオプションを管理者に与える効果をもつ．ここで，例1の解説において触れたように，点検は切り替えオプションと解釈することができるこ

とから，管理者が新規の送水管を建設するかどうかを決定できるということは，「切り替えオプション」のオプションを管理者が持っていることになる．すなわち，コンパウンドオプション（compound option）を管理者は保有していることになり，その価格は送水管の建設費用である．よって，新規の送水管に関する投資の是非はコンパウンドオプションの価値とその価格とを比べて評価することが必要となる．

　例3は，現行においても点検は目視で可能ではあるが，より正確な劣化状態を把握したい，すなわち，劣化状態の観測の精度を向上したいという例である．例えば，マンションの管理者が目視にて点検した場合，劣化状態は良い／悪いの状態でしか区別できないのに対して，専門家による耐震診断サービスを購入して点検を実施すればこれらに加えて，「かなり良い／極めて悪い」などといったよりきめ細かな状態の区別ができるようになる．これにより，より正確な状態に応じた適切な行動の選択が可能となる．マンションの管理者がこれらのきめ細かな状態を特定しようとすれば確率的に特定せざるを得ない．よって，耐震診断サービスを購入して点検する場合の意思決定木は，図2.5.1の右図を，点検をした場合に得られる劣化状態の情報が「良好な劣化状態」と「悪い劣化状態」に加えて「かなり良い／極めて悪い」という状態が付加された図に修正することで得られる．耐震診断サービスを購入することの是非は，状態を細分した場合のオプションの価値とそうしない場合のそれの価値，および耐震診断サービスの購入に要する費用を用いて検討することができる．

＊

　以上のように，点検そのもののみならず，点検を可能としたり，点検による状態の特定の精度を改善するための取り組みの効果の意味やその評価についてはオプション的解釈によることが有用である．

2.5.3　点検モデル

　オペレーションズ・リサーチの分野においては，点検に限らず，システム

の維持管理の全般に関する成果の蓄積が豊富にある．それらに関する研究のレビューについては Wang (2002)，Cho et al. (1991) を参照されたい．点検を要するシステムの基本モデルでは，点検をどのような周期で実施すべきか，点検によって劣化状態の情報が得られた場合にどのような行動（更新や何もしないかなど）を選択すべきかについての最適な政策を導出する．以下では，まず準備として，点検しなくても劣化状態の情報が得られるモデルを示し，その後に点検した場合にのみ劣化状態の情報が得られるモデルを紹介する．なお，前章の例3に示したように，モニターした情報と真の劣化状態の間に誤差が混入する場合（これを「観測が不完全である」と言う）のモデルについては応用的な内容であることから，以下の議論では観測の不完全性がない状況に限定して話を進める．観測の不完全性のもとでの研究例は Kawai et al. (2002) などを参照されたい．

(1) 点検しなくても劣化状態の情報が得られる場合

システムの劣化の状態を離散値 i で表し，$i \in \{0, 1, ..., s+1\}$ とする．ここに，0は新品同様の劣化状態であり，数値が大きくなるほど劣化が進行していることを表す．$s+1$ は故障状態を表している．時間を等間隔の離散時間で表す．システムの管理者は各時間にシステムの劣化状態を観測することができ，観測した劣化状態に基づいてシステムを更新するか何もしないかのいずれかの行動をとるものとする．劣化状態が i のもとで更新を行なう場合には当該の時間に更新費用 $C(i)$ を要し，次期の劣化状態が0となる．何もしなかった場合には当該の時間に運転費用（いわゆるオペレーションのための費用のみならずその間に発生する社会的な損失，例えば水道システムの場合での漏水などを含む）$L(i)$ が発生し，次期までに劣化が進行する．現在の劣化状態が i であるもとでの次期の状態 j は推移確率 p_{ij} で表される．なお，更新せずにシステムの劣化状態が改善することはない．つまり，$p_{ij} = 0$（$j < i$）であると仮定する．災害による劣化（被災）の過程もこの推移確率に反映されている．例えば，任意の時間における災害の発生の確率を q とし，災害が発生した場合の推移確率を p_{ij}^1，発生しなかった場合のそれを p_{ij}^2 とすると，$p_{ij} = q p_{ij}^1 + (1-q) p_{ij}^2$ として与えることができる．災害の発生の有無

のみならず規模に関して推移確率が異なる場合についても同様の方法によって p_{ij} を導出することができる．なお，任意の時間における災害の程度を劣化状態とは別の状態として明示してモデル化することもできる．詳細については Tanimoto et al. (2005) を参照のこと．当該の時間に劣化状態が i である場合に，それ以降に最適な行動を選択した場合に現在から無限遠までに生じる期待費用の現在価値（以後，「総期待割引費用」と呼ぶ）を最適値関数（value function）$V(i)$ で表す．単位時間当たりの割引因子を β ($0 < \beta < 1$) で表すと，システムの管理者が更新した場合の総期待割引費用 $R(i)$ と何もしなかった場合のそれ $H(i)$ は次式で表される．

$$R(i) = C(i) + \beta V(0) \tag{2.5.1}$$

$$H(i) = L(i) + \beta \sum_{j=i}^{s+1} p_{ij} V(j) \tag{2.5.2}$$

任意の時間においてシステムの管理者は総期待割引費用の小さな行動を選択することが費用最小化の意味で合理的である．以後，政策（policy）とは各劣化状態に対してどの行動を割り当てるのかを意味するものとする．すると，最適な政策は次式の動的計画問題として定式化できる．

$$V(i) = \min[R(i), H(i)] \tag{2.5.3}$$

上記のモデルを数値的に解く方法はいくつか存在しており，その代表として逐次近似法がある．その詳細は三根ら（1988），Kawai et al. (2002) を参照されたい．

(2) 点検した場合に劣化状態の情報が得られる場合

2.5.3(1)で示した基本モデルを以下のように修正することで，点検した場合に劣化状態の情報が管理者にもたらされるモデルを構築することができる．システムの管理者が更新した場合の総期待割引費用 $R(i)$ と何もしなかった場合のそれ $H(i)$，すなわち (2.5.1)，(2.5.2) 式は次式のように修正される．

$$R(i) = C(i) + \beta V(0) \tag{2.5.4}$$

$$H(i; T) = L(i) + \beta \sum_{j=i}^{s+1} p_{ij} H(j; T-1) \tag{2.5.5}$$

ただし，$H(i; 0) = I + V(i)$ (2.5.6)

ここに，I は点検費用であり，T は点検してから次回の点検までの時間である．以上より，(2.5.3)式に示した最適値関数 $V(i)$ は，次式のように修正される．

$$V(i) = \min \left[R(i), \min_{1 \leq T \leq \infty} H(i; T) \right] \tag{2.5.7}$$

なお，(2.5.7)式の右辺は，任意の劣化状態 i において，管理者は更新した場合の総期待割引費用と何もせずに運転を継続した場合（その場合においては次回の再点検までの時間を求める）についての総期待割引費用を比べ，小さな費用を伴う行動に切り替えるオプションを行使することを意味している．留意すべきは，オプションが行使できるのは劣化状態の情報が得られた場合，つまり，点検をした場合であるということである．点検をせず，劣化状態に関する情報がない時間において管理者はとりうる行動は，前回の点検時に決定した次回の点検時を待つのみである．

2.5.4 分析例

以下では，2.5.2(3)に示した送水管の事例を取り上げ，前節で示したモデルを適用して別系統の送水管を建設した場合に水道管理者が得るコンパウンドオプションの価値を導出する．ただし，送水管が故障した場合には，その異変に水道管理者が気づくことが自然と考えられる．つまり，システムが故障状態にあったときにのみ水道管理者は点検をしなくても劣化状態を観測，特定することができる．この性質を考慮するためには，前節で述べたモデルに若干の拡張を要する．

(1) 定式化

既存の送水管の任意の劣化状態を i で表す．別系統として建設が予定されている水道管は鋳鉄管などの耐劣化性能が非常に高いものであるとし，劣化は生じないものとする．つまり，別系統として建設する送水管の劣化状態は常に0であり，定式化においてはその送水管の劣化状態の記述を省略する．水道管理者のとりうる行動は，既存の送水管の劣化状態に関する情報が点検によって得られた際に「更新する」か「何もせずに次回の点検までの間隔を決める」のいずれかとする．以下に示す各変数における添字は，別系統の送水管の有無（有1，無0）を表している．

・別系統の送水管を建設しない場合の総期待割引費用 V_0

この場合，水道管理者は既存の送水管を点検して劣化状態の情報を得ることができないことから，次式のように定式化することができる．ただし，$a_i = p_{i\,s+1}$ である．

$$R_0(i) = C_0(i) + \beta V_0(0) \tag{2.5.8}$$

$$V_0(i) = L_0(i) + \sum_{j=i}^{s} p_{ij} V_0(j) + \beta a_i R_0(s+1) \tag{2.5.9}$$

・別系統の送水管を建設した場合の総期待割引費用 V_1

この場合，水道管理者は既存の送水管を点検して劣化状態に関する情報を得ることができるため，次式のように定式化することができる．ただし，I は点検費用である．点検は当該の時間に即座に行なわれ，点検によって劣化状態が i と観測された後に，その際に更新をせずに T 時間後に再点検する場合の期待費用の現在価値を $H_1(i\,;T)$ で表している．

$$R_1(i) = C_1(i) + \beta V_1(0) \tag{2.5.10}$$

$$H_1(i\,;T) = L_1(i) + \beta \sum_{j=i}^{s} p_{ij} H_1(j\,;T-1) + \beta a_i R_1(s+1) \tag{2.5.11}$$

$$H_1(i\,;0) = I + V_1(i) \tag{2.5.12}$$

$$V_1(i) = \min\left[R_1(i), \min_{1 \leq T \leq \infty} H_1(i:T)\right] \qquad (2.5.13)$$

別系統の送水管を建設することによって水道管理者が得るコンパウンドオプションの価値は，点検によって劣化状態が i であった場合には $V_0(i) - V_1(i)$ として導出することができる．

(2) オプション価値の導出

単位時間を一年とし，各費用は表2.5.1，推移確率は(2.5.14)式のように与えられているとする．

表2.5.1 計算に使用したデータ（費用の単位：百万円）

更新費用	$C(0)$	50	運転費用	$L(0)$	10
	$C(1)$	60		$L(1)$	10
	$C(2)$	70		$L(2)$	10
	$C(3)$	100	点検費用	I	1
			割引因子	β	0.98

表2.5.2 総期待割引費用（単位：百万円）

$V_1(0)$	687.8	$R_1(0)$	724.1	$H_1(0)$	687.8	$V_0(0)$	688.3
$V_1(1)$	725.7	$R_1(1)$	734.1	$H_1(1)$	725.7	$V_0(1)$	726.8
$V_1(2)$	744.1	$R_1(2)$	744.1	$H_1(2)$	745.8	$V_0(2)$	749.1

注）$H_1(i)$ は $\min_T H_1(i:T)$ を表している．

表2.5.3 点検間隔

劣化状態	点検間隔（年）
0	17
1	6

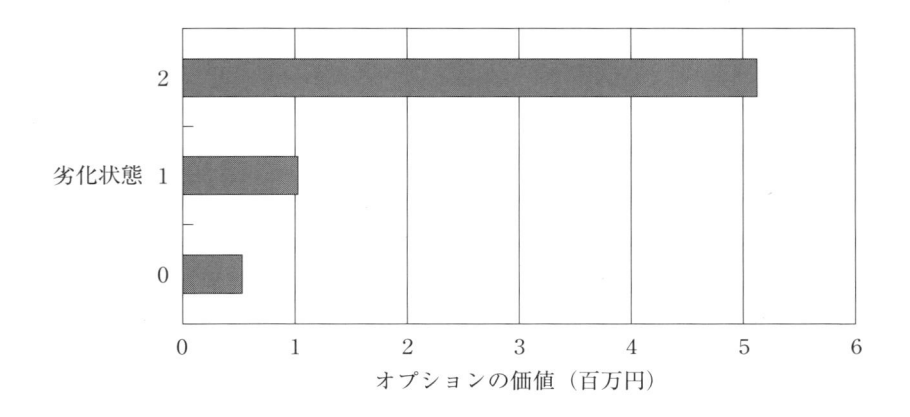

図 2.5.2　オプションの価値の評価

$$p_{ij} = \begin{pmatrix} 0.9 & 0.1 & 0.0 & 0.0 \\ 0.0 & 0.85 & 0.1 & 0.05 \\ 0.0 & 0.0 & 0.8 & 0.2 \\ 0.0 & 0.0 & 0.0 & 1.0 \end{pmatrix} \qquad (2.5.14)$$

　算出された総期待割引費用を表2.5.2に示す．別系統の送水管を建設した場合には，劣化状態が0もしくは1であるときには更新しない場合の総期待割引費用 (H) が更新する場合のそれ (R) よりも小さいことから更新しないことが合理的であり，劣化状態が2であるときは更新すべきことが分かる．表3.2.5.に示すように，更新しない場合には，劣化状態0においては17年後に，劣化状態1においては6年後に再点検をすることが合理的な選択である．

　別系統の送水管を建設することによって水道管理者が得るコンパウンドオプションの価値，すなわち $V_0(i) - V_1(i)$ を図2.5.2に示す．劣化が進行しているほど，オプションの価値が大きい結果となっている．よって，これらの値と建設費用とを比べ，建設費用よりも大きな値を得ているのであれば，建設への投資が経済的には妥当と判断することができる．

2.6 被害軽減と復興支援のための情報基盤システム
—— RARMIS と DiMSIS

2.6.1 はじめに

　自然災害は地震・台風・豪雨のような広域的な外力のもとで発生するため，その影響を空間的に把握し，またその時間的変化を捉えることが重要となる．このような目的のため，近年 GIS の活用が著しく進展した．特に，1995 年の阪神・淡路大震災の発生により，大規模な複合都市災害のもとで，物理的課題と社会的課題のインターフェースとして情報課題がきわめて重要であることが示されたことに加え，災害緊急対応という時間との戦いの中で，災害関連情報の時空間分布を多元的に把握し，そこに操作的な分析処理を施すための強力な手段として GIS の有用性が注目を集めている．

　災害時の緊急対応では，発災後の段階に従って中心課題が変化していく．地震災害においては，発災時刻からみて(i)混乱期（リアルタイム：同時〜数分，準リアルタイム：〜数時間），(ii)初動期（〜数日），(iii)復旧期（〜数ヶ月），(iv)復興期（〜数年），(v)平常期と推移し，次の災害に備えるサイクルに入る．こうした循環の中で，各段階における情報課題に対応して，的確な情報システムづくりが必要となる．こうした活動は阪神・淡路大震災以前から行なわれてきたが，震災後，特に活発になった．

　発災直後の混乱期（リアルタイム／準リアルタイム期）における情報課題では，①警報・自動遮断を中心とするリアルタイム制御と，②準リアルタイム領域における災害の早期把握を目的として，（条件付）シミュレーションの機能を持つ情報システムが必要とされる．地震災害におけるこうした分野は「リアルタイム地震防災」と呼ばれ，最近の約 10 年間に発展してきた．特に阪神・淡路大震災の後，リアルタイムから準リアルタイム段階に対応するための情報システムの開発が盛んである．

　一方，緊急対応が必要とされる初動期，復旧期に有効な情報システムの構築については，取り組みが進んでいない．この時期には災害廃棄物の撤去，避難所の運営，復興状況の把握など，災害対応から生み出される多くの情報を把握して，次の対応に的確に生かすことが要請されるが，こうした業務を

主に担うのは，災害対応の最先端にある市区町村の自治体であり，その災害緊急対応を支える情報システムの整備はきわめて不十分な状況にある．

本稿では，この問題を解決するための情報システムの構築を，阪神・淡路大震災における支援活動での経験をもとに模索する．まず，神戸市長田区における倒壊家屋解体撤去支援活動について示し，この活動の中で得られた知見をもとに，平常業務と緊急業務を同一の基本機能の柔軟な組み合わせにより実現するという RARMIS（リスク対応型地域管理システム：Risk-Adaptive Regional Management Information System）の概念（亀田他，1997c）を提案する．この概念では，災害直後から稼動可能な自治体情報システムを構築し，災害発生時に予想されるリスク要因に対して適応可能な柔軟なシステム構成が求められる．そこで，このような情報処理技術課題を満たすための時空間管理基盤システムとして開発された時空間地理情報システム DiMSIS について説明する．最後に，これらの概念，技術を利用した今後の災害対応のあり方についてまとめる．

2.6.2 阪神・淡路大震災における事例から

(1) 地理情報システム（GIS）を用いた復興支援活動の経緯

兵庫県南部を襲った阪神・淡路大震災は，被災地に大きな爪跡を残した．神戸市内の被災家屋数は，全壊 54,949 棟，半壊 31,783 棟，全焼 7,046 棟，半焼 331 棟の計 94,109 棟で，このうち，要解体件数約 74,000 棟であったと報告されている（阪神・淡路大震災神戸市災害対策本部，1996）．神戸市では，倒壊家屋解体に対し，市発注（神戸市に書類を提出し，市が業者を手配し発注），三者契約（個人で業者を手配し，その業者と神戸市が契約），個人契約（個人で業者と契約，補助金はなし）の三つの形態を想定し，1995 年 1 月 29 日から対応を始めた．このうち市発注は，神戸市内の各区役所まちづくり推進課（当時）において，申請受付が行なわれることになった．長田区は神戸市の中で最も被害が激しく，要解体物件 20,000 棟以上であった．このため，10,000 件を越える解体申請を短期間に処理することを余儀なくされていた

が，限られた職員とボランティア支援者で処理することには限界があり，この業務で混乱をきたしていた（神戸市長田区役所記録誌編集委員会, 1996).

亀田，角本，畑山らは，震災以前から，地理情報システム（GIS : Geographic Information System）を基本ツールとして災害研究のための情報システムを構築する研究会を有志で始め，災害時の緊急対応の手段として防災 GIS の概念を成立させる方向に議論を展開していた．このような討論を行なっていた途上で阪神・淡路大震災が発生したことにより，それまでのいわば「想定された」議論の枠組ではなく，震災という「逃れようのない事実」に対して，研究会で培った成果を少しでも役立てられないかという提案が角本より発せられ，GIS 学会・防災 GIS 分科会（1995 年発足，主査：亀田（当時））と京都大学防災研究所が中心となって，突然の都市型大規模災害時における GIS を用いた情報処理の効果に着目した支援活動が開始された．

神戸市との2度にわたる話し合いの結果，建物被害が最も大きかった長田区役所において，地理情報システムを解体撤去申請手続きに応用し，効率の改善を図る試みをすることになった．長田区では，当初，区が独自に専門の建築士に依頼した被災度 ABC 判定（A：全壊，B：半壊，C：一部損壊）によって，被害が大きいとされた家屋が撤去の対象であると考えており，その情報で撤去受付の見通しを立てていた．しかし，受付開始初日に 3,000 人程度の区民が申請のため区役所を訪れ，その対応は申請書類を受け取るだけになってしまった．この状態で，家屋解体までの流れを作るには図 2.6.1 のような作業が必要であった．特に，解体家屋の場所の特定が申請書類に記入された氏名と住所だけでは困難であったことが作業の遅れをもたらしていた．そこで，まず地理情報システムを用いて，前述の ABC 判定を行った位置に判定結果と固定資産管理のための家屋番号を登録し，受付対象とした．このデータを登録した後，2 月 14 日から現地に入り，具体的な受付支援方法の検討に入った．現場の状況を見ながら，作業手順を検討し情報システムで処理すべきことを明らかにしていった．実際は，予想外の事態の連続であり，情報システム構築はその一つ一つの要求を考慮することであった．2 月末までには，1 日の受付分を 1 日で入力できる見通しが立ち，受付業務に利用できる体制が整った．実際には，3 月 4 日から窓口の受付に情報システムが組込まれた．平行してそれまでの受付データの入力も行なった．建前上は 3 月

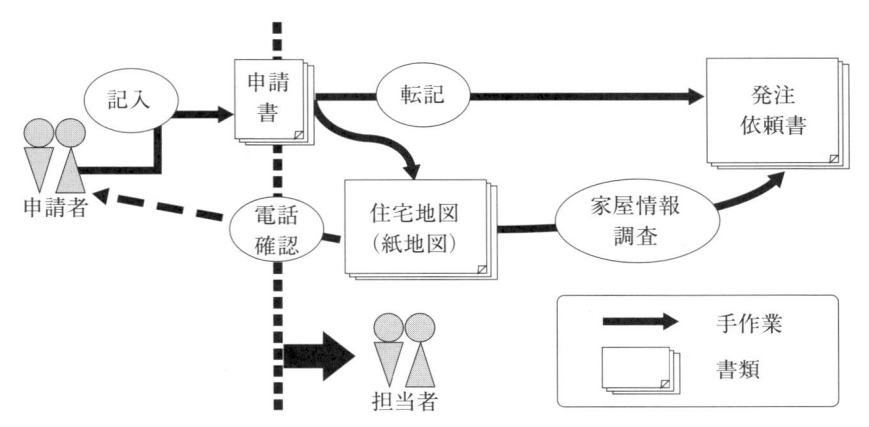

図 2.6.1　倒壊家屋の解体受付（受付開始当初：1 月 29 日から 2 月上旬）

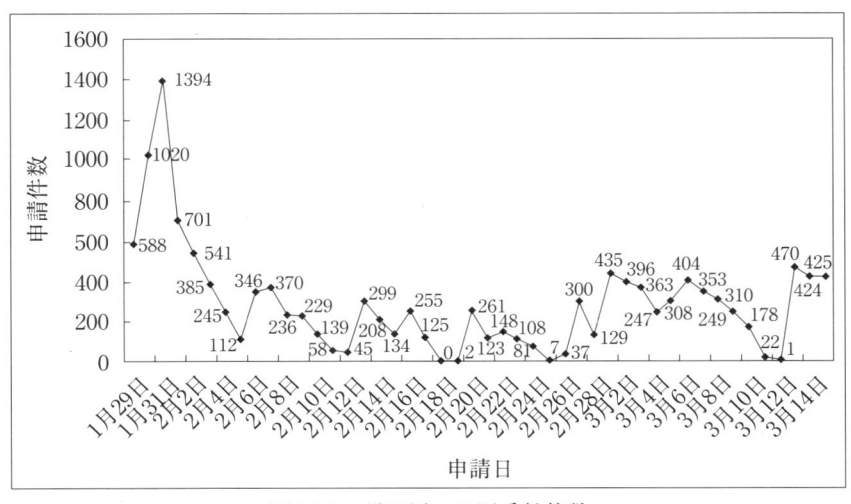

図 2.6.2　長田区の日別受付件数

20 日で，解体受付は一時的に中断したが，申請受付業務を実質的に中断することはできなかった．最も建物被害の大きかった長田区の日別受付件数を，図 2.6.2 に示す（亀田ら，1997c）．

　受付けた申請書類の整理をして，エリア別の一括発注が 5 月 1 日に行なわれた．この後業務の主体は受付から作業工程管理へと徐々に移って行き，翌

年3月31日,業務全体が神戸市へ移ることによりこの支援活動は終了した(亀田ら,1997b,亀田,1999).

(2) 申請情報受付システムから得られた課題

倒壊家屋解体撤去業務における処理の流れを図2.6.1,2.6.3,2.6.4に示す.申請受付開始当初の手作業第1期(図2.6.1)では,申請者が記入した申請書と調書の記載内容を確認した上で,10件程まとめて転記し,解体業者に発注した.解体の公費負担額を算出するために,納税額の指標である延べ床面積を帳簿で調査するのに長時間をかけていた.しかし,ここで発注された物件の多くは場所の特定ができないことで解体が保留される状況が発生した.平常時には,住居表示や表札を頼りに住所から家を特定するのは容易である.しかし,被災地で特に解体すべき家屋が多い地区では住居表示が使えない状況であった.住所だけを基に発注書を作成すると,物件の位置関係は考慮されないため,道路に面した解体しやすい場所から順次奥まった場所へというような作業戦略が立てられない.実際に,手前の倒壊家屋が道路を塞いでいる奥まった場所などが先に発注されてしまい,結果的に作業ができない事態になった.申請などの帳票管理には住所情報は有効であるが,発注から完了までの工程管理には住所物件の位置情報による管理が必要であった.

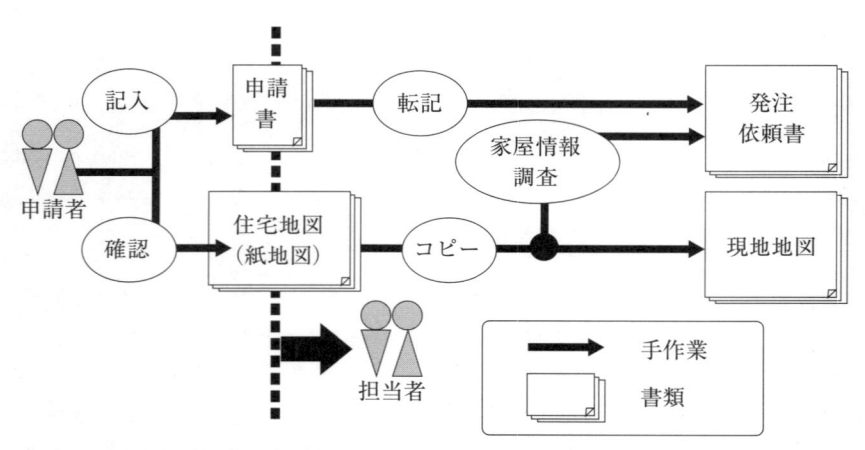

図2.6.3 倒壊家屋解体撤去受付の流れ(システム導入前:2月中旬から2月下旬)

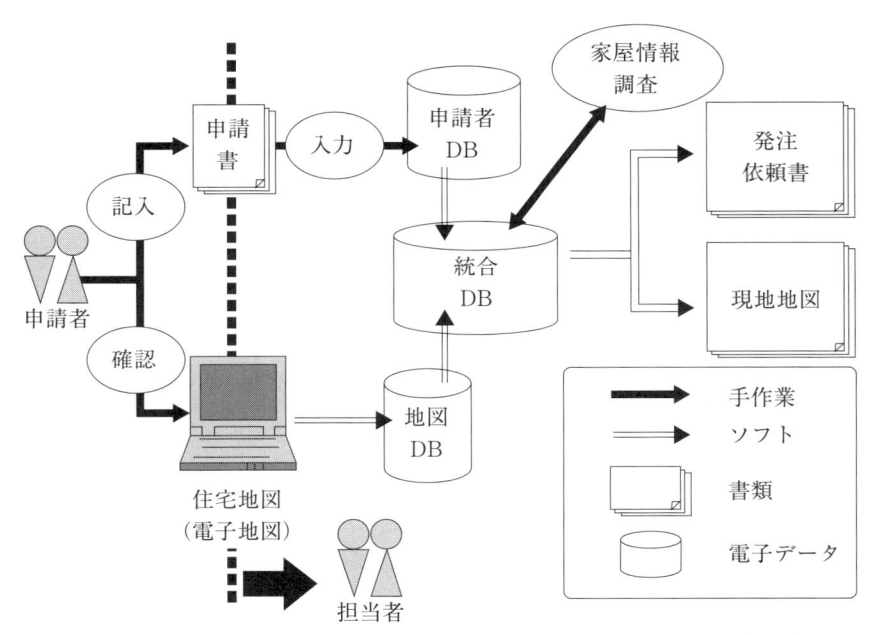

図 2.6.4　倒壊家屋解体撤去受付の流れ（システム導入後：3月6日以降）

　また，住居表示も無くなり，倒壊した家屋の残骸が折り重なった地域では，住所だけでは物件の位置を特定できない状況も多々見られた．そのために，物件の位置の問い合わせに時間が取られたり，誤って隣接家屋を解体処理してしまったりするなどの問題も生じた．

　場所の特定ができるように，2月中旬からの手作業第2期（図2.6.3）では申請場所の地図をコピーして発注書に添付した．地図としては，市販の住宅地図が使用された．住宅地図に記入されている名前は表札名で申請書の名前と異なること，古い住人の名前であったり，誤りがあったりすることなどで，申請書から地図上の場所を特定する作業は容易でなかった．確認のために，申請者に電話連絡をしなければならない状況になった．平常時には電話連絡は容易であっても，家を解体する人は自宅に住んでいないため，避難所を通した取次ぎ連絡が必要になった．数日後にコールバックしてきた時には，書類を捜すのに長時間を要する事態になった．

　3月6日からはパソコンを用いるようにして，申請者に住宅地図を表示し

たGISの画面で家屋の位置を確認してもらい，その場で物件の位置に申請書の受付番号と処理状処理状態を表す記号を登録した．（図2.6.4）平行して申請書の内容をパソコンに入力しデータベース化した．それまでは転記をしていた撤去依頼人名簿と地図はパソコンから出力し，述べ床面積を調査し記入後，業者への発注書とした．パソコンの地図データの家屋名に誤りがあっても，家屋が書かれていなくても，申請人の協力で近隣の目標物から物件の特定は滞りなく行なうことができた．家が書かれていなくても，記号と申請番号はその位置に登録することで，地図データの不備の影響を受けない処理になった．

この長田区役所での活動を通して，以下の五つの課題が抽出された（大野ら，1996，Kakumoto *et al.*, 1997）．

(a) 時空間をキーとする情報管理

この申請処理は，窓口の受付から，整理，家屋の延床面積の確認，業者発注と日々変化する状況がモニターできることが求められる．この対応として，記号を変えて表示することで対応したが，処理月日の確認などが必要になった．区役所では記号の変更での対応になったが，記号の時間管理が必要であった．

自治体では，窓口業務などで各種の登録内容の変更を受付けるが，変更前の情報も一定期間はさかのぼれなければならない．今回の経験から，自治体業務で使用される情報システムは時間的な推移が扱えることが必須の要求であることが明確になった．

(b) 平常時と緊急時のデータの取り扱い

平常時から窓口業務で更新しているデータが緊急時の業務に必要であること，緊急時に窓口業務で入力したデータは被災状況の詳細データとなることが明らかになった．罹災証明に基づく被災度，倒壊家屋撤去の状況に基づく被災度などは，申請と受付の間で，状況に応じた対応が求められるため，客観性に問題があるとの見方もあるが，データベースの観点からに限れば誤差という見方もできる．例えば，斜面地の上に建築された建物を一度撤去してしまうと，擁壁の傾斜に改正された基準を適用せざるをえず，このため敷地

面積が小さく制限されて新築ができなくなる場合などでは，実質的には建替えに近い場合でも半壊とみなして修復された．しかし，外壁は軽微な被害しかなくても基礎が破損し床が宙に浮いているような場合は，外観からの判定では一部損壊と判断されたが，最終的に全壊と処理される場合もあった．また逆に屋根も落ちているが基礎はしっかりしており，上部階だけとか，建物の一部を切断するような形で修復した場合もあった．従って，罹災証明による判定，倒壊家屋撤去申請による判定などは，物理的な客観性のあるデータではなく，様々な社会的事情を含んだ総合的な判定としてとらえるべきである．

(c) 情報処理の場所と分担

情報収集と入力については，窓口業務に関するものは現場で入力する必要が生じるが，被災状況データなどの入力は混乱した被災地よりも多くのオペレータと実効的なシステムが使える被災地外の方が適していることが明らかになった．このことから，被災地内にデータ収集拠点を置き，被災地外にデータ入力拠点を置くのが効率的であるとの結論が得られる．解体家屋撤去申請受付業務は，被災地内でデータ収集とデータ入力が必要であった事例になる．自治体業務では，個人情報の保護が求められるため，外部に持ち出せない情報が多い．窓口で撤去申請を受付けた倒壊家屋の延べ床面積の検索・確認は外部でもできる作業であるが，情報管理の立場を守るため，内部処理が求められた．それに対して，被災度判定データの入力は自治体の外部で行なわれた．

(d) 役所内の職員が容易に使える情報システム

今回の長田区役所では，情報処理と防災の研究者が，区役所の職員と一体になって活動したことに特徴がある．ここでは，状況によって変化する要求に応える情報システムを研究者が適時的に提供してきた．研究者が区役所に入った初期は，表向きは期待しているとの対応であっても，担当の自治体職員からの情報システムに対する期待は低かった．そのため，本当に困った事態について，開発者に疑心暗鬼で実現の可能性を打診される状況であった．しかしながら，申請の取り下げ，撤去の進捗に関する問合せなどに対して，数千枚もの申請書の中から該当のものを抽出する必要が生じ，このような状

況下で，はじめて情報システムによる検索が打診された．それを用いると，当然，容易に検索ができるため，即座に結果を提供することができる．一度効果が目に見える形になった時，システムの機能に対する要求がどんどん出されるようになり，それに応えることによってシステムの信頼が高まっていった．これは開発者の視点で構成されていたシステムを，利用者の視点に立ち，本当に必要とされる機能のみを簡易な操作で利用できるよう再構築したことを示す．言いかえると，情報処理の専門家ではない，自治体職員とボランティア支援者がシステムを操作できなければ，どんなに強力なシステムが用意されていても使われることは期待できないということを示している．

(e) 要求が変わる業務に対応できる情報システム

活動中，時間推移と状況によって要求機能が変化した．初期には関連データの入力と特定の項目を整理した一覧表と地図の出力が求められた．その後，各種項目による検索機能が効果を上げた．業者発注が進むと物件毎の状況把握ができる地図の出力が求められ，件数の集計と地区毎の状況分析が求められるという具合であった．同じデータに関する集計リストの出力が求められる場合でも書式は異なる場合が多い．ここに，予め対応マニュアルなどがあったとしても，その手順だけを保証したのでは，状況によって求められる臨機応変な処理には対応できる情報システムには程遠いことになる．求められるのは，状況に応じた処理ができる情報システムということになる．

(3) 時系列による作業工程管理の効果

倒壊家屋解体撤去の発注業務がはじまると，傾斜地の多い山麓部を中心に，解体業者から撤去が困難で作業ができないと区役所へ発注が返納される物件が出てきた．これは，奥まった場所や擁壁上にある指定の家屋だけを撤去することは困難な場合があることに起因する．しかし，GISを用いて地域をまとめて一つの業者に発注することによって，処理しにくい家屋と周辺の撤去家屋と合わせて計画的に撤去することが可能になった．これにより，廃材を運び出す道路に近い家から解体することで奥まった場所にも大型工作機が投入できるようになり，また，擁壁上の家を解体した廃材は下の空き地に落と

すことができるようになった．さらに担当地域内で解体の手続きがなされていない倒壊家屋は業者が所有者を助けて申請書を作成して一括処理をしたケースもある．業者は処理物件の増加に伴って収入が増え，所有者は手続きが助けられ，役所は効率的な撤去が進むということで，地図データをもとに計画した発注によって，作業効率を大幅に向上させることができた．当初，完了に数年はかかる可能性もあると言われていた撤去も，GISを活用することで，早期に見通しが立つようになった．残ったのは，危険な傾斜地の物件と権利関係などが複雑な物件だけになった．状況に応じて，区役所の職員の臨機応変な対応で，要求される情報を地図に表現して提供することがこの効率向上を支えた．住所では，権利関係や固定資産税などの契約関連の情報は効率的に処理できるが，配置に関する情報は不十分で，位置による表現が有効であることが明確になった．申請と解体作業状況は，日々変化する．中には解体申請をしたが，途中で取り下げる場合も多々生じた．ここで，日々変化する状況が登録，参照できる機能が求められた．

(4) 情報処理支援活動の効果

長田区役所における倒壊家屋撤去受付の支援活動は，日々変化する状況に答えを出すことの連続であり，その場で各手順の十分な評価はできなかった．時空間情報として蓄積された申請過程の情報を分析することで，得られた事後評価は以下のようになる．

(a) 作業工程の時系列管理

解体処理の初期の頃には，申請書に記載された住所と固定資産登録の住所が異なることから役所内で物件の特定が困難で，補助金の算定基準になる延べ床面積が求められないために発注手続きに手間取った．物件の位置の特定ができなかった場合もあり，家主に電話で物件の位置を問い合わせたり，発注後に業者が渡された住所から物件が特定できないと撤去が保留されたりすることもあった．

事態を複雑にした要因としては，解体申請をしたが事情に応じて，申請の取り下げが起こることである．擁壁の傾斜などについて撤去後に適用される

建築基準が提示されると，従来と同じ土地に新築できない場所が出てくるという問題が生じたり，家族で解体・新築か修理かの意見が分かれたり，様々な事情で取り下げ，再申請がなされた．大量の申請を抱えた時期には，紙の帳票による処理では実質的に対応が困難で，役所に状況を把握するための情報システムが必要な状況になっていた．この位置の確定の問題は，地図データに申請内容，処理経過を登録して時間管理することによって解決できた．

(b) 地域別一括発注

地域毎にまとめて同一業者に発注する以前に解体業者に発注した物件で，処理できないとして返納された物件をその位置と地形を重ね合わせることで分析してみると山麓部から山手の傾斜地や奥まった場所が処理できていないことがわかった．これらの物件の中で，傾斜に極度に入り組んで建てられた，専門家も解体方法に頭をかかえるような例外的に条件の悪い物件以外は，地域をまとめた解体を行なっていれば返納されることはなかったと思われる．これは，地域をまとめて処理をした5月以降には，難しい物件の比率が上ったにもかかわらず，返納されることなく処理が行なわれたことで証明されている．

以上のことから，実際の現場ではその時々に顕在化した課題に対処することで精一杯であったが，後の評価を通してかなり合理的な対応がなされたと言える．

2.6.3 災害時の情報システムにおけるリスク要因

災害下の緊急対応時には，救命・救急，避難所運営，重要施設の機能回復，緊急輸送，最低限の生活基盤の確保，災害廃棄物処理，ライフラインの復旧など，多くの課題が時間との競争の中で発生する．これらの課題の多くは，平常時には日常の行政サービスを業務とする一般自治体の担当者によって担われるものであり，災害発生とともに，日常性とかけ離れた災害対応に関わることになる．しかも阪神・淡路大震災のような巨大災害では，多くの場合，行政担当者自身が被災者となる．この状況は，災害時こそ本来の機能を発揮

するべき機会である緊急対応の専門機関（国土庁や気象庁の防災部局・自衛隊・消防・警察など）や自己施設の管理を専門とするライフライン事業者と根本的に異なる．このような場合に，情報システムの利用しようとすると，平常時では考慮する必要のなかった問題点が，情報システムを用いた対応の障害になる可能性がある．このような障害を，災害時における情報システムのリスク要因と捉えることにする．前述した阪神・淡路大震災での経験から，主なリスク要因を，コンピュータやネットワーク機器などのハードに関係するもの，情報処理に必要なデータに関するもの，システムオペレータなどの人材に関するものに大別し考察を行なうことにする．

(1) ハードの問題

災害規模によりコンピュータや周辺機器は被害を受ける．自治体職員は，これらのトラブルへの対応に慣れておらず，また，事後対応に時間をとられるため，早期復旧は非常に難しい．特にネットワークベースの集中管理系のシステムを構築していた場合，サーバ，ネットワークのトラブルに対しては専門家のサポートが必要とされるが，専門家は，人材確保が難しく，さらに専門家自身が被災していたり，交通手段の切断により現地に到達できない場合もある．このような厳しい状況下ではシステム復旧に優先順位がつけられる．つまり，市対策本部など上位階層に位置付けられる部署ではサーバやネットワークは早期の回復が望めるが，大量の情報処理に追われ一刻も早い情報システム利用を求められる各区本部などの住民対応機関の復旧は後回しにされがちである．また，安定な電源供給が達成されない可能性もある．

(2) ソフトウエア・データベースの問題

災害直前の最新データを利用できることが望ましいが，そのためには，短周期の定期的なデータメンテナンスが必要となる．現状はデータメンテナンスを委託している場合が多く，予算との兼ね合いで次のメンテナンス時期が決定される．この方法は，一定の信頼性を持ったデータを作成する方法としては適しているが，必要なときに最新の情報を供給できない可能性がある．

もし，最新のデータが利用できたとしても，履歴情報がなければ，住民からの問い合わせに対応できない可能性もある．特に，町村合併などで住所が変更された場合では，その後，前の住所と現在の住所の両方の情報に対応する必要があり，最新情報だけでは対応できない．

(3) 人材の問題

災害時には短時間に大量の情報処理をする必要がある．これに対応するためには，多数の情報システム操作者が必要となるが，情報リテラシーの格差がある現状の自治体体制のみでは対応は難しい．また，自治体職員は，情報システム操作者としての作業以外の業務に追われ，手が回らなくなる可能性がある．

2.6.4　RARMIS（リスク対応型地域管理システム）による情報共有

(1) 情報システムの持つ災害リスク要因への対応

災害の後に随所で，予想外の事態が起こったとの言葉を聞く．しかし，初動時に一番力を発揮する可能性の高いリスク対応情報システムは，より高い信頼性が求められる．前節までの議論から，リスク対応情報システムに求められる要件は以下の項目に整理される（角本ら，1995）．
● 被災時にも破綻しないシステム構成（ハードウェアに対する要求）
予期しない環境下でも稼動できる可能性のより高い情報システムは，各コンピュータが単体で動くシステムであることは明らかである．また，可搬型であれば安全な場所に持ち出して使うことができる．
● 平常時と緊急時の情報処理の連続性（ソフトウェア・運用に対する要求）
普段使い慣れていない情報システムを臨機応変な対応に用いることは，困難である．平常業務に使い慣れている情報システムで緊急業務をこなす情報処理の連続性が求められる．この情報処理の連続性のよって平常時に更新している最新のデータベースが緊急時に使える保証もできる．緊急時専用の情

報システムを設けて維持することは，経済的にも，地域データベースとプログラムを最新の状態を維持するための保守の観点からも現実的でない．
● 専門家に頼らないで稼動できるシステム構成（運用からの要求）

被災時には，普段情報システムを専任で扱うような人材が確保できるとは限らない．つまり，人的資源が限られる．パソコンのように使用経験者が多いコンピュータで構成されることが望まれる．システム管理者を必要とする複雑なシステムは不向きである．
● 複数システムの連動（機能向上に向けた要求）

最悪の事態ではコンピュータ単体で情報処理をすることになる．しかし，複数台がそろえば連動することで効率的な運用ができること，災害対策本部と避難所相互などのように離れた場所で稼動している情報システムの間で情報を共有すること，なども求められる．そのためには，自立的に動作するコンピュータ間が疎な結合をし，必要に応じて情報を交換する形態が現実的である．

(2) RARMIS 概念の提案

破損していないコンピュータが1台あれば，1台分の災害情報処理ができるシステムが求められる．ここで基盤情報として必要になる地域の地理情報が日々更新されることは，平常業務でも求められる．緊急時に期待されるデータ更新が完全に実現できていない場合でも，常に変更情報はデータベースに反映されていることになる．図2.6.5に示すように，自治体業務においては緊急業務で要求される処理は，平常業務で基本機能に位置付けられる要素処理と，内容はほとんど同じである．差は処理の組み合わせの違いと量的な偏りにあることが分かる．したがって，自治体では，特別な防災システムではなく，平常業務も緊急業務も同一の基本機能を柔軟に組み合わせることで実現するという「RARMIS（リスク対応型地域管理システム）」の概念を満たす情報システムが求められることになる．逆に，重要な自治体業務である防災対応を保証できる情報システムは，緊急時にも使える平常時システムであることと等価になる．

自治体業務では，大きく分類すると住民情報，建物情報，ライフライン情

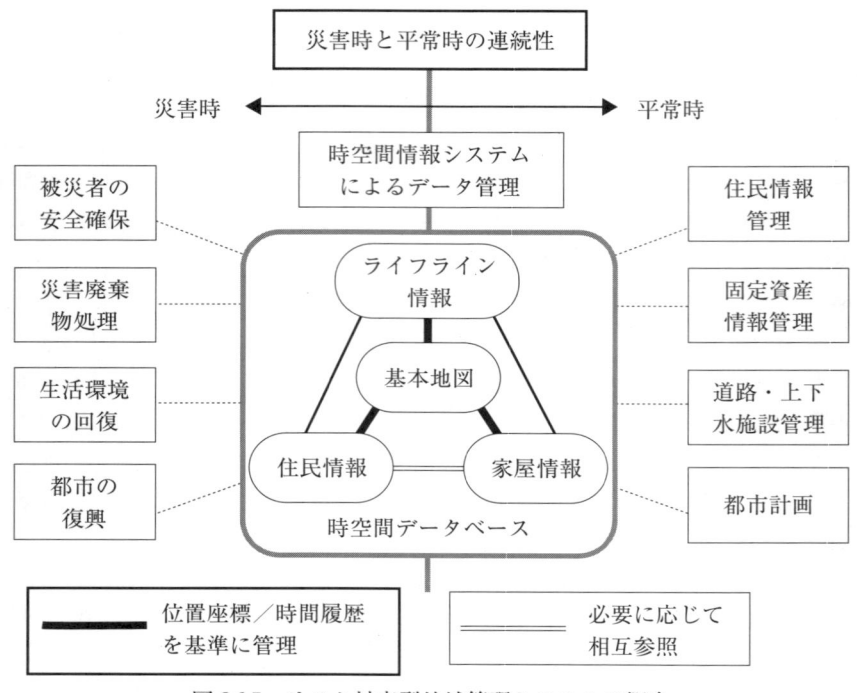

図 2.6.5 リスク対応型地域管理システムの概念

報が扱われる．これらの情報は，部署毎に個別管理されることが多かったが，基本地図と時空間の位置で整合を取ることによって統合情報化することができる．住民情報のように従来は住所を中心に体系化されてきた情報も，住所を含めて全て，位置に関係付けた時空間情報として統一的に管理することができることは先に示した通りである．

　地域の地理・歴史情報を時空間データベースとして統一的に記述することによって，自治体の各部署の業務で要求される情報を共有し，共通管理することができる．緊急時の業務を支援する情報システムは，平常時の業務で維持更新されるこの時空間データベースの上に構築され，緊急時には平常時に蓄積された情報を利用することになる．地域をモデル化した時空間データベースを中心に置くことで，利用システムと地域データベースの両面から平常時と緊急時の連続性が保証できるリスク対応情報システムが構築される．

2.6.5 RARMIS 概念における GIS 技術と空間データ整備の課題
―― 一つの実現形としての DiMSIS

(1) 空間データ整備に関する課題

　防災課題における GIS 応用の価値は高い．また，計算機技術の発達により，かつて EWS（ワークステーション）上でのみ作動した GIS は PC（パソコン）上で十分機能するようになった．これにより，GIS は今後一層身近なツールとして，防災行政の場にも，防災研究の場にも普及する可能性が高い．しかしながら，我々が商品として手にすることができる GIS は，まだ理想的な姿からは遠い存在であることも現実である．ユーザー側からは何が問題となるのか，2～3 の側面から，GIS が今後向かうべき方向を明らかにする必要がある．

　まず，現在商品として入手できる GIS の間では，それぞれのシステム内で生成される空間データの間に原則として互換性がない．これは，研究的に多種のデータを扱う場合に大きな障害となる．この点をカバーするためにデータ交換の規約が作られているが，規約自体を理解できる人がまだ限定的であるため期待されるほどの成果をあげていない．行政の業務は多様であり，異なる部署に相応しい GIS はそれぞれ異なるものとなる場合が多いが，このような現状では，部署間のデータの参照の機能を持たせようとすると，結局はじめに採用したシステムをいつまでも使い続けるという硬直した運営となり，かつデータ更新はシステムの専門家に全面的に頼るという機動力に欠けた姿にならざるを得ない．

　次に，空間データの更新に関する課題がある．現在，自治体向けの GIS では，空間データの更新は，各データセット（レイヤー）の一括更新（バッチ方式）の方法がとられている．しかしながら，この方式が GIS における空間データ管理の労力とコストを押し上げ，GIS の普及を妨げる一つの原因となっている．特に，日々情報が更新されている自治体の現場では，バッチ方式では，GIS データが常に陳腐化された状態で存在することになるから，バッチ方式で全庁型システムを作っても，それは日々の業務には使えないという矛盾を抱えることになる．このことは特に，時間が切迫する災害緊急時

の情報処理において重大な機能的欠陥となる．

(2) 空間情報管理から時空間情報管理へ

前項で提起された二つの問題を解消する方法として，公開型実行形式のデータ構造の提案と，空間情報と時間情報の統合管理があげられる．前者は，GIS の物理フォーマット（内部データ構造）を公開し，これをもってデータ交換を行なう提案であり，GIS 間の競争はそれらが持つ機能的な付加価値で競うことにシフトすることを前提としている．我が国が世界をリードしているカーナビゲーション用の空間データベースはこの方向に向かいつつあり，その仕様書（検討形式のコード名：KIWI）は ISO/TC204 で標準化の検討を経て，2004 年に JIS 化（JIS D0810）されている（角本・Kiwi-W コンソーシアム，2003）．阪神・淡路大震災における支援活動での情報処理支援を行なった経験から生まれた GIS である DiMSIS は，この KIWI フォーマットの考え方をベースに，公開型実行形式の時空間データ構造を持つ時空間 GIS として著者らが設計，開発したものであり，RARMIS 概念の実現を目指すための情報基盤として，様々なプロジェクトでの利用されている[2]．この時空間 GIS のコンセプトを図 2.6.6 に示し，その考え方について以降では明らかにしていく．

(3) 空間情報の記述方法

地理情報システムを構成するデータでは，空間スキーマを，構成要素（点・線・面・体）間の接続関係，つまりトポロジー構造を定義する位相プリミティブと物理モデルを定義する幾何プリミティブを用いて定義する．ここで，プリミティブとは，不可分とみなされる要素である．本稿では，この二つのプリミティブのうち，位相プリミティブの扱いに注目し，空間情報の記述方法

---

[2] 現在は，アカデミック目的での使用に関しては無償ライセンスを発行するとともに，商用ライセンス（有償）も TLO ひょうごを窓口として発行しており，すでに，複数の自治体に納入された実績もある．ホームページの URL は，http://www.dimsis.jp．

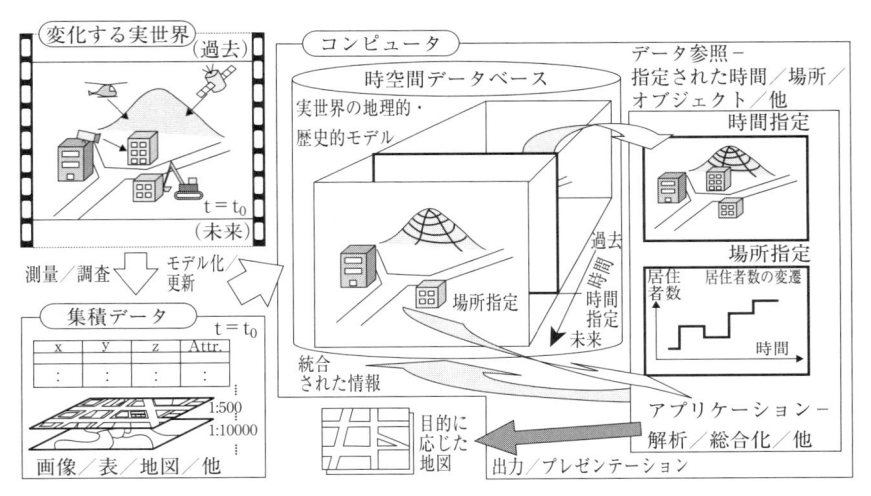

図 2.6.6 時空間地理情報システム DiMSIS のコンセプト

を,以下の2種類に分類することにする(畑山,2000).

(a) トポロジー構造明示型のデータ構造

地図構成要素間の接続関係を空間データベースに直接記述するデータ構造をトポロジー構造明示型と呼ぶ.標準的なデータ構造は,伊理・腰塚(1993)で示されており,現在,存在している多くの地理情報システムがこのタイプに属している.このタイプでは,地図を構成する要素間の接続関係を,図形IDを用いて記述し,このIDを用いて使用目的を達成するために適した情報を静的に作成・管理しており,各図形要素間の関係をもとにしたデータの検索処理に優れる.反面,すべての関係を記述するとデータの記憶容量が大きくなる.そこで,使用目的に特化したデータ構造を構築することで,この問題を回避している.しかし,時間情報の管理までを考慮したモデルは鳥海(1997)以外ほとんどない(飯村ほか,1998).これは,トポロジー構造の記述によりデータの記憶容量の問題がより深刻になるためと考えられる.

(b) トポロジー構造非明示(算出)型のデータ構造

算出可能なトポロジー構造を空間データベースには記述しないデータ構造

をトポロジー構造非明示（算出）型と名付ける．記述されないトポロジー情報は，必要な時に動的にソフトウエアが算出する．このデータ構造は，データ記述が単純なため，データの記憶容量がコンパクトに押さえられる．DiMSIS や KIWI はこの考え方を採用してきたが，計算機の性能の向上とともに注目を浴びてきており，実際に実運用可能なものとして，DiMSIS 以外にも，J－時空間研究所の J-STIMS（Y.Ohsawa・A.Nagashima, 2001）などがある．欠点としては，接続関係を利用するデータ検索の場合，ソフトウエアがこれを動的に作成することになるため，検索時間が遅くなる可能性があることがあげられるが，これは，接続情報を算出するアルゴリズムを工夫することで，ある程度回避することができる．この可能性については，Kakumoto *et al.*（1990）で示されている．

(4) 時間軸の管理

地理情報システムにおける時間軸の取り扱いについては，数多くの研究が行なわれている（黒木進・牧之内，1999，飯村ら，1998）．古くはデータセットでの更新を扱うもの（Raafat, 1994）が中心であったが，近年では地物の時間的な特性を扱うもの（Cameron, 1990, Worboys, 1994）が増加している．前者にあたる Snapshot View に基づくモデルとは，ある時点の空間データベースを，一枚のスナップショットとみたて，この情報を時間要素により管理することで,過去の空間情報を参照できるようにする方法である（図 2.6.7）.同一スナップショット内のデータは，2 次元平面での地理データのみを扱えばよいため，時間要素を考慮していない地理情報システムを基にした拡張が容易である．後者にあたる Space-Time Approach に基づくモデルとは，地

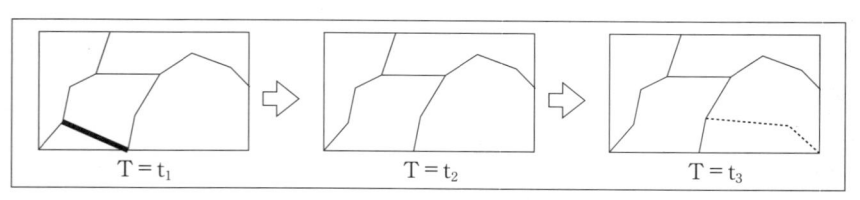

図 2.6.7　Snapshot View に基づくモデルによる時間情報の管理

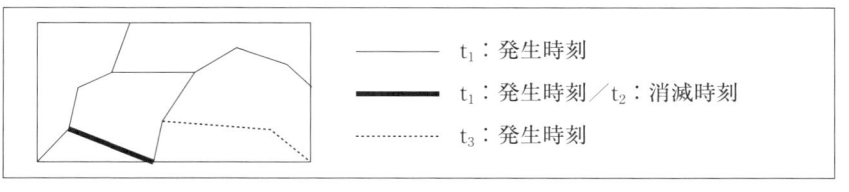

図 2.6.8 Space-Time Approach に基づくモデルによる時間情報の管理

　図を構成する空間要素ごとに時間情報を記述し，指定された時間の空間情報を管理できるようにする方法である（図 2.6.8）．この方法では時間要素を空間上の一つの次元とみなし管理する方法や，時間要素の特性を考慮して管理する方法など，時間要素の捕らえ方により様々なモデルが考えられる．データ量の面から見れば，管理する時間単位内で，ほとんどすべてのデータが変化するような場合，Snapshot View に基づくモデルが有効となるが，そうでない場合は Space-Time Approach に基づくモデルの方が有効である．地図はもともと変化量が少なく，さらに時々刻々と変化する情報を取り扱うには管理する時間単位が日や時間，分といった非常に短いものになるため，単位時間内の変化量は少ないと想定されるため，DiMSIS では Space-Time Approach に基づくモデルの方を採用している．

(5) DiMSIS のデータベース構造

　DiMSIS で取り扱うデータ構造は，全ての地理情報を，図形情報を形成する線分（ベクトルエレメント）と属性情報を関連付ける代表点（コネクタエレメント）で記述している．それぞれの要素は，トポロジー構造非明示（算出）型でかつ Space-Time Approach に基づくモデルによる時間管理を実現すべく，位置情報に時間情報が統合された時空間の幾何情報を主としている．具体的な構成は，以下のようになる．

(a) ベクトルエレメント

　ベクトルエレメントを構成する要素は，レコード長（2byte），エレメントの種類を表す種別識別子（2byte），各種フラグ（4byte：時間要素 2byte,

その他 2byte），2 次元の座標点列（4*i byte：構成点数 i），高さ情報（4byte）と生存期間（8byte）である．1 レコードあたりのデータ量は，20+4*i[byte] となる．

(b)　コネクタエレメント

コネクタエレメントを構成する要素は，レコード長（2byte），エレメントの種類を表す種別識別子（2byte），各種フラグ（4byte：時間要素 2byte，その他 2byte），2 次元の座標点（4byte），高さ情報（4byte），生存期間（8byte）と表示情報やグループ化情報などのキー情報（j byte）で記述されている．1 レコードあたりのデータ量は，24+j[byte] となる．

(c)　高さ要素の管理

ベクトル，コネクタの各エレメントを構成する要素である高さ情報は，①海抜高度，②オブジェクトの持つ高さからなる（図 2.6.9）．

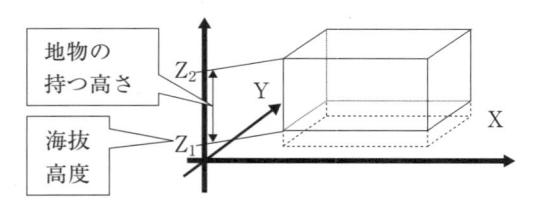

図 2.6.9　高さ要素の記述

(d)　時間要素の管理

ベクトル，コネクタの各エレメントを構成する要素である生存期間は，①発生開始：SS，②発生確定：SE，③消滅開始：ES，④消滅確定：EE の四つの要素からなる．家屋を例に挙げると，発生開始＝建築開始日，発生確定＝建築完了日，消滅開始＝解体開始日，消滅確定＝解体完了日と意味付けることができる（図 2.6.10）．また，発生確定日や消滅確定日が特定できないとき，時間的誤差をこれらの要素を用いて表すことも可能である．

(e)　オブジェクト間の関係表現

コネクタエレメントを構成する要素であるキー情報は，①キーコード，②

図 2.6.10　時間要素の記述

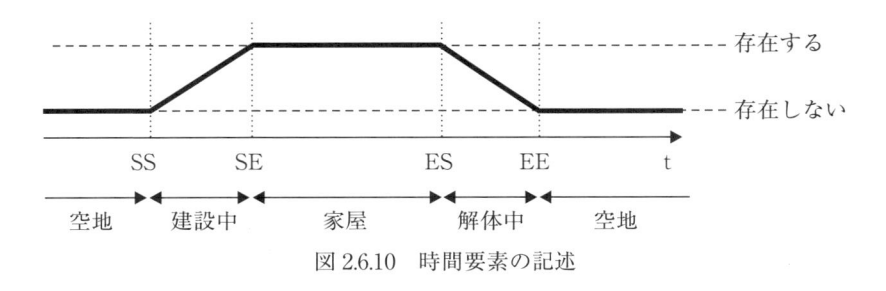

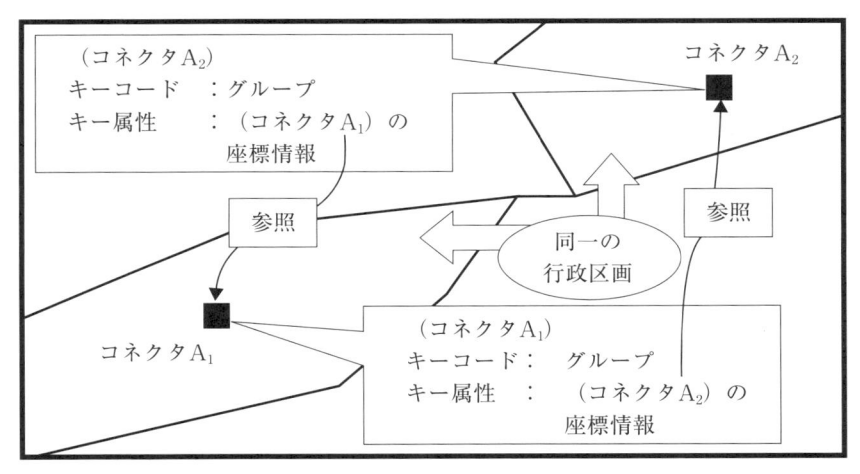

図 2.6.11　グループ化の例（飛び地管理）

キー属性からなる．この情報を用いてオブジェクトのグループ化を可能にしている．グループ化されたオブジェクト群を「オブジェクトグループ」と呼ぶ．オブジェクトグループは，構成する各コネクタエレメントのキーコードに，グループ化を表わすコードを入れ，キー情報にグループ化する他のコネクタエレメントの座標情報を格納することで構成される．これにより，グループ化されたコネクタエレメントをそれぞれ検索できるようになり，グループ処理が可能となる（図 2.6.11）．

　グループ化を行なうことで，オブジェクト間の関係表現の記述ができるようになり，グループ処理と時空間解析を行なうことで，飛び地やドーナツ型などのオブジェクトの管理が可能となる．

(6) 時空間接続関係算出の考え方

(a) 「種別群」の定義
ベクトルエレメントの中で同じ種別識別子を持つもの，コネクタエレメントの中で同じ種別識別子を持つものは同種のものとみなし，これを「種別群」と呼ぶ．「種別群」は，一つの名称を持つ．

(b) 「空間」の定義
互いに相関関係のある複数のベクトルエレメント種別群と複数のコネクタエレメント種別群の集合として「空間」を構成する（図 2.6.12）．

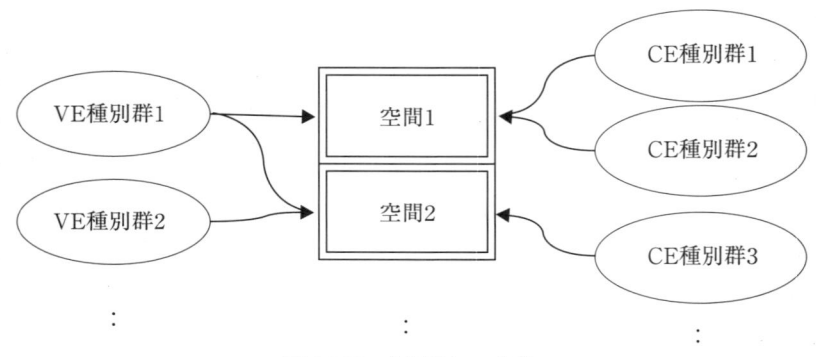

図 2.6.12 「空間」の定義

「空間」は，構成するベクトルエレメント種別群・コネクタエレメント種別群を総称する名称を持ち，時空間解析を行なう上での意味付けがなされている．任意の一つのベクトルエレメント種別群は，複数の「空間」に属することができるが，任意の一つのコネクタエレメント種別群は，ただ一つの「空間」にしか属することができない．「空間」の構成例を図 2.6.13 に示す．

(c) 「空間」を用いた時空間接続関係の算出
「空間」には，時空間解析を行なう上での物理的な意味付けとして，点空間・線空間・面空間・体空間の 4 種類がある．時空間解析は，この「空間」の中

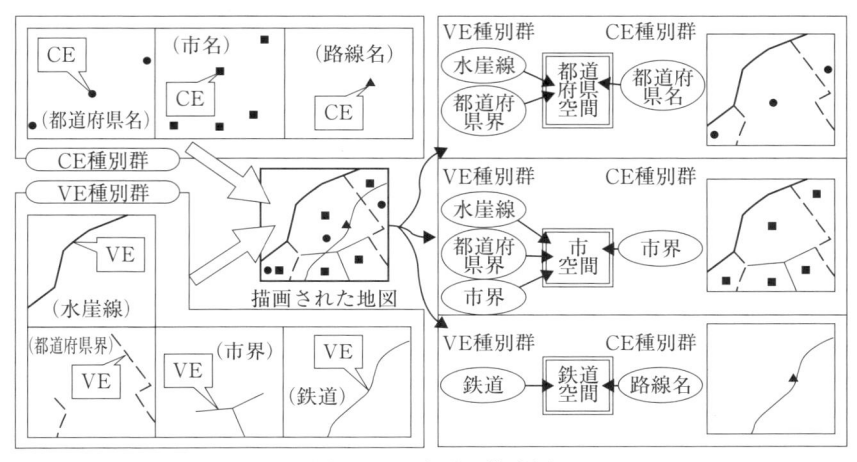

図 2.6.13　空間の構成例

で，幾何学的な図形情報であるベクトルエレメントと，属性情報がリンクされているコネクタエレメントを関連付けすることで実現される．この関連付けは，処理要求が発生した時にリアルタイムに行なわれるため，従来のトポロジー構造を動的に補うことができる．関連付けの方法は，各空間で異なる．これらの空間の定義と関連付けの方法は以下のようになる（トポロジー構造を必要としない点空間については省略する）．

● 線空間

　個々のベクトルエレメントが表す線分列そのものが幾何学的な図形情報として意味を持つ．このベクトルエレメント上に，コネクタエレメントが存在するかどうかで関連付けを行なう（図 2.6.14）．この関連付けは，道路ネットワークと，そのネットワークに関する情報を管理する場合などに用いられる．

● 面空間

　面空間では，その空間に属する複数または，一つのベクトルエレメントが表す線分列を境界線とする閉領域を図形情報としてとらえる．この閉領域とコネクタエレメントの包含関係を用いて関連付けを行なう（図 2.6.15）．この関連付けは，土地筆界線と，その土地に関する情報を管理する場合などに用いられる．

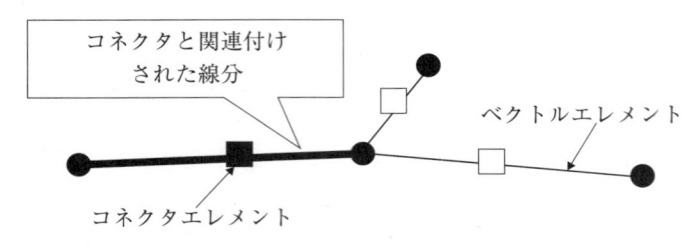

図 2.6.14　線空間

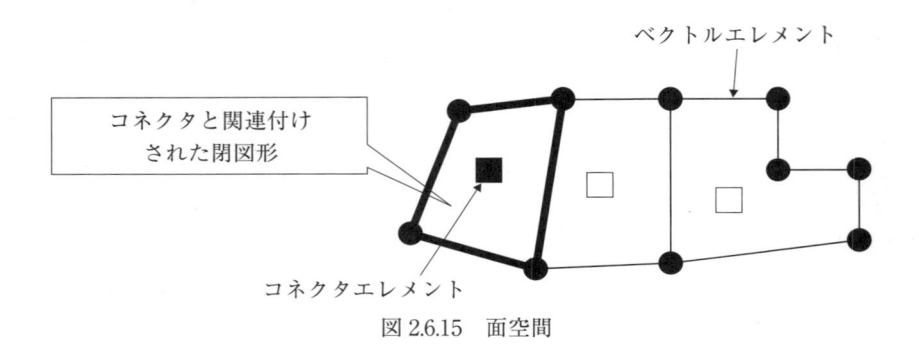

図 2.6.15　面空間

- 体空間

体空間では，その空間に属する複数または，一つのベクトルエレメントが表す線分列群を境界線とする閉領域で囲まれる立体を図形情報ととらえる．この閉領域とコネクタエレメントの包含関係を用いて関連付けを行なう（図2.6.16）．実際にこの関連付けは，家枠と，その家に関する情報を管理する場合などに用いられる．

(7)　分散環境におけるデータ交換

DiMSIS は，単体でも利用可能であるが，複数端末を協調して利用することもできる．この際，各端末では，システム運用開始時点で，全端末に共通なベースデータを持ち，これを更新する際に，ローカルな変化情報を作成する．その後，利用形態に合わせたタイミングで，作成したローカルなデータを集め，統合することで，グローバルな最新情報へのデータのアップグレー

図 2.6.16　体空間

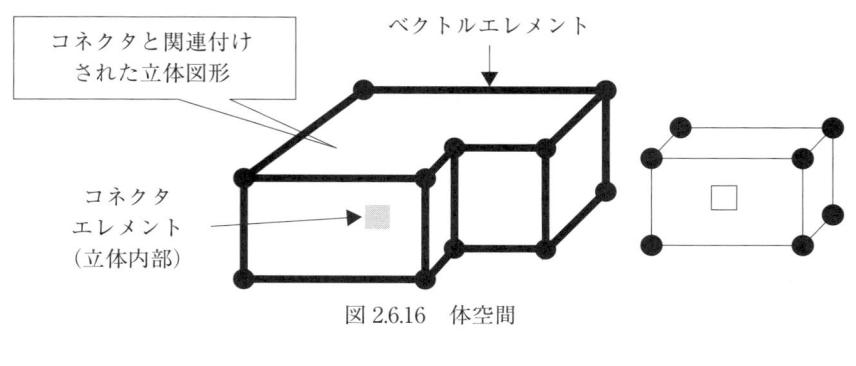

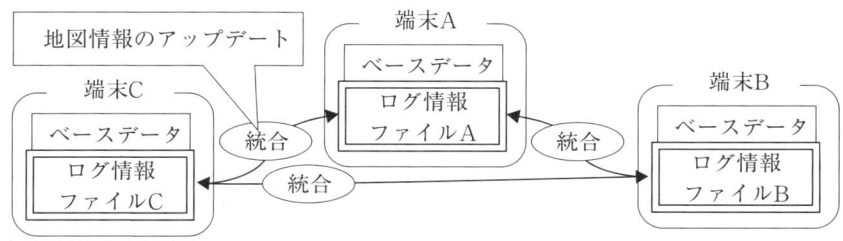

図 2.6.17　地図データを中心とした分散システムの構成

ドを行なう（図 2.6.17）．これにより分散した端末での協調利用を実現する．この方式では，各端末はリアルタイムにグローバルな最新情報を得ることはできない．しかし，自治体などでの全庁的な利用を考えた場合，すべての部署の最新情報をリアルタイムに利用する要求はあまりない．また，災害発生時には，情報収集の要所となる災害対策本部，避難所，災害現場にシステムを配置し，それぞれの場所で情報処理を行なう必要がある．この時，リアルタイムにグローバルな最新情報を管理すること（リアルタイム性）と，できるだけ早くローカルな情報処理を開始すること（機敏性）はトレードオフの関係にある．前者では，サーバによるデータの一元管理と各端末間のネットワーク接続の確立を前提とするが，災害時にはこれらの保証がない．従って，システム稼動条件を整えるための時間が必要となる．阪神・淡路大震災以後，災害直後のレスキュー活動においては，機敏性の方が，リアルタイム性より優先され，グローバルな情報に関しては，リアルタイムでなくとも生成可能であることが重要であると指摘されている（亀田編, 1995）．このような理

由で，先に述べたデータ交換の方法を採用した．

(a) ログ情報ファイル

各端末ではデータ更新時に，ログ情報ファイルを作成する．このファイルは，VE，CE の構成要素を記述したエレメント部分と記述されたエレメントに対して行なわれたタスク（追加・削除など）を表わすコードからなる．

(b) データ交換

データ交換のタイミングは，利用する業務によって変わるため，規定しない．また，データ交換の手段も問わない．これは，緊急時に，稼動保証のある通信手段が確定できないことを想定している．携帯電話を用いたシリアルポート通信など利用できる通信手段があれば，それを用いて，ログ情報ファイルを転送すればよいが，通信手段がなければ，フロッピーディスクにファイルを格納し，手渡しすることでも同様の処理ができる．平常時には，高速なデータ転送が可能な LAN などで処理を行なうこともできる．

(c) データ統合

集められたログ情報ファイルは，エレメント部分の座標要素，時間要素などを用いた時空間解析により，同一データへの編集に関するチェックを行なう．この際，矛盾したデータが発見されると，正しいデータを担当者が選択することでデータの整合性を保つ．チェックが完了すると，各端末のログ情報ファイルを統合したログ情報ファイルを作成し，各端末に戻す．各端末では，受け取ったログ情報ファイルを，以前のローカルなログ情報ファイルに置きかえることで，端末間のデータ共有を実現する．すべての端末におけるデータ統合が完了すれば，グローバルな最新情報へのデータのアップグレードが完了する．この際，ログ情報ファイルの数や順番は，処理に影響しないため，利用業務に応じて決めることになる．図 2.6.18 に，3 端末を用いたシステムのデータ統合例を示す．この例では，端末 A,B を統合し，その統合ログ情報ファイルと，端末 C の情報を統合することでデータのアップグレード実現している．

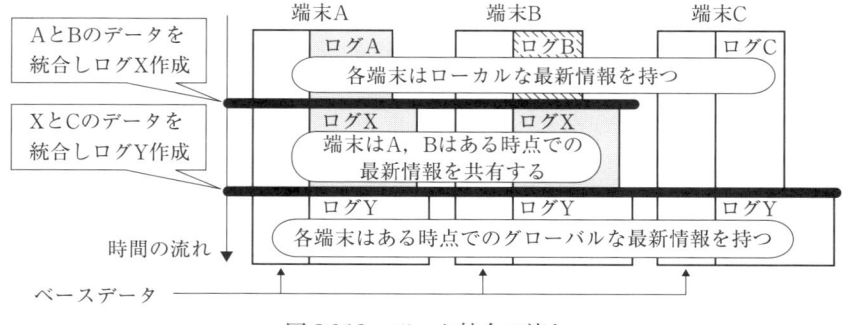

図 2.6.18 データ統合の流れ

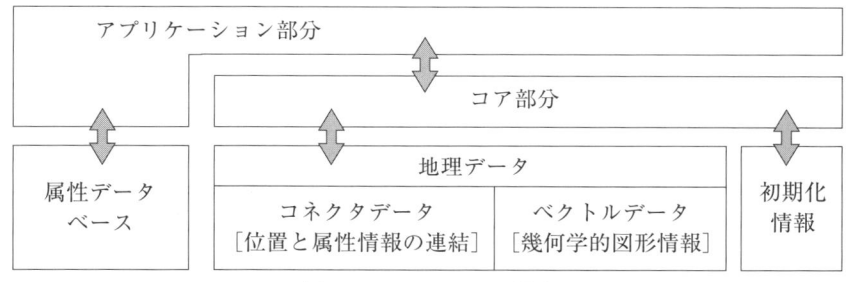

図 2.6.19 DiMSIS の構成

(8) DiMSIS を用いたシステムの構成

　DiMSIS 単体の構成を図 2.6.19 に示す．DiMSIS は，①時空間情報で定義されるベクトルエレメント・コネクタエレメントからなる地理データ，②地理データの管理・描画・検索を行なうコア部分，③属性データベースの参照・更新，ユーザに対する GUI を構築するアプリケーション部分，④属性データベースで構成される．アプリケーション部分は，基本的な地図操作を行なう共通アプリケーション部分，災害発生時に利用する緊急時アプリケーション部分，ユーザの要求に応じて内容が変わる個別アプリケーション部分からなる．全体のシステムは，Microsoft Windows 上で稼動する．コア部分は，Microsoft Visual C++ 6.0 を用いて開発し，COM（Component Object Model）テクノロジーに準拠した OCX（OLE Custom Control）として汎用

化している．これにより，Basic のような簡易な環境から，C++ のような高度な環境まで様々な開発環境での，アプリケーション開発を可能にしている．

2.6.6　おわりに

　震災から 10 年を経たいま，GIS は防災課題における空間情報を扱うツールとしてごく常識的に受け入れられるようになってきた．しかし，概念的な可能性の大きさや華やかさの陰には，現実の防災情報課題のストレートな実現を阻む壁が存在し，それらがコストの圧力やデータ共有化への障壁となって，GIS の普及を妨げている面も無視できない．にもかかわらず地方自治体では防災 GIS の導入が盛んである．しかも，そのほとんどが災害時専用目的であり，日常業務との連続性が欠如していて，広範な災害緊急対応を有効に支援するシステムとはなり得ない．こうした問題を根本から解決するためには，データ構造を含むシステム設計そのものから革新する技術過程が必要であると考え，従来にはない時空間を記述するデータ構造である KIWI + フォーマットとそれを取り扱う時空間地理情報システム DiMSIS を開発した．

　ここで開発した技術は，その後も精力的な活動によりさらにブラッシュアップされ，阪神・淡路大震災から約 10 年後に発生した中越地震でも被災地域の復旧・復興支援活動に利用されている．さらに，アジア地域の風土と文化に合わせた発展を期待して，中国とトルコの共同研究に発展させた．アジアの日の出る日本から，韓国，中国，東南アジア，西のトルコまでを視野に入れたシステムへの展開を試みている．

第 3 章
防災まちづくり論

3.1 防災まちづくりのためのモデル

3.1.1 自然災害の特徴

　災害リスクは，その生起頻度は小さいがそれが一度発生した場合の社会的影響は極めて大きい．前章において，災害が低頻度で発生するために，認知リスクにバイアスが生じそれが様々な形で非効率をもたらしうることを示した．そして，このような状況を改善するために，情報や知識が重要な役割を果たしうることにも言及した．

　災害の特徴としてもう一つ忘れてはならないのが，被害の集合性である．災害が生じた場合には，多くの人や資産が同時に被災する．すなわち，空間的な相関性のために被害が集合的になるのである．被害の集合性は，大数の法則の成立を阻み，リスクファイナンスを困難にする．さらに，地域の社会・経済構造に不連続な変化をもたらし，短期的に被災していない資本や地域の生産性の低下をもたらすとともに，産業構造の変化や土地利用・都市構造変化等の長期的な影響をもたらす．

3.1.2 なぜ，集合的被害が起こるのか

(1) 災害のメカニズム

　地震や台風等の自然現象が災害になる過程には，人間の活動が介在している．図3.1.1に，災害の要素として，ハザード（hazard: 災害環境，外力），エクスポージャ（exposure: 被害客体分布），バルナラビリティ（vulnerability: 脆弱性）の関係を示す．

　自然現象である地震や台風などのHazardの発生がなければ，災害自体が発生することはない．しかしながら，その発生が災害として被害を社会に及ぼすのは，その発生によって被害を受ける対象が存在するからである．

　人口・資産等の内，自然災害の脅威にさらされているものをエクスポージャという．災害の脅威にさらされている地域に存在する人口や資産が存在するために，被害が発生するのである．もちろん，人口・資産が自然災害の脅威にさらされていたとしても，それらが十分な抵抗力を有していれば，被害の大部分を防ぐことができるであろう．しかしながら，現実には災害に対する抵抗力が十分でないすなわち災害に対して脆弱な人口や資産が少なからず存在しているのである．自然災害の脅威にさらされる人口・資産が都市に集積

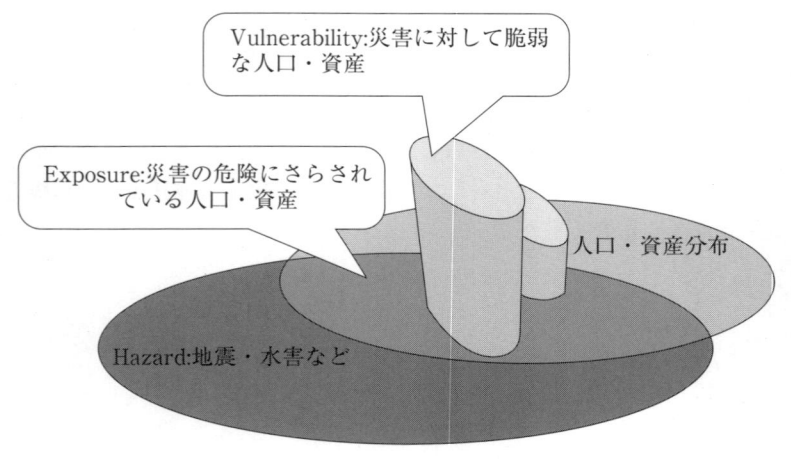

図3.1.1　災害の構成要因

していること，そして，災害に対して脆弱な資産が被害を受けることによって，被害が集合的に発生することになる．

(2) 複雑系としての都市

総合防災は，自然環境から人間の活動にいたるまでのすべてのプロセスを考慮し，安全で安心な社会基盤を形成していくための政策を工学的なレベルで設計していくための学問領域である．

図 3.1.2 に示すように，都市は変化速度の異なるいくつかのレイヤによって構成されている．下層のレイヤでの変化は上層のレイヤに影響を及ぼす．結果として，人間の活動や厚生が決定づけられる．したがって，安全で安心な社会の実現のためには，それぞれのレイヤに影響を及ぼす施策と人間の活動や厚生との関係が把握され，施策の分析・評価がなされなければならない．一言でいえば，人間を中心とした防災が求められているのである．とはいえ，図 3.1.1 で示したように自然災害による影響を最も大きく被るのは，災害に

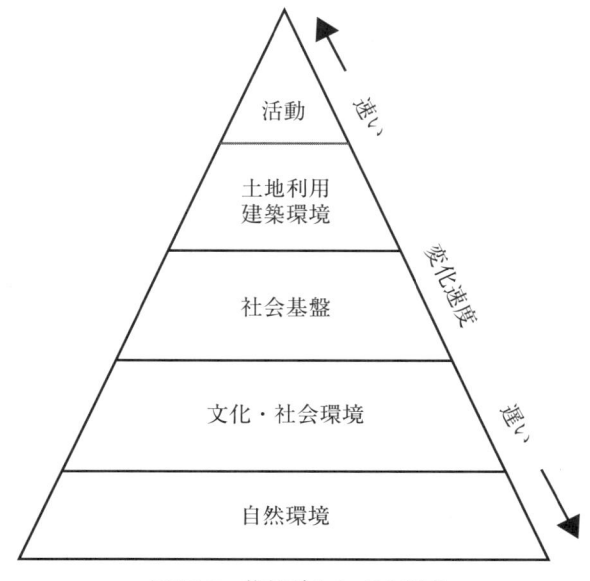

図 3.1.2　複雑系としての都市

対して脆弱な人口や資産である．図 3.1.2 においても，図中の脆弱な部分に相対的に被害が集中し，被害を受けていない部分にもその影響が及ぶことになる．これは，都市が変化速度の異なる多階層のシステムから構成される複雑なシステムだからである．

3.1.3　災害にどう立ち向かうか

「敵を知り己を知れば百戦危うからず」という有名な孫子の言葉にあるように，災害との戦いに限らず，戦いに望む場合には先ず敵を知ることが重要である．災害に関していうならば，我々が居住する地域にはどのような災害ハザードが存在しているのかを先ず知っておく．その上で，「己を知る」すなわち地域の災害脆弱性（ヴァルナラビィ）を知ることが重要である．「自分の家はどの程度の地震まで大丈夫なのか」というような個人のレベルの脆弱性の評価の問題から，「町内からの避難路は確保されうるか」，「ライフラインは機能するか」，「広域的な支援体制は確立されているか」等々，建築環境や土地利用，社会基盤，都市構造などの様々なレベルの脆弱性の程度が問題となる．先述したように都市は階層的な複雑なシステムであり，これらの階層のうち最も弱い（脆弱な）ところが甚大な被害を被る．図 3.1.2 中の上位の階層に位置するシステムは，それより下にあるシステムの影響を被るので，一番上位に位置する住民の生活や企業の経済活動などの都市内の「活動」は，これらのいずれのシステムの機能が損傷してもその影響を被ることになる．図 3.1.2 中の全ての階層の脆弱性を評価することが必要である．従って，災害に立ち向かい安全な町をつくるには，脆弱性の評価（vulnerability assessment）が欠かせないのである．

　災害に対する脆弱性は，必ずしも住宅やライフラインなどのハードな構造物の物理的な特性のみによって定まるわけではない．もとはと言えば，これらの物理的条件も人間の営為の結果として定まったものである．このことからも明らかなように，個々の住民や企業，コミュニティの有り様など，人の介在するソフトな要因が災害に対する脆弱性を規程する重要な要因なのである．都市の災害脆弱性を評価することは，安全なまちづくりをしていく上で

鍵となるが，そのためには，このような様々な側面を持つ災害脆弱性を総合的に評価するための分析方法やモデルが必要となる．

3.1.4　本章のねらいと構成

　本章では，災害脆弱性の総合的な評価を行なうための方法やモデルを紹介し，その上でいかなる対策を考えるべきかについて検討する方法を紹介する．3.2～3.5では住宅，建築物環境，ライフラインや高速道路などの社会基盤の物的な脆弱性評価の方法やモデルが提示される．具体的には，3.2「伝統構法木造住宅の耐震設計・耐震補強」では，地震によって生じる被害の大部分を占める木造住宅の耐震脆弱性の改善方法に関する議論が取り上げられる．そこでは，従来の壁量規定に依らない新しい耐震設計法である限界耐力計算法が紹介され，この方法に基づく木造軸組の耐震設計法ならびに耐震補強設計法が説明される．3.3「建築物の被害率曲線と地震防災対策」では，個々の住宅から視点を広げ，建築環境としての都市内の建物の脆弱性に関する分析方法とその改善方法に関する議論が展開される．3.4「都市の震災評価：地理情報システム（GIS）を用いた地震被害の分析」では，対象を社会基盤まで広げて，1995年兵庫県南部地震による都市災害の複雑な様相が明らかにされる．3.5「高速道路システムの震災評価」では，社会基盤システムのうち，都市高速道路を取り上げ，1995年兵庫県南部地震による被害の様相が明らかにされると共に，道路交通システムの防災対策に向けた検討が紹介される．

　次いで，3.6と3.7では，交通ネットワークと地域の経済活動や災害時の救急交通の利用可能性など，社会基盤と「活動」との関連から，都市の災害脆弱性が評価される．具体的には，3.6「基幹交通網の被災に伴う経済被害の定量的評価」では，高速道路や高速鉄道といった基幹交通ネットワークの被災が地域の社会経済に及ぼす影響を分析するためのモデルやその枠組みが示される．3.7「災害に強い都市とは？：トポロジカルインデックスによる都市道路網の評価」では，道路ネットワークの集中性や分散性を反映した道路網の冗長性の指標としてトポロジカルインデックスが提示され，それを利

用して緊急交通の利用可能性を分析する方法が示される．

　最後に，3.8 と 3.9 では，地域コミュニティの脆弱性を評価するためのモデルや方法が提示される．3.8「ニッチ分析を用いたコミュニティの診断：お年寄りと若者の重なり合いで地域の防災力を測る」では，生態学の分野で異なる生物種の「共棲」や「棲み分け」等の空間分布の重なり合いを分析するのに用いられる指標を用い，都市内の高齢者と若者が近くの空間に居合わせる可能性を評価し，地域コミュニティの潜在的な脆弱性やコミュニティの活力を分析する方法が示される．3.9「京都市市街地における震災弱地域分析：震災リスク軽減のためのコミュニティの役割」では，高齢者のコミュニティを調査・分析することでソフト面からの震災リスク軽減の可能性が考察される．このために，先ず，大災害直後の避難・救助に着目し，京都市内の袋小路に焦点をあてた町丁目単位の災害弱地域指標を用いて脆弱性を評価する方法が示される．その上で，特に高齢者のコミュニティについて着目し，災害時にコミュニティが果たす役割を踏まえてコミュニティを分類し，インタビュー調査をもとに高齢者の属するコミュニティの実態について，調査した結果に基づいて空間的な分析を加え，脆弱性を改善するソフトな方策について考察する．

3.2　伝統構法木造住宅の耐震設計・耐震補強

3.2.1　はじめに

　我が国の木造住宅は，気候・風土等に適応して地域の木造文化とともに地域特有のまちなみを形成してきた歴史を有している．木材そのものが再生産可能な生物資源であり，木造は鋼構造やコンクリート系構造に比較して建設時のエネルギー消費が極めて少なく，環境共生に適しているという特質を有している．また，材料の特性を活かした多様な建築空間が創造できるという特長を持ち，規模や用途に応じた多種の構法が継承されている．木造住宅の主要な構法は軸組構法であり，木造住宅の約 6 割が軸組構法であると推定される．

1995年兵庫県南部地震による阪神・淡路大震災では，木造住宅なかでも在来構法を主とする軸組構法木造住宅が甚大な被害を受け，多くの死傷者を出す要因となった．このような大震災は，日本の多くの地域で起こり得ることである．東海地震，東南海地震，南海地震など大地震の発生（地震調査研究推進本部による長期評価）が予想されている．一方では，建築基準法で要求されている構造安全性を確保できていない木造住宅も多いことも指摘されている．従って，大震災に至ることが予想され，大地震に対する十分な対応策の検討と日々の備えが必要であり，木造住宅のなかでも軸組構法木造住宅の耐震安全性が重視され，軸組構法に適した耐震設計はもちろんのこと耐震診断・耐震補強の実施が急務となっている．

　阪神・淡路大震災以後，建築物の規制に関連する多くの法律等が制定，改正された．特に，建築行政の根幹をなす建築基準法が1998年6月に改正され，仕様規定から性能規定への移行がなされた．さらに，住宅の品質確保の促進等に関する法律（平成11年法律第81号）により，住宅等の性能の規格化と表示制度および瑕疵等の保証制度を法的に整備する住宅品質確保促進制度が設けられた．このような背景のもとに，木造建物の構造性能とりわけ耐震性能の評価・検証は重要であり，木造建物の耐震設計を根本的に見直すことになった．

　耐震設計においては，耐震性能を設定し，それに基づいて設計された建物の耐震性能を評価・検証し，耐震性能を確保することが基本となる．現在普及している木造住宅の構造設計法や耐震性能評価法は，構造耐力を壁要素に依存し，壁倍率に基づいた壁量により耐震性を確保しようとするものである．このため，木造軸組構法，特に筋かい等の斜材や合板等の面材に加えて金具等による補強などがほとんどなされていない伝統的な軸組構法の木造住宅などは，木材と木組みの粘り強い特性を生かして建物がしなやかに変形することによって耐震性能を発揮するものであり，従来の壁量計算は耐力重視型の設計法であるため，伝統構法には適していないことが指摘される．

　木造軸組構法は，地域特有の構法に加えて木材のばらつきや木組み接合部の複雑さなどから，構造解析は極めて難しく詳細な構造解析がなされず，耐震性能の評価も不十分な状況である．一方では，木造建物のなかでも軸組構法木造住宅は，構造設計，施工監理，維持管理の不備などから今日的な構造

安全性を確保できていないものも多いことが指摘されている．

建築基準法・同施行令・告示や住宅の品質確保の促進等に関する法律などは，全国一律的な木造住宅の規定となっており，その結果，地域性のある伝統軸組構法には適用できないものも多く，地域性豊かな伝統木造住宅の設計を難しくしているのが現状である．また，耐震補強の際にも，木造の地域特性が考慮されない耐震診断法に基づいた耐震補強法では，伝統構法などの良さを生かすことができない．このように地域の深刻な悩みとなっている伝統構法を含む軸組構法木造住宅の保存・再生・創生について考えなければならない．

このため，多くの研究者や機関での取り組みがなされ，1999年度から2001年度にわたる日本建築学会の「木構造と木造文化の再構築」特別研究委員会，2002年度からは日本建築学会近畿支部・木造部会，（社）日本建築構造技術者協会関西支部などにおいて，伝統的な木造技法・技術の上に安全で安心して住み続けられる家つくり，まちつくりを目的にして以下のような取り組みを行なってきた（鈴木ほか，2000）．

① 各地域における木造構法の特徴と構造的な特性の把握
② 地域の構造特性を考慮し得る耐震診断法（耐震性能評価法）の開発
・各種の壁，接合部などの構造要素から実大木造建物に至るまでを静的・動的実験
・実験的研究と理論解析的研究による静的および動的耐震性能評価法の開発
③ 耐震性能評価を基本にした耐震設計法と実用的な耐震補強設計法の開発
④ 木造住宅にするには維持管理の仕組みと住まいの健康診断の開発

このような取り組みから，木造軸組構法の耐震性能評価法や構造解析法の開発が進められ，耐震性能評価法が軸組構法においても適用できるようになってきた．これらの成果に基づいて壁量規定に依らない新しい耐震設計法である限界耐力計算法を提案してきた．

以下に，伝統構法を主に木造建物の耐震設計法の建築基準法における枠組みと限界耐力計算法による木造軸組の耐震設計法ならびに耐震補強設計法について述べる．

3.2.2 木造建物の構造計算法の建築基準法における枠組み

建築基準法の改正による性能規定化のもとに構造関係の規定が2000年に施行され，木造建物の耐震設計では，耐震性能を含む構造性能の評価や検証が重要な課題となっている．この構造性能は，構造種別によらず同じ原則によって評価されるべきである．それには，木造建物の構造性能評価に際して，軸組構法や枠組壁工法など種々の構工法に対して統一的に行なう必要があるが，構造設計においては，多種多用な構工法の構造的特徴を把握して適切な設計法を用いることが肝要である．以下に，木造建物の耐震設計を主にした構造性能評価の考え方と建築基準法における構造計算の枠組みなどについて概説する．

(1)　構造性能の評価

構造性能評価の基本的な考え方は，荷重および外力による応答値が構造物の基本構造性能である安全性，健全性および使用性に対応する限界値を超えないことである．ここで，健全性については，地震による損傷が地震後に容易に修復可能な範囲に収まることを要求するもので，損傷防止の観点から損傷限界として考えられている．従って，基本構造性能に対応する損傷限界，使用限界，安全限界などの考え方と荷重外力による応答値の算定方法が重要な課題となる．

木造建物においては，材料・部材，接合部，耐力壁などについて各基本構造性能の限界値とともに建物の全体および各層の限界値を設定することになる．安全限界，損傷限界などの定義などが必ずしも明確になっていないが，概ね，損傷限界については，弾性限界，降伏点と見なし得る．安全限界については，人命の保護，倒壊・崩壊防止の観点から繰り返し荷重を考慮した終局耐力・変形などが考えられる．使用限界については，建物および各部の機能性，使用性が問題になる場合に，それらの限界を考慮して検討することになる．

(2) 建築基準法における構造計算

改正前の建築基準法の枠組みで構造設計の方法は，木構造に限らず全般的に仕様規定を満たすことと許容応力度設計を組み合わせたものであった．これに対して，2000年の建築基準法改正で，仕様規定によらなくても良い検証法として新たに限界耐力計算法などが，位置づけられている．改正後の建築基準法における木構造建物の構造計算規定の枠組を図3.2.1に示す．

建築基準法では，第20条ならびに第36条において，荷重外力に対して安全な構造であり，安全上必要な構造方法及び構造計算の方法を政令で定めるとしている．これを受けて，施行令（以下，令と記す）の第3章にまとめられている．その3節が木造である．また，具体的な構造計算の方法は，8節に記されている．基準法第6条において，2階建以下，かつ延べ面積500m^2以下，かつ軒高9m以下，かつ最高高さ13m以下の木造建物は，第6条の4

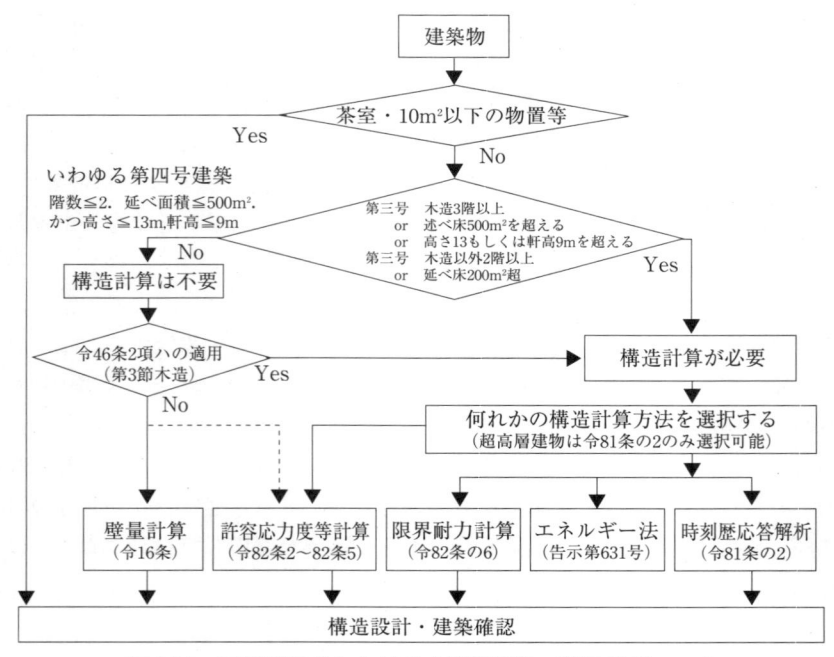

図3.2.1　建築基準法における木造建築物の構造計算ルート

号に該当するとして，一般に「4号建築物」と呼ばれ，8節の構造計算は求められていない．基準法第6条の2号に該当する木造3階建や大規模木造建物は「2号建築物」として区別され，許容応力度計算や保有耐力計算などの構造計算に依らなければならない．

性能規定化を目指した基準法の改正により，限界耐力計算法が導入された．この限界耐力計算を行なうことによって，従来の仕様規定が適用除外されることになった．ただし，耐久性等に関する規定，すなわち構造部材（令37条），基礎（令38条），木材（令41条），防腐措置等（令49条）に従うものとする．

限界耐力計算を行なわない場合には，4号建築物，2号建築物ともに令3章3節の仕様規定（令42条～47条）による．令42条は土台及び基礎，令43条は柱の小径に関する規定，令44条ははり等の横架材，令45条は筋かい，令46条は耐力壁，令47条は継手・仕口に関する規定である．特に令46条では，耐力壁を釣り合い良く設ける規定であり，令46条4項の壁量計算を必要とする．これについては，令46条2項において適用除外規定が設けられ，構造用製材等の規格が適合するならば，構造計算により壁量規定等の仕様規定が除外される．

2号建築物では，これらの仕様規定の他に令82条1項の許容応力度等計算を行なわなければならない．ただし，43条～47条の適用除外ですでに許容応力度計算を行なったものについては，改めて計算する必要はない．軒高9m以下かつ高さ13m以下の木造建物であれば，許容応力度計算までで完了となる．大規模な特定建築物については，令82条2項の層間変形角の計算を行なった後に，令82条3項の偏心率・剛性率の計算，あるいは令82条4項の保有水平耐力の計算のいずれかの計算が必要である．

限界耐力計算は，令82条の6に規定されており，日常的な荷重や稀に発生する地震動に対する損傷防止，極めて稀に発生する地震動に対する安全性を確認する．地震に対しては，等価線形化に基づく検証法が示されている．

(3) 木造建物の各構造計算法

木造建築物の構造設計法としては，図3.2.1に示される現行の建築基準法における木造建築物の構造計算ルートに従って，壁量計算，許容応力度計算，

限界耐力計算など各計算法について概説するとともに問題点について述べる．

(a) 壁量計算

　基準法施行令第 46 条の規定であり，許容応力度計算や限界耐力計算などの構造計算を行なわない場合は，壁量計算を必ず行なわなければならないとされ，2 階以下のいわゆる第四号建築物として扱われている木造建築は，ほとんど壁量計算を用いているのが現状である．

　基準法施行令第 46 条の規定であり，許容応力度計算や限界耐力計算などの構造計算を行わない場合は，壁量計算を必ず行わなければならないとされ，2 階以下のいわゆる第四号建築物として扱われている木造建物は，ほとんど壁量計算を用いているのが現状である．

　木造建物の地震被害と壁量との関係など経験則的な規定から出発しているので，性能規定化へ移行する流れの中では，構造力学的な耐震性能評価・検証として，従来からいくつかの問題点が指摘されており，その改善が試みられている．壁量と併せて壁の釣合い良い配置の基準（令 46 条第 1 項, 第 4 項）も設けられている．

　壁量計算にあたっては，軸組に組み込む壁等の種類によって壁倍率が規定されている．規定外の耐力壁の壁倍率を認定するための試験法および評価法において，変形瀬能や終局耐力を考慮する方法に改訂されている．しかし，耐力を重視して大きな壁倍率の軸組を用いる傾向があり，このような耐力壁の周辺の柱頭柱脚等が破壊する危険性がある．この耐力壁周りの接合部の先行破壊を防止するため，柱頭柱脚接合部を金具等で補強する規定（平成 12 年建設省告示第 1460 号）が設けられている．

　伝統的軸組では，一般的に使用されている土壁の壁倍率が 0.5 と小さいことと木造軸組架構は評価されないため，必要とされる壁量を満足させることができない場合が多い．なお，伝統構法の土壁，面格子壁，落とし込み板壁などの各仕様について壁倍率が新たに定められている[1]．

1　壁倍率（昭和 56 年 6 月 1 日建設省告示第 1100 号）の改正（平成 15 年 12 月 9 日国土交通省告示第 1543 号）がなされている．

(b) 許容応力度計算

　許容応力度計算は，法令上は基準法施行令第82条に規定されており，地上の階数が3以上や延べ床面積が500m^{2}を超える木造建築物，いわゆる2号建築物は限界耐力計算によらない場合は，この許容応力度計算によって計算する必要がある．施行令第46条2項に壁量計算の適用除外規定が示されている．このように仕様規定の一部を適用除外とするためには，許容応力度計算が要求される．改正前この規定は集成材を使用する場合は，大断面集成材に限定されていたが，改正後はJAS規格の集成材であれば小断面でも適用可能となっている．一般の4号建築物でも壁量計算によらずに，このルートで計算することは可能である．建物の規模に応じて以下のルートがある．

　ルート1：軒高9m以下かつ高さ13m以下の建物の場合で，許容応力度計算の
　　　　　みを行なえばよい．これ以上の規模の建物の場合は，特定建築物扱い
　　　　　となり，ルート2又はルート3となる．
　ルート2：層間変形角の計算および偏心率・剛性率の計算を行ない，規定値以下
　　　　　であることを確認する．
　ルート3：高さ31mを超える場合は、保有耐力計算を行なうことになる．

　許容応力度計算も壁量計算と同様に施行令第3章第3節の木造仕様規定を遵守する必要がある．このため伝統的軸組で柱・梁仕口部分に金物を使用しない場合は，規定（詳しくは告示1460号）に抵触することになるが，限界耐力計算の場合はこれらの適用が除外されるため，伝統的軸組にも十分適用が可能である．

　許容応力度計算法は，各部の応力度を算出して許容応力度以下になることを確認する方法であるが，木造に特有の部材・接合部など各部応力の計算方法が煩雑になることや部材・接合部など許容応力度の設定方法などが難しいため，日本建築学会や（財）日本住宅・木材技術センターにおいて，検討がなされて設計法マニュアル等が出版されている（日本建築学会，2002）（日本住宅・木材技術センター，2002）．

(c) 限界耐力計算

　平成12年の基準法法改正で，構造関連規定において特筆すべきことは性

能規定化が導入されたことである．従来の建築基準法では，許容応力度計算法による構造計算を行なうものの，基準の一部を仕様規定が占めており，建築物が満たすべき性能を必ずしも明確にはしていなかった．これに対し，改正基準法で導入された性能規定は，建築物が満たすべき性能を明確に記述するものとなっている．即ち，耐震設計に関しては想定される地震動の作用に対して建築物に要求される構造性能が明確に定められ，同時にその構造性能評価基準の原則が示されている．現状は，従来型の仕様規定と許容応力度計算法の組み合わせと限界耐力計算法の選択制となっている．

従来の計算法では，地震時の外力が与えられていたが，限界耐力計算法では，地震動の建物への入力を規定している．性能規定における構造体に対する要求性能と設計用入力地震動のレベルを表3.2.1のように示す必要がある．

限界耐力計算における地震力については，損傷限界および安全限界のそれぞれに対応して令第82条の6により各階に作用する水平力が規定されている．中地震動（稀に発生する地震動）と大地震動（極めて稀に発生する地震動）との双方に対して検証を行うこととされている．中地震動に対しては，構造耐力上主要な部分に生ずる応力が材料の損傷限界応力度（短期）または部材の実験等から求めた架構の損傷限界耐力・変形に達しないことを確かめる．大地震動に対しては，架構に生ずる応力・変形が，架構の安全限界耐力・変形に達しないことを確かめる．

検証方法は，等価線形化法による応答予測に基づく方法により，中地震動と大地震動に対して，それぞれ各階の応答加速度を計算する．この応答加速度に有効質量を乗じて各階の地震力を求め，各階の損傷限界耐力・変形また

表3.2.1　構造体に対する要求性能と設計用入力地震動のレベル

要求性能		地震動の入力レベル	構造骨組の要求性能
損傷限界	損傷防止	稀に発生する地震動で，建設地において，建物共用年限中に1度以上遭遇する事を想定する地震動	地震時に構造安全性の維持に支障がある損傷を生じない．
安全限界	倒壊・崩壊防止 人命保護	極めて稀に発生する地震動で，建設地における建築物の構造安全性への影響度が最大級のレベル．	地震時に各階の倒壊・崩壊が生じないこと，即ち，人間が生存可能な空間を維持すること．

は安全限界耐力・変形を超えないことを検証する．

　地震入力は，限界耐力法に関する告示（平成 12 年建設省告示第 1457 号）により，損傷限界および安全限界に対する地震入力が応答スペクトルで与えられている．一方，建物の構造特性は，多層の骨組みモデルを一質点系に縮約して，縮約系の耐力・変形関係で表現する．地震応答解析は，地震入力側から求まる必要耐力と，一質点系に縮約された建物の保有耐力の釣り合い点を求めることに帰着する．

　地震力を除く荷重および外力については，建築物の損傷の防止を確認するために，稀に発生する固定荷重および積載荷重，積雪荷重や風圧力の組み合わせに対して構造耐力上主要な部分に生じる長期および短期の各応力度を計算し，許容値を超えないことを確認する．また，東海・崩壊の防止を確認するために，極めて稀に発生する大規模な積雪または暴風に対して構造耐力上主要な部分に生じる力を割り増された荷重および外力の組み合わせにより計算し，主要な部分の保有水平耐力を超えないことを確認する．

(d)　その他の構造計算ルート

　その他の構造設計ルートとして，大臣の定める基準に従った構造計算（令第 81 条の 2）に時刻歴応答解析に基づく方法がある．この時刻歴応答計算法は，超高層建築などにおいては一般的に用いられているが，木造建築物に適用するには，複雑な履歴復元力特性など木造独自の課題が多々あり，専門的知識と判断が要求されるなど難しいのが現状である．また，限界耐力計算と同等以上の構造計算として，エネルギーの釣合いに基づく耐震計算法（エネルギー法）（平成 17 年国土交通省告示第 631 号）がある．さらに，信頼設計法の一つである限界状態設計法などが検討されている．

　以上のように木造建築物の構造設計には，多くのルートが規定されており，設計者はこれらの中から建物の要求される性能に応じて適切な設計手法を選択することができる．ただし，現時点では，軸組構法，特に伝統構法木造建物を対象にする限り，耐震性能の要求に対して動的性状や破壊性状などを簡易に検証できる手法としては限界耐力計算による設計が適していると考えられる．

3.2.3　軸組構法木造建物の耐震性能評価

　木造建築物の耐震設計は，建築基準法が改訂され仕様規定から性能規定への移行が図られた．また，「住宅品質確保促進制度（住宅の品質確保の促進等に関する法律）」により木造住宅の耐震性能を評価して耐震性能等級が表示されるようになった．このように，木造建築物の構造設計や性能評価において，耐震性能の評価が求められることとなった．新築建物のみならず既存建物においても耐震性能を評価することによって適切な耐震補強がなされるべきである．

　しかし，木造建物の耐震性能評価については，いくつかの課題が残されている．その一つに，伝統構法のみならず軸組構法を主体とした木造建物は，現行の評価法の枠組みには適用していないことが挙げられる．仮に，初期剛性や壁耐力に依っている現行の評価法で評価するならば，耐震性能は低い評価となる．従って，多くの地域における木造建築，特に伝統構法については，構造特性の把握と構造力学的な解明のもとに耐震性能評価法，さらに耐震設計法を構築する必要がある．

(1)　構造詳細調査による構造特性の把握

　我が国の木造建築は，気候・風土・生活習慣等によって地域の特色ある木造文化を形成してきた．特に構造形式においては，雪の多い地域・台風の多い地域など自然災害に対応した仕口・継ぎ手はもとより構造材料を含めた各地域独特の構法が生み出され現在に至っているが，このような地域性のある伝統・在来構法は，構造力学的な観点からの調査がそれほどなされていないのが現状であり，これらの構法に特有な軸組の強さや軸組の加工精度についても評価されていないために，耐震性能の適切な評価ができていない．

　2000年の鳥取県西部地震や2001年の芸予地震の調査においても，被災した伝統・在来構法の住宅においては，現行の壁量計算に基づく耐震診断法では耐震性能を正確な評価ができなかった．図3.2.2に1995年兵庫県南部地震での芦屋市と2000年鳥取県西部地震での日野町における木造建物の建設年代別被害の状況を示す．1995年兵庫県南部地震では，多くの木造住宅が甚

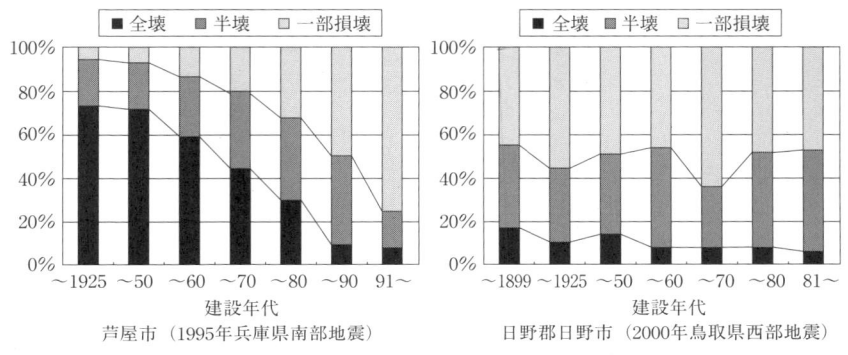

図 3.2.2 木造住宅の建設年代別被害率

大な被害を受けた．特に，老朽化した木造住宅に大被害が生じたことが指摘された．一方，2000年鳥取県西部地震では，建設年代と被害の関係は顕著ではなく，建設年代が古くてもそれほど大きな被害を受けていない．二つの地震では地震動強さや地盤震動特性が異なるが，両地域における木造建物の構法など構造特性が大きく関与しているものと考えられる．

木造建物の構法と構造性能との関連を明らかにするために，日本全国に多く存在する伝統・在来構法の木造住宅を対象に実測調査やアンケート調査により，構法の特徴を整理・分類を整理・分類し，各地域の構造的な特性を把握する必要があり，鳥取県日野町，東広島市，金沢市，萩市などで調査を進めてきており，現在，京町家の調査も行なっている．

(2) 木造軸組の耐震性能評価実験

従来の構造性能評価は，静的加力実験に基づく性能評価がなされており，地震時のような動的な評価がなされていないため，静的と動的での破壊性状の比較など地震時に想定された性能が発揮されるのか検証されていない．静的評価においても耐力壁が主であり，木造の特質である変形性能の評価が難しい．木造建物に用いられる壁も種々の構法があるが，構造合板など限られた面材構造しか評価されず，土壁などは地域によって構法が異なるため低い評価となっている．しかし，土壁の実大実験から十分な性能を有することが

木造軸組構法の新しい耐震設計法・耐震補強設計法
－地域の特性を生かした耐震性能評価に基づいて－

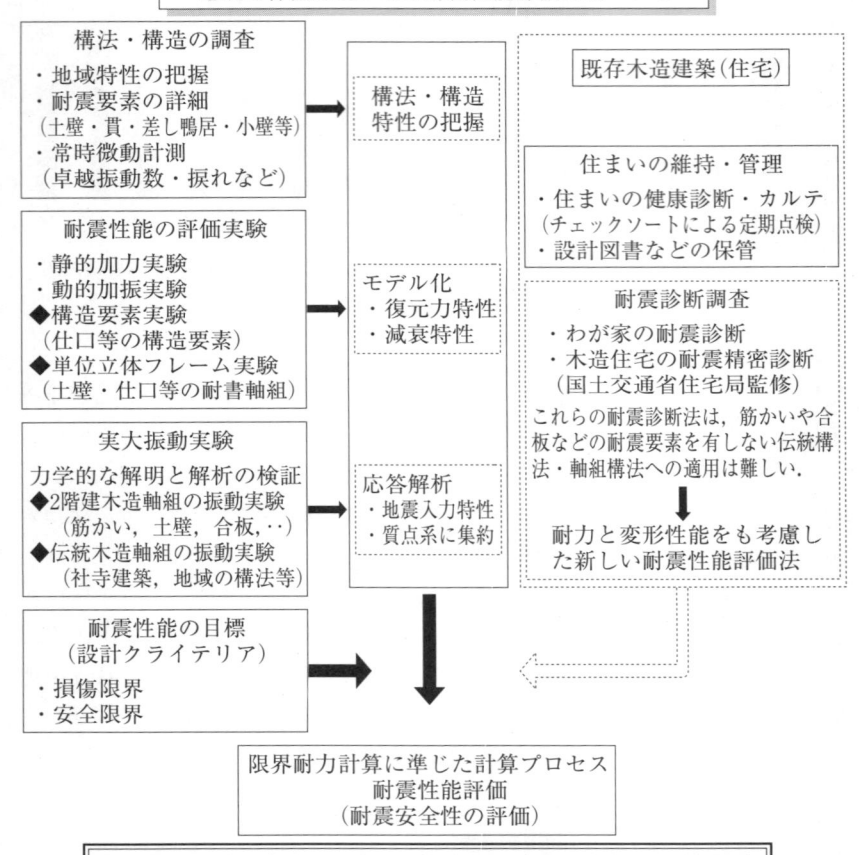

構法・構造の調査
・地域特性の把握
・耐震要素の詳細
　（土壁・貫・差し鴨居・小壁等）
・常時微動計測
　（卓越振動数・捩れなど）

↓

構法・構造特性の把握

耐震性能の評価実験
・静的加力実験
・動的加振実験
◆構造要素実験
　（仕口等の構造要素）
◆単位立体フレーム実験
　（土壁・仕口等の耐書軸組）

↓

モデル化
・復元力特性
・減衰特性

実大振動実験
力学的な解明と解析の検証
◆2階建木造軸組の振動実験
　（筋かい，土壁，合板，‥）
◆伝統木造軸組の振動実験
　（社寺建築，地域の構法等）

↓

応答解析
・地震入力特性
・質点系に集約

耐震性能の目標
（設計クライテリア）
・損傷限界
・安全限界

既存木造建築（住宅）

住まいの維持・管理
・住まいの健康診断・カルテ
　（チェックソートによる定期点検）
・設計図書などの保管

耐震診断調査
・わが家の耐震診断
・木造住宅の耐震精密診断
　（国土交通省住宅局監修）

これらの耐震診断法は，筋かいや合板などの耐震要素を有しない伝統構法・軸組構法への適用は難しい．

↓

耐力と変形性能をも考慮した新しい耐震性能評価法

↓

限界耐力計算に準じた計算プロセス　耐震性能評価
（耐震安全性の評価）

伝統構法・軸組構法にも使える合理的な耐震設計法・耐震補強法

図 3.2.3　木造軸組の耐震設計法・耐震補強設計法のフロー

分かっており，地域の土壁を正しく再評価するなどの見直しが必要とされる．
　また，柱・桁梁から構成される軸組のみの耐震性能は評価されていない．柱の太さ，即ち柱断面に対する評価もなされていない．大断面の柱は，柱そのものの耐力が大きいことのみならず，傾斜復元力特性も期待し得る．柱断面に応じて桁・梁・土台の断面も大きくなり，ほぞ等の形状も大きくするこ

とが可能であり，なによりも丁寧な木組加工が容易になる．伝統構法に見られる木組は，複雑かつ多種であるため，それらの構造力学的な解明が不十分である．

　伝統構法・在来構法の木造建物も含めた耐震性能を的確に評価するためには，地域特有の特性を有する木造建物の構造力学的な特徴を調べ，地域特性が盛り込まれた木造建物の試験体を製作して静的ならびに動的性能評価実験を実施する必要がある．これらの性能評価実験に基づいて，木造建物の各構造要素や建物全体について静的・動的構造性能の理論解析的，実験検証的な評価方法の開発を進める（図3.2.3）．

　先ず，軸組構法の基本である軸組の耐震性能を調べる．ここでは，柱と土台，桁から構成される単位軸組を対象にして，柱－土台，柱－桁の仕口部の性状，貫，差し鴨居などの横架材，筋かいなどの斜材，土壁や垂れ壁などの面材などの効果を実験的に調べる．現在，このような単位軸組の静的載荷実験に加えて，単位立体軸組の振動台を用いた動的性能評価実験を実施中である（鈴木・中冶，1999）（後藤ほか，2002）（鈴木ほか，2002）．

　実験では，筋かい，土壁などの耐震要素を軸組に組み込み，ほぞの種類，柱断面寸法をパラメータとし，静的水平繰返し加力実験および振動台加振実験を行なっている．試験体の寸法は，図3.2.4に示されるように，静的実験用は，幅1820mm×高さ2730mmの平面骨組で，動的実験用は，縦横1820mm×高さ2730mmの立体軸組とした．振動台実験では，加振方向に

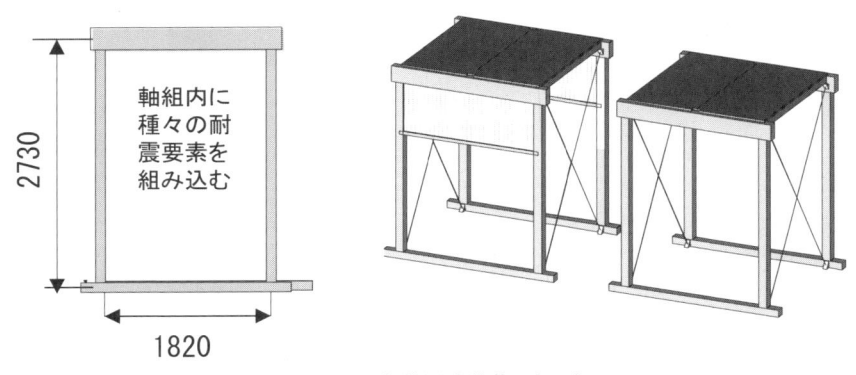

図3.2.4　実験用試験体の概要

は耐震要素を配置し，比較検討のため類似した耐震要素を持つ試験体を2体同時に加振した（図3.2.5）．

　耐震補強法の有効な技術である制震補強の効果を調べるために，ダンパーなどを軸組に組み込んで同様な振動台実験も行なっている．また，耐震要素が異なる軸組が連続した場合の各耐震要素の足し合わせを検証する実験も行なっている．これら単位軸組や連続軸組の耐震性能評価実験によって，単位軸組の破壊に至るまでの復元力特性（耐力-変形関係）を明らかにするとともに実験結果を蓄積してデータベース化して，木造建物全体の耐震性能評価法を構築する．

(3) 軸組構法木造住宅の実大振動台実験

　木造建物全体の耐震性能評価法の理論解析的研究を進め，また評価法の実験検証を行なうために，木造建物の実大試験体を製作し，振動台による耐震性能評価実験を実施している（鈴木ほか，2002）．

　実大木造建物の振動実験では，在来構法2階建木造住宅を対象に筋かいや土壁など異なる耐震要素を組み入れた一連の実験を行なっている．ここでは，筋かい，土壁，垂れ壁など種々の耐力要素を有する木造軸組住宅を対象にした実大動的実験を実施した．

(3)(a) 試験体の概要

　現在の木造住宅の標準的な仕様と思われる在来構法2階建木造住宅を対象として，軸組のみ，筋かい付軸組，土壁付軸組，構造合板壁軸組などの耐力要素を有する実大試験体を製作し，振動実験を行なっている（図3.2.6）．

　試験体の基本寸法は，長手方向5460mm，短手方向3640mm，高さ5880mm，各接合部にはZマーク同等金物を使用し，部材として4隅の通し柱を120mm角，管柱105mm角を用い，筋かいのみ米松の45×105mm材を使用し，その他はすべて集成材とした．

(3)(b) 振動実験の方法と結果の概要

　実験には京都大学防災研究所に設置された振動台を用い，入力地震波とし

貫試験体と土壁試験体　　　　　　土壁と合板の小壁試験体
図 3.2.5　単位立体軸組の振動台実験

図 3.2.6　2 階建木造住宅の振動台実験（筋かい付，土壁付，合板壁付きの試験体）

て El Centro 波，1995 年兵庫県南部地震において神戸海洋気象台で記録された JMA Kobe 波を用いた．加振は試験体長辺方向 1 方向を基本とし，1 方向入力との差異を得るため 2 方向同時加振も実施した．振動台及び試験体に加速時計，変位計，歪みゲージなどの計測を行ない，試験体の動的応答の計測，部材の曲げ及び軸力を調べた．

筋かい付試験体では，層間変形角が 1/30rad を越えると 1 階筋かいの破壊が発生し，筋かいの効果が無くなると 4 隅の通し柱の曲げによる破壊が発生した後，試験体の終局状態に至った．

また，土壁付試験体は，土壁に亀裂等は生じるものの筋かい付試験対よりも大きな耐力を発揮したことが確認できた．今後，異なる耐震要素を組み込

んだ試験体による振動実験を実施し，軸組木造住宅の耐震性能評価法の検証を行なう．

(4) 伝統構法木造軸組の実大振動実験

　我が国の木造建築は，軸組構法が主要な構法であり，社寺建築のような伝統木造建築はその典型であるが，このような伝統構法木造建築は，木組みの複雑さ，木材の不均質性・不確定性のゆえに，構造力学的な解析は充分にはなされていない．伝統木造建築物は，特有の抵抗機構を有しており，柱の傾斜復元力特性，組物の減衰特性，貫のめり込み抵抗などの特性について，近年，研究が進められているが，地震時の挙動など動的には未だ解明されていない．従って，伝統構法木造建築の構造力学なメカニズムを明らかにするとともに耐震補強の一つの方法であるダンパー等制震装置を取り付けた制震補強効果の実験的検証を行なうために，伝統木造軸組の実大振動実験を行なった（鈴木ほか，2002b）（鈴木ほか，2002e）（鈴木ほか，2002f）（鈴木ほか，2003b）（鈴木ほか，2002）．

(4)(a) 振動実験の概要

　伝統軸組の構造的な特徴を盛り込んだ伝統木造軸組の実大試験体を製作し，振動台（京都大学防災研究所・強震応答実験装置）を用いた振動実験を1999年，2000年，2001年と3回にわたって実施し，構造物全体および各部の振動性状を把握するとともに，構造的特性について検証を行なった．

　試験体は，桁行3.75m，梁間2.25m，高さ5.0mの1スパン×1スパンである．材質は，柱はヒノキ（308 ϕ），組物はアサメラ，その他はマツとした．屋根重量に相当するようにPC版製の重り，計120kNを桁梁上に緊結した．（図3.2.7に震動台上に設置された試験体を示す．）

　試験体各部の変位については，柱頭部および柱脚部の水平変位，柱脚部のすべり・浮き上がり量，頭貫と桁の相対水平変位，柱と貫の回転角を計測した．試験体各部の加速度については，振動台，柱脚，柱頭，桁の主要な点で計測した．また，ビデオカメラ3台とCCDカメラ4台を用いて，実験中の振動状況を撮影した．

振動実験の各段階に置いてスイープ加振実験および自由振動実験を行ない，試験体の動特性の把握を行なった．実地震動加振実験では，El Centro 1940, Taft 1952, 八戸 1968 および 1995 年兵庫県南部地震による神戸海洋気象台における観測記録波形を用いた．加振実験では，これらの波形の最大加速度を 50cm/s2 〜 1000cm/s2 に基準化した形で入力し，最大振幅を徐々に上げつつ繰り返して加振を行ない，各加振ステップにおける振動状況や破壊状況を調べた．なお，加振方向としては水平1方向入力および水平2方向入力を行なった．

(4)(b) 実験の結果

振動実験で得られた結果から，伝統構法木造軸組が有する構造特性の特徴を示す結果について以下に述べる．

(1) 柱－内法貫接合部における貫の曲げモーメント：貫が繰返し曲げを受けて貫－柱間のめり込みによって，安定した復元力とともに履歴減衰が生じており，貫構造は伝統構法軸組の重要な抵抗要素であることが分かった．

(2) 柱のロッキング振動と組物全体のロッキング振動：組物は，屋根荷重など上部の荷重を柱に伝達するだけではなく，柱が傾斜すると組物は柱軸線に対して逆方向に傾斜して，柱の傾斜復元力を助けるように作用していることが分かった．

(3) 柱の傾斜復元力特性：振動実験に加えて静的実験を実施して，柱の傾斜復元力特性を含む軸組の復元力特性を調べた（図 3.2.8）．ここで，軸組は，振動実験で用いた試験体から内法貫と大引を取り除いており，柱－組物－頭貫からなる．屋根荷重など上部荷重の傾斜復元力に及ぼす影響を見るために，重りの重量を変えて調べている．柱の傾斜復元力のみならず，柱－組物－頭貫からなる相互作用が働き，柱が大きく傾いても軸組の復元力は低下してい

図 3.2.7 実大伝統軸組の振動台実験

図 3.2.8 柱の傾斜復元力特性

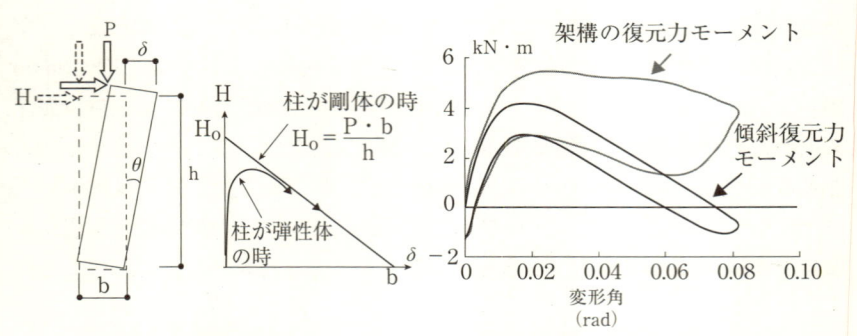

柱単体の傾斜復元力特性 　　軸組架構の復元力特性（実験）

$H_0 = \dfrac{P \cdot b}{h}$

ないことが分かる．

　柱脚は，礎石上で固定されていないため滑りが生じると考えられるが，一連の振動実験では滑りはほとんど見られず，柱のロッキングと軸組全体の揺れにより，柱脚は礎石上で少しずつ移動していることが分かった．一連の振動実験により，柱 – 貫接合部の曲げによる貫端部や接合部内で貫の割れが生じていたにも係わらず，大きな変形に対しても急激な耐力低下が見られず，本試験体のような軸組構造は十分な靭性を持っていることが検証された．

3.2.4　限界耐力計算による耐震性能評価法と耐震補強設計法

(1)　限界耐力計算の流れ

　国土交通省告示による「限界耐力計算」に準ずる計算プロセスで，木造軸組の復元力特性や減衰特性を評価して最大応答変形を簡便に把握でき，また制震ダンパーを含む補強法の補強効果ついても容易に定量的に把握でき，木造軸組の耐震設計ならびに耐震補強設計に適用し得る耐震性能評価法について述べる (Katagihara *et al*., 2001, 鈴木ら, 2002)．
　限界耐力計算の特徴は，一質点系応答スペクトルをもとに，非線形領域まで含めた建物の動特性を等価線形系として評価することにより応答を求める

ところにある．ここで重要となるのは，架構の復元力特性の求め方である．伝統木造軸組は，木組みにより，粘り強く大きな変形性能を有することが特徴であるが，その特性は複雑であるため，ここでは，比較的簡便にかつ適切に復元力特性を評価するために，耐震性能評価実験結果をもとに設定することとする．

(2) 復元力特性

一般に，伝統構法木造軸組の復元力特性を評価するには，木造軸組の解析モデルや耐震要素の耐震性能などが解明されていないため，ここでは各種の耐震要素を有する単位フレームの大変形領域を含んだ実験の結果（後藤，2002, 鈴木, 2002）をもとに復元力特性を設定し，これを建物の各層について架構に応じて加算することにより算出する（図 3.2.9）．なお，復元力特性

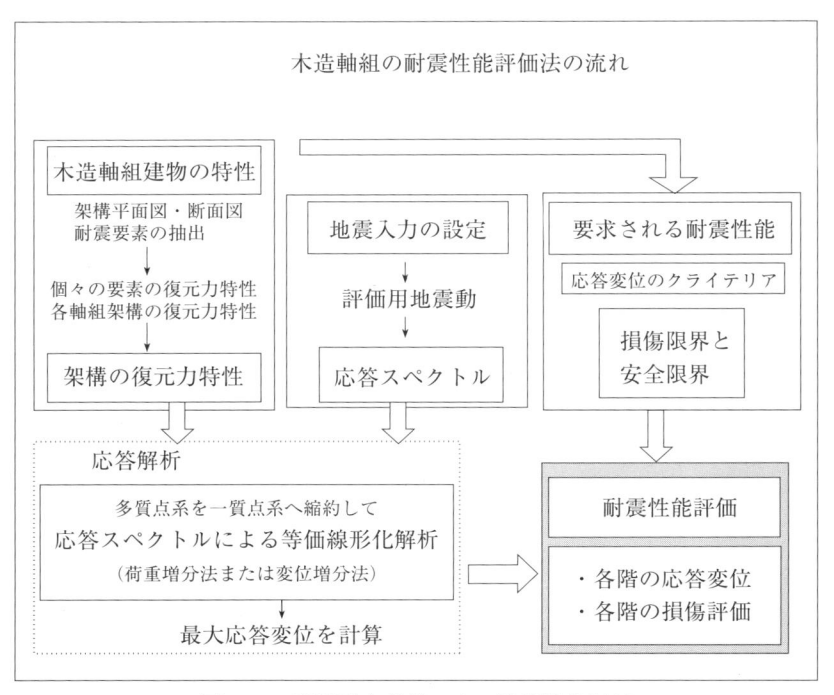

図 3.2.9 限界耐力計算による耐震性能評価

のモデル化にあたっては，架構の変形性状をせん断型変形が卓越することを前提にしており，曲げ変形が卓越するような場合などは，別途モデル化を検討する必要がある．

具体的には，各層の架構の復元力特性は，各耐震要素を有する単位フレームの復元力特性を並列バネとして重ね合わせることによって求める．ここで単位フレームは，図3.2.4のような柱とほぞで接合した梁から成り，幅1.82m，高さ2.73mの寸法を有する．

本評価法では軸組の等価剛性と等価粘性減衰定数でその構造特性を評価する手法をとっており，個々の復元力特性を重ね合わせることで架構全体の復元力特性を求め，その復元力特性より限界耐力計算に必要な等価周期（TA）や等価粘性減衰定数（h）を式（1）～（3）によって計算する．変位増分法（野島ほか，2002）から得られる各ステップでの各層の変形より1自由度系に縮約された架構の復元力特性（建物全体の復元力特性）が求まれば，ある応答変位ΔAにおける等価周期（Te），減衰特性（heq）は式（1）～（3）のように求められる（図3.2.10）．

$$T_e = 2\pi\sqrt{M_u/K_e} \tag{1}$$

$$h_{eq} = (1/2\pi) \cdot (\Delta W/W) \tag{2}$$

$$W = (1/2) \cdot \Delta_A Q_A \tag{3}$$

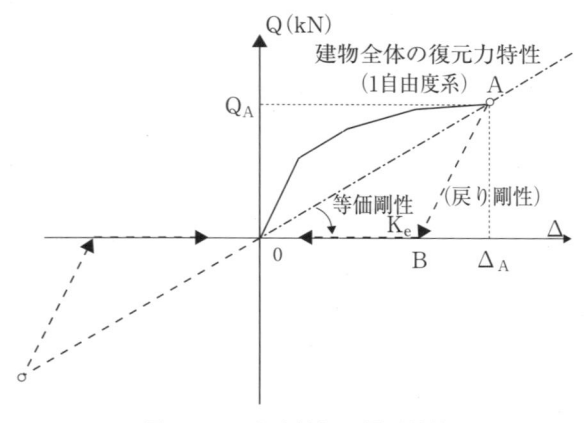

図3.2.10　木造軸組の履歴特性

ここで，Ke は等価剛性，Mu は有効質量，ΔW は面積ΔOAB（半サイクルの消費エネルギー）である．

　図 3.2.10 は，復元力特性の比較的簡潔なモデル化の 1 例である．ここでは，軸組の等価剛性は原点と最大変位点を結ぶ直線の勾配で表せ，また履歴吸収エネルギーは履歴を描く 3 角形の面積で表せる．なお，軸組の最大変位からの戻り剛性は初期剛性と平行に設定する．実験結果から得られる種々の耐震要素を含む木造軸組の復元力特性は，非常に複雑であり，簡潔なモデル化は難しいが，今後の検討課題である．

　伝統構法木造建物の場合は，一般に柱頭・柱脚の納まりは柱の剛体的な回転変形が可能な接合法となっている．この場合，P-δ 効果として図 3.2.8 に示すような傾斜復元力[6,9)]が働く．層間変形が柱幅より小さい範囲では変形を低減する方向に作用し，逆に変形が柱幅より大きくなると変形を増幅する方向に働く．傾斜復元力は繰返し変形に対して，履歴エネルギーの吸収がないのが特徴であるが，架構には貫等の横架材が組み込まれているので，柱一貫などのモーメント抵抗が加わり，安定な履歴特性となり得るとともに，履歴減衰も付加される（鈴木ほか，2000）（鈴木ほか，2001）（鈴木ほか，2002）（鈴木ほか，2002）（鈴木ほか，2002）．

　ダンパー等の制震装置を木造軸組架構に組み込む場合には，ダンパーの復元力特性を木造軸組架構の復元力特性に加えて，ダンパー等を組み込んだ架構の耐力，等価剛性，減衰定数などが算定できる．粘性系ダンパーなどのように履歴特性が振動数と振幅に依存する場合には，あらかじめ実験データ等から振動数と振幅ごとに履歴特性を把握しておく必要がある．

　架構の剛性が平面的に偏っている場合や重心が偏っている場合など偏心がある場合には，地震時にねじれ変形が生じ，ねじれが生じない場合に比べて，大きな変形や崩壊を招く可能性がある．従って，偏心が生じないようにすることが望ましい．耐震補強の場合も，極力偏心を生じさせないような配慮が必要である．一般に木造軸組では，床の剛性が低いために剛床の仮定が成り立ち難いが，架構に偏心がある場合，適度の床剛性により偏心による捩れ振動を抑制する効果が期待できる場合もあり，剛床でないことが必ずしも不利になるわけではないが，木造軸組の偏心や床剛性が応答性状や耐震性能に与える影響は，未だ良く分かっていないので，どのように評価するかは今後の

検討課題である．

(3) 検証用地震動

　想定されている地震動の加速度応答スペクトルは，超高層建築物に関する平 12 建告第 1461 号の解放工学的基盤でのスペクトルと同じもので，地盤種別により表層地盤での増幅度を表す Gs を掛け合わせた表現となっている．表層地盤での増幅率の算定方法は平 12 建告第 1457 号の第 7 に示された簡略計算による．ただし，Gs は詳細な地盤調査に基づいたデータを用いて精算した値を用いてもよい．調査データは近隣地盤のものを使用するなど必ずしも当該敷地のものでなくてもよいが，地層構成が急変している場合もあるので注意して扱う必要がある．加速度応答スペクトルは，稀に発生する地震動と極めて稀に発生する地震動に対応する 2 種類のスペクトルが示されている．稀に発生する地震動は損傷限界検証用の地震力に相当し，また極めて稀に発生する地震動は安全限界検証用の地震力に相当する．このような加速度応答スペクトルに基づいて計算した各階の地震力および層間変形角が，架構の復元力特性を考慮して決められた限界値を超えないことを確認することになる．

　耐震補強設計においては，上記の地震動の他に，建設地での過去の地震記録波や将来予想される地震での強震動予測波なども有効である．

(4) 応答スペクトルによる等価線形化法

　応答スペクトルを用いた解析は，特定の減衰特性と固有周期を持つ一自由度系の構造物の，与えられた応答スペクトル上における応答変位を求める手法である．

　応答変位を耐力に置き換えて計算するのが限界耐力計算であり，応答変位（応答変形角）を求めるために一連の計算を行なう．即ち，仮定したある変位（層間変形角）に対応する耐力を架構の復元力特性から求め，この耐力が地震の特性を反映した応答スペクトルから与えられる耐力と一致するまで収斂計算する．図 3.2.11 はこの計算プロセスを図示したもので，加速度（耐力）

－変位スペクトルから換算した必要性能スペクトルと復元力特性との交点が耐力の一致点（応答値）となる．

　限界耐力計算では，一自由度系の応答スペクトルを用いて建物の応答値を求めるため，多自由度系（2階建て以上の建物）の場合は一自由度系に縮約する必要がある．通常は Ai 分布による荷重増分解析結果から，想定される変形モードを用いて一自由度系への縮約を行なう．

　しかし木造軸組の場合，水平力を負担する要素の中には筋かいのように大変形領域で破壊して耐力を喪失するものがある．耐力が低下する又は耐力が増加しない場合，荷重増分法ではそれ以後の架構性状を追跡できない．本評価法では変位を増分させることにより 0 及び負勾配の剛性をもつ架構についても対応できるよう「変位増分法」を用いる（鈴木, 2002）．変位を増分させていく場合，何れかの層が非線形領域に入れば変形モードが刻々と変化していくため，全ての層を同じピッチで増分させると誤差が大きくなる．そこで，1階の変位増分ピッチを一義的に決め，1階以外の上階は，各ステップでの1階と当該階における等価剛性の比率で補正した増分ピッチとする．なお，ここでは一次の並進モードが支配的であり高次モードは無視できるという条件が成り立つことを前提にしている

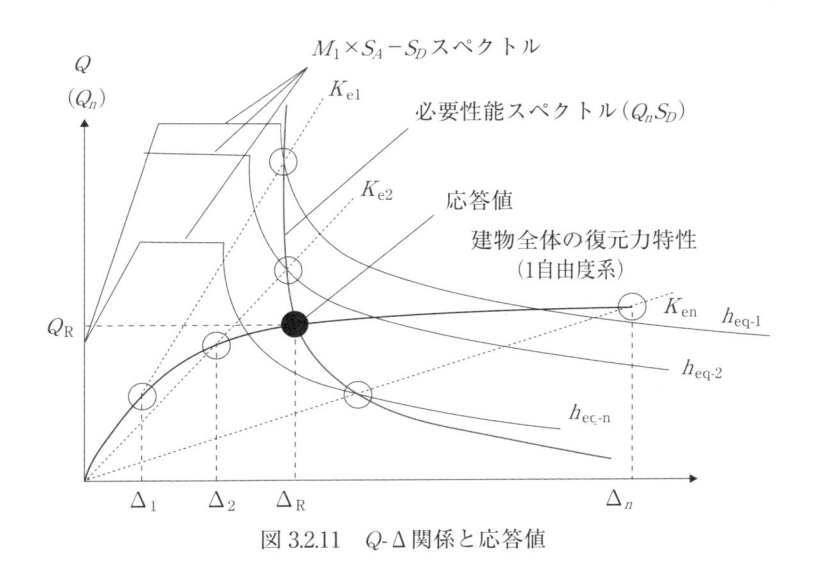

図 3.2.11　$Q\text{-}\Delta$ 関係と応答値

1自由度系の等価周期（T_e）と等価粘性減衰定数（h_{eq}）．与えられた応答スペクトルから当該等価周期での加速度応答値が求まる．加速度応答値から応答ベースシヤー Q_n と応答変位 S_D が求まり，Q_n-S_D 関係と Q-Δ 曲線（1自由度系に縮約された架構の復元力特性）との関係を図に示す（図3.2.11 参照）．ここで，Q_n-S_D 関係は必要性能スペクトルと呼ばれている．
図3.2.11 で，必要性能スペクトルと Q-Δ 曲線の交点（ΔR）が求める応答値となる．

$$Q_n = M_u S_A \tag{4}$$

$$S_D = \left(\frac{T_e}{2\pi}\right)^2 S_A \tag{5}$$

(5) 目標とする耐震性能

本評価法では最大応答変形量を耐震設計上の定量的なクライテリアとして設定する．応答変形量は入力地震動の大きさと密接に関係し，数十年に一度くらいの確率で発生する震度5程度の中地震に対する最大応答変形の制限値を損傷限界変位とする．また建物の存命中に発生する可能性のある最大級の大地震（震度7）に対しては，人命に損傷を与えない変形の限界値を安全限界変位とする．

過去の地震後に行なわれた建物被害調査および単位フレームや実大木造軸組の動的実験をもとに，木造架構の耐震性能判定の考え方を図3.2.12 の耐力—変形関係図に示す．伝統構法など軸組構法の場合には，以下の水平変位量（変形角）を目安に判定基準が設定できる．

1/120	軸組にほとんど損傷がなく補修も必要ない（損傷限界として設定可）
1/60	再使用可能限界－若干の補修をすれば再使用できる
1/30	補修・再使用可能限界－土壁は大きなひび割れが生じ，軸組にも木材のめり込みによる損傷が生じるが，補修によって再使用が可能
1/15	大きな残留変形あり．これを越える応答変形では倒壊に対する安全性の保証ができない（安全限界として設定可）

筋かいや面材あるいは接合金物を多用した軸組構法の場合は，図3.2.12 に

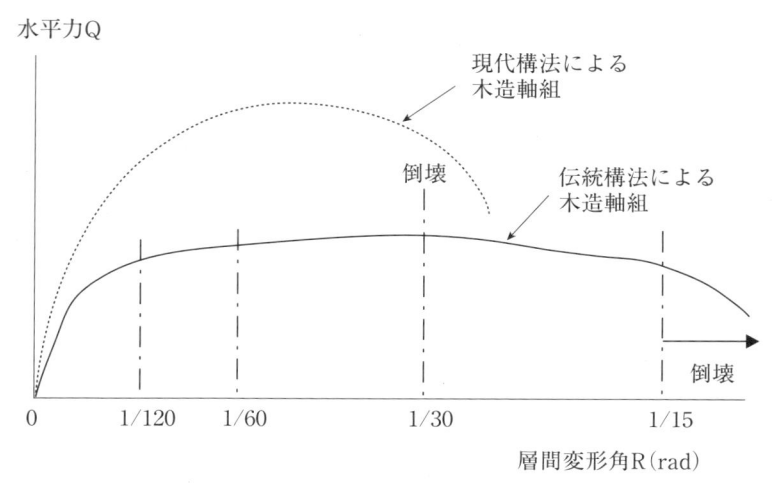

図 3.2.12　木造建物の耐震性能判定基準

示すように伝統的な軸組構法に比べて耐力は高いが変形能力に乏しい傾向がある．筋かいや面材などの耐震要素は層間変形角が約 1/30rad を越えると耐力を失うことが実験で確認されているので，これらの耐震要素を多用した木造軸組では安全限界変形角を 1/30rad 以下に設定しなければならない場合が多い．

　また実際の設計にあっては，変形限界値を仕上げ材や設備品あるいは家具などの被害を勘案して定めることもある．特に中地震における仕上げ材の被害を避けるためには図 3.2.12，に示した軸組（構造体）の損傷限界よりも小さい損傷限界変位を設定することもある．

　なお建築基準法施行令第 82 条の 6 における損傷限界耐力（主要な断面の応力度が短期許容応力度に達する場合の各階水平力に対する耐力）との関連については，単位フレームや実大架構の振動実験において主要各部のひずみ測定や目視観察の結果，1/120rad の層間変形角を生じた時点では，いずれの試験体においても部材や接合部は短期許容応力度を超えているような損傷が見られないことから，本評価法では損傷限界変位を 1/120 以下の範囲で設計者が設定して差し支えないとしている．

　伝統構法を含む軸組構法木造建物の耐震設計や耐震補強の必要性と耐震補

強の方法を検討するに際して，ここで示した限界耐力計算に基づく耐震性能評価法は有効な手段の一つと考えられる（鈴木ほか，2003a）．

3.2.5 おわりに

　伝統構法を含む軸組構法木造建物に適用し得る新しい耐震設計法と耐震補強法の構築に向けた取り組みについて述べた．大きな変形性能を有する伝統構法木造建物の耐震設計や耐震補強を検討するには，限界耐力計算に基づく耐震性能評価・検証法は有効な手段と考えられ，（社）日本建築学会近畿支部木造部会および（社）日本建築構造技術者協会関西支部木造部会のもとで，限界耐力計算による耐震設計・耐震補強設計法の具体的な計算法の開発とともに設計事例による検証が進められて実用化に至っている（耐震設計マニュアル編集委員会，2004）．これらの方法が木造軸組構法建物の耐震設計法および耐震補強設計法として設計実務者等に広く活用され，伝統木造軸組構法の技法・技術の継承・発展に貢献し得ることを願っている．

3.3　建築物の被害率曲線と地震防災対策

　兵庫県南部地震の被害経験より得られた被害率曲線を基に，現状の建物の安全性，被害予測法や防災対策と今後の課題について記述する．

3.3.1　建築物の被害予測と被害率曲線

　被害率曲線とは，地震動強さ指標（例えば，震度，SI値，速度，加速度など）と被害率の関係を示すもので，想定地震に対して推定された地震動強さから建物被害棟数を算定する際に用いられる．また，その結果は地震による死傷者数，地震火災の発生数，避難者数，必要な救援の量なども建物被害

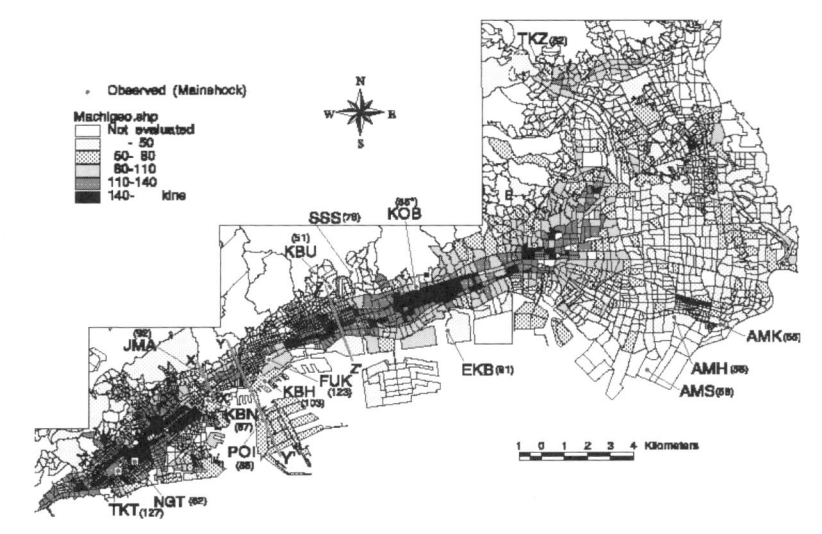

図 3.3.1　兵庫県南部地震における推定最大地動速度分布（林ほか，1997）

率の関数として表され，建物被害率の推定は地震防災を考える上で不可欠となる．被害率曲線の構築は，
(a) 建物群の数学モデルに基づく方法
(b) 被害経験に基づく方法

に大きく分類できる．ここでは，兵庫県南部地震に関する推定最大地動速度 V の分布（図 3.3.1）と建物被害率の関係を，次式を用いて回帰して得られた被害率曲線について紹介する．

$$P_D(V) = \phi\left((\ln(V) - \lambda_D)/\zeta_D\right) \tag{3.3.1}$$

ここで，ϕ は標準正規分布関数で，λ_D と ζ_D は $\ln(V_0)$ の平均値と標準偏差である．表 3.3.1 には，種々の建物被害調査結果を基に構築された被害率曲線（林ほか，1998）（林ほか，2004）をまとめて示す．なお，図 3.3.1 より，兵庫県南部地震における震度 VII 領域の最大地動速度 V は，概ね 100 〜 150cm/s に相当している．

表 3.3.1　建物被害率曲線（林・宮腰，1998）（林ほか，2004）

No.	調査目的	建物区分				被害区分*					
		用途	構造	高さ	年代	区分1		区分2		区分3	
						全壊		全半壊		一部損壊以上	
a	再使用可能性・補修可能性	独立住宅	－	低層（2階以下）	－	5.08	0.559	4.71	0.544	4.11	0.720
		集合住宅				4.90	0.551	4.54	0.588	3.85	0.838
		商業建物				5.15	0.588	4.85	0.612	4.30	0.803
		工業建物				5.20	0.562	4.93	0.577	4.47	0.647
		全用途				5.06	0.556	4.71	0.552	4.14	0.734
		独立住宅	－	中高層（3階以上）	－	5.80	0.835	5.35	0.801	4.73	0.897
		集合住宅				5.85	0.821	5.47	0.854	4.83	0.861
		商業建物				5.59	0.713	5.29	0.806	4.64	0.932
		工業建物				5.47	0.690	5.23	0.821	4.62	0.807
		全用途				5.80	0.817	5.40	0.826	4.76	0.892
						全壊		全半壊		－	
b	財産価値の損失	－	木造	－	－50	4.22	0.558	3.26	0.945	－	
					51－60	4.38	0.445	3.77	0.674		
					61－70	4.32	0.467	3.72	0.614		
					71－80	4.67	0.462	4.08	0.551		
					81－	5.12	0.552	4.56	0.624		
					全年代	4.42	0.538	3.81	0.721		
			RC造	－	－71	5.16	0.849	4.58	1.015	－	
					72－81	5.40	0.710	4.93	1.120		
					82－	5.58	0.551	5.36	0.897		
					全年代	5.58	0.863	5.04	1.077		
			S造	－	－81	4.80	0.644	4.12	0.916	－	
					82－	5.44	0.576	5.00	0.923		
					全年代	5.14	0.695	4.58	0.937		
			軽量S造	－	全年代	5.06	0.622	4.73	0.699	－	
						倒壊		大破・中破以上		中破・小破以上	
c	構造的被災度	－	木造	－	－74	4.84	0.490	4.68	0.482	3.68	1.216
					74－85	5.04	0.206	4.96	0.190	4.76	0.384
					85－	5.38	0.324	5.27	0.290	5.74	1.547
					全年代	4.94	0.450	4.81	0.434	4.43	0.717

					大破以上		中破以上		小破以上	
d	構造的被災度	－（集合住宅多い）	RC造（ピロティ除く）	2-5	－71	6.34	1.024	5.97	0.899	5.80	1.274
					71－81	6.23	0.708	6.92	1.234	6.39	1.466
					81－	7.01	0.798	7.05	0.881	6.62	1.044
				6-7	71－81	5.28	0.258	5.24	0.324	5.17	0.532
					81－	6.10	0.598	5.42	0.347	5.87	1.254
				8-12	81－	6.16	0.732	5.25	0.485	5.02	0.958
			RC造全建物	－	－71	6.18	0.983	5.89	0.944	5.68	1.248
					71－81	5.79	0.576	6.03	0.922	5.75	1.135
					81－	6.18	0.580	5.88	0.567	6.15	1.062
					全年代	6.48	0.941	6.11	0.884	5.84	1.048
e		－	S造	3-6	－81	5.24	0.509	4.98	0.590	－	
					82－	5.28	0.214	5.51	0.552		

注）＊：各被災度区分中の左欄・右欄の数値は，次式の λ_D, ζ_D を表す．
$P_D(V) = \Phi((\ln(V) - \lambda_D)/\zeta_D)$
尚，Φ は標準正規分布関数，V は最大地動速度を示す．
また，表中の a, b は 50～150kine，c, d, e は 100～150kine に適用可能

　被害率曲線の例として，財産価値の損失度合いを示す全壊率被害率曲線（全年代）を，構造形式をパラメータとして図3.3.2 に示す．同図より，木造建物が最も全壊率が高く，安全性が低いことがわかる．また，S造がRC造に比べて全壊率が高くなっているが，これは1秒前後の周期が卓越した地震動に対して相対的に周期の長いS造の方が不利であったこと，剛性が低く変形しやすいS造の方が非構造部材の損傷が著しくなり，被害率が高くなったと考えられる．

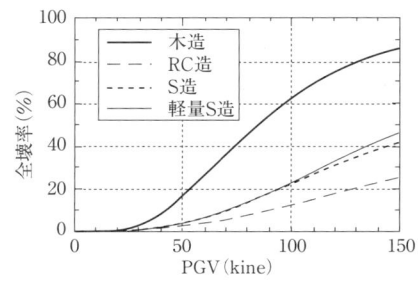

図3.3.2　構造形式別被害率曲線（財産価値の損失）

3.3.2 RC造建物の安全性 ― 新しければ安全か？

建築年代別の中破率被害率曲線を，2～5階建てのRC造建物（ピロティ建物を除く）を例として図3.3.3に示す．同図より明らかなように，建設年代が新しくなるにつれて被害率は減少し，1981年以降に建てられた新耐震設計法による低層建物の被害率は小さかった．これは，設計基準の改訂により耐震性が向上し，十分な耐力を有していたためと考えられる．では，新耐震設計法による建物は，内陸直下地震に対して十分安全と考えて良いだろうか．

新耐震設計法による建物の階数別被害率曲線を図3.3.4(a)に示す．ここで，兵庫県南部地震で被害が多かったとされるピロティ構造の建物は除いてい

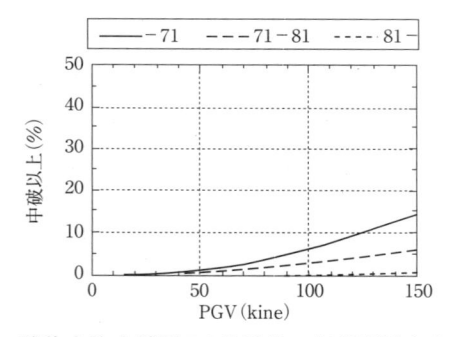

図3.3.3 ピロティ建物を除く低層RC造建物の年代別被害率曲線（構造被害）

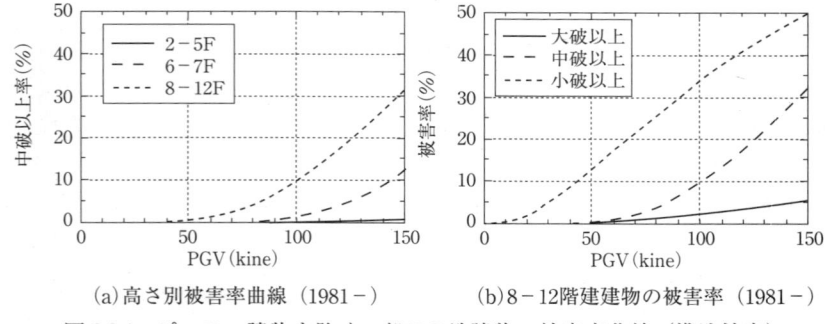

(a) 高さ別被害率曲線（1981－）　(b) 8－12階建物の被害率（1981－）

図3.3.4 ピロティ建物を除く一般RC造建物の被害率曲線（構造被害）

る．同図より，階数の増大とともに，中破率は明瞭に増大する傾向が確認できる．即ち，棟数が 8 ～ 12 階建ての中層建物被害については，新耐震設計法による建物でも被害が小さくなかったことを示している．しかも，中層建物の被害率が高くなる傾向は，1999 年台湾集集地震，1999 年トルコ地震，2001 年インド西部地震にも共通して見られた被害傾向で注目に値する．

次に，図 3.3.4(b) には，8-12 階建て RC 造建物の被害程度別の被害率曲線を示す．同図より，大破以上の被害を被った建物の割合は最大地動速度 100cm/s 以上の地域（震度 VII 地域に相当）でも 5% 以下と小さいが，中破以上では 10 ～ 30%，小破以上では 30 ～ 50% とかなり大きくなっている．この様な被害の傾向は，以下の様に解釈することができよう．中層建物の場合，その振動特性から建物の耐力に関わらずある地動レベルに対して応答変形が一定となる傾向（変位一定則）がある．試算結果（林ほか，2000）によれば，最大地動速度 100cm/s に対して層間変形角で 1/70 ～ 1/50 程度の値となる．従って，変形性能の高い建物では，倒壊のような甚大な被害には到りにくい反面，ある程度の損傷も避けられないことが分かる．もちろん，変形性能の乏しい中層建物の場合には，甚大な被害に到ることが懸念される．低層建物に比べて，中層建物は被害を被った時の波及効果は大きい．日本の大都市ばかりでなく，急激に発展し，高密度化・高層化が進む発展途上国の大都市に共通した懸念事項であり，早急な対策が望まれる．

3.3.3 既存 RC 造建物の地震リスクと耐震補強効果の評価（林ほか，2000）

例えば，建築年代の古い RC 造建物でも，全ての建物の耐震性が劣っているわけではない．耐震性の劣る建物を耐震診断によって特定し，耐震補強・改修を行なうことが，地震被害を低減する有効な手段であることは議論の余地がない．しかし，耐震診断結果を表す表現は難解で，建築構造の専門家以外にはイメージし難い用語が含まれ，地震リスクが所有者に十分に認識されていないことが多いと考えられる．ここでは，耐震性の乏しい建物の耐震補強を促進することを念頭に，耐震診断結果が意味する地震リスクを，構造専門家以外にも分かりやすい被害費用によって表示する試みを示す．

まず，被害率曲線は，最大地動速度 V と RC 造建物の被害率 P_D の平均的関係を表す曲線が(3.3.1)式で表された．ここで，被害率 P_D は被害を受けた建物の割合であり，個々の建物の損傷確率 P_f を表すものではない．個々の建物の損傷確率は，建物性能に従って変化すべきである．そこで，建物群のマクロな被害割合を表す被害率曲線と個別建物の損傷確率を表すフラジリティ曲線を区別し，被害率曲線からフラジリティ曲線を逆推定することを考える．建物性能を表す尺度としては種々の指標が考えられるが，ここでは既存建物の耐震診断の結果得られる構造耐震指標 Is 値（2 次）を用いる．そして，建物の損傷確率 $P_f(V, Is)$ が対数正規分布

$$P_f(V, Is) = \phi((\ln(V) - \lambda_f(Is))/\zeta_f(Is)) \tag{3.3.2}$$

で表されるものとし，さらに，Is 値の相対頻度分布を $R(Is)$ と表せば，被害率 $P_D(V)$ は以下のように表される．

$$P_D(V) = \int R(s) P_f(V, s) ds \tag{3.3.3}$$

ここでの検討では，$\zeta(Is)$ は Is 値によらず一定値とし，P_f が 50% となる最大地動速度は Is 値に比例するものと仮定して以下の様に表す．

$$\begin{aligned}\zeta_f(Is) &= 0.6 \\ \lambda_f(Is) &= \ln(V_1 \cdot (Is/0.4))\end{aligned} \tag{3.3.4}$$

また，被災地建物の Is 値の相対頻度分布 $R(Is)$ は，建設年代や階数の統計的資料より推定することにより，被害率曲線 P_D が地震被害データを基に推定された目標被害率曲線とよく対応する様に V_1 を定め，P_f を逆推定した．推定された V_1 値は，軽微，小破，中破，大破，倒壊について，それぞれ約 50, 100, 150, 200, 250cm/s となった．

図 3.3.5 に $Is = 0.3, 0.6$ の場合のフラジリティ曲線を示す．Is 値が 2 倍になると，小破の確率が軽微の確率と，大破の確率が小破の確率と同じになり，大幅に損傷を低減できることが分かる．例えば，震度 VII 地域に相当する 100〜150cm/s の地域では，Is 値を 0.3 から 0.6 に増加することにより，大破の損傷確率を 25〜50% から 10% 以下に低減することができることが分かる．なお，以上の様にして得られたフラジリティ曲線から，Is 値の統計

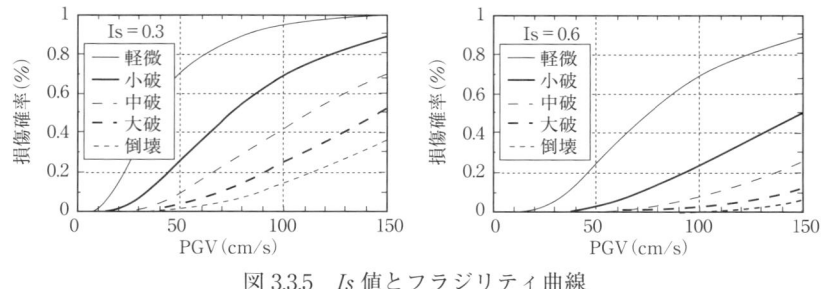

図 3.3.5　Is 値とフラジリティ曲線

的分布が推定された建物群の被害率曲線を(3.3.3)式を用いて再構築することも可能である．例えば耐震改修・補強が進み，都市の建物群の耐震性能が向上した時の被害低減効果を確認する際にも利用することができる．

次に，建物が被る期待被害費用（補修費用）を再調達費用で無次元化した期待被害費用比 $E(C)$ は，次式で与えられる．

$$E(C(V, Is)) = \sum_{i=0} P_{fi}(V, Is) \cdot E(C_i) \tag{3.3.5}$$

ここで，$i=0,1,...,5$ はそれぞれ無被害，軽微，小破，中破，大破，倒壊に対応する．$E(C_i)$ は各損傷レベルの平均被害費用比であり，兵庫県南部地震において被災した建物の補修に要した総工事費を参考に，$E(C_1) = 0.05$，$E(C_2) = 0.1$，$E(C_3) = 0.2$，$E(C_4) = 0.3$，$E(C_5) = 1.0$ と設定した．得られた期待被害費用比を図 3.3.6 に示す．同図より，$Is = 0.3$ の建物の場合には，最大地動速

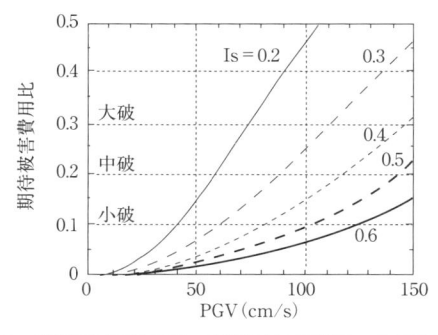

図 3.3.6　期待被害費用比（期待被害費用／再調達費用）

度 $100 \sim 150$cm/s の震度 VII 地域では，再調達費の $25 \sim 45\%$ 程度の期待被害費用が見込まれるが，耐震補強を行って $Is \geq 0.6$ に耐震性能を向上した場合には，期待被害費用は再調達費用の $5 \sim 15\%$ となり，補強前の $1/5 \sim 1/3$ 以下に低減可能なことが分かる．

3.3.4　巨大地震に備えた木造住宅の防災対策（林，2003）

　兵庫県南部地震においては，木造住宅の倒壊によって多くの人命が失われた．同地震における被害の分析の結果，木造住宅は建築年代が古い程被害率が高くなっていることが明らかとなった．このため，兵庫県南部地震以降に実施されている自治体の被害想定では，建築年代別の被害率曲線が用いられている（例えば，図 3.3.8 参照）．では，巨大地震の発生が懸念される日本において，今後，古い木造住宅の耐震性向上を行なうだけで地震防災対策は良いのだろうか？ここでは，この命題について考えてみたい．

　まず，図 3.3.7(a) には，兵庫県南部地震における芦屋市での木造住宅の建築年代と被害率の関係を示す．芦屋市においても，建築年代が古くなるに従って，全壊率が著しく増大していく傾向が確認できる．次に，兵庫県南部地震の5年後に発生した鳥取県西部地震で，最も被害が甚大であった鳥取県日野郡日野町を対象とした調査から得られた建築年代と被害率の関係を図 3.3.7(b) に示す．兵庫県南部地震時の被害傾向と異なり，建築年代が古くなっても，全壊率はそれ程増大していない．しかも，特筆すべきことは，築 30 年以上経過した住宅が半数以上，築 100 年以上の建物も 1/6 以上も含まれているという点にある．さらに，図 3.3.8 に示す様に，日野町で推定された最大地動速度と被害率の関係は，兵庫県南部地震より得られた 1981 年以降に建てられた新しい木造住宅の被害率曲線と概ね対応している．すなわち，日野町の木造住宅は，古い木造住宅も含めて神戸市周辺の新しい木造住宅と同程度の耐震性能を保有していたこととなる．では，兵庫県南部地震と鳥取県西部地震における建築年代別被害傾向の差はどこから生じたのであろうか？

　ここで，兵庫県南部地震に関する宮野・土井等による木造住宅被害調査データ（宮野ら，1995）を用い，腐朽・蟻害の有・無を区別して建築年代と全壊

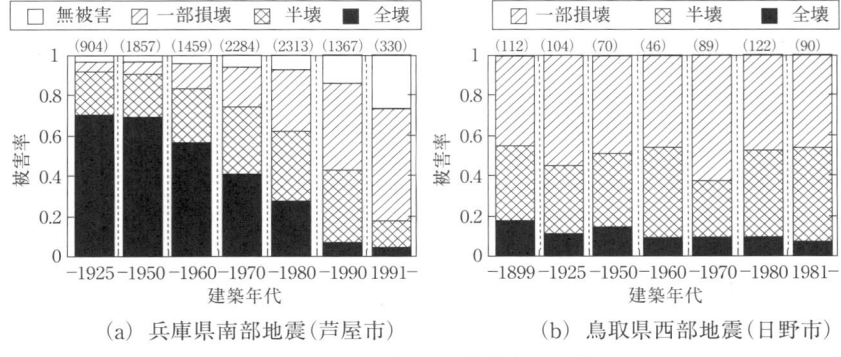

(a) 兵庫県南部地震(芦屋市)　　　　(b) 鳥取県西部地震(日野市)

図 3.3.7　建築年代別被害率の比較

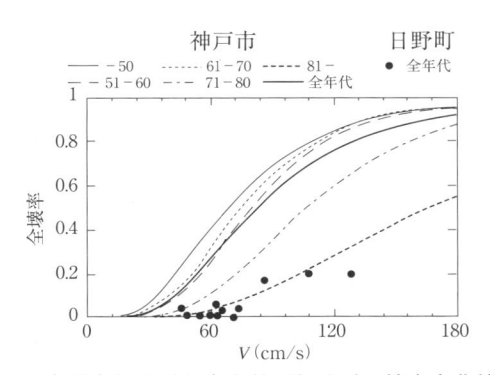

図 3.3.8　兵庫県南部地震と鳥取県西部地震の被害率曲線の比較

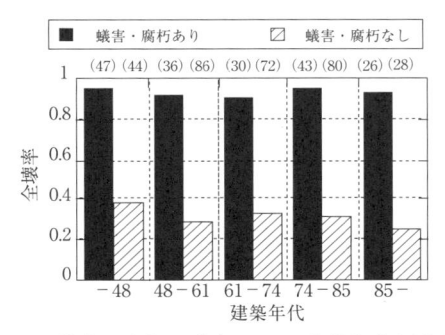

図 3.3.9　蟻害・腐朽の有無による建築年代別全壊率

率の関係を求め，図3.3.9に示す．同図から，蟻害・腐朽が見られた木造住宅の全壊率は90%以上，蟻害・腐朽が確認されていない木造住宅の全壊率は25〜40%の値となっている．そして，これらの値は，同調査地域の推定最大地動速度（林ほか，1997）約165cm/sに対する1981年以降に建てられた木造住宅の全壊率約50%（図3.3.8中の太点線参照）に比べて，小さな値となっている．言い換えれば，鳥取県西部地震における日野町の木造住宅と同様に，神戸市の木造住宅についても蟻害・腐朽の影響がなかったとすれば，建築年代の影響は大きくなかった可能性が示唆される．その一方で，新しい建物でも蟻害・腐朽が見られれば，大きな被害率に繋がる可能性がある．

　以上の結果は，地震被害予測を行なう上でも大きな意味をもっている．1981年以降の木造住宅が，今後，適切に維持・管理されていかなければ，被害棟数の過小評価や被害分布に相違が生ずる．例えば，南海地震の発生確率が40%程度となる30年後には，建築年数が50年に達する建物もでてくる．このため，現時点で比較的新しい住宅でも，30年後には生物劣化の影響は無視できず，兵庫県南部地震における建築年代別被害率曲線を30年後にそのまま適用できるとは考え難い．

　また，住に対する文化・風習（例えば，大工による日頃からの維持・管理など）や自然環境の差違等に起因して，維持管理状況や生物劣化の程度も地域によって差があると考えられる．しかし，この様な要因は被害予測手法には反映されていない．地域の住宅の維持管理状況を適切に評価・反映できる被害予測手法の枠組み構築が望まれる（更谷・林ら，2005a，b）．

　一方，現時点で耐震補強を行なったとしても，維持管理が適切に実施されなければ，30年後に発生する巨大地震に対しての安全性には疑問がある．住宅の維持管理状況や，それを改善しようとする「すまいて」の意識によって劣化程度（ひいては，被害程度）が大きく変化すると考えられることから，耐震補強を行なったことで，安全性について「すまいて」が関心を失ってしまうのであれば逆効果となりかねない．今後の地震防災を考える時，合理的な耐震補強の実施が重要であることは当然であるにしても，現時点での耐震補強がどの程度の期間有効であるか，また適切な維持管理によって耐震性の低下をどの程度抑制することが可能か，等について明らかにしていく必要がある．

また，中古住宅に対する定期的性能検査と売買時の性能表示の義務付け，検査結果と地震保険制度や被災後の復興支援施策との連動など，「すまいて」による維持管理に対するインセンティブ向上に繋がる施策も必要である．さらに，建築年代が古くても，鳥取県日野町の事例の様に，維持管理が適切に行なわれていれば長寿命で保有耐震性能の高い木造住宅を実現できると考えられる．そのためには，単に技術的な問題の解決だけでは不十分で，地域の木造住宅の構法や特性を十分に理解した技術者・大工の育成を行なうなど，地域住環境の維持管理体制の整備やその支援策も必要となろう．

3.4　都市の震災評価——地理情報システム（GIS）を用いた地震被害の分析

3.4.1　西宮市域の震災の位置づけ

本例では西宮市を対象として，1995年兵庫県南部地震による都市災害の複雑な様相をGIS（Geographic Information System：地理情報システム）上に展開して分析した（岩井ほか，1996）結果を示す．

1995年1月に発生した兵庫県南部地震は，多くの都市施設を破壊し，生活環境に大きな影響を及ぼして，様々な社会的課題を惹起した．中でも，建物の倒壊による多くの死傷者と，ライフラインの機能喪失による長期にわたる都市機能の阻害は，避難所の運営などを含む地震後の緊急対応にも大きな影響を与えた．個々の都市施設の物理的な被害の様相と，それらが都市機能に与えた影響を関連させて解明することは，災害の全貌を把握するうえで重要である．ここでは，図3.4.1に示すように震度7の震災の帯の東端に位置する西宮市域を対象に，震災に関する多様なデータを収集し，それらをデータベース化するとともに，GIS上に展開して，都市施設の被害とそれによる都市機能への影響，ならびに緊急対応活動への影響に関する多元的な分析を行なっている（岩井ほか，1997）．これらのデータは，いずれもGIS上で面的な広がりをもって分析され，災害事象の時空間的特性を把握するのに役立つ．また，これにより物理的な被害特性の定量的把握，それらと機能的復旧

過程や緊急対応過程との関連の把握などの分析・評価を効果的に行なうことができる．本編は，災害現象の多重分析を行なうとともに，工学的視点と地理学的視点を合わせた横断的な考察から，建築物ならびにライフラインの耐震性強化・性能規範の策定などに有用な資料を提供するものである．

本編で対象としているデータの具体的内容としては，

① ハザードに関わるデータ：限定された地点の地盤の永久変位や，道路被害などにより表現される面的な性状としての地盤変状や地震動など
② 環境条件に関わるデータ：地形・地質条件，地盤条件，都市化の進展度など
③ 物理的な被害項目に関わるデータ：家屋被害，ライフライン（上水道・下水道）の管路被害，死者の発生場所など
④ 都市機能と緊急対応に関するデータ：ガス，水道などのライフラインの復旧過程，避難所の人員の推移など

が挙げられる．

ここで，住宅地として密集して広がっている西宮市域の南部地域を震災の多重分析に用いた意義としては，以下の事項が挙げられる．

① 被害の中心となった神戸市が六甲山地から狭い扇状地を経て直ちに海岸に至るのに対し，西宮市域は武庫川氾濫原の沖積平野，六甲東麓の丘陵地帯，海岸の埋立地を含み，わが国の都市域に広く見られる地盤条件を備えている．

気象庁震度7の震災の帯

図 3.4.1　阪神・淡路大震災における震度7の地域と西宮市

阪神・淡路大震災の教訓を受けて全国で進められた地域防災計画の見直しなどの作業には，こうした一般的な地質・地盤条件を持つ西宮市の被災状況の分析結果が広い応用性を持つと考えられる．
②西宮市から全面的な協力体制を得たこと，また大阪市の地域防災計画策定のための作業とも連係する形で調査・研究が進められたため，今後の防災体制確立へ向けて建設的な取り組みとすることができる．

西宮市は，面積 99.86km^2 で，市の推計人口は，兵庫県南部地震発生の前年である平成 6 年 10 月 1 日現在で，424,328 人，その内訳は，男 20 万 4379 人，女 21 万 9949 人（平成 7 年 4 月 1 日現在で 40 万 8792 人，男 19 万 6790 人，女 21 万 2002 人となっている）であり，西宮市の推計世帯数は平成 6 年 10 月 1 日現在で，16 万 3776 世帯（平成 7 年 4 月 1 日現在で 15 万 7563 世帯）となっている．

西宮市の地盤・ライフライン・建物ならびに避難所などの都市施設の被害と復旧に関するデータを収集し，GIS を用いて相互の関連を調べた主な結果は次の通りである．

①西宮市におけるライフライン・建物などの物理的な被害に関するデータ，上水道配水管管路・道路などの都市基盤データ，地形や地質などの自然データ，道路・行政界などの地理データ，ライフラインの復旧や避難所などの都市機能と緊急対応に関するデータなどを収集して GIS 上で統合して，ライフライン・建物の被害の相互の関連や地形・地質条件などが被害に与えた影響について分析した．また上水道配水管の被害の要因分析を行なった．
②上水道埋設管の配水管と給水管はともに宅造地と臨海部軟弱地盤地帯で甚大な被害を受けた．配水管と給水管の被害の分布は類似しており，それらの被害分布は道路の被害（地盤変状）との相関が強く，建物被害とは異なっている．この被害分布の違いは，主に建物被害が地震動そのものの寄与が大きいことに対し，給・配水管の被害は地盤変状などの寄与が大きいためと考えられる．また宅地造成をする際に行なわれる地形改変，特に盛土が被害に影響していると考えられる．
③ガスの復旧は，上水道の復旧に比べると遅れたところが多い．水道とガスの復旧の時間差が 30 日以上に及んだ町丁目が全体の半数近くに達した．逆に，ガスより水道の復旧が遅れた町丁目がかなり多く，その差が 10 日以上に及んだ例が全体の 7%あり，30 日となった所もあった．
④建物の全壊率が高い地域には，避難者数の多い避難所が多い．逆に，建物の

全壊率が比較的低い南部の海岸部付近や北西部の丘陵地部では，上水道の復旧とともに避難者数が減少する傾向が見られ，ライフラインの途絶・復旧が避難所への出入りに関わる面もあると考えられる．上水道・ガスの復旧完了後5日以内に人数が減少した避難所の割合が，上水道の場合で約30％，ガスの場合で約20％あることが認められた．

以下，各項目にしたがって，これらの関連を見ていくことにする．

3.4.2 西宮市の地形区分

本項では西宮市南部における地形・地質区分について述べ，兵庫県南部地震による地盤変状との相関が予想される道路の被害状況を示す．以下の解析においては，地形を，図3.4.2に示す「山地」，「丘陵地」，「沖積平野」，「江戸時代以前の埋立地（臨海部軟弱地盤地帯と表示）」，「江戸時代以後の埋立地（埋立地と表示）」の5種に分類して取り扱った．「山地」は六甲花崗岩や甲山安山岩が卓越する地域を，「丘陵地」は大阪層群とこれを覆う中位段丘，高位段丘が卓越する地域を，「沖積平野」は沖積層が広がる地域を，「埋立地」は地図で埋立地とされている部分をとっている．従って以上の分類は，おおまかな地質区分に従ったものとなっている．なお，地形分類では「山地」と「丘陵地」の境界領域や，「丘陵地」と「沖積平野」の境界領域における住宅地は宅地造成が行なわれているものと考え，特に「造成地（宅造地）」という分類を設けて解析を行なった場合（図3.4.7）もある．

表層地質を詳細にデータベース化するために，西宮市教育委員会から提供された767本（146地点）のボーリングデータを用いた．それを基に，地表面から15〜20m程度の深さまでの地盤の軟弱さを表す指標Sn（亀田ほか，1990）を上の地形分類と重ねて，図3.4.2の地図上に示している．ここでSnは，-0.6〜-0.2程度でよく締まった地盤，-0.2〜0.6程度で普通の地盤，0.6〜1.0程度で軟弱地盤とされている．ボーリング地点の多くは小・中・高等学校・公民館であり，ほぼ1学区につき1地点はデータがあるが，その分布にはややばらつきがある．

西宮市より提供された道路被害状況図をもとに，道路の修理箇所を整理し

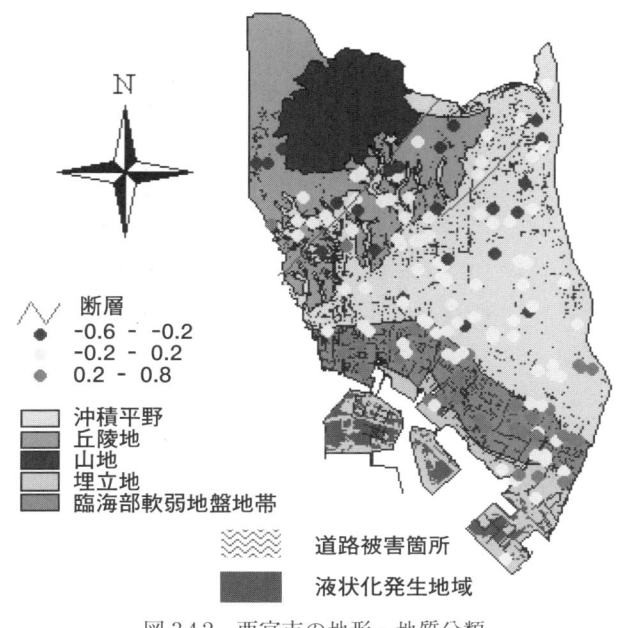

図 3.4.2 西宮市の地形・地質分類

た．これも図 3.4.2 に重ねて黒実線で示した．この道路被害状況図は何らかの道路修理を行なった場所を網羅的に記録したもので，被害の程度や形態などについては不明である．しかし，道路面に変状が現れることは，液状化による地盤の変状，傾斜地における地盤の移動，その他，地盤震動による地盤破壊が生じたことの反映と見なせることから，道路被害箇所を地盤変状の有無を示す指標として，用いることができると考えた．

3.4.3 上水道被害と地形区分の関連

上水道配水管の管路網と配水管ならびに給水管の被害箇所のデータベース化を行なった．上水道の管路網については，1/500 の上水道管路網図を基にしており，管径 200mm 以上の配水管幹線管路網と阪神水道企業団の管路網とが区別できるようになっている．図 3.4.3 に上水道の配水管路網を示す．

図 3.4.3　上水道の配水路網

　図中，太線は管径 200mm 以上の配水管幹線管路網を表す．山地部と埋立地の一部を除いて，ほぼ全域に管路網が広がっていることがわかる．

　図 3.4.4 に配水管の管径別被害箇所を示している．配水管の被害箇所は，西宮市水道局によって配水・給水管の修繕工事が行なわれた場所などが記された 1/500 の水道管図を基に，配水管工事のみを抜き出して場所を決定した．配水管の修繕箇所は 1035 点であった．また，配水管被害の内容は，西宮市水道局から提供された修繕派遣カードを基にした．なお，修繕箇所および修繕内容は 1995 年 7 月 5 日現在のデータである．このデータベースでは，被害箇所の属性として管径，管種，被害部位，被害の内容，修繕方法，区分，修繕開始日を与えた．

　給水管の被害箇所の分布を図 3.4.5 に示す．給水管破損箇所の分布もまた北東から南西にのびる丘陵地帯そして臨海部軟弱地盤地帯を経て埋め立て地へと広がっていて，さらに沖積平野部にも全体的に被害箇所がみられる．丘陵地帯の沖積平野と丘陵地が複雑に入り組んでいる地域では，特に被害が集中していることがわかる．配水管と給水管の被害を比較すると，全体的には類似しているが給水管被害は配水管被害に比べて沖積平野での被害の広がり

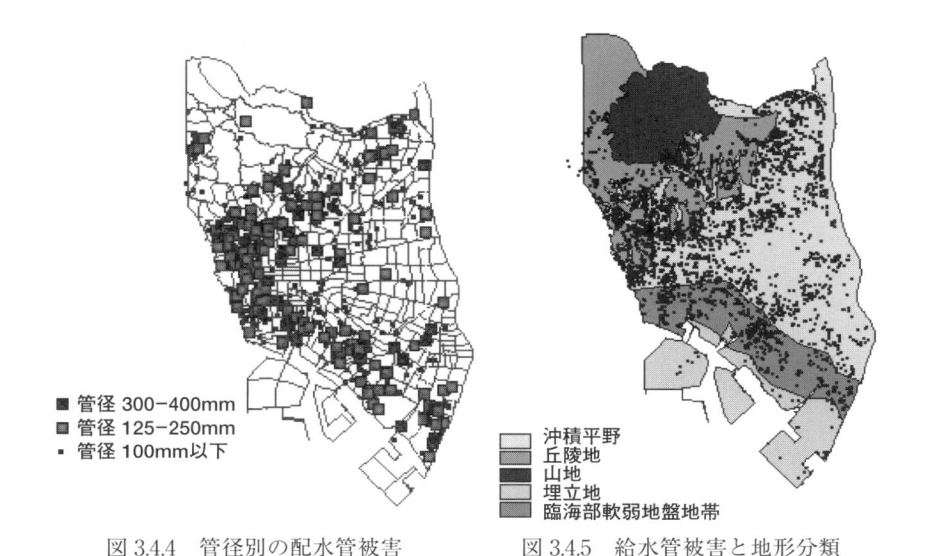

■ 管径 300-400mm
■ 管径 125-250mm
・ 管径 100mm以下

沖積平野
丘陵地
山地
埋立地
臨海部軟弱地盤地帯

図 3.4.4 管径別の配水管被害　　図 3.4.5 給水管被害と地形分類

が大きく，沖積平野と丘陵地の複雑に入り組んだ地域では，密集度が更に高いことがわかる．これら埋設管の被害分布は道路の被害（地盤変状）との相関が強いが，建物被害とは異なっている．この被害分布の違いは，主に建物被害が地震動による揺れの大きさそのものの寄与が大きいことに対し，給・配水管の被害は地盤変状などの寄与が大きいためと考えられる．

　配水管の分布は町丁目ごとに粗密の差があるため，町丁目ごとの配水管延長と被害箇所数から配水管延長1kmあたりの被害箇所数を計算した．その結果を示したものが図3.4.6である．建物の被害率の高い地域は，丘陵地に近接する沖積平野の縁辺部に沿っているが，配水管の被害は，丘陵地と沖積平野の境界部分の，地形変遷部の帯状部分の宅地造成を行なったと考えられる地域と，海岸側の新旧の埋立地で被害率が高く，建物の被害率の高い地域とで被害分布傾向が異なっている．

　先の地形図を基にして，町丁目ごとの代表地形を「山地」・「丘陵地」・「宅造地」・「沖積平野」・「臨海部軟弱地盤地帯」・「埋立地」の六つに分類した．ここで「宅造地」とは丘陵地と沖積平野の境界部の込み入った地域で，宅地造成を行なったと考えられる地域を示している．地形条件別に配水管と給水

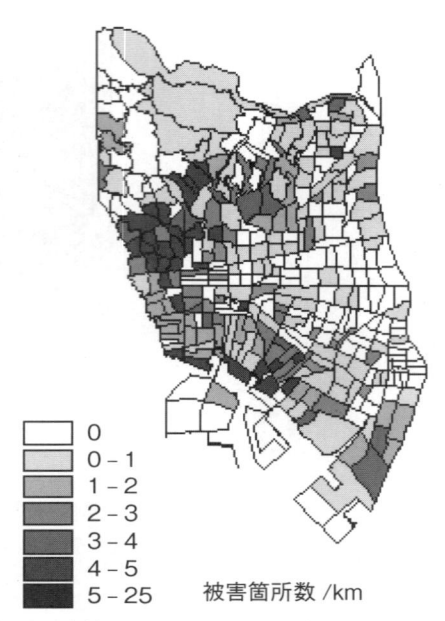

図 3.4.6　上水道配水管の町丁目別被害率（1km 当たりの被害箇所数）

管の被害率の町丁目数割合で表した結果を図 3.4.7 に示す．配水管被害率を，各町丁目の配水管の総延長距離に対する被害件数の比で，また給水管被害率を，各町丁目の給水管の開栓装置数に対する被害件数の比でそれぞれ表した．

　宅造地は，配水管・給水管とも広い範囲で甚大な被害を受けている．給水管ではほぼ 100％に近い範囲で何らかの被害を受けており，配水管でも被害ありの町丁目数割合が 80％を越えている．宅地造成をする際に行なわれる地形改変で，特に盛土が被害に影響していると考えられる．埋立地では，配水管に継手付きダクタイル鋳鉄管の耐震管を使用していることが被害減少に役立っている．一方，給水管には耐震性の低い硬質塩化ビニル管が用いられ，配水管被害ありに比べて給水管被害ありの範囲が約 2 倍と差が大きくなっている．配水管と給水管の被害率分布の状況が全体的に類似していること，配水管被害率の高い町丁目の周辺に給水管被害率の高い町丁目が分布していることが認められた．

統計処理解析による結果より，道路の被害率が高いところ，すなわち地盤変状が発生したと考えられるところで配水管・給水管の被害率が高いこと，また，地形の影響も大きく，特に造成地・埋立地で被害率が高くなっていることが確かめられた．

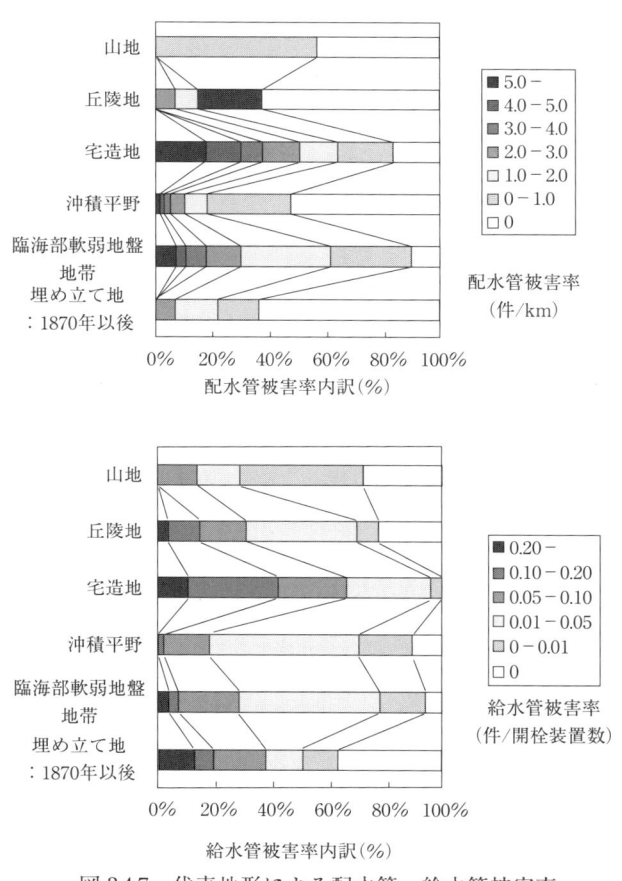

図3.4.7　代表地形による配水管・給水管被害率

3.4.4　家屋の被災状況

　西宮市から提供された建物被災データによると，入手した独立建物の棟数は124,308棟である（表3.4.1）．被害建物の棟数内訳は，全壊26,761棟（全棟の22％），半壊24,043棟（同19％），一部破損73,504棟（同59％）で，西宮市の判定では「無被害」はない．在来工法木造は67,698棟で（全建物数の54％），全壊・半壊を合わせた被害棟数はその木造全数の56％で過半数を占める．建物棟数は鉄筋コンクリートと鉄骨鉄筋コンクリートを含むコンクリート系が次いで多く29％，軽量鉄骨を含む鉄骨造建物が8％となっているが，被害割合は鉄骨造が木造に次いで2番目に高い．　住宅地として広がっている西宮市南部を対象とした，木造・コンクリート系（鉄筋コンクリートと鉄骨鉄筋コンクリート）・鉄骨造（軽量鉄骨を含む）の各構造ごとの町丁目別建物全壊率分布を図3.4.8に示す．ここで全壊率とは，各種構造ごとの建物全棟数に対する全壊棟数の比で表している．

　西宮市における住居の全壊，半壊，一部破損の判断基準は以下の通りである．

Ⅰ．全壊：建替しなければ居住できないもの．改築した場合，建替と同程度の費用を要すると思われるもの．

Ⅱ．半壊：大修理をしなければ居住できないが，建替をしなくとも居住が可能なもの．

Ⅲ．一部破損：住居外壁の大規模でないひび割れや損傷又は屋根瓦の部分的なズレ，排水口等の破損など大規模な修繕をせずとも居住が可能なもの．門扉及び外壁の破損は対象外とする．

　建物は各構造とも，被害の集中地域が，丘陵地に近接する沖積平野部を中心として分布している点でお互いに類似している．しかし構造別で被害レベルの分布が明らかに異なっていることが認められる．木造家屋の棟数は全建物の半数以上を占めるが，被害のレベルも分布の広がり具合も他の構造に比べて大きい．それに比して，液状化した地域での建物被害は特に目立っているわけではない．上水道配水管の被害は海岸部近くの比較的軟弱な地盤上で多く認められたが，ここで見られる建物被害分布と違っている．

　1950年に建築基準法が制定され，設計震度0.2の許容応力度設計がなされ

(a) 木造　　　　(b) 鉄筋コンクリート造　　　　(c) 鉄骨造

図 3.4.8　構造別建物被害（全壊率％表示；各種構造ごとの建物全棟数に対する全壊棟数の比）

表 3.4.1　西宮市による建物被災度判定結果

	建物件数	全壊棟数	半壊棟数	一部破損棟数	無被害棟数
在来工法木造	67698	22842	14918	29938	0
コンクリート系	35539	2083	6129	27327	0
鉄骨系	9557	1059	1999	6499	0
その他の構造	11514	777	997	9740	0
計	124308	26761	24043	73504	0

ることになった．それ以前は1923年の関東大地震以来，市街地建築物法の設計震度0.1による許容応力度設計がなされていた（但し許容応力度の大きさとの関係で，後年の基準法における設計震度0.2と同等の設計であった）．近年の建築基準法の変遷からは，1971年に建築基準法施行令が改正され，鉄筋コンクリート柱の帯筋間隔規定などが強化されたこと，1980年に新耐震設計法と呼ばれる許容応力度設計法と保有水平耐力設計法からなる現行の耐震規定（1981年施行）に改正されたことと被害との関連が，注目される．また年代的に構法の変化があり，経年変化も影響するため，木構造においては，壁に土塗り壁を用いたものから，筋かいを用いたもの，構造用合板を用いたものへと，建設年代で構造形式も変わり被害に差の生じることが考えられる．従って建設年度によって設計法や工法との関連をある程度評価するこ

(a) 木造在来工法建物　　　　(b) 木造プレファブ建物

(c) コンクリート系建物　　　　(d) 鉄骨系建物

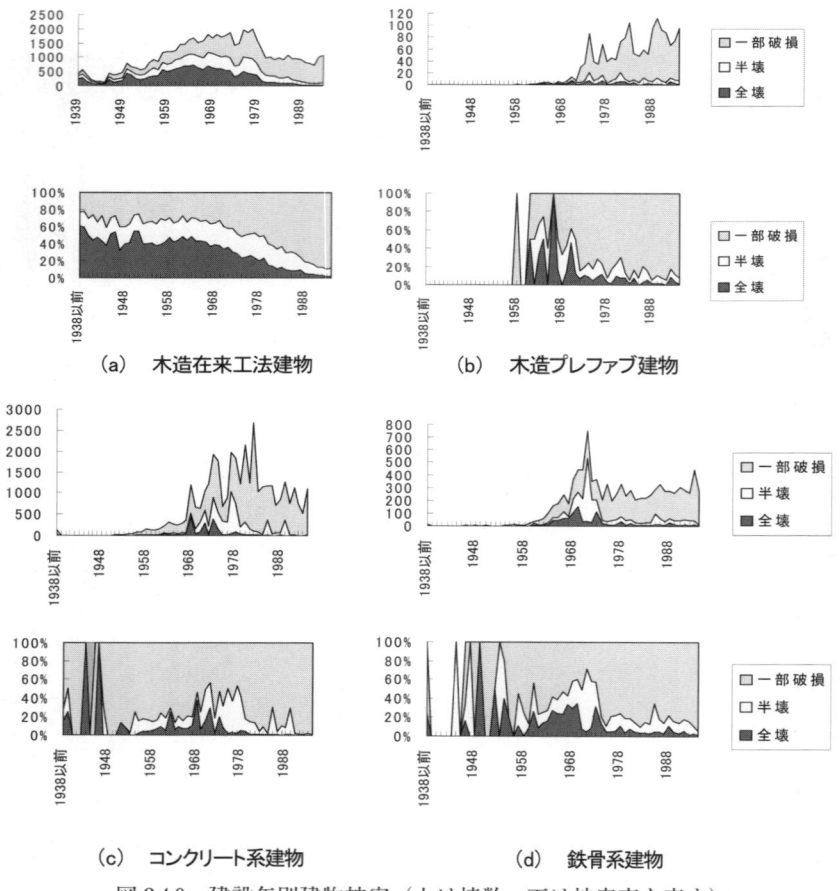

図 3.4.9　建設年別建物被害（上は棟数，下は被害率を表す）

とができる．

　建物の全壊・半壊・一部破損の被害率について構造別に，建設年毎に区切って表示したものを図 3.4.9 に示す．木造においては，被害率は古い建物ほど高くなる傾向が明らかに認められる．図 3.4.9 の建設年区切りではいずれも棟数に大差はないが，1962 年から 1981 年の間の，建てられてから 20 〜 30 年程経ったものが量的にやや多い．また築後 40 年から 50 年を経た古い建物も数多く存在する．1971 年以前の建物では全壊・半壊の被害が 65％以上と

極めて大きい．鉄筋コンクリートや鉄骨鉄筋コンクリート構造などのコンクリート系建物は1981年の新耐震設計以前のものが60％あり，その中でも1970年代が42％と多数を占める．被害は木造と同様に古い年代の建物に多い傾向があるものの，1960年代後半から1970年代前半の間に建設されたものが最も高い被害率を示している．1970年代のものは，半壊が相当多いが，全壊は減っており，新耐震設計以後のものは全壊が1％以下と極めて小さい．軽量鉄骨を含む鉄骨造では，1961年以前の建物の棟数が極めて少なくなることを考慮すべきであるが，コンクリート系建物とよく似た傾向を示している．特に1960年代後半から1970年代前半の鉄骨造建物で半壊以上が過半数を占めるのが目立っている．

3.4.5　建物被害と地震動の推定分布の関連

　建設年代別に木造建物の分布状況を調べると，全建物の中の木造建物の年代別の建設棟数割合は図3.4.10に，木造建物全壊率分布は図3.4.11に示すようになった．木造においては建設年代が1960年代や1970年代で，建てられてから20〜30年程経ったものが量的に多く，築後40年から50年を経た古い建物も他の構造に比べると数多く存在する．しかしながら，西宮市域の建物被害の主要因は，地震動の強さにあると考えられる．その理由として，次の4点が挙げられる．
①図3.4.8(a)の木造建物全壊率分布は，図3.4.11の年代別分布と似ているが，図3.4.10の建設割合分布とは必ずしも量的に対応していない．建設年代の影響は大きいが，必ずしも古い建物の多い地域が大きな被害を受けたわけではないと言える．②上水道やガスの埋設管の被害は道路被害と強い相関がある（図3.4.2〜図3.4.6）．埋設管の被害は，丘陵地と沖積平野の境界の緩傾斜地形の帯状の地域と，海岸沿いの埋立地で多いが，建物被害の分布傾向とは明らかに異なる．③西宮市では市域を甲陽断層が南西から北東にかけて横切っており，脈動（周期が1〜10秒程度のやや長周期微動）を用いた深部基盤構造の調査によって，甲陽断層を挟んで，南側の基盤岩が北側に比べて約500m深いところにあることが推定されている．断層によって基盤岩深さが

図 3.4.10　木造建物の年代別の建設棟数割合

(a) 1961年以前に建設
(b) 1962年〜1971年建設
(c) 1972年〜1981年建設
(d) 1982年以降に建設

図 3.4.11　木造建物の年代別の全壊率分布

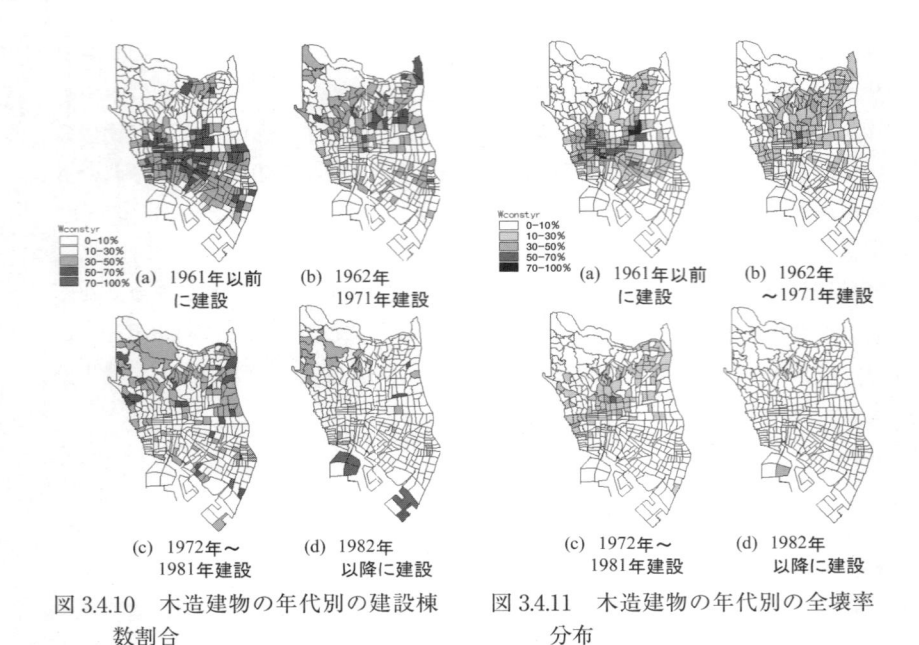

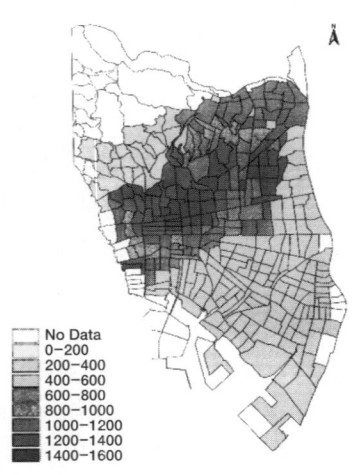

(a) 1961年以前に建設
(b) 1962年〜1971年建設
(c) 1972年〜1981年建設
(d) 1982年以降に建設

図 3.4.12　地震動応答解析（FDEL）による地表面応答加速度分布（白木ほか, 1999）

急激に変化している地域の周辺では，被害の集中域が発生する可能性があると報告されている．④西宮市南部における地震動の推定で得られた地表面応答加速度の分布は図3.4.12に示すように建物被害分布とかなり良く対応している．この地震動解析では，地盤資料によるデータに基づいて水平多層構造地盤のモデル化を行ない，周波数特性を考慮できる地震動応答解析FDEL（杉戸ほか，1994）を用いて推定を行なった．地震動入力には，ポートアイランドの地下83m深さにおいて観測された地震動をもとに，基盤での応答加速度を求め，それを西宮市の基盤面での地震動加速度として用いた．

3.4.6 建物の被災度判定データの問題

　阪神・淡路大震災による西宮市の建物被災度判定データと建物瓦礫撤去・新築状況データとの間の相違点を検討し，整理した．その過程で建物被災データの問題点が明らかになった．被災建物の瓦礫撤去調査と撤去後の建物復興状況の現地調査は奈良大学地理学科防災調査団により1997年末までに17回行なわれた．奈良大学防災調査団では，被災地域を現地調査してデータを収集し，そのデータを大学に持ち帰ってGISに入力し，データベースの作成作業を行なっている．これは紙地図の住宅地図をベースに，建物1戸を調査単位とし，撤去後の更地，仮設・新築建物の建設状況を調査したものである．奈良大学による建物撤去・復興状況データと，西宮市ならびに日本都市計画学会関西支部と日本建築学会近畿支部都市計画部会の合同による「震災復興都市づくり特別委員会」の建物被災度判定データとの間の相違点を調べた．西宮市北口町・高木西町を対象地域として，範囲を限定した場合の結果であるが，1996年7月時点で，西宮市の判定で「全壊」とされた家屋の48％が撤去されていたが，残りの半数はまだ撤去がなされていなかった．一方，震災復興都市づくり特別委員会による外観調査で「全壊・大破相当（ランクC）」と判断された家屋の撤去率は64％と高かった．構造上明らかな損傷を受けた建物は撤去された場合が多いと考えられる．しかし，学会調査で「中程度」もしくは「軽微」な損傷と判定された建物で撤去された場合が23％あることが確認された．ここで対象とした北口町と高木西町1,003戸の建物の比較

のうち，4割強（430件）の建物が個々のデータで1対1対応がとれない問題があった．これら建物被災データの相違・未対応の原因は主として次の四つに整理されることがわかった．

(a) 調査組織の建物被災度判定の基準の違い：西宮市の被災度データは，罹災証明や固定資産税の減免などを目的としたものであり，基本的に住民に不利にならない向きの判定がなされたが，学会等の調査は，外観目視による建物構造の被災度判定であり，建物の内部被害や財産価値までは考慮されていない．

(b) 西宮市が提供したアドレスポイントデータが建物単位で揃っていなかった：アドレスポイントとは，敷地・建物に対する住所代表点のことである．西宮市のデータは震災前にすでに，全国でも先駆けて X,Y 座標付き家屋電子情報として市が所有していたものである．しかし西宮市のアドレスポイントデータは固定資産データ管理用であったため，建物ならびに敷地の所有者を対象にしてデータが作られており，全く同じ座標値に複数のデータが付加されていたり，データの代表点の位置座標が必ずしも建物枠の中になかったりした．

(c) 奈良大学の瓦礫撤去と建物復興状況の調査時点の問題点：(1) 被害の大きかった地域では，建物の判別がつかないため住宅地図上の調査物件の位置を確認することが困難である．(2) 調査者が変わったときにデータの相違点が大量に出る場合が生じる．個人の判断の相違，あるいは誤りが原因となる場合がある．(3) 建物の構造，改修か新築か，公共物か個人所有かなど，

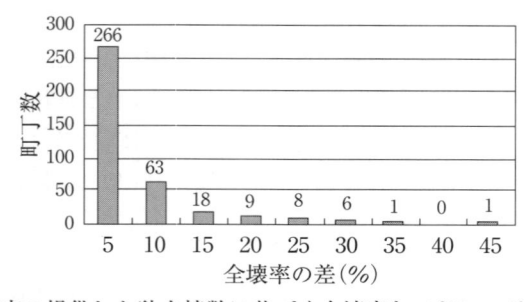

図 3.4.13　西宮市の提供した独立棟数に基づく全壊率とアドレスポイントに1棟とする算定による全壊率の差

図 3.4.14　西宮市の提供した独立棟数に基づく町丁目ごとの全壊率分布

図 3.4.15　アドレスポイントにつき 1 棟とする算定法による全壊率分布

建物属性の判断の難しい対象がある．(4) 調査者の技量不足がある場合，などによって生じる．それぞれの場合に応じた調査マニュアルの作成が重要となる．

(d) GIS データ入力時の問題点：(1) 入力に用いた西宮市の DM（Digital Map）が震災前の地図データであるため，街路も含めてどんどん変化していく建設状況に時間的ずれが生じている．(2) アドレスポイントが敷地枠の代表点だった場合，建物データを入力する方法が作業する個人により違う．(3) 調査に用いた（株）ゼンリンの住宅地図と入力に用いる DM データの建物枠の形状などが違う，などが原因で生じる．

このような建物データの 1 対 1 対応がとれなかった問題点に対して，西宮市の提供した独立棟数に基づく全壊率と，アドレスポイント 1 点に建物 1 棟とする算定方法による全壊率を比較することで，両者に大きな食い違いが生じないかどうかを検証した．その結果，西宮市の提供した独立棟数に基づく全壊率と，アドレスポイントに建物 1 棟とする算定方法による全壊率との差

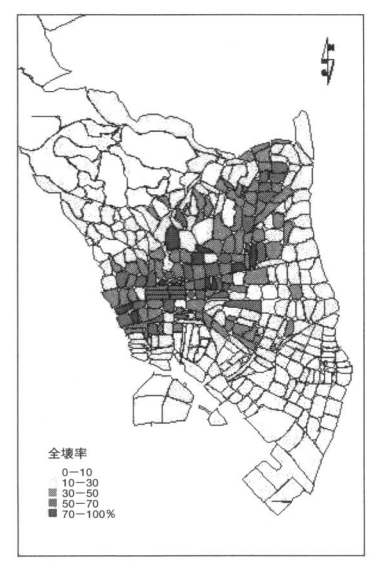

は，図3.4.13に示すように全町丁目数の71.5%が±5%以内であり，それぞれの全壊率分布は図3.4.14，図3.4.15に示すように大局的にはあまり違わないことが判明した．

3.4.7 上水道と都市ガスの復旧過程と市民生活への影響

(1) 上水道の復旧過程

図3.4.16に，西宮市上水道の町丁目別の応急復旧終了までの日数を示した．全体として，上水道の復旧は配水施設に発する上流から進むが，その中で，管路被害が多数集中する地域では復旧が遅れる様相がわかる．地盤条件が悪い地域では末端の配水管にある程度の被害が発生するのは避けられないが，この場合，その後の復旧過程の迅速化が重要な課題となる．

地震により被害を受けても迅速な復旧が可能な水道管路網は，次の要件を満たしていることが要請される．①耐震性が高い配水幹線ネットワークが形成されていること，ならびに②あらかじめ適切なブロック化が行なわれていること，である．配水幹線を冗長性のあるネットワークとして構成することが，今後の課題として提起される．また，図3.4.4の大口径管路の被害箇所を示した配水幹線の被害はこうした配水幹線の重点的な耐震化の必要性を示している．

また末端配水管路網をブロック化することにより，階層性ある配水管路ネットワークを構成することが重要である．こうした階層構造の構築に関しては，すでに実施例もあるが，その方法に関する理論的研究が行なわれており，この面から阪神・淡路大震災の状況を検証し，方法論的な信頼性を高める努力が必要とされよう．

(2) 都市ガスと水道の復旧過程の対比

図3.4.17に，大阪ガスによる復旧速報（大阪ガス(株)，1995）を整理して得られた地震後の都市ガスの復旧完了までの日数を町丁目ごとに示した．同

図における都市ガスの復旧過程は，先の水道の復旧過程と異なる経過をたどっている．阪神地区のような，水道と都市ガスに全面的に依存する地域においては，これらの異なる供給ライフラインの復旧状況が総体として都市生活機能に影響を与えることになる．このことは，過去の震害例の調査でも見られたことであり，阪神・淡路大震災の中で，こうした影響が大規模に発生したと考えられる．

図3.4.18に都市ガスの復旧までの日数と，水道の仮復旧までの日数との差を町丁目ごとに示した．示された日数が大きくなるほどガスの復旧が水道と比べて遅かったことを表している．震災時には，水道と比較して都市ガスの復旧に多くの日数を要するのがこれまでの一般的傾向である．それは，水道では，管路内の水圧を上げて漏水調査を行なう手法により，給水を継続しながら復旧されるのに対し，都市ガスでは，2次災害の防止のため，宅外はもちろん，宅内についてもすべて漏洩検査を行なった後に開栓するという厳しい条件のもとで復旧作業が行なわれることによる．これにより，水道とガスの修理が競合するような場合には，まず水道，ついでガスという順序で復旧が行なわれる例が通常見られた．この傾向は図3.4.17においても顕著であり，大部分の町丁目でガスの復旧の方が遅れて達成されている．

しかしながら，同図において，以下の点でこれまでの震災と顕著な相違が

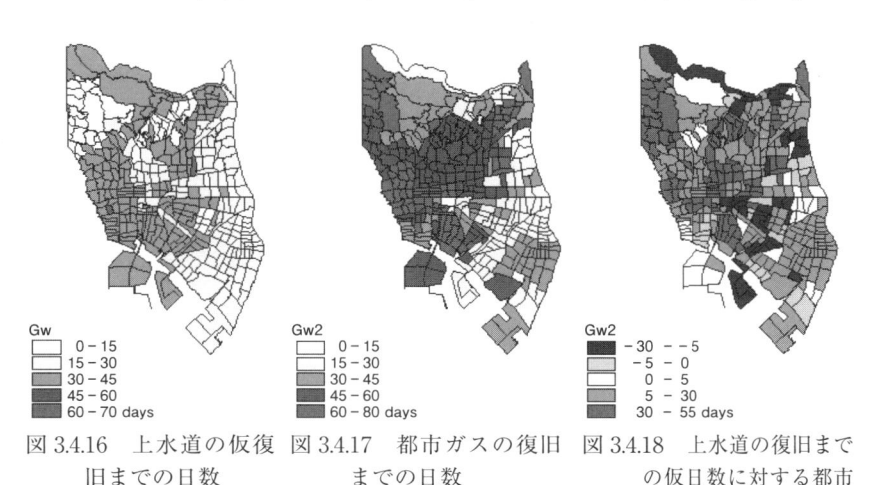

図3.4.16　上水道の仮復旧までの日数　　図3.4.17　都市ガスの復旧までの日数　　図3.4.18　上水道の復旧までの仮日数に対する都市ガスの復旧日数の差

見られる．それは，①水道とガスの復旧の時間差が 30 日以上に及んだ町丁目が全体の半数近くに達したこと，および②ガスより水道の復旧が遅れた町丁目がかなり多く，その差が 10 日以上に及んだ例が全体の 7% あり，30 日の差を生じた所もあったことである．今後，これらの事実が住民の生活支障にどのような影響を与えたかを考察するとともに，供給システムとしての異種ライフラインのバランスを考えた耐震対策のための有用な知見を得ることが必要であり，また調査も実施されている（古田ほか，1996）．

(3) 避難所数の推移とライフラインの復旧過程の関係

西宮市における避難所の種別は，①地域防災計画で定められた指定避難所（73 カ所）と緊急一次避難所（42 カ所），②およびその他の避難所（195 カ所）からなる．

①には主として小中学校や公民館が充てられているが，②は公民館などの公的施設から個人の住宅まで様々である．阪神・淡路大震災では，①と②がほぼ同数であったことが特徴であり，防災計画における量的な再検討を迫っている．これらの避難所に，1 月 18 日のピーク時で約 4 万 5000 人，1 月 31 日

(a) 1 月 31 日（2 週間後）　　(b) 2 月 19 日（1 ヶ月後）
図 3.4.19　各避難所の避難者数と上水道の復旧率 (%)

で約 2 万 5000 人,約 1 ヶ月後の 2 月 19 日で約 1 万 6000 人の被災者が避難していた.水道の復旧に 30 日以上を要した地区にも多くの避難所が存在する.このような防災拠点となる施設を考慮に入れた幹線網の整備が必要である.

図 3.4.19 に,地震発生から 2 週間後の 1 月 31 日と地震発生から 1 ヶ月後の 2 月 19 日現在における避難所における被災者数と,その時点における水道の仮復旧の状況を重ねて示した.建物の全壊率が高い地域には,避難者数の多い避難所が多い.避難所に入ったり,避難所を出る理由は様々であり,多くの場合は家屋の被害に関わると考えられるが,ライフラインの途絶と復旧が避難所への出入りを促す面もあると考えられる.図 3.4.19 で,建物の全壊率が比較的低い南部の海岸付近や北西部の丘陵地部では,上水道の復旧とともに避難者数が減少しているようにも見られる.上水道とガスそれぞれの

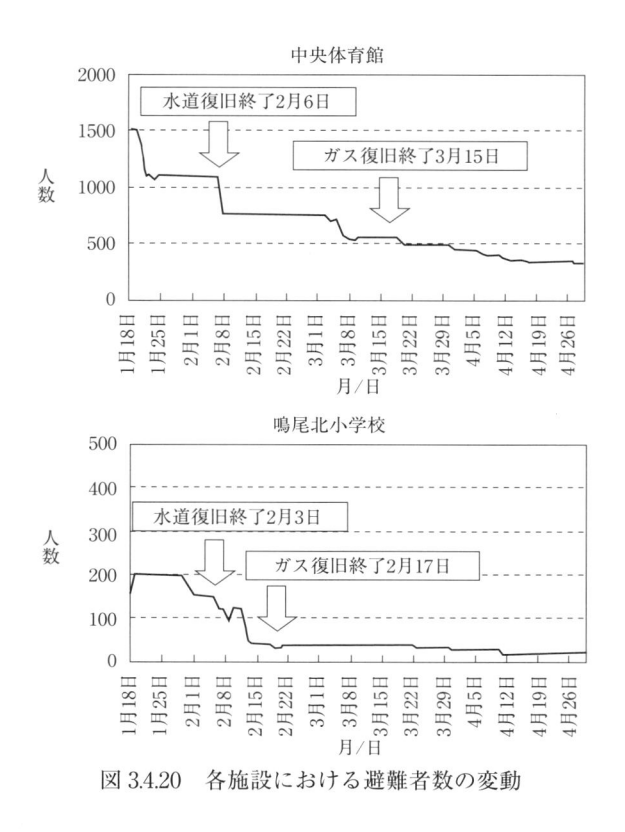

図 3.4.20　各施設における避難者数の変動

ライフラインの復旧状況と避難所の使用状況の推移とを時系列上で重ね合わせると，図 3.4.20 のようになる．復旧完了後 5 日以内に避難者数が減少した避難所の数は，上水道の場合で約 30％，ガスの場合で約 20％見られた．このような避難所の地理的分布からはライフラインの被害・復旧との明らかな関係は見られないが，他の要因と絡んでいるためライフラインの直接的な影響が出ていない可能性もある．しかし，こうした側面を詳細に検討すること，ならびに住民の意識調査により，ライフラインの復旧戦略に関わる有用な知見を得ることができると考えられる．

3.5 高速道路システムの震災評価

大きな地震動を受けたとき，地上の構造物はしばしば大きな被害をうける．道路交通システムもその例外ではない．近年では，1994 年に米国ロサンゼルス地域で発生したノースリッジ地震や 1995 年の阪神・淡路大震災において，高速道路施設をはじめとした道路交通施設に多大な被害をおよぼしたことは記憶に新しい．このような地震災害による道路交通機能の低下は，災害発生後の緊急時のみならず，復旧・復興にむけての活動を阻害し，ながくその地域の社会経済へ影響を与える．そのため道路交通システムの地震時における信頼性の向上は，地震防災において主要なテーマの一つとなっている．

そこで本節では，地震災害による道路交通システムの被害の実例として，1995 年に発生した阪神・淡路大震災における高速道路システムの被害をとりあげ，道路交通システムの防災対策に向けた研究の一例を紹介する．

3.5.1 阪神・淡路大震災における阪神高速道路の被害の概要

阪神高速道路は大阪とその周辺地域を結ぶ都市高速道路であり，総延長は約 221.2km，1 日あたりの交通量は 100 万台を越えている（2000 年現在）．1962 年に阪神高速道路公団が設立され，当時は 5 路線総延長 52km の基本

計画であった．橋梁構造物の耐震設計は，設計時点における最新のわが国の耐震設計基準に基づき行なわれた．兵庫県南部地震の激震地域で高架橋が倒壊するなど大きな被害が生じた3号神戸線の兵庫県域では，全体の約8割強が昭和39年改訂の「鋼道路橋設計示方書」に，その他が昭和46年制定の「道路橋耐震設計指針」に基づき設計されていた．1990年の「道路橋示方書：耐震設計編」で設計された橋については大きな被害が少ない傾向がある．

3.5.2 応急対応

兵庫県南部地震発生（午前5時46分）と同時に，総延長200kmの全線にわたって被害が生じた．阪神高速道路公団では地震発生直後の午前5時51分に全料金所に通行止めを指示し，午前6時30分に全線において人的・物的被害の全容を把握するための調査を行なった．さらに，午前9時には「災害対策本部」を設置し，人命救助，点検調査，安全確認，二次災害防止のために国道上の危険な構造物の即時撤去，緊急輸送車両の通行路確保のため倒壊や落橋した橋脚・桁の撤去，損傷の大きい橋脚のベントによる補強作業など，緊急措置の指令が出された．17・18日の2日間で人命救助と大規模な損傷を受けた箇所の被災状況の調査が完了し，さらなる詳細な被災状況の把握のため応急調査（被災度判定）に着手した．応急調査は1988年日本道路協会によって作成された「道路震災対策便覧（震災復旧編）」に則って行なわれ，この被災度判定に基づいて撤去・再構築構造物の選定や補修・補強の工法などが判断された．この「道路震災対策便覧（震災復旧編）」では，応急調査では落橋につながる可能性のある被害を重点的に調査するという観点から，以下の箇所に関する調査が先行的に行なわれる．

①橋脚の破壊の有無
②支障部（支障および沓座コンクリート）の破壊の有無
③上部構造の一部部材の破断の有無

その後，表3.5.1のように構造部位ごとの項目を調査する．

さらに，応急調査の結果に基づき被災度が判定される．耐荷力に関する被災度は表3.5.2のように5ランク（As, A, B, C, D）に，走行性に関する被災

表 3.5.1 応急調査の着目点

構造部分		調査項目
基礎		明らかな移動，傾斜および周囲の変状
橋脚	RC 橋脚	コンクリートのひびわれ・剥離，鉄筋の破断・座屈およびこれらの発生している位置（橋脚基部，中間位置）
	鋼製橋脚	へこみ，ふくらみ，きれつおよび破断
橋台		RC 橋脚に準じる
上部構造	コンクリート橋	コンクリートのひびわれ・剥離，鉄筋の破断
	鋼橋	一次部材（主要部材）の座屈・変形・破断
		二次部材（一次部材以外の部材）の座屈・変形・破断
支承部		支承部本体の破損，座屈コンクリートの破損，アンカーボルトの抜けだし・破断，けた端から下部構造頂部縁端までのけたの長さ，かけ違い部（ゲルバーの場合）の長さ，ダンパーの損傷，上部構造
伸縮装置		走行性に影響のある段差
取り付け盛土		走行性に影響のある沈下
その他		高欄の損傷

表 3.5.2 耐荷重に関する被災度

耐荷力に関する被災度	被災の状態
As：落橋	落橋した場合
A：大被害	耐荷力の低下に著しい影響のある損傷を生じており，落橋等致命的な被害の可能性がある場合
B：中被害	耐荷力の低下に影響のある損傷であるが，余震・活荷重等による被害の進行がなければ，当面の利用が可能な場合
C：小被害	短期間には耐荷力の低下に影響のない場合
D：被害なし	耐荷力に関して特に異常が認められない場合

表 3.5.3 走行性に関する被災度

走行性に関する被災度	被災の状態
a：通行不可	走行できない場合
b：通行注意	異常は認められるが，走行できる場合
c：被害なし	走行性に関して特に異常が認められない場合

度は表 3.5.3 のように 3 ランク（a, b, c）にそれぞれ分類される．

　阪神高速道路の橋脚は鋼構造・RC 構造・PC 構造・SRC 構造に分けられ，その中でも RC 構造が 4037 基で全体の 71.3% を占めており，鋼構造が 1028 基（18.1%），PC 構造が 573 基（10.1%），SRC 構造が 8 基（0.1%）である．橋脚の被災度の判定結果は，5665 基中被災度 As は 62 基（1.1%），被災度 A は 129 基（2.3%），被災度 B は 263 基（4.6%）であった．

3.5.3　復旧の概要

　1995（平成 7）年 1 月 17 日午前 5 時 51 分の通行止め指示により，阪神高速道路網は全線において車両通行止めとなり交通機能が停止した．交通規制には通行止め・車線規制・重量制限などがあるが，阪神高速道路では通行の安全が確保されるまで終日全面通行止めの措置がとられた．

　復旧工事の進展にともなって走行の安全が確認された路線・区間から交通規制が解除され，原則として車線規制などを行なわない全日全面開放が行なわれた．但し，緊急輸送・復興物資輸送を最優先させるため，一部の路線・区間では災害対策基本法や道路交通法に基づいた車両規制・時間規制の交通規制が行なわれた．

　構造被害の程度に差があった神戸地区と大阪地区とでは，交通規制の解除時期の推移に大きな差が生じた．図 3.5.1 に大阪地区路線での復旧率と地震発生からの日数との関係を，図 2 に 3 号神戸線（兵庫県域）での復旧率と地震発生からの日数との関係を示す．大阪地区では，1 月 19 日午前 0 時に地震後初めての交通解放となった 14 号松原線全線の規制解除を皮切りに，以後十数回に分けて順次開放され，地震発生後 15 日目には大阪地区路線の 97% で開放され，地震発生後 40 日目までには，交通規制の解除が完了した．一方 3 号神戸線（兵庫県域）では，平成 7 年 2 月 25 日に武庫川出入口以東で時間規制があったものの供用が再開されたが，この区間は 3 号神戸線（兵庫県域）全体で見た場合 15% 程度の開通に過ぎず，地震発生後 400 日近く経過した摩耶・京橋間の開通までこの状態が続いた．その後，順次供用が再開されたが，全線開通は平成 8 年 9 月 30 日午後 0 時で地震発生から 1 年 8 カ

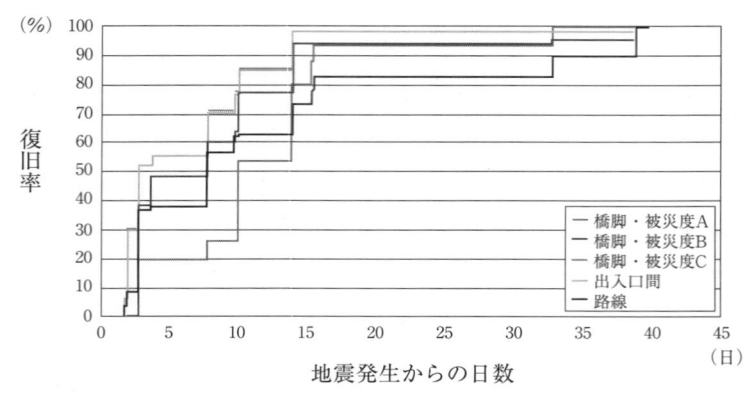

図 3.5.1　復旧率と地震発生からの日数との関係（大阪地区）

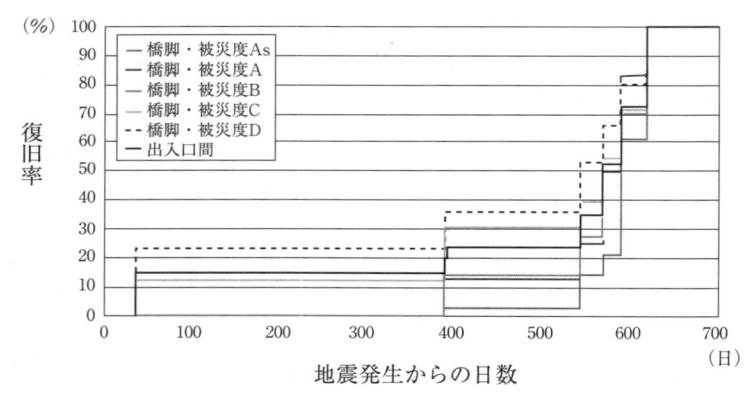

図 3.5.2　復旧率と地震発生からの日数との関係（3号神戸線）

月余りの時間を要した．

3.5.4　阪神高速道路の被害データベースの構築

　これらの被害状況や復旧状況に関するデータを整理しデータベースを構築することは，今後の防災研究や被害軽減策の提案を行なううえできわめて重要である．そこで，地震動分布や橋脚の被災度判定などの地震被害に関する

図3.5.3 「阪神高速道路被害・復旧データベース」概念図

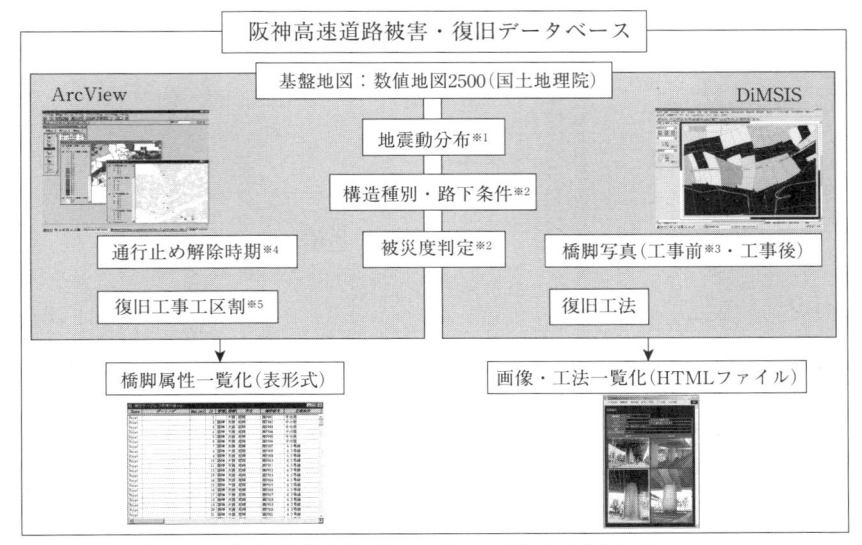

※1　神戸大学『兵庫県南部地震に関するアンケート調査－集計結果報告者－』
　　　大阪土質試験所『アンケート調査による兵庫県南部地震の大阪府域の震度』
※2　阪神高速道路公団『大阪管理部管内応急調査報告書』
※3　阪神高速道路公団『The Great Hanshin Earthquake Database CD-ROM』
※4　阪神高速道路公団『大震災を乗り越えて－震災復旧工事誌－』
※5　阪神高速道路公団 工事関係資料

データと，復旧前後の比較写真や復旧工法といった復旧に関するデータを内容とするデータベースを GIS（Geographic Information Systems：地理情報システム）を用いて作成した．図3.5.3にデータベースの概念図を示す．データは全ての情報を橋脚単位で属性表示されるように構成されており，構造損傷・復旧過程の評価に必要なデータを抽出し，分析することが可能になる．

3.5.5　フラジリティ曲線

　一般に地震荷重のように，構造物に加わる外力の大きさが確定的に定まらないとき，荷重のおおきさにしたがって構造物の損傷確率がどのように変化するかを表すものとして損傷度曲線（フラジリティ曲線）がある．地震荷重

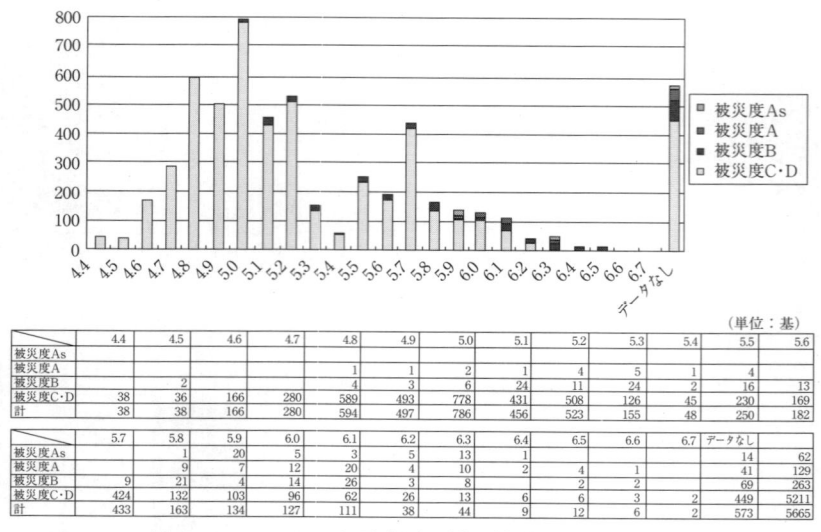

図 3.5.4　アンケート震度別に見た被災度判定の分布

(単位：基)

	4.4	4.5	4.6	4.7	4.8	4.9	5.0	5.1	5.2	5.3	5.4	5.5	5.6
被災度As													
被災度A					1	1	2	1	4	5	1	4	
被災度B			2		4	3	6	24	11	24	2	16	13
被災度C・D	38	36	166	280	589	493	778	431	508	126	45	230	169
計	38	38	166	280	594	497	786	456	523	155	48	250	182

	5.7	5.8	5.9	6.0	6.1	6.2	6.3	6.4	6.5	6.6	6.7	データなし	
被災度As												14	62
被災度A		1	20	5	3	5	13	1				14	62
被災度A		9	7	12	20	4	10	2	4	1		41	129
被災度B	9	21	4	14	26	3	8		2	2		69	263
被災度C・D	424	132	103	96	62	26	13	6	6	3	2	449	5211
計	433	163	134	127	111	38	44	9	12	6	2	573	5665

の場合，横軸に地震動の大きさ，縦軸に損傷確率をとる．これは確定的な入力地震動の大きさに対して，構造物の耐力のばらつきなどさまざまなばらつきを考慮した結果としての条件付き確率を表したものであり，要素構造物の破壊シミュレーションで用いられる．そこでまず，横軸である阪神・淡路大震災における地震動分布について述べる．

兵庫県南部地震における地震動については，気象庁・各研究機関・各種事業体等の観測網によるデータが公表されている．しかし，気象庁震度階は大まかな地震動強さはわかるものの，非常に巨視的であり震度階の境界が明らかにされておらず，定量的に地震動強さを扱うことができない．また，各機関による計測結果も，地震発生当時に設置されていた観測地点が限られているため，被災地全体の地震動を推定するのに十分な記録がない．一方で，比較的広い範囲の地震動データを集計し，定量的に扱える地震動強さの分布を把握するものとしてアンケート震度が提案されている．そこでこのアンケート震度を構造物への入力地震動として採用した．ここで採用したアンケート震度は，神戸地域については神戸大学の調査結果を，大阪地域については大阪土質試験所を中心とした調査チームの調査結果を用いた．調査結果は，町

丁目単位・町単位ごとあるいは約 1km のメッシュごとのアンケート震度として算出されており，震度分布は，兵庫県域で震度 4.7 〜 6.7，大阪府域で震度 3.6 〜 6.3 となっている．

図 3.5.4 に震度別に見た橋脚の被災度判定の分布を示す．橋脚の建設区域は震度 4.4 〜 6.7 の領域と一致しており，震度 5.0 内の 786 基（13.9％）が最も多く，次いで震度 4.8，震度 5.2 の順となっている．ただし，大阪湾岸沿いの埋立地や大規模施設など，アンケート震度の有効回答が得られない非居住区域にも路線が建設されているため 573 基（10.1％）がアンケート震度のデータが欠落しているエリアに存在している．

フラジリティ評価にあたっては，アンケート震度のデータが欠落している橋脚を除外し，それぞれの構造について，ある震度における被災度 A 以上（As，A）・被災度 B 以上（As，A，B）の本数が，その震度領域に存在する全橋脚数に占める割合を被害率とした．

ある震度 I において，被災度 R 以上の被害が発生する確率 $P_{\geq R}(I)$ は，震度に対して標準正規分布の累積確率で表せると仮定し，回帰係数は正規確率紙を用いて最小二乗法による方法で求めた．

$$P_{\geq R}(I) = \Phi\left(\frac{I-\mu}{\sigma}\right)$$

なお，フラジリティ曲線は，外力の指標には加速度を用いるのが一般的であることから，以下の式によって，計測震度から最大加速度（PGA）に変換した．

$$PGA = 10^{-0.23 + 0.51 \times I}$$

但し，PGA：最大加速度
　　　 I ：計測震度

以上の計算により求められた鋼構造橋脚のフラジリティ曲線を図 3.5.5 に，RC 構造橋脚のフラジリティ曲線を図 3.5.6 に示す．

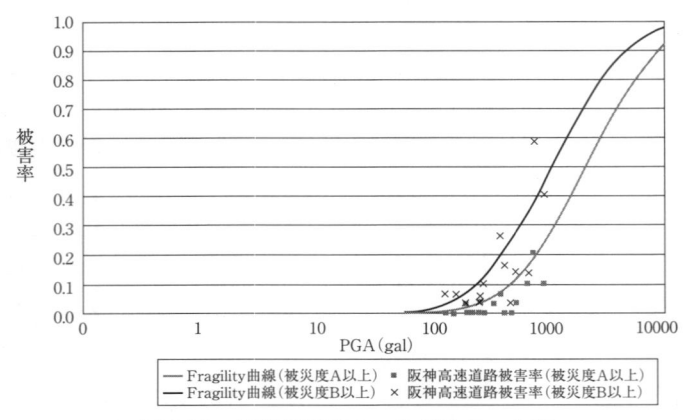

図 3.5.5　鋼構造橋脚のフラジリティ曲線

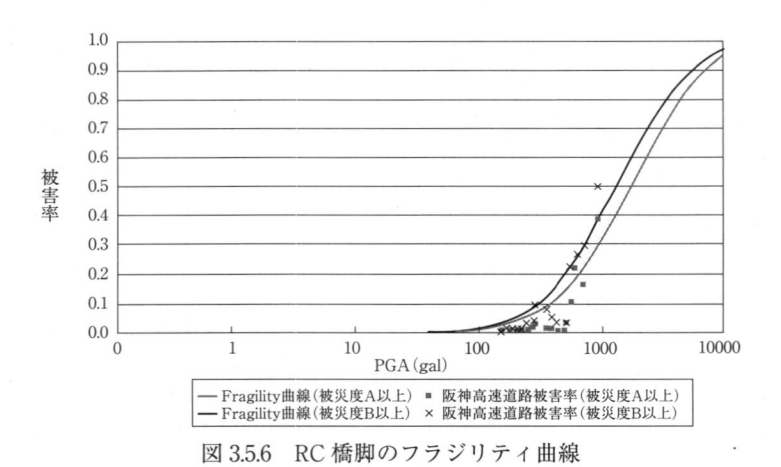

図 3.5.6　RC 橋脚のフラジリティ曲線

3.5.6　再構築基準に達する確率を表すフラジリティ

道路震災対策便覧によると，震災復旧工事には応急復旧と本復旧があり，それぞれ

応急復旧：応急的に道路の輸送機能を確保するために行なう復旧工事
本復旧：道路の本来の機能を回復するために行なう工事

と定義されており，阪神高速道路のケースでもこれに従って行なわれた．3号神戸線に関しては，橋脚の倒壊や落橋などが相次いだほか，倒壊は免れたものの耐力が残留していない橋脚などが多数あったため，再構築の必要が迫られた．それに対して大阪府域の路線では橋脚の再構築はなく，主に補修・補強工事がなされたが，どちらも原型復旧を基本方針としている．原則としては，再構築と補修・補強は以下の表のように被災度に応じて区分しているが，詳細な調査・検討の結果，被災度 As・A の橋脚で部材取り替えになどにより補強可能なものは補修・補強で対応し，あるいは被災度 B 以下のランクでも傾斜の著しいものは撤去・再構築がなされた場合も存在する．

　ここで，橋脚の再構築が交通機能の回復時期に大きな影響を及ぼすため，橋脚が再構築された要因に着目する．復旧設計方針として，原則として被災度 B・C・D の橋脚は補修・補強であるが，実際は再構築されたものも存在する．これは，橋脚の移動量（傾斜角度）と桁移動量が，復旧設計方針の決定の基準に加えられたためである．そこでこれらの要因を考慮すると，被災度 B・C・D で再構築された橋脚の約 90% は，橋脚移動量および桁移動量が復旧設計方針の決定の要因となったことがあきらかとなった．これにより，再構築の判断基準としては，(1) 被災度：As, A，(2) 橋脚移動量（傾斜角度）の絶対値が 1°以上，(3) 橋脚（支承位置）に対する相対移動量：15cm 以上，

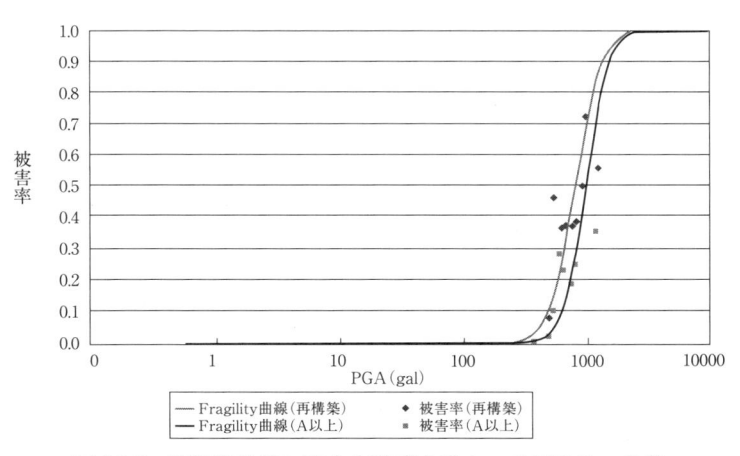

図 3.5.7　再構築基準に達する確率を表すフラジリティ曲線

となる．
この基準に基づき，「再構築基準に達する確率を表すフラジリティ曲線」を算出し，復旧設計方針に関する被害推定に有用な構造損傷の発生確率が得られる．再構築基準に達する確率を表すフラジリティ曲線を図 3.5.7 に示す．

前述した被災度 A 以上のフラジリティ曲線と比較すると，再構築基準に達する確率を表すフラジリティ曲線の方が被災度を基準としたフラジリティ曲線よりも被害率が高くなる．これにより，交通機能の回復までの時間の予測を再構築基準に達する確率を表すフラジリティ曲線を用いて算出した場合，被災度を基準としたフラジリティ曲線を用いた場合に比べて，復旧までに要する時間は長くなると予想される．

3.5.7 高速道路システムの復旧過程

次に道路システムの復旧時間に影響する要因を分析するために，上記の「阪神高速路被害・復旧データベース」をもちいて，高速道路橋 1 本 1 本の復旧工事の分析から検討を行なった．この「阪神高速路被害・復旧データベース」には，阪神高速道路 3 号神戸線の本復旧工事における三つの工区について，復旧工事の詳細な内容や，橋脚単位での工期の情報が収録されている．そこで復旧工事を下部工（橋脚）・上部工（桁）に分け，各作業にかかった時間や作業内容の分析をとおして，復旧に要する時間に影響を及ぼす要因について考察する．

復旧工事は，下部工・上部工ともに，再構築と補修・補強工事の二つに大別される．まず，下部工の復旧工事の手順は，再構築の場合には被災した橋脚の撤去，再構築，鋼製梁の架設および 2 次コンクリートの打設が行なわれる．また，補修・補強の場合には，基礎の被害調査や樹脂注入などの補修作業，鋼板や RC 巻きの補強工事，および塗装作業がある行なわれる．それぞれの復旧方針ごとに，RC 橋脚の復旧に要した時間の区間分布を図 3.5.8 にしめす．

下部工の再構築に要した平均時間は 144 日，補修補強に要した平均時間は 99 日である．再構築のほうが平均して 1 ヶ月あまり補修補強に比べて長い．

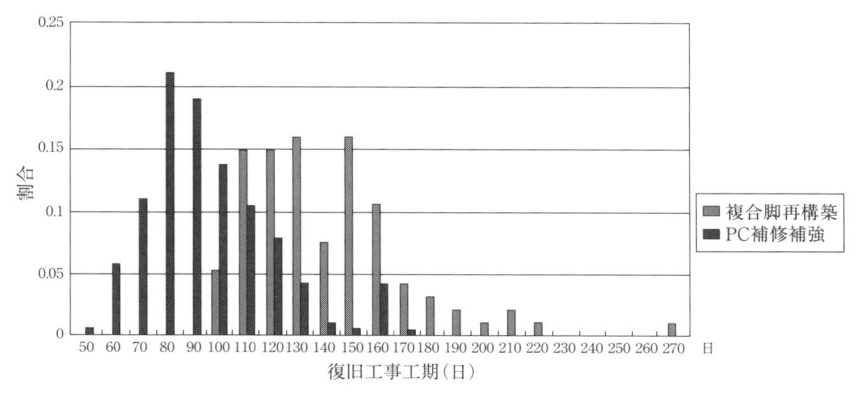

図 3.5.8 下部工の再構築と補修補強の復旧時間の比較

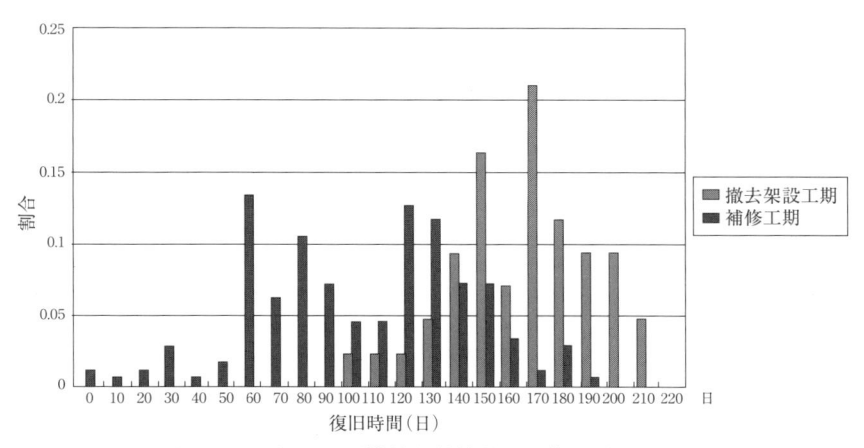

図 3.5.9 下部工の再構築と補修補強の復旧時間の比較

また，区間ごとに復旧に要する時間が異なる原因には，工区ごとに存在する種々の制約条件も重要である．特に補修補強の復旧に要する時間は再構築の復旧に要する時間と比較してばらつきが小さい．これは，再構築工の場合，桁直下から離れた部分での作業空間の確保が必要になるのに対して，補修補強であれば桁直下の空間だけで概ね作業を行なうことができる．すなわち，作業を行なうに際して確保できる占有敷地の広さが復旧に要する時間に影響をおよぼすことが原因の一つとしてあげられる．

一方上部工については，再構築の場合にはまず旧桁の撤去が行なわれ，下部工の工事を経てから新設桁の架設・塗装作業をへた後，開通となる．また，補修・補強の場合には，桁を残し，横桁補強や支承交換，落橋防止設備取り付けなどの作業が行なわれる．それぞれの復旧方針ごとに，桁の復旧に要した時間の区間分布を図 3.5.9 にしめす．

　上部工の再構築に要した平均時間は 168 日，補修補強に要した平均時間は 124 日である．桁の撤去作業が行なわれる箇所では，作業が終了するまでその部分の下部工事は開始できず，さらに下部工終了後に行なわれる周辺部の上部工事にも影響が出る．したがって，桁撤去の時間が上部工の復旧に要する時間に大きく影響しているといえる．逆に桁が再構築される箇所でも，損傷した桁の撤去が応急復旧工事の際に実施された工区では，全体の工期はそれほど長くならない点もあきらかになった．

3.6　基幹交通網の被災に伴う経済被害の定量的評価

3.6.1　はじめに

　我が国では，多くの人口・資産が都市域に集中している．そして，これらの都市の多くが，地震，台風などの大規模自然災害の脅威にさらされている．人口・資産の集中した都市域において大規模災害が発生した場合，その被害は甚大なものとなり，私たちの生活に多大な影響を及ぼしうる．

　また，現代の私たちの生活は，地域間の交流・交易という点で広域幹線交通網に大きく依存している．これはまた，洪水や地震などの自然災害時におこる交通の断絶によって発生する社会的損失も大きくなる可能性があることを意味している．実際に，1995 年の阪神・淡路大震災や 2000 年の東海豪雨の時には，交通の途絶により旅客輸送，物資輸送に大きな影響が及んだことは私たちの記憶に新しい．

　一般に，地震災害による被害を考える場合，地震によってもたらされる直接的な人的・物的損害を直接被害として，直接被害を起因として発生する社

会的・経済的影響を間接被害として区別される．特に上に示したような，大都市等の人口・資産の集積した地域における大規模な災害は，直接人的・物的な損害を被った地域のみならず被災をまぬがれた地域においても社会・経済的な損失を発生させ，間接被害が直接被害に比べて無視できないほど大きくなる点が特徴的である．

現在，我が国では東海地震や東南海・南海地震の発生が懸念されている．これらの地震によって発生する被害は当該地域への直接被害ばかりでなく，東海道新幹線や東名高速道路といった基幹交通の分断・機能麻痺に起因して東西の交流・交易が遮断されることにより間接被害という形で全国に波及することが懸念されている．その場合，被害額は甚大なものになるとの予想もある（中央防災会議，2003）．国や地方自治体がこのような巨大災害に対してリスクマネジメントを実施していく際，実施コストやマネジメント施策により期待される効果などを検討しながら，より有効な政策の実施が求められることは想像に難くない．そのためには，特定の地域への災害が日本経済全体あるいは各地域にどの程度影響するのかを事前に評価しておくことが重要であろう．

以上のような背景のもと，本節は，巨大地震発生の経済的インパクトとして高速道路や高速鉄道といった基幹交通網の被災が地域の社会経済に及ぼす影響を，モデルを用いて分析するための枠組みを提示することを目的として書かれている．

モデルの構築に先立ち，分析の対象としている交通＝経済システムの空間・時間スケールを明らかにしておこう．本節で言う「交通」とは，地域間という空間スケールでみた旅客や物資の流動のことであり，地域内の交通（例えば通勤・通学など）を明示的に考慮してはいない．また，時間スケールでみると，モデルは災害発生直後の社会的混乱・応急対応期ではなく，応急対応期後に社会がある程度安定を取り戻し，本格的な街の再建がなされる復旧・復興期における交通を想定しており，そのときに交通の寸断により平常時の旅客・物資流動がどのような影響を受けるかを考慮している．したがって，モデルは被災下にのみ発生する復旧交通などを明示的に考慮するものではない．

3.6.2 経済被害の評価手法

産業間で相互依存関係を持つ社会経済がある外的ショックを受けた場合，それにより各産業へ及ぶ影響を把握することのできるモデルとして，応用一般均衡モデルがある．このモデルは，想定経済主体の各々の相互依存関係を多部門で捉え，複数部門に及ぶ波及効果の分析を行なうことが可能であり，今日関税政策，外国貿易，交通政策，環境政策など様々な方面の数多くの政策評価に用いられている．さらに，応用一般均衡モデルを多地域に拡張すれば，産業間ばかりでなく地域間の相互依存関係をも明示的に取り扱うことが可能となり，このようなモデルは多地域応用一般均衡モデル，あるいは空間的応用一般均衡モデル（Spatial Computable General Equilibrium Model，以下 SCGE モデルと記す）と呼ばれている．SCGE モデルでは，地域間の経済的相互依存関係を物資の輸送に伴う輸送費用で表現することが可能であり，これは交通網の機能水準と結び付いた議論となる．すなわち，災害による交通施設の損傷は，交通ネットワーク機能の低下による輸送費用の増加をまねき，社会経済全体で見て被害を生じさせる．逆に，交通基盤を整備すれば輸送費用が減少し，社会経済全体では便益が発生する結果となる．このように，交通基盤の被災シナリオや，整備シナリオをモデル内で容易に取り扱うことができる．

応用一般均衡モデルは，名前のとおりミクロ経済学の一般均衡理論にその基礎を置いている．したがって，生産者の利潤最大化や家計の効用最大化などの各経済主体の最適化行動の仮定の下で，各市場における需給均衡を実現しうるような価格体系が内生的に取り扱われる．また，分析に際しては連続した時系列データを必要とはせず，産業連関表のようなある一時点において計測されたデータをベースにして基準データを作成し，通常基準データが外的ショック前の社会経済の均衡状態を表すものと考える．応用一般均衡モデルを用いた分析の強みは，その理論的整合性にある．

以上のような SCGE モデルの枠組みは，多地域に拡張された産業連関モデルにも通じる点があるが，(S) CGE 分析と産業連関分析とを比較するといくつかの相違点がある．

第1に，産業連関分析では，想定される最終需要を実現するために必要な

生産要素はいくらでも利用可能であることが暗に仮定されているが，応用一般均衡分析においては，生産要素に関して要素賦存量の制約があるため，各種市場の価格の変化と需給関係の影響を受けながら，与えられた要素賦存量のもとでいかにそれを効率的に配分して生産を行ない，消費者の効用を高めるかという点を考慮する．

第2に，産業連関分析では，均衡産出高モデルにより数量を，均衡価格モデルにより価格を取り扱うことが可能である（宮沢，1975）が，数量と価格の両方を同時に分析することはできない．一方，応用一般均衡分析では数量と価格を分離して同時に分析することが可能である．

以上の2点は，二つの手法の代表的な相違点であるが，総じて応用一般均衡モデルによる分析のほうが出力として多くの情報を分析者に与える．本節では，SCGEモデルを用いて，巨大地震により基幹交通網の被災に伴い発生する経済被害の評価を行なうこととする．

3.6.3　SCGEモデルの構築

(1)　本SCGEモデルが有する特徴

(a) 鉄道と道路という複数の交通における流動の変化が同時に考慮される

　SCGEモデルによる既往の研究では，交通条件の変化を地域間の交通費用の変化に置き換え，財・サービスの交易量の変化（物資流動の変化）を内生的に求めるか，トリップを生産要素に加え，旅客流動の内生化を試みているかのいずれかであった．本節では，これらの既往の研究成果にもとづき，物資流動及び旅客流動の変化を同時に考慮したSCGEモデルを構築する．これにより，地震による交通施設の被害の影響や，被害軽減のための整備効果に関する影響を，鉄道に関連する部分と道路に関連する部分とで別々に分析することが可能となる．

(b) 災害の前後における均衡状態の変化に際し，労働・資本はその調整に制約を受ける

　地域間の資本移動を考慮したSCGEモデルでは，災害の発生によって生

産資本の調整が生じ，生産資本の崩壊や交通条件の変化によって資本の限界生産性が低い地域から高い地域へと資本が移動することが想定されている．この場合，被災をまぬがれた多くの地域で災害による正の便益が発生するという，あまり現実的ではない結果が得られる場合がある．しかしながら，現実には資本への投資には不可逆性がある．いったん資本投下を実施すると，そのコストの大半はサンク（埋没）してしまい，回収が困難になるという性質がある．このため，ひとたび形成された資本は，減耗によって連続的に減少するか，もしくは災害等による不連続な減少といった外生的な変化によってしか減少しないと考えることが適切であろう．特に，本節で対象とする交通施設の被災という条件下での経済でその時間スケールを考慮すると，財・サービス市場における均衡は達成されるかも知れないが，労働や資本の調整が，対応する期間内に終了することは考えにくい．そこで，平常時には労働・資本市場および財・サービス市場が均衡に達していると想定するが，被災時に生じる交通条件の下では労働・資本市場での調整はなされず，財・サービス市場のみが均衡する状況を想定する．

以下，具体的な定式化を行なっていくが，地域と産業を表す記号を以下のように定める．

　　地　　域：k, l, m
　　産業部門：i, j

また，地域の総数を N で，産業部門の総数を M で表す．

(2) 家計の行動の定式化

地域 k に居住する家計は，一定の所得制約の下で効用を最大化するように各財の消費量を決定する．家計はこの消費活動をすべて自地域内で行ない，各財の消費量に関してのみ意思決定を行なうものとする．このとき，家計の最適化行動は以下のように表される．

$$U^k(q^k, y^k) = \max\left\{\sum_{i=1}^{M} (\gamma_i^k)^{\frac{1}{\psi}} (d_i^k)^{1-\frac{1}{\psi}}\right\}^{\frac{\psi}{1-\psi}} \tag{3.6.1}$$

$$\text{subject to} \quad \sum_{i=1}^{M} q_i^k d_i^k = y^k = w^k L^k + rK^k \tag{3.6.2}$$

ここに，
- U^k：家計の効用，
- y^k：家計の所得，
- γ_i^k：財消費に関するシェアパラメータ，
- d_i^k：財 i の消費量，
- ψ：財消費に関する代替パラメータ，
- q_i^k：財 i の消費地価格，
- w^k, r：賃金率および利子率，
- L^k, K^k：家計が保有する労働・資本の量，

である．添字 k は，その変数が地域 k のものであることを意味する．

式(3.6.1)，(3.6.2)を解くと，次の需要関数を得る．

$$d_i^k(\mathrm{q}^k) = \frac{\gamma_i^k (q_i^k)^{1-\psi}}{\sum_{j=1}^{M} \gamma_i^k (q_i^k)^{1-\psi}} \frac{y^k}{q_i^k} \tag{3.6.3}$$

式(3.6.3)を(3.6.1)に代入することにより，次を得る．

$$U^k(\mathrm{q}^k, y^k) = \left\{ \sum_{j=1}^{M} \gamma_i^k (q_i^k)^{1-\psi} \right\}^{\frac{1}{\psi-1}} y^k \tag{3.6.4}$$

(3) 企業の行動の定式化

地域 k に立地する企業 i は，地域 l で生産され，自地域内に輸送されてきた中間投入財 j と労働，資本，フェイス・トゥ・フェイス・コミュニケーションによる知識獲得のための業務トリップを生産要素として，規模に関して収穫一定となる一次同次の技術を用いて商品 i を生産するものとする．図3.6.1に企業の生産構造を示す．このような階層構造により，企業の利潤最大化行動を以下の3段階の最適化行動モデルで記述する．

<u>Stage 1</u>（生産量および中間財投入量の決定）

$$\pi_i^k = \max p_i^k Q_i^k - \left\{ \sum_{j=1}^{M} q_i^k X_{ji}^k + c_{Vi}^k(w^k, r, \tau^{k\cdot}) V_i^k \right\} \quad (3.6.5)$$

$$\text{subject to} \quad Q_i^k = \min \left\{ \frac{X_{1i}^k}{a_{1i}^k}, \ldots, \frac{X_{Mi}^k}{a_{Mi}^k}, \frac{V_i^k}{a_{vi}^k} \right\} \quad (3.6.6)$$

Stage 2（労働，資本投入量の決定）

$$c_{Vi}^k(w^k, r, \tau^{k\cdot}) V_i^k = \min w^k L_i^k + r K_i^k + c_{Ti}^k(\tau^{k\cdot}) \kappa_i^k \quad (3.6.7)$$

$$\text{subject to} \quad V_i^k = a_{2i}^k \{(L_i^k)^{\delta_{Li}^k}(K_i^k)^{\delta_{Ki}^k}\}^{1-\beta_i^k} (\kappa_i^k)^{\beta_i^k} \quad (3.6.8)$$

Stage 3（業務トリップ投入量の決定）

$$c_{Ti}^k(\tau^{k\cdot}) = \min \sum_{l=1}^{N} \tau^{kl} n_i^{kl} \quad (3.6.9)$$

$$\text{subject to} \quad \kappa_i^k = a_{3i}^k \prod_{l=1}^{N} (n_i^{kl})^{\delta_*^{kl}} \quad (3.6.10)$$

ただし，

π_i^k：企業 i の利潤，

p_i^k：財 i の生産者価格，

Q_i^k：財 i の生産量，

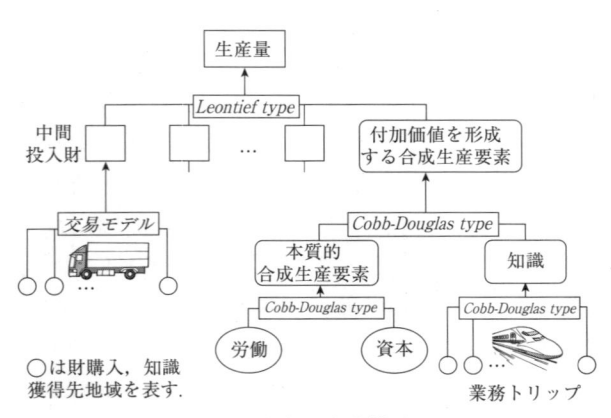

図 3.6.1　企業の生産構造

X_{ji}^{k}：財 i の生産に使われる中間投入財 j の量，
V_{i}^{k}：財 i の付加価値を形成する生産要素からなる合成財，
c_{Vi}^{k}：V_{i}^{k} の単位費用関数，
a_{ji}^{k}：X_{ji}^{k} の Q_{i}^{k} に対する比率，
a_{vi}^{k}：V_{i}^{k} の Q_{i}^{k} に対する比率，
τ^{kl}：地域 k から l への一般化旅客交通費用（・は任意の地域を表す），
κ_{i}^{k}：face-to-face-communication により獲得する知識，
c_{Ti}^{k}：K_{i}^{k} の単位費用関数，
L_{i}^{k}, K_{i}^{k}：企業 i に提供される労働・資本の量，
$\delta_{Li}^{k}, \delta_{Ki}^{k}$：企業 i の労働・資本に関するシェアパラメータ（$\delta_{Li}^{k} + \delta_{Ki}^{k} = 1$），
β_{i}^{k}：企業 i の本質的合成生産要素と知識の間の代替パラメータ，
n_{i}^{kl}：企業 i の地域 k から l への業務トリップ数，
δ_{n}^{kl}：業務トリップの目的地選択に関するパラメータ，
$a_{i}^{k}, a_{2i}^{k}, a_{3i}^{k}$：比例定数，

である．添字 k は，その変数が地域 k のものであることを意味する．

この 3 段階最適化行動問題(3.6.5)–(3.6.10)を解くと，以下のような需要関数を得る．

・業務トリップ需要関数

$$n_{i}^{kl} = \frac{\delta_{n}^{kl}}{\sum_{l=1}^{N} \delta_{n}^{kl}} \frac{\beta_{i}^{k} c_{Vi}^{k}(w^{k}, r, \tau^{k\cdot})}{\tau^{kl}} \tag{3.6.11}$$

・労働需要関数

$$L_{i}^{k} = \delta_{Li}^{k} \frac{(1 - \beta_{i}^{k}) c_{Vi}^{k}(w^{k}, r, \tau^{k\cdot})}{w^{k}} \tag{3.6.12}$$

・資本需要関数

$$K_{i}^{k} = \delta_{Ki}^{k} \frac{(1 - \beta_{l}^{k}) c_{Vi}^{k}(w^{k}, r, \tau^{k\cdot})}{r} \tag{3.6.13}$$

・中間財需要関数

$$X_{ji}^k = a_{ji}^k Q_i^k \tag{3.6.14}$$

・合成生産要素需要関数

$$V_i^k = a_{vi}^k Q_i^k \tag{3.6.15}$$

ただし，$\beta_i^k \neq 0$ のとき，

$$c_{Vi}^k = \frac{1}{a_i^k} \left\{ \frac{\prod_{l=1}^{N} (\tau^{kl})^{\delta_u^n}}{\beta_i^k} \right\} \left\{ \frac{(w^k)^{\delta_{Li}^k}(r)^{\delta_{Ki}^k}}{1-\beta_i^k} \right\}^{1-\beta_i^k} \tag{3.6.16}$$

であり，$\beta_i^k = 0$ のとき，

$$c_{Vi}^k = (a_i^k)^{-1}(w^k)^{\delta_{Li}^k}(r)^{\delta_{Ki}^k} \tag{3.6.17}$$

である．$a_i^k = a_{2i}^k \cdot a_{3i}^k$ とする．

(4) 地域間交易の表現

地域間交易の定式化は，空間価格均衡モデルに確率要因を導入して構築する（文，1997）．地域 l の企業が生産地 k を財 i の購入先として選ぶ確率を

$$S_i^{kl} = \frac{Q_i^k \exp\{-\lambda_i(p_i^k(1+\phi_i^{kl}))\}}{\sum_{m=1}^{N} Q_i^m \exp\{-\lambda_i(p_i^m(1+\phi_i^{ml}))\}} \tag{3.6.18}$$

で与える．ただし，

　λ_i：スケールパラメータ，

　ϕ_i^{kl}：財 i を地域 k から l へ輸送するときの輸送費用率，

とする．S_i^{kl} は交易係数であり，財の生産量や価格，輸送費用率によって変化しうる．

式(3.6.18)を用いて，地域 l における財 i の消費地価格を次のように表す．

$$p_i^k = \sum_{k=1}^{N} S_i^{kl} p_i^k (1+\phi_i^{kl}) \tag{3.6.19}$$

一方，生産者価格は次の式により表される．

$$p_i^k = \sum_{j=1}^{M} q_i^k a_{ji}^k + c_{Vi}^k(w^k, r, \tau^{k\cdot}) a_{vi}^k \tag{3.6.20}$$

これは，式(3.6.5)で利潤 π_i^k を 0 と置いて変形したものに他ならない．

(5) 平常時の経済均衡

平常時の経済社会の均衡では，生産者価格・消費地価格を通して財市場が地域間で均衡し，労働市場が地域内で均衡しているものと仮定する（長期均衡）．以下に，これらの均衡に関連する式を示す．まず，価格均衡に関しては式(3.6.18)－(3.6.20)が成立する．次に，労働・資本市場と財市場に関しては，生産部門・家計部門の需要関数（式(3.6.3)，(3.6.8)，(3.6.11)－(3.6.14)）と，以下の式(3.6.21)－(3.6.24)が成立する．

・生産要素市場

労働，資本市場について，それぞれ以下のように均衡式をたてる．

$$\sum_{i=1}^{M} L_i^k = L^k \tag{3.6.21}$$

$$r\left(\sum_k \sum_i K_i^k - K\right) = \sum_i \sum_k p_i^k EX_i^k - \sum_l \sum_j q_i^l IM_j^l \tag{3.6.22}$$

ただし，K，EX_i^k，IM_j^l はそれぞれ資本需要量（地域全体），輸出，輸入を表す．

・財市場

財市場に関しては，発地・着地ベースのそれぞれについて次の均衡式がつくれる．

$$Q_i^k - EX_i^k = \sum_{l=1}^{N} z_i^{kl}(1 + \phi_i^{kl}) \tag{3.6.23}$$

$$z_i^{kl} = S_i^{kl}\left\{\sum_{j=1}^{M} X_{ij}^l + d_i^l - IM_i^l\right\} \tag{3.6.24}$$

ここに z_i^{kl} は，財 i の地域 k から l への交易量を表す．

	平常時の均衡	交通網被災シナリオ	被災下で想定する均衡
外生的要因	交通費用(旅客), 費用率(物流) $\tau^{kl(0)}, \phi_i^{kl(0)}$		$\tau^{kl(1)}, \phi_i^{kl(1)}$
内生的要因	労働・資本 $L_i^{k(0)}, K_i^{k(0)}$		$L_i^{k(0)}, K_i^{k(0)}$ (平常時から変化しない)
	業務トリップ $n_i^{kl(0)}$		$n_i^{kl(1)}$
	産業部門(財の量) $Q_i^{k(0)}, X_{ji}^{k(0)}, Z_i^{k(0)}$		$Q_i^{k(1)}, X_{ji}^{k(1)}, Z_i^{k(1)}$
	家計部門(財需要) $d_i^{k(0)}$		$d_i^{k(1)}$
	財の価格 $p_i^{k(0)}, q_i^{k(0)}$		$p_i^{k(1)}, q_i^{k(1)}$

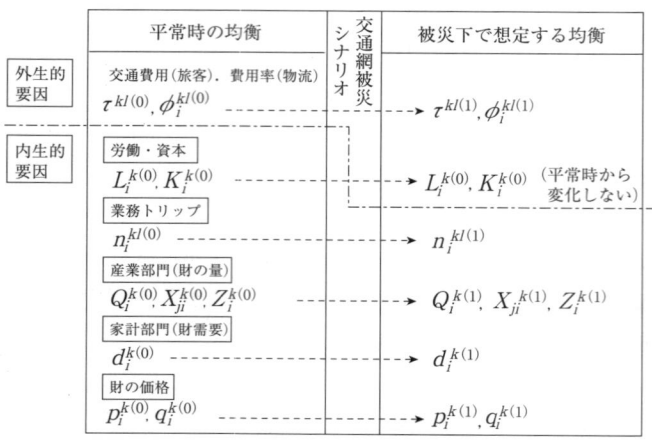

(0)は平常時, (1)は被災時を表す.

図 3.6.2　平常時・被災下の均衡と変数の対応関係

(6) 被災下の経済均衡

被災下の経済社会の均衡は，交通施設の被災により地域間交通費用が変化（増加）し，かつ労働・資本の移動が無いものとする仮定（図3.6.2）の下で達すると想定する短期均衡である．いま，記号(0)で平常時を，記号(1)で被災時を表すこととする．被災下の均衡を求めるためには，鉄道交通費用の変化を受けた新たな業務トリップ需要関数

$$n_i^{kl} = \frac{\delta_n^{kl}}{\sum_{l=1}^{N} \delta_n^{kl}} \frac{\beta_i^k c_{Vi}^k (w^k, r, \tau^{k\cdot(1)})}{\tau^{kl(1)}} \quad (3.6.11')$$

を式(3.6.11)の代わりに用い，道路交通規制の影響を考慮した新たな輸送費用率

$$\phi_i^{kl(1)} = \Delta^{kl} \phi_i^{kl(0)} \quad (3.6.25)$$

を用いる．ここに，Δ^{kl} は被災前後における地域 kl 間の輸送費用率の変化分であり，ここでは交通条件の変化に伴う所要時間の増加分として与えている．さらに，資本及び労働を平常時の水準に固定して得られる合成生産要素需要

を

$$V_i^{k(1)} = a_{2i}^k \{(L_i^{k(0)})^{\delta_{Li}^*}(K_i^{k(0)})^{\delta_{Ki}^*}\}^{1-\beta_i^*}(\kappa_i^{k(1)})^{\beta_i^*} \tag{3.6.8'}$$

として与え,生産量(式(3.6.6)),中間財需要(式(3.6.14))を更新し,式(3.6.18)-(3.6.20)の交易に関する均衡条件と財市場の均衡式(3.6.23), (3.6.24)を連立して図3.6.2中の内生変数を決定してやればよい.

(7) 経済被害の計測方法

地震により当該地域の交通施設がダメージを受け機能損傷に陥ると,迂回等による交通費用の増加のために財の消費地価格が変化し,それが地域間交易パターンの変化,ひいては財の生産者価格などへ影響を及ぼし,最終的に家計部門へも帰着する.このとき,市場内での変化は,ある主体にとっての効果が別の主体にとっての不効果として相殺され,最終的に交通費用増加の影響が家計の(不)便益となって表れる.したがって,経済被害は,家計の厚生水準の変化として等価変分(Equivalent Variation: EV)(ヴァリアン, 1986)を用いて以下のように計測することができる.

$$U^k(\mathrm{q}^{k(1)}, y^k) \equiv U^k(\mathrm{q}^{k(0)}, y^k + EV^k) \tag{3.6.26}$$

式(3.6.4), (3.6.26)より,等価変分 EV^k は次で与えられる.

$$EV^k = \frac{u(\mathrm{q}^{k(1)}) - u(\mathrm{q}^{k(0)})}{u(\mathrm{q}^{k(0)})} y^k \tag{3.6.27}$$

ここに,

$$u(\mathrm{q}^k) = \left\{\sum_{i=1}^M \gamma_i^k (q_i^k)^{1-\psi}\right\}^{\frac{1}{\psi-1}} \tag{3.6.28}$$

である.

本 SCGE モデルでは,被災時に達する均衡として労働・資本の調整に制約のついた短期均衡を想定しているため,式(3.6.27)で計算された経済被害は,交通費用の増加に起因する部分と,労働・資本が最も効率的には配分されていないことに起因する部分がある.

3.6.4　東海地震の基幹交通被害想定をベースとした経済被害の試算例

(1)　地震による交通施設の被災状況の反映

　以下では，3.6.3で提示した分析プロセスに基づき，想定東海地震による交通機能の損傷を仮定し，それに対応する交通費用の変化シナリオを用いて，交通施設の損傷に伴い発生する経済被害の空間的帰着構造を見ることとする．

　まず，道路交通条件の変化については，図3.6.3に示すような基幹道路網を考え，輸送費用を決定する交通量配分ルールとして全地域に最短経路配分を仮定する．そして，被災前後における地域間交通費用の変化を，輸送経路変更に伴う所要時間の変化分として輸送費用率に反映させることとし（式(3.6.25)），これを被災下の交通費用としてSCGEモデルに入力する．同様に，鉄道についても新幹線と主要幹線からなるネットワークを想定し，地域間の移動が最短経路配分により行なわれると仮定する．

　また，3.6.3で述べたように，地震発生後に家計の保有する労働量や資本量は平常時から変化せず，産業間での移転もないものとする．すなわち，すべての地域 k，産業 i で

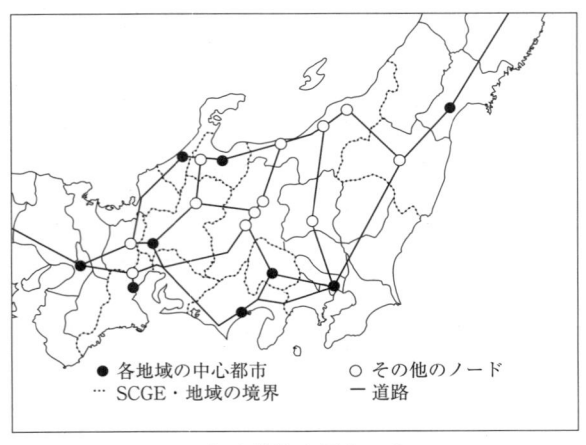

図3.6.3　想定道路交通ネットワーク

$$L_i^{k(1)} = L_i^{k(0)}, \quad K_i^{k(1)} = K_i^{k(0)} \tag{3.6.29}$$

とする．したがって，地震発生後においても家計は災害前と同じように働き，災害前と同じだけの賃金を得ていることとなる．この仮定は一見不自然に思われるかもしれないが，このときに計算される経済被害には人的被害や生産資本被害に起因する部分は無く，主として交通費用の変化に起因する被害を把握できるという点に意義がある．

(2) モデルサイズと基準データ

被害の試算に当たっては，日本の国土を図 3.6.4 に示すように 14 地域に分割する．また，3 産業部門（農林水産業，鉱工業，建設・サービス業）を想定して分析を行なう（$N=14$, $M=3$）.

次に，分析に用いるデータについて述べる．まず，表 3.6.1 は，本分析で使用するパラメータ・外生変数の出典を表す．多くのパラメータ・変数は産業連関表より導出される．日本国内の多地域を取り扱う SCGE 分析で，その基準データセットとなる産業連関表の代表的なものは全国 9 地域間表であるが，本分析のように，ある特定の地域への影響をより細かい単位で見たい場合，地域を分割する必要が生じる．ここでは，県単位の産業連関表（地域

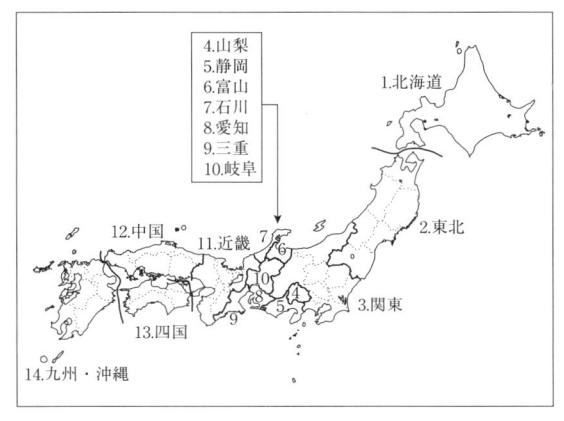

図 3.6.4 モデル分析の地域区分

表 3.6.1　パラメータ・外生変数の出典

記号	出典
$a_{ji}^k,\ a_{vi}^k$	地域間産業連関表（経済産業省，1995）
β_i^k	地域間産業連関表（経済産業省，1995）
$\delta_{Li}^k,\ \delta_{Ki}^k$	地域間産業連関表（経済産業省，1995）
δ_n^{kl}	旅客純流動調査（国土交通省，1995）
$y^k,\ w^k,\ L^k,\ K^k$	県民経済計算年報（内閣府，1995）
γ_i^k	地域間産業連関表（経済産業省，1995）
ψ	文献（市岡，1991）
τ^{kl}	鉄道時刻表
Δ^{kl}	道路時刻表
ϕ_i^{kl}	産業連関表（経済産業省，1995），道路時刻表

内表）を補完的に用いることで，関東地方から山梨県と静岡県を独立させ，中部地方を県単位に分割して全部で14地域としている．分割の要点は以下のようである．

・内生部門に係る部分は，地域内表を用いる．
・貨物純流動調査（3日間調査）（運輸政策研究機構，1995）を集計し，地域間交易量の割合を求める．これを用いて，地域間表の地域間交易データを按分する．これにより，少なくとも発着地の一方が本来の地域間表を構成する地域と同じ場合，その地域間交易量が推計できる．
・以降の段階では，県間の地域間交易量に関して地域内表と貨物純流動調査の集計データを合わせて考える必要がある．しかしながら，本研究ではそれ以上の推計は行なっておらず，未推計部分については現況再現性確認の対象から外している．

また，式 (3.6.18) に登場するパラメータ λ_i の決定については，その値を何通りか変化させて均衡時の地域間交易量を求め，それを実際の地域間交易量と比較することで，誤差が最も小さくなるような値を採用している．

(3) 地震シナリオと対応する交通網

東海地震の被害想定では，静岡県平野部のほぼ全域で震度6以上の強い揺

表3.6.2 道路交通施設の被災による物流経路の変更

発着地域	変更後の経路
静岡以東〜静岡	富士－静岡間は混雑した国道1号線（所要時間が平常時の2倍）を利用する.
山梨〜静岡	国道52号線が通行不能で，代わりに東京を経由する.
関東以東〜愛知以西	中央自動車道に迂回する.
静岡〜石川・富山	平常時は名古屋廻りで行われる輸送が，被災下では関東地方経由で行われる.
静岡〜愛知以西	静岡県内は混雑した国道1号線を利用し，愛知県以西は高速道路を利用する.

れが発生するものと予想されている．これと同地震による交通機関への施設被害影響予測結果（損害保険料率算出機構，2002）を参考に，静岡県内で東名高速道路，国道1号線，東海道新幹線の橋梁などが複数個所損傷する状況を想定し，被災下での交通条件を設定する．これを道路についてまとめたものが表3.6.2である．なお，表中の地域名については，図3.6.4の地域区分に対応している．

なお，復旧期間は3ヶ月と仮定し，復旧期間に生じる被害を計算する．この数字は阪神・淡路大震災時の資料（阪神高速道路公団・防災研究協会，2002）をもとに設定したものであるが，橋梁の被災が道路ネットワークに対して点的なものであることを考えると，3ヶ月よりも早期に応急的復旧がなされる場合も考えられる．したがって，以下の計算はやや深刻なケースを想定しているとも言える．

一方，表3.6.2のような物流経路の変更については，最短経路配分の考えに基づいているために代替路線の混雑を考慮することができない．そこで，本分析においては，混雑の影響を外生的に与えた複数の交通時間・交通費用シナリオの下で被害の試算を行なうことで，地域内・地域間輸送に関する所要時間の変化と被害の変化との関係を見ながら両者の関係を把握する．次の3ケースについて計算を行なう．

　　ケース1（基準ケース）：表3.6.2で設定された交通条件をもとで，対応する輸送費用率をモデルに代入して計算される被害.

ケース2（中央道10%増）：東名高速道路の代替路線として機能する中央自動車道の混雑（所要時間が平常時の10%増）を考慮に入れた場合の被害．
ケース3（中央道10%増 + α）：ケース2に加え，愛知県・三重県の県内輸送所要時間が平常時に比べてそれぞれ15%，10%増加した場合の被害．

(4) 被害試算結果

以上で示された枠組みにより，被災下で達すると想定される均衡状態における生産者価格・消費地価格を計算し，家計の厚生水準の変化を等価変分の概念を用いて金銭評価することで，地域ごとの経済被害を算出する．その結果が図 3.6.5 および表 3.6.3 である．この図・表から，次のことが読み取れる．
①被災時の交通機能損傷による交通費用の変化（増加）による影響は，経済被害となって当該地域ばかりでなく全国へ波及する．
②3ヶ月間にわたって継続する交通機能損傷を主原因として家計部門に最終的に帰着する経済被害額は，約 2.8 兆円と計算された．このうち，1都8県で構成される関東地方の被害額が圧倒的に大きい．また，西日本地方への影響も小さくない．これは，西日本の経済が東海地域や関東地域と大きな連関性を持っているためと考えられる．
③被害を1就労者あたりで見た場合には，静岡県が最も大きい．これは，全方面に対して交通費用が高くなっているためと考えられる．
④東名道の代替路線として機能する中央自動車道の混雑を考慮した場合，交通費用が日常的に10%増加することにより，混雑がない場合に比べて6000億円弱の被害の増加が見られ，全国規模で約 3.4 兆円となった．また，これに加えて愛知県内，三重県内の輸送にも混雑の影響を考慮した場合，被害は全国規模で約 3.5 兆円となった．

3.6.5 おわりに

本節では，SCGE モデルを用いて巨大地震を想定した基幹交通網の被災に

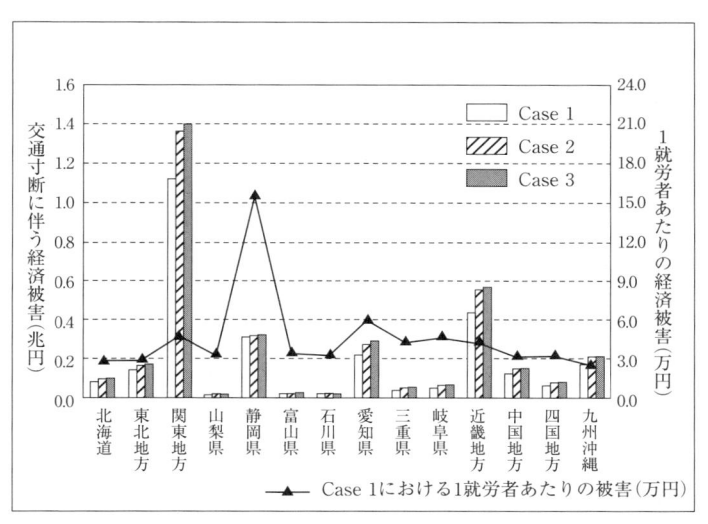

図 3.6.5　想定東海地震シナリオによる地域別経済被害−1

表 3.6.3　想定東海地震シナリオによる地域別経済被害−2

地域｜ケース	ケース1	ケース2	ケース3
北海道地方	0.08	0.09	0.10
東北地方	0.14	0.17	0.17
関東地方	1.12	1.37	1.39
山梨県	0.01	0.02	0.02
静岡県	0.31	0.32	0.32
富山県	0.02	0.02	0.02
石川県	0.02	0.02	0.02
愛知県	0.22	0.28	0.29
三重県	0.04	0.05	0.05
岐阜県	0.05	0.06	0.07
近畿地方	0.44	0.55	0.57
中国地方	0.12	0.15	0.16
四国地方	0.06	0.08	0.08
九州・沖縄地方	0.17	0.21	0.22
全国計	2.81	3.39	3.48

(単位：兆円)

伴う経済被害を分析する枠組みを中心に述べた．特に，従来必ずしも明示的にはなされてこなかった，交通網の被災シナリオと交通費用の変化の関係を考慮し，SCGE モデルの分析へと展開している点が特徴的である．このような分析の枠組みを持つことで，地震発生から直接的被害の予測を経て地域に帰着する経済被害を予測するまで一貫した議論をすることが可能となる．また，東海地震シナリオを想定して被害の試算を行ない，地域別被害を定量的に把握することができた．

最後に，本節の結果をリスクマネジメントの観点で考察してみよう．巨大地震リスクのマネジメント方策としてはいろいろあるが，道路の場合であれば，迂回路確保のための新規路線の建設や，機能不全を防ぐための既存路線の耐震補修工事などが考えられる．この際，不確実性を伴って生じうる交通ネットワークの被災に対してもできるだけ機能を確保できるようにしておくことが重要で，これを実現するような，すなわちリダンダンシィを増すような施策の実施が求められる．例えば，東名道が機能しない場合に中央道が機能していることの効果が非常に大きいことは容易に想像できよう．より細かなネットワークを想定し，機能損傷の影響を各リンク別に計算すれば，路線別の重要度を把握することが可能となる．また，現在建設中の主要路線（第2東名自動車道や北陸新幹線など）が，巨大地震の経済的リスクの軽減にどの程度貢献できるかを把握することも合わせて考えることができる．この計算により重要度が高いと判定された路線は防災の観点から重要であり，国土交通政策上の示唆を与えるであろう．

また，同様のことがネットワーク上のリンクばかりでなく，ノード機能の重要性についても推察できる．例えば，東名道と中央道の結節点となる名古屋の都市内交通機能の重要性や，東名道と中央道の路線選択をスムーズに行なうための都内の道路交通整備という議論に結びつけることができるものと思われる．

以上のことから，SCGE モデルを用いた分析による被害の空間的帰着の議論は，多くの政策的示唆を私たちに与えてくれるだろう．

3.7 「災害に強い都市」とは？
— トポロジカルインデックスによる都市道路網の評価

3.7.1 はじめに

「災害に強いまちづくり」を考えるとき，人はどのような都市を描くであろうか．災害の種類を地震に限定したとしても，建築物の強度が十分あること，高速道路や鉄道，ライフラインなどが破壊されないこと，消防設備が準備されていることなど，さまざまな内容が考えられる．これら一つ一つはいずれも個別の被害を軽減する上で重要である．しかし，都市全体を見た場合，重要なのは，局所的な被害が全体に波及しないことであろう．そのためには，被害が甚大な地区へ他地区から救援の手を差し伸べたり，逆に被害の甚大な地区の住民が他へ避難したりすることが容易にできなければならない．つまり，都市そのものが災害に対応可能となっていなければならない．

都市の現状が災害に対し脆弱なのであれば，弱い箇所を補強してゆかなければならない．では，都市の災害に対する強さを評価するためにはどうすればよいであろうか．先に挙げた「被害が甚大な地区へ他地区から救援の手を差し伸べる」あるいは「被害の甚大な地区の住民が他へ避難する」ことが可能となるためには，災害時でも道路網が（例え寸断していたとしても）ある程度機能しなければならない．つまり，道路網の適切な配置が，都市の災害に対する強さを決定付けると言っても過言ではないであろう．しかし後に述べるように，既存の道路網の信頼性評価では，道路網が部分的に欠損した場合を想定していて，阪神・淡路大震災に代表される直下型地震のように，都市全体が半ば機能麻痺した状態を想定してはいない．本稿では，トポロジカルインデックス（TI）を用いた災害時の道路網のパフォーマンス評価の方法について説明する．

また TI の考え方を拡張して，別稿（「ニッチ分析を用いた災害リスクポテンシャル評価およびコミュニティ活力評価〜お年寄りと若者の重なり合いで地域の防災力を測る」）で取り上げられているような人口や施設の空間的分布の乖離を道路網がどの程度補正し得るかについても検討する．また，都市はそれぞれの歴史的経過や地形によって既定された境界を持ち，その形状

は都市において可能な道路網の形状を大きく制約している．3.7.6 では，このような都市構造の制約の下での各都市の潜在的なポテンシャルを明らかにし，現在の道路網の達成水準を測定することを試みる．

3.7.2　道路網のリダンダンシィ評価

(1)　道路網の信頼性とリダンダンシィに関する既存の研究

　道路網の安全性の評価手法は，信頼性解析手法の一種として，主に OR の分野で発展してきた（依田，1972）（三根・河合，1984）．若林（1995）は，道路網の信頼性を連結信頼性と時間信頼性に分類している．連結信頼性は，道路網の中で，出発地と到着地が連結されている確率を意味する．言い換えれば，ノード間に複数の経路が存在し，ある一つの経路が遮断されても他の経路を迂回することにより移動が可能であれば，連結信頼性が高いという．一方時間信頼性は，ある時間以内に目的地に到達できる確率や，ある確率で可能な所要時間の上限値として定義される．時間信頼性は，ノード間の移動所要時間の確実性の程度を表す指標と考えることができる．連結信頼性を扱った研究には小林（1980, 1981），高山ら（1988, 1989），若林ら（1988）や川上（1993）があり，時間信頼性を取り上げた研究には為広ら（1995）や朝倉ら（1998）などがある．このうち朝倉ら（1998）は，災害により長期間不通区間が発生したケースを対象とし，利用者均衡配分が実現した状態における時間信頼度と道路網の階層的構成との関係について分析している．
　一方南ら（1997a, 1997b）は，道路網の連結性に着目しつつ，確率変数によらないリダンダンシィの指標を提案している．またこの指標により定義されるリダンダンシィをある水準で確保するという制約条件の下で，費用最小となる道路網の設計アルゴリズムを提案している．
　これらの既往の研究成果の多くにおいては，信頼性・リダンダンシィが道路網中の任意の 2 ノード間で定義されている．すなわち信頼性はあるノードから他のノードに（所与のサービス水準で）到達可能な確率として定義されている．また南ら（1997a, 1997b）は，道路網のリダンダンシィを，2 ノー

ド間の最短経路が利用不可能な場合の代替経路数を用いて評価している．

一方高山ら（1988）は，道路網の一部リンクが破壊されても任意のノードから他のすべてのノードへ到達可能である（すべてのノードが連結されている）状態の生起確率を「全点間信頼度」と定義している．ただし全点間信頼度の計算に当たっては部分グラフをノードとして集約する近似解法を用いている．また全点間信頼度は全ノード間で（大幅な迂回が必要であっても）相互に到達可能な状態の生起確率を意味しており，直下型地震で寸断された道路網が部分的にどの程度機能するかを評価する指標ではない．

本研究では，朝倉ら（1998）とは異なり，都市直下型地震の発生直後における道路網の部分的機能性能の評価を目的とする．また南ら（1997a, 1997b）と同様，道路網の連結性を確率論的ではなく形態論的に評価する指標の提案を目的としている．ただし2ノード間ではなく，道路網全体の位相構造そのものを評価することを目的としている．ネットワークとしての道路網の総体的な評価を目的としている点では，高山ら（1988）の全点間信頼度と同様のアプローチをとるが，本研究ではむしろ道路網が寸断されて部分的にしか機能しない道路網のパフォーマンスの評価指標の提案を行なう点に狙いがある．

(2) 都市直下型地震と道路網のリダンダンシィ

本研究では，阪神・淡路大震災のような同時多発型の広域的な道路網の機能不全（故障）の可能性に着目し，この観点から道路網の分散・集中特性と関連づけて，リダンダンシィ特性の性能評価モデルの開発を試みる．実は，このようなタイプのシステムの機能不全は旧来の信頼性解析では，あまり想定していなかったといえる．すなわち，旧来型の問題では，次のような想定が一般的であった．

1. システムの機能不全は，一部のユニットのみに発生する可能性が高い．
2. 任意のユニットにおける機能不全の発生はランダムで，その確率分布は，ポアソン分布やアーラン分布などで確率的にモデル化できる．
3. 再現期間（リターンピリオド）は人間のライフサイクルの長さ（70〜80年）

と比較して，十分に短いか，たかだか同じ程度である．

　これらの条件はもちろん相互に密接に関係しているが，全体として比較的頻度が高く局所的な機能不全を想定している．このような想定は，台風や大雨，土砂崩壊などのタイプの災害による道路網の局所的な機能不全については妥当な想定であるといえる．あるいは道路網の交通混雑や交通事故などによる部分的な機能不全を想定したシステムの信頼性解析には十分に当てはまる仮定であろう．

　しかしながら，上述した阪神・淡路大震災では，道路網やその他のライフラインの機能不全は，次のような顕著な特徴を有していた．

(i) 物理的故障であれ，非物理的故障であれ，それが同時多発的かつ広域的に発生し，直ちにシステム全体の機能不全につながった．
(ii) このような事象の発生は事前の評価としては極めて低頻度と判定される．例えば阪神・淡路大震災は人間のライフサイクルからみて極めてまれな（超低頻度の）災害リスクのマネジメントを要請するものであった．
(iii) システム全体の複合的な機能不全（ズタズタに切断されること）の発生の有無が，社会・経済的被害を致命的に大きなものにするかどうかにつながる．

　以上のような理由から，この種のタイプの災害リスクを想定した道路網のマネジメントにあたっては，旧来型の信頼性解析手法の知見をそのまま適用することは適切でないといえる．そこで以下では，道路網の全体的なリダンダンシィ特性の性能を，ホーリスティック（総体論的）に把握するとともに，細部の構造的違いを越えた，骨格的なネットワーク頑健性（しなやかさ）の評価を目的とする．その際，超低頻度の災害発生確率（リンクの破壊確率）自体はあえて評価せず，そのような巨大災害が発生した場合の破壊のパターンの場合数に着目する．この意味では，従来の信頼性評価とは立場を異にした性能評価を扱う．すなわち，道路網の位相構造の違いが，システム全体の最低限の生き残りやすさ（ズタズタにはならず，コマ切れにしろ機能していること）にどのように関わってくるかを分析し，その性能を事前に評価するモデルを提案する．

3.7.3 道路網の分散・集中特性の評価指標としてみたトポロジカルインデックス

(1) 分散・集中特性の評価指標

道路網の分散・集中特性を総体的に評価するためには，以下に挙げるような要件を満たす各指標が必要となる．

① ノード数 n，リンク数 l がそれぞれ等しい道路網の分散性の比較評価が可能な指標：これは，新規に整備するリンクの配置による分散特性の違いを比較するために必要である．
② 同様にノード数 n，リンク数 l が等しい道路網の集中性が比較可能な指標：道路網にリンクを付加した場合，一般に集中性，分散性はともに高まるため，道路網の比較評価においては①の分散性指標に加えて集中性指標を開発し，両者の値の変化量を比較する必要がある．

本研究では分子化学における知見を援用して，①の要件を満足する指標としてトポロジカルインデックス（Topological Index, TI）を導入する．また新たに②として逆トポロジカルインデックス（Topological Inverse Index, TII）を提案する．

(2) TI の定義と既往の知見

ノード数 n，リンク数 l が一定とする．その上で，あるノードを共有する形で接続しているリンク（隣接リンク）の数が少ないほど，そのノードの近傍当該ノードとその隣接リンクによって規定される空間）においてリンクの配置は「局所的に分散している」度合いが高いと定義しよう．このことがすべてのノードについて平均的に（あるいは総和として）成立すれば，その道路網は相対的に「全体的に分散している」度合いが高いと規定できる．言い換えれば，「共有ノードに接続していない（非隣接の）」リンクの組み合わせの数によって道路網の分散性を評価することを考える．

一般に，グラフ G の中から，隣り合っていない k 本のリンクを選ぶ組合

せの数を非隣接数と呼び，$P(G, k)$ と表す．ただし，$P(G, 0) = 1$，$P(G, 1) = l$ とする[2]．k として取りうる最大の自然数 m は，ノード数 n が偶数の時 $\frac{n}{2}$，奇数の時は $\frac{n-1}{2}$ である．このとき G の分散性を表す指標 $TI(G)$ は次式で定義される．

$$TI(G) = \sum_{k=0}^{m} P(G, k) \tag{3.7.1}$$

例として図 3.7.1 に示すような，$n = 6$，$l = 7$ のグラフを考えた場合，定義より $P(G, 0) = 1$，$P(G, 1) = 7$（リンクの数）となる．またこの場合 k の最大値は $\frac{n}{2} = 3$ となるので，$k = 2$，$k = 3$ については図 3.7.2 にしめすように，隣り合わない k 本のリンクの組み合わせをそれぞれ数えていく．その結果 $P(G, 2) = 11$，$P(G, 3) = 3$ となるので，それぞれの非隣接数の和から TI の値は $TI(G) = 22$ となる．

実はこの $TI(G)$ は分子化学において異性体を分類する指標である「トポ

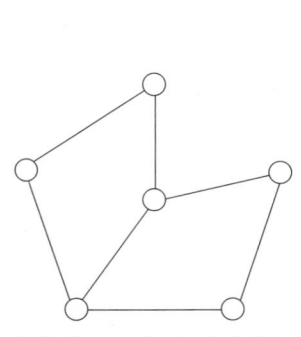

図 3.7.1　$n = 6$，$l = 7$ のグラフ　　　図 3.7.2　$TI(G)$ の算定方法

2　$P(G, 0)$，$P(G, 1)$ は本来隣接していないリンクの組み合わせの数ではないため，TI から除いて考えてもよい．しかしリンク数 l が同じ道路網の場合には，$P(G, 0)$，$P(G, 1)$ は等しい値をとり，相互比較においては問題はない．そこで本研究では元来の TI の定義に従う．

グラフ	$k=0$	1	2	3	$TI(G)$	沸点(℃)
1 	1	6	10	4	21	98.4
2 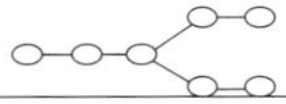	1	6	9	4	20	93.4
3 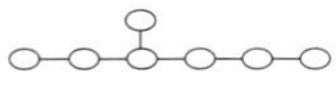	1	6	9	3	19	91.9
4 	1	6	9	2	18	90.0
5 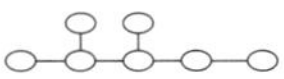	1	6	8	2	17	89.7
6 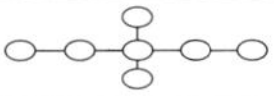	1	6	7	2	16	86.0
7 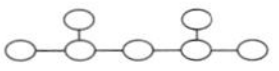	1	6	8	0	15	80.5
8 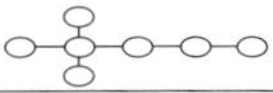	1	6	7	0	14	79.2
9 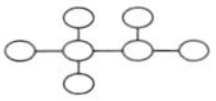	1	6	6	0	13	80.9

図 3.7.3 炭化水素の異性体と TI の例

ロジカルインデックス」として Hosoya（1971）によって定義されたものと一致している．分子のトポロジカルな繋がりを位相構造として捉えることにより，異性体の構造の違いが沸点，エントロピー，生成熱などの物性的な特性の違いにどのように関連付けられるかを指標値として表そうとしたものである．例えば図 3.7.3 に示すように，沸点と TI の値の間には正の相関が認められる（Hosoya，1971）．

トポロジカルインデックスに関して，Hosoya（1971）は次のような定理を示している．

定理 1
与えられたグラフ G に対して $TI(G)$ は常に次のような関係式を満たす．
$TI(G) = $（あるリンクをカットすることによって生まれる部分グラフ G_1 と G_2 の TI の積）
　　　　＋（あるリンクとそれに繋がるリンクを全てカットしたときに生まれる部分グラフ $G_1, G_2, ….. G_n$ の TI の積）

(3.7.2)

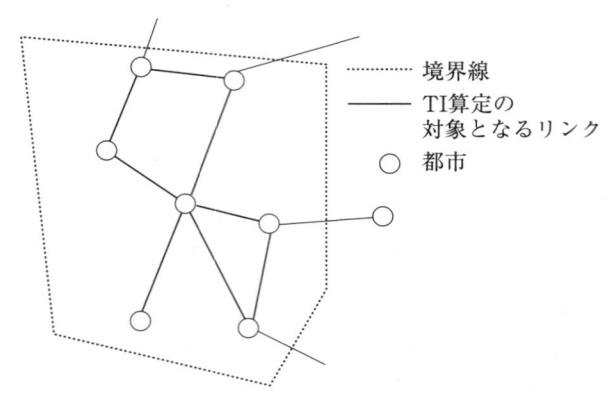

凡例
・・・・・ 境界線
―― TI算定の対象となるリンク
○ 都市

図 3.7.4　道路網における TI の算定

定理 1 は $TI(G)$ を求める際に部分グラフに分解して考えることが可能であることを示しており，大規模なグラフの TI を求めるときに有用である．

細谷らが開発した TI は分子化学的関心より導かれたものであるため，ネットワークの分散特性との関連付けについては明示的な指摘がされていないようである．しかし TI は本来どのようなグラフ構造に関しても算出が可能である．本研究では，図 3.7.4 に示すように道路網をグラフ構造とみなし，TI を道路網（リンク）の分散特性（及び）それに関連する諸特性を表す指標として用いることを提案する．なお，分子化学では多重リンクを考慮していないのに対し，道路網においては，二つの地区の間に 2 本以上の道路が存在することはしばしばあり得るため，道路網のグラフにおいて多重リンクが生じることはむしろ一般的である．

(3) 逆トポロジカルインデックス

次に，道路網の集中特性を測る尺度として，逆トポロジカルインデックス (Topological Inverse Index，以下 TII) を定義する．リンク数 k が m 以下の G の部分グラフのうち，少なくとも一つのノードでリンクが隣接している部分グラフの数を道路網の集中性を表す値と解釈する．これを TII と呼ぶ．道路網 G における TII の値を $TII(G)$ と表現し，以下のように定義する．

$$TII(G) = \sum_{k=0}^{m} \{{}_lC_k - P(G,k)\} = \sum_{k=0}^{m} {}_lC_k - TI(G) \qquad (3.7.3)$$

$\sum_{k=0}^{m} {}_lC_k$ をグラフ G についての TT（Total Topological Index，全体トポロジカルインデックス）と呼ぶことにすれば，明らかに

$$TI(G) + TII(G) = TT(G(n,l)) \qquad (3.7.4)$$

が成立する．ここではノード数 n，リンク数が l のグラフを表す．式(3.7.4)より，リンク数が一定の道路網において，分散性（TI）と集中性（TII）はトレードオフの関係にあることが分かる．

3.7.4　道路網整備の評価指針としての集中・分散性指標の利用

(1)　道路網のリダンダンシィ特性と TI との関連性

　先に示したように，道路網をグラフ構造とみなすことにより，道路網の TI の値を求めることができる．では，災害時の道路網のパフォーマンス評価において重要となるリダンダンシィ（冗長性）と TI とはどのような関連性を持っているのであろうか．まず細谷（1988）は，点の数と枝分かれの状況が同じような場合は，環（ループ）の数が増すにつれて TI は大きくなることを示している．このことから，TI は循環可能なルートの存在と関係があることが推察される．

　図 3.7.5，図 3.7.6 はともにノード数(n)が 6，リンク数(l)が 7 の 2 種類の道路網の TI の比較例である．ともに左側の道路網の方が TI の値が大きく，TII の値は小さい．図 3.7.5 の 2 種類の道路網においては，右側の道路網の方が，中心のノードに接続しているリンク数（4本）と周辺部のその他のノードに接続しているリンク数（2本）の差が大きい．これら二つの道路網をもつ都市圏を考えた場合，右側の道路網では都心からの放射状道路がより重点的（集中的）に整備され，環状方向の道路が相対的により少ないといえよう．TI 及び TII の値の大小は道路網のリンクの集中・分散特性に関するこのよ

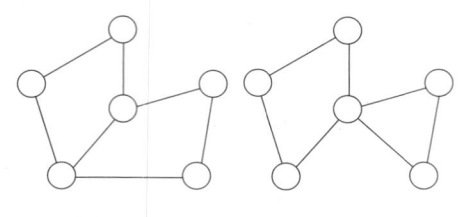

$TI(G) = 22$　　　　　　$TI(G) = 20$
$TII(G) = 42$　　　　　　$TII(G) = 44$

図 3.7.5　$n = 6, \ l = 7$ のグラフの比較 (1)

$TI(G) = 21$　　　　　　$TI(G) = 16$
$TII(G) = 43$　　　　　　$TII(G) = 48$

図 3.7.6　$n = 6, \ l = 7$ のグラフの比較 (2)

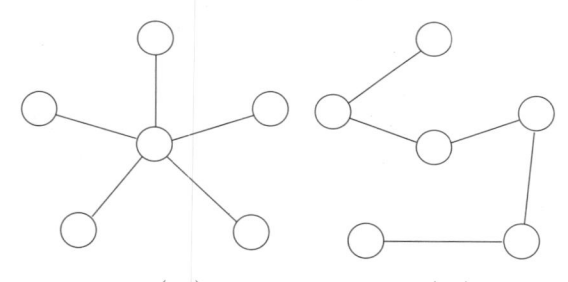

$TI_{\min}(6, 5) = 6$　　　　　　$TI_{\max}(6, 5) = 13$

図 3.7.7　同一リンク・ノード数で TI 最小(左)および最大(右)となるグラフ

うな直観的認識と合致しているといえよう．

　一方図 3.7.6 の例においては，$n = 6, \ l = 7$ で左右の道路網とも多重ループ数が等しいが，リンクの集中するノードが存在する右側に比べ，左側は中心的なノードの存在しない道路網となっており，その分だけ左側の道路網の方が（多重ループ性の分布状況に関して）分散性が強いと判断される．このことは，TI の値が左側の方が大きいことと整合していると解釈される．図 3.7.7

の2種類の道路網は，ノード数6，リンク数5の場合でかつ多重ループを認めないときの最小・最大のTIの値をとる道路網の比較である．

(2) ノードの孤立と集中・分散特性との関連性

上に示したように，TIは道路網の分散性の指標として解釈することができる．次に，TI及びその関連指標により代表される道路網の集中・分散特性と災害に対する安全性の関連のうち，ノード（各地区）の孤立回避性について見てゆく．ノードが孤立する確率を知るためには，他のノードと結んでいるリンクがすべて破壊されてしまう確率を求める必要がある．各リンクの破壊確率を知ることができれば，道路網のすべての破壊パターンの生起確率を求めることにより，いずれかのノードが孤立する確率が得られる．しかしリンクの破壊確率は断層との距離，地盤，構造物の強度や型式，劣化の程度等に依存すると考えられ，その中には震源地の位置等の不確実性の高い情報も含まれている．従ってすべてのリンクの破壊確率について事前に正確な情報を得ることは困難である．また大規模な道路網のネットワークについて孤立ノードの発生する破壊パターン数の算定には，解析解ではなく数値計算を用いる必要がある．ここでは，被害が甚大で道路網が各地で寸断されたようなケースにおいて，ノード孤立性の代理指標としてTI及びその関連指標を用いることができることを示す．

ノード数n，リンク数lのグラフを考える．このグラフのすべての部分グラフの数（道路網の部分的機能不全のパターンの数と解釈可能）は，2^l通りである．リンク数がm以下の部分グラフの総数はTTである．従って全部分グラフ数に対するリンク数がm以下の部分グラフの割合は次式で表される．

$$w = \frac{TT(G(n, l))}{2^l} \tag{3.7.5}$$

また，TIIはリンク数がm以下の部分グラフのうち，少なくとも一つのノードでリンクが隣接している部分グラフの組み合わせの数であるから，部分グラフの総数に対する，リンク数がm以下でかつ隣接したグラフを含んだ部

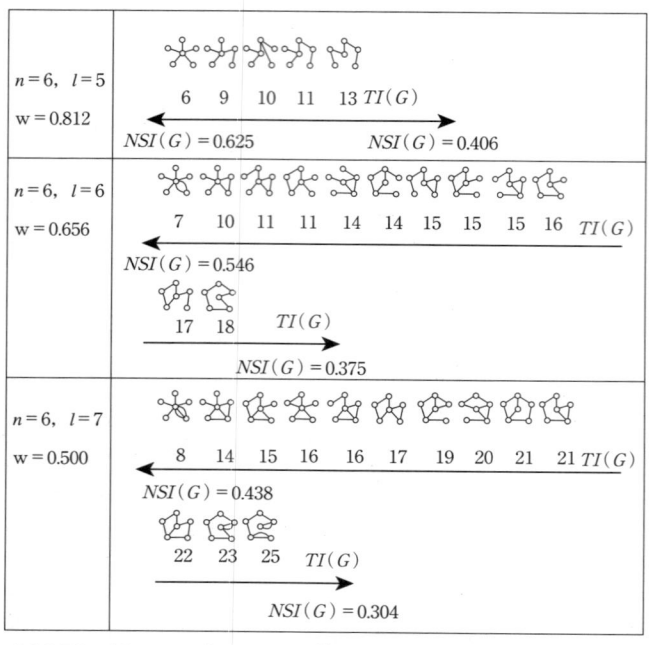

$n=6$, $l=5$ $w=0.812$	6 9 10 11 13 $TI(G)$ $NSI(G)=0.625$ $NSI(G)=0.406$	
$n=6$, $l=6$ $w=0.656$	7 10 11 11 14 14 15 15 15 16 $TI(G)$ $NSI(G)=0.546$ 17 18 $TI(G)$ $NSI(G)=0.375$	
$n=6$, $l=7$ $w=0.500$	8 14 15 16 16 17 19 20 21 21 $TI(G)$ $NSI(G)=0.438$ 22 23 25 $TI(G)$ $NSI(G)=0.304$	

図 3.7.8　同一ノード，リンク数のグラフにおける NSI の変化

分グラフの割合は

$$NSI(G) = w \times \frac{TII(G)}{TT(G(n,l))} = \frac{TII(G)}{2^l} \tag{3.7.6}$$

$NSI(G)$ をノード孤立可能性指標（Node Solitude Index, NSI）と呼ぶこととする．

図 3.7.8 はノード 6，リンク 5,6,7 のそれぞれのグラフにおける w 及び $NSI(G)$ の値を示したものである．総リンク数 l が増加するほど，w は減少していくことがわかる．このとき定義より，同一リンク数の場合，TII の値が大きいほど（TI の値が小さいほど）NSI が大きくなる．

TI, TII, NSI は道路網の集中・分散特性と密接な関係を有し，ノード（都市）の孤立回避性の指標となり得ると考えられる．そこで孤立ノード出現の可能性と TI, TII, NSI の関連性についてもう少し詳細に検討する．図 3.7.9（左）

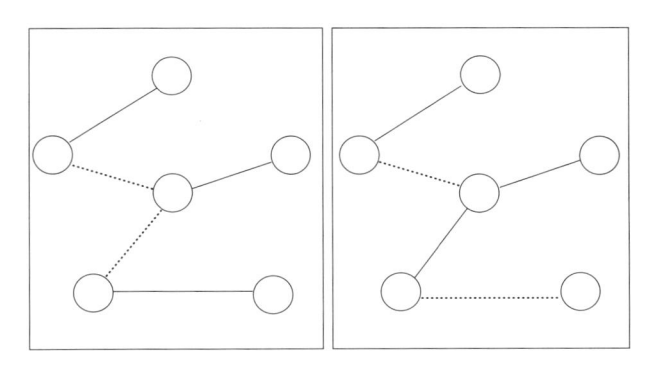

……………… 破壊されたリンク

図 3.7.9 単位リンクのみ(左)とリンク系列及び単位リンクから構成されるグラフ(右)

の各リンクのように両端のノードに他のリンクが接続していないリンクを「単位リンク」と呼び，図 3.7.9（右）において同一のノードを共有して接続しているリンク同士を「リンク系列」と呼ぶことにする．TI の値は非隣接数 $P(G, k)$ の足し合わせであるが，これを総リンク数 l のグラフにおいてリンク数が k 本の単位リンクのみで構成されている部分グラフの数と解釈することができる．このように単位リンクのみで構成されているグラフを「単位リンク構成グラフ」と呼ぶこととする．

単位リンク構成グラフはリンク数が同じグラフのうちで孤立ノードの数が最小となる．図 3.7.9 の二つのグラフにおいても，リンク数は同数だが，右のグラフは左のグラフに比べて孤立ノードの数が一つ多くなっていることがわかる．一方ノード数 n，単位リンク構成グラフの単位リンク数 u_a とすると

$$0 \leq u_a \leq \frac{n}{2} \tag{3.7.7}$$

となる．つまり，リンク数が $\frac{n}{2}$ を越えるグラフには，必ずリンク系列が生じる．また，u_a がとり得る最大の値は TI を構成する非隣接数 k の最大値 m に一致する．

リンク数 k が m より小さい領域においては $2u_a < n$ より，単位リンク構成グラフにおいても孤立ノードの発生は不可避である．$P(G, k)$ はグラフ G の，リンク数が k 本の部分グラフの中で孤立ノード数が最少の部分グラフ（単位リンク構成グラフ）のパターン数と解釈することができる．一方リンク数 k が m より小さい部分グラフのうち，単位リンク構成グラフ以外のリンク系列を含んだ部分グラフのパターン数は ${}_lC_k - P(G, k)$ として表される．道路網において，部分グラフは災害による一部リンクの破壊のパターンと考えることができる．リンク数 l の道路網には，全部で 2^l 通りの部分グラフ（破壊パターン）が存在する．単位リンク構成グラフ出現領域は，残存リンク数が m 以下の部分グラフ（破壊パターン）の集合である．すなわち，比較的重度な被害が発生し，都市圏内の道路網の機能が著しく低下した状態といえよう．孤立ノードの発生を，どこからの物資の供給も避難も不可能な危険地域の発生という「リスク」として捉えるとしよう．NSI は，全破壊パターンのうち，残存リンク数 k が m 以下の単位リンク構成グラフのパターン数の割合を意味する．リンク系列を含む部分グラフにおいては，残存リンク数が同じ単位リンク構成グラフに比べ孤立ノードの数が多い．

　2. で述べたように，本研究で提案する TI や NSI は，信頼性分析で一般的な確率による評価を用いていない．しかしながら，都市直下型地震発生時における各リンクの条件付破壊（あるいは機能不全，以下同様）確率との間には以下に示す関係が存在する．各リンクの個別の条件付破壊確率を一定の値 p とする．k 本のリンクが破壊する確率は次の二項分布で与えられる．

$$p^k(1-p)^{l-k} {}_lC_k \tag{3.7.8}$$

このとき残存リンク数が m 以下でかつリンク系列を含む部分グラフが生起する確率は

$$\sum_{k=0}^{m} \left\{ p^k(1-p)^{l-k} {}_lC_k \frac{{}_lC_k - P(G, k)}{{}_lC_k} \right\} = \sum_{k=0}^{m} \left\{ p^k(1-p)^{l-k} ({}_lC_k - P(G, k)) \right\} \tag{3.7.9}$$

となる．

　$p = \dfrac{1}{2}$ のとき，(3.7.6)式（NSI）と(3.7.9)式は一致する．すなわち発生確

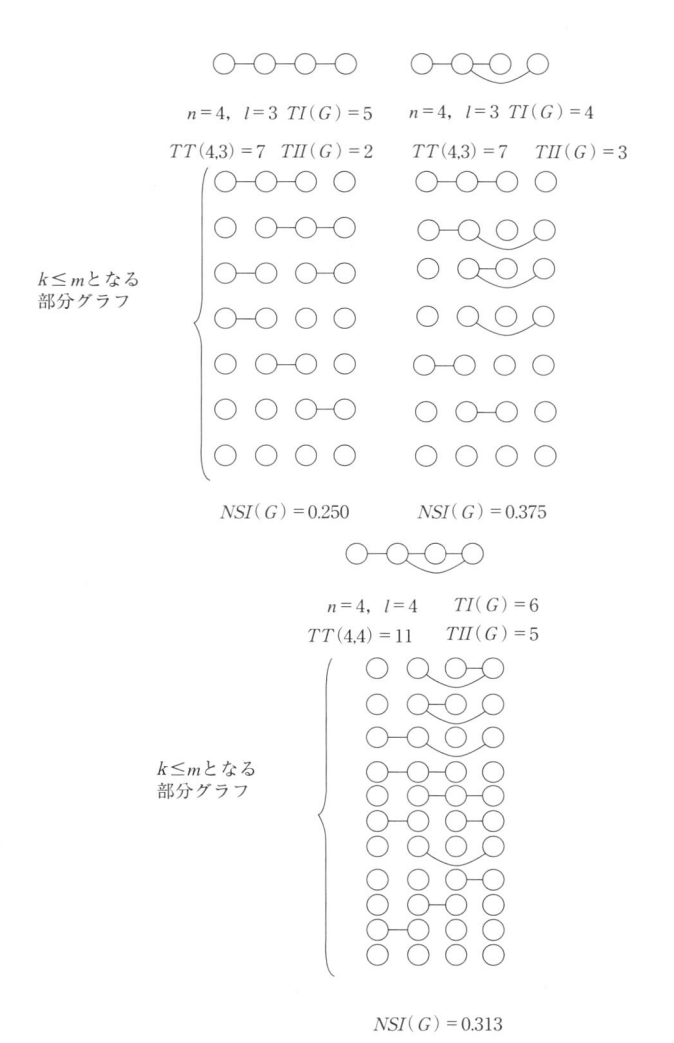

$n=4,\ l=3\ \ TI(G)=5$ $n=4,\ l=3\ \ TI(G)=4$
$TT(4,3)=7\ \ TII(G)=2$ $TT(4,3)=7\ \ TII(G)=3$

$k \leq m$ となる
部分グラフ

$NSI(G)=0.250$ $NSI(G)=0.375$

$n=4,\ l=4\ \ \ TI(G)=6$
$TT(4,4)=11\ \ TII(G)=5$

$k \leq m$ となる
部分グラフ

$NSI(G)=0.313$

図 3.7.10　NSI と孤立ノード発生の関連性

率が極めて低いためにリンクの破壊の可能性について事前に十分な情報が得られず，破壊と非破壊の可能性を等確率として評価せざるを得ないような直下型地震に対するリスクマネジメントにおいて，TI や NSI が有用であると考えられる．

図 3.7.10 は $n = 4, l = 3$ の場合の相対的な意味での分散的グラフ（$TI(G)$ = 5）と集中的グラフ（$TI(G) = 4$）及びこれらのグラフにリンクを一本追加することにより形成されるグラフ（$TI(G) = 6$）について，残存リンク数が m 以下の部分グラフのパターンを列挙している．$n = 4, l = 3$ の両グラフを比較すると，分散的グラフの方がリンク系列を含む部分グラフの割合が少ないことが分かる．

（3） 道路網整備による TI の変化

現在の道路網を予算制約の下で都市直下型地震に対してより頑健なネットワークとして整備してゆくためには，分散性の増加効果の大きい道路を重点的に整備してゆく必要がある．本節では，道路網の境界とノードの定義を固定した下で，TI による道路網の整備戦略の比較評価について検討する．

リンクが増加すると道路網の TI は必ず増加する．しかしどのノード間に新たなリンクを設定するかによって，TI の増加程度は異なる．図 3.7.11 のケース 1 はリンクを一部リンク間に集中的に整備した場合を示している．リンクが増すにつれて，ループが多数形成され，リダンダンシィを有する構造になっていくが，集中性が強いため TI の増加は小さい．ケース 1 では「整備の核」となるノードが存在し，そのノードへリンクを次第に集中させることで「整備の核」を構成要素としたループが多数形成されるようになる．整備の核と

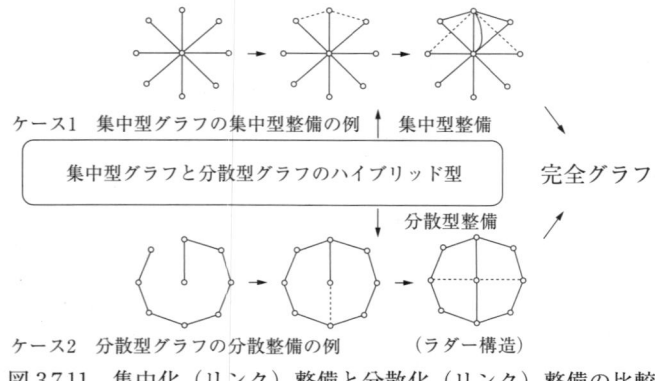

ケース1　集中型グラフの集中型整備の例　↑ 集中型整備

集中型グラフと分散型グラフのハイブリッド型　　完全グラフ

↓ 分散型整備

ケース2　分散型グラフの分散整備の例　（ラダー構造）

図 3.7.11　集中化（リンク）整備と分散化（リンク）整備の比較

なっているノードが他の全てのノードとリンクで結ばれると，さらに別のノードが新たな整備の核となり，ループ数を増大させながら，完全グラフに近づいていく．

これに対してケース2はリンクを各ノード間に分散的に整備していく過程を示したものである．リンクが増すにつれてケース1と同様にループが多数形成されているが，各ループを構成しているノードの種類に同じノードばかりが含まれていることがなく，各ノードが万遍なくどれかのループに含まれている．TIの増加は，ケース1に比べ大きい．

同一のノード数，同一のリンク数のグラフにおいてTIの値の増加が相対的に大きいような整備（リンク数の付加）をリダンダンシィの「分散化（に寄与する）整備」，TIの値の増加が相対的に小さいような整備を「集中化整備」と呼ぼう．（ただし，分散化整備か集中化整備かは同一ノード数，同一リンク数のグラフをTI値について二つ以上比較した時に相対的に定まるものである．）道路網へのリンクの付加によるリダンダンシィの性能水準の向上をTI値と関連付けて評価する上で，以下の定義が重要である．

総リンク数nのグラフGとGに1本リンクを加えた総リンク数$n+1$のグラフG'を考える．増殖度係数（proliferation factor）aはGとG'のTIの値Z_G, $Z_{G'}$の比として次式で定義される．

$$TI(G') = a\, TI(G) \tag{3.7.10}$$

ノードの数が一定のまま，より集中化に寄与するようにリンクを接続するとaは1に近い値をとり，より分散化に寄与するように接続するとaは2に近い値をとる．増殖度係数はこのようにどの程度リダンダンシィが増加したかを表わす係数である．以下ではこれを「PL係数」と略する．PL係数は必ず1から2までの値をとる．ただしaを0から1を域値とするように基準化しておく方が便利である．そこで$\hat{a} = a - 1$として，$\hat{a}$を「PL指数（PL index）」と呼ぶことにする．このとき$\hat{a}$が1に近くなればなるほど，リダンダンシィの増加は分散化に寄与しており，逆に$\hat{a}$が0に近くなればなるほど，リダンダンシィの増加は集中化に寄与していると判定できる．

図3.7.12はこのことを例示したものである．パターン1の道路網を基準に，これに各々の隣接ノード間でリンクを一つ追加した場合の$\hat{a}$の値を示したの

パターン1　　　　パターン2　　　　パターン3

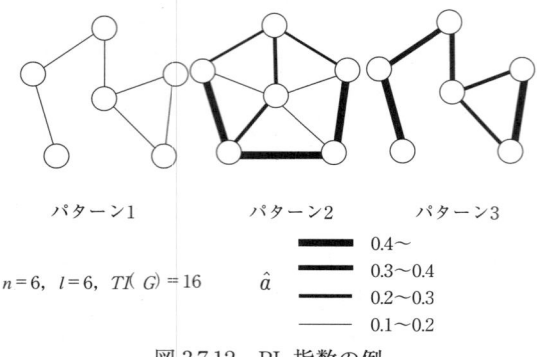

$\hat{a}$ 凡例:
- 0.4〜
- 0.3〜0.4
- 0.2〜0.3
- 0.1〜0.2

$n=6,\ l=6,\ TI(G)=16$

図 3.7.12　PL 指数の例

がパターン2である．これよりパターン1の道路網において周縁部のアーチ状のルートを形成するようにリンクを追加したときの $\hat{a}$ の値が相対的に大きく，この意味で，リダンダンシィの向上は分散化に寄与していると判定できる．大都市圏における環状方向の道路の整備は，道路網の分散性の向上という点からも意義が大きいといえよう．

　一方，パターン3の道路網は，パターン1の道路網のリンクの一つを切除したときそこが（機能不全に陥ったとき）について，TIの値がどれくらい低下するのかをを用いて示したものである．これからも周縁部のアーチ状のルートを形成するリンクの機能不全の影響が（分散化がその分低下するという意味で）大きいことが判る．環状方向の道路が存在しない場合，周縁都市が他から供給を受けるルートは中心都市のみからとなる．その場合，この放射状の道路の破壊は直ちに周縁都市の孤立につながってしまう．

　次に他の指標と道路網整備の関係について検討する．(3.7.3)式，(3.7.6)式より，TI, TII, NSI の間には，表 3.7.1 に示すような関係が存在する．リンク数が等しい場合 TI と TII の和は $\sum_{k=0}^{m} {}_l C_k = TT(G(n,l))$ であるから，リンクの配置を変更（一部のリンクを除去し，同数のリンクを付け加える）してTIが増加すれば，TII と NSI が減少する．このとき，リンク配置の変更により道路網の分散性が高まり，残存リンク数が m 以下で孤立ノード（危険地域）が発生する可能性が相対的に低くなったと考えられる（ただし残存リ

表 3.7.1 各指標の相関関係（全ノードが連結されたグラフ）

	リンク数一定・リンク配置変更		リンク追加
TI	増加	減少	増加
TII	減少	増加	増加
NSI	減少	増加	減少／増加

ンク数が m より大きくても孤立ノードが生じる可能性は存在する）．一方道路網にリンクを追加していった場合，TI 及び TII は必ず増加し，NSI は減少または増加する．

3.7.5 人口・施設分布の乖離を考慮した TI の拡張

(1) 人口・施設分布と道路網評価との関係

3.7.4 で述べたように，TI の値が大きいほど道路網は分散的で，各地区（ノード）が孤立する可能性は小さい．従って，直下型地震のような巨大災害が発生し，道路網が各所において寸断・閉鎖された場合においても，各地区は隣接する地区のいずれかへのアクセスが確保されている可能性が高い．

一方，隣接地区へのアクセス確保が防災上有効であるためには，個々の地区が自足できない機能を他地区が補完できることが前提となる．医療施設を例に挙げると，地区人口に見合った医療施設が未整備な地区と，比較的余裕のある地区が接続されることによって，必要最小限の機能確保という観点からの道路網の意義が生じる．言い換えれば，都心部に医療施設が集中し，郊外地区で医療施設が不足している都市において，郊外地区同士を結ぶ環状道路を整備しても，災害時の緊急対応に限ってはその効果は小さいものと考えられる．したがって近隣地区間で必要最小限のサービスが確保するためには，道路網だけでなく災害時に必要な施設もまた分散していなければならない．

3.7.2 で示した既存の TI は，道路網の分散性を評価するのみで，道路網と都市機能の関連性については考慮していない．そこで，TI を拡張し，人口分布と施設分布の乖離を考慮しつつ道路網を評価することを考える．

(2) 人口・施設分布の乖離を考慮した評価手法の提案

　阪神大震災の直後，被害の甚大な地区の病院には大量の負傷者が搬送された（内藤，1996）．小池ら（2000）は，杉本（1996）及び吉岡ら（2000）の研究結果を元に，①過去の災害において傷病者は近隣の医療機関へ集中し，やや離れた場所の医療機関には向かわないこと，②阪神・淡路大震災における初診医療機関への交通手段は，担架や自力歩行，自家用車をあわせた私的交通手段によるものが4割を越えており，消防などによる統制のとれた搬送活動が困難であったことを指摘している．以上の点から，災害時において傷病者はまず自分の居住地区の医療機関へ搬送され，当該地区の医療機関が不足している場合は隣接した地区の医療機関へ向かうと考えられる．

　その他の機能（避難所等）に関しても，同様の傾向が存在すると考えられる．従って災害時には，サービスに対する需要が大きい地区の内部か，その近隣に当該サービスの供給拠点が配置されている必要がある．また都市の道路網を構成するリンクのうち，必要な施設が不足している（サービスの需要が大きい）地区と，施設の処理能力に関してある程度余裕のある（サービスの供給拠点となり得る）地区を直接結ぶリンクが重要であると考えられる．このようなリンクは，災害時に地区間で機能を補完するためのリンクであり，以下では「有効リンク」と呼ぶ．さらに，一部の供給拠点に需要が集中することを回避するためには，有効リンクが都市内において分散的に配置されている方が望ましい．

　都市内の各地区に関して施設の充実度を評価し，地区内人口に対して施設が十分に整備されている地区を表すノードを「充足ノード」，施設が不足しているノードを「不足ノード」と呼ぶ．有効リンクを，不足ノードと充足ノードを直接結ぶリンク（道路）として定義し，有効リンクのみで構成されるグラフを有効グラフと呼ぶことにする．有効グラフは以下のような性質を有する．
・有効グラフは元のグラフの部分グラフである．
・有効グラフの TI は元のグラフの TI よりも小さくなる．
　元の道路網の TI に対する有効グラフの TI の比率を求めた場合，その比率が大きい都市ほど，道路網が人口分布と施設分布の乖離を有効に補正して

いると解釈することができる.

例として図 3.7.13 に示すような，都心部のノードを四つの郊外地区が取り囲んでいる形態の都市の道路網を考える．この道路網において，$TI(G) = 19$ となる．図 3.7.14 は，図 3.7.13 に示す道路網において充足ノードと不足ノードの分布を変化させた場合の有効グラフの TI を示している．ここで充足ノードは黒丸，不足ノードは白丸で表すことにする．図 3.7.14（上）の（A）のように，中心ノード（都心部）のみが充足ノードの場合，他の不足ノードは中心の充足ノードのみに依存することになり，TI も小さい．（B），（C）のように充足ノードを増やすと，TI は大きくなるが，（D）のように不足ノードが一つのみの場合 TI は再び小さくなる．充足ノードと不足ノードが近接していて分散的であるほど，有効リンクが増え，TI は大きくなるが，どちらか一方の種類のノードの数が他方よりも大幅に多い場合，有効グラフの

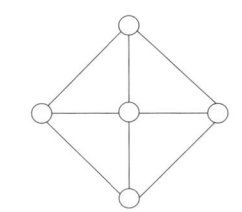

図 3.7.13 道路ネットワークの例

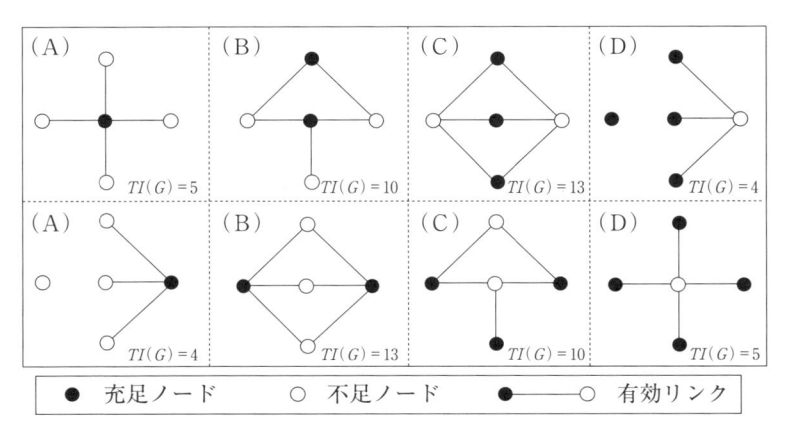

図 3.7.14 図 3.7.13 のネットワークにおける有効グラフの例

TI は小さくなる．また中心に充足ノードが存在しない場合も同様であり（図3.7.15（下）），不足ノードと充足ノードが入れ替わっても定義上 TI 値は等しくなる．

(3) 充足ノード・不足ノードの定義

各地区における，サービスに対する災害時の需要量は地区人口に比例すると仮定することができる．従って前節に示した充足ノード，不足ノードの定義に当たっては，地区人口あたりの機能水準から絶対尺度を設定することも考えられる．しかし本研究では，都市内における人口分布と施設分布の乖離を道路網の構成によってどの程度補正し得るかを評価することを目的としているため，以下に示す相対的施設充実度に基づいて充足ノード，不足ノードを定義する．その手順は以下の通りである．

(1) 都市全体の施設数に対する各ノード（地区）の施設数の割合（F_i：相対的施設充実度）を算出する．つまり式で表すと，

$$F_i = \frac{f_i}{\sum_i f_i} \quad f_i：各ノードの施設数 \tag{3.7.11}$$

となる．また都市全体の人口に対する各ノードの人口の割合（P_i：人口比）を算出する．つまり式で表すと

$$P_i = \frac{p_i}{\sum_i p_i} \quad p_i：各ノードの人口 \tag{3.7.12}$$

となる．

(2) それぞれの地区において人口比と相対的機能充実度の差（P_i-F_i）を算出し，その値が正となるノード（$P_i > F_i$）を相対的機能不足ノード（Relative Shortage Node），負となるノード（$F_i > P_i$）を相対的機能充足ノード（Relative Abundance Node）として定義する．

相対的機能充足ノード（以下，RAN），相対的機能不足ノード（以下，RSN）の分類は，都市内部の人口分布と機能分布の乖離の程度に基づいて決定されるものである．したがって，都市全体の機能の集積が少ない場合には，充足ノードであっても当該地区で発生した需要に十分対応できないことも起

こりうる．すなわち有効グラフは，特定の機能の集積量を所与として，それを都市内でできる限り平等に利用するために有効なリンクのみで構成されたグラフである．

(4) 適用例

ここで，3.7.5(3)において提案した評価手法を，山口県の宇部市（阿知須町を含む）と下関市に適用する[3]．宇部市については中学校区，下関市は支所管轄区域をノードとして定義し，リンクは国道及び県道を対象としている．両市のノード数はともに13である．施設としては，災害時において最も重要な機能の一つである医療機関に着目し，山口県地域防災計画（山口県防災会議，1995）に記された宇部・下関市内の病院及びその病床数を使用した．人口に関しては，宇部市の中学校区別人口，及び阿知須町の人口については，平成12年10月現在の住民基本台帳に基づいたデータを使用した．また下関市の支所管轄区域別人口は，国勢調査のデータを基に，下関市が転入出を集

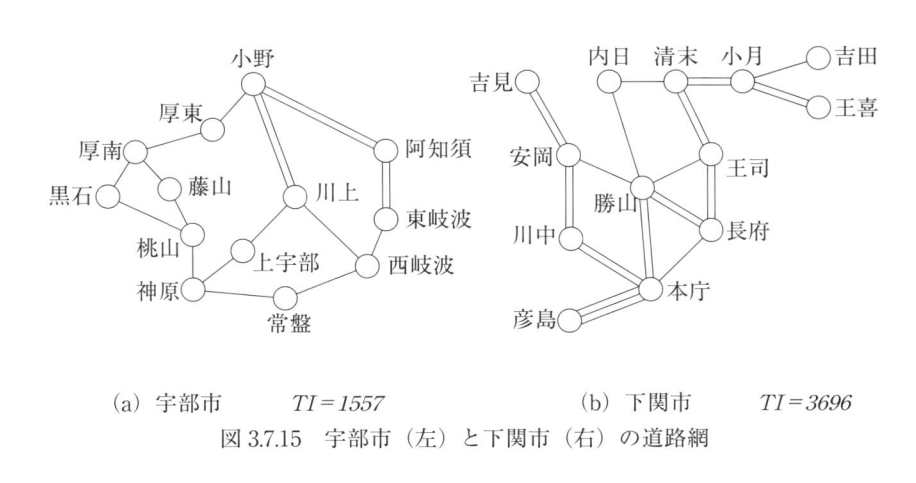

(a) 宇部市　　$TI = 1557$　　　　　　(b) 下関市　　$TI = 3696$

図 3.7.15　宇部市（左）と下関市（右）の道路網

3　宇部市は平成16年に楠町と合併したが，ここでは合併前の旧宇部市域のみを対象としている．同様に，下関市は平成17年の合併以前の市域を対象としている．また阿知須町は，平成17年に合併により山口市の一部となった．また，病院の移転，病床数の変動などにより分析結果が変化し得ることに留意されたい．

計した．平成 12 年 3 月 31 日現在の推計人口を用いた．

宇部市及び下関市の道路網をノードとリンクからなるグラフとして示す（図 3.7.15）．両市の TI の値をみると，宇部は 1557，下関は 3696 となり，下関の方が宇部よりも倍以上大きな値となっている．

まず，負傷者の一次的な搬送及び応急的医療活動の拠点という観点から，病院数の分布に基づいて有効グラフを決定する．相対的機能充実度（F_i），人口比（P_i），及びその差（P_i-F_i）を表 3.7.2（宇部市），及び表 3.7.3（下関市）に示す．またその結果から両市の有効グラフを作成した（図 3.7.16）．前節と同様に，充足ノード（RAN）を黒丸，不足ノード（RSN）を白丸で表している．

両市の結果の比較から，以下の点が明らかとなった．

①宇部市は南東側に RAN がやや偏って分布しており，RAN である東岐波，常盤が孤立している．一方北部・西部には RSN が多く分布している．そのためリンクが大幅に欠けた有効グラフになっている．

②下関市は，多くの病院が本庁に集中しているが，都市全体としては RAN と RSN が互いに比較的隣接して配置されている．そのため有効グラフにおいては，RSN である内日は孤立しているものの，全体としてリンクはあまり欠けていない．

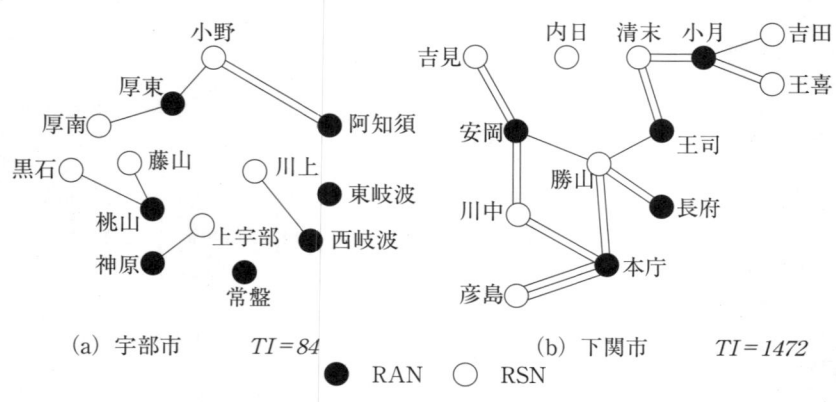

(a) 宇部市　　　$TI = 84$　　　　　　(b) 下関市　　　$TI = 1472$

● RAN　　○ RSN

図 3.7.16　病院数で見た宇部市（左）と下関市（右）の有効グラフ

表 3.7.2　宇部市の各地区の病院数

	病院数 (f_i)	相対的機能充実度 (F_i)	人口 (p_i)	人口比 (P_i)	($P_i - F_i$)	
東岐波	2	0.118	13493	0.073	− 0.044	充足
西岐波	3	0.176	19912	0.108	− 0.068	充足
川上	0	0	6605	0.036	0.036	不足
常盤	3	0.176	25772	0.140	− 0.037	充足
神原	3	0.176	10728	0.058	− 0.118	充足
上宇部	0	0	24803	0.135	0.135	不足
桃山	2	0.118	17030	0.092	− 0.025	充足
藤山	0	0	14991	0.081	0.081	不足
厚南	0	0	20200	0.110	0.110	不足
黒石	1	0.059	15808	0.086	0.027	不足
厚東	1	0.059	4223	0.023	− 0.036	充足
小野	0	0	1854	0.010	0.010	不足
阿知須	2	0.118	8793	0.048	− 0.070	充足
	17	1	184212	1	0	

表 3.7.3　下関市の各地区の病院数

	病院数 (f_i)	相対的機能充実度 (F_i)	人口 (p_i)	人口比 (P_i)	($P_i - F_i$)	
本庁	12	0.480	81405	0.320	− 0.160	充足
彦島	2	0.080	34806	0.137	0.057	不足
長府	4	0.160	31760	0.125	− 0.035	充足
王司	1	0.040	7336	0.029	− 0.011	充足
清末	0	0	5935	0.023	0.023	不足
小月	2	0.080	7169	0.028	− 0.052	充足
王喜	0	0	3685	0.014	0.014	不足
吉田	0	0	1906	0.007	0.007	不足
勝山	2	0.080	22314	0.088	0.008	不足
内日	0	0	1677	0.007	0.007	不足
川中	0	0	33664	0.132	0.132	不足
安岡	1	0.040	15342	0.060	0.020	不足
吉見	1	0.040	7330	0.029	− 0.011	充足
	25	1	254329	1	0	

以上の結果からTIは,宇部市が1557（元のグラフ）から84（有効グラフ）へと著しく減少しているのに対して,下関市は3696（元のグラフ）から1472（有効グラフ）と減少の程度が小さい．したがって,下関市の方が宇部市よりも,応急的医療活動へのアクセスが確保される可能性が高いと考えられる．

 次に,重傷者の最終的な搬送先という観点から,病床数の分布をもとに有効グラフを決定する．病床数についての相対的機能充実度及び人口比を表3.7.4,表3.7.5に示す．また両市の有効グラフは図3.7.17のようになった．病院数の場合（図3.7.16）と比較すると,宇部市においては神原が,下関市においては長府がRANからRSNに変化している．これは各病院の規模の違いから,病院数の場合よりも偏った機能分布になったためと考えられる．また両市とも有効グラフのリンクの総数が一本ずつ増えている．

 TIについては宇部市が98,下関市が1362となり,病院数の場合とほぼ同じである．リンクが増えているにもかかわらず下関市のTIが減少したのは,リンクの集中している本庁へのリンクが増えたためであると考えられる．病床数の場合も,宇部市は充足ノードにやや偏りがあるのに対し,下関市は

表3.7.4　宇部市の各地区の病床数

	病床数	相対的機能充実度 (F_i)	人口	人口比 (P_i)	($P_i - F_i$)	
東岐波	546	0.137	13493	0.073	− 0.064	充足
西岐波	1068	0.268	19912	0.108	− 0.160	充足
川上	0	0	6605	0.036	0.036	不足
常盤	691	0.174	25772	0.140	− 0.034	充足
神原	141	0.035	10728	0.058	0.023	不足
上宇部	0	0	24803	0.135	0.135	不足
桃山	943	0.237	17030	0.092	− 0.145	充足
藤山	0	0	14991	0.081	0.081	不足
厚南	0	0	20200	0.110	0.110	不足
黒石	160	0.040	15808	0.086	0.045	不足
厚東	160	0.040	4223	0.023	− 0.017	充足
小野	0	0	1854	0.010	0.010	不足
阿知須	273	0.069	8793	0.048	− 0.021	充足
	3982	1	184212	1	0	

表 3.7.5　下関市の各地区の病床数

	病床数	相対的機能充実度 (F_i)	人口	人口比 (P_i)	($P_i - F_i$)	
本庁	2901	0.685	81405	0.320	− 0.365	充足
彦島	139	0.033	34806	0.137	0.104	不足
長府	462	0.109	31760	0.125	0.016	不足
王司	183	0.043	7336	0.029	− 0.014	充足
清末	0	0	5935	0.023	0.023	不足
小月	129	0.030	7169	0.028	− 0.002	充足
王喜	0	0	3685	0.014	0.014	不足
吉田	0	0	1906	0.007	0.007	不足
勝山	62	0.015	22314	0.088	0.073	不足
内日	0	0	1677	0.007	0.007	不足
川中	0	0	33664	0.132	0.132	不足
安岡	278	0.066	15342	0.060	− 0.006	充足
吉見	80	0.019	7330	0.029	0.010	不足
	4234	1	254329	1	0	

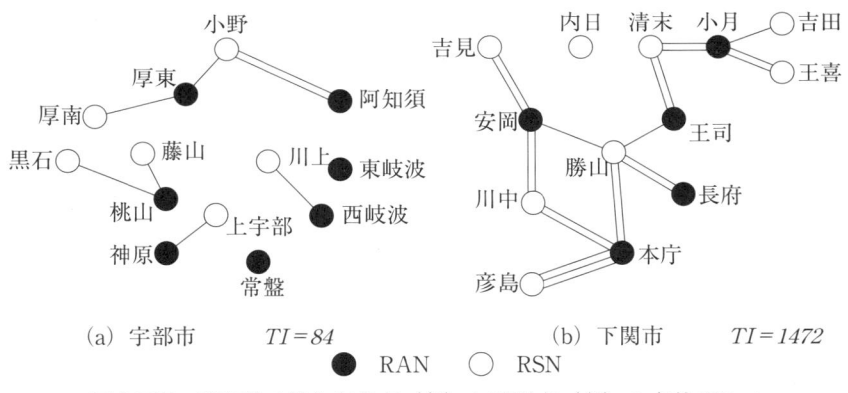

(a) 宇部市　　$TI = 84$　　　　　　(b) 下関市　　$TI = 1472$
● RAN　　〇 RSN

図 3.7.17　病床数で見た宇部市（左）と下関市（右）の有効グラフ

充足ノードと不足ノードのバランスがとれており，TI の値からも下関市の方が重傷者の最終的な搬送先が確保される可能性が高いと考えられる．

　以上の結果から，特に宇部市において，医療施設の分布に空間的な偏りが存在し，道路網がその偏りを十分に補正し得てないことが明らかになった．有効グラフの TI は，都市の災害に対する頑健性を，道路網の分散性と人口分布・施設分布の乖離の両面から総合的に評価する指標として解釈することができる．したがって現況の改善方策についても，道路網の充実と，施設分布の改善という 2 種類のアプローチが考えられる．

以下では，宇部市における具体的な改善策を，上述の二つの視点から考える．

1. 道路網の充実

中央部の不足ノードから南部・東部の充足ノードへのリンク（上宇部－常盤，川上－東岐波など）を増やすことで，中央部と南部・東部を結ぶ有効リンクを増加させることができる．その結果有効グラフの TI を大きくすることができる．

2. 施設分布の改善

不足ノードの多い北部・西部の機能を増やすことで，北部・西部の充足ノードを増加させることができる．その結果有効リンクが増え，有効グラフを元のグラフに近づけることができる．特に不足ノードと接続している不足ノード（川上，厚南など）において重点的に医療施設を配置した場合，周辺ノードにおける医療施設へのアクセスが改善される．

3.7.6 都市構造を考慮したトポロジカルインデックスによる道路網評価

(1) シミュレーションによる達成可能 TI 分布の生成

異なった都市の道路網の TI を比較する場合，各都市の都市構造の影響を考慮する必要がある．都市構造の構成要素としてはノード数とノードの地理的配置の2点が挙げられる．都市をグラフ構造としてモデル化する場合，グラフの各ノードは面的な広がりを持った地区を代表している．各地区間の隣接関係を次のような行列で定義する．

$$A_C = \begin{pmatrix} 0 & a_{12} & \cdots & a_{1n} \\ a_{21} & 0 & \cdots & a_{2n} \\ \vdots & \vdots & \ddots & \vdots \\ a_{n1} & a_{n2} & \cdots & 0 \end{pmatrix} \quad (3.7.13)$$

$a_{ij} = 1$（地区 i, j が隣接している場合），$a_{ij} = 0$（地区 i, j が隣接していない場合）

この隣接関係は，地区を代表するノードによって構成されるグラフによって表現することも可能である．以下ではこのグラフを隣接関係グラフ G_A と呼び，実際の道路網を表すグラフ G_R と区別する．一般に，ノード数が多くなるほど G_A 上で隣接するノード（都市内で平面的に隣接する地区）のペア数が増加する傾向にある．その結果，道路網のグラフ G_R のリンク総数が増加し，TI の値も大きくなる傾向が存在する．

　ノード数が同数の場合でも，ノードの地理的配置によって G_A 上の隣接ノードペア数は変化する．図 3.7.18 の例においては，左側の線状の都市と，右側の塊状の都市では G_A が異なり，実現可能な道路網の形態も異なる．この場合，左右の都市が元来有している TI のポテンシャルが異なると考えることができる．

　そこで，G_A において隣接している（リンクによって連結されている）ノード間のみ，G_R 上でリンクが設定されうると考え，都市が潜在的に達成し得る TI の分布を生成させることを考える．具体的には以下の手順に従う．

①ノードによって代表される地区の隣接関係をグラフ G_A により表す．

②①のグラフ G_A において連結されている（互いに隣接している）ノードの各ペアについて，リンクの有無（あるいはリンクの本数）を乱数により決定する．

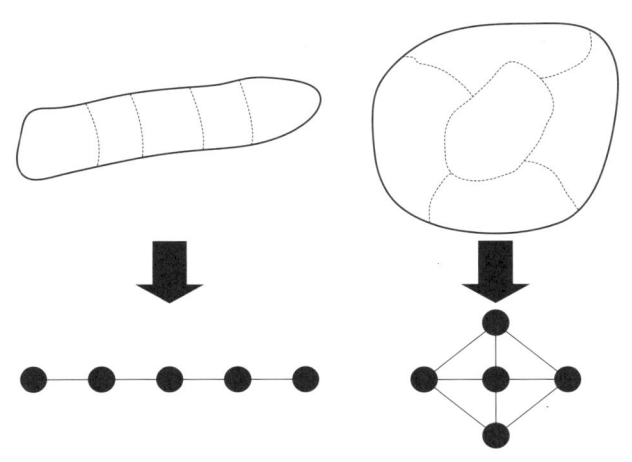

図 3.7.18　ノードの地理的配置による G_A の違い

③②で得られたグラフについて TI を計算する．
④①〜③のプロセスを繰り返し，当該都市の TI の分布を得る．
シミュレーションの結果得られる分布を達成可能 TI 分布と呼ぶこととする．

表 3.7.6 は，わが国の政令指定都市のうち，人口が 200 万人以上の東京，横浜市，名古屋市，大阪市を除いた 9 都市について，達成可能 TI 分布の平均と標準偏差を示したものである．各都市においては区をノードとして定義している．また隣接ノード間の可能リンク数を 0 本，1 本，2 本の等確率とし，試行回数は 1000 回とした．図 3.7.19 〜図 3.7.21 は，ノード（区）が同数の福岡市，北九州市及び川崎市の隣接関係グラフ G_A を示している．これらの結果より，以下のことがわかる．

- ノードの数が大きい都市ほど，達成可能 TI 分布の平均値が大きくなる傾向がある．これは，先述したように，一般にノード数が多くなるほど G_A 上で隣接するノードのペアが増加することによる．
- ノード数がともに 7 個の 3 都市のうち，川崎市は平均値が非常に小さく，ノード数 6 の千葉市をも下回っている．これは，川崎市が潜在的に達成し得る TI

表 3.7.6 各都市の達成可能 TI 分布の比較

都市名	福岡市	北九州市	広島市	神戸市	京都市	川崎市	千葉市	仙台市	札幌市
ノード（区）の数	7	7	8	9	11	7	6	5	10
平均	41.50	42.78	123.91	179.14	1250.26	23.70	28.15	14.78	533.63
標準偏差	21.98	22.93	72.55	117.25	783.90	14.62	14.26	6.90	336.51

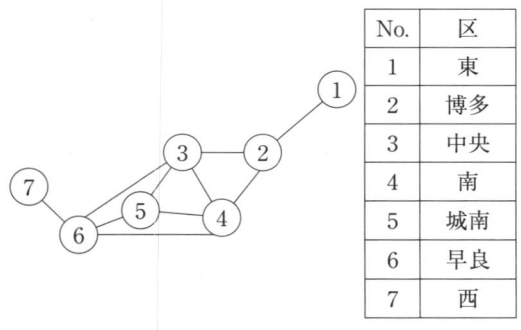

No.	区
1	東
2	博多
3	中央
4	南
5	城南
6	早良
7	西

図 3.7.19 福岡市の G_A

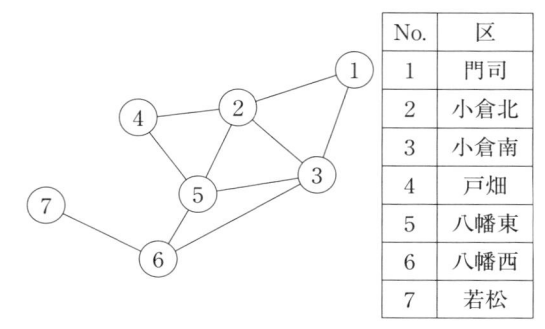

No.	区
1	門司
2	小倉北
3	小倉南
4	戸畑
5	八幡東
6	八幡西
7	若松

図 3.7.20　北九州市の G_A

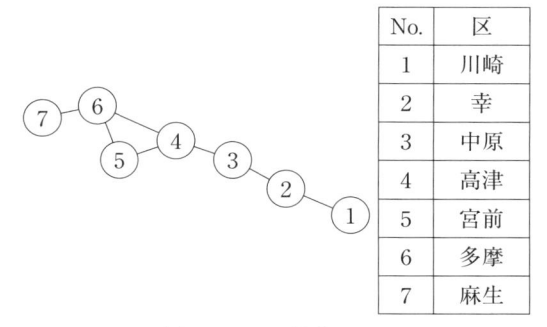

No.	区
1	川崎
2	幸
3	中原
4	高津
5	宮前
6	多摩
7	麻生

図 3.7.21　川崎市の G_A

の水準が他の都市よりも低いことを意味している．このような差異が生じる理由は，川崎市の地理的形状に起因している．図 3.7.21 に示すように，川崎市は各区が帯状に分布しており，隣接ノードペア数が少ない．一般に TI の値は，ノードが塊状に分布する都市では大きく，帯状に分布する都市においては小さくなる．

(2)　都市間の TI 達成水準の比較

3.7.6.1 において生成させた達成可能 TI 分布に対する実際の TI の超過確率を求めることにより，都市のポテンシャルに対する実際の道路網の達成水準を知ることができる．図 3.7.22 の例においては，都市 B の達成可能 TI 分

布の方が平均値が大きい．これは，都市 B は潜在的に都市 A よりも高い TI を実現し得ることを意味している．一方実際の道路網の TI に対する超過確率を比較すると，都市 A の方が小さい．この結果，都市 B の方が TI の値が大きいにも関わらず，都市 A の方が都市のポテンシャルに対する達成水準は高いと考えられる．

図 3.7.23 〜図 3.7.25 は，例として，福岡市，広島市，仙台市の高速道路，国道から構成される道路網 G_R を示している．道路網の TI の値は，図中に示すように，それぞれ 48，78，31 となり，広島市の TI が最も大きい．一方各都市の達成可能 TI 分布から求めた超過確率は 32.3%（福岡市），68.3%（広島市），1.4%（仙台市）となる．仙台市は超過確率が非常に小さく，すでに高い達成水準を実現している．一方広島市は，高いポテンシャルに対して現

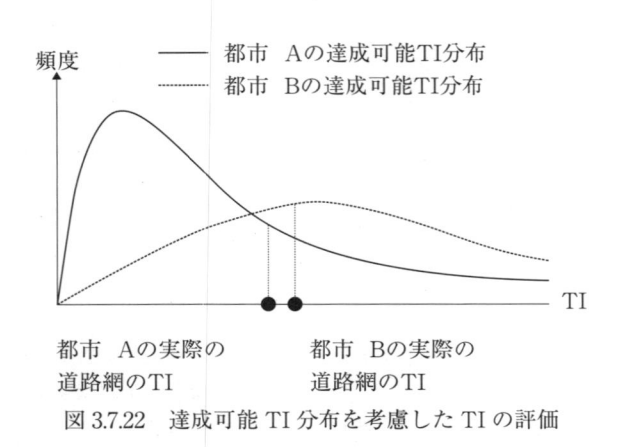

図 3.7.22　達成可能 TI 分布を考慮した TI の評価

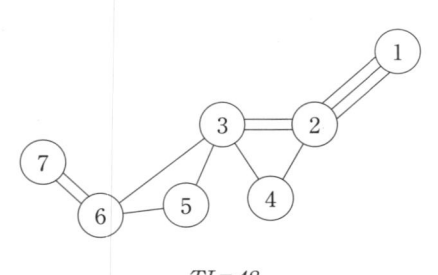

$TI = 48$

図 3.7.23　福岡市の G_R

$TI = 78$

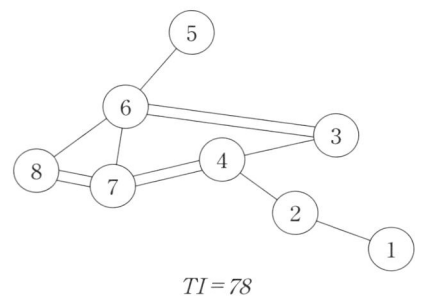

図 3.7.24　広島市の G_R

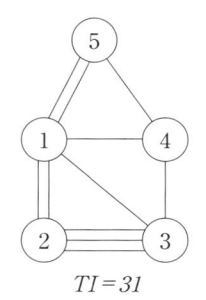

$TI = 31$

図 3.7.25　仙台市の G_R

時点における達成水準が比較的小さいため，今後の道路網整備により TI が改善される余地が大きいといえよう．

3.7.7 おわりに

　以上のように，トポロジカルインデックスは（TI）道路網の分散・集中特性の評価指標として有効である．この集中・分散特性はノードの孤立可能性と密接な関連性があることから，TI の高い道路網ほどノード（地区）の孤立回避性が高いという関係を導くことができる．一方実際の災害時においては，必要なサービスの需要量は地区人口にほぼ比例し，サービスの供給量は施設の機能水準に依存すると考えられる．従って道路網が地区間の機能補完のための手段として機能するためには，災害以前の段階で人口・施設の地

理的分布が互いに乖離していることが前提となる．3.7.5 ではこの点を考慮して，有効グラフによる道路網評価手法を示した．さらに都市によって地形が異なり，各都市は実現可能な道路網に関して異なるポテンシャルを有する．このことから，3.7.6 ではシミュレーション手法によって都市構造を反映した達成可能 TI 分布を導出し，それに基づいた現在の道路整備水準の判定手法を示した．

　TI により都市の道路網のパフォーマンスを評価しようとする場合，都市をグラフ構造としてモデル化することの意味についても考察する必要があろう．元来，都市は空間において連続的な広がりを有しており，モデル化する場合においても，グラフのような離散的構造としてモデル化されることは少ない．都市をグラフ構造として記述する場合，都市内部のさまざまな機能や人口の分布において密度に疎密があることが前提となる．さらに，災害リスクマネジメントの観点からは，分布の間で密度の高い箇所，低い箇所が異なり，分布の重なり合いが乖離していることが都市のリスク要因となっている可能性を指摘することができる．

　これらを実証的に明らかにするためには，空間情報の統計的な解析が必要となる．別稿のニッチ分析は，そのような観点から本稿のテーマとも密接な関連を有している．

3.8　ニッチ分析を用いたコミュニティの診断
——お年寄りと若者の重なり合いで地域の防災力を測る

3.8.1　はじめに

　都市にはお年寄りの多く若者の少ない地域もあれば，その逆の地域も存在しており，こうした若者とお年寄りのいわば「空間分布の不整合」の度合いは災害時の避難・救命活動に影響してくると考えられる．例えば，「災害弱者」と見なされるお年寄りや幼い子供と，他の人々とが，当該の都市や都市圏において，共に居住していたり，あるいは似た行動パターンで都市内部を移動していたりする．また，場所を同じくするということは，時間を同じくして

活動している（同期している）ということでもある．このように，同じ場所に居たり，同時に活動して共に存在したりする可能性が高いほど，災害が起こったときに，「災害弱者」が他の人々の支援を受けやすい状況にある，と推察される．事実これは阪神・淡路大震災で実際に確認されたことでもある．つまり，このような重なりの度合いの大きさが，災害に対する地域の防災力の強さを表す指標となり得るであろう．岡田・前川（1997）は生き物としてみた人間活動の住み合わせの場としてコミュニティを捉え，その状態を生態学的指標であるニッチ重なり合い指数を用いて評価することを提案している．ニッチ重なり合い指数は生態学分野において異なる生物種の「共棲」，「棲み分け」の指標として使用されている．岡田・前川（1997）は生態学における生物種重なり合いのアナロジーを用い，コミュニティを構成する年齢層を異なる生物種と見なし，その空間的な重なり合いがコミュニティの活動リスクを評価する指標になり得ることを指摘している．

　一方で，こうした若者とお年寄りの重なり合いが日常時においてはコミュニティの交流活性度を示していると解釈することも可能である．阪神大震災では多くの地域が人的・物的被害を受けた．しかし，このような被害とその後遺症に苦しみながらも，多くのコミュニティではよりよい地域を目指し，復興に向けての努力を行なっている．その結果，いくつかの地域においては区画整理などを通し，震災以前の住環境よりも表面上ははるかに整備の行き届いた地域を実現しつつある．ただし，人口分布の変化などに反映されているように，被災地域には復興の比較的早いコミュニティもあれば，やや復興が停滞しているコミュニティも存在するといわれており，その背景にはこうしたコミュニティの活力状態が影響していると考えられる．

　梶谷・岡田・多々納（2002）は，コミュニティ活性度の問題を異なる年齢層の交流活性度，あるいは「居合わせ交流度」としてみたコミュニティの活動ポテンシャルの問題とみなすことが，時間的・空間的に刻一刻と変化し，また物理的な現象として捉えることの難しいコミュニティ活力状態を評価する上で有効であることを指摘している．その際，上述のニッチ指数が交流活性度評価指標として使用可能であることに着目し，地域別復興状態との関係を議論している．

　本稿ではこれまでなされてきたニッチ重なり合い指数を用いた地域リスク

ポテンシャル，コミュニティ活力度評価の試みを実事例とともに紹介することとする．

さて，ニッチ分析で対象としている二つ以上の変数分布が時間・空間的に変容する問題は空間統計学，及び時系列解析の観点から時空間統計解析として研究がすすんできた．しかしながら，そこにはニッチ分析においてなされる可能性があろう人間生態学的な行動としてみた意味付けは組み込まれていない．そこで本稿ではコミュニティの活動ポテンシャルの変化を評価するために，生態学指標としてのニッチ重なり合い指数と空間統計学の関連性を分析し，その解釈上のインプリケーションを加えた有効な指標についての議論をいくつか紹介させていただく．

3.8.2 人間活動の空間分布のモデル化

鉱物や植物などの空間分布を分析する手法としては，空間統計学が広く用いられてきた．この空間統計学を用いれば，鉱物や植物などと同様に人口分布の地理的集積性や距離に応じた確率的な変化などを分析することができる．

ただし，本研究で対象とする人間活動は単なる人口分布を意味するのではなく，前述したようにコミュニティの異なる年齢層の「居合わせ交流度」としてみたコミュニティ活動のポテンシャルである．この種の問題は，空間統計学の観点では異なる属性を持つ人間同士の空間的な分布重なりの問題と解釈できよう．

空間統計学の分野において，Haining（1990）は異なる2変数の空間的な分布重なりを表す指標として空間相関（Spatial Correlation）と空間的類似性（Spatial Association）の2種類を紹介している．空間的相関としてはPearsonの積率相関係数，Spearmanの順位相関係数，空間的類似性の尺度としては地理的な距離により評価したTjøstheimの指標等が紹介されている．

一方，生物学あるいは生態学の分野では，前述した生物種重なりを分析するニッチ分析に関する研究が1950年代の後半から進み，様々な種重なりの

指標が考案されてきた．ニッチ分析における重なり合いの指標は多数存在し，小林（1995）によれば上述の空間統計学で紹介されている積率相関など空間的分布重なり合いの指標全てがニッチ重なり合い指数と見なすことができると述べている．また，小林（1995）において，「個々の種のニッチ（生態的地位）は環境要因や食物などの生活資源を座標軸とする，多次元座標系中の一つの閉じた多次元空間を意味する」とHutchinsonによるニッチの定義が紹介されている．地理空間に沿って環境要因や食物資源が分布していることを考慮すると，ニッチ重なり合い指数は生物の地理空間的な重なりを包含した指標と解釈できるのである．

岡田・前川（1997）は地域コミュニティにおいて老人，若者を別々の生物種として捉え，その重なり度合いをニッチ指数によって指標化し，重なり度合いと活動リスクとの関連性を議論している．そこでは，Whittaker・Fairbanks（1957）によって提案されたユークリッド距離に関連する以下のニッチ重なり合いの指標が用いられている．

$$C_{hi} = 1 - 0.5 \sum_{j}^{L} |P_{hj} - P_{ij}| \tag{3.8.1}$$

$$P_{hj} = n_{hj} / \sum_{j}^{L} n_{hj} \tag{3.8.2}$$

$$P_{ij} = n_{ij} / \sum_{j}^{L} n_{ij} \tag{3.8.3}$$

ここで，n_{hj}，n_{ij}は種hとiの存在数であり，Lは環境変量と呼ばれる．ニッチ分析では注目する環境変量について，対象となる生物種の個々の環境傾度での分布数を使用することにより，ニッチ重なり合いが求められる．（環境傾度とは，環境変量の座標軸上における特定の一点を指す．生物の餌を環境変量とした場合は，ある特定の一種類の餌などである．）例として，水辺からの距離を環境変量として生物種の分布状況を調べることを考える．すると，水辺からの距離がどれくらいの範囲でどのように対象となる生物種が分布し重なり合っているかが，ニッチ分析の指標で表現される．岡田・前川（1997）では環境変量を居住可能な地域の数としている．環境変量の数に応じて，次元の数は増加する．P_{hj}，P_{ij}は相対アバンダンスと呼ばれる．C_{hi}は0と1の

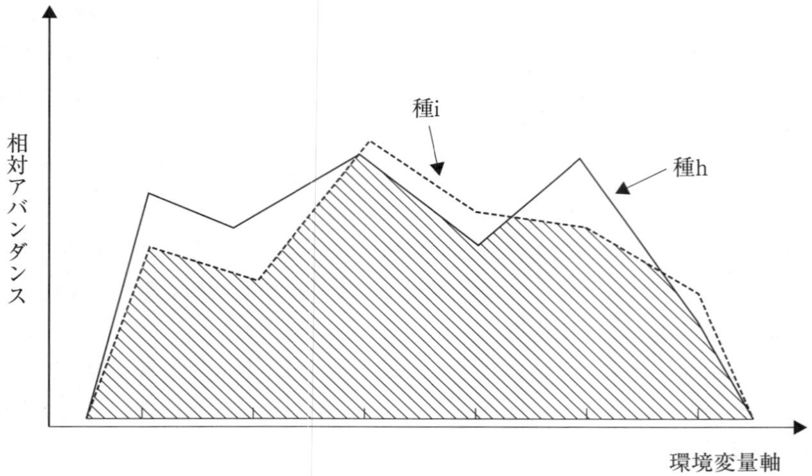

2種の相対アバンダンスの分布が重なる
面積の割合(0～1の間で変化する．)

図 3.8.1　Whittaker･Fairbanks（1957）のニッチ重なり合い指数

間で評価され，C_{hi} が 1 に近づくにつれて重なりが大きくなり，逆に C_{hi} が 0 に近づくにつれて重なりが小さくなる．右辺第二項は 2 種の相対アバンダンスの重なり部分の面積の和となるため，その意味合いの直感的な理解が容易なことから広く用いられている有効な指標である（図 3.8.1）.

しかし，生態学的な観点からこのニッチ重なり合い指数の意味付けは現在のところなされていない．その他，ニッチ重なり合い指数は数多く存在するが，生態学的な意味付けが行なわれている次のニッチ重なり合い指数に注目する．

$$\beta_{hi} = \sum_{J=1}^{L} P_{hj} P_{ij} / \sum_{J=1}^{L} P_{hj}^2 \qquad (3.8.4)$$

β_{hi} は異種の固体が「出会う確率」と同種の 2 個体が「出会う確率」との比を示しており，Lotka − Volterra モデルという生態学で用いられる競争関係モデルに含まれる競争係数の近似値として使用されている．

Pianka（1973）は，式(3.8.4)を修正した以下の式を提案している．

$$a_{hj} = \sum_{J=1}^{L} P_{hj}P_{ij} / \sqrt{\sum_{J=1}^{L} P_{hj}^2 \sum_{J=1}^{L} P_{ij}^2} \tag{3.8.5}$$

式(3.8.5)は式(3.8.4)が対称行列となるように基準化したものである．あるいは，生態学的には，同種の2個体が出会う確率の相乗平均と考えられる．式(3.8.5)を平均値まわりにおいて基準化したものがPearsonの積率相関となる．Pearsonの積率相関は以下の式により表現される．

$$r_{hi} = \sum_{J=1}^{L}(P_{hj}-\overline{P}_h)(P_{hj}-\overline{P}_i) / \sqrt{\sum_{J=1}^{L}(P_{hj}-\overline{P}_h)^2 \sum_{J=1}^{L}(P_{hj}-\overline{P}_i)^2} \tag{3.8.6}$$

ここで，$\overline{P}_n$，$\overline{P}_i$ は P_{hj}，P_{ij} の平均値を表すが，これら相対アバンダンスの平均値は $1/L$ となるため，

$$r_{hi} = \sum_{J=1}^{L}\left(P_{hj}-\frac{1}{L}\right)\left(P_{hj}-\frac{1}{L}\right) / \sqrt{\sum_{J=1}^{L}\left(P_{hj}-\frac{1}{L}\right)^2 \sum_{J=1}^{L}\left(P_{hj}-\frac{1}{L}\right)^2} \tag{3.8.7}$$

となる．ここで，ある広大な活動地域を考え，その一部地域でのみにおいて生物種が分布している場合を考えたとする．全体の活動地域が十分に大きい場合，$1/L$ は0に近づくため，式(3.8.7)が式(3.8.5)に一致する．このように空間統計学の指標を生態学的に解釈することが可能な場合も存在する．Pianka(1973)の指標は，頻繁に利用されるPearsonの積率相関に関連した指標として，またそもそも生態学的な指標としてその解釈が容易なことから，コミュニティの交流状態を表現する有効なニッチ重なり合い指数になるものと考えられる．

次に，「資源量」あるいは「資源利用可能性」を考慮した指標 LO を紹介する．「資源量」，「資源利用可能性」を説明するのに具体的に以下の例を考える．ある水辺から，ある距離にある地点に，他の地点よりも特定の生物種が多くいたとしても，それは，水辺からの距離が最適であるというだけの影響とは限らない．その距離において，その生物種が利用可能な餌などの資源が豊富にあるということかもしれないのである．よって，ニッチ重なり合いを求める上で，資源量の多寡を考慮する必要がある．ある地点において，ニッチ重なり合いを求める二つの生物種が互いに集中して存在しているとしても，資源量が他の地点に比べてその地点で豊富にあるならば，必ずしも，ニッ

チが極度に重なり合っているというわけではなくなる.

このようなことから，ニッチ重なり合いの指数LOが提案された(Hurbert, 1978). ある地点に存在する資源量を消費するのに適切な数以上に，その地点に種が存在するならば，そこでは種間に資源の争奪が生じ，種間の遭遇頻度が他の地点に比べて大きくなる．そこで，各地点での2種の遭遇頻度がその地点での資源量に対する種の数（1種の密度）の双方の積と，その地点での資源量に比例すると仮定する．このとき，種間遭遇頻度Eは次式で表される．

$$E_{hi} = \sum_j \left(\frac{n_{hj}}{a_j}\right)\left(\frac{n_{ij}}{a_j}\right) a_j = \sum_j \frac{n_{hj} n_{ij}}{a_j} \qquad (3.8.8)$$

ここで，a_jは地区jでの資源量，n_{hj}, n_{ij}はそれぞれ地区jでの種h，種jの存在数である．また，全地点に一様に資源とそれぞれの種が分布しているとした場合の種間遭遇頻度EUは次式で表される．

$$EU_{hi} = N_h N_i / A \qquad (3.8.9)$$

ここで$A = \sum a_j$, $N_h = \sum n_{hj}$, $N_i = \sum n_{ij}$, である．種間の資源利用に地区によって偏りがない場合は，種間遭遇頻度EはEUと一致する．LOはEとEUの比として次式のように表される．

$$LO_{hi} = E_{hi} / EU_{hi} = \frac{A}{N_h N_i} \sum_j \frac{n_{hj} n_{ij}}{a_j} \qquad (3.8.10)$$

この式より，対象となる2種が特定の地区に集中するほどに，LOの値が1よりも大きくなっていくことがわかる．さらに，その集中する地区が資源量の少ない地区である程LOは大きくなる．逆に，特定の地区に集中しているとしても，その地区の資源量が多ければ，LOの大きさはそれほどでもなくなる．また，一方の分布が，資源量に比例している場合，もう一方がどのように分布しているのかにかかわらず，LOは1となることが容易にわかる．（理論的にも証明可能である．つまり，資源量が全地区で同一であるならば，少なくても一方の種の分布が一様であるときに，LOは1となる．）

具体的な資源量としては，本研究では，都市内の各地区の「面積」を取る．

その理由は，人間や「場のリスク」の分布データが，一定面積の地区毎に収集・整理されているのではなく，むしろ，面積の異なる行政区画単位でしか得られない場合が現実には多いからである．その際，資源量として地区面積を採用することにより，各地区の面積の大小の差による偏りを基準化することができる．すなわち，面積の大きい地区では地区内の種の数が多くても，種の密度が小さく評価され，また，面積の小さい地区で種の数が多ければ，種の密度がより大きく評価されることになり，空間的な密度が考慮できる．

3.8.3　災害リスクポテンシャルに関する事例分析

(1)　自然災害発生危険箇所

堺市33，豊中市14の地区毎に，活断層が存在するか，台風による浸水経験があるかどうかを調べ，それぞれが「ある地区」と「ない地区」に分類した．活断層及び浸水経験のある地区では，それぞれ，地震及び浸水被害に関する「災害発生のリスク」が存在すると考えた．

(2)　利用データ

活動の種類としては，年齢層，産業，職業の3分類を取り上げるとともに，各都市・地域について時間帯別の各活動地域分布を調べることにした．これは阪神・淡路大震災が早朝以外の別の時間帯に起こっていたとすれば，被害の規模や形態が相当に異なったものになったであろうと推測されるからである．このことを共棲性や集積性という観点から何らかの定量的なリスク指標として提示しておくことが不可欠と考える．そこで，0時から23時の1時間毎か，もしくは午前4時のケースと正午のケースについて地区毎の分布の推定を行なった．午前4時のものは，夜間人口として各地区に居住する人口を表すものとした．また，正午のものは昼間人口のうち，各地区のおもに従業人口を表すものと想定した．推定に当たっては，第3回京阪神都市圏パーソントリップ調査結果（1993）を用いた．パーリントリップ調査結果データ

表 3.8.1 推定標本人数分布データの例（サンプル率 3%）（単位：人）

豊中市 昼間（正午）	地区番号												
	11	12	13	14	15	16	17	21	22	23	24	25	26	27
9歳以下	59	16	100	37	30	25	0	26	22	42	20	23	42	25
10歳代	78	81	200	53	79	137	3	100	32	103	60	97	67	19
20歳代	84	129	53	107	27	47	31	95	49	71	66	48	53	43
30歳代	86	58	97	81	38	49	19	73	79	89	75	53	77	43
40歳代	102	66	83	91	50	69	14	115	107	88	102	50	73	72
50歳代	71	53	44	78	39	61	8	121	67	69	59	25	54	65
60歳代	54	33	40	40	17	46	4	66	53	39	38	15	44	56
70歳以上	38	22	36	25	13	42	0	55	42	24	44	9	38	34

に基づき，堺市33，豊中市14，大阪市27，泉南南地域5の地区に分け，地区毎に当該活動に従事している人の数を推定した．具体例を表3.8.1に示す．なお表中の数値は各地区各年齢層間の相対的な値であり，地区における実際の人数を示すものではない．ここでは，実際の人数の約3%の値となっている．

(3) 結果と考察

「共棲性」の評価：「活動」同士のニッチ重なり合い

災害に弱いと考えられるお年寄りの地域分布（70歳以上の老人）と，他の年齢層の地域分布とのニッチ重なり合いを C_{hi} 指数を用いて示したものが，図3.8.2である．これより，夜間では堺市，豊中市ともに，10代，20代の若者とお年寄りとの共棲性が高くなっているが，昼間は共棲性が低くなり，比較的に，高年齢層との共棲性が高くなっている．災害時の避難や救助活動等を考えると，若者がお年寄りと同時に「居合わせる」ことが，それだけ被害の軽減に繋がると推察される．この点，夜間は比較的良好な傾向が見られる．つまり，昼間は災害リスクが相対的に高くなっていると判断できる（図3.8.2参照）．

このような世代間のいわば「非同期居所性」の傾向に関してさらに詳しく分析を行なった例が図3.8.3から図3.8.7である．これらはニッチ重なり合い

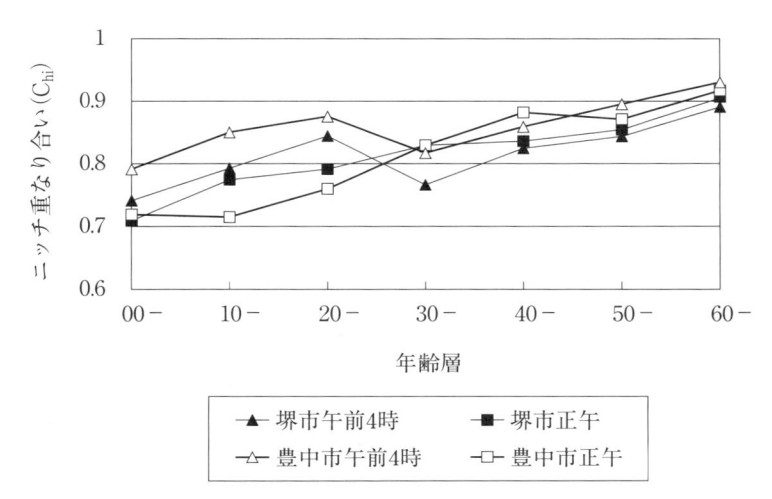

図 3.8.2　70 歳以上のお年寄りと他の年齢層とのニッチ重なり合い

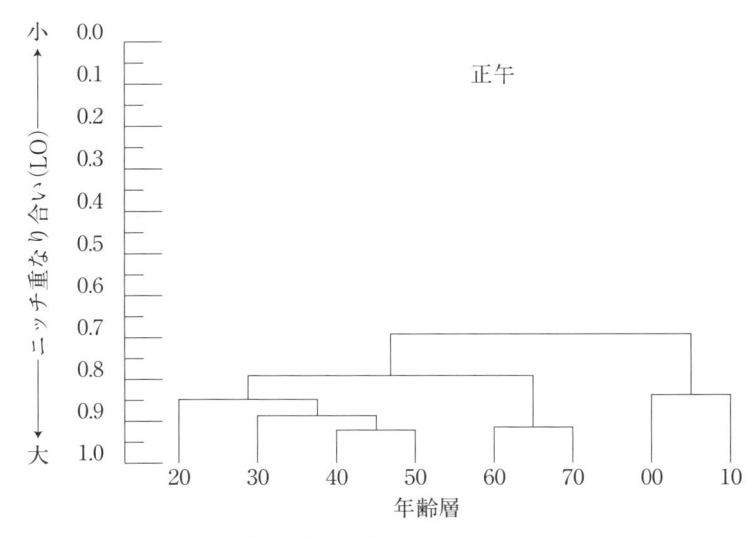

図 3.8.3　堺市年齢層毎のクラスター分析結果

の大きさ（C_{hi} 指数によって計数化したもの）を各年齢層間の親近度とみなして最長距離法によりクラスター分析を行なったものである．これにより世代間の重なり合いの構造が分かる．すなわち，堺，豊中，大阪の 3 市につい

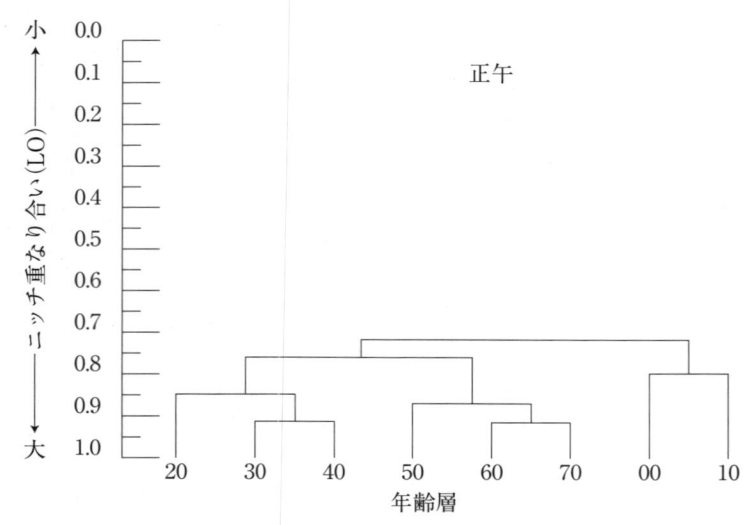

図 3.8.4 豊中市年齢層毎のクラスター分析結果

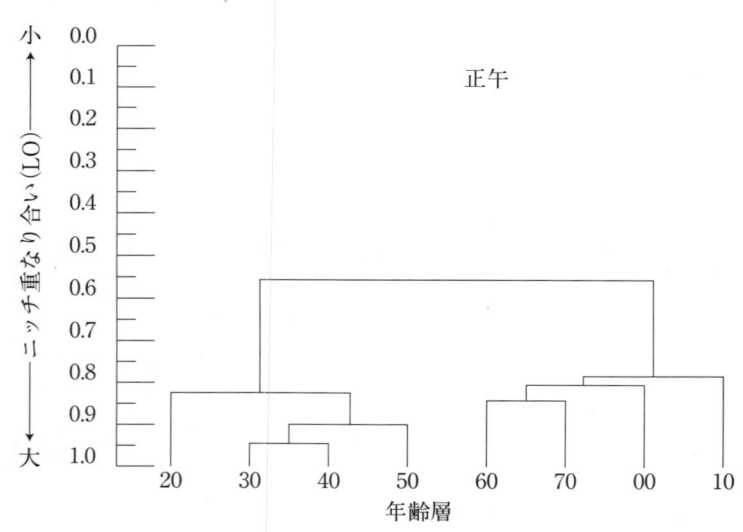

図 3.8.5 大阪市年齢層毎のクラスター分析結果

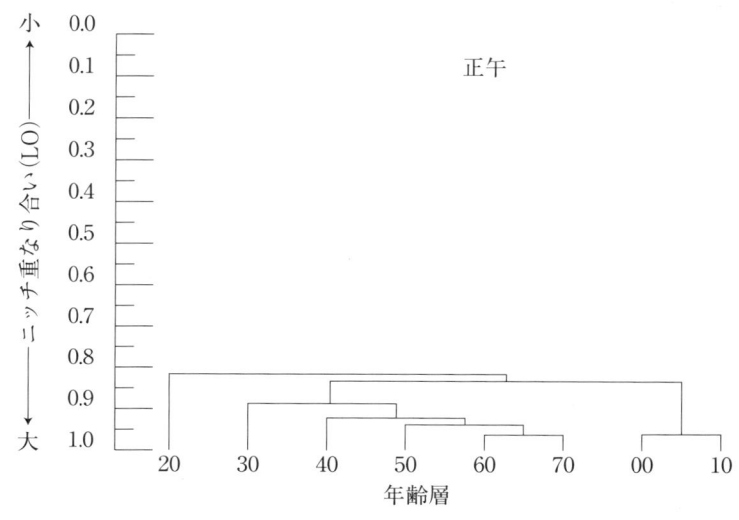

図 3.8.6　泉南南地域年齢層毎のクラスター分析結果

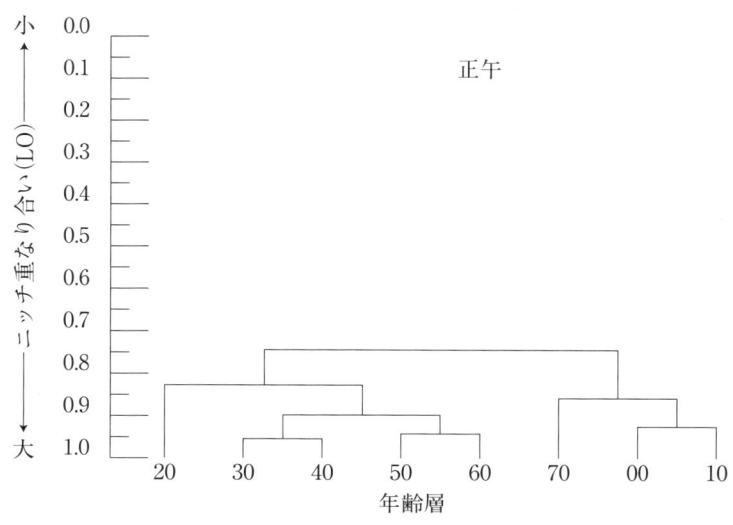

図 3.8.7　大阪府全域年齢層毎のクラスター分析結果

て0時から23時の年齢層間のクラスター分析を行なった結果，いずれも昼間においてニッチ重なり合いの低下が見られ，世代間の非同期居所性の傾向が高くなることが分かった（図 3.8.3～図 3.8.7 参照）．ニッチ分析ではこのようなクラスター分析により得られたクラスターを「ギルド」と呼んでいる．この点について特徴的な点について述べると，例えば図 3.8.5 において，大阪市では，20歳～50歳代のクラスター（ギルド）群と60歳～70歳（老人層）及び0歳～5歳（幼年層）を併せたクラスター（ギルド）群とに明確な「棲み分け」（非同期居所性）が成されている．このことは両者のギルド群がまず独立にクラスターを形成し，最後に両者がひとまとまりのクラスターに統合されることとも関係がある．そのときのニッチ重なり合いの水準は，0.6 程度となっているが，これは他の都市（図 3.8.3，図 3.8.4，図 3.8.6）と比べて，低い水準になっていることが示される．つまり大阪市は他の比較対象都市に比してそれだけ就労中程層と非就労中程層（都市災害弱者となりやすい層）との非同期居所性が顕著だといえる．

次に，大阪南部の3市町からなる泉南南地域及び大阪府全域についてのデータを加えて，正午における年齢層間のクラスター分析を行なった．その結果が図 3.8.3 から図 3.8.7 に示してある．泉南南地域よりも堺市，豊中市の方が，堺市，豊中市よりも大阪市の方が世代間の非同期居所の傾向が顕著に見られる．すなわち大都市ほど昼間の世代間の非同期居所性が高まっている．また，全都市・地域を含む大阪府全域についても同様の傾向が見られた．

(4) 「集積性」の評価：「活動」と「環境の質のリスク」のニッチ重なり合い

次に LO 指数を用いて集積性の分析を行なった．「活動」と「活動」のニッチ重なり合いと異なり，堺市と豊中市とでは「活動」と「環境の質のリスク（木造・土蔵建造物床面積）」の組み合わせの違いにより，ニッチ重なり合いの大小が大きく異なっている（図 3.8.8）．ただし，年齢層が高くなるにつれて，ニッチ重なり合いが大きくなる傾向は堺市，豊中市ともに見られ，ここでもお年寄りのリスクが高くなっており，文字どおり災害に弱い高齢者の実態が浮き彫りになってくる（図 3.8.9）．また，ニッチ重なり合いが際立って大きくなる特定の「活動」はないが，活動の如何にかかわらず，「活動」と「環

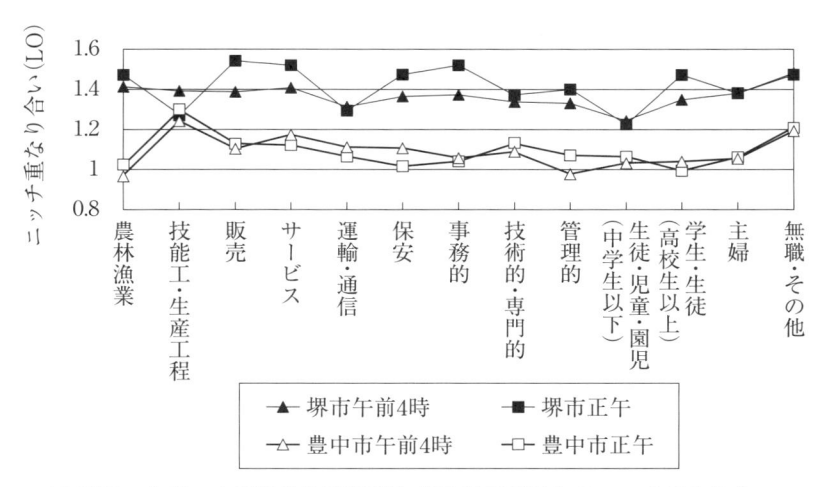

図 3.8.8　木造・土蔵建造物床面積と各職業従事者とのニッチ重なり合い

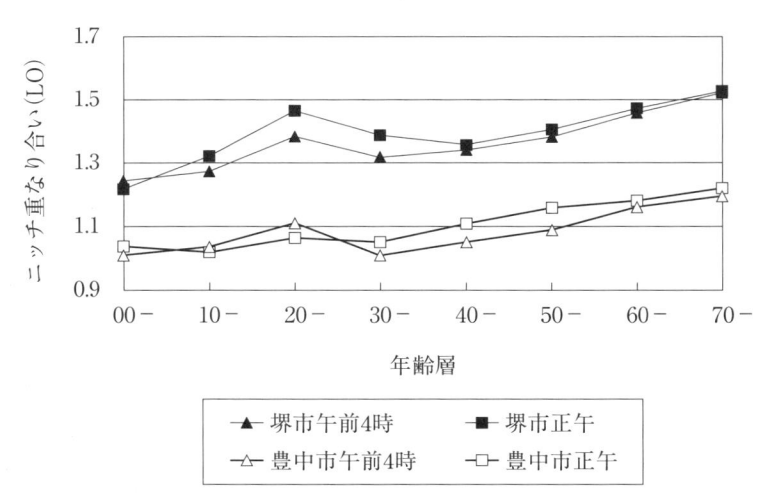

図 3.8.9　木造・土蔵建造物床面積と年齢層別人数とのニッチ重なり合い

境の質のリスク」のニッチ重なり合いも概ね1より大きくなっている．これは，「活動」が盛んで人の多い地域での「環境の質のリスク」が大きくなっていることを示すと思われる．

(5) まとめ

- 昼間から夜間に人口が都市内で大きく移動し，それに伴い，都市災害リスクも時間帯により変化する．また，「活動」間のニッチ重なり合いが，どの「活動」間でも概ね平均的に高い重なりを示す（共棲性が高い）夜間に比べ，昼間は偏りが出てくる．
- 「環境の質のリスク」とのニッチ重なり合いは年齢の高い人々ほど大きくなる傾向が見られた．年齢の高い人々ほど避難などの面でハンディを抱えていると考えられるから，この意味で高齢層における高い災害リスクの潜在性が指摘できる．
- 堺，豊中市ともに，夜間に比べて昼間の，お年寄りと若者との間の共棲性が低くなっている．この他，さらに他の地域も含めての分析の結果，昼間における「災害弱者」層と，他の年齢層の孤立居所の傾向が認められた．また，大都市ほどその傾向が大きいことがわかった．このことから，より計数的に，都市での「災害弱者」の孤立の危険性が示された．

3.8.4 居合わせ交流度としてみたコミュニティ活力度の推移と復興状態との関係

(1) 長田区西部山麓地域の概要

前述したように阪神大震災で被災した地域の中には復興の早いといわれる地域もあれば遅いといわれる地域もある．本章で対象とする長田区西部山麓地域（図3.8.10）は他の長田地域に比べて空き地が目立ち，復興が遅いといわれている地域の一つである．

しかし「復興」に対する厳密な定義は存在しない．そこで以下の指標を用い，定義することとする．

被害率
対象地域の各町丁目に対して，被害率を算定する．被害率は次式で定義する．

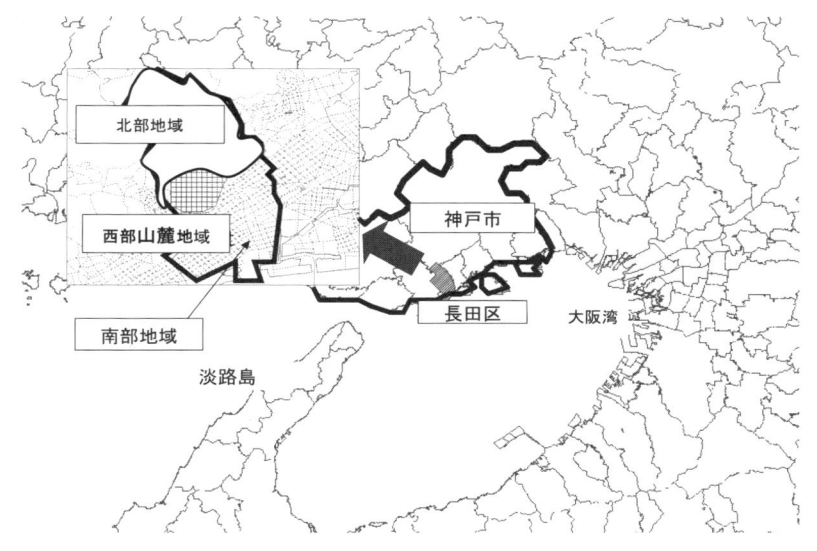

図 3.8.10　長田区及び長田区西部山麓地区

$$D = (N_N + N_P + N_V)/(N_N + N_E + N_P + N_V) \tag{3.8.11}$$

ここで，N_N：新築家屋の戸数，N_E：既存家屋の戸数，N_P：駐車場の数，N_V：空き地の数，である．

算出された各町丁目の被害率を用いて，対象地域を四分位法により分類した．被害率による分類の結果を図 3.8.11 に示す．被害率が高い町丁目は，東部から南部にかけた地域に集中している．地理的には山麓の山裾にあたる部分である．逆に，西部から北部にかけた地域は比較的被害率は低くなっている．対象地区の被害の特徴として，被害率の高い町丁目が集中し，その地域から段階的に低く遷移していることがあげられる．

復興率

対象地域に含まれる各町丁目に対して，復興率を算定する．復興率は次式で定義する．

$$R = N_N/(N_V + N_P + N_V) \tag{3.8.12}$$

図 3.8.11　被害率

　算出された各町丁目の復興率を用いて対象地域を四分位法により分類した．復興率による分類の結果を図 3.8.12 に示す．復興率の高い町丁目が南東部に集中している．対象地域全体でみると，対象地域を囲む幅員 10m 以上の道路に沿う町丁目は比較的復興率が高くなっている．復興率の高い町丁目の地形的な特徴として，丘陵地ではなく，平地であることが挙げられている．これはつまり地理的・地形的な要因によって，復興の進展状況が影響を受けることを示唆している．

(2)　物理的復興度とコミュニティ状態との関係

　ここで，高齢人口，幼齢人口，生産年齢人口の 3 種の年齢層からコミュニティが構成されていると考え，それらの空間的な重なり合いの度合いがコミュニティの「居合わせ交流度」の状態を特徴付けているとする．そして西部山麓地域における復興速度との関連について紹介する．「居合わせ交流度」の指標としては，生物学的意味付けが行なわれている Pianka の指標を用いる．まず，図 3.8.12 の復興率に着目すると，おおまかに西側に復興率の低い

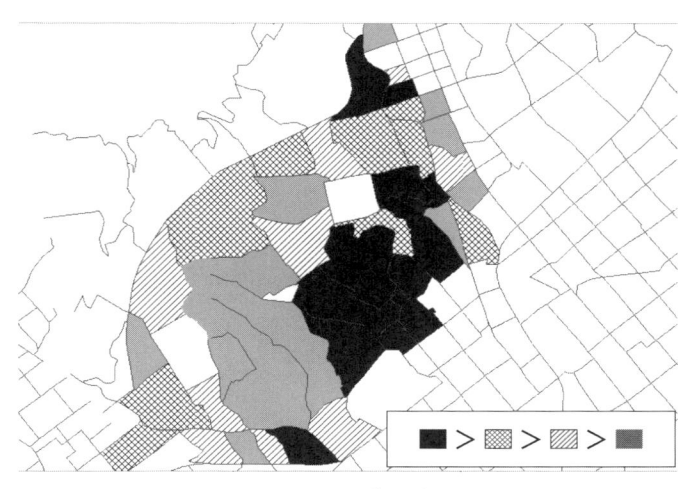

図 3.8.12　復興率

地域がかたまっており，東側に復興率の高い地域がかたまっていることがわかる．実際に，復興率の低い地域（下位クラスター一番目と二番目の地域）が連続している部分と，復興率の高い地域（上位クラスター一番目と二番目の地域）が連続している部分を別々にとりだすと図 3.8.13 に示される二つの大きなクラスターが生じる．

　これらをそれぞれ地域 1（復興率の大きな地域），地域 2（復興率の小さな地域）と呼ぶこととする．地域 1，地域 2 の特徴を表 3.8.2 に示す．復興率の低い地域 2 は平均高度が高くなっており，山がちな地形であることがうかがえる．

　表 3.8.3 は地域 1，2 におけるニッチ重なり合い指数の経年変化を示している．地域 1，2 ともに重なり合いは減少しているが，地域 1 の方がその減少幅が大きい．つまり，コミュニティの物理的復興の度合いに反し，お年寄りと若者の交流活性度の観点からみたコミュニティ活力状況は地域 1 の方が低下しているといえる．

　しかしながら，使用された Pianka の指標には実際のコミュニティの交流活性状況に大きく影響するであろう高齢者率等は含まれていない．つまり，高齢者数，若者数は同数存在するものとして標準化された分析がなされてい

図 3.8.13　復興率の大きな地域（東側）と小さな地域（西側）

表 3.8.2　被害率と復興率及び平均最高度

	地域数	復興率	2001/1990 人口比	被害率	平均最高高度 (m)
地域1	15	0.668	0.912	0.547	35.077
地域2	14	0.634	0.805	0.389	45.077

表 3.8.3　地域1と地域2におけるお年寄りと若者のニッチ重なり合い指数の値
（Pianka のニッチ重なり合い指数）

対象年	地域1	地域2
1990	0.985	0.980
1995	0.982	0.966
2001	0.971	0.977

るに等しいという欠点を持っている．こうした点を踏まえ，交流活性度を評価するのに適したニッチ重なり合い指標やその統計学的な特性を検討する研究が進められている（Kajitani *et al.*, 2005.）．

(3) まとめ

　以上，年齢層空間分布重なり合いの時間推移と復興状態の関係を異なる年齢層の「居合わせ交流度」の観点から分析した．そして「居合わせ交流度」を評価する一つの指標としてニッチ重なり合い指標を用いることに着目した．この居合わせ交流度は前節で使用したリスクポテンシャル指標とは裏表の関係にある．使用したニッチ重なり合いの指数はPiankaにより提案されたもので，これは同種間の生物の出会い確率と異種間の生物の出会い確率の比をとったものと解釈される．そしてこうした生物学的な指標が実は空間的相関の指標と見なせることを空間統計学の観点から位置付けられている．

　対象地域とした西部山麓地区は，土地利用形態から見て復興が遅いといわれている地域である．またそれが何らかの形で地形条件や道路の狭小さなどと関連があるらしいことが指摘されている．一方，土地利用などの物理空間形態では捉えられないコミュニティの活性度や構成上の特徴などから，その復興状態の変容を観察することも必要であろう．ニッチ分析はそのような観点からの復興状態を捉えるための有効なアプローチと考えられる．

　ニッチ分析の結果，復興速度の比較的速い地域においてコミュニティの活力度が低下しているという結果が得られた．指標自体の吟味も必要であるが，物理的な復興の速い地域であるからといって，コミュニティ内部の交流活性状況が大きくなっているとは限らないという可能性を示唆している．

　また，分析の結果，地形条件や狭小な道路が復興過程における人間個々の活動，コミュニティ形態の時空間変動にも大きく影響を及ぼしている可能性が示された．この点についても今後よりミクロな視点で検討していく必要があろう．

3.8.5　おわりに

　本稿ではニッチ分析を用いたコミュニティの活動ポテンシャル評価を行なった．それらは主に異なる年齢層空間分布の不整合の度合いに着したものであり，それら不整合の度合いの大きさがコミュニティの災害時におけるリ

スクポテンシャル（潜在的危険度）や復興過程におけるコミュニティ活力の度合いを評価する指標になり得るとの解釈を行なった．リスクポテンシャル分析においては大阪府を対象とし，地域ごとの夜間，昼間における地域防災力状況の診断を行なった．その結果，昼間から夜間に人口が都市内で大きく移動し，それに伴い，都市災害リスクも時間帯により変化する．また，「活動」間のニッチ重なり合いが，どの「活動」間でも概ね平均的に高い重なりを示す（共棲性が高い）夜間に比べ，昼間は偏りがでてくるなどの知見を得た．

さらに災害復興過程におけるコミュニティの活力状況分析では物理的な復興とニッチ指数との関連性を議論した．たとえ物理的復興の速い地域であっても，こうしたコミュニティの健全性の指標ともいえる活力指標が大きいとは限らないとの結論を得ている．

以上のようにニッチ分析は非物理的なコミュニティ状態の一側面を測定する指標として利用可能である．変化する地域の診断を継続的に行なうための一つのアプローチとして，ニッチ重なり合い指標を用いた地域防災力の評価が有効となるであろう．

3.9　京都市市街地における震災弱地域分析
—震災リスク軽減のためのコミュニティの役割

3.9.1　背景と目的

阪神・淡路大震災前後から，京都市市街地周辺を通る花折，西山，黄檗の三つの断層系は活動期に入っていると言われており，早急な対策の必要性が叫ばれている（京都市消防局HP）．京都市の試算によると花折断層系で地震が起こった場合，京都市内での，圧死・焼死など全てを含む死者は4800人〜7700人にのぼると見られている（京都市消防局，2001）．しかしながら，京都市市街地に多数存在している伝統的な木造家屋の町屋・長屋の存在は，京都特有の文化や歴史から形成された文化財であり，減災目的のみによってこれらを整備縮小していくことは困難である．これは，人的な被害をハード的に軽減することが困難であることを示す．

また，我が国では急速な高齢化が進行しており，高齢者への関心は益々高くなっている．2000年度の国勢調査によれば，京都市では市全体の人口に対する割合が高齢者（65歳以上）は17.2%，後期高齢者（75歳以上）は7.4%となっている．これは他の政令指定都市と比較すると，両者とも北九州市に次いで日本で二番目に高い状況にある．人は高齢になると共に身体能力や肉体機能が低下する．これにより高齢者は，迅速な行動が困難となる．つまり，震災時における避難行動が困難になり，被災時における救助の必要性も高くなる．高齢社会への移行は免れることができない現実であり，高齢者人口の増加に伴って震災時の人的被害は拡大することは，片田らの研究（2002）からも明らかである．

　京都の防災に関する既往研究としては，大窪ら（2002）による京都の世界遺産登録社寺，国宝建造物所有社寺を対象とした防災に関する研究があるが，特定な文化財をハード面から守るための研究であり，不特定多数にある町屋・長屋などの木造家屋には適応できない．梯上ら（2003）による京都市民の防災対策行動や防災行政に対する重要性認知に関する研究では，ソフト面からの防災という視点ではあるが，市民自らが行なう防災対策行動（自助）に関する認識調査であるため，伝統的な古い木造家屋が存在する地域（高齢者が居住していることが多い）に見られる住人同士の強い繋がりから生まれる相互の助け合いによる防災行動については対象となっていない．また，高齢者と防災に関する研究では，関・熊谷（2001）の研究では老人福祉施設と住民組織の連携に関する研究があるが，ここでの老人福祉施設とは入居型のものをさしており，不特定多数存在する施設に通う高齢者を対象とした調査ではない．

　そこで本稿では，入居型の施設に入っていない比較的元気な高齢者を対象とし，高齢者を震災に対する危険要素と位置付けるだけでなく，高齢者のコミュニティを調査・分析することでソフト面からの震災リスク軽減を考察することを目的とする．研究対象地域としては，行政区画を境とするよりも，物理的に人の感情を切る道幅の広い道路の境目の方がふさわしいと考え，現在の日常生活において視覚的にも大きな境目と考えられる，北は北大路通，南は九条通，西は西大路通，東は居住地区がなくなる山までとした．まず，対象地域のハード面から見た診断を行なう．ここでは特に，大震災直後の避

難・救助に着目し，袋小路に焦点をあてた町丁目単位の震災弱地域指標を用いて脆弱性を明示的に示す．次に，ハード的な震災リスクを軽減化するためにコミュニティ，特に高齢者のコミュニティについて着目する．まず，アンケート調査をもとに高齢者の生活行動を分析する．この結果をベースとし，震災時にコミュニティが果たす役割を踏まえて，コミュニティを分類する．さらに高齢者の属するコミュニティの実態について，コミュニティに属している人を対象としたインタビュー調査をもとに，空間的な分析と考察を行なう．

3.9.2　震災時におけるリスク要因

　本章では，多くの災害の中でも震災について考える．地震は火災や建築物の倒壊などによる大規模被害を起こしやすいためである．そこで，地震が発生した場合に危険と考えられる要素を以下に挙げる．
- 高齢者（65歳以上）

　迅速な避難行動が難しく，多くの状況で他の世代の助けが必要である．また，避難生活でも孤独になりやすいために，孤独死の問題がある．
- 老朽木造家屋

　地震による倒壊，火災，延焼などの危険性が高い．特に，長屋は生活している人も多く，人的被害も問題である．
- 道幅の狭い道路

　道幅の狭い道路は，避難路としては危険であり，また防火帯としても機能しない．狭いことにより緊急車両の通行も難しく，救助や消火活動にも支障がある．そのために，延焼により被害地域を拡大させる可能性がある．
- 袋小路

　道幅の狭い道路の中でも，道幅が2m程度の行き止まりになっている路地がある．このような路地は，狭く，入り組んでいるものが多い．さらに，避難路が限定されるにも関わらず建築物の倒壊によって避難路が遮断されやすく，危険性が極めて高い．
- オープンスペース

ここではオープンスペースとは，「震災が発生し避難の必要性が生じた時（火災，建築物の倒壊など）に避難できる安全な空間」と定義する．したがって，延焼などを防ぐ防火帯の役割を果たす広い道路もオープンスペースとして考える．このような空間が少ない地域では，安全な場所への迅速な避難や，避難場所まで距離があるために危険な場所での生活を強いられるなどの可能性があり危険性が高い．

- 消火栓の範囲

　火災が発生した場合には，延焼を防ぐためにも迅速な消火活動を必要とされる．しかし，道路事情などにより，消防車などの到着が難しい場合は消火栓の存在が重要視される．ただし，位置が固定のためにホースの長さに限界があり，範囲外の地域は延焼の可能性がきわめて高い．また，消火器などとは異なり誰でも扱えるわけではない，という問題もある．

3.9.3　震災に対する京都市市街地の問題

　大地震は建物倒壊，道路閉塞，火災などの複合的な災害を引き起こし，人的，物質的な被害をもたらすことは，阪神・淡路大震災で証明された．本稿では，大震災時の人的被害の軽減化に焦点をあて，考察をすすめるものとする．人的被害の対象として，迅速な行動が難しく，避難行動に際して移動が困難な場合や，被災時における救助の必要性など，他の世代の助けが必要な場合が多い高齢者を，人的被害を引き起こす原因として火災や建物倒壊の原因となる木造の長屋・共同住宅が多く面しており，そこには高齢者が多く生活している袋小路を取り上げる．ここで，袋小路は「公道・私道を問わず，行き止まりを含む道幅の狭い路地」と定義する．道幅の狭い路地の中でも，行き止まりになっているものは避難経路が限定されるため危険であり，建物の倒壊によって道が遮断されれば，避難経路としての機能を失うことだけでなく，火災発生の際は延焼も免れられず，人的被害が深刻となるからである．

(1) 京都市の高齢社会特性

2000年度の国勢調査のデータによると，京都市において人口のうち65歳以上の割合（以下，高齢化率と表現する）は17.2%である．そのうち，65歳から74歳までが9.9%，75歳以上は7.4%となっている（15歳未満は12.7%，15歳から64歳は69.2%）．京都市（対象地域を含む区のみ）における各区の高齢化率は，1990年12.7%，1995年14.7%，2000年17.2%であり，急速なペースで高齢化が進行していることがわかる．区別の高齢化率については，上京区・中京区・下京区といった市の中心部がすべて高齢化率20%を超えており，市平均の17%を大きく超えている．2000年の京都市旧市街地における高齢化率の分布を図3.9.1に示す．

(2) 震災弱地域の定義

京都市市街地において，震災に弱いと考えられる震災弱地域の構成要素について考える．本稿では，京都に多数存在し，文化財的な価値をも見出されている袋小路をもとに震災弱地域を考察する（萩原ら，2000b）．震災弱地域の構成要素となる袋小路は道幅が狭く，避難路が限定されるためにそれだけでも危険である．しかし，袋小路の中にも様々な形態が見られるために，全てを同じ基準で考えることはできない．行き止まりが多く，角も多く入り組んでおり，距離が長いにも関わらず避難路が1カ所しかない袋小路は，単純な直線で，避難路が2カ所ある袋小路より明らかに危険性が高い．

また，火災が発生した場合に，消火栓のホースが奥まで届かないために消火活動が困難な袋小路もある．緊急車両も道路が狭いために，違法駐車などがあった場合は袋小路の入り口に到着するまでに時間を要する．そして，袋小路で生活している人が多ければ，その袋小路の危険性ははるかに高くなる．結論として震災弱地域とは，危険度が高い袋小路が多く，袋小路で生活している住民の多い町丁目とする．

(3) 震災弱地域の計量化と分布

　京都市市街地における震災弱地域の分布を明らかにするための計量化指標を提案する．京都市市街地における袋小路は単純な形態のものが大半を占めるが，中には複雑な形態なものもあり多様性がある（図 3.9.2）．

　そこでまず一つの袋小路に対する危険度を，袋小路の複雑さを表わす形態（以下に示す①〜③の項目）と，袋小路が置かれている状況（以下に示す④，

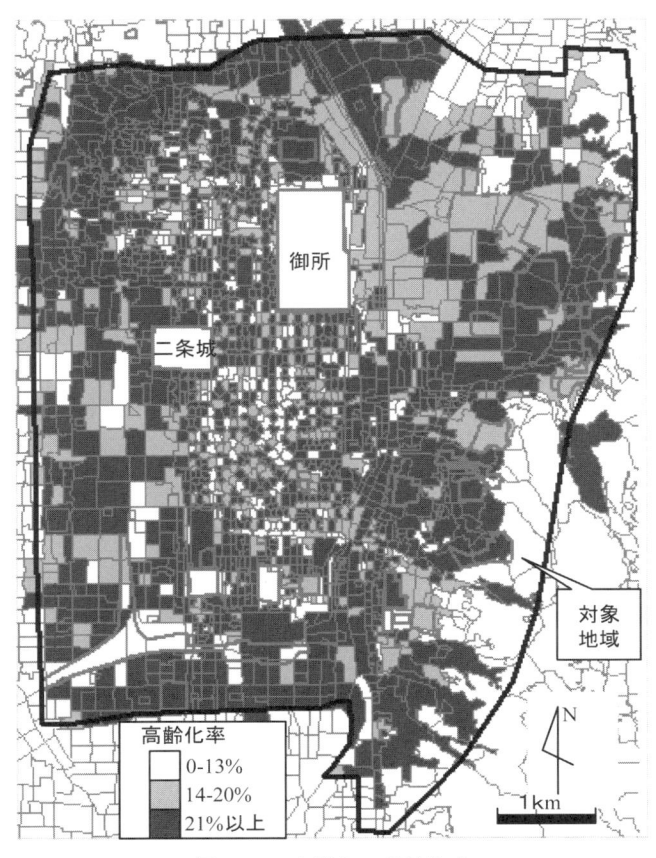

図 3.9.1　京都市の高齢化率

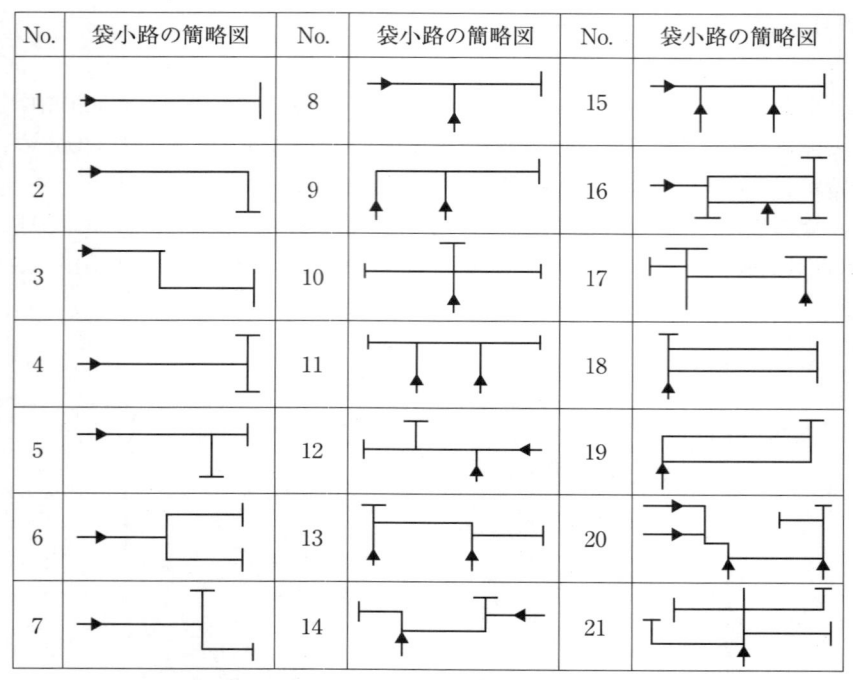

No.	袋小路の簡略図	No.	袋小路の簡略図	No.	袋小路の簡略図
1		8		15	
2		9		16	
3		10		17	
4		11		18	
5		12		19	
6		13		20	
7		14		21	

図 3.9.2　袋小路の形態（位相同形のものは省略）

⑤の項目），さらに，そこでどれだけの人が生活しているか（以下に示す⑥の項目）で定義するものとする．以下，これらの6項目について説明する．

① 入り口

　入り口が一つの場合は，建物の倒壊によって遮断された場合に避難路が失われるため危険である．また，入り口が二つ以上の場合，避難路の選択肢が増え，避難の流れも分散しやすい．よって，入り口数が1の場合，評価値を1とし，それ以上ある場合は0とする．

② 行き止まり

　袋小路そのものの危険性を考える上で重要である．行き止まり数そのものを評価値とする．

③ 角

　角が多く存在するほど，その袋小路は複雑な形態となり，迅速な避難や救

助を困難なものにする．角の数そのものを評価値とする．

④ 袋小路隣接道路幅

袋小路が隣接している道路の道幅が狭ければ，避難場所までの移動にも危険性があり，緊急車両の早期到着も期待できない．緊急車両の通行を考慮して，1本以上の6m以上道路に隣接していれば評価値0，そうでなければ評価値1とする．

⑤ 消火栓の範囲

袋小路の奥まで消火栓のホースが届かなければ火災時の消火活動が困難となる．消火栓から60m以内を消火栓からのホースの到達範囲とし，一つ以上の消火栓の到達範囲に袋小路が含まれていれば評価値0，そうでなければ評価値1とする．

⑥ 袋小路隣接家屋

隣接する家屋により，そこに生活している人を考慮する．袋小路に玄関が接している家屋が多ければ，その袋小路を生活道路として生活している人が多いと考える．人的被害は最も深刻な問題であるため，袋小路のもつ危険度は，そこに生活する人の数に比例すると考える．

以上の六つの項目により袋小路の危険度を，(3.9.1)式のように定義した．この危険度は0を基準値とし，数値が高いほど震災に対して弱いことになる．これらを，(3.9.2)式のように町丁目ごとに袋小路の危険度の合計で算出することで町丁目別の震災弱地域指標値を得る．

$$F_{ij} = (a_j + b_j + c_j + d_j + e_j)f_j \tag{3.9.1}$$

$$D_i = \sum_{j=1}^{N_i} F_{ij} \tag{3.9.2}$$

i： 対象地域の町丁目の番号（$i=1,\cdots,1719$）．

D_i：町丁目 i における震災弱地域指標値．

N_i：町丁目 i に含まれる袋小路の数．

j： 町丁目 i に含まれる袋小路の番号（$j=1,\cdots,Ni$）．

F_{ij}：町丁目 i に含まれる袋小路 j における危険度．

a_j：袋小路 j における入り口数に関する評価値．

b_j：袋小路 j における行き止まりの数．

c_j : 袋小路 j における角の数.
d_j : 袋小路 j と消火栓位置の関係に関する評価値.
e_j : 袋小路 j に隣接している道路の幅に関する評価値.
f_j : 袋小路 j にのみに隣接している家屋数.

この指標をもとにした，京都市市街地における震災弱地域の分布を図 3.9.3 に示す．

(4) 震災弱地域と高齢者分布の相関

図 3.9.1（高齢化率）と図 3.9.3（震災弱地域）を重ねあわせた結果を図 3.9.4 に示す．この図から，袋小路に隣接する家屋が多い地域が高齢者の多く居住する地域であることが分かる．3.9.3(1)の考察と合わせて考えると，上京地区（御所の西，二条城の北あたり）は特に震災リスクの高い地域と言える．同様に東山地区（対象領域の南東部分）も震災弱地域指標は高いが，上京区などの中心部とは違い，寺社が多く居住地が少ないため人口密度が低いこと，つまり，被害対象となる人口が少ないことがわかっている．

3.9.4 高齢者の生活活動調査

ハード的な震災リスクを軽減化するためにコミュニティ，特に高齢者のコミュニティについて着目する．ここでは，アンケート調査をもとに高齢者の生活行動を分析する（亀田ら，2000）．

(1) 生活活動

生活活動を，「人々が日常の生活を営む上で行なわれるあらゆる動き」（荒井ら，1996）とする．生活とは，「社会に順応して行動したり考えたりすること」（金田一ら，1996）であり，活動とは，「その場その場でのふさわしい動きを行なうこと」（金田一ら，1996），という意味を持つ．ここでは，高齢

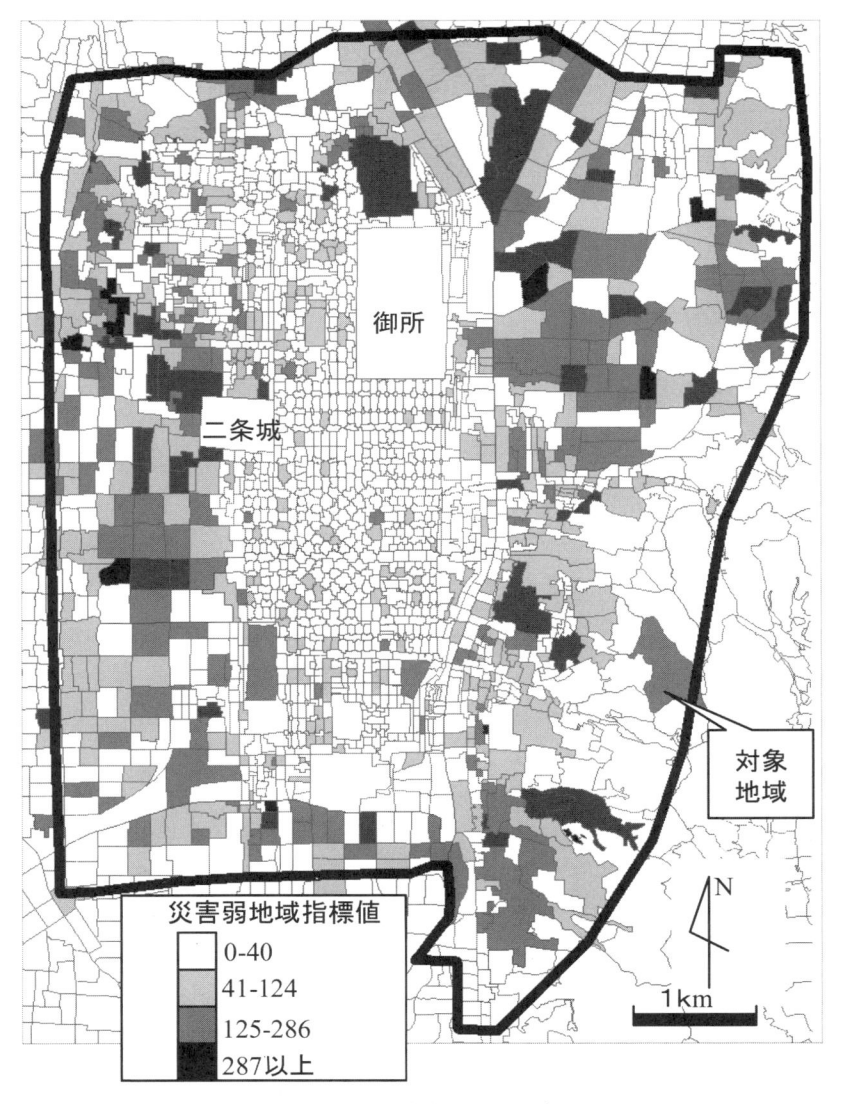

図 3.9.3 震災弱地域の分布

図 3.9.4　震災弱地域と高齢化率の重畳

者の自宅外での行動の把握を目的とし，何時，何処に出かけているかに重点を置く．

　生活活動の空間と時間の分析に関しては時間地理学の概念（荒井ら，1996）を用いる．ここではヘーゲルストランドらによって考え出された時間地理学の概念を説明する．1枚の平面地図上に時間軸として縦方向の空間を想定することにより，人間の活動を地図上に広がる1本の直線による3次元の立体グラフで表現する（図3.9.5）．この直線を活動パス（activity path）と呼び，日単位，週単位により様々な活動パスが考えられる．この活動パスは，物理的・生物学的・社会的存在として次の三つの制約（constraints）を受ける．

- 能力（capability）の制約
　人間の生物としての性質や，利用できる道具や技術などによる活動の限界を指す．前者としては睡眠，後者としては移動に関わる能力の制約である．

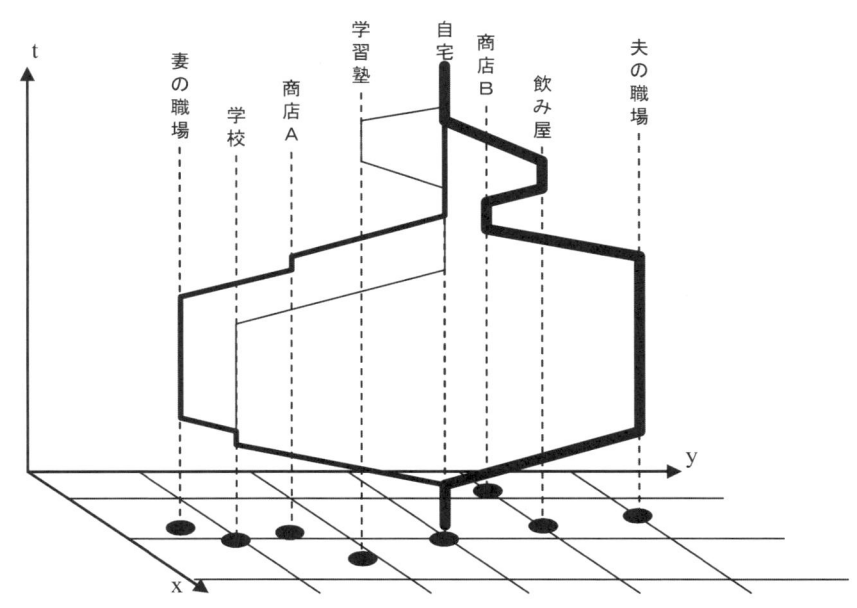

図3.9.5　家族の活動パス（参考文献：荒井ら，1996）

移動に関わる能力の制約はプリズムの概念により説明される．これにより，人間の行動による選択肢の幅が表現される．
- 結合（coupling）の制約
他人との接触や道具や物との結びつきを必要とされる活動の制限を指す．その結果生じる複数の活動パスの束を作っている状態をカップリング，活動パスの束をバンドルと呼ぶ．
- 権威（authority）の制約
社会的な規則や習慣により，活動の自由が制限されることを指す．とくに明示的な規則や暗黙の習慣により個人や集団をコントロールしている空間をドメインと呼ぶ．

これらの制約は，日常の生活活動の分析や，震災時の避難行動にも重要な制約として関わってくる．

(2) アンケート票の作成

以上の生活活動と時間地理学の概念を基に，アンケート票を作成する．この目的は以下のようである．

- 都心部で生活している高齢者が，快適性（自然や公園の豊かさ，雰囲気）・利便性（交通，買い物，通院が便利）・人間性（友人，知人との付き合い）のどれを優先しているかを把握する．
- 他の世代との交流の有無により，自宅で震災が起こった際の迅速な救助の可能性を把握する．
- 高齢者の生活活動を把握し，震災弱地域のデータベースと照らし合わせる．
- 震災が発生した場合の高齢者の避難先を把握し，高齢者が集中しやすい施設や場所，日常生活における利用頻度を把握する．

また，高齢者のアンケート調査はプライバシーの問題が絡み，行政組織を通じた一般的な標本数の確保が不可能である．このため，著者の1人である萩原が個人的に元民生委員の80才の老婦人にインタビューを行ない，アンケート票を回答しやすいように修正し，上京区の民生委員と上京区の老人クラブ連合会会長を紹介していただいた．民生委員から紹介していただいた高

齢者に20通（お願いした方による直接聞き取り），萩原の母校である高校のOBに166通（郵送），上京区の老人クラブ連合会に200通（郵送），計366通のアンケートをお願いした．

アンケート項目は主に以下の項目からなる．
- 家族構成
- 居住年数
- 生活空間への意識
- 他の世代との交流
- 生活活動
- 震災時の避難場所
- 地域への今後の希望

(3) 調査結果とその考察

結果として207通の回収を得ることができた．回収率が5割以上あり，高齢者自身も身近な問題として捉えていると考えられる．ただし，郵送でのお願いであること，また対象が高齢者ということもあり，回答が困難だったものと考えられる．そのためここでは，その中の高齢者の有効回答である92サンプルのみを分析し，考察する．

家族構成は「高齢者夫婦のみ」（46人）と「高齢者の独居」（8人）で半数を超えており上京区における高齢者問題を再認識させられた．また，「戦前より上京区で生活している高齢者」も約半数（46人）と京都独自の文化を受け継いできている人が多いと思われる．そのためか，8割以上の高齢者が「このまま上京区に住み続けたい」と回答している（83人）．理由としては「利便性」（64人），「人間性」（44人），「快適性」（32人）の順に挙げられていた（複数回答）．高齢者は生活範囲が狭いために，範囲内に多くの施設がある都会の方が住みやすいと考えられる．また，長年住んでいるために隣近所の付き合いが減少したことや，町並みが変化してきたことを過去と比較してしまい，「人間性」や「快適性」の関心が薄れてきているのでは，と考えられる．他の世代との交流については，約半数が「ある」と回答した（57人）．もっと若い世代との交流は必要であると考えられる．生活活動では，「病院」

(40人，多い時間帯9時〜11時），「商店街」(27人，多い時間帯13時から15時），「スーパー」(20人，多い時間帯9時〜11時，13時〜17時），「趣味・習い事」(34人，多い時間帯13時〜15時）で自宅外にて活動している高齢者が多いことがわかった．

震災時の避難場所は，「学校施設」(52人）が最も多く，「御所」(29人），「公園」(25人）の順であった（複数回答）．「学校施設」は上京区内に数多く分布しており，身近な施設のために多くの人が挙げたのであろう（家から近いため 42人）．「御所」，「公園」が選ばれたのは，これらが高齢者にとって「学校施設」よりも近いという理由である．現に「御所」，「公園」選んだ中の9割もの高齢者が理由として「家から近いこと」(50人）としている．また，全体的に「場所をよく知っているため」(43人），「広いスペースがあるため」(39人）が挙げられている（複数回答）．

地域への今後の希望としては，「現状維持でよい」という意見と「道路を広く」「車が危険」と正反対の意見が見られた．また，「若者との交流を」や「新しい住民もとけ込みやすい」のように高齢者自身も将来の街の住民構成に不安を抱いていることが見られた．

(4) 生活活動のパターン化

ここでは，アンケートの結果である生活活動をパターン化することによって，分析を行なう．そこで，時間帯ごとに高齢者がどの町丁目にいるかを把握し，震災弱地域のデータベースと照らし合わせる．これにより位置データと時間データから震災弱地域を把握するとともに，防災・減災計画の提案を行なう．パターン化の際には高齢者は全て徒歩で生活活動を行ない，最も近い町丁目にある施設を利用すると仮定する．医療機関は継続的な通院が必要とされる病院，診療所，内科，整形外科，接骨，鍼灸のみとする．施設の位置が推定できないもの（趣味・習い事の場，仕事場，親類・知人の家，その他）は自宅に滞在していないが，外出していると考える．また，頻度については考えない．なお，ここでは有効回答である43サンプルを用いている．

まず，3.9.3(2)で考察した震災に弱い町丁目（震災弱地域）に住んでいる高齢者が多いということがわかった．7時〜13時では，高齢者は朝から活

発に活動し，9時〜11時に多くの高齢者が病院や商店街に出かける．そして，11時〜13時に家に帰り，昼食をとるのであろう．ここでは，9時〜11時に震災弱地域の南西部に高齢者が多く集中する．また，午後では，13時〜15時に多くの高齢者が活動をする．近所の散歩や公共施設，商店街と様々な活動があるが，震災に弱い町丁目での活動は少ない．また，在宅者も少ないためにどこかでコミュニティを形成している可能性は高いと考えられる．

反対に15時〜17時では，在宅者が急増してしまう．最後に17時〜21時以降では，在宅者が大半であり，活動も近所の散歩などである．

結論として，高齢者の生活活動の多くはコミュニティを形成していると考えられる．そのために，高齢者の在宅者の多い時間帯が危険なのではないかと考えられる．今回の調査では，7時〜9時，11時〜13時，15時〜21時以降の各時間帯で在宅者が多いという結果を得た．また，震災に弱い町丁目に住んでいる高齢者も多い．特に，平日の昼間は通勤・通学している人が多いために救助の際にも問題がある．このような時間帯を考慮した防災・減災計画が必要と思われる．

(5) アンケート調査と行動のモデル化

高齢者の生活行動についてシミュレーションを行なうため以下のように考えた（神崎・萩原，2002）．まず，行動の時間帯 t を7時〜9時（$t=1$），9時〜11時（$t=2$），11時〜13時（$t=3$），13時〜15時（$t=4$），15時〜17時（$t=5$），17時〜19時（$t=6$），19時〜21時（$t=7$），21時以降（$t=8$），の8つに分類し，さらに高齢者の行動 k を利用する施設に着目した．公共施設・社会福祉施設（$k=1$），病院（$k=2$），商店街・スーパー（$k=3$），コンビニ（$k=4$），近所（$k=5$），公園（$k=6$），その他（趣味・習い事の場，仕事場，親類・知人の家）（$k=7$），在宅（$k=8$）という8パターンに分類する．そして，各時間帯 t（$t=1\cdots8$）における高齢者の行動 k（$k=1\cdots8$）に対して与える確率 p_k^t を，行動を行なう時間帯とその頻度により以下のように決定する．

時間帯 t に行動 k を行なうと答えた人の割合 $\bar{p}_k^t$ をとおく．また，その時間帯 t に行動 k を行なう頻度を r_l（$l=1\cdots6$）とし，頻度 r_l と答えた人の割合

を q_l とおく．ただし，頻度は毎日（$r_1 = 1$），週に3回（$r_2 = \frac{3}{7}$），週に2回（$r_3 = \frac{2}{7}$），週に1回（$r_4 = \frac{1}{7}$），2週に1回（$r_5 = \frac{1}{14}$），月に一回（$r_6 = \frac{1}{30}$）の6パターンとする．以上より，時間帯 t に行動 k を行なう確率は式(3)で表される．

$$p_k^t = \bar{p}_k^t \cdot \sum_{l=1}^{6} q_l \cdot r_l \tag{3.9.3}$$

(6) 高齢者の生活行動シミュレーションの方針

シミュレーションにおける主な仮定を以下に示す．

[1] 原則として，移動は上京区内のみで行なわれ，外部との流入，流出はないものとする．
[2] [1]に関する例外として「その他」の行動をする高齢者のみは上京区外へ出ているものとする．
[3] 高齢者の行動範囲は徒歩で移動できる範囲とし，半径500m以内とする．
[4] [3]に関する例外として，半径500m以内に目的とする施設が無いときは最も近い施設に移動すると考える．
[5] 高齢者は時間帯ごとの行動の後，一度居住地に戻るものとする．

上記の仮定に基づき，以下のような流れにしたがってシミュレーションを行なうものとする．

(i) 町丁目ごとにその高齢者人口に対応した確率を与え，[0,1]区間の一様乱数を発生させ対象者の居住地を決定する．
(ii) 時間帯 t に行動 k を行なう確率 p_k^t に対して [0,1] 区間の一様乱数を発生させ対象者の行動を決定する．
(iii) 居住地から半径500m以内の各町丁目について，(ii)で決定した行動 k を行なう施設の数に対応した確率を与え，[0,1]区間の一様乱数を発生させ対象者の移動場所を決定する．ただし，$k = 7$（その他）のときは仮定[2]に従う．

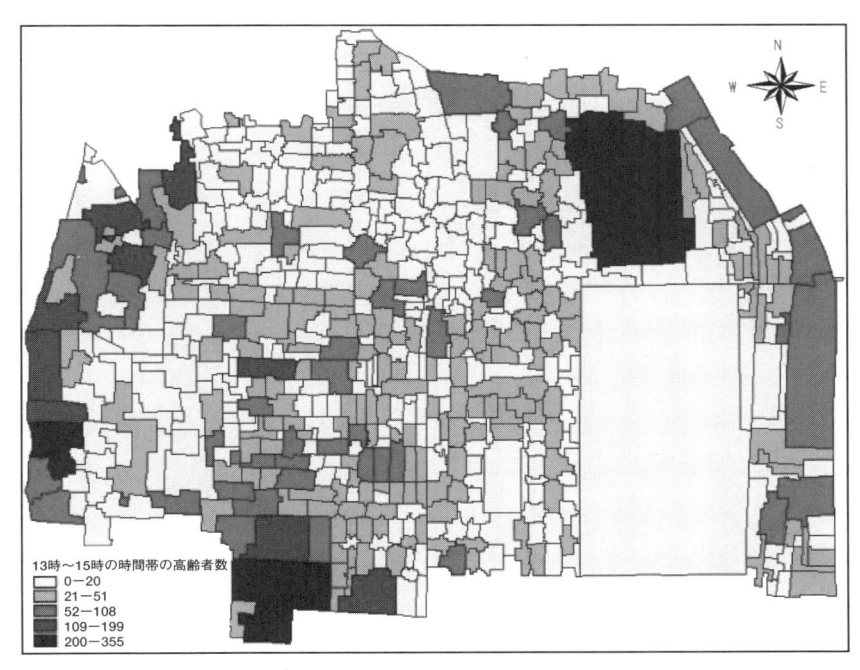

図 3.9.6　13 時～ 15 時の時間帯の高齢者分布

さらに，半径 500m 以内に行動 k を行なう施設が無いときは仮定 [4] に従う．

(7)　分析結果とその考察

　結果として得られた時間帯ごとの高齢者人口分布の一例として，13 時～15 時の時間帯の分布を図 3.9.6 に示す．また，高齢者がいつ，どこに，何のために行なったかに関する情報として 1 日の行動軌跡例を図 3.9.7 に示す．
　時間帯ごとの高齢者人口分布に関する考察より以下のことが分かった．時間帯ごとの高齢者の人口分布を見比べてみると上京区の南西部地域の 9 時～11 時の時間帯と 13 時～ 15 時の時間帯において高齢者人口の減少が顕著であった．9 時～ 11 時の時間帯は，医療施設を訪れる高齢者が多く，医療施設に恵まれていない町丁目の高齢者人口の減少が見られた．また，13 時～15 時の時間帯は南西部全体に高齢者人口の減少が見られた．この時間帯は

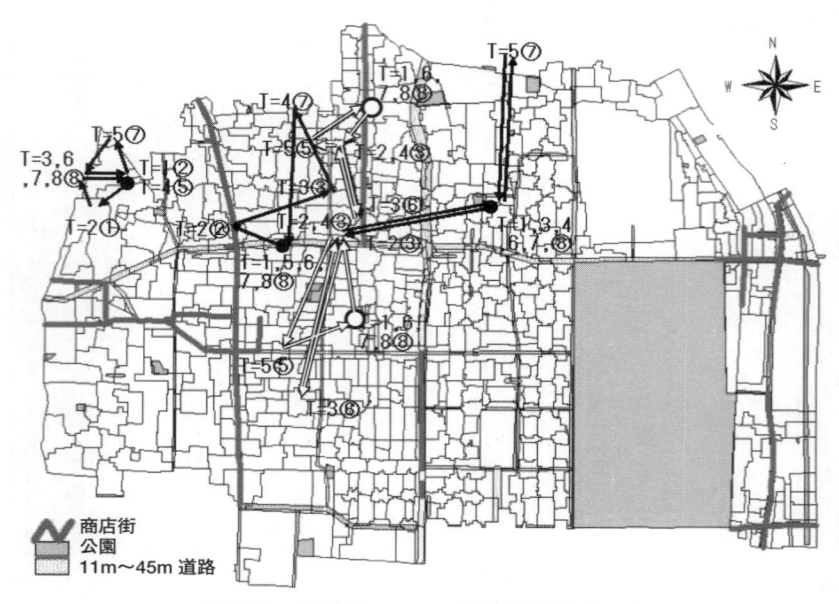

図 3.9.7　高齢者の 1 日の行動軌跡例（5 人）

商店街や医療施設など高齢者が最も活発に活動する時間帯であり，上京区外に出ている人も多いためと考えられる．また 15 時〜 17 時の時間帯には商店街などの商業施設を訪れる高齢者が多いことが分かった．

　次に，震災弱地域の分布と比較すると，上京区において特に震災に対して脆弱な地域は南西部であり，夜間に震災が起こった際には甚大な被害が生じると想定されるが，上記の時間帯においては，高齢者人口は比較的少ないことがわかる．一方，南西部は施設的にあまり恵まれていない地域であるため避難場所の不足といった問題が考えられる．

　上京区における減災計画の策定に際しては，ソフト面の対策が重要となるが，上記のような時間帯分布とともに，図 3.9.6 に示したような高齢者の生活行動をも踏まえ，商店街，病院など高齢者が集中する施設に着目して，その避難行動や施設の耐震化，地域コミュニティの構築などの対策が必要となると考える．

3.9.5 高齢者の生活行動を考慮したコミュニティの分類

ここまでの分析のアンケートや結果から対象地域には，ハード的に震災に弱い地域が点在しており，さらに現地調査による確認を行なったところ，その脆弱性の要因である袋小路には高齢者が多く住んでいることがわかった．そこで，高齢者が日常的に安心して居住できる環境やコミュニティをつくることが，震災に強い安全なまちづくりにもつながると考え，京都特有のコミュニティを調査・分析することでソフト面からの震災リスク軽減に関する考察を行なう．

(1) 震災弱地域とコミュニティ

3.9.4におけるアンケートの結果から「戦前より上京区で生活している高齢者」は上京区に住む高齢者の約40%で，居住地に対する複数回答付加の質問に対して「このまま上京区に住み続けたい」と回答したのは全体の約90%となっている．さらに，現地調査により，特に袋小路に面した家屋に住んでいる高齢者の多くは，経済的な問題でハード的な対策を行なうことは難しいことがわかった．アンケートの結果から，住み続けたい理由（複数回答可）としては，「利便性」の80%に次いで，「人間関係」が47%を占めており，高齢者は古くからの人と人との繋がりを大切にしていることが分かる．そこで，「継続性のある人と人の繋がりを生む場」をコミュニティと定義し，コミュニティに着目したソフト面からの震災時のリスク軽減化に焦点を絞ることにする．阪神・淡路大震災では，平常時からの人と人との繋がりがある，つまり，他の人からそこに居住していることを認知されていることにより，震災直後には住民による捜索・救助活動が行なわれた．例えば，阿部（2002）によると，阪神・淡路大震災時に神戸市長田区のある地域で民生委員をしていた人16名へのヒアリング調査の結果，震災時に高齢者の安否確認を行なった人は，13人であり，その理由は，全員，「心配だったから」であることがわかっている．これは，平常時から気をかけている人がいるということが，震災時でのリスク軽減に役立つことを示していると考えられる．

(2) コミュニティの構造

　高齢者が多数居住する震災弱地域として上京区を中心に現地ヒアリング調査を行なった．袋小路は道幅が極端に狭く，奥に進むと街区外からの音が遮断され，とても静かであった．同じ袋小路に面する人は，お互いが家の中に居ながらにして隣の家の人と会話できるほどであり，実際，これまでにあった軽度な災害時には，家から出ることなく安否確認を行なったという袋小路も存在した．このような袋小路の中は，高齢者が幼い頃から住み続けていることが多く，近所はみな知り合いである．つまり，袋小路に住んでいるという事実により，そこに住む高齢者にはコミュニティが存在し，発達していると捉えられる．本稿ではこれを袋小路コミュニティと定義する．袋小路コミュニティは，居住地を中心としたコミュニティのうちの一つである．他にも範囲を広くするにつれて町内会単位，小学校区単位のコミュニティなどが挙げられ，その単位の居住範囲内に住んでいることで，その単位のコミュニティに参加していることとなる．これらは順に領域が広くなっていくにつれて人と人の繋がりは希薄になっていく．袋小路コミュニティは領域が一番狭いものであることから，居住地を中心としたコミュニティの中では人と人の繋がりが一番密であるコミュニティであると考えられる．

　一方で，3.9.4におけるシミュレーションによる高齢者の生活行動分析によると，高齢者の30％以上は9時〜17時に外出しており，外出先は，時間帯によって異なるが病院などの医療施設，商店街・スーパーなどの商業施設，公園などの公共スペースとなっている．これらの場所にはコミュニティが存在する場合があると考えられる．現地調査では，ある医療施設に通う人を中心とした健康友の会があることわかっている．ここでは本人の意思により会員となり，会員同士でコミュニティが形成されている．このコミュニティは，診療所という施設を介して構成されているコミュニティであると言える．このようなコミュニティは，スーパーや銀行などといった日常生活での必要性から利用するものではなく，余暇を生かしたサークル活動などの場に存在すると考えられ，高齢者が楽しみを求めて利用する施設を中心に構成されると考えられる．ここでは，このような施設を核とするコミュニティを施設利用コミュニティと定義する．施設利用コミュニティは，明確な位置的境界を持

たない場合が多い．つまりその施設に通ってくる人が住んでいる場所の分布領域は時々で変化する．任意の施設へ意思を持って通うという所に袋小路コミュニティとの違いがある．

(3) コミュニティの相補性

阪神・淡路大震災ではでは，街区レベルで家屋が壊滅的な打撃を受ける可能性があることが証明された．震災により袋小路内において家々が壊滅的な打撃を受けた場合などには，袋小路コミュニティ内の人は全て被災者となり，助け合い活動が機能しない可能性がある．このとき有効なのは，地域外の人に平常時に認知されていることである．施設利用コミュニティは，居住地区が限定されていないために，袋小路や街区レベルでの被害があった場合にも，助け合いを行なえる可能性があるコミュニティと考えられる．また，居住地を中心とするコミュニティが受動的参加型（住んでいるだけで参加）なのに対し，施設利用コミュニティは，能動的参加型（自分の意思で通うことで参加）であるという特徴を持つ．能動的参加型は，実際に顔をあわせる時間は少ないが，意思を持った参加であるため，継続的に存在しているものは，常に活発な活動を行なっている．このため，参加者間で強い繋がりを構築できる可能性も高い．つまり，居住地を中心とするコミュニティ（特に袋小路コミュニティ）と施設利用コミュニティは空間な面，心理的な面から相補的な関係にあると考えられる．

さらに，対象地域は，近年古くからの町屋が取り壊され，マンションに代表される大規模な集合住宅の建設が至る所で行なわれている．これらの集合住宅の住人と，町屋を含む一戸建て住宅の住人は，居住地を中心とするコミュニティ活動においては，一線を引いている場合が多く，居住地を中心とするコミュニティ活動は衰退気味である．しかし，施設利用コミュニティは，能動的な参加型であるため，居住環境の変化による影響を受けることなく活動は行なわれる．つまり，居住地を中心とするコミュニティで衰退した人と人との繋がりを施設利用コミュニティが補完していると考えることができる．このことから，居住地を中心とするコミュニティと施設利用コミュニティは活動面からも相補的な関係にあると考えられる．

3.9.6 高齢者のコミュニティ活動に関する分析

　現地調査におけるヒアリングで6人から地震に対する認識を聞いた．質問項目としては，「地震は来ると思うか」「古い木造家屋や幅員の狭い路地が多数存在する地区が被災した場合は避難が可能であると思うか」などである．高齢者の中でも高齢にあたる85歳を過ぎた人は，「先のことはそれほど考えられない．日常生活における一番の心配事は自分の健康状態であり，常に死を強く意識している．」という回答であった．それに対し70代男性は「路地の中は抜け道を熟知しているので，火災発生した場合は風向きを考えて逃げれば避難可能である．」という回答であった．これらの見解相違は年齢や身体能力の違いによるものであると考えられる．現地調査の結果から考察すると，震災時には体が不自由な人ほど危険であることが言える．よって本稿では高齢者を以下のような観点から分類し，考察を行なうことにする．高齢者は，2000年4月から施行された介護保険制度（京都市保健福祉局，2002）によって要介護と認定されたか否かで分類する．国が定めた制度により要介護と認定されたということは，自立して生活することができないという点における外的基準の一つとして捉えられるからである．本稿では，要介護認定を受けている高齢者を要介護高齢者と呼ぶことにする．

　本稿においては自発的なコミュニティへの参加を想定しているため自宅で生活している要介護高齢者を取り上げる．要介護高齢者が人と触れ合うには，家に閉じこもりがちな高齢者が外に出かけていくことが必要である．京都市の介護保険制度により利用できるサービスは，在宅サービスと施設サービスの二つがある．このうち利用者が常に介護が必要で，在宅での介護が難しい場合に利用する施設サービスは上記の内容から分析対象外である．在宅サービスには，要介護高齢者が自宅に居ながらにして介護を受けるものと，施設に通ってサービスを利用するものがある．後者のサービスは，通所介護（デイサービス）と通所リハビリテーション（デイケア）の二つであり，この二つが施設利用コミュニティの場といえる．デイケアセンターでは医師による診察が行なわれる点において，デイサービスセンターと異なるが，両者とも施設が掲げる目標を「社会的交流の場」としている点においては同一であることから，ここではこの二つを取り上げることにする．デイサービスセンター

に関しては，ある施設に5回に渡る現地調査をし，サービスの提供実態調査と同時に，様々な要介護高齢者と接触することができた．デイサービスセンターでは入浴や食事の介助，レクリエーション・生活相談・健康チェックや機能訓練などを行なっている．利用している要介護高齢者は「自宅に居るよりもここの方が楽しい」と口を揃え，お互いに時を同じくすることで有意義な一日を過ごしている印象を受けた．このことから，要介護高齢者が活動するコミュニティは，自発的に人と人との触れ合いを行なうことができる施設利用コミュニティが中心であることがわかる．そこで，利用施設であるデイサービスセンターとデイケアセンターに着目した分析を行なうことにする．図3.9.8に対象地域におけるデイサービスセンターとデイケアセンターの分布と，それぞれを母点とする直線距離をもとにしたボロノイ図（岡部・鈴木, 1992）を示す．それぞれのボロノイ領域は比較的円に近く，面積も小さいことから，どの地域からも通いやすい配置になっていることがわかる．特に3.9.2 (3)において震災リスクが高いと分析した上京地区，東山地区についてみると，前者が，他地域と比べて施設の密集度が高いのに対して，後者は，施設数が少なく地域的な隔たりがあることがわかる．これ以外にも御所南，五条大橋付近に位置する一帯は他地域と比べて施設が少ないため，通いにくい地域であることがわかる．2000年国勢調査より得られる高齢者分布と要介護認定者の出現割合（2002年度京都市調べ）からこれらの地域には要介護高齢者の割合が比較的高い町丁目が点在していることが分かっているが，それにも関わらずデイサービスセンターとデイケアセンターが無いということは，要介護高齢者にとって活動できるコミュニティの場が無いこと，つまり震災リスクが軽減化されないことを意味する．そこで，震災リスク軽減化の意味からも重要であるデイサービスセンター，デイケアセンターの充実させるための考察を行なう．

　京都府社会福祉協議会でのヒアリング調査によると，現在デイサービスセンターについては，事業運営が京都市から民間に移行しつつある．また，京都市役所のヒアリング調査からは「市がデイサービスセンターを新たに設置するためには，まず予算が下りなければ話は始まらない」ということで，市の土地にデイサービスセンターをつくるより，それ以外の土地を探したほうが効率的であると考えられる．民間の事業者が京都市内でデイサービスセン

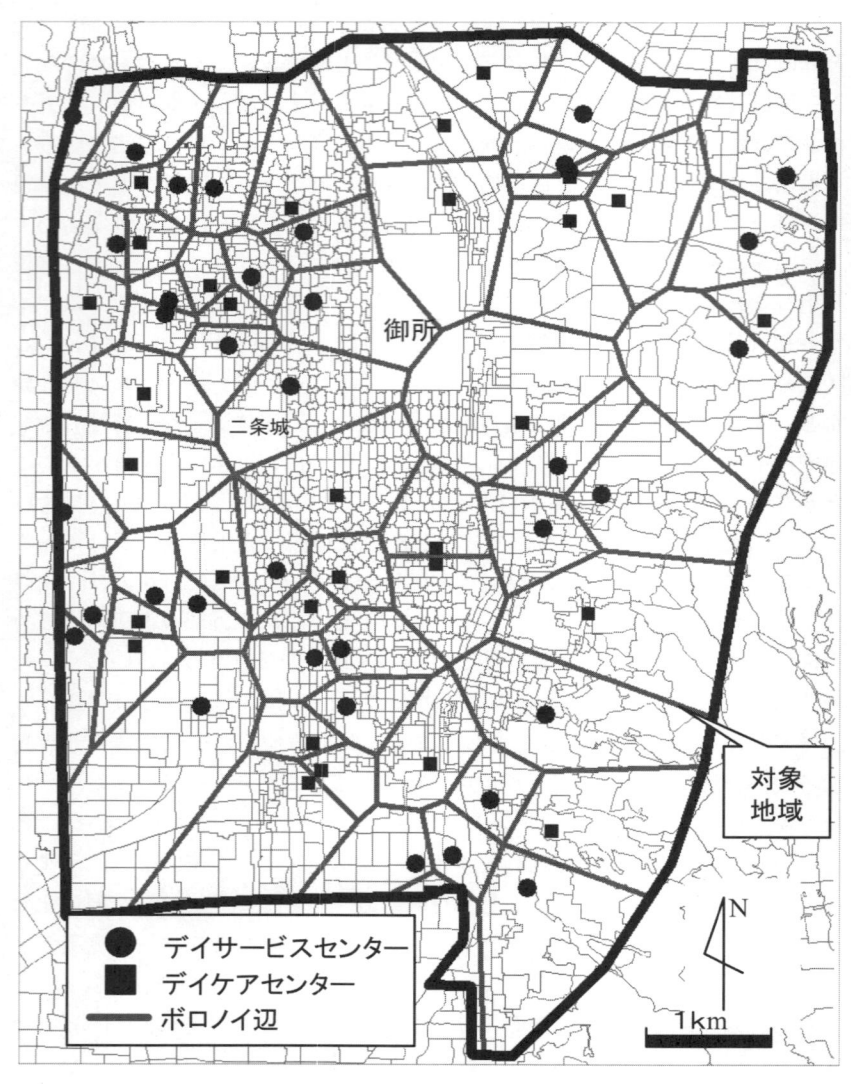

図 3.9.8 デイサービス・デイケアセンターに関するボロノイ図

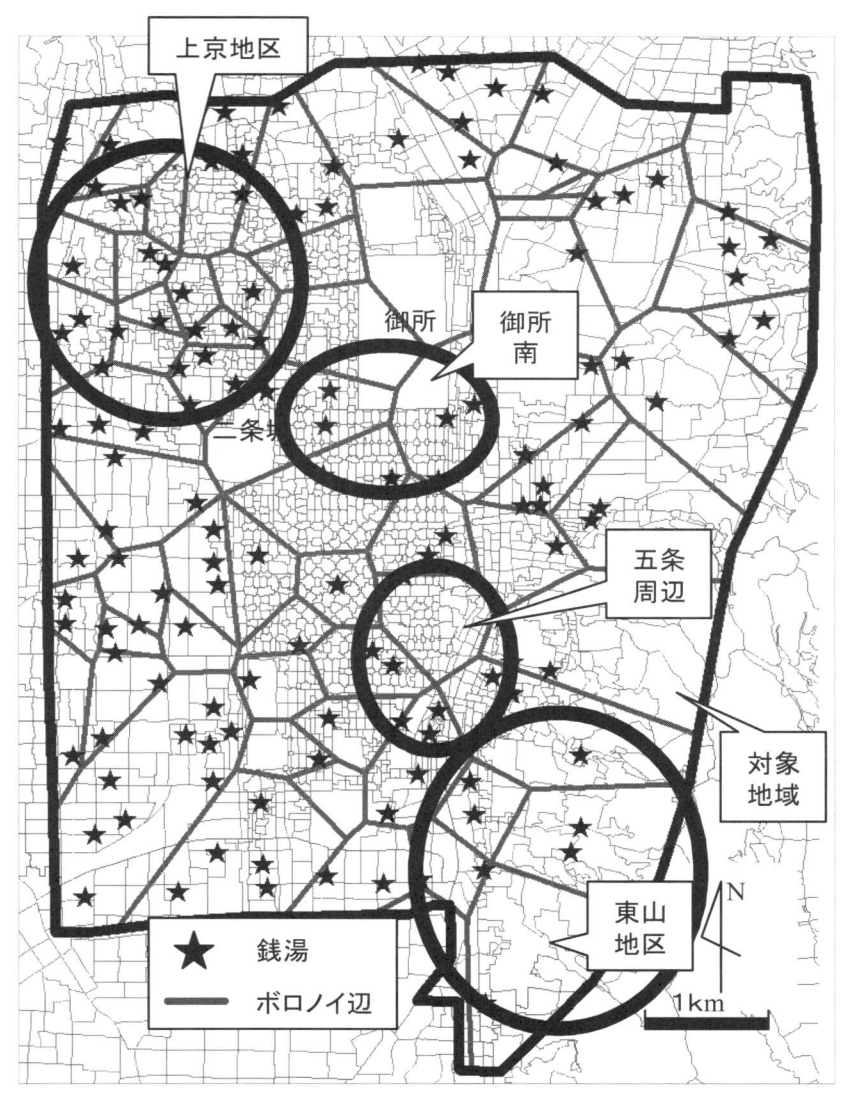

図 3.9.9　デイサービス・デイケアセンターボロノイ図と銭湯との重ね合わせ

ターやデイケアセンターの事業を始めた際に，銭湯やサウナを改造してこれらの介護施設に転用させた例が3件ある．デイサービスセンターやデイケアセンターは，要介護高齢者が介護を受けながら入浴をする目的の場であり，また古くは周辺住民のコミュニティの場として重要な役割を果たしたことから，銭湯はデイサービスセンターやデイケアセンターへの転用がもっとも有効な施設であると言える．図3.9.8のボロノイ領域に銭湯の分布を重ねた分布図を図3.9.9に示す．すべての銭湯をデイサービスセンターやデイケアセンターにすることは不可能であるが，要介護高齢者は，高齢者の中で最も行動範囲が狭いことから，要介護高齢者の立場から見れば，これら二つの施設が多ければ多いほどコミュニティの場が増えると言える．

3.9.7　おわりに

本稿では，早急な震災対策の必要性が指摘されている京都市市街地を対象とし，震災時の人的な被害を軽減することを目的として，被災対象を高齢者，ハード的な震災リスクとして袋小路，これを軽減するソフト的な手段として「継続性のある人と人の繋がりを生む場」と定義したコミュニティの活動を取り上げ，分析を行なった．まずは，袋小路の形状，周辺状況，生活者の観点からその危険度を評価する指標による地域比較を行ない，上京地域，東山地域が震災弱地域であることを明らかにした．この震災リスクはハード的なリスクであるがハードな対策のみでの防災が地域特性上不可能であることから，ソフト面からのリスク軽減化という視点に切り替えた．特にこの地域に多く居住している高齢者を対象とし，コミュニティによる助け合い活動（共助）がソフト面でのリスク軽減化に直結すると考えた．そこで高齢者が所属するコミュニティを，高齢者の居住地によって構成員が決まるコミュニティと，高齢者が通う施設を核として構成員が決まるコミュニティの存在を指摘し，後者の重要性を明らかにした．さらに，介護に関わる高齢者のコミュニティに着目し，デイサービス・デイケアセンターを中心としたコミュニティの実態と今後の課題について分析と震災リスクの軽減化まで考慮した施設の配置について考察した．

第 4 章
防災環境論

4.1 環境と防災

　環境防災の定義の仕方はいろいろあるが，ここでは計画方法論の視座（Methodology-Oriented）から論じることとする．このため，「環境と災害の認識と関係（あるいは定義）」と「計画方法論」について論じる必要がある．
　まず，環境と災害の認識と関連を図 4.1.1（堤・萩原, 2000）に示す．この図は環境が
　　ジオ：宇宙あるいは地球物理学的法則に支配される世界
　　エコ：生態学的法則に支配される世界
　　ソシオ；倫理学的・社会学的・経済学的法則などに支配される世界
という 3 つの階層システムから構成されると認識している．なおこの図におけるソシオシステムでは生活と経済のみを記述していることを断っておく．そして，この図は

　1）環境と災害の関係が「双対性（duality）」を有している．
　2）災害とは自然災害と環境（破壊・汚染・文化）災害の複合災害である．

ことを主張している．
　また，環境のシステム境界を都市・地域などに設定した場合，この図の階層は逆転し，ソシオシステムが一番外側に来る．この場合のジオ・エコシステムは箱庭自然となる（萩原ほか, 1998）．
　環境と社会は絶えず変化するため，環境と防災・減災の社会計画は本質的には循環的なものである．これを図 4.1.2（堤・萩原, 2000）に示す．なお，

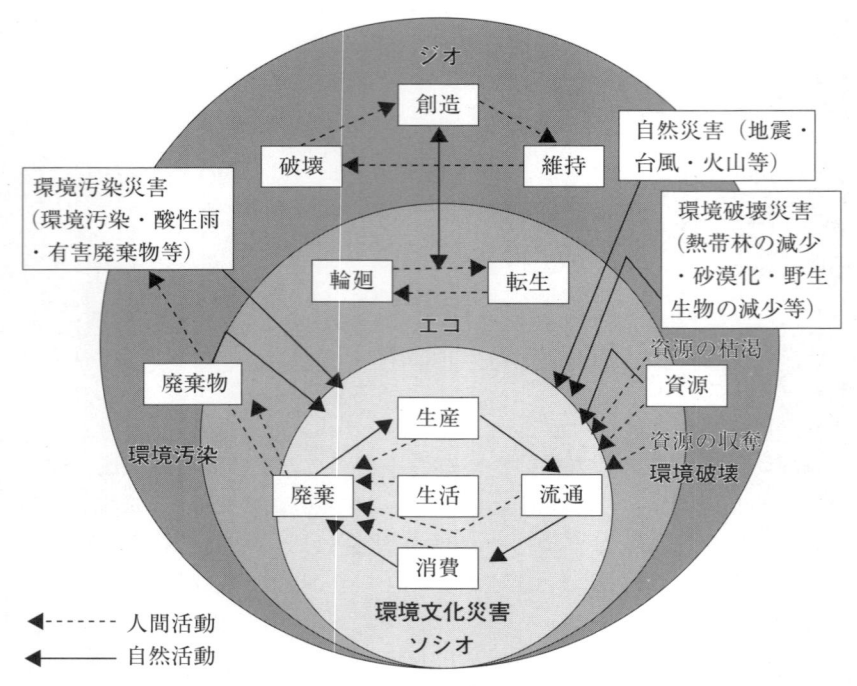

図 4.1.1　環境と災害の関連システム

　この図の中心にある t の回転は時間の経過を表している．当然，環境（と／あるいは）社会の変化に適応しえない社会システムは崩壊し消滅することは歴史が示している．

　次に，災害リスクマネジメントとコンフリクトマネジメントを包含したシステムズ・アナリシスによる計画方法論を提案する．ここでのコンフリクトマネジメントは社会的競合（たとえば国家や地域の水資源の収奪やその結果生じる洪水や旱魃リスクの増大，あるいは環境汚染被害やそれに伴う生態系や人の健康リスクの増加に起因する競合）による災害を対象とし，狭義には災害リスクマネジメントの枠組みに入れることが可能（逆も可能）である．しかしながら，地球規模で人類がエコとジオを破壊ならびに汚染している今日，とくに国際・地域紛争などに見受けられる man-made disaster に着目し別個に取り扱うことにする．こうして図 4.1.3（萩原ら，1998）を得る．

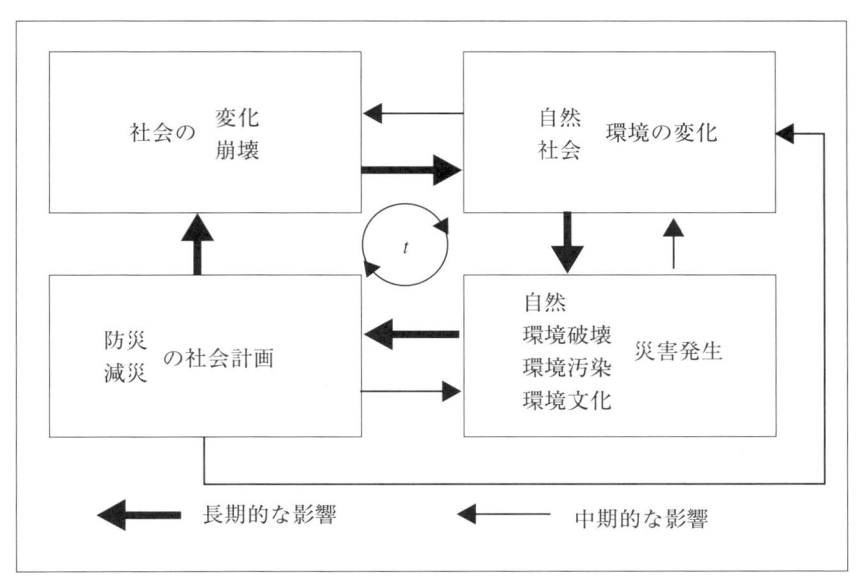

図4.1.2　中長期的な環境変化と防災・減災計画の循環システム

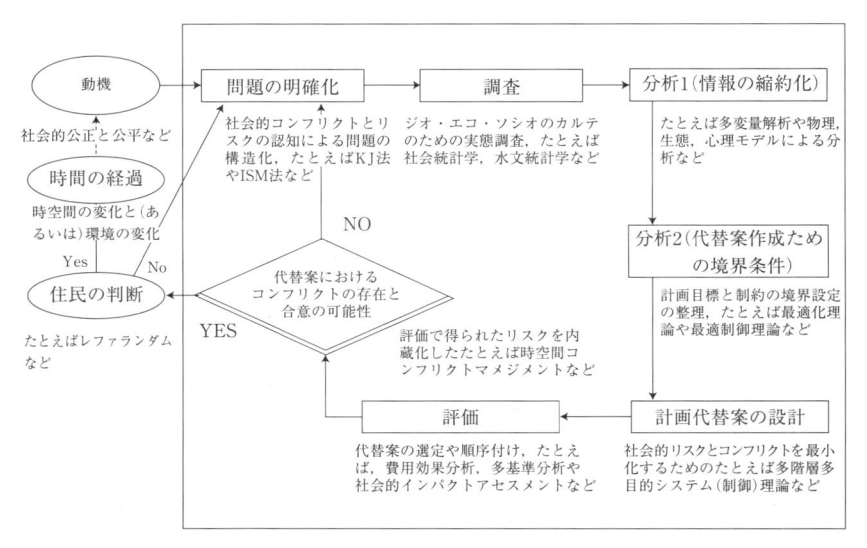

図4.1.3　システムズ・アナリシスによる循環的計画方法論

この図は循環的過程で計画方法論を示したもので，最終的にはリスク軽減・コンフリクト解消を望むステークホルダーの全体集合が（廃棄も含めた）代替案を選択することを前提として以下のような過程で構成されている．
まず倫理的社会的動機（災害リスクと社会的コンフリクトの認知）のもとに，

1) 問題（未知を含む現在あるいは将来のリスクとコンフリクトの関連等）の明確化
2) 調査（ジオ・エコ・ソシオ）により情報の収集
3) 分析1（問題の明確化のための情報の縮約）
4) 分析2（代替案の境界条件を求める）
5) 代替案の設計と選択
6) 評価（多基準）
7) 代替案のコンフリクト分析（均衡解の存在の確認）

という過程を経てステークホルダーの全体集合の判断（合意）を得る．もし得られない場合，あるいは時間の経過に伴う環境と社会の変化による新たな倫理的社会的動機が生じれば同様な循環過程を踏むことになる．
　以上のような考え方をもとに，簡潔に，本章で掲載する8つの論文の位置づけと内容説明を行なう．
　まず「水辺環境の歴史的変遷と都市防災」の位置付けは「問題の明確化」「調査」「分析1」である．京都市市街地を研究対象地域として，水辺の創生・消滅を歴史的に検証し，震災リスクの増加は袋小路に住む高齢者の増加と水辺を含むオープンスペースの稀なこととの関連でコミュニティの議論を行ない，調査結果は，例えば前出3.9のように震災リスクの町丁目別都市診断としてまとめられる．
　次に「震災時における淀川水循環圏の安定性と安全性」と「大都市域における水辺創生による震災リスクの軽減」の研究の位置づけは，「調査」，「分析1, 2」，「代替案の設計と選択」に該当する．水循環圏という概念を打ち出し，これを4つのレイヤーからなる階層システムでモデル化し，新たに作成した「安定性」と「安全性」という指標で水循環圏ネットワークの市（政令都市は区）町村ごとの震災リスクを診断した．そして，下水処理水の再利用により新たな水辺創生水路を震災時の用水確保と日常時のアメニティ空間

の創造を目的とした数理計画モデルを用いてその有効性を実証した．

「飲料水の水質リスクの経済的評価」と「飲料水のヒ素汚染と社会環境」では，前者は「調査」と「評価」から「問題の明確化」を，後者は「問題の明確化」，「調査」「分析1，2」というプロセスを経ている．前者は「問題の明確化」の中にシステムズ・アナリシスが入れ子構造になっている例である．そして限定合理性という視点などからモデルを構成し，水道水からの回避行動を分析している．後者はバングラデシュにおける深刻な飲料水のヒ素汚染に対する外国の技術援助が現地で受入れられない理由をモデル論的に説明している．

最後の3つ「水資源コンフリクトにおける第3者の役割」「水資源コンフリクトの変化過程」「コンフリクト下における水資源開発代替案の多元的評価」の位置付けは，ある代替案が与えられたときの「評価」と「合意の可能性」である．いずれも開発と環境のコンフリクトマネジメント問題を取扱っている．最初はコンフリクト解決のための第3者機関として3つの主体を提案し，その1つを用いて，インド・バングラデシュの長年にわたるガンジス川利用に関するコンフリクトの解決の方向をモデル論的に示している．2番目は，約30年にわたる開発か環境かで紛糾した長良川河口堰コンフリクトの歴史をモデル分析し，その多数のステークホルダーの均衡解の時間上の流れを示し，シナリオ分析を行なっている．3番目は，現在も紛争している吉野川可動堰のコンフリクト問題を，治水・生態・景観のステークホルダーの満足関数をモデル化することにより多元的な評価を通して，ステークホルダーが鋭い対立からどうしたら互いに歩み寄れるかを考えている．

全体として，ここでの8つの論文は，図4.1.3の循環的方法論の過程をすべてなぞっているわけではない．すなわち，これらの論文が発展途上にあることを示していることに他ならない．

4.2　京都の水辺の歴史的変遷と防災

4.2.1　はじめに

　京都市周辺は花折断層，西山断層，黄檗断層の3本の断層に囲まれている．しかも花折断層，黄檗断層が30年以内にM7.3以上の地震を起こす確率は最高0.6％で，全国の主要断層のうち，「やや高いグループ（0.1％以上3％未満）」に属している．この結果に対し地震の専門家は，「決して安心できる数字ではない」と指摘するほどで，震災時に備え早急に対策が必要である（京都市消防局，2001b）．しかし，現在の京都市市街地は，高齢者・老朽木造家屋・道幅の狭い路地・袋小路等の震災リスクが集中しており，地震に対して脆弱な地域である．亀田らの研究（2000年）で災害弱地域は上京区の南西部であり，災害弱地域に災害弱者である高齢者が多く住んでいることが明らかにされている．畑山らの研究（2003年）では，被災対象者を高齢者，ハード面での震災リスクとして袋小路に着目をしており，ソフト面での対策としてコミュニティの活性化を取り上げている．これらの従来の研究により，上京区がいかに地震に対して脆弱な地域であることが示されている（3.9参照）．

　また，1995年1月17日に発生した阪神淡路大震災の教訓から，水辺は消火用水やトイレ用水，避難路などに活用できるなど都市部において減災・防災に大きな役割を占めることを再認識させることとなった．しかしながら，現在の京都市において減災・防災機能が期待される水辺は鴨川と桂川の2本の河川のみである．京都市市街地には，堀川・西高瀬川・紙屋川が存在し地図上でも河川と認識されているが，これらは3面コンクリート化されていて水はほとんど流れていない．堀川通周辺の現地調査と高齢者を対象としたヒアリング調査の結果，戦前の堀川・西高瀬川・紙屋川に水が流れていた時代を懐かしむ話を聞くことができた．水辺は減災・防災機能だけでなく地元住民にとって切っても切れないものであるといえるだろう．

　本稿では，水辺を「物理的に水と陸との縁であり，防災・減災効果があると考えられるもの」と定義し，水の持つ流下機能はもとより，水固有の性質が有する情緒的機能，水辺を構成する水面，広場，道（遊歩道まで）といった遊びを通した行動空間としての機能，さらに文化の維持，創造の空間とし

て機能を有すると考える．つまり，日常的には地域住民にとってアメニティ空間であり，地域住民が集まることからコミュニティの形成にも一翼を担う場であり，非日常的（災害時）には消火用水，身体の冷却，火災延焼の防止，遅延，避難路・場所，道路が寸断された時における物資の輸送経路などといった防災・減災空間としてとしての場であると考える（神谷・萩原，2002）．このような観点から見ると，現在の京都市市街地において水辺と呼ぶことができるのは鴨川だけで，その他の河川は三面コンクリート化または暗渠化されている．従来の研究より，京都市市街地は震災リスク要因として高齢者・老朽木造家屋・道幅の狭い路地・袋小路が多く，オープンスペースが不足している．さらに消火栓の範囲が限られていて，震災時には水道がつぶれて使用できなくなる可能性が高くなることなど従来の研究により様々なことが明らかにされている（萩原ら，2000，神崎・萩原，2002）．

　本稿では，京都市市街地（現在の日常生活において視覚的にも大きな境目と考えられる北は北大路通，南は九条通，西は西大路通，東は居住区がなくなる山まで）を対象地域とし，水辺に着目した防災・減災に関する分析を行なうことを目的とする．対象地域における水辺の増減について時代別に分析し，現在勧められている堀川水辺環境整備構想を例として，その防災機能を明らかにする．得られた機能を効果的に実現するために，対象地域のコミュニティの構造を明らかにし，地域の防災力を上げるためのリスク・コミュニケーションを可能にするコミュニティの在り方について考察する．

4.2.2　京都市の水辺の歴史的変遷

　現存する古地図をもとに，対象地域である京都市市街地の水辺を，現在の地図上へ復元することを試みた．ただし，古地図であるがゆえに，欠損，汚損していることや洛中の部分しか描かれていないなど多くの問題点があり，その場合は対象とする時代の前後の地図や文献を用いて推測して復元した．

　本節は鈴木ら（2003），足利（1994）をベースとして，(1)，(2)は佛教大学（1993），NHK（2002），(3)は，赤松・山本（1969），上田・村井（1993），(4)，(5)は赤松・山本（1969）を参考にまとめている．

（1） 平安京から戦国時代までの水辺の変遷

　京都に都が造営される以前の河川の状況は図 4.2.1 のように推測されている．京都に都が遷都された背景として，平城京の強くなった東大寺などの寺院の力を牽制することと，淀川水系が重視されるようになったことがあり，784 年に長岡に遷都された．ところが，長岡京は，遷都された翌年の 785 年，豪族で都造営の工事責任者であった藤原種継が暗殺されたことにより経済的に支障が出始めた．さらに，790 年，疫病が流行したこと，792 年に起きた洪水で多くの被害を被ったため，794 年には都を解体せざるを得なかった．そこで次の遷都の地として京都盆地が選ばれた．京都盆地は左京に鴨川，右京に桂川が流れ，四神相応の地[1]であった．また扇状地であったことから地

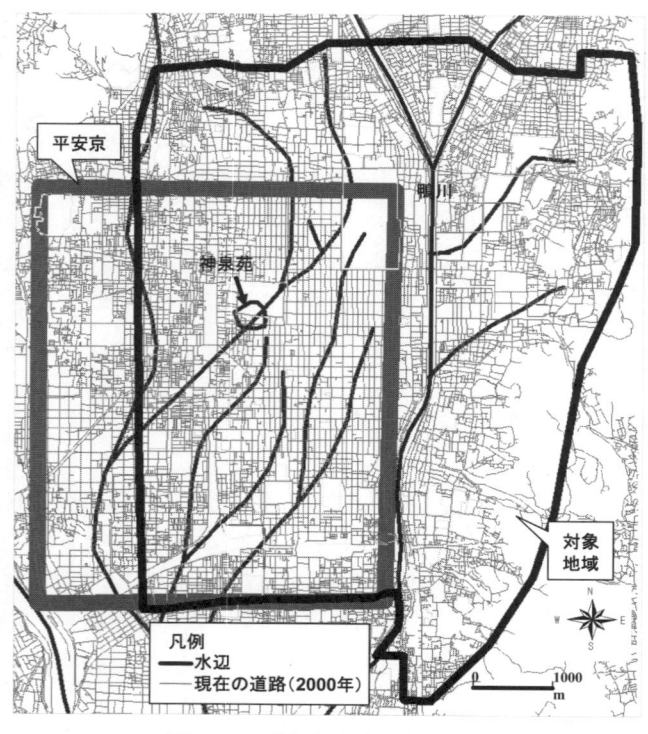

図 4.2.1　平安京造営以前の河川

下水が豊富にあった．794年，桓武天皇により平安京が造営され京都で最初の都市計画が始まった．

　平安京は一条から九条までの南北距離5,241m，東京極から西京極までの距離が4,509 mの長方形都市として造られた．平安京は当時の中国における都城の在り方についての考え方をかなり取り入れてある．船岡山山頂を基軸とし，大内裏と朱雀大路（現在の千本通）を計画し，朱雀大路から西側に長安を模した右京が，東側に洛陽を模した左京が整備されている．碁盤の目に整備された道路と10以上の人工河川が整備された（図4.2.2）．当時計画さ

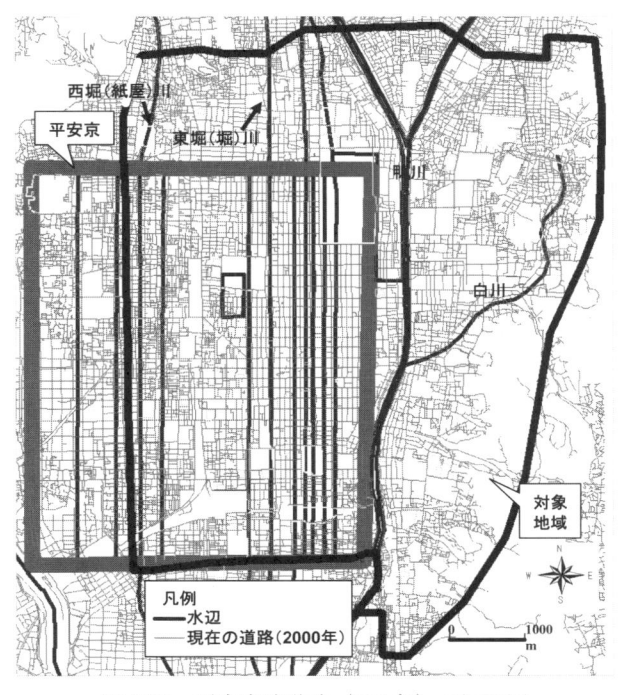

図4.2.2　平安京造営時（794年）の河川図

1　四神相応の地とは四神に応じた最も貴い地相を有する地である．左方である東に流水があるのを青龍，西に大道があるのを白虎，正面である南にくぼ地があるのを朱雀，後方である北方に丘陵があるのを玄武とする．官位・福禄・無病・長寿を併有する地相で，平安京（鴨川：青龍，木嶋大路：白虎，横大路朱雀：朱雀，船岡山：玄武）はこの地相を有するとされた．

れた河川は（東側から順に）富小路川，東洞院川，烏丸川（子代川）室町川，堀川（東堀川）などで，河川の名前は現在，通りの名前として残っている．これらの河川や水路は下水・ゴミ捨て場の役割となっていた．また，邸宅に引かれた水は寝殿造の池庭の水として利用されていた．

　右京の表層（約10m）は粘土層で排水状況が悪く良質な地下水を得ることができない．一方，左京の表層は砂礫層で排水状況が良く砂礫で濾過された良質な地下水が得ることができた．砂礫層であることはその場所は度々洪水を起こしていたと考えられる．

　10世紀の後半になると，右京は荒廃し河川が蛇行するようになった．左京には人が集まるようになったため，大量のゴミによって下流では詰まるようになり，河川同士を合流させて水流を早くさせる工事が行なわれるようになった．そのため河川は（図 4.2.3）のような状態となり南北朝時代までこ

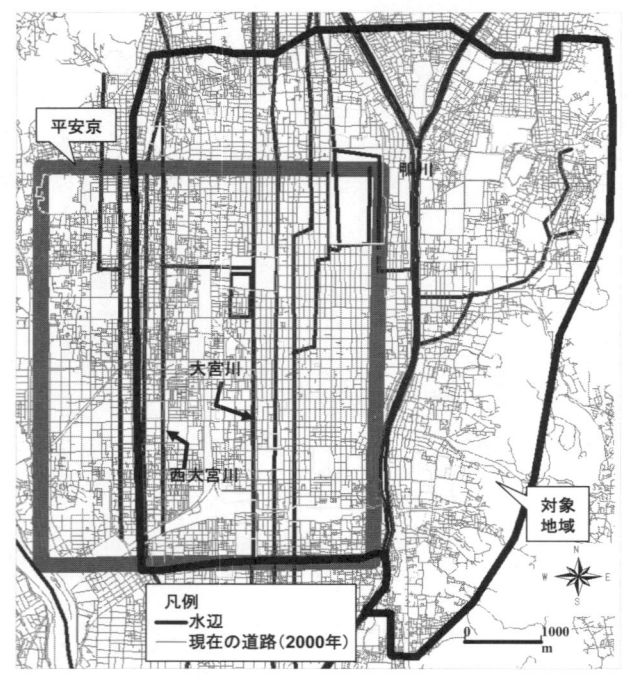

図 4.2.3　平安中期から南北朝時代（900～1340年代）までの河川図

の状態が続くようになった．

応仁の乱（1467 ～ 1477 年）により市街地の広い範囲が焼失した．原因は定かではないが時を同じくして多く河川も同じように地上から姿を消していた（図 4.2.4）．

(2)　豊臣秀吉の都市計画

豊臣秀吉は，1586 年に聚楽第を建設し，京都に本格的な統制拠点を構えることになる（1594 年に伏見城建設と翌年の秀次失脚により手放す）．そし

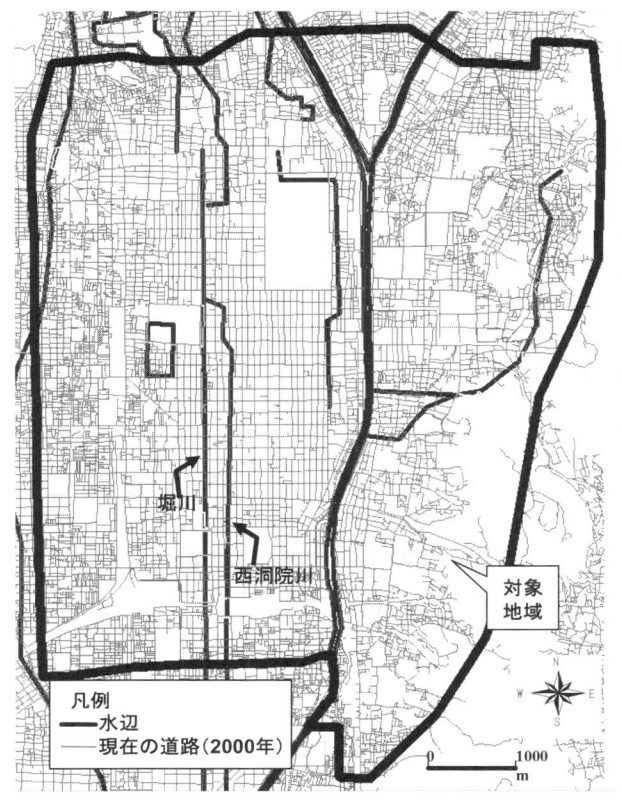

図 4.2.4　応仁の乱直後（1480 年頃）の河川

て，1590〜91年に都市改造が本格的に行なわれた．最初は天皇の御所から手をつけ，御所の周りに公家町を造り，公家を集めた．鴨川の右岸に120もの寺を集めて，寺町を造り，南北に長く並べた．その次に聚楽第と禁裏との間にあった町屋が整理され，大名屋敷となった．そして，押小路より南に合計5本の南北街路を新しく開き，従来正方形であった街路パターンを南北に長い長方形にした．これにより道路を挟んで両側に町が成立し，都市的な街区ができた．次に1591年に洛中防衛を目的とした土でできた城壁である御土居が完成した．これは鴨川や紙屋川（天神川）の洪水の氾濫にも対処するものでもあった．御土居の内側を洛中，外を洛外と区別された．北は鷹峯・紫竹，東は鴨川，西は紙屋川，南は九条通に位置し，総延長は約23kmであった．河川のない場所に人工の堀が造られ水が通されていた（図4.2.5）．

しかし，町の周囲に壁ができたことにより様々なものの出入りが不便になり，水も同様に洛中から洛外への水の排水の妨げになったと考えられている．そのため，御土居のすぐ内側は不衛生になっていたといえる．御土居はわずか2〜4ヶ月で構築されており，工事を急いだことが排水（水の循環）の問題を生み出したことが原因と考えられる．

(3) 角倉了以と保津峡，高瀬川開削

江戸時代において水辺の大きな変化は，1602年に徳川家康が二条城を築城したことから始まる．神泉苑の湧水に着目し，城の堀に利用されたため，神泉苑の敷地は約13万0000m^2から約4400m^2（現在の敷地）まで縮小した．この時代で特に注目すべき点として，角倉了以とその息子である素庵による保津峡開削，高瀬川開削と河村与三右衛門が計画した西高瀬川があげられる．

角倉家は本姓を吉田といい，祖先は近江の佐々木氏で，14世紀末に京都へ出て医術で室町将軍家に仕えのちに嵯峨へ隠退した．その後土倉（高利貸し業者）を営み角倉と称し経済力を高めていた．了以の父宗桂は著名な医師で，1554年にその子として生まれ了以は世七と呼ばれていた．了以は父と異なり経済活動に活躍の場を求めていた．1603年，徳川家康に朱印船貿易の許可を得て1604〜1634年（了以は1611年まで）まで角倉船とよばれる朱印船で安南（ベトナム）貿易を行ない莫大な財産を得ていた．了以の経済

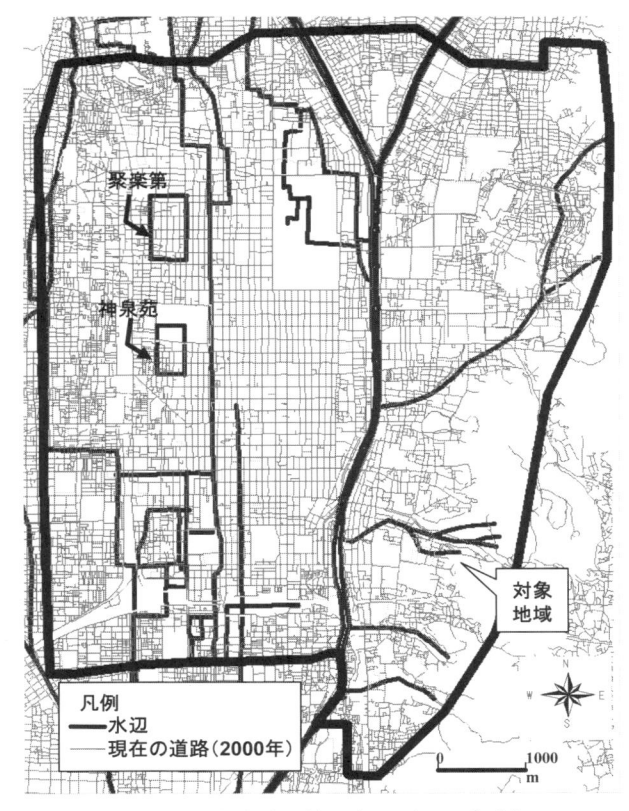

図 4.2.5　都市改造後の水辺（1590 年代）

戦略は海外に向けられていただけでなく，同時期に国内における新分野の展開を模索していた．1604 年，了以は美作（岡山県）にある和気川で，川底の浅い川を自由に往来する高瀬舟を見て河川開削事業を開始する．最初の舞台となったのが保津川（大堰川）で，開削工事現場は保津峡である．

保津川は丹波と京都を結んでいる水系で，古くは長岡京や平安京の造営のための木材の供給用水路としての役目を果たしてきた．しかし，急流である保津峡は船運での通行は不可能で，丹波からの様々な物資は陸路で運搬されていた．1605 年，江戸幕府から許可を得て保津峡開削工事を開始した．岩盤を粉砕するために火薬を使用し，川幅の広くて浅い箇所は岩を積んで狭く

する等の工事を行ない翌年に完成した．角倉家は交通料を徴収することにより，明治維新まで継続性の高い経済利潤を確保することとなった．

さらに1611年に高瀬川の開削工事を開始した．高瀬川は二条から鴨川の水を取り入れ，伏見で淀川に合流する運河である．御土居を築いた時に土砂を採取した溝や農業用水路などを活用したといわれている．全水域の土地を了以は自費で買収していて，総工費は7万5000両（現在の金額に換算すると約75億円：1両約10万円[2]）である．1614年に高瀬川が完成し（図4.2.6），了以もその年に亡くなった．

保津川の船運開通が可能になったことにより，角倉家の支配下のもと丹後・丹波の米や生糸，木材が大量に京都に入るようになった．高瀬川開通によって大坂と淀川経由で直接結ばれ，さらに沢山の物資が入るようになった．そのため，人口が増大するようになった．ちなみに，木材，薪炭，米問屋が立ち並んだことにちなんで木屋町や材木町等の町名が付けられている．

西高瀬川は，1863年に開削された運河であるが，すでに1824年に開削計画が持ち上がっていた．1824年の開削計画当初の目的は二条城へ城米を搬入することである．その背景として，二条城の城米は下鳥羽村で陸揚げされ，鳥羽街道の車運で運ばれていたが，次第に車運が衰退したことが挙げられる．計画水路は堀川の冷泉井堰から水を引き千本通を南下させる予定であった．しかし，西院村の農民の反対により実現しなかった．39年後の1863年に桂川から材木や米などを運ぶために開削された．開削当時は嵐山付近の桂川から取水し，壬生付近で南下，四条通を通過して二条城に到達するルート（図4.2.7）であったが，1870年に木材や薪炭の輸送を円滑にする目的で新たに三条通をルートとする運河が京都府により開削された．この開削により昭和初期頃まで千本通から三条通の界隈は木材の集散市場として活況を呈していた．

---

[2] 日本銀行金融研究所貨幣博物館（http://www.imes.boj.or.jp /cm/htmls/feature_faq.htm#question1）を参考に試算．江戸時代中期の1両（元文小判）を，米価，賃金（大工の手間賃），そば代金をもとに当時と現在の価格を比較すると，米価では1両＝約4万円，賃金で1両＝30〜40万円，そば代金では1両＝12〜13万円となる．また，米価から計算した金一両の価値は，江戸時代の各時期において差がみられ，おおよそ初期で10万円，中〜後期で3〜5万円，幕末頃には3〜4千円となる．

(4) 田辺朔郎と琵琶湖第 1 疏水事業

1868 年，明治維新によって天皇をはじめ華族，士族，商人の多くが東京に移動したことから，京都市は急激に衰退した．この京都の衰退に対し工業都市としての京都復興に向けて琵琶湖（第 1）疏水事業が計画されていた．琵琶湖疏水事業全体（第 1 疏水・第 2 疏水・疏水分線）の大きな原動力となったのが田辺朔郎（1861 〜 1943 年）である．工部大学校の学生で角倉了以・素庵時代からあった敦賀湾－琵琶湖－京都を運河で結ぶ構想を継承し，1881 年 10 月以来京都に来て調査と設計に 2 ヶ月を費やし，卒業論文「琵琶湖疏水工事の計画」を完成させた．これは，外国雑誌にも掲載された．1883 年，

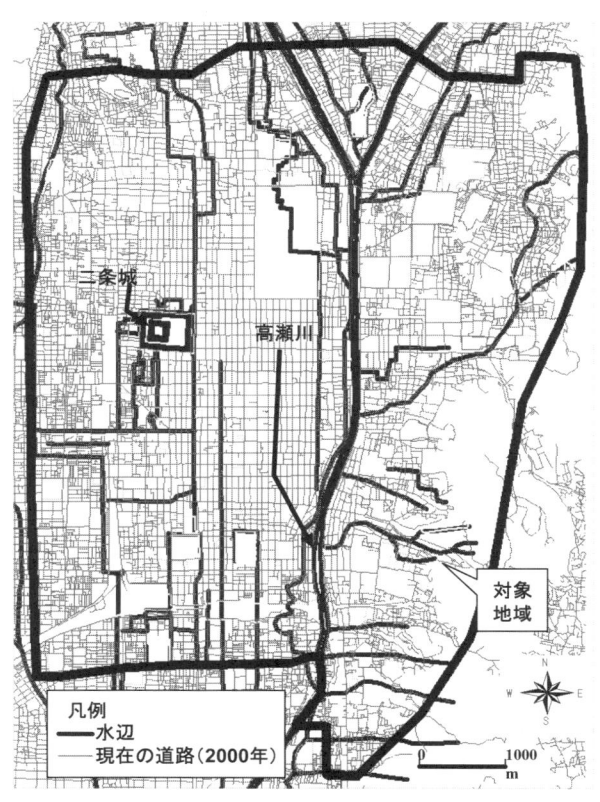

図 4.2.6　宝永大火直後の水辺（1714 〜 1721 年頃）

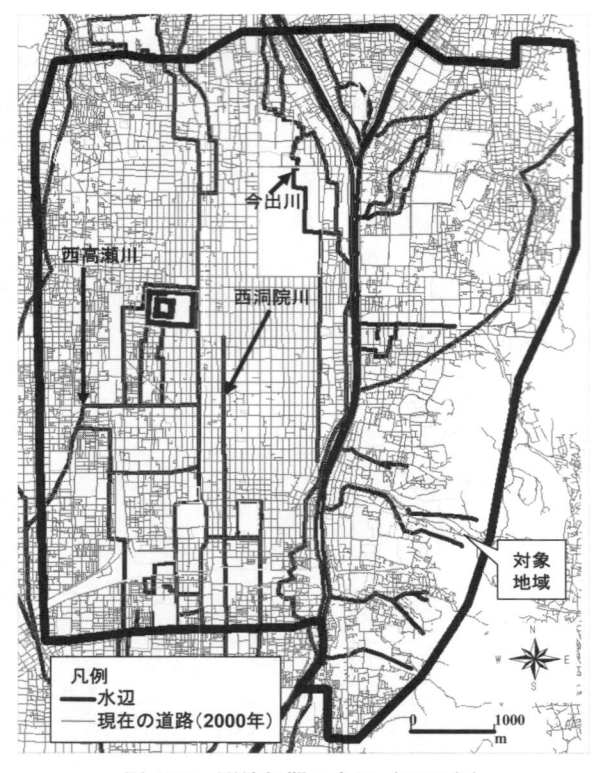

図 4.2.7 明治初期の水辺（1876 年）

23歳で大学を卒業し5月に京都府に採用されて大工事を担当した．この疏水は三保ヶ崎（大津）から三井寺まで堀割，長等山はトンネルで貫通，山科で一旦地表に出て日岡山で再度トンネルとなり，蹴上までの全長20kmである．総工費が125万円（現在の金額で換算すると約175億円：1円約1万4千円[3]）であった．注目する所は，巨大な事業費の地元負担金として上京・

---

[3] 明治用水のホームページ（http://www.nhk-chubu-brains.co.jp/meiji/s_4_3.html）1880年（明治13年）当時の金額である．貨幣の価値がいくらに当たるかという問題は，当時と現在では世の中の仕組みや人々のくらし向きが全く異なっていて，現在と同じ名称の商品やサービスが対象とする時代に存在していたとしても，その内容や人々がそれを必要とする度合いなどに違いがみられるので正確な数値を出すのは困難である．

下京地区の住民から 65 万円（約 91 億円）が充てられた点である（残りの 55 万円（約 77 億円）は，明治初年に明治天皇よって置かれた 35 万円（約 49 億円）と国庫補助金などが充てられた）．さらに，当時の日本の技術では不可能だと言う意見が内務省の外人技師からも出るほどで市民の反対もあった．知事であった北垣国道は「こんど来た（北）餓鬼（垣）極道（国道）」とまで皮肉られた．設計が終わり，1885 年に工事が開始された．1888 年，アメリカでアスペンにおける世界初の水力発電を見聞した田辺らによって疏水の当初（1883 年の計画公開時）の利用目的（灌漑・水力・船運・精米・防火・飲料水・衛生）が急遽変更された．翌年，蹴上に発電所が作られ，蹴上船溜－南禅寺船溜間にインクラインが作られた．1891 年には出力 80kw のエジソン式直流発電機（GE 製）によって発電が開始された．この電力は日本最初の電車営業路線（1895 年京都電気鉄道株式会社：1918 年京都市電に併合）の原動力となった．1894 年までには第 1 疏水と疏水分線が完成した．さらに第 2 疏水の開削と発展し，京都の電車，電灯，軽工業の機械化などに計り知れない利益を与えた．

(5) 都市の近代化と水辺の喪失

明治末になると電力需要の増加，市内の井戸水位の低下といった問題が発生し，水利・上水事業・道路拡張ならびに市電敷設のいわゆる「京都市三大事業」が計画された．三大事業の一環として琵琶湖第 2 疏水が建設されることとなった．これは，第 1 疏水とほぼ平行した全線トンネルルートをとっている．1908 年から工事が始まり，1912 年に完成した後，蹴上浄水場が完成し水不足が解消された．しかし，この頃から，御土居建設以降増加傾向であった京都市市街地の河川や水路が減少傾向に移行することとなった．まず，1904 年，西洞院川が暗渠化されたことを皮切りに 1917 年には今出川が暗渠化された．さらに二条城周辺に存在していた水路や，御土居の水堀が消滅している．堀川の源流であった大徳寺周辺の水路がこの時代までにはなくなっており，水源を賀茂川の他に琵琶湖疏水分線に頼ることとなった（図 4.2.8）．

御土居建設以降増加傾向であった京都市市街地の河川や水路が次々と喪失した大きな原因として，琵琶湖疏水による水力発電を源とする電車の開通が

ある.まずは琵琶湖第1疏水建設により水力発電が行なわれ,この電力により電車営業路線の原動力となった.1904年,後の市電となる京都電気鉄道の開通にあたり西洞院川を暗渠化し,その上にレールを敷いた.このため西洞院川は地上から姿を消した.その次に三大事業の一つである琵琶湖第2疏水建設及び,市電敷設にともなう道路拡張により1917年に今出川は暗渠化された.その他の河川や水路も同じように道路拡張などの都市化により地上から姿を消していったと考えられる.河川の衰退の原因はその他に,鉄道をはじめとする陸上輸送機関の発達により舟運の占める地位が低下したことも挙げられる.また,第2琵琶湖疏水建設後の水不足の解決に伴う人口増加や工業化による急激な近代化と都市化により,水辺の水質汚濁が進行していっ

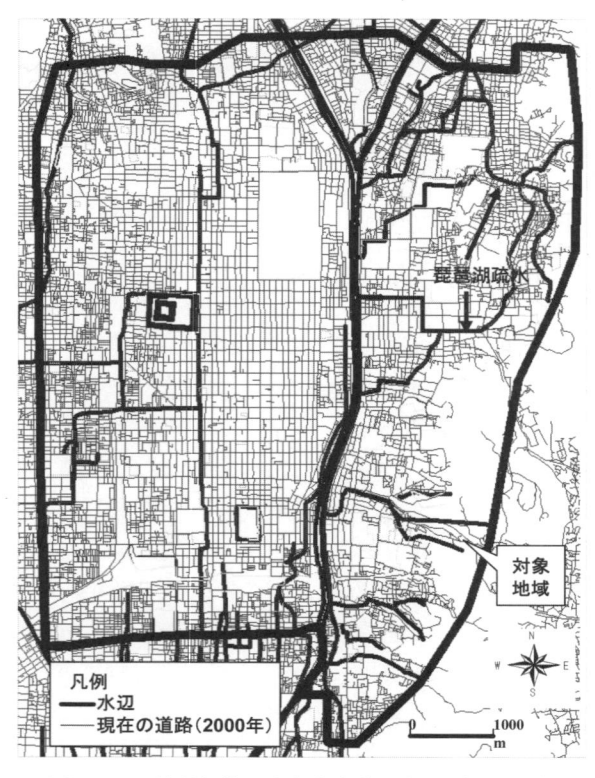

図 4.2.8　琵琶湖第2疏水完成後の水辺(1923年)

たことも原因だと考えられる．

(6) 現在の水辺

　1935年の京都大水害など度重なる浸水被害により，1940～1950年代にかけて浸水対策が実施された．また，都市化に伴う下水道整備・流域の減少等により多くの水辺が変化してきた（図4.2.9）．まず，天神川（紙屋川）は御室川の流れを一部利用し西方へ大きくつけかえられ，三面コンクリート化された．1963年に堀川は分流渠の建設と第2疏水分線と小川の廃止により水

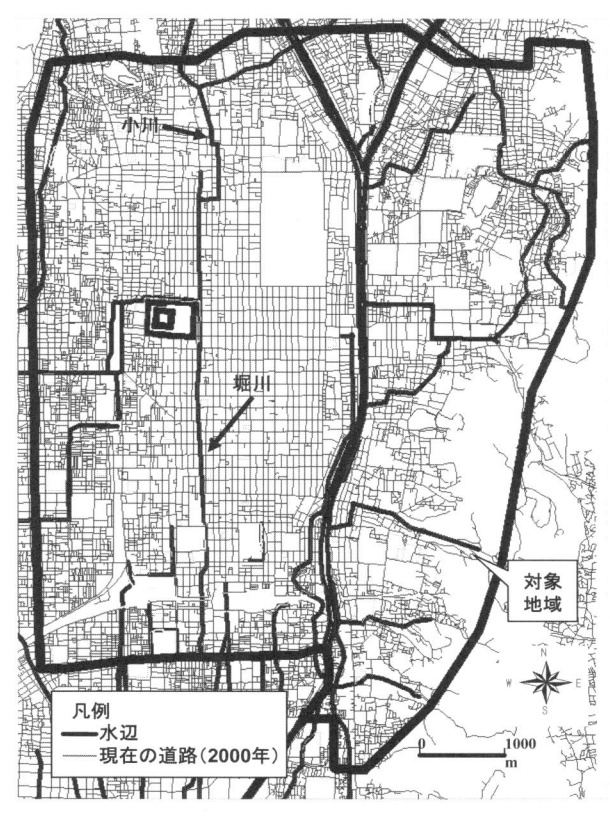

図 4.2.9　戦後の水辺（1954～1957年）

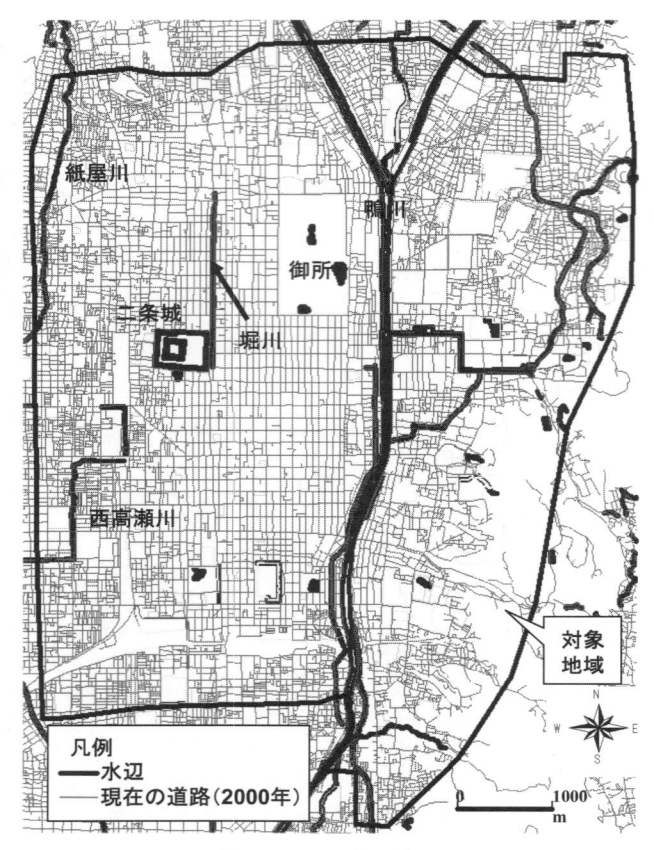

図 4.2.10　現在の水辺

源が絶たれ，3面コンクリート張りに変化した．西高瀬川も現在西大路三条から鴨川間の多くは3面コンクリート張り又は暗渠化されている．

　図 4.2.10 に現在（2000年）の水辺の地図を示す．2003年6月16日の現地調査で雨天時の堀川の観察を行なった．3面コンクリート化された河川は普段水が無くとも夕立のような短期間でまとまった雨が降れば急激に水量が増す（図 4.2.11）．ところが，雨が止んで2〜3時間も経たないうちに普段の水量に戻る（図 4.2.12）ということがわかった．原因は，堀川が汚水と雨水が下水で合流する合流式の下水区域であるためである．大雨等により下水道

で処理できない状況になると余剰水をそのまま堀川に流すため雨天時，堀川の水かさが急激に増加するというような現象が発生する．また，2003年6月19日の京都新聞のコラムに「いつも水が無い川でも雨が降れば急激に水かさが増え危険だ」という記事が掲載され堀川の危険性が認知されている．その他，京都市役所河川課でのヒアリング調査と現地調査で，余剰水が流れ

図 4.2.11　出水時の堀川（下立売通）
　　撮影日時　2003.6.16　13:18
　　撮影者　萩原良巳

図 4.2.12　雨上がりの堀川（丸太町通）
　　撮影日時　2003.6.16　16:36
　　撮影者　萩原良巳

た後，悪臭が漂い白色のゴミ（トイレットペーパー）が残る．ゴミの不法投棄や壁や橋に落書きが目立つ，草木の手入れがなされていない場所がある，鳩の糞害など多くの問題点があることもわかった．地震による減災・防災機能だけではなく治水や景観に関しても問題があると考えられる．

4.2.3 水辺再生の意義

幾多の水辺が都市交通機能のため，暗渠化，下水道化され道路化されてきた．都市生活の利便性を優先させることによって，水と緑のネットワークを切り刻み消失してきたというのが戦後の都市政策であった．1995年に起きた阪神・淡路大震災により都市の脆弱な部分とともに日常の暮らしが災害と隣り合わせだということが再認識させられた．平常時，一見無駄と思われがちな「ゆとり」が災害時の被害を軽減・復旧・復興に向けた諸活動を円滑に進める上で不可欠な要素である．逆に経済性を重視してきた「ゆとり」の少ない都市づくりが被害を大きくする要因である（萩原ら，1999）．

現在の京都市市街地における水辺の状況では，江戸期に発生した三大大火や阪神・淡路大震災のような地震が発生した時，人的被害や建物への被害，さらに水道，電気，ガスといったライフラインに甚大な被害を与えることが予測できる．そこで，失われた水辺の復興とその対策が早急に必要である．環境創成による震災リスクの軽減とは，「新たな水・土・緑の空間を創る」，「失われた空間を再生する」，「今ある空間を利用し必要ならば変更する」，さらに，「空間をネットワーク化する」ことによって「地震による生活者の被害を軽減する」ことである（神谷ら，2001）．

4.2.4 堀川水辺環境整備事業

現在，京都市市街地で行なわれている水辺の復興再生計画として，堀川水辺環境整備事業とその計画の一環である西高瀬川の整備事業がある．本稿では，堀川水辺環境整備事業を例として，その防災効果について考察をする．

(1) 堀川の歴史

　まず，堀川の歴史について京都市(1999)をもとにまとめる．堀川は794年，平安京造成期に開削された人工河川である．右京，左京に堀川が作られ右京を西堀川（現在名：紙屋川），左京を東堀川（現在名：堀川）と呼ばれている．当時は洛中への資材運搬に重要な役割を果たしていた．日本古代の歴史書の一つで『日本文徳天皇実録』の後を受け，858年（天安2）より887年（仁和3）までを編年体で記した『日本三代実録』には，都の民が堀川の鮎を捕って食べたということが記載されており，水量が豊富で水質もきれいであったということがわかる．また川のほとりには貴族たちの屋敷（例えば堀川院や冷泉院，高陽院といった邸宅）が並び，庭園の水に利用されていた．水源は賀茂川である．中世に入ると丹波から桂川に流された木材が堀川をさかのぼるようになり，五条付近まで運ばれ集まるようになった．そのため，商人が集まるようになり，界隈には木材市が立ち並ぶようになった．

　豊臣秀吉による都市改造が行なわれた時期になると，賀茂川の他に新たに堀川の水源が開削された．堀川修景整備調査報告書（1983年3月：京都市）の資料によると，新たな水源は尺八池やその周辺で，大徳寺の濠を経由し堀川へ接続されていた．しかし，元禄期になると一旦尺八池とその周辺からの水源は絶たれ大徳寺の濠は空濠となる．天明期になると大徳寺周辺に水源ができる．慶応期までには再び尺八池やその周辺が水源となり，これは明治初期から中期まで続いたと考えられる．不純物や鉄分が少ない堀川の水は染物の糊落としや余分な染料を落とすといった染物の洗浄に適しており，江戸時代あたりから友禅染といった染物の町として栄えるようになった．染織物業界の好不況は水洗いが行なわれる堀川の水の色で判断されたいたほどであり戦前まで続いていた．堀川筋の地下水脈は，茶の湯の文化を生み出し多くの茶道家が庵を建てた．また，中流から下流域の七条，八条では農業用水として利用されていた．

　明治時代中期頃に入ると，尺八池とその周辺からの水源が絶たれるようになり大徳寺の濠は空濠となる．さらに，大正時代に入ると，京都市三大事業（水利・上水事業・道路拡張ならびに市電敷設）の一環として琵琶湖第2疏水建設が行なわれた．琵琶湖第2疏水完成に伴い，市電の開通による道路拡

張がなされた．さらに軽工業化や都市化が進み，陸運が舟運に取って代わるようになった．その結果，西洞院川や今出川等の河川や水路の多くが暗渠化されるようになり，京都市市街地における平安時代より存在していた人工河川は堀川と紙屋川のみとなった．堀川は賀茂川を水源としていたが，疏水分線と琵琶湖第2疏水が完成して以降，次第に賀茂川を水源としなくなり疏水分線から水源を依存するようになった．疏水分線の水は小川を経由して堀川に流されていた．

1935年，京都大水害など度重なる浸水被害により，1940～1950年代にかけて浸水対策が実施され，堀川の流路も変更されるようになった．そして，都市化に伴う下水整備・流域の減少，水質の悪化（ヒアリング調査より判明）により1963年，第2疏水分線と小川の廃止により水源が絶たれ3面コンクリート化や暗渠化されるようになった．

現在の水路が残されている部分は，上京区堀川今出川の起点から中京区の御池通付近までと，西本願寺の築地塀の前の濠，近鉄上鳥羽口付近から鳥羽大橋の手前で鴨川と合流するまでである．御池通以南から西本願寺の築地塀の前の濠までは暗渠化され都市下水路の役割を担い，地上は幹線道路として機能している．昔の面影は二条城の石垣や一条戻橋，堀川第一橋に見られるだけとなった．

現在の堀川の状況は，堀川の下に降りて犬の散歩をしている人や絵を書いている人がいて3面コンクリート化されているにも関わらず堀川を利用している人はいる．しかし，ゴミの不法投棄，橋や壁への落書き，鳩の糞害等の問題点が浮上している．大雨になると堀川の岸壁にある下水口から処理しきれなくなった下水の余剰水が堀川に流れてくる．そのため急激に水位が上昇する．しかし，雨が止んで2～3時間後には水量が元の状態に戻る．その際，悪臭が漂いゴミが残る．このような状況から，現在の堀川の状況ではアメニティ空間や防災効果の機能を果たすとは考えられない．

近年，堀川の水辺再生を願う市民の声が高まったことを受け，1998年度に京都府・京都市共催で京（みやこ）の川再生検討委員会で堀川は水辺再生のモデルに選ばれた．2008年に堀川の水辺が復興再生される予定である．

(2) 堀川水辺環境整備事業の概要

京都市では，堀川に清流を復活させ，まちづくりと一体となった水辺空間の整備を行なう「堀川水辺環境整備事業」に取り組んでいる（京都市 2002）．この事業の基本方針は以下の4点である．

① 第2疏水分線の水を賀茂川に下越しさせ，紫明通・堀川通を経由して，今出川通から御池通の堀川の開渠部に導水し，せせらぎを復活させるとともに水辺空間の整備を行なう．
② 堀川に導水した水の一部を二条城の外堀に導水し，堆積した汚泥を浚渫することにより，外堀の水質の浄化を図る．
③ 京都府の西高瀬川河川整備事業と連携を図り，二条城外堀から西高瀬川へ導水することにより，京都中心部に水と緑のネットワークを形成する．
④ 都市防災の観点から，堀川の河床に消防水利施設（ピット）を整備し，災害時の消火用水，生活用水としての利用を図る．

以上により，親水機能と防災水利の機能をもつ水辺空間を京都市の中心部に形成する．この事業で注目すべき点は，市民参加によるワークショップを行ない，再生デザインを決めていることである．整備対象区間である紫明通から堀川通を下り今出川通を経て御池通までの約4kmを河川や沿川の状況等によって五つのゾーン（Aゾーン：御池通－竹屋町通，Bゾーン：竹屋町通－下立売通，Cゾーン：下立売通－中立売通，Dゾーン：中立売通－今出川通，Eゾーン：今出川通－紫明通）に分け（図 4.2.13），その場所に根ざしたワークショップが企画された．ワークショップの参加者は，地元からの推薦と市民を対象に年齢別による一般公募による選出されている（一般参加者75人，地元推薦者56人）．ワークショップの運営に関しては地元代表，行政，学識経験者による実行委員会が主催し，各ゾーンにおいてはワークショップ参加者の有志による運営委員会が取り組みを進めており，ワークショップは，現地点検→目標設定→ゾーン別デザイン→ゾーン間の調整→最終デザイン決定の流れで行なわれたとのことである．

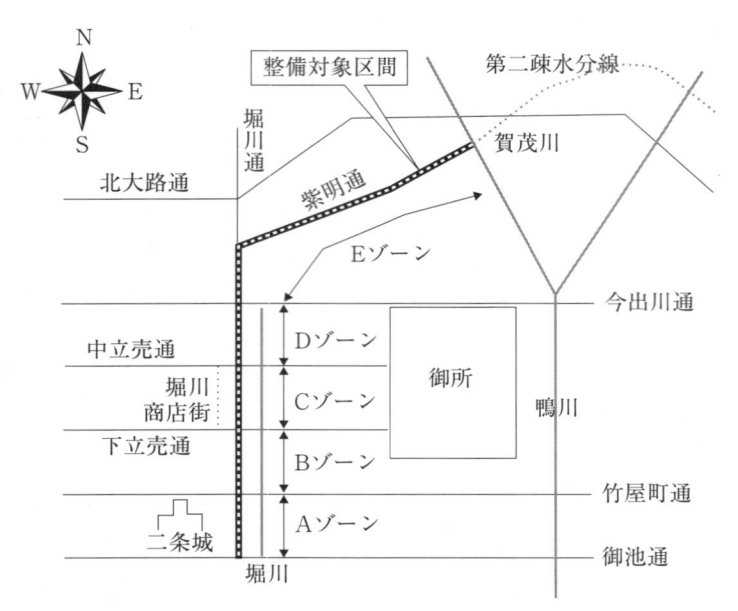

図 4.2.13　ゾーンの分割（http://www.city.kyoto.jp/kensetu/kasen/kankyo/horikawa より）

(3) 堀川環境整備事業の防災効果

　堀川水辺環境整備事業の計画に組み込まれている防災機能と計画に組み込まれていない隠れた防災効果と問題点について考察する．堀川水辺環境整備事業の計画の時点で考えられている防災機能は以下のとおりである．A−Dゾーン間では橋梁周辺を中心に 400m 以内の間隔で左右岸に 6 箇所ずつ計 12 箇所に吸水スポットが設置され，それに伴い消防車停車スペースの確保がされる．また，堀川第二橋（下立売橋）の下は防災に役立てるために水を溜めておくことが可能である．C ゾーンでは下長者町通近辺，D ゾーンでは，堀川第一橋（中立売橋）の北側に小さな水溜りを設けて約 40 トンの水が溜められるようになっている．E ゾーンでは，人が近づきやすいと考えられる場所に防火用の消火ピットが約 250m ごとに設置される．また，E ゾーンは「地域住民が安全・安心に暮らせる多様な防災機能を備えた水辺空間」を整

備目標を掲げるなど全ゾーンの内，特に防災に重点を置いているといえる．堀川の水は紫明通の起点よりポンプアップして流さなければならない．そのため，被災時でも確実に下流へ水を供給することができるように，地下にも自然流下で流れる暗渠（紫明通起点－今出川通付近）が作られる．また，堀川水辺再生復興事業計画の関連事業として，合流式下水道改善を目的に堀川中央・北幹線に下水管の新設がされる（平成13～17年度）（京都市上下水道局，2004）．これは堀川に雨天時に汚水混じりの雨水を流さないだけでなく，5～10年に一度の大雨に耐えられるように堀川周辺の浸水対策の向上を図るためである．

　計画に明示されていないが，期待される防災機能として，非常時（災害時）には，堀川自体が公園化されることにより防火帯や避難経路になり，一時避難場所としての機能を果たす．そして，植樹帯（並木）の設置，整備により防火帯や遅延帯だけではなく火災による輻射熱から身体を保護することが期待される．ステージ，広場といった自由に利用できるようなスペースが設けられることから，物資の置き場や複数のけが人・病人を一時的に安静にする場所として機能するであろう．また，堀川と堀川通間にある歩道が拡張（堀川第一橋－堀川第二橋）されることにより，オープンスペースが広がると考えられる．堀川を流れる水は，災害直後の消火用水として用いられるだけでなく，避難場所におけるトイレなどの生活用水としての利用が考えられる．さらに，水に触れることができるように，水深20cmの池や飛び石，落差工，階段等を設置し親水性に配慮されていたり，ベンチの設置により休憩所が設けられていたりしている．これは，日常時に，子供は様々な遊びをするための空間として，大人は憩いの場や話の場，あるいは絵を描いたり写真を撮ったりするといった趣味の場として機能すると考えられる．遊びや憩い，趣味を通じて人と自然が触れあう空間であり，人と人が触れ合う空間となるであろう．つまり堀川周辺の地域のコミュニティを形成する空間となると考えられる．

4.2.5 防災面から見た水辺再生の課題分析

　4.2.4(3)で述べた再生計画における防災機能は，消防などの災害対応を専門とする機関が利用するものと，市民活動の中での利用が期待されるものに分類できる．市民参加によるデザインの作成において，期待されることは，市民が求める計画を立案できることだけでなく，特に後者に分類される機能の実現がより効果的に行なわれることであると考えられる．市民防災のための機能の実現は，平常時からの市民の意識啓発が必要であるが，最も困難な課題である．しかし，市民参加型であれば，計画段階から，この意識を市民側の意見として浮き出させることが可能であるからである．報告書によるとA－Eゾーンにおけるゾーン別デザインの作成時に防災効果を挙げたのはEゾーンのみであり，その他のゾーンでは防災に関する意見は出ていない．そこで，以下では阪神・淡路大震災程度の大災害を想定し，対象地域に存在すると考えられる震災リスク要因を挙げ，各ゾーンについて相対評価を行なった．A－Eゾーンは今出川通や下立売通等の横の通りだけで範囲設定されているため東西の範囲を設定する必要がある．萩原ら (1999) を参考に水辺利用者の存在範囲を水辺から500m以内の領域と定め，さらに現在の日常生活において視覚的にも大きな境目と考えられる道幅の広い道路等で利用意識が大きく変化すると仮定することで，対象領域を，南は御池通，北は北大路通，東は烏丸通，西は千本通までに設定した．3.9で定義した災害弱地域指数を構成する震災リスク要因に，以下の災害リスク要因を加えて，各ゾーンの相対評価を行なう．

(a) 新旧建造物の乱立
　　高層マンションや高層ビルが堀川通等の主要道路（道幅6m以上）沿いに林立し，その内側に老朽木造家屋が密集している．現地調査とゼンリン地図をもとにA－Dゾーンでこのような状況を確認した．

(b) 高齢者
　　高齢者の人口密度や高齢者の人口の割合を見ると，B－Dゾーンの西部が高く，その中でCゾーンの西部で，主要道路から離れている地域が特に高い．

(c) オープンスペース
　　A－Eゾーンにおいての避難場所として鴨川，二条城，御所，学校施設，

寺社などが挙げられる．A－Bゾーンは二条城や御所へ，Eゾーンは鴨川や御所に避難することが可能である．ところがCゾーンの西部では二条城や御所などの広域な避難場所が無いだけでなく，学校施設や寺社施設の面積が少ないことから，災害が発生した際，多くの被害が予測される．

(d) 水辺

　水辺について，A－Bゾーンでは二条城の外堀と内堀，Eゾーンは鴨川に接しているため，震災時に避難や水を使用することが可能である．しかし，C－Dゾーンは現在水辺がないため震災時において避難場所や水不足が深刻化すると考えられる．

相対評価の結果，震災に対して最も脆弱な地域はCゾーンであり，その次にDゾーン，Bゾーン，Aゾーン，Eゾーンの順番となると考えられる．特に堀川通より西側に震災リスクが集中していることも明らかとなった．しかし市民から防災に関する意見がでたのは，A・Eゾーンのみであり，より震災に対する脆弱性の高いB－Dゾーンでは震災を想定した防災機能は，ワークショップに参加した市民からは明示的に期待されていなかったと考えられる．さらに，震災に対して最も脆弱な地域であるCゾーンの一部の地元住民（長年，住んでおり，地域活動にも熱心な数名）が堀川が環境整備されることを知らなかったことが現地調査でわかった．堀川水辺環境整備事業が市民参加型であることを考えると，地域での情報伝達体制が脆弱になっていることに一因があると考えられる．このことも含めて，ハード面，ソフト面から防災機能が備わった形で再生される堀川を有効に利用するためには，市民による機能の実現に課題があることがわかる．市民の防災意識向上は，リスク・コミュニケーションによる情報共有が効果的であり，このためには日常時においての情報交換など市民同士の人と人の繋がりを有するコミュニティへの働きかけが必要となる．

4.2.6　コミュニティの実態

　防災意識の向上のためのリスク・コミュニケーションの対象となるコミュニティについて考察を行なう．地域に存在するコミュニティは，町内会など

の居住地を中心として構成されるもの以外に，公園や病院など施設を中心にするもの(施設利用コミュニティ)が存在する．特に後者についてC－Dゾーンを対象として，その存在を明らかにし，その役割について考察する．

(1) 地域コミュニティポテンシャル

施設利用コミュニティのポテンシャルとなる人の集まりそうな施設や場所を，行政の配布資料・市販の住宅地図・タウンページなどをもとに現地確認を行ないながらピックアップした．ここで，対象とする人は生活者（地元住民），働きに来る人，非生活者（観光客など）である．C－Dゾーンにおいて，人の集まりそうな施設・場所として以下の施設が存在することが確認された（カッコ内は2000年件数→2003年件数）．

・公園（10→10）
公園とは，地図上で公園と称されている場所以外にちびっこ広場等といったような広場も公園とする．散歩コースや井戸端会議，遊び場などの日常的に利用・集合する場でもあるため，コミュニティが形成される．利用者は主に高齢者や子供，子供を連れた親である．
・宗教施設（53→55）
宗教施設は，寺社や教会等，檀家や氏子，信者が集合・利用する施設のことを指す．同じ檀家や氏子，信者同士でコミュニティの形成がされる．檀家や氏子は先祖代々から受け継がれるため子供から高齢者まで年齢層は様々である．
・学校施設（8→8）
学校施設は，幼稚園，小学校，中学校等を指す．日中は子供が集合・利用する場所であり，夜間はPTA活動，町内会等の集会に利用される可能性が高いのでコミュニティの形成がされる．
・行政施設（17→17）
行政施設とは，国の機関または地方公共団体が法律・政令その他法規の範囲内で業務を行なう施設とする．以上のことから，府庁や警察署等の他に，社会福祉協議会や相談所，職業安定所も当てはまる．行政施設は，仕事やイベント等がない限り，地元住民が集合・利用するとは考えられない．また，イベントはいつも同じ時期にあるとは限らないので，コミュニティの核とはなりにくいといえる．

・商店街（1 → 1）

　商店街とは，ゼンリン住宅地図や現地にある看板等に商店街と記されている商店が立ち並んだ通りを指す．商店街に入っている飲食店や娯楽施設，コンビニエンスストア等のピックアップした施設は一つ一つ分別せずまとめて商店街というグループとする．近辺の店の店主同士や遠く離れた店主同士は商工会を通じて，あるいは店主と客を通じてコミュニティが形成される．

・デイサービス（通所介護）センター・デイケア（通所リハビリテーション）センター（8 → 9）

　デイサービスセンター・デイケアセンターの事業者・団体は行政と民間に大別される．事業者・団体が行政の場合，住宅地図やタウンページ，介護保険事業者情報（エリアマップ）にデイサービスセンター又はデイケアセンターと認識されていれば，行政機関ではなくデイサービスセンター・デイケアセンターとする．デイサービスセンター・デイケアセンターは，高齢者が自宅以外の所に通って決められた曜日に介護を受ける施設である．通うことにより同じ状況の高齢者同士の接触をしていて，さらにこれらの施設の目標を社会的交流の場としていることから施設利用コミュニティの場といえる．

・病院・診療所（65 → 64）

　本稿で取り上げる病院・診療所とは内科や外科の他に，眼科・歯科・精神科，接骨院・鍼灸等，身体の治療を目的とする施設全てを含む．病院・診療所に通う患者は，一時的な病気や怪我の治療と慢性的な疾患による定期的な通院の2通りがある．特に肉体の衰えの進行している高齢者は前者より後者による通院が多いと考えられる．後者の場合，頻繁に決まった病院に通うことにより病院の待合室などにおいてコミュニティが形成されると考えられる．

・銭湯（7 → 7）

　現地調査により，銭湯は高齢者の割合が高いことがわかっている．風呂のない人にとっては日常的に利用する施設であるため，頻繁に通うことにより番台の人と客，あるいは浴場やサウナ室でコミュニティが形成される．

・飲食店（210 → 196）

　飲食店については，飲食店1と飲食店2に分別する．飲食店1は，厨房が客に近い場所にあり，カウンター越しで店主と客，店主を通して客同士のコミュニケーション（店主を中心としたコミュニケーション）が取りやすく，さらに昼食時や夕食時のピーク時以外でも開店していて客が長居しやすい飲食店とした．該当する飲食店は，喫茶店，お好み焼き屋，飲み屋，寿司店（回転寿司店は除く）である．飲食店2は，飲食店1とは逆に店主と客，客同士のコミュニケー

ションが取りにくい飲食店である．厨房が店の奥にあって店主と客との接点がほとんど無いような飲食店や，カウンター付近に厨房があって店主が近くにいるが，店の業務回転重視のため客が店主とコミュニケーションが取りにくく長居も困難である飲食店である．該当する飲食店は，麺類店，食堂，レストラン，割烹，京料理店など，飲食店1に属さないものである．

・美容院・理髪店（67→59）

　美容院・理髪店は店主と客の1対1で接することが多いと考えられるためコミュニティが形成される可能性は低い．

・コンビニエンスストア（10→12）

・スーパーマーケット（5→8）

　コンビニエンスストアとは，食料品を中心にした小型セルフサービス店で，適地立地・無休・深夜営業など便利さを特徴とする（広辞苑）．スーパーマーケットとは主に日用品を扱い，買い手が売り場から直接商品を籠に入れ，レジで代金を支払うセルフサービス方式の大規模店のことを指す（広辞苑）．タウンページや住宅地図でコンビニエンスストアやスーパーマーケットと認識されていればコンビニエンスストア，スーパーマーケットとした．コンビニエンスストア，スーパーマーケットは食料品や生活用品を購入することを目的とするため利用者の年齢層は様々である．他のコミュニティの参加者が情報交換することは考えられるが，基本的に商品購入行動が優先されるため，コンビニエンスストア，スーパーマーケットを核とするコミュニティが形成される可能性は低い．

・宿泊施設（13→12）

・情報配信施設（1→1）

　宿泊施設とは宿泊を目的とした施設で，ホテルや旅館，民宿，ペンションが該当する．情報配信施設とはテレビやラジオ局など，各家庭に情報を作成，配信する施設で，C−DゾーンではKBS京都放送会館が当てはまる．

宿泊施設，情報配信施設（KBS京都放送会館）は非生活者（観光客等）を目的としているため仕事やイベント等がない限り，地元住民が日常的に集合・利用するとは考えられない．地元住民を対象としたイベントはいつも同じ時期に開催されるとは限らないので，コミュニティ化はされないと考えられる．

・文化鑑賞施設（8→9）

　文化鑑賞施設とは，鑑賞など主に視覚，聴覚（サービスを受ける側は自ら行動は起こさない）で楽しむことを目的とする施設とする．このような施設として劇場，美術館，映画館等が当てはまる．この施設は，イベント等がない限り，地元住民が集合・利用するとは考えられないため，コミュニティ化はされない．

・娯楽施設（18 → 17）

　娯楽施設とは，文化鑑賞施設とは違い，サービスを受ける側は自ら行動を起こして楽しむことを目的とする施設とする．このような施設としてパチンコ，雀荘，ビリヤード，カラオケ，ゲームセンター等が当てはまる．施設に頻繁に通うことによりゲーム仲間などのグループができることが考えられるためコミュニティ化される可能性が高い．現地調査より，高齢者が日常的に通っている施設が存在することがわかっている．

・習い事・稽古事・教室（85 → 83）

　習い事・稽古事・教室（カルチャーセンターも含む）は，開催される日時は決まっていて規則性があるため周期的といえる．また，ほぼ同じメンバーが同じ目的で集まるためコミュニティ化されると考えられる．身近なものは日常的に趣味として活用している場合があり，高齢者の割合が高いことが推測される．

・銀行・郵便局（11 → 11）

　銀行・郵便局は，引き落としや振込みなどの決められた日に利用することが多いため周期的な利用があるといえる．このため，知り合いに会う確率は高いが，これを核とするコミュニティが形成される可能性は低い．

　上記の分析と現地調査から，他にできたコミュニティの活動のために利用されるのではなく，施設自体が求心力となってコミュニティが形成される可能性がある施設は，学校施設，宗教施設，公園，商店街，銭湯，娯楽施設，デイサービスセンター・デイケアセンター，病院・診療所，飲食店，習い事・稽古事・教室であることがわかる．また，このような施設を中心としたコミュニティの構成員は，高齢者の割合が高い傾向があることも現地調査でわかった．

(2)　社会の変化によるコミュニティの変化

　上京区における施設利用コミュニティのパターンは，以下の4種類あると推測される．

（i）　生活の維持や休息のために日常的・周期的に通うことでコミュニティが形成される施設

　　公園，商店街がこれにあたる．主に地元住民が利用していて，知人と出会え

る確立が高いといったコミュニケーションが取りやすい環境であることからコミュニティは形成されると考えられる．コミュニティの結び付きは強いが，同世代の交流が多く異世代との交流を考えると結びつきは弱いと考えられる．
(ii) 組織化された中でコミュニティが形成される施設

　宗教施設，学校施設，デイサービスセンター・デイケアセンター，病院・診療所がこれにあたる．この学校施設におけるPTAでは，教員，保護者が集合しコミュニティが形成される．コミュニティの結びつきは強いが，対象となる学校内での限定的な活動が主であると考えられる．
(iii) 核となる人物が中心としてコミュニティが形成される施設

　銭湯，飲食店1，習い事・稽古事・教室がこれにあたる．このコミュニティは核となる人物とそこに集まる人との結びつきが強く，異世代との交流も考えられる．このため，防災・減災に対して重要な役割を果たす可能性があると考えられる
(iv) 同じ目的を持った人が目的の達成のためにコミュニティが形成される施設

　習い事・稽古事・教室，娯楽施設である．同じ目的で施設を利用していることから話が合い，しかも目的達成のために協力することが考えられるため，結びつきの強いコミュニティが形成される．しかし，目的に関する専門的な会話が多く話題は限定されると推測される．

　次に人の集まる施設数の変化について考察する．2000年と2003年を比較すると，増加している施設は宗教施設，コンビニエンスストアやスーパーマーケットである．特に注目する点はコンビニエンスストアとスーパーマーケットで，堀川より西側で増加していることが特徴的である．これらの施設が増加した背景として，京都市でのマンション等の建築物が増加傾向にあるということが考えられる．現在のところ，これらの施設はコミュニティ形成する可能性が低いため，このような施設が増加すればコミュニティの空洞化を招く恐れがある．減少した施設は，飲食店1，飲食店2，習い事・稽古事・教室，美容院・理髪店である．また，これらの施設の中には閉店しただけではなく，ビル，マンションに入っていたり他地域へ移動したりしているものがある．銭湯は，数の変化はないが一つが取り壊され，別の場所に新たに建築されている．また，今出川通，元誓願寺通，油小路通，小川通に囲まれた敷地にデイサービスセンター・デイケアセンターが新たに建築されている．このことから，防災・減災に対して重要な役割を果たす可能性があると考えられる「核

となる人物が中心としてコミュニティが形成される施設」も近年減少傾向にあると考えられる．

4.2.7 コミュニティの再編成と地域防災力

京都では，古くから地域における人と人との繋がりを大事にする文化が根づいていたが，高度経済成長期（1960年代）以降から都市化が進み町家の住人が町家を手放し，手放された町家を次々と取り壊してマンションやビルが建設されてきたことにより，多くの地域でこの人と人との繋がり自体が崩壊し，従来から地域での防災活動を担ってきた居住地を中心とするコミュニティの空洞化が進行している．また，少子化により後継者不足という問題や，子供が外で遊ぶ機会が減ったことから人と合う機会が減りコミュニケーションがうまく取れないといった問題がこれに拍車をかける形になっている．ITの促進によりインターネットでのコミュニケーションが可能になり，人と接するフェースツーフェースコミュニケーションの機会はさらに失われつつあることが考えられる．

このままでは，阪神・淡路大震災のような大震災が発生した時，情報が伝達されないため初期消火や早期避難といった初期対策や救助といった活動がスムーズに行なわれないから被害が拡大する．また，安否確認が行なわれず，例えば生き埋めになったとしても発見されない可能性が高くなる．さらに避難生活における高齢者の孤独死が増加することも考えられる．これらのことに対応するためには，平常時における会話や情報交換などのコミュニティが重要となる．

そこで，コミュニティの再編成を早急に行なう必要がある．居住地を中心としたコミュニティは，地域内に町家とマンションが混在することで崩壊傾向にあるが，町家のみ，マンションのみでのコミュニティは存在しており，両者の情報共有があれば再構成可能であると考えられる．施設利用コミュニティには，居住地とは別の要因で人が集まるため，町屋とマンションの住民の情報共有の場となることが考えられる．そこで，施設利用コミュニティに防災意識啓発を促すことで，地域防災力を向上させることを提案する．人は，

人とのコミュニケーションなしに生活することはできない．しかし，近年は地域社会が運命共同体であるという概念が薄らいできたため，近所に住んでいるからというだけではコミュニケーションの対象とならず，趣味・趣向が合う人とのコミュニケーションへ移行している傾向にある．この傾向を，マイナスに捕らえるのではなく，その関係も利用した地域社会の再構成を行なうことが，社会の変化に適応した地域防災となると考えられる．

4.2.8 おわりに

本研究では，水辺のもつ防災・減災機能に焦点をあて，この機能を実現するために重要な役割をもつ地域コミュニティについて考察を行なった．従来から防災活動を担ってきた居住地を中心とするコミュニティと施設利用コミュニティを相補的に捕らえる形でのコミュニティの再編成について提案した．

今後の課題として，コミュニティの実態をさらに詳細に把握するために，コミュニティの歴史的な変遷と地元住民を対象とした社会調査を行ない，地域防災力の向上のため，自助，共助，公助で必要な要件を明確化する必要があると考えている．

4.3 震災時における淀川水循環圏の安定性と安全性
―― 水辺環境創生による減災をめざして

4.3.1 はじめに

大都市域における上下水道の整備率は高く，都市生活者は蛇口をひねるだけで容易に水が利用できる．更に，汚水による伝染病等の脅威にさらされることもなくなり，都市生活者は（環境ホルモン等の問題は抱えているもののある程度）健康で快適に過ごせる生活空間を手に入れた．しかしながら，このように集中・複雑化した上下水道ネットワークを持つ大都市域は地震に対

して脆弱であり，快適な生活空間を得た反面，震災リスクが増大してきた．

1987年に発生した宮城県沖地震は都市型地震災害として知られており，ライフライン施設の被害が多く報告されている．日本では，本地震をきっかけにライフライン地震工学が着目され，様々な研究がはじめられた（高田，1991）．1995年の阪神・淡路大震災では，水道システムが甚大な被害を受けたため，震災直後に消火栓を使用することができず延焼被害が拡大する一因となった（阪神・淡路大震災調査報告編集委員会，1997）．事実，兵庫県の約130万戸で断水し，消火用水の確保困難から多くの家屋が延焼した．そして，下水道では約1万件の破壊，閉塞により下水が流出し，土壌汚染や水環境汚染を引き起こされ地下水の利用が制限された．

このように広範囲にわたり，水道・下水道施設において深刻な被害が発生した理由には，

- 構造的破壊と機能的損傷が異なるという水循環ネットワークの特性を考慮した整備が十分に行なわれていなかったこと，
- 水道，下水道，河川が個別のシステムとして認識されており，全体としての水循環システムのネットワークが認識できていなかったこと，

が考えられる．このため，地震災害に対しては個別施設の構造的強化というハード面だけの対策だけではなく，従来の個別的な水管理の枠組みを超えた広域的かつ河川・水道・下水道システムを統合化した水循環ネットワークの整備とマネジメントというソフト面の減災計画方法論を考える必要がある．

本稿では，大都市域水循環システム（清水ら，2000）の空間的なまとまりを一つの水循環圏（清水・萩原，2002）として捉えることの重要性を述べる．そして，同システムを構成する施設の構造特性（ノードかリンクか）に注目し，個別管理の枠組みを超えた一つの河川，水道，都市活動，下水道の四つのレイヤーから構成される階層システムを（いわゆる河川よりはるかに多い流量を流している）大都市域人工系水循環ネットワークとしてモデル化する方法を示す．

次に，水循環ネットワークの震災リスクの評価指標として「安定性指標」と「安全性指標」を提案する．前者は，グラフ理論を用いてノードやリンク

の接続関係等をもとに作成した指標であり，後者は信頼性解析のアナロジーを用いてシステムを構成するユニットの被害率をもとにした指標である．そして，この二つの評価指標を組み合わせて震度7以上の六つの大震災が想定されている淀川水循環圏の直接的・間接的な震災リスクの地域診断を行ない，指標の有効性を示す．

最後に，特に神戸と地形的に似ている大阪府北摂地域を対象に，下水処理水を利用した水辺創生水路（西村ら，2001）を導入した場合の，水循環ネットワークの「安定性」と「安全性」の評価事例を示すことにより，本稿で提案した水循環システムの再構成に関する計画方法論の有用性を実証する．

4.3.2　大都市域における水循環圏の概念

(1)　大都市域水循環システムモデル

大都市域では，河川から取水された水が水道により浄化・配水され，都市生活者の水利用，下水道の処理を経て河川や海域へ放流される．この一連の水の流れを水循環として，河川レイヤー，水道レイヤー，都市活動レイヤー及び下水道レイヤーから構成される階層システムとして表したモデルが図4.3.1に示す大都市域水循環システムモデルである．同図には本稿で提案する水循環システムを再構成するための代替案である水辺創生水路の位置付けを都市活動レイヤーに示している．各レイヤーは取水口，浄水場，下水処理場，そして主要な管路・管渠などの要素により構成されており，それらは輸送，水質変換及び貯留のいずれかの機能を有している．

(2)　大都市域における水循環圏の概念

大都市域において河川流域・水道給水区域・下水道処理区域から構成される水循環圏という空間的な概念を提案する．これは従来の河川流域という捉え方をすると，河川管理者には理解しやすいものの，人工的な水循環システムを形成している水道や下水道の管理者にとっては管理の対象である給水区

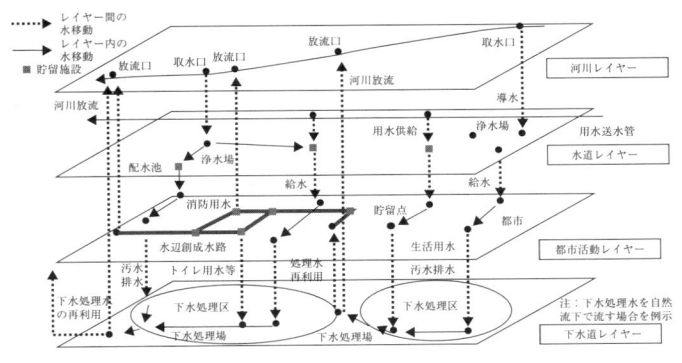

図 4.3.1　大都市域水循環システムモデル

域や汚水処理区域が必ずしも水源河川の流域内に存在しないため，自らの管理する部分的な水循環システムが全体の水循環システムにおいてどのような位置付けのものか認識することができない．このことは都市生活者も同様である．結果として大都市域における水循環システムとしての一体的な水管理が阻害されていると考えられる．この問題は，平常時の水資源計画の空間的な不整合をもたらすだけでなく，震災・環境汚染・渇水など，災害時の水確保を困難にし，被害の拡大を招くことになる．

　水循環圏は，災害が発生した時に，必要となる水を確保するために対策を講じる空間単位（ユニット）でもあり，そのような空間単位として水資源計画を立案することが必要であろう．具体的には，河川管内図（河川図），水道給水区域図（配水管網図），処理区域図（幹線管渠図）といった管理者の図面上に個別に記述されている施設や水循環経路を一連のネットワークとして取り扱うことにより，平常時や災害時の水確保のマネジメントを有効に行なうことができると考える．このような統合的な水管理は，制御可能性の高い大都市域の水循環で有効であると考える．

(3)　水循環システムのリスクと間接被害

　大都市域の水循環ネットワークが有するリスクは，大きく分けて震災リスク，環境汚染リスク，生態リスク，渇水リスク，浸水リスク，の5種類が考

えられる（堤・萩原, 2000）.

　震災リスクはカタストロフ・リスクと呼ばれ，生起頻度は稀少であるが，被害規模が巨大になる危険性を有するリスクである．また，震災リスクが環境汚染リスク，生態リスクを伴う複合災害であることが明らかになっている（中瀬ら，2001）．これらのことから，本稿では都市活動に対する影響がもっとも大きいと考えられる震災リスクとそれに付随して発生する一部の環境リスクについて評価する方法を提案する．

　水循環ネットワークの震災リスクには河川・水道・都市活動・下水道レイヤー単独で発生するリスクと，レイヤー間で発生するリスクに分類できる．

　河川レイヤーで発生するリスクには，河川への土砂流入による水質の悪化，水質悪化による生態系破壊がある．水道レイヤーで発生するリスクでは，取水口破損による浄水場への送水停止，水道管（給水管，送水管）の損傷，浄水施設（ポンプ場，管渠，処理場）の被災による上水の浄化不能があり，都市活動レイヤーに関わるリスクでは，生活用水の不足による生活水準の低下や消火用水の不足による消火活動の阻害がある．

　そして，下水道レイヤーでは，下水管の損傷による下水の送水停止や排除

表 4.3.1　レイヤー間の地震時の被害関連マトリクス（清水，2002）

	河川	水道	都市活動	下水道
河川	・河川構造物の破損 ・利水，治水機能の低下	・河川構造物の破損による取水の停止	・河川構造物の破損による都市の治水機能の低下	・雨水排除の支障による浸水
水道	・取水施設破損による河川の利水，治水機能の低下	・水道施設の破損 ・浄化機能の停止・低下	・水供給の停止 ・火災の延焼 ・都市活動の低下	・水利用に伴う汚水流入と，処理機能低下時の汚水の漏洩
都市活動	・有害物質流出による水環境汚染	・有害物質の流出による取水の停止	・都市構造物破損 ・火災の発生 ・有害物質の流出	・有害物質の汚水や雨水への流入
下水道	・汚水の流出による水環境汚染 ・雨水排除機能の低下による治水機能低下	・流出汚水の水道水への混入	・汚水流出による公衆衛生の悪化 ・汚水管の閉塞が引き起こす環境汚染	・下水道施設の破損・処理機能の停止，低下

機能障害，液状化した土砂流入による幹線の閉塞，下水処理場の被災による下水の処理不能がある．

また，レイヤー間で発生するリスクとしては河川構造物の破壊による取水の不能，上流の水環境汚染による河川下流の取水不能，下水漏洩による都市での消化器系伝染病の流行などがあり，それらをまとめたものを表4.3.1に示す．

分類した震災リスクには，地震を受けた地域で発生する直接被害と，地震を受けていないにも関わらず被害が発生する間接被害がある．間接被害としては，上流側で汚水や環境汚染物質が流出することより発生する下流側の施設の取水停止や，広範囲に構成されるネットワークの途中が破壊することによるネットワーク末端の機能停止である．

以上のことからも明らかなように，巨大震災リスクを考え，その減災計画を作成するためには，とても個別レイヤーや行政体の個別管理では対応ができないことが明白であることがわかる．

4.3.3 水循環システムのネットワーク化

(1) 大都市域水循環ネットワーク

水循環システムの有する構造をノードかリンクかに注目して，グラフ理論（浜田・秋山，1982）を適用したネットワークとしてモデル化する．この際，水循環の状態量は空間スケールを考慮して年間平均値程度とする．

図4.3.1に示した大都市域水循環システムをネットワークとして表す方法を以下に述べる．

- 水質変換機能を有する施設
  浄水場や下水処理場はノードとして記述する．都市生活者の水利用は，水道水（浄水）を汚水に変換するという意味で給水点と称するノードで表す．
- 輸送機能を有する施設
  送水管や汚水管渠などの水輸送機能を有する施設はリンクとして記述する．

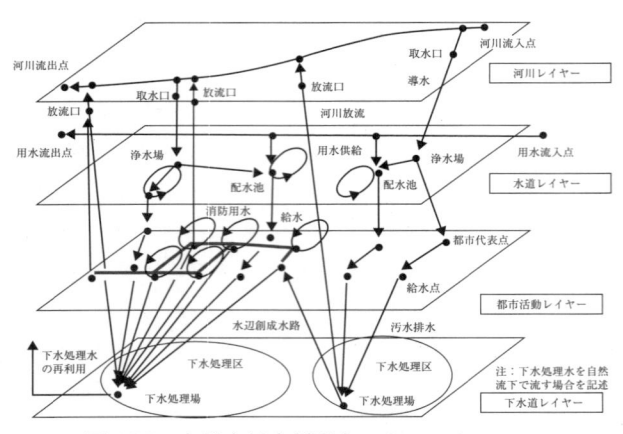

図 4.3.2　大都市域水循環ネットワークモデル

ただし，管路の結節点とシステム境界上にはノードを設けるものとする．
●貯留機能を有する施設
　配水池や施設内貯留施設，都市内貯留施設といった貯留施設は，グラフ理論のループ（self loop）を用いて表す．すなわち，ループ管に貯留容量に相当する太さ（断面積）と長さを与えて表現する．
●その他の施設
　水道取水口，処理水放流口の表現は，河川横断方向の中央に基準点を仮定し，堤内地にある取水場と放流施設をノードと考える．

　図 4.3.1 に示した大都市域水循環システムのネットワークは，ノードとそれらを結ぶリンクおよびループから構成される．図中の貯留点とは，水辺創成水路を通じて都市に送られてきた下水処理水を消防用水や生活用水として利用する貯留施設である．
　図 4.3.1 の水循環システムモデルをネットワークモデルとして表すと図 4.3.2 となる．同図において，ノードは河川流入点，基準点，河川流出点，取水口，浄水場，配水池，用水流入点，用水流出点，用水供給点，給水点，貯留点，下水処理場，放流口である．そして，リンクは導水管，送水管，用水供給管，主要配水管，水辺創成水路，汚水管渠である．これらのノードの内，貯留機能を持つ配水池，都市内貯留施設はループにより表している．

(2) マトリクスによるネットワークの記述

大都市域水循環ネットワークのノードを行と列にとり，各セルに結びつきの有無，水量，距離を示す数値を入力することにより，大都市域水循環ネットワークの経路，管路容量，水の流れる経路の長さを整理することができる．本稿では，このマトリクスを連結行列（connected matrix）と呼ぶ．

表 4.3.2 に示す連結行列中の A 〜 J の各セルは，河川，水道，都市活動及び下水道の各レイヤーの関連を表している．それぞれ，A：浄水場への導水，B：水道施設相互の管路による送水，C：浄水の都市への給水，D：汚水の下水処理場への流入，E：下水処理水の河川への放流，F：下水処理水の再利用，G：水辺創成水路による処理水の送水，H：下水処理場を介さない河川への放流，I：河川間の流況調整等，J：下水道施設相互の管渠による結びつきを表す．

そして，網掛けがなされているセルはレイヤー内のリンクを表し，網掛け

表 4.3.2　連結行列

			受水側										
			河川レイヤー			水道レイヤー			都市活動レイヤー			下水道レイヤー		
			要素1	要素2	要素3	要素4	要素5	要素6	要素7	要素8	要素9	要素10	要素11	要素12
送水側	河川レイヤー	要素1	I			A								
		要素2												
		要素3												
	水道レイヤー	要素4				B			C					
		要素5												
		要素6												
	都市活動レイヤー	要素7	H						G			D		
		要素8												
		要素9												
	下水道レイヤー	要素10	E						F			J		
		要素11												
		要素12												

がないセルはレイヤー間のリンクを表している．連結行列は大都市域水循環ネットワークの経路，管路容量，流水経路の長さを分かりやすく表記するだけではなく，マトリクス表記であるため，数値演算を容易に行なうことができる（Shimizu and Hagiwara, 2002）．

4.3.4　水循環ネットワークの安定性

(1)　構造安定性と評価指標の提案

　水循環ネットワークを評価するにあたり，災害時の都市生活者に対して水供給が基準値以上のレベルで連続して確保されるシステムを安定とする．本稿では，その程度を表す安定性を，ネットワークのノードやリンクの結びつきに着目して構造安定性として定義する．

　ノードに着目した場合には，そのノードの数やノードに何本のリンクが結ばれているかにより安定性を考えることができる．また，リンクに着目した場合にはリンクの太さによって安定性を評価することができる．例えば，取水した水を都市生活者に届けるまでを考えた場合には，同じ水量を輸送する場合でも，リンクの数が多くそれらのリンクの太さに偏りがない方が，災害の影響を受けにくく安定した水供給が可能である．また，水輸送の経路（パス：path）に着目した場合には，カスケード型よりもサイクル型の方が水の確保は安定である．このように，ネットワークの安定性を表す指標は，着目する構成要素により複数存在する．

　本稿では，ネットワークの構造特性を評価する視点として，ノードに対してはその「数」，リンクに対しては「数」，「長さ」，「容量（断面積より求めるが，流速を仮定することにより流量とも解釈する）」，ループにはその「容量」を，さらに，それらを組み合わせた「パス」を考えるものとする．以上の観点から，表 4.3.3 に示す 14 の評価指標を考案した．評価指標を大都市域水循環ネットワークに用いることにより，ネットワークの構造安定性を評価することができる（清水ら，2002）．

(2) 評価指標の関連性

評価指標は，前述の構造特性を表す概念の包含関係によって相互に関連性を持つ．この関連性は，グラフ理論における指標である，位数，次数，切断集合，連結度，最大流最小切断の定理，メンガーの定理と関係する（浜田・秋山，1982）（表4.3.3参照）．例えば，内素なパスの数と連結度の関係はメンガーの定理により与えられる．図4.3.3にISM (Interpretive Structural Modeling)（吉川，1985）を援用して作成した指標の関連性を示す．同図から，平均離心数は独立した指標であり，点連結度，辺連結度，冗長なパスの数，サイクル比率が基本となる指標であることが分かる．そして，内素なパスの流量のばらつきは複数の指標の特性を包含する指標であることがわかる．

指標①②③⑤⑥⑬でネットワークの基本的な特性を把握し，総合的に評価を行なう場合には上位にある指標④⑦⑧⑨⑩⑪⑫⑭を適用する．そして，流量の観点から評価する場合には指標②④⑦⑩⑭を用い，接続構造により評価を行なう場合にはそれ以外の指標を用いる．

評価指標は，上述のように各々の指標が独自の特性を有するため，複合し

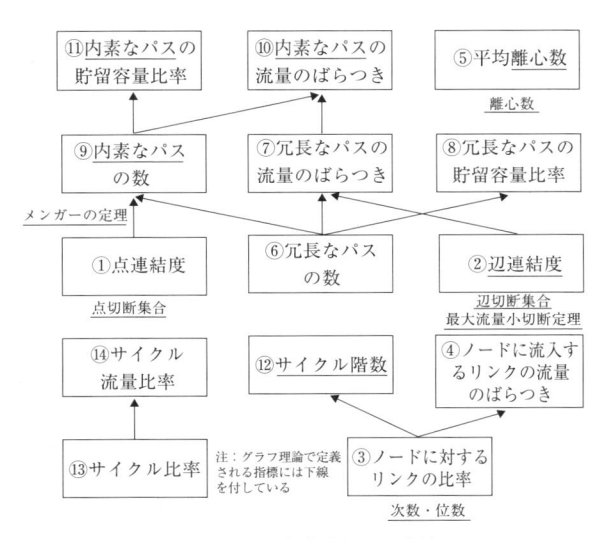

図4.3.3 評価指標の関連性

表 4.3.3 水循環ネットワークの構造安定性の評価指標

番号	指標名	式	定義	解釈	数	距離	容量	経路
①	点連結度	$k(N) = \min|A|$	ネットワーク N の点集合 V の部分集合 V' が $N-V'$ を非連結とする最小の点切断集合 A における点（ノード）の個数．	点切断集合はネットワークを非連結とする．点連結度が大きいほどネットワークの連結が強く構造が安定となる．	○			
②	辺連結度	$k_1(N) = \min|K|$	ネットワーク N の辺の集合 E の部分集合 E' が $G-E'$ を非連結とする最小の辺切断集合 K の辺（リンク）の個数．	辺連結度が大きいほどネットワークの連結が強く構造が安定となる．なお，辺の数でなく容量でも辺連結度を定義できる．この場合には，最大流最小切断の定理を用いて最小容量を与える切断集合を求めることが可能である．	○		○	
③	ノードに対するリンクの比率	$r(N) = \dfrac{\sum dx(x)}{|V(N)|}$	ネットワーク N の各ノードに接続するリンクの個数 $d_N(x)$（次数）の総和を全ノードの数 $|V(N)|$（位数）で除した値．	ノードに対するリンクの比率が高いほどネットワークは密となり，連結が強く構造が安定となる．	○			
④	ノードに接続するリンクの流量のばらつき	$Vx = \dfrac{|max(\int_x^h) - min(\int_x^h)|}{\sum f_x^h}$	任意のノード x に流入するリンク h の流量の最大と最小の差をノード x に流入する全水量で除した値．	ノードに流入するリンクの流量のばらつきが低いほど，複数の水供給経路から同程度の水が送られてくることになり，当該ノードへの水供給は構造的に安定であると考える．			○	
⑤	平均離心数	$\sum e(x)/|V(N)|$	ネットワーク N の任意のノード x から測られる最大距離である離心数 $e(x)$ の総和を位数により除した数．	ノード・リンク数が同じ時，平均離心数が小さいほどネットワークは空間的に相対的な構造が密であり，管路延長密度が高いことを意味する．	○	○		
⑥	冗長なパスの数	$P_r(x, y) = \Sigma (x, y)$	x, y をネットワーク N 内の隣接しないノードとしたとき，可到達な経路 (x, y) の総数を冗長なパスの数とする．	任意のノード x から，他の任意のノード y までの経路を考えるとき，複数の経路 x-y が存在し，その数が多い程，水循環は構造的に安定している．	○			○
⑦	冗長なパスの流量のばらつき	$V_{pr} = \dfrac{|max q_r(x, y) - min q_r(x, y)|}{\sum q_r(x, y)}$	冗長なパス $r(x, y)$ を流れる水量 $qr(x, y)$ の最大と最小の差を冗長なパスを流れる全水量で除した値．	同程度の流量が流れる冗長なパスが存在する時は，被害が分散されるため水供給は構造的に安定であると考える．			○	○

	名称	式	定義	意味				
⑧	冗長なパスの貯留容量比率	$Vrs = \dfrac{\sum S_i(x)}{\sum q_r(x)}$	冗長な経路 (x, y) 上にある貯留施設 j の貯留量 S_j の総和を冗長なパスの全容量で除した値.	パス上のリンクが切断された場合でも，貯留水を利用することにより水供給が可能である．貯留比率が高ければネットワークの構造は安定であると考える．	○		○	○
⑨	内素なパスの数	$P_p(x, y) = \Sigma(x, y)$	x, y をネットワーク N 内の隣接しないノードとしたとき，x,y 以外にノードを共有しない可到達な経路 $p(x, y)$ の総数を内素なパスの数とする．	内素なパスが多いことは，水供給系統の独立経路が多いことを意味する．内素なパスの数が多いほど水供給は構造的に安定である．連結度と内素なパスの存在の関係をメンガーの定理を利用して知ることができる．	○			
⑩	内素なパスの流量のばらつき	$Vp_p = \dfrac{|maxq_p(x, y) - minq_p(x, y)|}{\sum q_p(x, y)}$	内素なパス $p(x, y)$ の流量 $q_p(x, y)$ の最大と最小の差を内素なパスを流れる全流量で除した値．	内素なパスの送水量のばらつきが小さければ被害が分散されるため水供給は構造的に安定であると考える．	○		○	○
⑪	内素なパスの貯留容量比率	$Vis = \dfrac{\sum S_i(x, y)}{\sum q_i(x, y)}$	内素な経路 (x,y) 上にある貯留施設 i の貯留量 S_i の総和を内素なパスの全容量で除した値．	パス上のリンクが切断された場合でも，貯留水を利用することにより水供給が可能である．貯留比率が高ければネットワークの構造は安定であると考える．	○		○	○
⑫	サイクル階数	$Cr(N) = \Sigma d_N(x) - |V(N)| - 1$	ネットワーク N において，サイクルが残らないように除去しなければならないリンクの最小数をサイクル階数という．	サイクル階数が多いほど，当該ノードを中心として水を循環利用していることを意味する．従って，サイクル内を流れる水量を利用することができる．サイクル階数が大きいほどネットワークの水供給は構造的に安定であると考える．	○			○
⑬	サイクル比率	$\gamma = \Sigma c(x, y) / \Sigma(x, y)$	任意のノード x から，他の任意のノード y までの経路数がサイクルを有するパス $c(x, y)$ である比率．	水供給が困難となった場合でも，サイクル上のリンクが切断されない限り，サイクル内の貯留水の利用が可能であるため，サイクル比率が高いほど水供給は構造的に安定であると考える．	○			
⑭	サイクル流量比率	$\beta = q_c(x, y) / q_r(x, y)$	サイクルを有するパスに流れる流量 $q_c(x, y)$ と全径路を流れる流量 $q_r(x, y)$ の比率．	水供給が困難となった場合でも，サイクル上のリンクが切断されない限り，サイクル内の貯留水の利用が可能であるため，サイクル形態で供給される流量の割合が高い程，水供給は構造的に安定であると考える．	○		○	○

④⑦⑩⑭で用いる流量は断面に流速を仮定することで与える．

て適用することで多角的な評価を行なうことができる．ただし，ネットワーク境界の定義の仕方や適用する空間スケールの違いにより指標の有効性が異なる点に注意する必要がある．

4.3.5　水循環ネットワークの安全性

ネットワークを構成するユニットが破壊することなく水循環ネットワーク全体の機能に影響を及ぼさない状態が安全である．水道ネットワークの機能とは浄水と水供給で，下水道ネットワークの機能とは処理と排除である．

安全性の評価指標は到達可能性と損傷度の二つから成り，想定被害個所数を用いて定式化する．到達可能性とは震災時においても水（ここでの水とは，河川の表流水・上水・汚水，下水処理水の総称である）が起点から終点へと流れる可能性を評価する指標であり，損傷度とは水が流れる起点から終点への経路上に存在する破壊の程度を評価する指標である（西村ら，2003）．

(1)　想定被害箇所数の算定方法

被害率とは過去に発生した地震が引き起こした地下埋設管被害を基に算出された1kmあたりの平均破壊個所数である．この被害率は地震動に対する標準被害率に，地盤の特性による地震動の伝搬の違いや，管種・管径の違いによる耐震性の違いを表す補正係数を乗じることにより求めることができる（高田，1991）．
被害率を算定する式として，

$$R_{fm} = R_f \cdot C_g \cdot C_p \cdot C_d \tag{4.3.1}$$

が提案されている（清水ら，2001）．ただし，

　R_{fm}：想定被害個所数（個所/km）

　R_f：標準被害率（個所/km）

　　　$R_f = 1.7 \times A^{6.1} \times 10^{-16}$　ここで A は地表最大加速度（gal）

　C_g：地盤・液状化係数

C_p：管種係数

C_d：管径係数

である.

以下，この想定被害箇所数 R_{fm} を用いて安全性の指標である到達可能性と損傷度を定式化する.

(2) 到達可能性と損傷度の考え方とその定式化

まず，到達可能性とは，リンクが破壊することなくネットワークとして機能する可能性を判断する指標である．想定被害個所数が1より低い値のときには，この数値を管路が破壊する可能性と考える．そして，信頼度の考え方（三根・河合，1984）のアナロジーを用いて到達可能性を定式化することにより，経路の冗長性や複雑さを考慮した指標にする．
以下，到達可能性と損傷度を求めるアルゴリズムについて説明する．
初めに，並列接続された管路に対して次式の計算を行ないネットワークの並列部分を縮退させる．

$$R_p = 1 - \Pi(1 - R_{fm}^i) \tag{4.3.2}$$

ただし，R_{fm}^i：管路 i の想定被害個所数，R_p：並列ネットワーク縮退部分の想定被害個所数，である．
次に，ネットワークに残った直列接続の管路を，次式を用いて求める．

$$R_s = \Pi R_{fm}^i \tag{4.3.3}$$

ただし，R_s：直列ネットワーク縮退部分の想定被害個所数，である．なお，並列計算・直列計算では計算が行なえないブリッジに対しては，加法定理を用いて計算を行なう．

次に，損傷度とは，リンクが損傷することを想定して，その損傷がどの程度の規模であるかを判断する指標である．想定被害個所数が1以上であれば管路の機能が停止すると考える．そして，その損傷個所数に管路の能力による重みをつけて累積することで損傷度を以下のように定式化する．

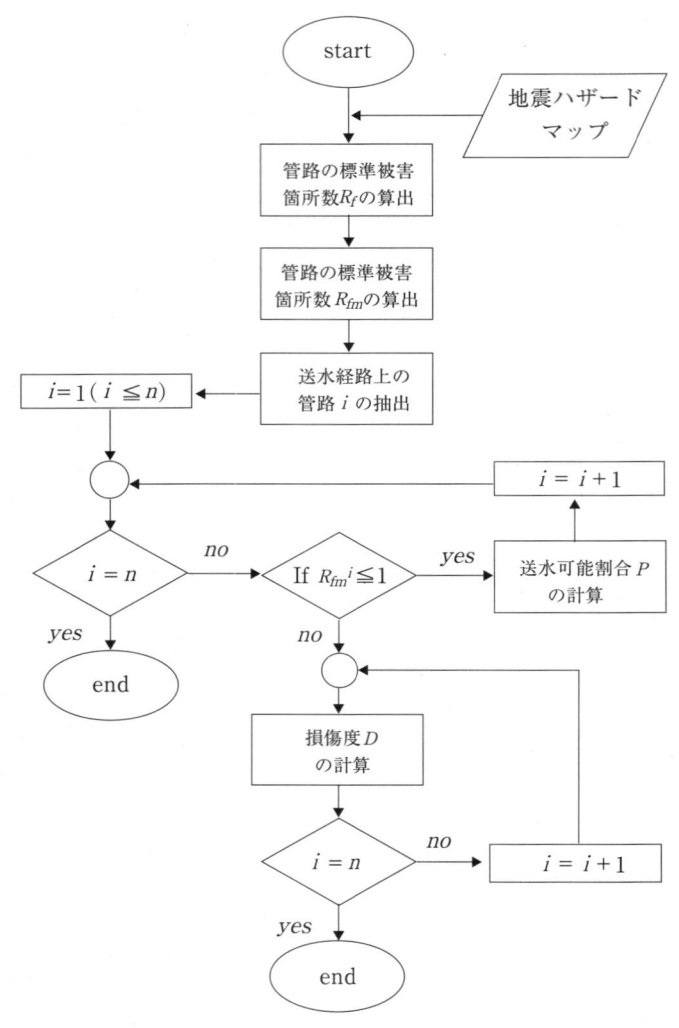

図 4.3.4　到達可能性と損傷度を求めるアルゴリズム

$$D_s = \sum_{i=1}^{n} w^i R_{fm}^i, \quad w^i = \frac{q^i}{\sum q^i} \tag{4.3.4}$$

ただし，D_s：終点 s の損傷度　w^i：管路 i の重み，q^i：並列関係にある管

路 i の管路の太さとする.

以上で作成した到達可能性と損傷度の二つの指標は管路の想定被害個所数を用いて定式化されており，この数値が1以上か，1以下かの判断により水循環ネットワークに適用する指標を使いわける．図4.3.4に水循環ネットワークの安全性を求めるアルゴリズムを示す．

(3) 水道・下水道ネットワークの合成安全評価の方法

水道ネットワークと下水道ネットワークの安全性を，到達可能性と損傷度の指標により評価すると，組み合わせは4通りになる．この組み合わせにより水道・下水道ネットワークの安全性の評価が可能となる．評価の解釈を図4.3.5に示す．同図から，下水の流出による水環境汚染の発生により下流の水供給に影響をもたらす間接被害が発生する可能性についても評価できることがわかる．

(4) 安定性と安全性による地域の震災リスク評価

4.3.4で述べた安定性と安全性の評価指標の値と，震度7以上の面積割合を組み合わせることにより，地域の震災リスクを評価することができる．この結果の組み合わせによる震災リスクの評価イメージを表4.3.4に示す．vii，viiiは，震度7の分布が少ないが安全性が低い状態を示しており，このような状態ではネットワークの経路の中間が破壊することにより間接被害が発生していることを表す．

4.3.6 淀川水循環圏における水辺創生による震災リスクの軽減
―― 北摂地域を対象として

対象地域を淀川水循環圏とする．この地域には六つの活断層系大地震が想定されている．図4.3.6の六つの領域は震度7以上が発生すると想定される地域を表している（清水，2002）．4.3.4と4.3.5でモデル化した評価指標を適用して震災リスクを評価する．このとき，「現況の水循環システム」と下水

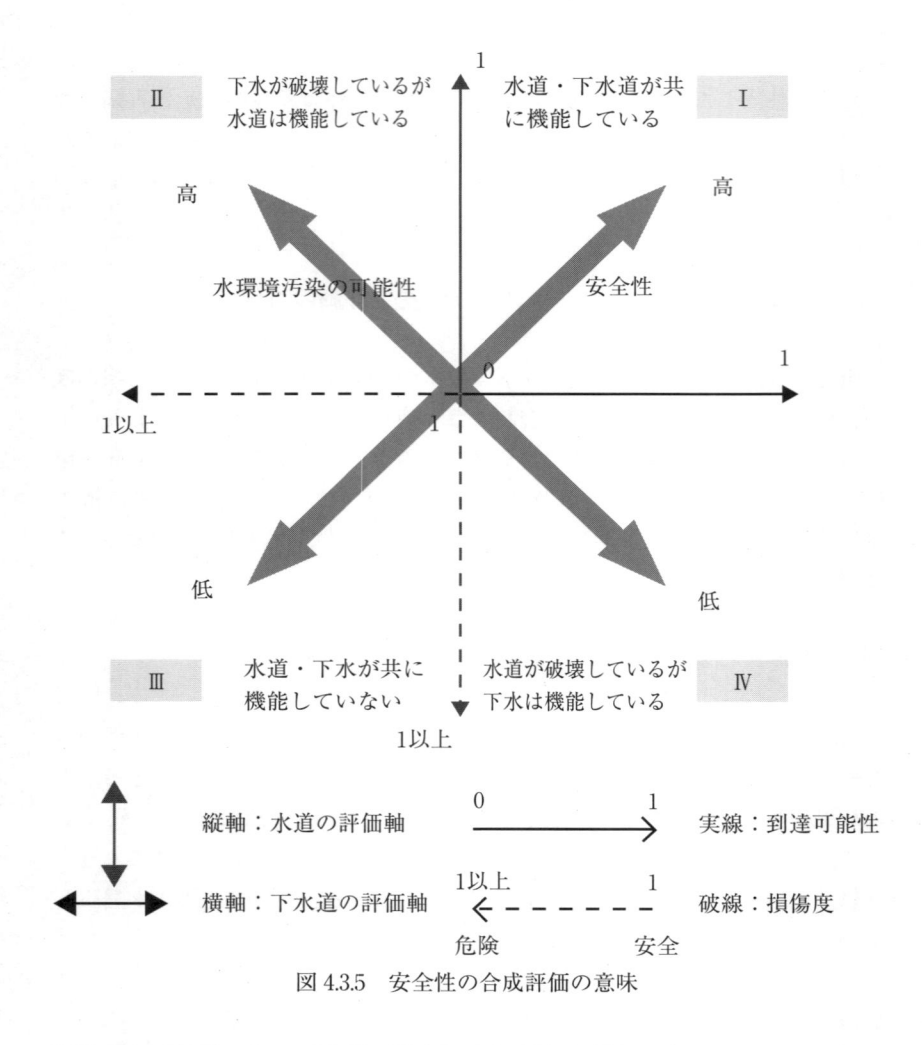

Ⅱ	下水が破壊しているが水道は機能している
Ⅰ	水道・下水道が共に機能している
Ⅲ	水道・下水が共に機能していない
Ⅳ	水道が破壊しているが下水は機能している

図 4.3.5　安全性の合成評価の意味

処理水の再利用による（実行可能な）水辺創生を新たにネットワークに組み込んだ「再構成された水循環システム」の震災リスクを評価し，これらを比較することにより，環境創生型の震災軽減計画の必要性と有効性を実証する．このとき，従来縦割り社会で見逃されがちな間接被害についても着目する．

表 4.3.4　安定性と安全性による地域震災リスク評価

番号	震度7以上の分布域	安定性	安全性	評価	
i	広い	高	高	震災リスクに強い地域	○
ii	広い	低	高	ネットワークの整備をおこなうことで，震災リスクに対してより強くなる地域	△
iii	広い	高	低	管路の耐震化が必要な地域	×
iv	広い	低	低	ネットワークの整備が必要な地域	×
v	狭い	高	高	地震の影響をうけない地域	◎
vi	狭い	低	高	ネットワークの整備が望ましい地域	△
vii	狭い	高	低	間接被害による震災リスク受ける地域　貯留施設等の整備が必要な地域	×
viii	狭い	低	低	間接被害による震災リスク受ける地域　ネットワークの特性を考慮した整備が必要な地域	×

◎：平常時と同様に震災リスクの無い地域　○：震災リスクが少ない安全な地域　△：震災対策を行なうことが望ましいがある地域　×：震災対策を早急に行なう必要性のある地域.

（1） 下水処理水を利用した水辺創生による水循環ネットワークの再構成

　ここでは，水循環の再構成の代替案の一つとして数理計画モデルを用いて定式化された水辺創生モデルによる分析結果を要約する（西村ら，2003）．この水辺創生モデルの目的は下水処理水を用いて水辺を創生することで，平常時に憩いの場ややすらぎの場を提供し，震災時にトイレ用水や消火用水を供給することである．

　同モデルは，震災時に各市町村が必要とする水に対して下水処理場の処理水を確保し，その水を水辺創生水路に流して平常時のアメニティが最大になるように市町村に配分することを目的としている．そして，この配分水量と震災時の必要水量との乖離が大きなものにならないように，乖離の割合をある範囲に抑えることを制約としている（なお紙面の都合上，数理モデルとそのアルゴリズムの説明は割愛する．参考文献（西村ら，2001）を参照）．

　震災時の必要用水としては，消火用水とトイレ用水を対象とする．消火用水の必要水量は消防水利により定められている1家屋を消火するのに必要な

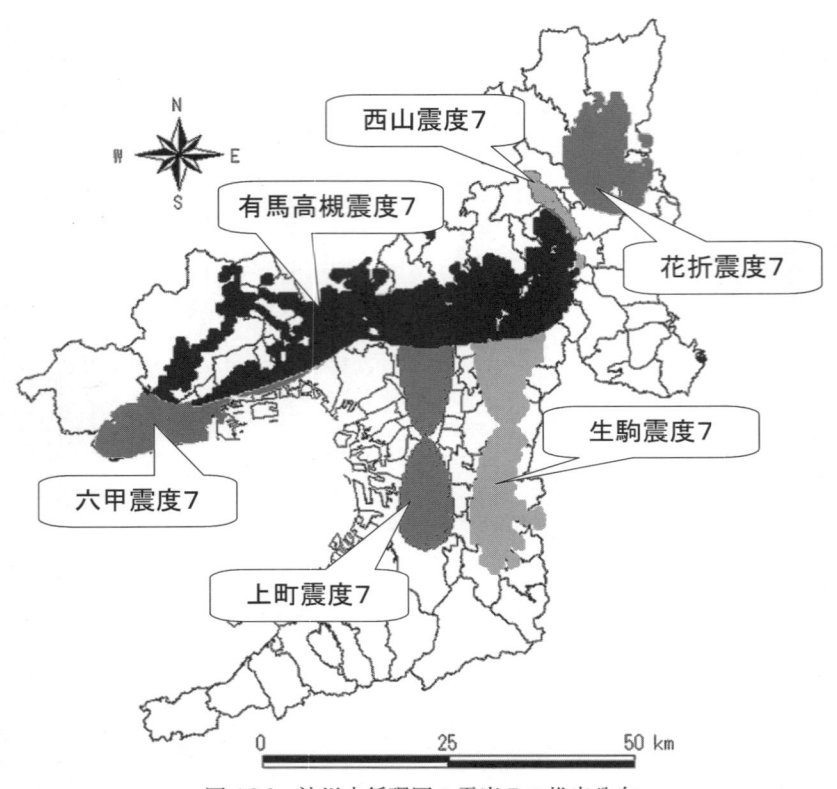

図 4.3.6　淀川水循環圏の震度 7 の推定分布

貯留の水 40m^3 とし，トイレ用水の必要水量は，1 人当たり 1 日 40 l とする．また，火災発生件数の想定は阪神・淡路大震災のデータに基づき，震度 7 の区域において 1km^2 につき 1.8 件発生すると仮定する．

　以上の想定に基づき，配分する下水処理水量を求める．モデルの適用に際し，誘致距離を 500m，調整定数を 0.1 とした．誘致距離とは，水辺が都市生活者をひきつける距離であり，萩原らにより考えられた物理的距離（萩原ら，1998）を用いる．

　事例対象地域として京都市と大阪市の中間に位置する大阪府淀川右岸地域，いわゆる北摂地域を選定する．その理由は，淀川と山地に挟まれ，しか

も新幹線や高速道路などの交通施設がこの狭窄部に集中し，人口も集中（約100万人）し，かつ複数の活断層による大地震が想定されている地域であるからである．

なお，北摂地域において，震災リスクが最も大きい有馬高槻断層系地震に対して殆どの下水処理場が機能停止することが想定されるため，次に震災リスクの大きい生駒断層系地震を対象とした水辺創生を考えることとする．このとき，以下の仮定をおく．すなわち，

- 水辺創生水路は自然流下で送水される．
- 水辺創生水路は地震時においても断たれることは無い．
- 下水処理場から送水される処理水は高度処理が行なわれ水質レベルは一定である．

である．こうして得た結果，水辺創生水路の計画が可能なベクトルを図4.3.7に示す．

水辺創生による下水処理水の利用可能地域は，震災時には高槻市，摂津市，環境汚染物質が流出して水道の取水が停止した場合には高槻市，摂津市に加

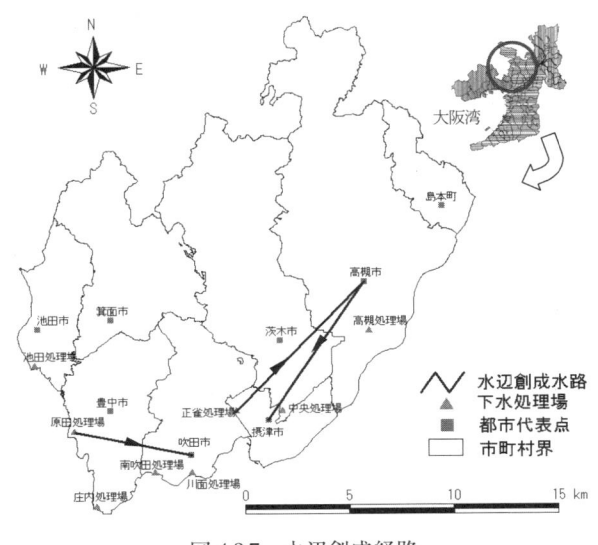

図4.3.7　水辺創成経路

表 4.3.5　震災時の下水処理水の配分量

処理場→市町村	アメニティ効果（人）	消火用必要水量（m³/日）	地震時を想定した場合		平常時を想定した場合	
			送水量（m³/日）	充足率	送水量（m³/日）	充足率
正雀処理場→高槻市	400,018	8,875	8,875	1.00	8,976	1.01
正雀処理場→摂津市	159,148	1,011	1,011	1.00	910	0.90

表 4.3.6　北摂地域の水供給停止を想定した水辺による下水処理水の配分水量

処理場→市町村	アメニティ効果（人）	トイレ用必要水量（m³/日）	取水停止を想定した場合		平常時を想定した場合	
			送水量（m³/日）	充足率	送水量（m³/日）	充足率
正雀処理場→高槻市	400,018	8,875	13,467	0.93	12,445	0.86
正雀処理場→摂津市	159,148	1,011	3,246	0.93	2,897	0.83
正雀処理場→吹田市	453,290	13,710	6,371	0.34	7,742	0.56
原田処理場→吹田市	408,645		7,340	1.00	7,340	0.54

え吹田市である．水辺による配分水量は表4.3.5と表4.3.6に示す通りである．8市町の内の3市町にしか下水処理水を配分することができない理由は，水辺創生経路を自然流下としたこと，ならびに下水処理場が地盤高の低い河川流末に位置しているためである．

水辺創生の結果，高槻市，摂津市，吹田市においては生駒断層系地震が発生した場合，消火用水量を補うことができるという結果を得た．淀川流域の大都市では消火栓への依存度がきわめて高く，震災により消火栓が使用できない場合に消火活動に著しい支障を生じることが予想される．この様な状況において，下水処理水を利用した水辺の創生は有効であるといえる．

取水停止時に対しては表4.3.6に示した通り，充足率が0.93となりトイレ用の必要水量がやや不足するという結果を得た．取水停止時には水辺創生も一つの代替案であるが，これと貯留や水道連絡管といった多様な代替案を同時に考える必要がある．

前述のように，有馬高槻断層系地震が発生した場合には，下水処理場がほとんど機能停止していると想定されるため下水処理水を送ることができない．そこで，生駒断層系地震を想定して創生した水辺創生水路の水をせき止めることを考える．これにより，水路の水は貯留水とみなすことができる．

例えば，正雀処理場から吹田市代表点までの延長24.5kmの水辺創生水路を流速0.5m/sで流れていると考えた時，水路をせきとめることにより1日送水量の3.4倍にあたる約8万m^3の水を確保できる．

北摂地域を対象とした場合には，生駒断層系地震を想定して水辺を創生することにより，その他の活断層系地震にもその有効性を発揮できることが明らかとなった．さらに，水路の経路に隣接する公園などのオープンスペースを創生し，その地下に多くの貯留施設を建設すれば，更なる被害の軽減を図ることが可能となる．

(2) 北摂地域の水循環システムの安定性の評価

(a) 現状の水循環システムの安定性評価

ここでは，システムの精度から給水点を都市代表点（市役所）で代表させるものとする．そして，表4.3.3の基本となる①②③⑤⑥⑬の指標を用いて，総合的なネットワークの構造安定性の評価を行なう．ただし，現状の同地域にはサイクルが存在せず，また，ここでは簡単のためにネットワークの空間スケールの評価を行なわない．このため指標⑬⑤適用除外とする．

対象地域は水道用水供給事業により水供給が行なわれるため，ネットワークは用水流入点と用水供給点の端点を持ち①②の指標の値は1となる．現状のノードの数は47本で総リンク数は130個であるため，ノードに対するリンクの比率（指標③）は，2.77となる．そして，冗長なパスの数（指標⑥）は，高槻市，摂津市が1，茨木市，吹田市，豊中市，池田市，箕面市が2となる．さらに，内素なパスの数（指標⑨）も同様の結果となる．2経路のパスを有する市町は1経路の市町よりも水供給の構造安定性が高いと言える．
同地域のネットワークは冗長なパスの数（指標⑥）と内素なパスの数（指標⑨）が同じとなっている．このことより，現状の水循環ネットワークは冗長性が少なく，リンクが短絡的に結ばれているといえる．

(b) 現状と再構成後の構造安定性の比較

すでに4.3.6(1)で述べたように，高槻市，吹田市，摂津市に，二つの下水処理場の再利用水を利用して水辺創生水路を計画できることが分かってい

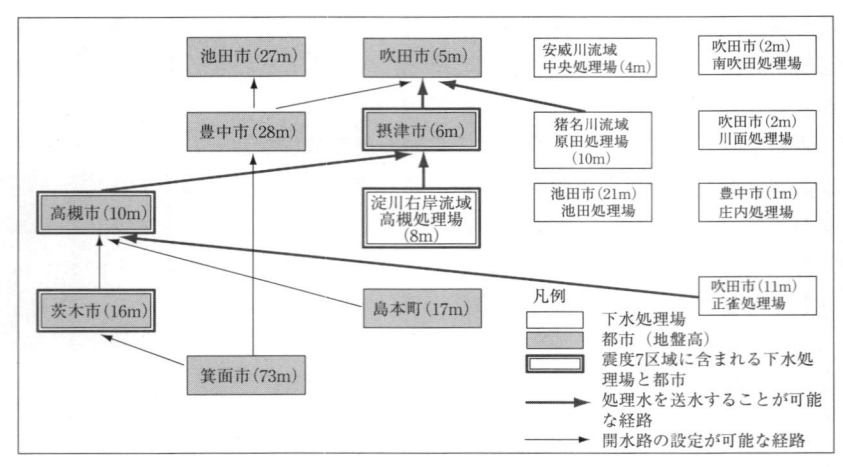

図4.3.8 水辺創生水路による下水処理水の送水経路

る．ここでは，水辺創生前の現状と創生後の水循環システムの安定性の変化を見ることにより，震災リスクの軽減を評価する．このときの水辺創生水路による下水処理水の送水量を図4.3.8に示す．なお，この図からも明らかなように，淀川上流域の大震災による間接被害として本流の水環境汚染を考えた場合には，対象地域の全ての7市1町で処理水を必要としているにも関わらず，3市以外に処理水を送ることができない．これは下水処理場が地盤の低い河川流末に集中しているためである．このため水資源としての下水処理水が日常時も災害時も十分に利用できない水循環システムになっている．

水辺創生水路を考慮したネットワーク構造安定性の評価結果をみると，ノードの数は現状と変化せず47であるが，総リンク数は130→140に増加する．そのため，ノードに対するリンクの比率（指標③）は2.77→2.98となり現状と比べて0.21増加する．また，冗長なパスの数（指標⑥）の数は高槻市が1→3，吹田市が2→11，摂津市が1→3に増加し，内素なパスの数（指標⑨）は高槻市が1→2，吹田市が2→4経路，摂津市が1→2に増加する．吹田市における冗長なパスの数が大きく増加しているのは，処理水の水源である原田処理場が流域下水処理場であり，複数の都市からの汚水を処理しているためである．現状と比較して，内素なパスと冗長なパスの両方が増加し，かつ，指標⑥の値が指標⑨の値を上回っている．供給経路の安定

性が増大し，冗長性も高まっていると解釈できる．

以上の結果より，水辺創生水路を導入することによる水循環ネットワークの構造安定性が向上した効果を定量的に示すことができ，評価指標の有用性が確かめられたと考える．ただし，ここで具体的に示した数値は4.3.4(2)でも述べたように，ネットワークの空間スケールの捉え方（対象とする管路のレベル）及び境界の取り方によって異なる値を示すものである．結果の解釈に関してはこの点に留意することが必要である．

(c) 淀川水循環圏の水道ネットワークの安定性

淀川水循環圏に含まれる103区町村の水道ネットワークに安定性の指標を適用する．具体的には，平均連結度，点連結度，冗長な道の数を選択した（清水，2002）．

グラフのノードに接続するリンクの個数を，ノード数で除した比率を「平均連結度」とし，グラフにおける最小の関節集合の個数を「点連結度」とする．そして，グラフ内の隣接しないノードの複数の経路の数を「冗長な道の数」とする．

こうして103区町村の評価を行なったが，紙面の都合とわかりやすくするために，ここでは，それらの評価を府県及び市で集計することにし表4.3.7に示す．なお，安定性は各々の指標の値を5段階表示し，それらを加算したものである．また，表中の～は，たとえば京都市の場合の「冗長な道の数」が区によって1～14にばらついていることを示している．

(3) 安全性の震災リスク評価

(a) 現状の水循環圏ネットワークの安全性評価

まず，安全性の評価を行なうためには，式(4.3.1)を用いて北摂地域の想定被害個所数を求めることが必要である．このとき以下の3つの仮定をおいた．
- 水道ネットワークの管種・管径係数は最悪の被害を想定して最も大きい値を用いる．
- 地盤・液状化係数に関しては地表最大加速度を想定するときにすでに考慮

表 4.3.7　淀川水循環園の安定性の評価結果

	京都市	京都府	大阪市	大阪府	兵庫県神戸市
リンク数	114	40	160	574	174
ノード数	55	22	83	235	87
平均連結度	2.07	1.82	1.93	2.44	2.00
点連結度	1	1	1〜2	1〜3	1〜2
冗長な道の数	1〜14	1	1〜8	1〜4860	1〜560
安定性	7.3	3.0	5.9	10.3	9.9

されているため式(4.3.1)に影響しないような係数である1とする．
● 下水道ネットワークの管種係数については，データを入手できなかったため同様に1とする．

　この結果，想定被害個所数が1を超える水道管は無く，下水道管では1を超える管路が存在した．このため，評価指標として水道ネットワークでは到達可能性を用い，下水道ネットワークでは到達可能性と損傷度を用いて評価を行なった．安全性による評価の結果を図4.3.9，図4.3.10に示す．

　図4.3.6から，花折，六甲断層系の地震が北摂地域の上下水道ネットワークに与える影響が比較的少ないことが分かる．そして，豊中市は図4.3.10にしか示されていないことから六つの活断層系地震に対して北摂地域の中で最も地震の影響を受けない地域であるといえる．また，図4.3.10に示されている市町は下水を流出させる恐れがある．特に箕面市は上町，生駒，有馬高槻断層系地震に対しての損傷度が高く，環境汚染に注意する必要がある．

(b)　水循環の再構成後の安全性の評価

　水辺創生後の北摂地域の水道ネットワークと下水道ネットワークの安全性は図4.3.9，図4.3.10の矢印で示す位置に変化する．水辺創生により，消火用水やトイレ用水が確保されるため吹田市，高槻市，摂津市の水道ネットワークの安全性は高くなる．しかしながら，豊中市と箕面市には水辺創生ができず安全性が低位にとどまるため，他の再構成の代替案を用いて高める必要がある．

　次に，図4.3.10から，水辺創生により水道の安全性が上がる反面，下水道ネットワークの安全性は増加しないため環境汚染が発生するという新しい問

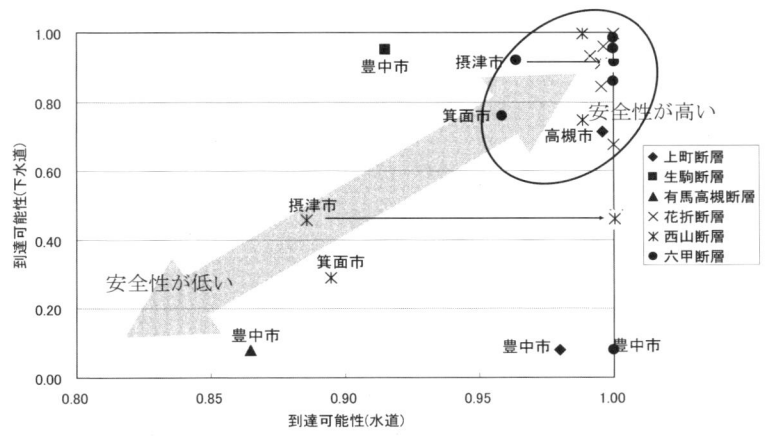

図 4.3.9　水辺創生前後の安全性 1

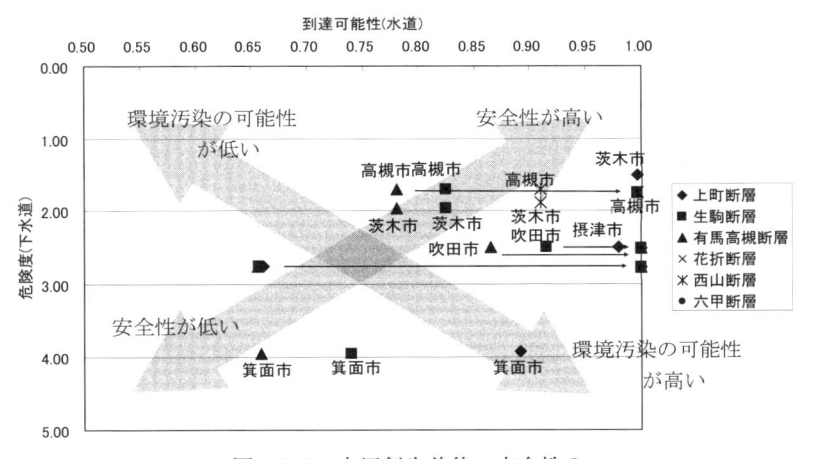

図 4.3.10　水辺創生前後の安全性 2

題が生まれることがわかる．このため，環境汚染を減らすための下水道整備代替案を考える必要がある．

(c)　淀川水循環圏の安全性の評価

淀川水循環圏に含まれる 103 区町村に安全性の指標を適用する．生駒断層

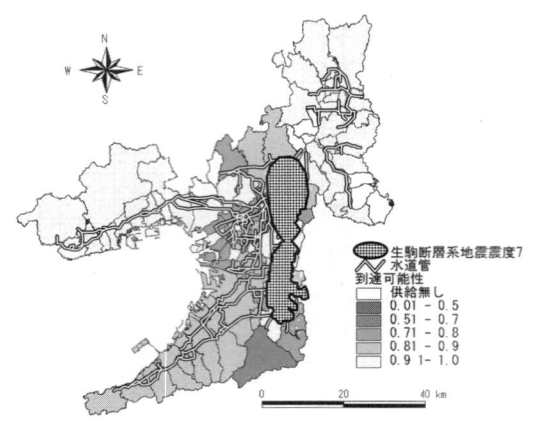

図 4.3.11　水道の安全リスク（生駒断層系地震）

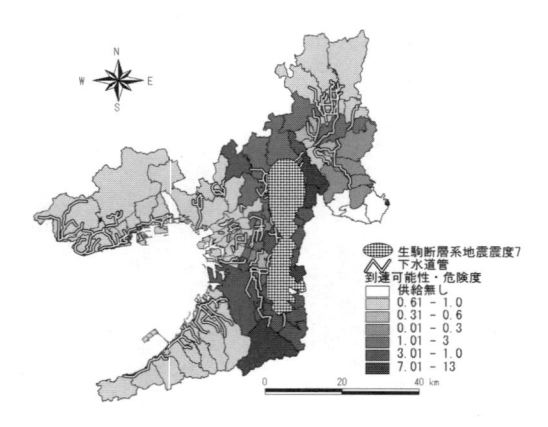

図 4.3.12　下水道の安全リスク（生駒断層系地震）

系地震を対象とした水道ネットワークの評価結果を図 4.3.11，下水道ネットワークの評価結果を図 4.3.12 に示す．図 4.3.11 では，大阪府南部で安全性が低い値となる．これは南北に敷設されている大阪府の水道ネットワークの中心が破損して間接被害が発生しているためである．

(4) 安定性と安全性から見た淀川水循環圏の地域診断

　安定性指標の値を府県及び政令都市でまとめて相対的に表した値と，行政体の震度7以上が想定される面積の占める割合をもとに計算された安全性指標の値を合成した震災リスクを図4.3.13に示す（西村・荻原，2004）．なおこの図では，安定性と安全性の指標の重みは同等という仮定をおいている．横軸は安定性リスクの評価結果を表し，縦軸は安全性リスクの評価結果を表している．〇の大きさは震度7以上が占める各行政体の面積割合を表している．

　花折断層系地震が発生する場合，京都市では，震度7が占める割合が市域の7割強となり，大阪府・兵庫県・神戸市と比べて安定性も安全性の評価も低い（表4.3.4のivの状態）．京都市は，阪神・淡路大震災と同様の大きな被害が発生することが予想される．このため4.3.6(1)で示したように，明治以降，市電や車の交通のため失われてきた水辺の再生・創造というような水循環

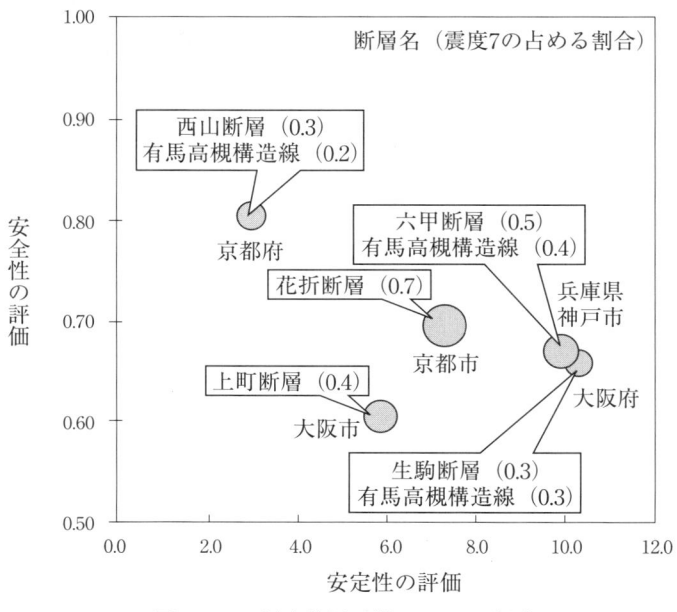

図4.3.13　行政体別震災リスクの診断

ネットワークを冗長化してサイクルを生み出すといった計画を考える必要がある．また，京都府は安定性が低いものの，安全性が高く，震度7の占める割合が少ないことから，震災リスクは小さい．

生駒断層系地震を想定した大阪市では，震度7の占める割合が0に近いにも関わらず安全性が低い表4.3.4のviiの状態であり，間接被害が発生することが想定される．このような状況では新たな水供給源からのネットワークを整備することや貯留による水の確保などが重要となる．また大阪市は上町断層系地震が発生した場合，安定性ならびに安全性が極めて低く，壊滅状態になることが想定される．

なお，安定性と安全性の指標の計算は対象地域の全区市町で行なっている．これらの結果の考察は紙面の都合上割愛する．

4.3.7　おわりに

本稿では，まず大都市域における水循環圏としての考え方の必要性を述べ，水循環システムをネットワークとしてとらえるモデル化の方法を示した．次に，水循環ネットワークの安定性を評価するために，グラフ理論を援用した14指標を提案し，それらの関連性を構造化し適用性に対する考察を行なった．同時に，ネットワークの安全性を評価するために信頼性理論のアナロジーでより扱いやすい到達可能性と損傷度の二つからなる安全性の評価指標を作成した．そして，これらの安定性と安全性の指標を合成して震災リスクの評価法（地域診断法）を構築した．

ここで，提案した診断法ならびにそのプロセスの有効性を実証するため，大阪府淀川右岸地域を事例対象地域として，活断層系による震災を軽減するための水辺創生水路の導入の効果を提案した評価指標により評価し，指標の有用性を検証した．ついで，この震災リスク評価法の有効性を実証するために，これを淀川水循環圏に適用した．

この結果，水道ネットワークの供給経路が破壊することにより発生する水供給の停止や，下水道ネットワークが引き起こす汚水流出による取水停止という「2種類の間接被害が，どの大地震が起こったとき，どこに生じるか」

を明らかにし，システム論的な意味で，ここで提案した方法論の有効性を示した．そして，大都市域から失われた水辺を下水処理水の再利用により再生もしくは創生することが震災時には減災効果があり，日常時には地域環境のアメニティ空間としてその価値を評価できることを示した．

なお，当然のことながら，震災は水循環システムだけでなく，エネルギーシステムや交通システムなどの都市インフラストラクチュアにも生じ相互作用がある．このため，他のインフラストラクチュアとの関連をも考慮した地域の総合的な震災リスク評価法を今後開発する必要がある．

4.4 大都市域における水辺創生による震災リスクの軽減

4.4.1 はじめに

高度経済成長期以降，経済効率性を重視した都市施設整備や土地利用は，水辺やため池そして雑木林等の緑地の多くの身近な自然を住宅地や商工業用地，道路へと変化させてきた．この結果，現在の都市域の多くでは，生活者（萩原・須田,1997）が日常的に自然と触れあうことが困難となってきた．さらに，阪神・淡路大震災等の経験から，高密につくられてきた都市域が震災に対していかに脆弱であるかがわかる．都市域の「ゆとり」としての公園・緑地や水辺といった自然的空間は災害時の被害を軽減し，復旧・復興に向けた諸活動を行なう上で不可欠である．今日，地震のような再現期間の長い災害のためだけの施設整備は財政的にも困難な状況であることから，都市域では環境創生を通した災害リスク軽減のための計画方法論が必要であると思われる．

以上の認識のもと，著者らは，都市域の自然的空間を4階層システム（近隣レベル：2haを標準，地区レベル：4 ha，市レベル：10ha，広域レベル；30ha）（神谷ら，2000）としてモデル化し，利用者心理（神谷・萩原，2001a）と遊び（神谷ら，2001）に着目して，空間とその質の配置に関する評価を行なってきた．

上記の研究をふまえ，本稿では，特に震災時に被災者自らが身を守るために行なう避難行動と自然的空間の偏在ならびに交通ネットワークなどによる地域コミュニティの分断に着目した地域の事前安全性を評価する．このため，地域分断の分析と，避難行動に関するシミュレーション・モデルの構築とその分析を行なう．この結果を受けて，地域内で最も危険な道路や鉄道などによる孤立地区を明確にし，これらの地区の震災リスク軽減のためにどこに自然的空間を創生する必要があるかを実証的に明らかにする．そして，都市化のために失われてきた水辺を，都市域に多量に存在するがその殆どが使われていない下水処理水の再利用によって再生するという一つの代替案を提示し，その減災効果を論じ，新たな地域災害リスク軽減のための計画方法論構築の第一歩とする．

4.4.2　対象地域の概要と分断

　対象地域は大阪市と京都市の間に位置する吹田市・茨木市・高槻市・摂津市である．この地域は1960年代から千里ニュータウンの開発や万国博覧会の開催にともなって，多くの自然が失われ，震災リスクが増加してきた（神谷ら，2001）．

　現在，ここには名神高速道路や中国縦貫自動車道，新幹線，JR東海道本線等の日本の主要幹線交通や，阪急京都線等の大阪市と京都市を結ぶ交通施設が多く存在する．北摂地域は山と淀川に挟まれており，また，有馬高槻・上町・生駒という三つの活断層系地震によって震度7が想定されている（大阪府，1998）．このような地形や土地利用から，この地域は阪神・淡路大震災で大きな被害が生じた神戸市と類似していることがわかる．

　また，対象地域にある交通施設の多くが高架や盛土でつくられており，これらの倒壊や崩壊による地域の分断は非常に危険な孤立する地区を形成する可能性がある．これは各市のヒアリングにおける防災担当者が懸念していたことでもある．したがって，本稿では図4.4.1に示すように，対象地域を国道・高速道路，鉄道・モノレール，河川によって分断された地区を単位として分析を行なう．

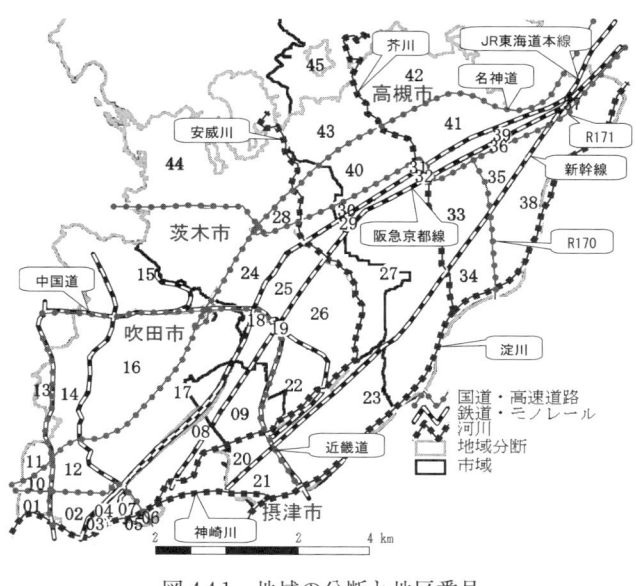

図 4.4.1　地域の分断と地区番号

4.4.3　一次避難行動に関する分析

(1)　分析の考え方

　震災時の避難行動に着目したとき，地域の安全性を高めるためには，避難の必要性を低くすることと，安全に避難ができるようにすることが重要になる．避難の必要性は「建物の倒壊およびその危険性（指標A）」と「火災の発生及びその延焼の危険性（指標B）」の二つの要因が大きく影響していると考えられる．しかし，これらを厳密に把握することは，一戸毎の建物の構造や震災時の天候等により非常に困難である．このため，前者の近似として，耐震に関する建築基準法の改正を考慮し，1980年以前の建物延べ床面積を用いてその危険性を捉える．また，後者の近似として，阪神・淡路大震災において火災の発生原因の約半数が不明であったため，延焼に着目し，建物の多さ（市街地率＝建物面積／町丁目面積），木造建物率，水辺の有無によってその危険性を判断する．これを図4.4.2に示す．なお，本稿では，各地区

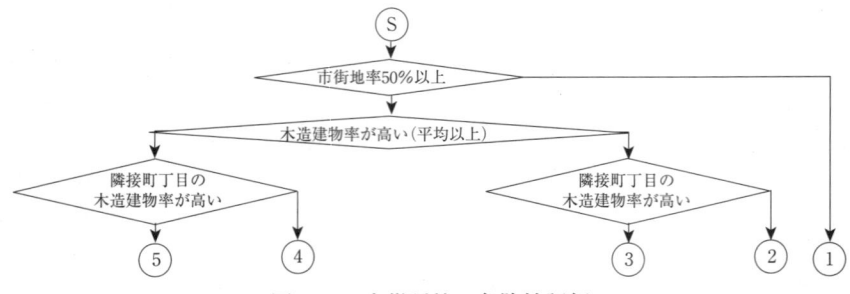

図 4.4.2 火災延焼の危険性評価

の絶対的危険度を評価するのではなく，対象地域における相対的に最も危険な地区を明確にすることに重点をおいている．

震災時の一時避難行動において，被災者はより居住地に近く，安全性の高いより大きな空間へ避難すると考えられ，人のつながりも震災時の助け合い等において重要である．このため，地域の分断と町丁目のつながりに着目して，一次避難行動に関するシミュレーション・モデルを作成し，これを運用することにより，新たな避難空間の創生が必要な地区を明らかにする．

(2) 避難の必要性に関する分析結果とその考察

火災の延焼に関して，図 4.4.2 をもとに分析した結果を図 4.4.3 に示す．これより，早くから都市化が進んだ JR 東海道本線及び阪急京都線沿線の町丁目が火災の延焼の危険性が高いことがわかる．なお，図中の①〜⑤は図 4.4.2 に対応している．

(3) 一次避難行動シミュレーションの考え方

震災時の避難行動に関するシミュレーションとしては，実際の道路ネットワークを用いたもの（金子・梶，2002），（熊谷・雨谷，1999）や仮想ネットワーク（安東・片谷，1999）を用いた分析が行なわれている．これらは非常に限られた小さな地区を対象としており，災害事前における広域的な計画方法論にはなじまない．そこで，震災時における広域的な地域の安全性を避難行動

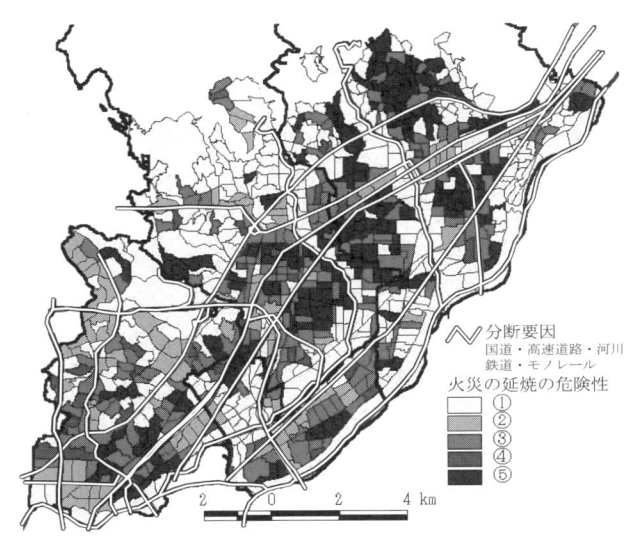

図 4.4.3 火災延焼の危険性評価結果

から評価するシミュレーション・モデルを提案する．すなわち，このシミュレーション・モデルは少なくとも以下の要件を満たしていなくてはならない．すなわち，

- 町丁目毎の避難先と避難経路（どの町丁目を通過するか）が分析できる．
- 避難住民が避難空間に何回入れなかったかが計算でき，彼らのあせりやいらだちを間接的に表現できる，

ことである．このような目的を果たす，町丁目の隣接関係に着目したシミュレーション・モデルのフローチャートを図 4.4.4 に示す．そして，モデルで重要な役割を果たす step 数の説明を行ない，次いで，フローの基本的な考え方を説明する．

このモデルで用いる基本となる step 数とは，ある町丁目に着目した時，その町丁目が含まれる双対グラフ（ウィルソン，1985）の面から避難空間のある町丁目が含まれる面までの数である．この考え方を図 4.4.5 に示す．また，この図は一つの地区内の町丁目のつながりをも表している．例えば，Ⅲの町丁目に避難空間があり，Ⅰの町丁目に着目すれば step 数は 2 となる．

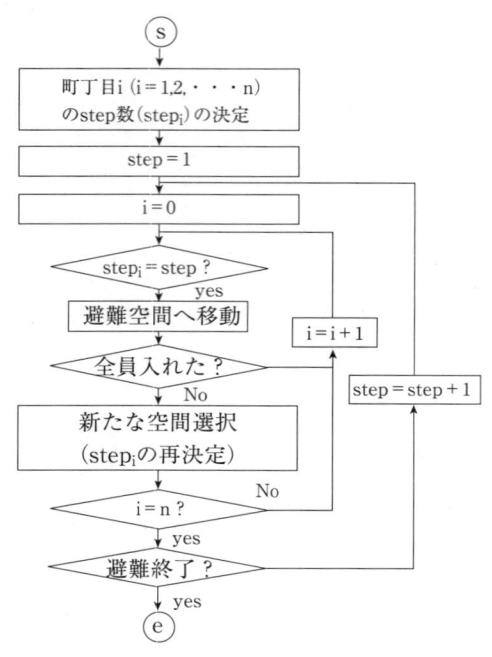

図 4.4.4　シミュレーション・モデルのフローチャート

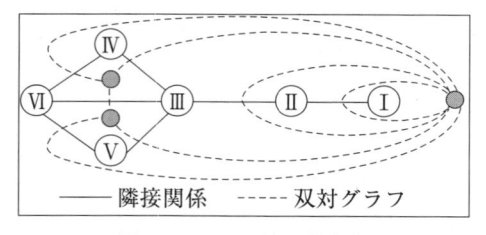

図 4.4.5　step 数の考え方

モデルの基本的な流れは，後述の仮定の下で，以下のようになる．

[1] 各町丁目の step 数を決定する．
　まず，町丁目 i から最も少ない step 数の避難空間を選択する．これが複数ある時，より大きな（上の階層の）空間を選択する．（step i の決定）

［2］step 数が小さい町丁目から空間へ移動する．
　避難するためには，最悪1人あたり$2m^2$以上の空間が必要である．そして，町丁目の住民全員が避難できれば，その時の最小のstep数がその町丁目のstep数となる．なお，避難空間に入れない人がいるとき，その空間から最も近い空間を選択すると考え，新たにstep数を計算する．
［3］終了
　シミュレーションの終了は，全ての人が避難したか，あるいは全ての避難空間が満杯になったときとする．

ここで，モデルの仮定を具体的に示せば，以下のようになる．

(i) 避難空間選択は分断された地区内でのみ行なわれる．
(ii) 最も近い（step数の小さい）避難空間を選択する．
(iii) (ii)を満たす避難空間が複数ある時，より大きな(階層が上の)空間を選択する．
(iv) 避難空間に避難するためには，最悪，1人あたり$2m^2$以上必要である．
(v) 避難空間から近い町丁目の住民から避難できる．
(vi) ある避難空間に入れなかったとき，その空間から近い空間を新たに選択する．
(vii) 避難空間に入れなかった時，次に入れる空間の選択情報を持っている．
(viii) 標高は考慮しない．

　仮定(i)はこれまで述べたことより，地域の分断を想定して設定した．仮定(ii)と(iii)は，住民はより近くの，より大きな空間へ避難することを想定している．ここでは事前評価の計画方法論の作成が目的であるから，避難の「予測」ではなく「予定」という概念を用いることとする．仮定(iv)は避難可能人数の設定を意味しており，この値は防災公園の基準として用いられているものである（都市緑化技術開発機構，2000）．なお，自然的空間の面積は水面の面積を除いて算定している．また，樹木の量を考慮せずに面積の算定を行なっているため，ここで用いた面積は実際に避難できる面積より広く見積もっていることを断っておく．仮定(v)は，避難してきた人は，避難空間に到着した順番に入ることができることを意味している．仮定(vi)は，ある避難空間に入れなかったとき，その空間から最も近い空間を選択し，そこへ避難することを表している．仮定(vii)は，様々な町丁目から空間へ避難するため，周辺の状況を判断できると考えて設定した．もし，この仮定をはずすと，ここで行な

表 4.4.1 町丁目別の震災リスクの計量化に関する指標

指標	内容	①	②	③	④	⑤
A 建物倒壊	1980年以前建物延床面積	0以上2000(m^2/ha)未満	2000以上4000(m^2/ha)未満	4000以上6000(m^2/ha)未満	6000以上8000(m^2/ha)未満	8000(m^2/ha)以上
B 延焼	木造建物延床面積と水辺	市街地率50%未満 or 水辺有	市街地率が50%以上，木造建物が少なく，隣接町丁目も少ない	市街地率が50%以上，木造建物が少なく，隣接町丁目は多い	市街地率が50%以上，木造建物が多く，隣接町丁目は少ない	市街地率が50%以上，木造建物が多く，隣接町丁目も多い
C step数	step数	step数が0	step数が1	step数が2	step数が3以上	避難できない人がいる
D ルート数	step数を考慮したルート数	step数が0もしくは1	step数が2以上，ルート数が4以上	step数が2以上，ルート数が3	step数が2以上，ルート数が2	step数が2以上，ルート数が1
E ゴール数	step数を考慮したゴール数	step数が0もしくは1	step数が2以上，ゴール数が4以上	step数が2以上，ゴール数が3	step数が2以上，ゴール数が2	step数が2以上，ゴール数が1
F 通過空間数	通過する空間の数	通過する空間数が0	通過する空間数が1	通過する空間数が2	通過する空間数が3	通過する空間数が4以上

指標C：step数
指標D：ルート数（避難空間までの行き方の数）
指標E：ゴール数（避難できる空間の数）
指標F：通過空間数（避難するまでに通過する空間の数）

う分析結果以上に空間に入るために移動し続けなければならない可能性が大きい．仮定(viii)は，地区内での避難を想定していることより，高低差は小さいものとなるため，標高は考慮しないこととする．

以上の仮定の下に避難行動シミュレーション・モデルは，震災リスク評価にとって重要な以下の指標の算定を可能とする．

これまであげた指標を表 4.4.1 にまとめておく．

(4) シミュレーション結果とその考察

まず，step数を図 4.4.6 に示す．これより，吹田市南部の地区 01，03，阪

急京都線および JR 東海道本線沿線の地区 08, 12, 18, 29, 33, 35, 39, 41, 高槻市の北部の地区 42 で避難できない人がいる．また，地区 17, 26, 27 でも step 数が 10 を越え，一次避難のために非常に遠くまで行かなければならない人がいることがわかる．上記の鉄道沿線は，早くから都市化が進行した地区であるとともに，細長く分断された地区が多い．これらのため，避難空間が人口に対して不足し，一次避難のために遠くまで行かなければならない人がいるようになったと考えられる．指標 D と E については紙面の都合上割愛するが，step 数と同様の地区において，避難のためのルートや空間が限定されていることが明らかになった．

次に，避難空間に入れない回数（指標 F）を図 4.4.7 に示す．通過する回数が多い町丁目は，ルート数およびゴール数が少ない町丁目と同様に，一次避難行動からみて当然危険だと考えられる．そして，この図で高い値を示した町丁目の人は，避難行動の間に何度も空間を通過しなければならず，非常に不安にかられると考えられる．精神的な不安感や苦痛を考慮すると，一次避難行動からみて非常に危険性の高い町丁目であると考えられる．

以上の結果をまとめると表 4.4.2 になる．この表に示された地区は，地域の分断と町丁目の繋がり，および人口を考慮したとき，一次避難行動からみ

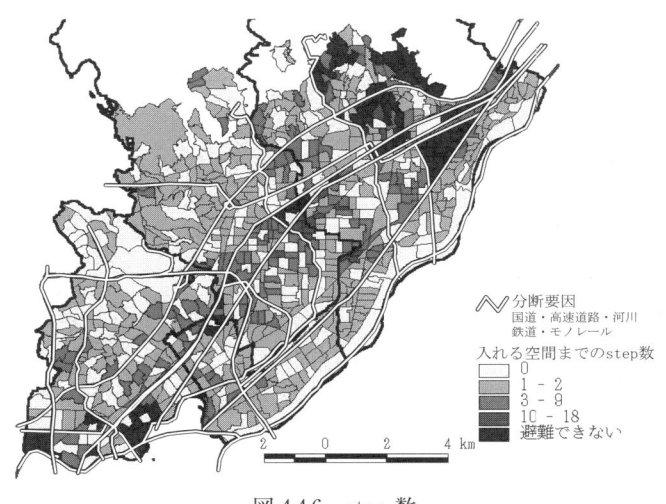

図 4.4.6　step 数

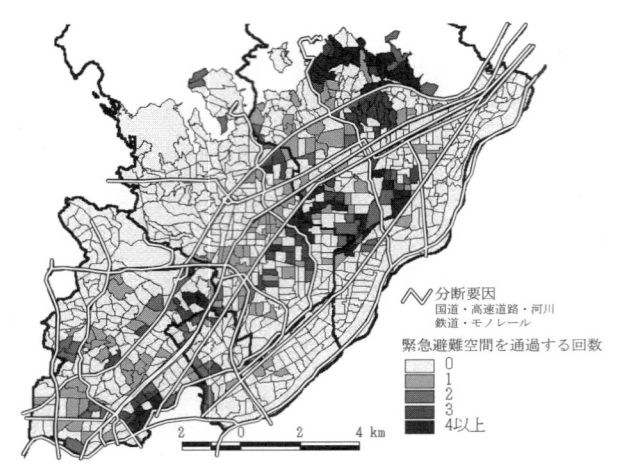

図 4.4.7　避難空間を通過する回数

表 4.4.2　一次避難行動の危険性に関する指標毎の地区別評価

指標	地区番号	備考
step 数	08, 17, 18, 25, 26, 27, 29, 33, 39, 41, 42	「避難できない」もしくは「step 数が10 以上」の町丁目がある地区
ルート数	08, 15, 17, 22, 23, 29, 35, 36, 38, 39, 41, 42, 44	step 数が 2 以上でルート数が 1 の町丁目が複数ある地区
ゴール数	08, 12, 15, 17, 23, 28, 35, 38, 39, 41, 44	step 数が 2 以上でゴール数が 1 の町丁目が複数ある地区
空間を通過する回数	08, 17, 26, 27, 33, 41, 42	空間を通過する回数が 4 以上の町丁目が複数ある地区

て好ましくない避難空間の配置になっている地区である．特に地区 08，17，41 は全ての指標からみて危険性の高い地区であることがわかる．

(5)　新たな空間の創生が必要な地区の決定

　表 4.4.1 で示した指標で最悪の評価値⑤の数を図 4.4.8 に示す．つまり，この図で高い値を示した町丁目は避難の必要性および避難行動の安全性から見

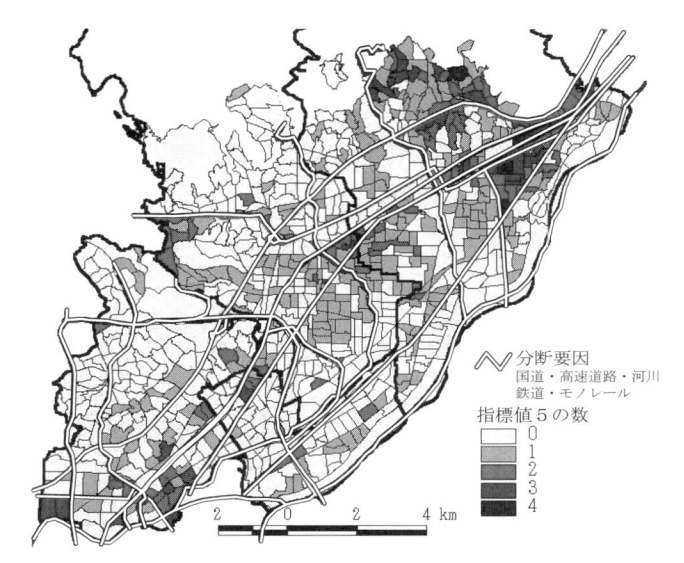

図 4.4.8　最悪の指標値に着目した危険度

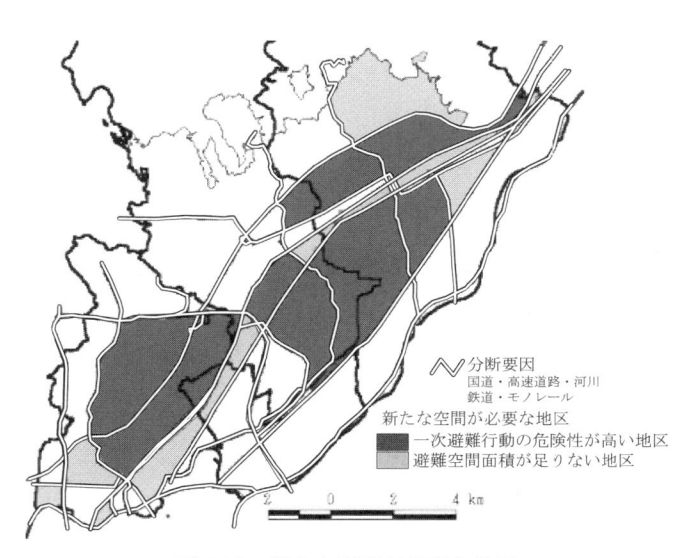

図 4.4.9　新たな空間が必要な地区

389

て非常に危険であることがわかる．さらに，図4.4.9に示すように，人口に対して避難空間の面積が足りない地区が多い．このような地区においては，避難のために利用できる自然的空間の創生の必要性が高いと言える．

特に，吹田市南部の地区08，17は上町断層系地震で震度7が想定されている．以上より，これらの地区は北摂地域の中で最も新たな避難空間の創生が必要な地区であるといえる．

4.4.4 水辺創生ルートの決定と減災効果

吹田市南部は日常的に水辺に触れあうことが困難な地区であり（神谷ほか，2001），震災時の消火用水確保が困難であることを示し，火災延焼の危険性が高い地区でもあるといえる．このような極めて震災リスクの高い地域に，下水処理水を利用した，水辺創生を提案することとする．震災時にも利用できるよう，電力等のエネルギーを使わず，さらに，水と緑のネットワークの形成を意図して，水辺創生ルートは，震災時に危険性の高い地区（08，17）を通る，自然流下させる，河川を越えない，今ある水路とつなぐ，学校や公園を通る，失われた水路を再生するという条件を満たすこととした．なお，この水辺は子供が遊ぶのに好ましい水路の条件と震災時の通行可能性を考慮し，水辺の幅6m，水路幅2m，水深20cm，流速0.2〜0.5m/sとした（萩原ら，1998）．また，この二つの地区を分断するように広大な吹田操車場がある．このため，JRが刹那的な経済的合理性を捨て，この一部を水辺公園として生活者が利用できると想定した．

以上のような設定のもとに，水辺の減災効果をstep数の変化として図4.4.10に示す．これより，避難できない人が地区08，12でいなくなり，その他の地区でもstep数が非常に減少することが示された．もちろん，水辺が創生されることによって火災延焼の危険性は軽減することになる．さらに，生活者が日常的に水辺と触れあう機会が増加すると期待される．

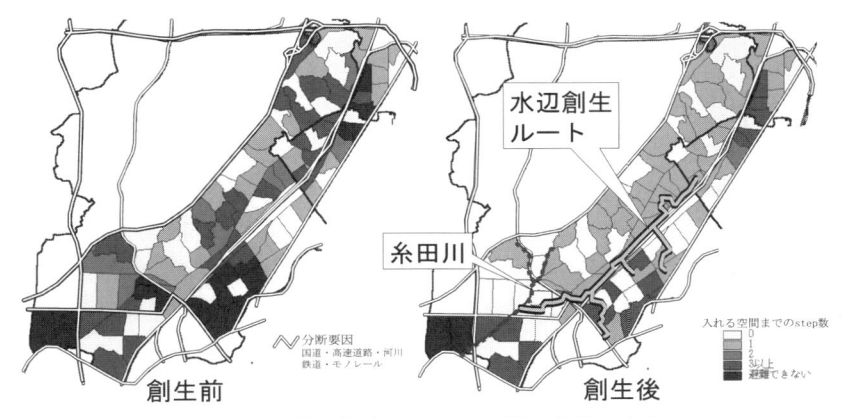

図 4.4.10　水辺創生による step 数の前後の変化

4.4.5　おわりに

　本稿では，都市域の震災リスク軽減のために，阪神・淡路大震災における神戸市と自然的・社会的によく似た地域特性を有する北摂地域を対象にして，質の異なる4階層の避難空間の偏在や，震災時における住民の避難経路を遮断する交通ネットワーク等の現状を前提条件として，地域の事前の震災リスクを評価するための避難行動シミュレーション・モデルを構築した．計画論的な意味で受容できる八つの仮定を設定し，震災リスクを評価する重要な指標を導出した．そして，最も危険な地区を同定し，それらのリスクを軽減するための一つの代替案として，日常的にはアメニティ空間で震災時には減災空間となる下水処理水を再利用した水辺創生を提案し，これによる減災効果を算定することを可能にした．

　従来から，著者の1人である萩原は幾人かの研究者と「水辺の環境評価」を行なってきたが，本稿で，われわれは，計画方法論的に「水辺の減災評価」の第一歩となる道を開くことが可能となったと考えている．

4.5 飲料水の水質リスクの経済評価

4.5.1 はじめに

　水質リスクなどの「環境リスク」は，人の生命の安全や健康，資産ならびにその環境に望ましくない結果をもたらす可能性（池田・盛岡，1993）とみなされ，1980年代から米国を中心に本格的に環境リスクに関する研究が行なわれている．一方，わが国では，環境基本計画（1994年に制定）ではじめて「化学物質が環境の保全上の支障を生じさせるおそれ」として「環境リスク」の狭い定義が示されている．

　環境リスクを含むリスクに関しては，金融，労働災害，環境悪化による健康被害などすでに広範囲にわたって研究されている．しかしながら，そこでのリスクの定義や個人との関わり，また，個人の置かれている状況などはさまざまである．

　リスクはランダムハウスウェブスター辞典によると 'the exposure to the injury or loss; A hazard or dangerous chance' となっている．つまり，リスクとは何らかの生産物やサービスの購入や使用によりこうむるものであり，この可能性は購入の結果に対する消費者の主観的評価で捉えられる．ここで，結果は損害および利得の両方を意味しているが，多くの場合，損害がもっぱら対象とされることが多いようである（Earl and Kemp, 1999）．

　この結果の測り方としてはこれまで経済的，社会的，心理的，物理的など様々な面で考えられてきた．たとえば，リスク心理学では，リスクを危険なことがら，および，危険なことがらが起こる確率ととらえている．リスク心理学では前者の意味のリスクの概念は拡大され，「リスクを伴うが利得も大きいもの」の意味で用いられることも多い．また，後者は「副作用の発生リスク」，「経済的リスク」などのように表現されることもある（岡本，1992）．

　また，カナダでは，リスクアナリシスの国家基準が設けられており，「A measures of the probability and severity of adverse effects to health, property, or environment」と定義されている．つまり，「リスク」とは「｛何か｝によって，｛健康，財産，あるいは環境｝に与える｛ある逆効果｝の確率

と重大さの一つの測度」ということになる（Niels, 1992）．

　本章では，「逆効果」をもたらす「何か」をペリル（ある危険事象）とみなす．ハザード（危険要因）はある（危険）事象に対する対応（行動）とその結果生じる損害も内包していると考えられる．そして，この損害の程度および損害の発生する確率がリスクである（岡田，1985）．

　ところで，意思決定とは，ある複数の選択肢の中から，1つあるいはいくつかの選択肢を採択することであるとみなすことができる．意思決定は意思決定環境の知識の性質から分類すると，以下の3つに分けられる（市川，1996）．

　①確実性下での意思決定
　　選択肢を選んだことによる結果が確実に決まってくるような状況での意思決定．ただし，選択肢を採択した結果の範囲を時間的・空間的に大きく考えると，確実性下での意思決定はほとんど存在しないことになる．
　②リスク下での意思決定
　　ここでのリスクは選択肢を採択したことによる可能な結果が既知の確率で生じる場合と定義する．このリスクは「測定可能な不確実性」（measurable uncertainty）とみなされる．
　③（真の）不確実性下での意思決定
　　ここでいう（真の）不確実性下とは，選択肢を採択したことによる結果の確率が既知でない状況をいう．確率で表現不可能な状況というのは，確率の公理を満たすような数値で不確実性の程度が表現不可能な場合であり，たとえば，数値で表現できないが「たぶん大丈夫だろう」というように言語的には表現可能な場合や，不確実性の程度に関して分からない状況などが考えられる．この不確実性下での意思決定には，そもそもどのような結果が起こりうるかもわかっていない場合がある．とくに，このような状況を積極的に含めて考える場合，無知（ignorance）の状況での意思決定と呼ぶことがある．

　上記ではリスク下と不確実性下を明確に分けているが，ナイトに従って（酒井，1998），リスクを「測定可能な不確実性」とよび不確実性を「測定不可能な不確実性」とよび，以下では②および③をまとめて不確実性下とみることとする．
　環境リスクが上記の②リスク下あるいは③不確実性下のどちらで考えられ

るかは，そのペリル（ある危険事象）次第といえよう．以下では，個人の選好と'ある危険事象'との関連で3つの状態を想定する．

(I) 個人は'ある危険事象'の影響を受ける．その影響（主として損害）の内容，程度，生起確率については個人の選好において明示的に意識されていない．
(II) 'ある危険事象'のもとで個人にとっては損害の内容や程度がわかっている．個人の選好において損害内容や程度は意識されている．
(III) 'ある危険事象'のもとで個人にとっては損害の内容・程度・生起確率（主観的）がわかっている．

上述の意思決定環境でみれば，(I)および(II)は不確実性下での意思決定であり，(III)はリスク下での意思決定とみなすことができよう．

かつては，環境リスクの評価は，上述の(I)および(II)の意志決定環境の想定のもとで，特にリスクという扱いもなされずに行なわれることが多かった．たとえば，費用節約アプローチや回避行動アプローチなどはこのようなモデルに基づくものであった (Hagihara,K., and Hagihara,Y., 1990)，（萩原，1990），（萩原清子・萩原良巳，1993），（萩原ら，1998）．しかし，近年では，リスク概念を明確に取り入れ，たとえば，期待効用理論のような理論が環境リスクの評価に適用されるようになってきた (Hanley *et al.*, 1997)．これは，リスクを所与，あるいは公共財的にみるのではなく，消費者の意思決定の際には生起確率や損害の程度で表されるリスクが考慮されるという考え方に基づいている．

4.5.2 水質リスクの評価

(1) 飲料水における水質リスク

飲料水の水質について以前は，単に臭いがあるとか，水質が悪いという捉え方がされ，リスクとしては考えられていなかった．しかしながら近年，発現経路の確定しにくい汚染やトリハロメタン，クリプトスポリジウム，内分泌攪乱物質（いわゆる環境ホルモン）等が上水道において大きな問題となり，

環境リスクの1つとして飲料水の水質リスクを考慮することが必要となってきた．

　トリハロメタンは浄水処理の塩素消毒を行なう過程で水中の有機物と塩素が結合してできるものであり，発ガン性が指摘されている．クリプトスポリジウムは人に感染する唯一の水系胞子虫類であり，欧米をはじめとする世界中の水道で深刻な問題になりつつあったが，日本では1996年6月に埼玉県で集団感染が発生し問題となっている．普通の健康な人では，数日から数週間の下痢症状で治癒するが，免疫の弱っている人や幼児，高齢者などでは下痢が続き，時として致命的になると言われている．また，内分泌撹乱物質として総称される，影響も具体的な物質名もほとんど解明されていない未知の化学物質もある．さらに，発現経路が確定しにくいものとしては，ノンポイントソースといわれているもので，農地やゴルフ場などからの汚染物質の流入がある．最近では，東京などを中心とした大都市の雨水が大気中や道路上の汚染物質を下水に流し，公共水域を汚している（萩原ら，2000a）．トリハロメタンによる発ガン性やクリプトスポリジウムの水道原水への流入の可能性については，不確実性が高く，また，内分泌撹乱物質については未知の部分が多い．したがって，飲料水における水質リスクは「不確実性」ないし，「未知のリスク」として捉えられる．

　このような不確実性あるいは未知のリスクに対して，水道供給事業体では高度浄水処理の導入や規制・監視の強化を行なっている．これらの対策は費用を伴うものであり，特に高度浄水処理としてオゾン処理や生物処理を行なう場合には莫大な費用がかかる．このように供給側で莫大な費用をかけて水を供給している一方で，消費者の側では，浄水器を設置する，飲料水としてミネラルウォーターを使用する，というようなリスク回避行動をとっている．社会全体としての資源の有効利用という観点からは，私的回避行動をとることを可能とする代替財が存在する状況下で，どの程度の公的投資としての高度浄水処理が必要であるかを考えてみることも必要であろう．つまり，上述のようなリスクを考慮に入れて消費者が公的投資をどのように評価しているかについて考察することが必要である．

　以上のように，飲料水の場合には，個々の消費者がリスク回避行動として浄水器の設置などを選択しているという現状がある．したがって，水質リス

クの評価を行なうに際しては，水質リスクの生起確率および損害の程度を個人が認識していると想定した上でのモデルが有効である．また，消費者がリスク回避行動（私的損害対策）をとる一方，これも先に示したように政府は損害やその生起確率を減らすためになんらかの公共政策を実施している．損害の程度を低下させる政策を「リスク低減政策」，損害の生起確率を小さくする政策を「リスク回避政策」と呼び，以下では，損害の生起確率を減少させた場合（リスク回避政策）のリスク変化の価値を測るモデルを示す．

(2) リスク概念に基づいたモデル

個人は損害の内容および生起確率を知っていて，その確率は利用可能な情報により正確なものであるとする．その意味で，不確実性下というよりはリスク下とよべる状況を想定する．生起確率は個人の選好対象として扱う限り，基本的には主観確率を用いることになる．誰の確率を用いるのかについてはさまざまな意見があるが，専門家によるものに信頼性があるともされている（Freeman, 1995）．

ここでは簡単化のため，損害の程度を一定とし，損害が起こるか起こらないかの2つの状態しかないものとする．すなわち損害の程度 A は確率 π で A^*，確率 $(1-\pi)$ で 0 となるとする．

個人の選好関係は間接効用関数は

$$V = V(M, P, A) \tag{4.5.1}$$

で表され，

$$V(M, P, 0) > V(M, P, A^*) \tag{4.5.2}$$

を満たす．ただし，M は所得，P は価格（いずれも一定と仮定する）を表す．なお，以下では簡単のため価格は省略する．

また，

$$V_M > 0, \quad V_{MM} < 0, \quad V_A < 0, \quad V_{AA} < 0 \tag{4.5.3}$$

である．

損害の生起確率は，被害対策の私的負担 R と公的負担 G によって決まるとする．

$$\pi = \pi(R, G) \tag{4.5.4}$$

ただし，$\pi = (0,0) = \pi^*$，$\pi_R < 0$ and $\pi_G < 0.$ である．個人は所与の G のもとで，期待効用を最大化する R を選択する．すなわち，

$$\max E(U) = \pi(R, G) V[M - R, A^*(R, G)] + [1 - \pi(R, G)] V(M - R, 0) \tag{4.5.5}$$

期待効用の全微分をゼロとおき，一階の条件に代入すると，

$$\frac{dM}{dG} = -\frac{\pi_G}{\pi_R} = \frac{\partial R}{\partial G} \tag{4.5.6}$$

を得る．つまり，公的投資の限界的増加に対する個人の支払意思額（WTP）は，損害の程度が一定 A^* であるときの π の減少に対する私的負担と公的負担の限界生産性の比，または R と G の技術的限界代替率に等しい．したがって，観察可能である $\pi(R, G)$ が分かれば WTP を求めることができる（Freeman, 1995）．

(3) 完全合理性の限界

ところで，以上のモデルは，個人の行動が完全合理性を有していることを前提とした期待効用理論に基づいていた．完全合理性の仮定では，つぎのような人間を想定することになる．

①完全なる情報の保有者（あらゆる可能な行為の選択肢，およびそれらの行為の結果に対する効用の知識をもつ．また，不確かな状況のもとでは，事象の生起確率を知るものとする）であり，さらに，
②行動選択の際に，すべての選択対象に対して，再帰性（同じ対象に対しては常に同一の順序を付ける），完全性（すべての対象を順序づけできる），推移性（対象 A は B より選好される，かつ，B は C より選好されるとき A は必

ず C より選好される）を有する選好順序を付けることができる，というものである．

フォン・ノイマンとモルゲンシュテルン（Von Neumann and Morgenstern, 1947）は，上述の合理性の仮定を受け入れるならば，人々の選好が，期待効用が最大となる選択肢を選ぶことに等しいことを明らかにした．

意思決定においては長い間，完全合理性に基づく期待効用最大化が考えられてきた．しかし，実際の人間の選択においては，実験経済学や認知心理学上の知見から，リスク下の選択や確率判断において完全合理性の仮定に反するシステマティックなバイアスが存在することが知られている．

これまでに，完全合理性を仮定した効用理論だけでは十分に記述できない現象が多くの心理学者から示されている．すなわち，人々の行動はかなり合理的な側面を有しているが，このようなモデルに当てはまらない行動が非常に多い，というものである．たとえば，コイン投げで連続して表が出たとき，多くの人は次も表が出る確率を過小評価してしまうというような「ギャンブラーの誤信」，現在の状態やこれまでの経緯は特別扱いされる「代表性効果」，などが心理実験によって示されている．さらに，アレのパラドックス（確実な利得を不確実な利得よりもきわめて高く選好する）やエルスバーグのパラドックス（人々はあいまいさを避けようとする）など期待効用理論や主観的期待効用理論では説明できない現象も示されている．

また，人々が意思決定問題に直面した場合，その問題を心理的にどのように解釈するかが人々の意思決定の結果に大きな影響を与える．まったく同じ意思決定問題を与えられ，各選択肢の客観的特徴が全く同じでも，その問題の心理的な構成のしかた（フレーミング）によって結果が異なることがある（フレーミング効果あるいは心的構成効果）（Rubinstein, 1998）．

さらに，人間は意思決定に際し，情報処理能力の制約（この意味で限定合理性（bounded rationality））から，あらゆる可能性を網羅して考慮したり，すべての選択肢を評価して決定を行なうことはできないために，目的関数を「最大化」するかわりに「満足化」したりするというものである．カーネマンとトヴェルスキーは完全合理性に対して，「簡便法的合理性（heuristic rationality）」を提唱した（Kahneman and Tversky, 1982）．合理性の限界は，

視野や計算など「認知能力の限界」，効用最大化を唯一の規範とすることに対する「動機の限界」，モデル・デザイナーの「観察能力の限界」など，様々な側面から考えられる．さらには，経済的評価の基礎である厚生経済学の枠組みそのものに限界があるとする考え方もある（Hagihara et al., 2004）．

以上の知見に基づき，選択主体およびモデル・デザイナーの能力や合理性には限界があるとする限定合理性の立場で選択行動のモデル化が試みられている．例えば，消費者行動理論やゲームの理論などにおいて，従来の期待効用最大化問題の仮定を緩める，確率項を導入する，情報集合を明示する，などの手法が試みられている．

(4) 限定合理性下でのモデル：一般選好指標モデル

さて，上記モデルの場合，リスク変化の限界的価値を表す最終式において間接効用関数がキャンセル・アウトされるため，VNM型期待効用関数ではなく任意の選好関数を仮定してよいことになる（Freeman, 1995），(Kahneman and Tversky, 1979)．

I を所得，価格，異なる状態の生起確率および損害の程度に依存するある一般的な選好指標とし，つぎのように表す．

$$I = f(M, A, \pi) \tag{4.5.7}$$

この関数は期待効用理論に基づいていないという点を除いては，上で示した間接効用関数と同じ形を有している．したがって，M は所得を表し，価格は M に陰に含まれている．

また，先と同様に生起確率を

$$\pi = \pi(R, G) \tag{4.5.8}$$

と表す．

これより，以下の関係を得る．

$$\frac{dM}{dG} = -\frac{f_\pi * \pi_G}{f_M *} = \frac{\pi_G}{\pi_R} \tag{4.5.9}$$

すなわち，個人の選好関数 I は所得 M と生起確率 π で起こる損害の程度 A の関数であり，その選好関数 I を用いて最適化計算を行なえば，リスクを減少させる公的負担への限界的 WTP（支払意思額）は，私的負担によるリスク減少効果と公的負担によるリスク減少効果の限界代替率に等しいことがわかる．したがって，生起確率 π を与えれば限界的 WTP を算定することが可能となる．

以上のように，リスク変化による厚生の変化を測る一手法として，リスク削減または回避のための私的・公的な市場行動のトレード・オフを用いて経済的評価を導出するモデルを示した．本モデルでは，効用関数のキャンセル・アウトにより従来のように関数型に強い制約を受けず，リスクに対する個人の自己防衛消費および政府の公共投資が観察できさえすればよいことから，様々な都市環境におけるリスクの評価に適用可能であると思われる．

4.5.3 モデルの適用

前節で示した限定合理性下でのモデルでは高度浄水処理のような所与の政策（公共投資）のもとで何らかのリスクが発生しているとみる．個人は公共投資やリスクの情報を考慮しながら回避行動（私的投資）をどのようなレベルにすれば自らの満足水準を最大化できるかを考えることになる．

高度浄水処理のような公共政策とか規制を強化するといった政策変化があれば，個人の直面するリスクは変化し，それに伴う個々の最適行動の結果としての私的投資レベルが変化するであろう．そうした変化を捉え，私的投資によるリスクの減少効果と，公的投資によるリスク減少効果の比で，リスクを評価しようというのが基本的な考え方である．

ところで，認知心理学の知見によれば（Slovic, 1987），人間のリスク認知は必ずしも客観確率に基づくものではなく，致命性や未知性といった主観的要因によって決まるとされる．また，未知性は上述の確率と重大性に対する確信の度合いに依存する．さらに，この確信は情報に依存している．それゆえ，リスク認知は主観的確率，重大性，その確率や重大性についての確信，および情報環境に支配される．

人々の主観的確率や重大性に関する知識は限られている．たとえば，人々はリスクに関するデータの質や自らのリスク認知能力を過大に評価し，実際にさらされているリスクを誤って認知するかもしれない．そのため，リスクの評価が適切なものとならない可能性がある（Desvousges *et al.*, 1998）．つまり，リスク削減のための私的負担は，実際のリスクに対し過大評価あるいは過小評価となり，評価額に歪みを生じている可能性が考えられる．

　また，期待効用理論は状態が生起する見込みとして主観的確率を用いるが，その確率に対する確信が情報環境によって異なる場合，同じ確率は本質的に同じ見込みを表さない．たとえば，トリハロメタンによる水質汚染と内分泌撹乱物質による影響が同じような確率で発生すると思っていたとする．前者が発生メカニズムや結果としての情報に関する情報をある程度持った上での確信の高い確率判断であるのに対し，後者は，情報がないため先験的になんとなく危なそうだという確信の低い確率判断であったとするならば，それらの確率判断は質的に異なるものである．したがって，確率に確信の程度を入れたり情報環境を反映させたりすることで，限定合理的状況下でのモデルを構築することが必要となろう．

　さらに，水質リスクに対する選好が顕示選択として表されるかが重要となる．致命性を規定する主観的確率や重大性の判断に対して確信が高まるほど，人々は回避行動や代替物の購買などの行動をとりやすくなる．この致命性に関する確信とリスクを許容する閾値（これは個々人で異なる）との比較で行動の意思決定が行なわれるものと考えられる．

　以上より，リスクの評価に際しては，リスク認知能力の点での限定合理性，情報環境，およびリスクの許容閾値を明示的に扱うことが必要である．

(1)　予備的アンケート1の概要

　モデルの適用に必要なデータを以下に示す2回のアンケートによって得（朝日・萩原, 1999），その概要を表4.5.1に示す．飲料水の選択行動に際して，消費者のリスク意識と行動選択の関係を把握するため，消費者の飲料水に関する行動，そのときの安全性（リスク）意識の有無，情報による行動変化に関するアンケートを本来住民を対象とするアンケートの予備的段階として学

生を対象に行なった．
(a) 飲料水の選択行動

飲料水を飲むときに，表4.5.2に示すような行動が選択されている．つまり，水道水をそのまま飲む人が約半数（48.7％）いる一方で，少なくとも1種類以上の市場財選択行動を採る人は82.1％に達している（クロス集計より）．

(b) 安全性（リスク）意識

「飲む」・「飲まない」の選択割合，および「飲む」と回答した人の中で安全性を意識している人の割合が表4.5.3に示されている．少なくとも1種類以上の市場財選択行動を採る場合に安全性を意識している人の割合が59.0％

表4.5.1　アンケート概要

	第1回	第2回
調査時期	1999年1月	1999年11月
方法	複数選択式	複数選択式
被験者	東京都立大学学生 201名	東京都立大学学生 151名
回収率	100％	100％
有効回答数	195（欠票は回答拒否）	150（欠票は回答拒否）

表4.5.2　飲料水の選択行動　　　　　　　　　　　　　　　　（単位：％）

	清涼飲料水・茶	沸騰させる	水道水	ミネラルウォーター	浄水器	その他
選択率	63.1	59.0	48.7	31.3	29.2	1.5

表4.5.3　選択と安全性（リスク）意識　　　　　　　　　　　　（単位：％）

	水道水	沸騰させる	ミネラルウォーター	清涼飲料水・茶	浄水器	その他
非選択	51.3	41.0	68.7	36.9	70.8	98.5
選択（安全意識なし）	43.1	29.2	10.8	43.1	10.8	0.5
選択（安全意識あり）	5.6	29.7	20.5	20.0	18.5	1.0
計	100.0	100.0	100.0	100.0	100.0	100.0

表 4.5.4　安全意識率　　　　　　　　　　　　　　　　　　　　　（単位：％）

	水道水	沸騰	ミネラルウォーター	清涼飲料水・茶	浄水器	その他
安全意識率	11.6	50.4	65.6	31.7	63.2	66.7

表 4.5.5　情報による行動変化（選択率）

	水道水	沸騰させる	ミネラルウォーター	清涼飲料水・茶	浄水器	その他
情報前	48.7	59.0	31.3	63.1	29.2	1.5
情報後（非選択率）	18.5（81.5）	43.1	44.6	41.0	42.1	2.1

にのぼるのに対し（クロス集計より），水道水をそのまま飲む人で安全性を意識している人は全体の5.6％にとどまる．また，「飲む」選択のうち安全性を意識している割合を表 4.5.4 に示している．

(c) 情報による行動変化

　水道水の水質リスクと管理・高度浄水処理について基本的な情報（主な水質汚染物質の種類；通常の浄水処理および高度浄水処理の有害物質に対する効果；水質リスク管理の現状，すなわち，通常の浄水処理で水質基準は達成されているが，水質汚染経路の複雑化に対応して，リスクとしての水質管理が必要とされていること）を与えた後，従前の選択行動を変えるかどうかを質問したところ，表 4.5.5 の結果を得た．水道水を飲む人の割合は，情報を与える前の 48.7％から情報を与えた後には 18.5％に減少している．この結果はある程度予想されたものであるが，情報によって人々の行動が非常に影響を受けることを示している．

　以上の調査の結果から，安全性（リスク）が飲料水の選択にあたって一規定要因となること，水道水に対するリスク意識は他の選択肢に対するリスク意識よりも高いこと，リスク情報により選択行動は変化しうることが示された．

(2) 予備的アンケート2の概要

第1回アンケートでは，水質リスクが飲料水の選択要因の一つとして示された．しかしながら，限定合理性によってリスク認知を誤っている可能性がある．それゆえ，人々がどのような限定合理的状況下にあるかを明らかにすることが必要となる．顕示選好データを用いて水質リスクを評価するのであるから，人々の情報環境と水質リスクについての確信の程度を検討することによって限定合理的状況を明らかにする必要がある．

ベイズ的意思決定理論では，消費者の選択は主観的確率とそれに対する確信度によって決定される（松原，1992）．さらに，その主観的確率と確信は情報量に依存する．それゆえ，情報環境と飲料水の選択の関係を調べることとしよう．まず第一に，消費者の認知の差に基づく主観的確率とWHOの基準リスクとの差を説明する．WHO基準リスクレベルは専門家によって決められた発ガンの可能性を表している．ここでは，この数値を客観的確率とみなす．

さて，WHOのレベルより主観的確率の高い被験者をグループA，低い被験者をグループBとよぶこととする．ついで，2つのグループで以下の項目における差を検討する．すなわち，「水道水の選択」，「選択時のリスク認知」，「代替財の選択」である．

まず，水源から飲料水として供給されるまでの段階を示し，どの段階でリスクが発生していると思うかを聞いた．その結果，原水を挙げるものが最も多く，水源環境の悪化や基準外の物質の混入など因果関係が漠然としている（認知度が低い）リスクに対する意識の高いことがわかった．

ついで，水道水の水質をWHOの定める基準リスクレベル，すなわち，参照点（the reference point）（Kahneman and Tversky, 1979）より高いか低

表4.5.6 参照点と比較した安全・意識率

	回答数	割合（％）
安全	51	34.0
危険	99	66.0
計	150	100.0

いかを問うた(表4.5.6).WHOのリスクレベルより安全と答えたもの(主観的確率が低い)が34.0%いる一方で,WHOより危険と答えたもの(主観的確率が高い)が66.0%いた.グループBとグループAの差は有意であった.

　以上の結果により,人々は水道水のリスクレベルを客観的リスクレベル(専門家によって決定された確率)より高いと思っている.しかしながら,水道水に関してはグループAとBの差は有意であったが,選択時のリスク認知および代替財の選択においては有意な差とはならなかった.

　この理由は以下のように考えられる.参照点,すなわち,WHOのリスクレベルは各被験者の閾値とは必ずしも同じではない.言い換えれば,各被験者はそれぞれ異なる閾値を彼ら自身の参照点として水質リスクに関して有しているものと考えられる.それゆえ,彼ら自身の参照点に基づいて彼らが実際に行動をとったとすると,われわれが分けたグループの分け方は間違っていたのかもしれない.もし,グループAに属する被験者が(WHOの)参照点より高い閾値を有していたとすると彼あるいは彼女の何らかの行動を決める主観的確率は彼らの閾値より低く,彼あるいは彼女は水道水を飲むこととなろう.

　ベイズ的意思決定理論では,情報量が増えるにつれて主観的確率は変化し,また,主観的確率に関する確信も高くなり,主観的確率の値と専門家によって決められた客観的確率がいずれ一致するといわれている(松原,1992).それゆえ,主観的確率の確信度がそれほど高くない場合には,情報が加わると主観的確率が変わり,それに基づいて選択が変わることとなる.これは,第1回目の調査でも示されている.さらに,主観的確率が不安定である理由をつぎのように考えることもできる.人々は,危険事象が公共水域と浄水処理過程で生じることは知っているけれども公共水域の水質悪化による現実の影響も実際の浄水処理過程も知らない.したがって,ある事象によってもたらされるリスク認知は漠然としたものなのであろう.

　アンケートにより得られた顕示選好データにはいくらかの但し書きはあるけれども,リスク認知が飲料水選択の一要因である,また水道水と代替財との代替は代替財によって異なる,さらに人々はリスク情報によって選択を変えることが明らかとなった.

(3) モデルの構築

危険事象は処理過程でのみ発生するものと想定する．水質リスクを発ガン率とし，公的負担として発ガン率に直接寄与する総トリハロメタンを処理する高度浄水処理投資を，私的負担として個人が水道水の代替とする市場財の購入額を想定する．

水質リスクについて一般選好指標を以下のように定義する．

$$I(M, A, \pi) = \pi(R, G)\dot{I}(M-R, A^*) + \{1 - \pi(R, G)\}\dot{I}(M-R, 0)$$
(4.5.10)

ここに，A^* は発ガン事象（一定），π は発ガン率，R は水道水の代替財の購入費用，G は高度浄水処理投資額とする．これより，高度浄水処理投資に対する個人の限界的 WTP は，代替財購入による発ガン率減少分と高度浄水処理投資による発ガン率減少分の限界代替率に等しいものとして導かれる．

すなわち，

$$\frac{dM}{dG} = -\frac{\pi_G}{\pi_R} = \frac{\partial R}{\partial G}$$
(4.5.11)

と表される．

4.5.4 リスクに関する情報と公的投資の効果

(1) リスクの状態と公的・私的投資の関係

図 4.5.1 は公的・私的投資とリスクの状態との関係を整理したものである．ハザード（Hazard）は自然条件，気候，天候，あるいは人的要素として下水道の整備水準，高度浄水処理能力を意味している．また，ペリル（Peril）は損害が発生する条件となる様々な危険事象を意味している．

ペリル（危険事象）はハザード（危険事象を起こす要因）のもとで，ある生起確率で発生する．このような危険事象として，公共水域の汚染，クリプトスポリジウムの発生，浄水過程でのトリハロメタンの発生，あるいは大き

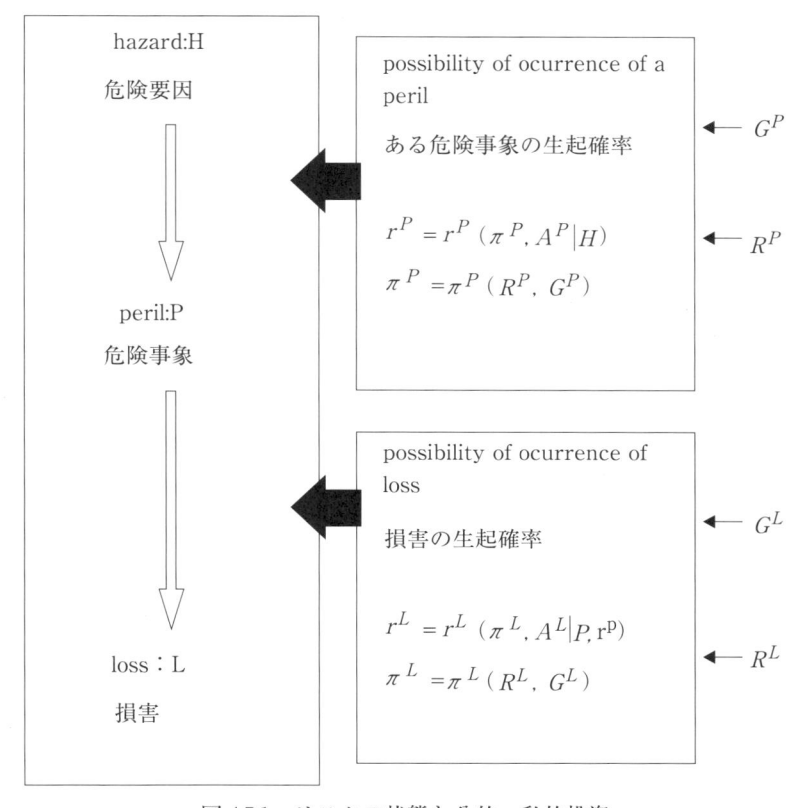

```
┌─────────────────────┐      ┌──────────────────────────┐
│  hazard:H           │      │ possibility of ocurrence │
│  危険要因           │      │ of a peril               │
│                     │   ◄──│ ある危険事象の生起確率   │ ◄── $G^P$
│         ↓           │      │                          │
│                     │      │ $r^P = r^P(\pi^P, A^P|H)$│ ◄── $R^P$
│  peril:P            │      │ $\pi^P = \pi^P(R^P, G^P)$│
│  危険事象           │      └──────────────────────────┘
│                     │      ┌──────────────────────────┐
│         ↓           │      │ possibility of ocurrence │
│                     │      │ of loss                  │
│                     │   ◄──│ 損害の生起確率           │ ◄── $G^L$
│                     │      │                          │
│  loss：L            │      │ $r^L = r^L(\pi^L, A^L|P, r^P)$│ ◄── $R^L$
│  損害               │      │ $\pi^L = \pi^L(R^L, G^L)$│
└─────────────────────┘      └──────────────────────────┘
```

図 4.5.1　リスクの状態と公的・私的投資

な災害としては洪水の発生などが該当する．

ここで，G は公的投資，R は私的投資を意味している．G^P については，上下水道の整備や水質基準の設定や規制・監視の強化が考えられる．下水道整備率を高める投資や規制・監視の強化によってペリル（危険事象）の生起確率 π^P は下がることとなる．また，R^P つまり個人が環境の保護を行なうというような行動を採れば，自然環境や周辺環境条件が良好に保たれ，ペリル（危険事象）の生起確率 π^P が低下するといった可能性を示している．したがって，ペリル（危険事象）のリスク r^P は，ハザードという条件下でのペリル（危険事象）の程度 A^P とペリルの生起確率 π^P で表される．

G^L としては高度浄水処理や監視の強化が挙げられる．高度浄水処理を導入すれば，損害（Loss）の生起確率 π^L は減少する．さらに，個人が R^L として様々な回避行動を採れば損害の生起確率 π^L を抑えることができよう．上と同様に，損害のリスク r^L は，損害の生起確率 π^L と損害の程度 A^L で表される．

(2) 私的投資の決定要因

水質リスクに対しての個人の私的投資（回避行動に対する支出）に関連する項目は以下のとおりである．

①水質環境に関する情報
　水質環境の危険要因 H と危険事象 P としてどのようなものがあるか．
②リスク認知
　危険事象のリスク（生起確率，大きさ）はどの程度であるか．損害のリスク（生起確率や損害の大きさ）はどの程度であるか．
③対策に関する情報
　公的投資としての，G^P，G^L として何が行なわれているか．私的投資 R^P として何ができるか．

すなわち，水質環境に関する情報によって，個人の行動が決められる．また，危険事象のリスクや損害のリスクによって個人の行動が決められる．さらに，上下水道の整備状況や高度浄水処理の導入の有無，個人で採ることのできる回避行動にどのようなものがあるかによって個人の行動が決められると考えられる．

(3) モデル適用の条件

本節で示した水質リスク評価モデルでは，リスク削減を目的として投資を行なう主体が，リスクと投資による削減の効果についての情報を正しく認識していることが仮定されている．
上述したような不確実性や未知のリスクを有する環境リスクの場合には，

公的主体の方が専門的な調査に基づいた情報を入手しやすいという状況にあるとみられる．公的主体から私的主体への情報の媒体としては，情報公開制度や広報，ハザードマップなど様々である．しかし，これらが制度や情報伝達の面で未成熟であることから，公的主体に比べて私的主体側の情報の不足や誤認の可能性が有り得る．

したがって，モデルの適用に際しては，消費者側の情報の不足や誤認の可能性およびリスク認知が主観的リスク認知によって過小・適正・過大評価となる可能性を考慮に入れることが必要である．そこで，以下のようにモデルの適用条件を設定した（朝日・萩原, 2001）．

まず，消費者への情報に関しては，リスクと公的投資に関する情報が適確に伝わっているか否かの二つの場合を想定している．ここでの解釈は情報の適確性であるが，つぎのように別の解釈も可能である．つまり，情報が完全であるとして，リスクの大・小という分け方と公的投資効果の大・小という分け方という見方も可能である．つぎに，認知バイアスに関しては，過小評価の場合，適正評価の場合，過大評価の場合の3ケースを想定している（表4.5.7 参照）．

(4) 公的投資に対する限界的支払意思額（WTP）

一般選好指標モデルを用いて水質リスクの経済的評価を導出する．ここでは，水質リスクを発ガン率とし，公的負担として発ガン率に直接寄与する総トリハロメタンを処理する高度浄水処理投資を，私的負担として個人が水道水の代替とする市場財の購入額を想定した．なお計算に用いた数値は以下の

表4.5.7　モデルの適用条件

		リスクと公的投資に関する情報	
		リスク小 or 除去能大 ケース1	リスク大 or 除去能小 ケース2
主観的リスク認知	過小評価ケースI	I−1	I−2
	適正評価ケースII	II−1	II−2
	過大評価ケースIII	III−1	III−2

とおりである.

> ケースⅠ：π, 発ガン率：WHO の基準：N 歳の人が 1 年間の間に発病する確率
> 　　　　　$= N/70 \times 10^{-5}$. すなわち，1 日 2ℓ の飲料水を 70 年間にわたって
> 　　　　　飲用し続けると，10 万人に 1 人の割合で発ガンするリスクレベル
> ケースⅡ：π, 発ガン率：WHO の基準の 10 倍
> ケースⅢ：水道水を全く選択しない場合を仮想的に設定する.

そして，以下の設定を行なった.

　R, 水道水の代替財の購入費用：たとえば，ミネラルウォーター 1ℓ の費用を 200 円，浄水器 1ℓ の費用を 2 円，清涼飲料水などの 1ℓ の費用を 300 円などとする.

　G, 高度浄水処理投資額：東京都の金町高度浄水処理施設の総事業費 272 億円を耐用年数 30 年，割引率 2％（長期市場利子率）で割り引いた年間平均投資額を用いる.

　さらに，リスクを意識している人の割合はアンケートより各市場財を選択する人の安全意識率を使用．また，代替割合は，同様にアンケートより，ケース 1 では水道水の非選択率を使用，ケース 2 ではリスク情報後の水道水の非選択率を使用することとする.

　以上より，モデルの適用条件別の発ガンリスクを減少させる公的（高度浄水処理）投資に対する個人の限界的 WTP を表 4.5.8 に示す.

(5) 水質リスクに対する評価

(a) 水質環境に関する情報が評価に与える影響

　表 4.5.8 より，公的投資に対する評価値はリスク小あるいは高度浄水処理による水質リスク除去効果（除去能）が大の場合の方がリスク大あるいは除去能が小の場合より大きくなっている．これは，水質汚染地域での評価（公的投資への WTP）が低い，あるいは，効果のない公的投資の評価が低いことを示している．つまり，消費者はリスクが大きくなると自己防衛行動，すなわち，私的に水質リスク回避行動を採るためである．これは，本章で用いた基本モデルが公的投資と私的投資のトレードオフ関係を用いるモデルであ

表 4.5.8　公的投資に対する限界的支払額　　　　　　　　　　　　　（単位：円）

		リスクまたは公的投資に関する情報			
		リスク小 or 高度処理除去能：60%		リスク大 or 高度処理除去能：30%	
主観的 リスク認知	過小評価	Ⅰ − 1	100,923	Ⅰ − 2	50,462
	適正評価	Ⅱ − 1	63,526	Ⅱ − 2	31,763
	過大評価	Ⅲ − 1	51,774	Ⅲ − 2	25,887

ることの必然的結果でもある．

(b)　リスク認知が評価に与える影響

表4.5.8より，公的投資に対する評価値の関係は，つぎのようになる．すなわち，
評価値（リスクを過小評価）＞評価値（リスクを適正に評価）＞評価値（リスクを過大評価）
である．これは，リスクが大きいと誤認した場合，公的投資の評価は低くなるということである．つまり，リスクが大きくなると自己防衛行動，すなわち，私的に水質リスク回避行動を採るためである．これも上と同じように，本章で用いた基本モデルが公的投資と私的投資のトレードオフ関係を用いるモデルであることの必然的結果でもある．

4.5.5　環境リスクの評価への示唆

情報環境とリスク認知に関するいくつかのケースを想定して行なった数値計算結果からより広い環境リスクの評価に対して以下のような示唆を得ることができた．

①本稿で用いたモデルは回避行動（代替財の存在）を仮定したモデルであり，リスクが大きい場合には公的投資に対する評価が低く現れる．このことより，回避行動（代替財）の少ないリスクの場合にはリスクの大小による評価値への影響は小さいものと推測される．すなわち，回避行動（代替財）の少ないリスク，たとえば，飲料水以外の量を必要とする水利用の場合には，回

避行動が限られるため公的投資による消費者の厚生の改善が期待されよう．

②リスク認知によって評価値が大きく左右されることから，情報やリスク認知の重要性を指摘することができる．リスクのイメージや行政の対策，ならびに私的代替財に対する過度の信頼や不信によって評価に大きなバイアスが発生する可能性がある．したがって，リスク・コミュニケーションにより，情報の適確な提供や消費者の選好の把握に細心の注意が必要である．

最後に，本稿で公的投資に対する評価値を求めるために用いられた調査は予備的なものである．このため，今後，高度浄水処理水の供給を受けている住民を対象として行なうことが必要である．また，被害内容や被害程度の認知やその主観的生起確率をどのように把握するか，などに関してさらなる検討が必要であることを断っておく．

4.6　飲料水のヒ素汚染と社会環境

現在，世界各地で地下水のヒ素汚染が発見されている（Kinniburgh and Smedly, 2000）．なかでも，バングラデシュは経済的な貧しさ，多様な災害による被害（洪水，渇水，塩害など），識字率の低さ（50%未満）を考えると，地下水ヒ素汚染に対して特に脆弱な地域の1つとしてあげることができる．

バングラデシュでは飲料水のほとんどを井戸から得ており，爆発的な人口増加に伴う水利用の拡大により，バングラデシュとウエストベンガルで地下水ヒ素汚染問題が発見された（Hossian, 1996）．バングラデシュにおける地下水のヒ素汚染状況を図4.6.1に示す．

地下帯水層におけるヒ素の流出過程は未だ不確定な部分が多いが，ヒ素に汚染された水を飲みつづけると，皮膚病やガンなどの多様な症状をきたすことが分かっている（Singh et al., 2002）．しかし，バングラデシュでは洪水・渇水といった災害による被害や経済的な貧しさにより，自力で有効な対策はほとんどなされておらず，他国や国外の機関からの技術的・経済的支援に頼っているのが現状である．

さらに，実際に現地を観てみると，現地に導入された技術支援も効果を果

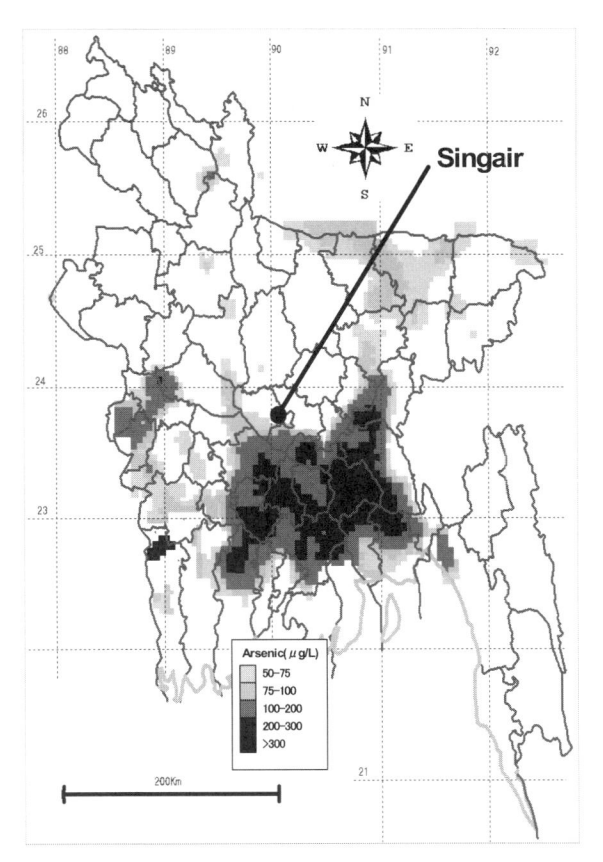

図 4.6.1 ヒ素汚染地域（萩原ら，2003）

たしていないものが少なくないことが分かる．このような支援の多くは単にヒ素を除去できる装置を現地に置いてくるというもので，現地では使い勝手が悪い，メンテナンスが難しく費用も高い，本当にヒ素を除去できるのか分からないなど様々な理由で実際には受け容れられていないのが現状である．ヒ素汚染問題を考えるには，まず現地の状況を把握し，住民の技術援助に対する受容性を十分考慮する必要があるといえるだろう．

　以上を踏まえ，本稿ではヒ素汚染問題と社会環境の関係を分析し，現地で受容可能な代替案を総合的に考察することを最終的な目的とする．このため，

まず社会環境調査として実際に現地でインタビューを行ない，調査結果を以下の3つの観点から分析する．

① 現地住民の水の満足度に着目し，数量化理論第Ⅱ類を用いて分析を行なう．
② 現地住民の不幸せさに着目し，数量化理論第Ⅲ類を用いて分析を行なう．
③ これらの結果を踏まえた上で，共分散構造分析によって住民の技術援助に対する不信感に関する分析を行なう．

これらをもとに，現地におけるヒ素汚染対策の抱える問題を明確化し，現地住民の技術援助に対する受容性について分析を行なうことで，問題解決の方向性を見出すこととする．

4.6.1 現地社会環境調査

(1) 調査地域

調査は村の経済状態及びヒ素の汚染状況が全く異なる2つの村 Azimpur（アゼンプル）及び Glora（グローラ）で行なった．これらの村は Manikganj 地方の Singair（ダッカから西へ約27km，図4.6.1 に示す）にあり，互いに約4km 離れている．調査地域の選定にあたって，人的被害が多い地域では，我々日本人が行くことにより過剰な期待を与え，またその期待に応えられない時，人々の心をひどく傷つけ逆なでする恐れがあるため，比較的ヒ素による人的被害が少ない地域を選ぶよう留意した．

UNO (The Upazilla Adominstrative (Nirbahi) office) と DPHE (Department of Public health Engineering) によれば，Singair においてアゼンプルは最もヒ素に汚染された地域の1つで，経済的にも貧しく，またグローラは最もヒ素に汚染されていない地域の1つで，経済的にも豊かであるということが分かっている．なお UNO によると，おおよそアゼンプルの人口は4000人，識字率は25%，tube well（地下水をくみ上げる管井戸）の数は400であり，

グローラでは人口1500人，識字率は53%，tube wellの数は300である．

(2) 調査票の作成

以下の5つの段階を通じて，質問紙を作成した．

(a) 質問項目素案の作成

現地住民のヒ素汚染に対する認知，汚染飲料水に対する意識の構造を明らかにするための質問項目を研究グループで検討した．対象地域におけるヒ素汚染に対する社会的な脆弱性とヒ素汚染対策に対する受容性を計量化するために必要と思われる質問をブレインストーミングにより作成し，それらを集めたものを素案とした．この段階では質問は約100項目であった．

(b) 質問項目の分類と項目の絞込み

(a)での素案をKJ法（川喜多，1996）により，経験，現在の飲料水，ヒ素の知識，水汲み，ヒ素に関する意識，飲料水に対する安全意識，利用意思，協力意思の8つのグループに分類し，重複した項目や調査の目的から外れた項目を取り除くことで項目を絞った．

社会調査はバングラデシュの現地協力者を調査員（インタビュアー）として訪問面接形式で行なった．調査員の違いによる質問項目への認識の相違を回避し，短期間の調査で多くの調査結果を得られることを目的として，以下の点に考慮し，質問項目の絞込みと修正を行なった．①質問文を簡潔にする，②専門用語をなくし，誰もが理解できる言葉で表現する，③意味や範囲が不明確な言葉は使わない(使う場合は説明をつける)，④誘導的な質問をしない，⑤一つの質問で複数のことを聞かない，⑥必要以上にプライバシーにふれない，⑦質問相手を明確にする，⑧自由回答方式をなくし，選択形式をとる．

これにより質問項目は約50項目に絞られた．

(c) 質問順序の検討

8つのグループに分類した上記の質問項目をISM法（飯田・岡田，1992），（森野，2003）により構造化した．この結果，各項目が以下に説明するように構造化された．

これまでの「経験」が「現在の行動」と「ヒ素に関する知識と意識」を決定しており，これにより「飲料水に対する意識」の中にリスクという考え方

が追加される．この意識が飲料水に対する不安感を募らせ，安全な飲料水を得るためのオプションの必要性を認識することによって「オプションに対する考え」が変化し，利用意思や利用のための活動への参加意思が生まれる．以上の構造にもとづき質問項目の順序を決定した．

(d) 質問紙の翻訳

調査対象地域はバングラデシュであり，調査員は現地住民であるため，質問紙の翻訳が必要となる．まず(c)の結果を英訳し，研究グループでのチェックを行なった．これより明らかになった質問項目の不明確な部分を修正し，さらにベンガル語訳を現地協力者に行なってもらった．

(e) プレテストの実施と最終調整

研究グループが現地調査のため対象地域を訪れた際に，本調査実施前に限られた数の住民に対してプレテストを2回行なってもらい，そのたびに質問項目や回答選択肢に関する疑問点をあげてもらった．日本との文化の違いや，翻訳段階での翻訳者の誤認識によりいくつかの修正が必要となったため，質問項目を修正した．2回目の修正版をもって完成とした．質問票は5つの大項目【個人情報】，【水に関する行動】，【水に関する知識】，【オプションの使用】，【生活状況】からなり，項目数は50である．プレテストの結果として13サンプルを得た．

(f) 調査の実施

現地でのインタビューは，現地NPOである，EPRC (ENVIRONMENT AND POPULATION RESEARCH CENTER) に依頼した．これは，インタビューに日本人が関わると，回答者に対して何らかのバイアスを与えてしまう恐れがあると考えたためである．現地調査により200サンプルを得た．

4.6.2 調査結果と関連分析

(1) 単純集計とその考察

(a) 単純集計結果

プレテストと本調査を合わせ，アゼンプル110サンプル，グローラ103サ

表 4.6.1 単純集計結果

item		category	Azimpur	Glora
[3] 識字可能		Yes	49	80
		No	60	22
[7] 家族数		〜4	32	31
		5, 6	44	44
		7〜	34	28
[9] ヒ素除去装置使用		Yes	49	34
		No	59	69
[10] 水の量に不満		Yes	65	91
		どちらともいえない	21	9
		No	24	1
[15] 現在の水に満足している		Yes	27	60
		No	83	43
[17] 水運びは肉体的に苦痛でない		Yes	77	18
		No	33	83
[18] 水運びに時間がかかる		とてもかかる	42	2
		少しかかる	38	22
		まったくかからない	30	78
[19] 水汲み場にアクセスしにくい		アクセスしやすい	59	94
		どちらともいえない	11	6
		アクセスしにくい	40	3
[24] 自分の井戸に色が付いている(注)		Yes	83	68
		No	20	32
		分からない	5	2
[26] ヒ素の有毒性を知っている		Yes	89	93
		少し	17	4
		No	3	5
[28] 将来の家族や自分の健康が不安である		Yes	83	78
		少し	20	18
		No	5	7
		分からない	1	0
[29] ヒ素が技術的に除去可能であると知っている		Yes	29	36
		少し	18	22
		No	62	42
[30] 技術を紹介してほしい		Yes	35	55
		自分で使えるなら	66	37
		No	9	11
[32] 自分の家の井戸は飲料用 and/or 料理用である		Yes	67	94
		No	42	8
[34] ヒ素被害緩和のために工夫している		Yes	64	53
		No	54	50
[41] 安全な水を得るために何らかの負担をしても良い		Yes	90	80
		No	19	22
[51a] ヒ素に悩んでいる		Yes	42	41
		No	68	62
[51b] 仕事/収入に悩んでいる		Yes	51	51
		No	59	59
[51c] psychological		Yes	28	38
		No	82	65
[53] 薬が手に入る		Yes	73	49
		No	37	52

注) バングラデシュでは,政府や現地 NGO により,ヒ素に汚染された井戸を赤に,汚染されていない井戸を緑にペンキで塗り,区別できるようにしている.ただし現在すべての井戸に色を塗られているわけではない.

ンプルに関して,アゼンプル (A),グローラ (G),アゼンプルとグローラの合計 (A + G) としてその集計結果をまとめた.集計結果の一部を表 4.6.1 に示す.

質問『{21} ヒ素汚染に関する情報源』と『{51} 現在悩んでいること』に関しては，others（what?）という回答が多かった．すなわち，想定していた選択肢以外の回答が比較的多かった．{21}は others（what?）として tester といった回答がかなり多かったので，tester という欄を加えて入力した．tester とは政府や現地 NGO が行なう井戸のヒ素汚染検査のことである．{51} でも others（what?）として family, housework, psychological を新たに欄を加えて入力した．family とは子供，子供の教育，子供の結婚式の総称，housework は家事，調理の総称，psychological は，様々なこと，つまり多すぎてしぼれず，心理的にまいっているという意味で用いている．

(b) 単純集計結果の考察

アゼンプルとグローラにおいて比較的大きな違いがあったのは，識字，職業，井戸の色，水に関する行動や心理，薬が手に入りやすいか否か，である．これは，アゼンプルが貧しくてヒ素汚染が激しく，比較的商店などが近くにある賑やかな地域であること，また，グローラが豊かでヒ素汚染が少なく，商店などがほとんどない地域であるということを考えれば，ほぼ当然な結果といえるだろう．

知識や関心に関しては，2つの村で似たような結果であった．すなわち，汚染程度にかかわらず，ほとんどの住民はヒ素汚染に関する知識や関心をもっているようで，安全性の改善のためにはコスト（金銭的 and/or 肉体的）をかけるといっている人も多く，ヒ素汚染に対する意識の高さがうかがえる．しかし，ヒ素が技術的に除去できることを知らない人も多い．

また，現在悩んでいることに関しては，ほぼ半数の人が仕事や収入に悩みを持っており，次にヒ素汚染問題を悩んでいる人が多いが，悩みが多すぎてしぼれないという人が3分の1を占めている．現地住民は経済的な貧しさやヒ素汚染問題だけではなく，多様な問題を抱えているといえるだろう．

(c) 調査項目の関連分析

集計結果をもとに，回答の類似傾向を明らかにするため，調査項目（アイテム）の関連分析を行なう．ここでは，χ^2 値をもとに二つの項目の関連度合いを測ることができるクラメールのΦ一般化関連係数（篠原, 1989）（安田・

梅野，1976)（以下クラメールの関連係数）を用いて，全50の質問項目のうち重要な項目を明らかにし，項目を集約する．次の式(4.6.1)に定式化されるクラメールの関連係数は，0から1の値をとり，数値が1に近いほど関連が強く，0に近いほど関連が弱い．一般的に0.1以上であれば関連があるといわれている．

$$\text{クラメールの関連係数} = [\chi^2 / \{N(k-1)\}]^{1/2} \quad (4.6.1)$$

ただし，χ^2はカイ2乗値，Nはサンプル数，kは2項目のカテゴリー数（選択肢の数）の少ない方の数を表す．また，項目間の一般的な関連をみるため，各村別個に分析を行なうのではなく，2つの村を一括して合計213サンプル全体に対して分析を行なった．

この係数を5つの大項目ごとに出し，関連の強さを表したものを表4.6.2に示す．表4.6.2では，クラメールの関連係数が0.3以上ならば●，0.2以上0.3未満ならば◎，0.1以上0.2未満ならば○，0.1未満ならば空白としている．すなわち●は非常に強い関連，◎は強い関連，○は関連がある，ということを意味している．ただし，クラメールの関連係数は複数回答には適用できないので，複数回答の項目は外した．表4.6.2をもとにした関連の構造図を図4.6.2から図4.6.6に示す．

表4.6.2から，大項目1【個人情報】に関しては，『{7}家族数』が全てと強い関連を示しており，大項目2【水に関する行動】に関しては，多くの項目が互いに強く関連しあっていることが分かる．また大項目3【水に関する知

表4.6.2 項目間の関連

1 個人情報							
	{1}	{2}	{3}	{4}	{5}	{7'}	{7}
{1} 性別		◎		○	●	◎	◎
{2} 年齢			●	○	○	○	◎
{3} 識字可能					○	○	●
{4} 在住期間					○	○	◎
{5} 家長の職業						◎	◎
{7'} 子供の数							●
{7} 家族数							

2 水に関する行動

	{8}	{9}	{10}	{11}	{12}	{15}	{17}	{18}	{19}
{8} 飲料用の井戸			●	○	◎	●	●	●	●
{9} ヒ素除去装置の使用					○		○	○	○
{10} 水の量				○	○	◎	●	●	●
{11} 水の質					●	○	○	◎	○
{12} 安全性						●	◎	○	◎
{15} 水の満足度							●	●	●
{17} 水運びの肉体的苦痛								●	●
{18} 水運びの時間									●
{19} 水汲み場へのアクセス									

3 水に関する知識

	{20}	{22}	{23}	{24}	{25}	{26}	{27}	{28}	{29}	{30}
{20} ヒ素汚染の知識		●		●	●			○		
{22} 井戸の色の事実			●	●	●		○			○
{23} 井戸の色の意味				●	●	●		●	○	○
{24} 色が付いているか					●	◎	○	◎	○	◎
{25} 何色か						○	○	○	○	○
{26} ヒ素の有毒性								●	○	●
{27} ヒ素患者の認知										
{28} 将来の健康の不安									○	●
{29} 技術の可能性の知識										○
{30} 他の対策を望むか										

4 オプションの使用

	{31}	{32}	{33}	{34}	{36}	{39}	{41}	{42}	{43}	{44}
{31} 自分の井戸の使用		○			○		○	○		
{32} 飲料用に用いるか			○	●	●					
{33} 汚染への関心				◎	◎		○	○		○
{34} ヒ素緩和の工夫					●		○	○		○
{36} 安全な井戸を不使用							○	○		
{39} 井戸の共有								◎	○	○
{41} 安全な水にコスト								○	●	◎
{42} 安全な水への対価									●	●
{43} 質への対価										●
{44} 量への対価										

5 生活状況

	|51a|	|52|	|53|	|54|	|55|	|56|	|57|
|51a| ヒ素への不安		○	○	◎	●	○	
|52| 薬の使用					○		○
|53| 薬は手に入るか				○			○
|54| 病院に行くか					◎	◎	◎
|55| 生活環境						○	○
|56| 社会問題							●
|57| 生活への満足							

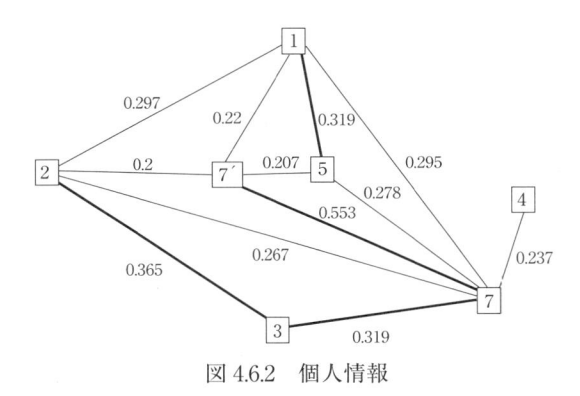

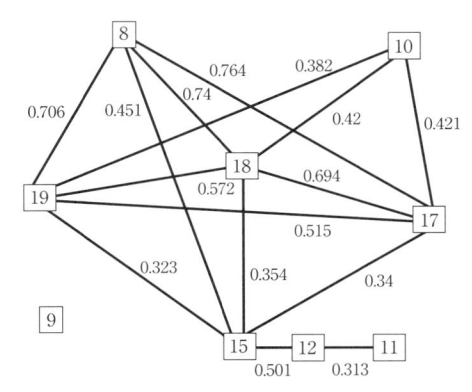

図 4.6.2　個人情報

図 4.6.3　水に関する行動

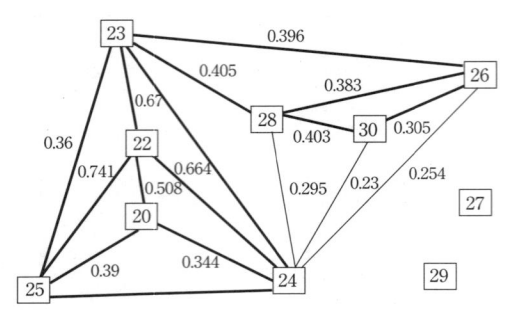

図 4.6.4　水に関する知識

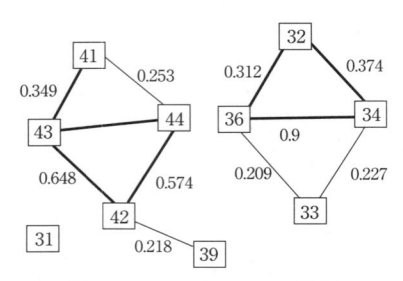

図 4.6.5　オプションの使用

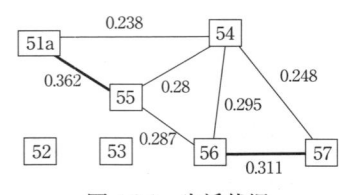

図 4.6.6　生活状況

識】に関しては，特に |20| 〜 |25| の項目が互いに強く関連しており，大項目4【オプションの使用】及び大項目5【生活状況】に関しては項目内においては，強い関連はあまりないことが分かる．

さらに，表 4.6.2 をもとに各大項目ごとにおける重要な項目（アイテム）を評価できる．すなわち，大項目内において●や◎が多いと，その項目1つで多くの項目を説明できるため，●や◎が多い項目が特に重要で，大項目内における代表項目になり得ると考えられる．

4.6.3　水の満足度に関する分析

(1)　分析の前提

　本章では，村別に数量化理論第Ⅱ類（安田・海野，1976）を用いて，両村の住民の飲料水に対する満足度向上の要因となる要素を明らかにする．すなわち，『|15| 現在の飲料水に満足している』という項目を外的基準とし，判別関数を作成する．

　説明変数に関しては，以下のような基準で選択を行なった．

① 他項目と強い関連を多く有する項目
② 水の満足度を考える上で関係があると思われる項目
③ 単純集計において大きな片寄りがない項目
④ 似たような内容の項目がある場合には，概念的に広い項目

　①に関しては，4.6.2におけるクラメールの関連係数を用いた分析の結果を受け，各大項目内において説明力の大きい項目を抽出する．

　このようにして選んだ項目群でさらにクラメールの関連係数を出し，『|15| 現在の飲料水に満足しているか』と関連が強すぎる項目を外す．なぜなら，関連が強すぎるとは，質問に対して |15| と同様な反応を示しており，同値な項目であると考えられるからである．

　以上より，説明変数として選んだ項目は以下の7項目で『|3| 識字可能』，『|7| 家族数』，『|17| 水運びは肉体的に苦痛である』，『|32| 自分の家の井戸は飲料用 and/or 料理用である』，『|34| ヒ素被害緩和のために工夫している』，『|41| 安全な水を得るために何らかの負担をしても良い』，『|51a| ヒ素に悩んでいる』である．

(2)　村別による分析

　分析結果を表4.6.3に示す．

表 4.6.3 村別の水の満足度

j	number	Category (k)		score (x_{jk})	range	order	score (x_{jk})	range	order
				Azimpur			Glora		
1	{3}	1	Yes	0.2034	0.3688	7	−0.0819	0.3758	4
		2	No	−0.1655			0.2939		
2	{7}	1	〜4	0.5026	0.8967	2	−0.1640	0.3887	3
		2	5, 6	−0.0599			−0.0261		
		3	7〜	−0.3941			0.2247		
3	{17}	1	Yes	−0.2661	0.8629	3	−0.0469	0.0564	7
		2	No	0.5968			0.0095		
4	{32}	1	Yes	0.3269	0.8327	4	0.0248	0.3131	5
		2	No	−0.5059			−0.2883		
5	{34}	1	Yes	0.2868	0.6976	5	0.5765	1.2131	1
		2	No	−0.4107			−0.6366		
6	{41}	1	Yes	0.0087	0.5272	6	−0.0436	0.2000	6
		2	No	−0.4385			0.1565		
7	{51a}	1	Yes	−0.5861	0.9647	1	−0.6688	1.1074	2
		2	No	0.3787			0.4386		

(a) アゼンプル

　水の満足度向上に対して，{51a} ヒ素に関しては悩んではいない，{7} 家族数は少ない，{17} 水運びは肉体的には苦痛ではない，{32} 自分の家の井戸が飲料用である，{34} ヒ素害緩和のために何かしている，{41} 安全な水をえるのにコストをかけても良い，{3} 読み書きは可能，という回答が順に影響が大きいことが分かる．

　判別的中点は式(4.6.2)のように与えられる．

$$a_i = \sum_{j=1}^{7} \sum_{k=1}^{k_j} \delta_i(jk) x_{jk} \begin{cases} \geq 0.2492 \\ (\text{水に満足している}) \\ < 0.2492 \\ (\text{水に満足していない}) \end{cases} \quad (\text{判別的中率} 78.5\%)$$

(4.6.2)

ただし，$\delta_i(jk)$ は

$$\delta_i(jk) = \begin{cases} 1 & (i\text{番目のサンプルが}j\text{項目の}k\text{カテゴリーに反応}) \\ 0 & (i\text{番目のサンプルが}j\text{項目の}k\text{カテゴリー以外に反応}) \end{cases}$$
(4.6.3)

(b) グローラ

水の満足度向上に対して，{34} ヒ素害緩和のために何か工夫している，{51a} ヒ素に関して悩んでいない，{7} 家族数は多い，{3} 読み書きできない，{32} 自分の家の井戸は飲料用である，{41} 安全な水を得るためにコストをかけない，{17} 水運びは肉体的に苦痛ではない，という回答が順に影響が大きいことが分かる．

判別的中点は式(4.6.4)のように与えられる．

$$a_i = \sum_{j=1}^{7} \sum_{k=1}^{k_j} \delta_i(jk) x_{jk} \begin{cases} \geq -0.1990 \\ (\text{水に満足している}) \\ < -0.1990 \\ (\text{水に満足していない}) \end{cases} \quad (\text{判別的中率} 83.2\%)$$
(4.6.4)

(c) アゼンプルとグローラの比較

両村において，順位及び相対的なレンジの大きさが全く異なる項目は，{3}, {17}, {34} である．また，影響の方向性の異なる項目は {7}, {41} である．すなわち，アゼンプルでは家族数が少ない，安全な水をえるのにコストをかけても良い，という方向性が水に満足しているという方向に影響するが，グローラでは全く逆である．さらにレンジに注目すれば，アゼンプルでは順位が下がるごとになだらかに減少しているが，グローラでは1位と2位が突出しており，7位は圧倒的に低い．

以上より，水の満足度を向上させるためには，アゼンプルではヒ素に対する悩みを解消し，家族数を減らし，水運びの苦痛を和らげ，自分の家の井戸を飲めるようにすることが特に重要であり，一方，グローラでは安全な水を得るために何らかの工夫をし，ヒ素に対する悩みを解消することが特に重要であるといえる．

(3) 職業別による分析

　家長の職業による違いを見るため，農業，サービス業，ビジネスの3種にわけ，上と同じ項目を用いて分析を行なった．ただし，ここではサンプル数を保持するため，アゼンプルとグローラを合わせた総サンプルで分析を行なった．サンプル数は，農業76人，サービス業96人，ビジネス75人である．分析の結果を表4.6.4に示す．

　職業ごとの判別的中点は式(4.6.5)～(4.6.7)のように与えられる．

・農業

$$a_i = \sum_{j=1}^{7} \sum_{k=1}^{k_j} \delta_i(jk) x_{jk} \begin{cases} \geq 0.3058 \\ (水に満足している) \\ < 0.3058 \\ (水に満足していない) \end{cases} \quad (判別的中率78.9\%) \quad (4.6.5)$$

・サービス業

$$a_i = \sum_{j=1}^{7} \sum_{k=1}^{k_j} \delta_i(jk) x_{jk} \begin{cases} \geq -0.0100 \\ (水に満足している) \\ < -0.0100 \\ (水に満足していない) \end{cases} \quad (判別的中率82.3\%) \quad (4.6.6)$$

・ビジネス

$$a_i = \sum_{j=1}^{7} \sum_{k=1}^{k_j} \delta_i(jk) x_{jk} \begin{cases} \geq -0.0889 \\ (水に満足している) \\ < -0.0889 \\ (水に満足していない) \end{cases} \quad (判別的中率85.3\%) \quad (4.6.7)$$

(4) 住民の飲料水への満足度の考察

　以上の結果を考えると，アゼンプルでは{51a}，{7}，{17}，{32}の改善が，グローラでは{34}，{51a}の改善が水の満足度に大きな影響を与えることがわかる．また，家長が農業従事者では{32}，{34}，{51a}の改善が，サービス業

表 4.6.4 職業別の水の満足度

j	number	Category (k)		farmer score (x_{jk})	range	order	service holder score (x_{jk})	range	order	business score (x_{jk})	range	order
1	{3}	1	Yes	− 0.2311	0.4746	6	0.0248	0.1035	7	0.2316	0.6204	3
		2	No	0.2435			− 0.0787			− 0.3888		
2	{7}	1	～4	0.1422	0.5718	5	0.2037	0.4479	5	− 0.1337	0.3427	6
		2	5, 6	0.1534			− 0.2442			− 0.0866		
		3	7～	− 0.4183			0.1028			0.2090		
3	{17}	1	Yes	− 0.2168	0.4019	7	− 0.3799	0.5979	4	− 0.4731	0.9589	1
		2	No	0.1851			0.2180			0.4858		
4	{32}	1	Yes	0.3010	1.0399	1	0.1444	0.7297	3	0.0963	0.4514	5
		2	No	− 0.7388			− 0.5853			− 0.3551		
5	{34}	1	Yes	0.4004	0.8950	2	0.5942	1.2676	1	0.3468	0.8390	2
		2	No	− 0.4946			− 0.6734			− 0.4922		
6	{41}	1	Yes	− 0.1169	0.5921	4	− 0.0142	0.1135	6	− 0.0461	0.2657	7
		2	No	0.4753			0.0993			0.2197		
7	{51a}	1	Yes	− 0.4519	0.7155	3	− 0.4599	0.9579	2	− 0.3947	0.6168	4
		2	No	0.2636			0.4999			0.2220		

従事者では {34}, {51a}, {32} の改善が，ビジネス従事者では {17}, {34}, {3}, {51a} の改善が同じく重要であることが分かる．さらに，アゼンプル／サービス業，グローラ／サービス業，グローラ／ビジネスは似たような傾向を示しており，該当者に関しては同様な対応で水の満足度向上につながると考えられる．一方で，これら以外の属性では各々異なった傾向を示しており，きめ細かい対応が必要であるといえる．

4.6.4 不幸せさに関する分析

(1) 分析の前提

ここでは，両村における住民の生活環境に対する意識を数量化理論第Ⅲ類（安田・海野，1976）を用いて分析する．そして，得られた結果から，住民

の生活環境に対する不幸せさを総合評価する指標を作成する．さらに，この指標を用いて，住民の生活環境を向上させるために代替案が有すべき条件を分析する．

以上の分析を行なうため，4.6.2 のクラメールの関連係数を用いた分析の結果を参考にして，住民の不幸せさに強く関係すると思われる項目を抽出する．選んだ項目は，『{3} 識字可能』，『{7} 家族数が少ない』，『{15} 現在の飲料水に満足している』，『{17} 水運びは肉体的に苦痛でない』，『{51a} ヒ素に悩んでいる』，『{51b} 仕事／収入に悩んでいる』，『{51c} psychological』，『{53} 薬が手に入る』の 8 項目である．水に関する項目は，『{15} 現在の飲料水に満足している』で代表することとし，また，『{51c} psychological』とは，"様々な悩みを抱えて心理的にまいっている状態である" ということを意味することとする．

(2)　村別による分析

(a)　アゼンプル

数量化理論第Ⅲ類による分析によって得られた 1 軸から 3 軸までのスコアと，2 軸までのスコアグラフを表 4.6.5 及び図 4.6.7 に示す．これより，1 軸を水への満足度に関する軸，2 軸を悩みに関する軸，3 軸を生活の豊かさに関する軸として解釈する．

これらをもとに，各軸の指標を定式化する．定式化にあたって，l_i, $\delta_i(j)$,

表 4.6.5　アゼンプルのスコア

| \multicolumn{2}{c}{1 軸} | \multicolumn{2}{c}{2 軸} | \multicolumn{2}{c}{3 軸} |

1 軸		2 軸		3 軸	
{51a}	− 0.083	{51a}	− 0.064	{17}	− 0.083
{51c}	− 0.051	{51b}	− 0.026	{3}	− 0.065
{53}	− 0.030	{53}	− 0.011	{15}	− 0.042
{3}	− 0.017	{3}	− 0.007	{53}	− 0.010
{7}	0.003	{7}	− 0.001	{51a}	− 0.008
{51b}	0.053	{17}	− 0.001	{51c}	0.018
{17}	0.078	{15}	0.022	{7}	0.044
{15}	0.089	{51c}	0.166	{51b}	0.083

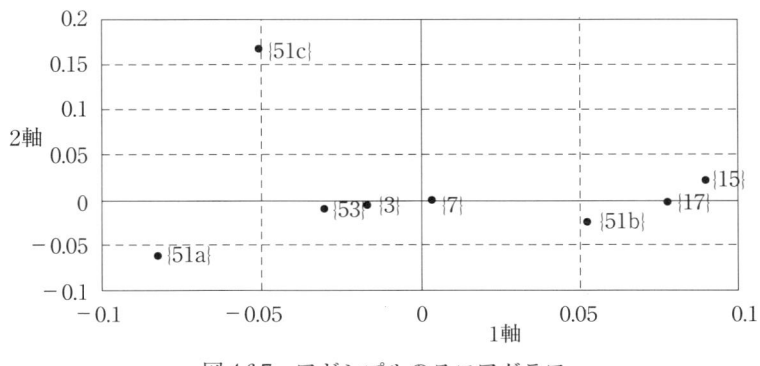

図 4.6.7 アゼンプルのスコアグラフ

表 4.6.6 x_{jk} の対応表

j		score		
		1軸	2軸	3軸
1	(3) 識字可能	x_{11}	x_{21}	x_{31}
2	(7) 家族数	x_{12}	x_{22}	x_{32}
3	(15) 現在の水に満足である	x_{13}	x_{23}	x_{33}
4	(17) 水運びは肉体的に苦痛	x_{14}	x_{24}	x_{34}
5	(51) ヒ素に悩んでいる	x_{15}	x_{25}	x_{35}
6	(51) 仕事/収入に悩んでいる	x_{16}	x_{26}	x_{36}
7	(51) psychological	x_{17}	x_{27}	x_{37}
8	(53) 薬が手に入る	x_{18}	x_{28}	x_{38}

x_{jk} を導入する．l_i は i 番目のサンプルが反応した項目の数を表す．$\delta_i(j)$ は次式(8)で表される 0, 1 変数である．また，x_{jk} は k 軸における j 項目のスコアを表し，その対応表を表 4.6.6 に示す．

$$\delta_i(j) = \begin{cases} 1 \, (i\text{番目の回答者が}j\text{番目の項目に反応}) \\ 0 \, (i\text{番目の回答者が}j\text{番目の項目に反応しない}) \end{cases} \quad (4.6.8)$$

以上より，1軸に関して

$$\text{水に関する満足度指数} = -\frac{1}{l_i}\sum_{j=1}^{8} \delta_i(j)\, x_{1j} \text{ (寄与率 25.2\%)} \quad (4.6.9)$$

これが正で大きければヒ素に関して悩みを抱えており，負でその絶対値が大きければ水には満足しているといえる．

2軸に関して

$$\text{悩み指数} = \frac{1}{l_i} \sum_{j=1}^{8} \delta_i(j) x_{2j} \quad (\text{寄与率 } 20.8\%) \tag{4.6.10}$$

これが正で大きければ様々な悩みを抱えており，負でその絶対値が大きければヒ素や仕事及び収入といった特定の悩みを抱えているといえる．

3軸に関して

$$\text{生活の豊かさ指数} = \frac{1}{l_i} \sum_{j=1}^{8} \delta_i(j) x_{3j} \quad (\text{寄与率 } 15.0\%) \tag{4.6.11}$$

これが正で大きければ仕事及び収入に悩みを抱えており，かつ家族数が少ない者を表すが，負でその絶対値が大きければ識字は可能で，かつ水に満足していることを表すといえる．

寄与率から，水に関する満足度，悩み，生活の豊かさの順に，不幸せさに寄与していることが分かる．

(b) グローラ

グローラに関して，同様に分析結果を表4.6.7及び図4.6.8に示す．これより，1軸を悩みと水の満足度に関する軸，2軸を悩みの種類と家庭環境に関する軸，3軸は豊かさに関する軸と解釈する．

以上の結果から，同様に三つの軸の指標を式(4.6.12)～(4.6.14)に示す．

1軸に関して

$$\text{悩みと水の満足度指数} = -\frac{1}{l_i} \sum_{j=1}^{8} \delta_i(j) x_{1j} \quad (\text{寄与率 } 28.1) \tag{4.6.12}$$

これが正で大きければ様々な悩みを抱えているが飲料水には満足していることを表し，負でその絶対値が大きければヒ素に悩んでいることを表しているといえる．

表 4.6.7　グローラのスコア

1 軸		2 軸		3 軸	
{51c}	− 0.073	{51b}	− 0.095	{51c}	− 0.075
{15}	− 0.058	{7}	− 0.061	{51a}	− 0.072
{51b}	− 0.016	{17}	− 0.003	{51b}	− 0.019
{17}	− 0.012	{15}	0.009	{17}	− 0.007
{3}	0.011	{3}	0.017	{3}	− 0.005
{7}	0.023	{51}	0.025	{7}	0.021
{53}	0.038	{53}	0.049	{15}	0.033
{51a}	0.106	{51c}	0.070	{53}	0.097

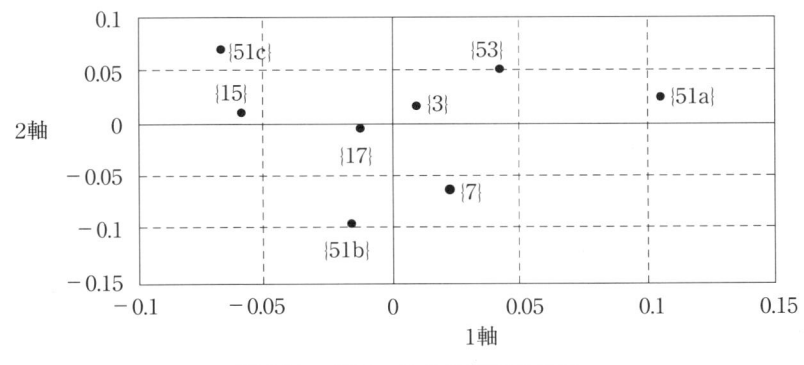

図 4.6.8　グローラのスコアグラフ

2 軸に関して

$$\text{悩みと生活状況} = \frac{1}{l_i} \sum_{j=1}^{8} \delta_i(j) x_{2j} \quad (\text{寄与率 } 19.4\%) \tag{4.6.13}$$

これが正で大きければ薬は手に入るが様々な悩みを抱えており，負でその絶対値が大きければ家族数は少ないが仕事や収入に悩みを抱えているといえる．

3 軸に関して

$$\text{生活の豊かさ指数} = -\frac{1}{l_i} \sum_{j=1}^{8} \delta_i(j) x_{3j} \quad (\text{寄与率 } 15.9\%) \tag{4.6.14}$$

この値が正で大きければヒ素など様々な悩みを抱えていることを表し，負でその絶対値が大きければ薬が手に入って水にも満足しているといえる．

寄与率から，グローラでは悩みと水の満足度が不幸せさに大きく寄与していることがわかる．

(3) 職業別による分析

家長の職業に関して，農業，サービス業，ビジネスの3つに分けて分析を行なった．ここでも，サンプル数保持のため，アゼンプルとグローラを合わせたサンプルで分析を行なった．

(a) 農業

家長が農業に従事している家庭について，分析結果を表4.6.8及び図4.6.9に示す．

これによれば1軸を水に関する満足度を表す軸，2軸を悩みに関する軸，3軸を生活状況に関する軸と解釈できると考えられる．これらの結果から，三つの軸の指標を式(4.6.15)〜(4.6.17)に示す．

1軸に関して

$$\text{水に関する満足度指数} = -\frac{1}{l_i}\sum_{j=1}^{8}\delta_i(j)\,x_{1j}\quad(\text{寄与率}\;25.5\%) \qquad (4.6.15)$$

この値が正で大きければとヒ素に悩んでおり，負でその絶対値が大きければ水に満足しているといえる．

2軸に関して

$$\text{悩み指数} = \frac{1}{l_i}\sum_{j=1}^{8}\delta_i(j)\,x_{2j}\quad(\text{寄与率}\;19.3\%) \qquad (4.6.16)$$

この値が正で大きければ様々な悩みを抱えており，負でその絶対値が大きければ仕事と収入に悩みを抱えているといえる．

3軸に関して

表 4.6.8　農業のスコア

1軸		2軸		3軸	
{15}	− 0.095	{51b}	− 0.060	{7}	− 0.068
{17}	− 0.048	{17}	− 0.040	{15}	− 0.044
{51c}	− 0.046	{15}	− 0.023	{51a}	− 0.042
{7}	− 0.010	{51c}	− 0.006	{51b}	− 0.027
{51b}	− 0.010	{7}	− 0.005	{51c}	− 0.022
{3}	0.014	{53}	0.011	{53}	0.012
{53}	0.059	{3}	0.017	{17}	0.066
{51a}	0.123	{51c}	0.185	{3}	0.107

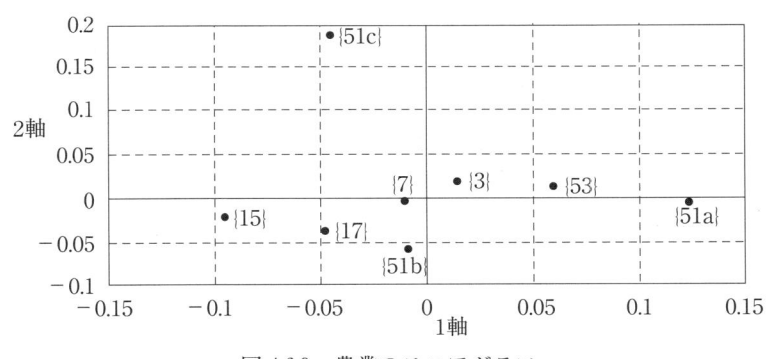

図 4.6.9　農業のスコアグラフ

$$\text{生活状況指数} = -\frac{1}{l_i}\sum_{j=1}^{8}\delta_i(j)\,x_{3j}\;(\text{寄与率}\,16.0\%) \tag{4.6.17}$$

　これが正で大きければ家族数が少ないことを表し，負でその絶対値が大きければ読み書き可能を表しているといえる．

　寄与率によると，水の満足度，悩み，生活状況といった順に，不幸せさに寄与していることがわかる．

(b)　サービス業

　サービス業に従事している家庭に関して，分析結果を表 4.6.9 及び図 4.6.10 に示す．

これによれば，1軸を悩みと生活に関する軸，2軸を悩みの種類に関する軸，3軸を生活環境に関する軸と解釈することができると考えられる．三つの軸の指標を式(4.6.18)〜(4.6.20)に示す．

1軸に関して

$$悩みと生活状況指数 = -\frac{1}{l_i}\sum_{j=1}^{8}\delta_i(j)x_{1j} \quad (寄与率\ 30.1\%) \qquad (4.6.18)$$

これが正で大きければ様々な悩みを抱えているが水には満足していることを表し，負でその絶対値が大きければヒ素に悩んでいるが薬は手に入りやすいことを表すといえる．

2軸に関して

表4.6.9 サービス業のスコア

1軸		2軸		3軸	
{51c}	− 0.081	{51b}	− 0.107	{17}	− 0.045
{15}	− 0.064	{7}	− 0.031	{3}	− 0.043
{17}	− 0.027	{17}	− 0.002	{51a}	− 0.029
{51b}	− 0.026	{3}	0.002	{51b}	− 0.022
{3}	− 0.006	{53}	0.003	{53}	0.013
{7}	0.022	{15}	0.011	{15}	0.025
{53}	0.059	{51a}	0.047	{51c}	0.038
{51a}	0.081	{51c}	0.102	{7}	0.110

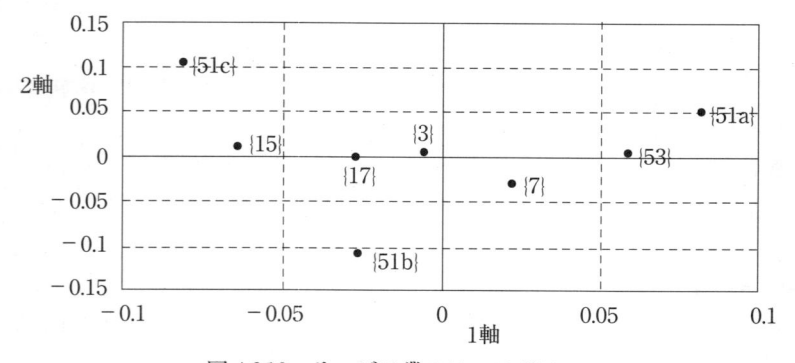

図4.6.10 サービス業のスコアグラフ

$$\text{悩み指数} = \frac{1}{l_i} \sum_{j=1}^{8} \delta_i(j) x_{2j} \quad (\text{寄与率} 20.1\%) \tag{4.6.19}$$

これが正で大きければ様々な悩みを抱えていることを表し，負でその絶対値が大きければ仕事と収入に関する悩みを抱えていることを表すといえる．

3軸に関して

$$\text{生活環境指数} = \frac{1}{l_i} \sum_{j=1}^{8} \delta_i(j) x_{3j} \quad (\text{寄与率} 14.7\%) \tag{4.6.20}$$

これが正で大きければ家族数が少ないことを表し，負でその絶対値が大きければ水運びが苦痛でなく，読み書きは可能であることを示すといえる．

寄与率によると，悩みと生活に関することが不幸せさに強く影響することが分かる．

(c) ビジネス

ビジネスに従事している家庭に関して，分析結果を表4.6.10及び図4.6.11に示す．

これによれば，1軸は水に関する満足度軸，2軸は悩みに関する軸，3軸は生活環境に関する軸と解釈できるといえる．3つの軸の指標を式(4.6.21)～(4.6.23)に示す．

1軸に関して

$$\text{水に関する満足度指数} = \frac{1}{l_i} \sum_{j=1}^{8} \delta_i(j) x_{1j} \quad (\text{寄与率} 31.5\%) \tag{4.6.21}$$

これが正で大きければヒ素に悩みを抱えていることを表し，一方負でその絶対値が大きければ水に満足していることを示すといえる．

2軸に関して

$$\text{悩み指数} = -\frac{1}{l_i} \sum_{j=1}^{8} \delta_i(j) x_{2j} \quad (\text{寄与率} 20.5\%) \tag{4.6.22}$$

これが正で大きければ様々なことに悩みを抱えていることを示し，一方負

表 4.6.10　ビジネスのスコア

1 軸		2 軸		3 軸	
{15}	− 0.081	{51c}	− 0.089	{17}	− 0.092
{17}	− 0.058	{53}	− 0.047	{7}	− 0.066
{51c}	− 0.051	{51}	− 0.036	{15}	− 0.021
{3}	− 0.027	{3}	0.002	{51a}	− 0.016
{51b}	0.014	{7}	0.007	{51c}	0.001
{53}	0.034	{15}	0.012	{51b}	0.032
{7}	0.072	{17}	0.012	{53}	0.049
{51a}	0.096	{51b}	0.125	{3}	0.083

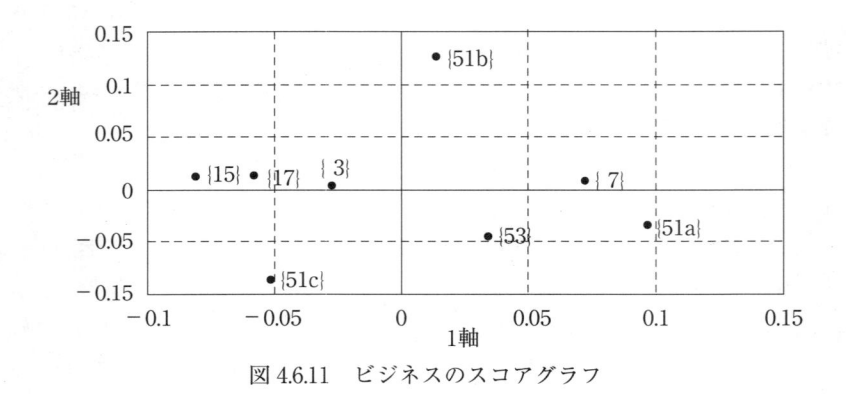

図 4.6.11　ビジネスのスコアグラフ

でその絶対値が大きければ仕事や収入に悩みを抱えていることを示すといえる．

3 軸に関して

$$\text{生活状況に関する指数} = \frac{1}{l_i} \sum_{j=1}^{8} \delta_i(j) x_{3j} \quad (\text{寄与率 13.0\%}) \qquad (4.6.23)$$

これが正で大きければ読み書き可能で，薬が手に入りやすく，様々なことに悩みを抱えていることを示し，負でその絶対値が大きければ水運びが苦痛でなく，家族数が少ないことを示すといえる．

(4) 不幸せさの総合指標化

本節では，(2)と(3)で求めた指数と寄与率で不幸せさの総合指標化を行なう．寄与率とは軸の説明力を示しているため，ここでは寄与率を指標のウエイトとして扱う（萩原ら，1979）．また，不幸せさの正負を扱う際には，基本的に『|51c|psychological』が最も不幸せを示すこととしたが，スコアとの対応に応じて，その正負を変動させる．なお，累計寄与率とは，これらの式で説明できる説明力を表す．

・アゼンプル

$$D_i = -\frac{25.2}{l_i}\sum_{j=1}^{8}\delta_i(j)x_{1j} + \frac{20.8}{l_i}\sum_{j=1}^{8}\delta_i(j)x_{2j} + \frac{15.0}{l_i}\sum_{j=1}^{8}\delta_i(j)x_{3j}$$

（累計寄与率60.9％） (4.6.24)

・グローラ

$$D_i = -\frac{28.1}{l_i}\sum_{j=1}^{8}\delta_i(j)x_{1j} + \frac{19.4}{l_i}\sum_{j=1}^{8}\delta_i(j)x_{2j} - \frac{15.9}{l_i}\sum_{j=1}^{8}\delta_i(j)x_{3j}$$

（累計寄与率63.4％） (4.6.25)

・農業

$$D_i = \frac{25.5}{l_i}\sum_{j=1}^{8}\delta_i(j)x_{1j} + \frac{19.3}{l_i}\sum_{j=1}^{8}\delta_i(j)x_{2j} - \frac{16.0}{l_i}\sum_{j=1}^{8}\delta_i(j)x_{3j}$$

（累計寄与率60.8％） (4.6.26)

・サービス業

$$D_i = -\frac{30.1}{l_i}\sum_{j=1}^{8}\delta_i(j)x_{1j} + \frac{20.1}{l_i}\sum_{j=1}^{8}\delta_i(j)x_{2j} + \frac{14.7}{l_i}\sum_{j=1}^{8}\delta_i(j)x_{3j}$$

（累計寄与率65.0％） (4.6.27)

・ビジネス

$$D_i = -\frac{31.5}{l_i}\sum_{j=1}^{8}\delta_i(j)\,x_{1j} - \frac{20.5}{l_i}\sum_{j=1}^{8}\delta_i(j)\,x_{2j} + \frac{13.0}{l_i}\sum_{j=1}^{8}\delta_i(j)\,x_{3j}$$

（累計寄与率 65.0％）　　　　　　　　(4.6.28)

ある1つのサンプルを村や家長の職業といった属性に応じて上記の式に当てはめたとき，値が正で大きければより不幸せであることを表し，負でその絶対値が大きいほど不幸せでないことを表す．これらの指標は累計寄与率からも分かるように，使用した変数の60％程度を説明するものである．また，ここでは便宜的に正負を決定したが，個人の価値観などにより正負は逆転することがある．

(5) シナリオ分析

本節では，4.6.3，4.6.4においてバングラデシュの社会環境に対する説明力が強いとして選ばれた変数のうち，飲料水問題に対して実践的な対策となり得ると考えられる「水運びの肉体的な苦痛」及び「ヒ素による悩み」に着目し，これら2つの項目が解消できたというシナリオを想定する．そして，シナリオ適用後の水の満足度と不幸せさに関する変化を分析する．なお，不幸せさに関しては，各村における全サンプルの式(4.6.24)，(4.6.25)の値の平均値を基準にし，平均以上を不幸せ，平均以下を不幸せでないとした．両村にこのシナリオを適用した結果を表4.6.11に示す．表4.6.11において，①とは水に満足かつ不幸せでないサンプルの数を表し，②とは水に不満かつ不幸せであるサンプル数を表す．また，ここでは，シナリオ適用前後で水に満足／

表4.6.11　シナリオ分析

	Azimpur		Glora	
	Before	After	Before	After
①	29	93	21	23
②	43	4	13	11
other	35	10	66	66

不満の判別中点及び不幸せさの平均値は固定している．

　分析の結果，アゼンプルでは，〔②水に不満／不幸せ〕から〔①水に満足／不幸せでない〕に大きく変化したが，グローラではほとんど変化がなかった．これは，アゼンプルにおいて水の満足度を考えるとき，『|17| 水運びは肉体的に苦痛である』，『|51a| ヒ素に悩んでいる』の2項目のレンジは非常に大きく（3位と1位），さらに不幸せさを考えるとき，『|15| 現在の飲料水に満足している』，『|17| 水運びは肉体的に苦痛でない』の得点が負でその絶対値が大きく，このように感じるようになることが不幸せさの減少に大きく影響するためである．

　一方，グローラでは，これらの操作によってあまり変化が見られない．これは，グローラにおいて水の満足度を考えるとき，『|17| 水運びは肉体的に苦痛である』，『|51a| ヒ素に悩んでいる』の2項目のレンジは7位と2位で大きくなく，さらに不幸せさを考えるとき，『|15| 現在の飲料水に満足している』，『|17| 水運びは肉体的に苦痛でない』と感じるようになることは不幸せさに対して大きな影響を与えないためである．

　これらの結果より，アゼンプルに関しては水運びの際の肉体的な苦痛の緩和及びヒ素の悩みの解消が，水の満足度の向上さらには不幸せさの減少に対して非常に有効であるが，グローラに関してはほとんど有効ではないといえる．すなわち，汚染のひどいアゼンプルではとにかく安全な飲料水を手軽に得ることが人々にとって重要であるが，汚染の少ないグローラでは飲料水の問題はそれほど重要ではないと考えられる．すなわち，飲料水ヒ素汚染問題の解決には画一的でなく，地域にあった方法を作成する必要があるといえるだろう．

4.6.5　技術援助に対する認識構造分析

(1)　分析の前提と潜在変数の設定

　本節では，特に汚染がひどく，しかも経済的にも貧しい地域であるアゼンプルにのみ着目し，技術援助の受容性に関する分析を行なう．経済的に貧し

く，しかも安全な水が手に入りにくいアゼンプルでは，ヒ素汚染問題改善のために外部からの技術援助が必要であると考えられる．しかしながら，実際で現地調査したところ，アゼンプルでは様々な機関から多くのヒ素除去装置が導入されていたが，我々が見た限りでは，10 数個の装置のうち，実際に使用されていた装置は 2 つだけであった．

ここでは，このような状況をもたらす原因として住民の技術援助に対する不信感を考え，技術援助に対する受容性を低めるような不信感の高まりを生じさせる認識構造を共分散構造分析（豊田，1998），（田部井，2001）を用いて定量的に明らかにする．共分散構造分析とは，直接観測されない潜在変数（構成概念）を導入し，その潜在変数と観測変数との間の因果関係を同定することによって社会現象や自然現象を理解する統計的手法である．本研究では，複数の原因となる変数が，複数の結果となる変数に対して，潜在変数を介して因果関係を構成する構造としてモデル化される MIMIC モデル（Multiple Indicator Multiple Cause）（森野，2003），（清水，2000）を用いることとする．

ここで潜在変数として《不安感》，《不満感》，《不信感》の 3 つの変数を設定する．これらの潜在変数を以下のように定義する．

まず，《不安感》とは図 4.6.12 に示すように，『|24| 自分の井戸に色が付いている』，『|26| ヒ素の有毒性を知っている』という知識に由来するものと，『不幸せさ』という生活環境に由来するものから発生し，《不安感》を介して，『|28| 将来の家族や自分の健康が不安である』という結果をもたらすものと定義する．ここで，『不幸せさ』とは 4.6.4 でモデル化した不幸せさの総合指標を用いている．

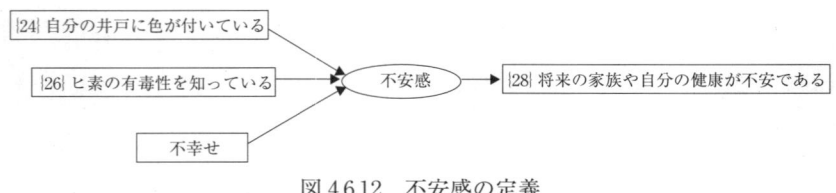

図 4.6.12　不安感の定義

《不満感》とは図 4.6.13 に示すように，『|18| 水運びに時間がかかる』，『|19| 水汲み場にアクセスしにくい』という水運びに関する負担感から発生し，《不

満感》を介して,『|10| 水の量に不満』という結果をもたらすものと定義する.
《不満感》の構成要素として『|17| 水運びが肉体的に苦痛である』が考えられるが,『不幸せさ』の構成変数としてすでに含まれるため,個別の項目としては設定していない.

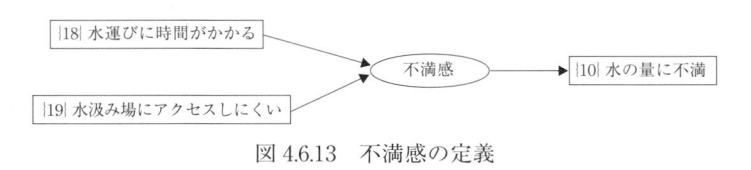

図 4.6.13　不満感の定義

《不信感》とは図 4.6.14 に示すように,『|29| ヒ素が技術的に除去可能であると知っている』という知識から発生し,《不信感》を介して『|9| ヒ素除去装置使用』,『|30| 技術を紹介してほしい』,『|41| 安全な水を得るために何らかの負担をしてもよい』という結果をもたらすものと定義する.

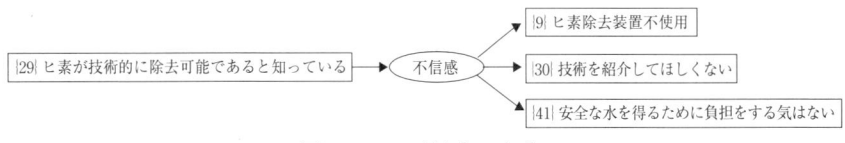

図 4.6.14　不信感の定義

(2)　多重指標の作成

　本節では,外部からの技術援助は現地の住民の不信感が原因で積極的に受け容れられていないという想定のもと,これらの変数を用いて《不信感》を最終到達地点とした多重指標を 2 通り作成し,考察を行なう.
　図 4.6.15 に,《不安感》と《不満感》によって《不信感》が構成されるモデルを示す.これに加え,さらに《不安感》から《不満感》への影響を設定したモデルを図 4.6.16 に示す.図 4.6.16 のモデルでは,《不安感》は《不信感》に直接的な影響と,《不満感》を介した間接的な影響を及ぼしていることとなる.
　単方向矢印上に示される係数は因果関係を示し,通常 −1 から 1 の値をとる.また,双方向矢印の係数は相関関係を表している.値の絶対値が大きい

ほど関係が強いことを表している．ここで，|18|，|19| 及び『不幸せさ』に相関関係を仮定しているが，これは，『不幸せさ』の構成変数として |18|，|19| と非常に関連の強い『|17| 水運びの肉体的苦痛』が含まれているためである．

モデルの検定方法としては，P 値，GFI，AGFI，RMSEA（森野，2003），（清水，2000）を採用した．これらは一般に広く用いられている検定方法であり，その評価基準は以下の通りである．本研究でもこれらの基準に従うものとする．

- P 値…モデルが正しいという帰無仮説の採択確率を表しており，0.05 以上でモデルを採択する．
- GFI/AGFI…GFI は設定したモデルが観測されたデータをどの程度説明しているかを表す適合度指標であり，AGFI は自由度修正済みの適合度指標である．経験的に GFI は 0.9 以上，AGFI は GFI − 0.1 以上が望ましいとされている．
- RMSEA…モデルの分布とデータの分布との乖離度を 1 自由度あたりの量として表現した指標である．経験的に 0.05 以下であることが望ましく，0.1 以上だと望ましくないとされている．

(3) 考察

図 4.6.15 より，《不満感》には，水汲み場へのアクセスのしにくさ，水汲みにかかる時間が正の大きな影響を及ぼしていることが分かる．すなわち，水汲み場にアクセスしにくいほど，また水汲みの時間がかかるほど不満感が高まり，水の量に不満感を抱くようになるといえる．

《不安感》には，井戸に色が付いている，ヒ素の有害性を知っているといったことが正の大きな影響を及ぼしており，また不幸せさも正の影響を及ぼしていることが分かる．すなわち，自分の井戸に色が付いている，ヒ素の有害性を知っているといった知識，さらに不幸せであるといった現実が不安感を生み出し，結果的に将来の自分や家族の健康が不安になる，ということが分かる．

《不信感》には，技術的にヒ素が除去できることを知っているということが負の影響を与えている．すなわち，技術的にヒ素が除去できるということ

を知っていれば，不信感は減少するといえる．また，不信感が高まれば，除去装置を使用しなくなり，安全な水を得るための負担をしようと思わなくなり，さらに，ヒ素の除去技術も紹介してほしくないという心理状況になることが分かる．

潜在変数の関係を見ると，《不満感》が高まると《不信感》が高まり，逆に《不安感》が高まれば《不信感》が減少するということが分かる．《不安感》と《不信感》の関係は係数から非常に強いものであるといえ，《不安感》が高まることが住民の《不信感》を減じさせ，外部の技術援助に対する受容性を高めるという構図がモデルによって明確に表現されている．そして，《不

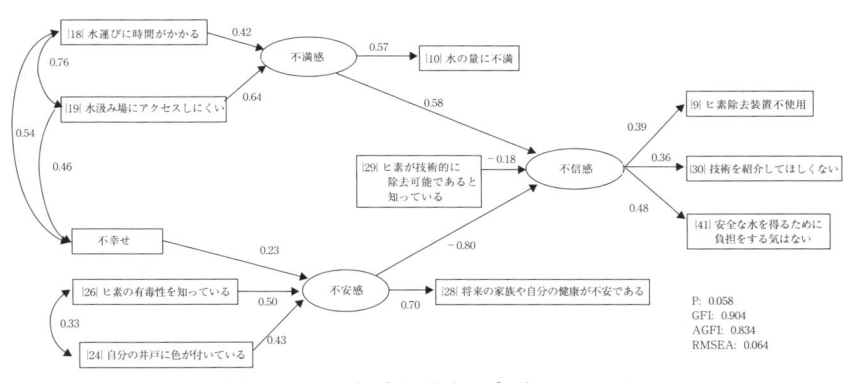

図 4.6.15 不信感に対する多重モデル 1

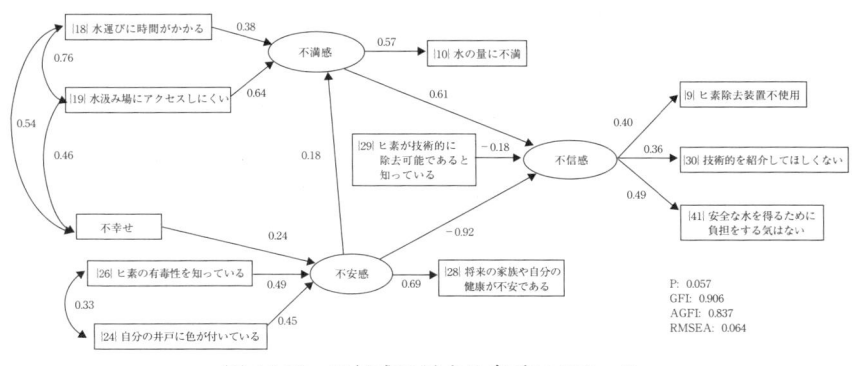

図 4.6.16 不信感に対する多重モデル 2

安感》が募る上で，[24]や[26]といった情報の伝播は大きな効果があるといえる．

　図 4.6.16 のモデルでは，《不満感》と《不安感》の関係以外は図 4.6.15 とほとんど同等であることが分かる．《不満感》と《不安感》に関しては，《不安感》が高まれば《不満感》も高まるという構図になっている．これは，《不安感》とは知識や現在の生活状況から生じるものであり，知識を持ち，不幸せで，不安を感じるほど，《不満感》が高まるものと考えられる．

　ここで，図 4.6.15 と同様に《不安感》が高まれば《不信感》が減少するといる関係がありながら，《不安感》が高まると《不満感》が高まり，結果的に《不信感》が高まるという関係も生じていることが分かる．ただし，《不信感》に対する直接的影響と間接的な影響の係数の大きさを比較すれば，《不安感》が《不信感》に対して負の影響を与えるという関係の方が圧倒的に強いことが分かる．アンケートの過程で，住民が様々な悩みを抱えており心理的にまいっているという回答が多かったため新たに『[51c]psychological』という項目を追加したが，図 4.6.16 の分析結果から，住民の混沌とした不安感は技術援助への受け容れにあたって諸刃の刃となりうるといえるかもしれない．住民の心理的な不安について，さらなる調査・分析を行なう必要があると考えられる．

4.6.6　おわりに

　本稿では，現地のヒ素汚染問題対策を考えるには，現地の社会状況を十分に理解し，総合的に考察することが必要であるという観点から，まず社会環境調査のため実際に現地でインタビューを行なった．次に調査結果を分析するにあたって，水の満足度と住民の不幸せさに着目し，数量化理論を用いてこれらの構成要素を分析した．この結果地域及び職業によって水の満足度，不幸せさの要因となる項目は異なることが分かった．すなわちヒ素の汚染状況や社会・経済状況の違いによって現地住民の求めているものは異なり，地域の特性に合致したきめ細かい対応が必要であるいうことが明らかになった．

　さらに，ヒ素汚染が深刻で経済的にも貧しいアゼンプルにのみ着目し，技

術援助への不信感に関して共分散構造分析を行なった．この結果不信感が高まれば技術援助に対する受容性は低下するが，不安感が増すことによって不信感は減少することが分かった．また，現状の水に関する不満感が高まれば不信感も高まり，結果的に技術援助を受け容れないようになるという構図も明らかになった．すなわち，技術を手軽に利用できるものにすること，また，ヒ素に対する知識を住民に伝えることが，技術援助に対する住民の不信感を低め，住民が実際に技術を受け容れるために効果的であるということが分析より明らかとなった．

4.7 水資源コンフリクトにおける第3者の役割

4.7.1 はじめに

ガンジス河はインドとバングラデシュの両国にとって重要な水資源であり，両国はガンジス河の水利用に関して衝突をくり返してきた．配分に関しては，ガンジス河の上流に位置するインドが一般的に有利である．バングラデシュはインドの下流に位置し，地理的に不利であるだけでなく，経済的にもインドに劣るため，水資源コンフリクトに対して効果的な対策を講じることができないまま現状を受け入れてきた．一方，インドが自発的に現在の有利な状況を変化させるとは考え難い．このような背景のもと，インドとバングラデシュのガンジス河水利用コンフリクトは両国のみの交渉のうちで進展がなく，膠着した状態が長く続いている．このような場合の紛争解決において有効となるのが，Third Party の介入によるコンフリクトの調整である．

本稿では，Graph Model for Conflict Resolution (Fang et al., 1993) (GMCR) を用いてコンフリクトの状況をモデル化し，Third Party の役割とその効果について分析する．GMCR はゲーム理論に基づき，異なる選好を持つ意思決定者（以後 DM と呼ぶ）間での均衡状態を分析する安定性分析の一手法である．水資源開発問題における実際的なコンフリクトを分析するために，GMCR を適用した研究は多くあり（坂本・萩原，2000），(Hipel et al.,

2001), (Sakakibara et al., 2002), (榊原ら, 2003), コンフリクト状態における第三者の介入による調整メカニズムについての研究もなされている (榊原ら, 2001). また, GMCR の枠組みではなく, 階層システムにおける補助金を用いた調整システムについて経済学的なアプローチで論じられた研究もある (萩原, 1990). また, Negotiation の分野では Third Party によるコンフリクトのマネジメントについて長く研究がなされており (Raiffa et al., 2002), Third Party の役割を記述的に分類している.

本研究では, GMCR の枠組みのもとで, 介入する Third Party の役割を Arbitrator, Donor, Coordinator の 3 タイプに分類することから始め, Third Party によるコンフリクト・マネジメントへのアプローチを体系的に示す. 上述の既往研究のうちコンフリクト調整についてなされたものは, あらかじめ Third Party の役割を規定しており, Third Party によるコンフリクト・マネジメントを体系的かつ数学的に論じた研究はいまだない.

以上のモデルをインド・バングラデシュのコンフリクトに適用し, 現状のコンフリクト状況改善の可能性について分析を行なう. まず, GMCR により現状を記述し, コンフリクトの状況改善のために必要な条件を分析する. 次に, 本研究では特に Third Party の役割の一つの Coordinator に着目し, コンフリクト・マネジメントという視点から Third Party 介入の効果について分析する.

4.7.2　ファラッカ堰問題の背景

インドはガンジス河に沿ってバングラデシュの上流に位置する. 両国の位置関係を図 4.7.1 に示す. これは http://www.nationalgeographic.com/ にて公開されている地図を元に作成したものである.

両国は水不足に悩まされており, インドとバングラデシュの間ではガンジス河の水資源を巡ってコンフリクトがくりひろげられてきた. インドとバングラデシュのコンフリクトの歴史を近藤 (1997), 萩原ら (2003) を参考に以下で簡単に紹介する.

インドは 1975 年に両国の国境付近にファラッカ堰を一方的に建設し, 堰

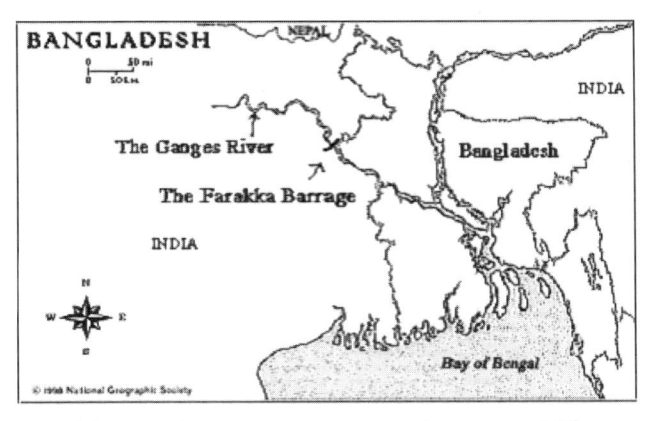

図 4.7.1　インド・バングラデシュとファラッカ堰

完成後に水資源配分に関する暫定的な協定が両国間で締結された．しかしながら，この協定は数ヶ月後に失効し，インドはバングラデシュの合意がないもとでの取水を開始した．

　第2の協定が1977年に締結され，1984年まで両国により順守された．インドはこの協定によって，1975年の協定時よりも多く取水できる権利を得たが，バングラデシュにとっては不満の残る内容であった．

　3度目の協定が1996年に締結されたが，1984年からのこの間，両国の間にガンジス河の水資源利用に関する取り決めは何もなされなかった．この協定は現在も履行されている．この協定では，1977年〜1984年までの協定よりもさらにインドに優利な内容となっている．

　1996年の協定は2026年まで実効され，その後，両国は再締結に関して協議を行なうと明文化されている．長期間の実効力を持つ1996年の協定によって，両国の水争いには一応の終止符が打たれたように見える．しかしながら，コンフリクトは完全に解決されたわけではない．協定は上流に位置するインドに有利な内容となっており，バングラデシュは多くの不満を抱え協定に従っている．

　バングラデシュにおけるガンジス河の流量は，インドがファラッカ堰において取水する流量に大きな影響を受ける．したがって，両国が友好な関係を築くことは，バングラデシュにとって渇水や洪水に対する脆弱性を減じるた

めの重要な手段の一つとなる．このような認識のもとでは，バングラデシュにおける水資源に関する災害はインドの意向に影響を受ける人為災害としての要素を大きく兼ね備えているといえる．

インドとバングラデシュのガンジス河をとりまく水資源コンフリクトは，世界的にも特に深刻であるとして注目されてきた．しかしながら，インド・バングラデシュのコンフリクトを対象とした現状記述的な報告がなされるばかりで，マネジメントを視野に入れたモデル分析的なアプローチによる取り組みはなされてこなかった．

4.7.3 GMCR

本稿ではインド・バングラデシュのコンフリクトを記述し分析するためにGMCRを用いる．本節ではGMCRについて簡単に説明する．

GMCRはゲーム理論に基づく分析手法で，異なるDMの選好のもと，事象をその安定性により分類する体系を提供する．GMCRはコンフリクトの解決策を検討するために広く実際的に用いられてきた．

GMCRにおいては，N人のDMがコンフリクトに参加し，それぞれが行動の選択肢であるオプションを有する．オプションに関する各DMの実行の有無の組み合わせを戦略と呼ぶ．そして，すべてのDMの戦略の組み合わせを事象と呼ぶ．事象を各DMが好ましいと思う順に並べた順序列を選好ベクトルと呼ぶ．

まず，Uをすべての事象の集合とする．R_iはDM$_i$($i \in$ N)の可達事象に関する情報を示し，DM$_i$の事象kから事象qへの移行を次の式(4.7.1)，(4.7.2)で示すように0, 1で表す．

$$R_i(k, q) = \begin{cases} 1 \text{ if DM}_i \text{ can move（in one step）} \\ 0 \text{ otherwise} \end{cases} \quad (4.7.1)$$

$$R_i(k, k) = 0 \quad (4.7.2)$$

なお，$k \neq q$であり，また，この移行はDM$_i$が単独で，かつ1ステップで行なうもののみを考慮している．

DM$_i$ にとっての可達行列 **R**$_i$ はこの R_i を要素とする行列である.

DM$_i$ にとって, $S_i(k)$ は事象 k から 1 ステップで移行可能な事象の集合を表し, 可達集合と呼ぶ. これは次式ののように定義される.

$$S_i(k) = \{q : R_i(k, q) = 1\}. \tag{4.7.3}$$

可達行列 **R**$_i$ を用いて unilateral improvement(以下, 本研究では単独改善と呼ぶ)を定義する. DM$_i$ が事象 k から単独で戦略を変更することによって到達できる事象のうち, 初期事象 k よりも DM$_i$ にとって好ましい事象を単独改善と呼ぶ. 次式(4.7.4)で表される R_i^+ を用いて DM$_i$ の可達行列を **R**$_i^+$ として再定義する.

$$R_i^+(k, q) = \begin{cases} 1 \text{ if } R_i(k, q) = 1 \text{ and } P_i(q) > P_i(k) \\ 0 \text{ otherwise} \end{cases} \tag{4.7.4}$$

なお, $P_i(k)$ は DM$_i$ の事象 k に対する選好を表す.

同様に, DM$_i$ の可達リスト $S_i(k)$ を R_i^+ を用いて次のように再定義する.

$$S_i^+(k) = \{q : R_i^+(k, q) = 1\} \tag{4.7.5}$$

以上を用いて, GMCR における解概念を定義する. GMCR では, ナッシュ安定性, general metarationality, symmetric metarationality, sequential stability, limited-move stability, nonmyopic stability, Stackelberg equilibrium といった種々の解概念が考慮されている. 本稿では, これら解概念のうち最も基本的かつ重要である以下の 2 つについて考慮し, 分析を行なう.

<u>ナッシュ安定性</u>:事象 $k \in U$ が DM$_i$ にとってナッシュ安定であるとは, $S_i^+(k) = \phi$ のときであり, かつそのときに限る. すなわち, DM$_i$ が事象 k よりも好ましいどの事象にも移行できないとき, 事象 k は DM$_i$ にとってナッシュ安定であるという.

<u>Sequential Stability</u>:DM$_i$ に対して事象 k が sequentially stable であるとは, DM$_i$ の事象 k からの単独改善が他の DM の 1 ステップもしくはそれ以上の連続的なステップの単独改善によって, 事象 k よりも DM$_i$ にとって好ましくない状況へ押し込まれてしまい, DM$_i$ が事象 k からの移行を思いとどまらざるをえない場合をいう. すなわち, DM$_i$ にとって事象 k が

sequentially stable であるとは，DM_i のすべての単独改善 $k_1 \in S_i^+(k)$ に対して，$P_i(k_x) \leq P_i(k)$ であるような他の DM の単独改善 $k_x \in S_{N-i}^+(k_1)$ が少なくとも一つ存在することである．

　DM は自らの利得を最大化するべく戦略を選択し，また他の DM も同じように振舞うと考えている．このとき，すべての DM に対していずれかの安定性を保持する事象がコンフリクトの均衡解となる．

4.7.4　Third Party の介入によるコンフリクト・マネジメントへのアプローチ

　ここでは，Third Party が介入した際のコンフリクトを分析するためのアプローチを示す．なお，Third Party をコンフリクトに参加する通常のステイクホルダーとは異なる主体として定義し，コンフリクトの状況に，より望ましい均衡状態をもたらすための支援を目的としてコンフリクトに関与する．

　図 4.7.2 に示すように，もし主体がコンフリクトに対して自らの選好を有しているのならば，その主体は通常の紛争における意思決定者（DM）と考えられる．

　一方，もし主体が選好を持っていないならば，その主体は Third Party であると定義し，さらにその役割から Arbitrator, Coordinator, Donor のいずれかに分類する．このうち，もし Third Party が事象を排除し，DM が他の事象に移行することを抑止できるような権限を有しているならば，この Third Party は Arbitrator として定義する．

　Coordinator と Donor の相違は Third Party の関与により DM の選好が即座に変化するか否かである．もし，即座に DM の選好を変化させられる場合は，この Third Party の役割を Coordinator として分類する．そうでない場合は Donor として分類する．Donor は関与段階でコンフリクトの状況に直接的に影響を与えることはないが，DM が新たなオプションを創生したり，DM に本質的な価値観の変化をもたらしたりするといった長期的なスパンで DM の選好に影響を与える．

　以上 3 つの Third Party の役割は図 4.7.2 においてフローチャート的に分

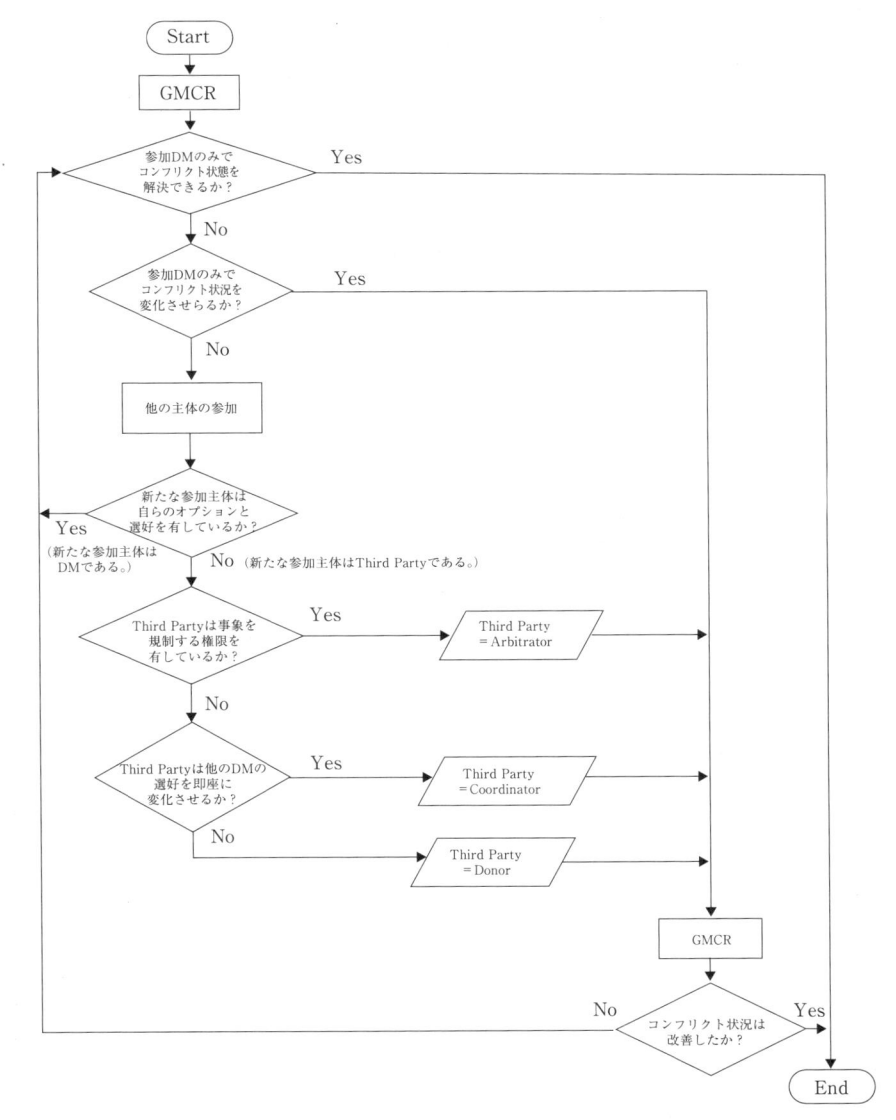

図 4.7.2 Third Party の分類

類してあるが，分析レベルにおいて，これら役割の間に優先順位はない．役割の優先順位は，実際のコンフリクト・マネジメントを行なう場合に3つの役割すべてについて分析を行なったのち，その結果から実務レベルで決定されるものであると考える．

次に Third Party の分類を以下で数学的に定義する．以下では添え字 TP は Third Party を表すものとし，ダッシュを付した集合は Third Party のコンフリクト介入後の集合を表すものとする．その他の集合の定義は4.7.3と同様である．それに加え，$P_i(U)$ は $DM_i (i \neq TP)$ の選好ベクトルとし，これは事象を DM の好ましい順に並べた順序列によって構成される．また，Third Party の介入の効果を明確にするために，集合 U'_{-TP} を定義する．これは Third Party 介入後の事象の集合から Third Party の戦略を除いたものである．さらに，時間軸を考慮する場合は集合 $P^t_i(U)$ として表記する．

(a) Arbitrator

Arbitrator は行動の選択肢を有していないが，事象を排除し，また DM の行動を制御する権限を有す．これを数学的に定義すれば次のように表せる．ただし，式中の記号 $|g|$ は集合 g の要素の個数を表す．

$$U' = U \qquad (4.7.6)$$
$$\exists k, |S'_i(k)| < |S_i(k)| \qquad (4.7.7)$$

(b) Donor

Donor はコンフリクトに対して何らかの対策を講じるが，介入時点において DM の選好ベクトルに直接影響を与えることはない．陰に影響を与え，長期的にゲームの構造を変化させる．

$$U' = U \qquad (4.7.8)$$
$$\forall i, P^{t+T}_i(U') = P^{t+T}_i(U) \qquad (4.7.9)$$
$$\exists i, P^{t+T}_i(U') \neq P^{t+T}_i(U) \qquad (4.7.10)$$

(c) Coordinator

Coordinator はコンフリクトに対して何かしらの対策を講じ，介入と同時に陽に DM の選好ベクトルに変化をもたらす．

$$U' \neq U \tag{4.7.11}$$
$$\exists\, i,\ P^t_i(U'_{-TP}) \neq P^t_i(U) \tag{4.7.12}$$

4.7.5 ファラッカ堰問題への適用

(1) Conflict 1：現状の記述

本節では GMCR を用いて，インド・バングラデシュのファラッカ堰利用に関するコンフリクトの現状について分析を行なう．

DM と DM の有するオプションを表 4.7.1 のように設定する．なお，以下ではバングラデシュのオプション Agree は「ファラッカ堰の利用に合意する」を意味し，インドのオプション Use は「ファラッカ堰を利用する」を意味し，Change は「ファラッカ堰の利用方針を変更する」を意味する．

表 4.7.1 において，Y はオプションが実行されることを意味し，N は実行されないことを意味する．プレイヤーごとの N,Y の組み合わせを，そのプレイヤーの戦略と呼び，すべてのプレイヤーの戦略の組み合わせを事象と呼ぶ．表 4.7.1 では各列が事象と対応する．各事象のラベルを表 4.7.1 の最下行に示す．

次に表 4.7.1 に示される 8 個の事象を DM の選好にしたがって並べ，選好ベクトルを得る．以下の設定の前提条件は，現状から想定される選好と矛盾しないこと，また，分析を行なった際に現状を意味する事象 3 が均衡解とし

表 4.7.1 プレイヤーとオプションと発生事象

DMs and States								
Bangladesh								
Agree	N	Y	N	Y	N	Y	N	Y
India								
Use	N	N	Y	Y	N	N	Y	Y
Change	N	N	N	N	Y	Y	Y	Y
Label	1	2	3	4	5	6	7	8

て得られることである.

　最も好ましいものを一番左側に置くとし，バングラデシュの選好ベクトルは現状を踏まえ，|8, 6, 5, 1, 2, 7, 3, 4|と想定した．すなわち，バングラデシュがファラッカ堰利用に合意し，かつインドが利用ルールを見直すことを望むが，それ以外の場合は自国に不利となる状況を嫌うものとした．

　次にインドの選好ベクトルを設定する．インドはファラッカ堰を利用することを最も重視しており，その次にバングラデシュが同意することを重視し，Change に関しては，インドはファラッカ堰の利用方針を見直さない方を好ましいと思っているとした．以上を反映した選好ベクトルは|4, 8, 3, 7, 2, 6, 1, 5|となる．

　以上の設定のもと，GMCR により均衡解が決定されるプロセスを表 4.7.2 を用いて示す．表 4.7.2 において各 DM の選好ベクトルの下に記してある数字は 4.7.3 で定義される単独改善となる事象を表している．たとえば，インドの選好ベクトルにおける事象 6 は 3 つの単独改善，4, 8, 2 を有しており，そのうち上から順にインドにとって好ましい事象となっている．安定性の行に記してある n はナッシュ安定性を，s は Sequential Stability を，u は不安定を表しており，バングラデシュとインド双方に対してナッシュ安定性か，Sequential Stability を有している事象が均衡解となる．表 4.7.2 においてはバングラデシュの選好ベクトルの上方に書かれている E が均衡解を示す．

表 4.7.2　安定性分析

Bangladesh								
	E				E			
安定性	n	n	s	n	s	s	n	u
選好ベクトル	8	6	5	1	2	7	3	4
単独改善			6		1	8		3
India								
安定性	n	s	n	u	u	u	u	u
選好ベクトル	4	8	3	7	2	6	1	5
単独改善		4		3	4	4	3	3
					8	8	7	7
						2		1

以上より，事象3はバングラデシュとインドの双方にとってナッシュ安定であるので均衡解となることが分かる．また，事象8はバングラデシュにとってナッシュ安定であり，インドにとって Sequential Stability を有していることから，これも均衡解として得られる．事象8は，インドはファラッカ堰を運用し，運用ルールを見直す，バングラデシュはファラッカ堰利用に合意するという状況を示す．バングラデシュとインドの選好ベクトルから分かるように，事象8は現状を表す事象3よりも，両国にとって望ましい状況である．

事象3から事象8への推移は，もし各DMがそれぞれ単独で移行しようとした場合，その結果到達する事象は初期事象3よりも両国にとって望ましくないものとなる．このプロセスを表4.7.3に示す．

表4.7.3左の Bangladesh の列で示されているように，もしバングラデシュのみがオプション Agree を実行しないから実行するに変更した場合，事象は3から4へ推移する．バングラデシュの選好ベクトルから，この移行はバングラデシュにとって状況の悪化となることが分かる．同様に，中央のIndiaの列は，もしインドのみがオプション Change を実行しないから実行するへ変更した場合，事象は3から7へ推移することを示しており，インドの選好ベクトルから，この移行はインドにとって状況の悪化となることが分かる．つまり，インドとバングラデシュが単独で事象3から8へ向かうような戦略の変更を起こす動機がない．事象8は事象3よりも好ましい状態であるが，インドとバングラデシュが共同で，それぞれの戦略を変更させなければ事象8は実現しない．この共同改善のプロセスは表4.7.3右の Together

表4.7.3　事象3からの推移

DMs and Options	Bangladesh	India	Together
Bangladesh			
Agree	N → Y	N　N	N → Y
India			
Operate	Y　Y	Y　Y	Y　Y
Change	N　N	N → Y	N → Y
Label	3 → 4	3 → 7	3 → 8
	単独悪化	単独悪化	共同改善

の列に示されている．このことから，これら DM のコミュニケーションと相互理解を確立するために，Third Party の介入が有効となると考えられる．

(2) Conflict 2：Third Party の介入

図 4.7.2 で示したように，Third Party の役割を Arbitrator, Coordinator, Donor に分類した．インド・バングラデシュのコンフリクトはすでに長期にわたってくりひろげられているため，できるだけ短期に，かつ両者の歩み寄りによってコンフリクトを改善することが望ましい．このような認識のもとで，本研究では短期的かつ強制力のない Coordinator に着目した分析を示す．

コンフリクトの設定と，バングラデシュとインドの選好ベクトルの設定は前節 Conflict 1 と同様である．また，Coordinator はコンフリクトの調整過程において公平かつ公正に振舞うべきであり，この特徴をモデル上で表現するために Coordinator はすべての事象に対して同選好であるとする．

Coordinator が介入した際のファラッカ堰問題の設定を表 4.7.4 に示す．Third party は，「バングラデシュとインドが相互合意に到達することを促進させるための行動を起こす」というオプション Act を有しているものとする．Act としては直接的な対策として資金援助，水利用に関するインフラ整備等が挙げられ，間接的な対策としては教育システムの提供，飲料水ヒ素汚染に悩む両国への技術援助等が考えられる．

表 4.7.4　プレイヤーとオプションと発生事象

DMs and Options	States															
Bangladesh																
Agree	N	Y	N	Y	N	Y	N	Y	N	Y	N	Y	N	Y	N	Y
India																
Operate	N	N	Y	Y	N	N	Y	Y	N	N	Y	Y	N	N	Y	Y
Change	N	N	N	N	Y	Y	Y	Y	N	N	N	N	Y	Y	Y	Y
Third Party																
Act	N	N	N	N	N	N	N	N	Y	Y	Y	Y	Y	Y	Y	Y
Label	1	2	3	4	5	6	7	8	9	10	11	12	13	14	15	16
State numbers in Conflict 1	1	2	3	4	5	6	7	8	1	2	3	4	5	6	7	8

表 4.7.4 において事象に 1 から 16 までの番号をラベルとして与え，また，前節の Conflict 1 におけるラベルと等価なラベルを表の最下部に示す．Conflict 2 における初期状態は事象 3 で表される．

まず，バングラデシュの選好を設定する．バングラデシュは Third Party が行動を起こす方を起こさない方よりも好ましく思っており，それ以外のオプションに対する選好は Conflict 1 と同様であると想定する．このときバングラデシュの選好ベクトルは表 4.7.5 に示すように設定される．

次にインドの選好ベクトルを設定する．インドは Third Party が行動を起こす方を起こさない方よりも好ましいと思っており，それ以外のオプションに対する選好は Conflict 1 と同様であると想定する．ただし，インドが重視する戦略の順は，まず第 1 番目にファラッカ堰を運用すること，第 2 番目にバングラデシュが同意すること，第 3 番目に Third Party が行動を起こすこと，最後にインドが見直しをしないこととする．このとき，インドの選好ベクトルは表 4.7.6 のように設定される．

以上の設定のもと，GMCR により事象 3, 8, 11, 16 が均衡解として得られる．これらの均衡解のうち，事象 16 がインドとバングラデシュにとって最も望ましいコンフリクトの解決状態である．事象 16 を実現するためのプロセスを表 4.7.7 に示す．

表 4.7.7 上段右の列では，もしバングラデシュと Third Party が事象 3 から同時に移行すれば事象 12 に到達し，これはバングラデシュにとって状況

表 4.7.5　バングラデシュの選好ベクトル

DMs and Options	States															
Bangladesh																
Agree	Y	Y	Y	Y	N	N	N	N	Y	Y	N	N	N	N	Y	Y
India																
Operate	Y	Y	N	N	N	N	N	N	N	N	Y	Y	Y	Y	Y	Y
Change	Y	Y	Y	Y	Y	Y	N	N	N	N	Y	Y	N	N	N	N
Third Party																
Act	Y	N	Y	N	Y	N	Y	N	Y	N	Y	N	Y	N	Y	N
Label	16	8	14	6	13	5	1	9	2	10	15	7	3	11	4	12
State numbers in Conflict 1	8	8	6	6	5	5	1	1	2	2	7	7	3	3	4	4

表 4.7.6　インドの選好ベクトル

DMs and Options	States															
Bangladesh																
Agree	Y	Y	Y	Y	N	N	N	N	Y	Y	Y	Y	N	N	N	N
India																
Operate	Y	Y	Y	Y	Y	Y	Y	Y	N	N	N	N	N	N	N	N
Change	N	Y	N	Y	N	Y	N	Y	N	Y	N	Y	N	Y	N	Y
Third Party																
Act	Y	Y	N	N	Y	Y	N	N	Y	Y	N	N	Y	Y	N	N
Label	12	16	4	8	11	15	3	7	10	14	2	6	9	13	1	5
State numbers in Conflict 1	4	8	4	8	3	7	3	7	2	6	2	6	1	5	1	5

の悪化になることを示している．一方，表 4.7.7 段左の列に示されるように，インドと Third Party が事象 3 から同時に移行すれば事象 15 に到達し，これはインドにとって状況の改善となる．すなわち，インドはバングラデシュとの共同移行なくして状況の改善である事象 15 を実現することができる．Third Party がインドと共同移行することをインドに信頼させることができるとすれば，この信頼のもとに，バングラデシュと共にインドと Third Party が事象 3 から移行するということに対する信頼を，Third Party はバングラデシュに与えることができる．こうして Third Party を介し，バングラデシュとインドは間接的に相互信頼を形成することとなり，これが事象 3 から事象 16 への移行のインセンティブとなって，バングラデシュ・インド・Third Party の共同移行により事象 16 が実現することとなる．

もし Third Party が行動を起こさず，バングラデシュとインドが両国のみで共同移行した場合，表 4.7.7 下段中央の列に示されるように，事象 3 から事象 8 へ推移し，これは両国にとって状況の改善となる．しかしながら，インドは事象 8 から事象 4 へ移行することが可能であり，事象 4 はインドにとって事象 8 よりも好ましい状況である．よって，事象 3 から 8 へ，その後 4 へと推移し，両国にとってのコンフリクト状況の改善とはならない．

以上より，Coordinator としての Third Party の介入が DM 間の相互信頼を間接的にもたらし得，これにより現状のコンフリクト構造では相互信頼の欠如から実現困難であったコンフリクト状況の改善が達成され得ることが示

表 4.7.7 事象 3 からの推移

DMs and Options	Bangladesh	India	Bangladesh & Third Party
Bangladesh			
Agree	N → Y	N N	N → Y
India			
Operate	Y Y	Y Y	Y Y
Change	N N	N → Y	N N
Third Party			
Act	N N	N N	N → Y
Label	3 → 4	3 → 7	3 → 12
	単独悪化	単独悪化	共同悪化
DMs and Options	India & Third Party	Bangladesh & India	All together
Bangladesh			
Agree	N N	N → Y	N → Y
India			
Operate	Y Y	Y Y	Y Y
Change	N → Y	N → Y	N → Y
Third Party			
Act	N → Y	N N	N → Y
Label	3 → 1	3 → 8	3 → 16
	共同改善	共同改善	共同改

されたといえる．

4.7.6 まとめ

Third Party の紛争への介入は膠着したコンフリクト状態の改善のために重要であると考えられる．一方で，実社会におけるコンフリクト問題へ Third Party が関与する際，Third Party が自らの役割とアプローチ方法を明確に認識し，またそれらを具体的に明示してコンフリクトに介入することは少ないように見受けられる．調整の方法は本研究で示すように決して一通りではない．ときには Third Party として関与したはずの主体が，自らの選

好を有する意思決定主体であったということもあるだろう．

　将来のコンフリクト・マネジメントにおいて，コンフリクトの背景や表出過程を考慮しながら，公平かつ公正な手続きによる調整が行なわれるべきであることは言うまでもない．このような認識のもと，本研究ではコンフリクト・マネジメントのための一方策として Third Party の役割に焦点を当て，GMCR を援用して分類と定義を行なった．そして，インド・バングラデシュのガンジス河水利用コンフリクトに本コンセプトを適用し分析を行なった．この結果，Third Party のコンフリクト調整効果を示すことができた．

　本稿においては Third Party の 3 つの役割のうち，Coordinator のみに着目して分析を行なったが，今後はその他の 2 つのタイプについても分析を行なう必要がある．3 タイプの Third Party がコンフリト状況改善にもたらす効果を比較することで，実社会において許容されやすく，また効果のある実際的なコンフリクト・マネジメントへのアプローチをより詳細に検討することが可能となる．

4.8　水資源コンフリクトの変化過程

4.8.1　はじめに

　一般に，大規模開発においては，計画並びに建設期間が長期化する．そして，この間に，住民の価値観が変化してしまい，当初の計画が完成時には住民の要望とはかけ離れてしまうといったことが，しばしば見受けられる．

　このような認識のもとで，本研究では，人・社会・組織の態度変化の過程から計画の自己矛盾の表出までを時間軸上において連続的に捉えるために，行動決定モデル（坂本・萩原, 2000）を構築する．このために，プレイヤー同士の相互に及ぼしあう影響を記述する相互影響モデルと，人の忘却の時間的変化を記述する忘却モデルからなる態度変化関数を構築する．この関数の値をもとに，プレイヤーがどのような行動を取ることを好んでいるかを決定するまでの一連の手続きが，行動決定モデルとして記述される．

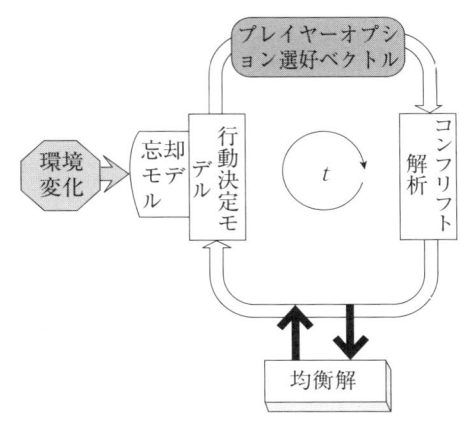

図 4.8.1　モデルの概念図

　本モデルと安定性分析の一手法であるコンフリクト解析（岡田ら，1988）とを合わせて用い，図 4.8.1 のモデルの概念図に示されるような循環的なモデルを構築する．これによって，時間軸を考慮した分析が可能となる．すなわち，大規模開発計画の進展を時間軸に沿って追いかけ，コンフリクト発生の契機となったプレイヤーの態度変化の要因とその変化の過程について分析することができる．

　本モデルを長良川河口堰問題に適用し，歴史分析を行なうと同時に，モデルの適応性を見る．さらに，今後の計画に有用な情報を得るために，今日的なシナリオ，例えば地方分権が推進された場合を想定し，過去に関する実験という形で安定性分析を行なう．

4.8.2　行動決定モデル

(1)　忘却モデル

　忘却モデルは，人の忘却の時間的変化を記述するモデルであり，図 4.8.2 に表されるマルコフの 2 状態吸収モデル（印東，1969）を基礎とする．

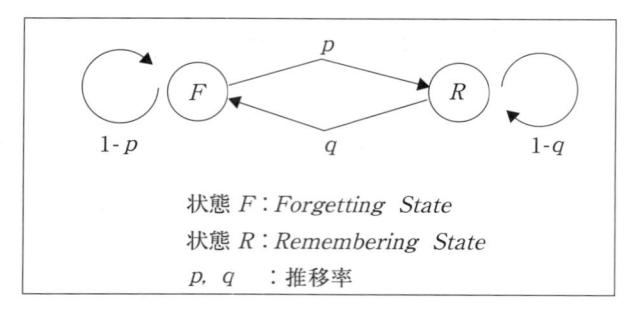

図 4.8.2　忘却モデル

　図 4.8.2 は人の記憶状態が推移率 p, q で状態 R（記憶状態）と状態 F（忘却状態）を推移することを示している．2 状態吸収モデルでは，この推移率が一定とされるが，忘却モデルにおいて推移率は人の忘却の進行度合いを表現するものであるから，災害が起これば思い出し，起こらなければ忘却するというように，時間的に一定なものではない．したがって，推移率は時間変化するパラメータとする．
　開発計画がある 2 つの目的に対して立てられたものとするとき，ある時点での，図 4.8.2 における状態 R にいる確率 $g_i(t)$ の変化率は次式で表される．

$$\frac{dg_i(t)}{dt} = -\{Q_i + V_i\} g_i(t) + (P_i + U_i) \{1 - g_i(t)\} \tag{4.8.1}$$

　$g_i(t)$：プレイヤー i の忘却関数
　P_i, Q_i：計画目的 1 の推移率
　U_i, V_i：計画目的 2 の推移率

(2)　相互影響モデル

　プレイヤーが相互に及ぼしあう影響をプレイヤー i の相互影響関数として，態度変化のモデル（安田，1973）を援用し，式(4.8.2)のように定式化する．

$$\frac{dh_i(t)}{dt} = \sum_k \sum_l \tau \left[-\lambda_{ki}(1-x_{kl}) h_i(t) + \lambda_{ki} x_{kl} \{1 - h_i(t)\} \right]$$
$$+ \mu \left[-\lambda_{ki} x_{kl} h_i(t) + \lambda_{ki}(1-x_{kl}) \{1 - h_i(t)\} \right] \quad (k \neq i) \tag{4.8.2}$$

$h_i(t)$: プレイヤー i の相互影響関数

λ_{ki} : プレイヤー k がプレイヤー i に及ぼす影響力を示すパラメータ

x_{kl} : プレイヤー k のオプション l の実行の有無を示す. 1 または 0 の値をとり, 1 ならば実行し, 0 ならば実行しないことを示す.

ここで, このモデル化にあたって以下の集合を定義する.

s_{il} : プレイヤー i の l 番目のオプション.

S_i : プレイヤー i のオプション集合. ただし, $s_{il} \in S_i$ である.

S_{ik}^+ : プレイヤー $k (\neq i)$ のオプションのうち, 実行された場合に式 (4.8.2) に示されるプレイヤー i の相互影響関数の値が増加するようなものの集合.

S_{ik}^- : プレイヤー $k (\neq i)$ のオプションのうち, 実行された場合に, 式 (4.8.2) に示されるプレイヤー i の相互影響関数の値が減少するようなものの集合.

そして, S_i と S_{ik}^+ と S_{ik}^- の間には,

$$S_i = \bigcup_k \{S_{ik}^+ \cup S_{ik}^-\} \tag{4.8.3}$$

なる関係が成立する.

この集合の定義のもとで, 式 (4.8.2) の τ, μ は式 (4.8.4) のように定義される.

$$s_{kl} \in S_{ik}^+ \rightarrow \tau = 1, \mu = 0$$
$$s_{kl} \in S_{ik}^- \rightarrow \tau = 0, \mu = 1 \tag{4.8.4}$$

すなわち, τ, μ はプレイヤー k の l 番目のオプション s_{kl} と, プレイヤー i の相互影響関数に及ぼされる影響 S_{ik}^+ と S_{ik}^- との関係を表す 0, 1 変数である.

(3) 行動決定モデル

相互影響モデルに忘却モデルを組み込むことによって, 次式の態度変化関

数を定義する．

$$\frac{dh_i(t)}{dt} = \sum_k \sum_l \langle \tau [-\{Q_i + V_i + \lambda_{ki}(1-x_{kl})\} f_i(t) + \{P_i + U_i + \lambda_{ki} x_{kl}\} \{1-f_i(t)\}] + \mu [-\{Q_i + V_i + \lambda_{ki} x_{kl}\} f_i(t) + \{P_i + U_i + \lambda_{ki}(1-x_{kl})\} \{1-f_i(t)\}] \rangle \tag{4.8.5}$$

式(4.8.5)の要素を次に示す式(4.8.6)，(4.8.7)に示されるように置き換え，式(4.8.8)のように簡略化する．

$$\phi = \sum_k \sum_l [\tau \{Q_i + V_i + \lambda_{ki}(1-x_{kl})\} + \mu \{Q_i + V_i + \lambda_{ki} x_{kl}\}] \tag{4.8.6}$$

$$\psi = \sum_k \sum_l [\tau \{P_i + U_i + \lambda_{ki} x_{kl}\} + \mu \{P_i + U_i + \lambda_{ki}(1-x_{kl})\}] \tag{4.8.7}$$

$$\frac{df_i(t)}{dt} = -\phi f_i(t) + \psi \{1 - f_i(t)\} \tag{4.8.8}$$

このとき，係数 ϕ，ψ が次の式(4.8.9)に示される条件を満たすならば，態度変化関数 $f_i(t)$ は式(4.8.10)の範囲の値をとるように基準化される．

$$0 \leq \frac{\psi}{\phi + \psi} \leq 1 \tag{4.8.9}$$

$$0 \leq f_i(t) \leq 1 \tag{4.8.10}$$

態度変化関数 $f_i(t)$ と，次の式(4.8.11)の関係がある閾値 δ，ρ，σ との関係によってプレイヤーの態度が決定するものとする．

$$0 \leq \rho \leq \delta \leq \sigma \leq 1 \tag{4.8.11}$$

すなわち，行動決定モデルは，態度変化関数 $f_i(t)$ と閾値によって記述されるモデルである．

このとき，閾値の役割を次の①～⑤のように与える．

① $0 \leq f_i(t) \leq \rho$ のときはオプションを実行しない発生事象についてのみ考える．
② $\rho \leq f_i(t) \leq \delta$ のとき，プレイヤーは選択を迷っているが，オプションを実行

しない方の選好性が大きい．選好ベクトルにおいてオプションを実行しない方の選好性を大きく設定し，考えうる全ての発生事象について安定性分析を行なう．

③ $f_i(t) = \delta$ のとき，プレイヤーは選択を迷っているが，オプションの実行についての選好に差がない．選好ベクトルにおいてオプションを実行する方としない方の選好性を同じに設定し，考えうる全ての発生事象について安定性分析を行なう．

④ $\delta < f_i(t) \leq \sigma$ のとき，プレイヤーは選択を迷っているが，オプションを実行する方の選好性が大きい．選好ベクトルにおいてオプションを実行する方の選好性を大きく設定し，考えうる全ての発生事象について安定性分析を行なう．

⑤ $\sigma < f_i(t) \leq 1$ のとき，オプションを実行する発生事象についてのみ考える．

これらの仮定は，プレイヤー i がどのオプションを選択するか迷っており，あるレベルの態度変化関数値が与えられたとき意思決定することを意味している．これをフローチャートとして表したものを図 4.8.3 に示す．

(4) モデル分析の特徴

コンフリクト解析を行なう際に，考え得る発生事象全てについて安定性分析を行なうことが必ずしも現実的な分析であるとは限らない．なぜなら，実際に本質的なコンフリクトが発生しているのは限られたプレイヤー及びオプションの間だけにとどまる場合がほとんどだからである．このような考えのもとに，本稿では本質的な部分コンフリクトのみを全体コンフリクトから抽出し，この安定性分析を行なった．

また，プレイヤーがオプションを実行することに対してほぼ迷いがないということが態度変化関数の値から読み取れたときに，このプレイヤーがそのオプションを実行しないという均衡解が得られたとしても，この解が現実的であるとは考えにくい．

このような考えから，本稿では態度変化関数と閾値の関係から考慮するべき発生事象を分類し，そののちに安定性分析を行なっている．このような特徴は，モデルにおいて本質的であると同時に，結果としてモデル分析のアル

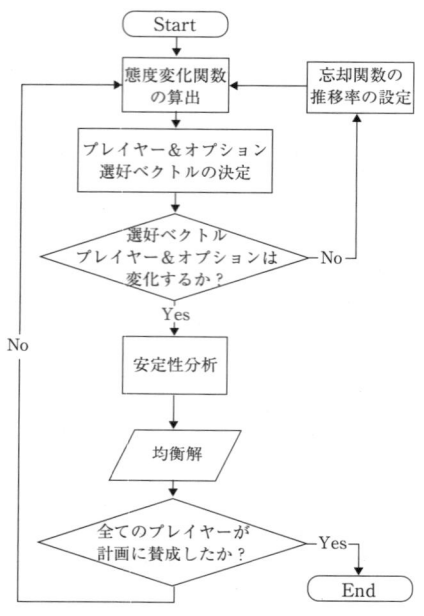

図 4.8.3　モデル分析のアルゴリズム

ゴリズムの簡略化を行なうことになる.

4.8.3　コンフリクト解析

コンフリクト解析は，発生事象をその性質によって分類し，それらを各プレイヤーの選好ベクトルと照らし合わせて，その安定性を分析するための方法を数学的理論に基づいて体系化したものである.

ここで，あるプレイヤーにとって安定な発生事象とは，それよりも好ましい発生事象がないようなもののことである．全てのプレイヤーにとって安定な発生事象を均衡解と呼ぶ.

プレイヤー i の戦略の集合を S_i とする．また，ある戦略が集合 S_i のある特定の要素であることを示すときには記号 s_i を用いる $(s_i \in S_i)$．これは前述の s_{il} の l に，オプション数の範囲内で任意番号を与えたものである．n 人

プレイヤーの集合を N で表す．K を N の部分集合としたとき，集合 K に属するプレイヤーが選択する共同戦略 S_k で表し，そのような共同戦略の集合を S_k と書くとする．

同様に，集合 K に含まれないプレイヤーの共同戦略およびその集合をそれぞれ s_{N-K} と S_{N-K} で表す．そのとき n 人ゲームにおけるすべての発生事象の集合 Q は，次のように全プレイヤーの戦略集合の直積で表現される．

$$Q = S_1 \times S_2 \times \cdots \times S_n \tag{4.8.12}$$

集合 Q の要素を q で表すことにする（$q \in Q$）．集合 Q のべき集合，すなわち Q のすべての部分集合からなる集合を $B(Q)$ で表し，各プレイヤー i に対する選好関数 M_i を Q から $B(Q)$ への写像として定義する．コンフリクトは，全てのプレイヤーの戦略集合と選好関数によって記述される．

$$G = (S_1, S_2, \cdots, S_n : M_1, M_2, \cdots, M_n), n \geq 2 \tag{4.8.13}$$

発生事象 $q = (s_i, s_{N-i})$ がプレイヤー i に対して合理的であることを $q \in R_i$ とすると，$q \in R_i$ となるための条件は，他のプレイヤーの戦略 s_{N-i} を固定したときプレイヤー i が戦略 s_i をどのように選んでも q より好ましい発生事象を見つけることができないというものである．$q \in R_i$ であるかどうかを分析するための，コンフリクト解析のアルゴリズムを図 4.8.4 に示す．なお図中の用語（単独改善，ナッシュ安定，Sequential Stable）については，4.7.3 を参照されたい．

4.8.4　長良川河口堰問題への適用

(1)　プレイヤー・オプションと phase・stage

長良川河口堰問題の歴史を参考にして，プレイヤーとオプションを表 4.8.1 のように設定する．表 4.8.1 における m と *action* とは重複するオプションをまとめて表記するものである．例えば，三重県の場合は「計画に同意する」というオプションの他に「漁協に補償を払う」と，「流域住民に補償を払う」

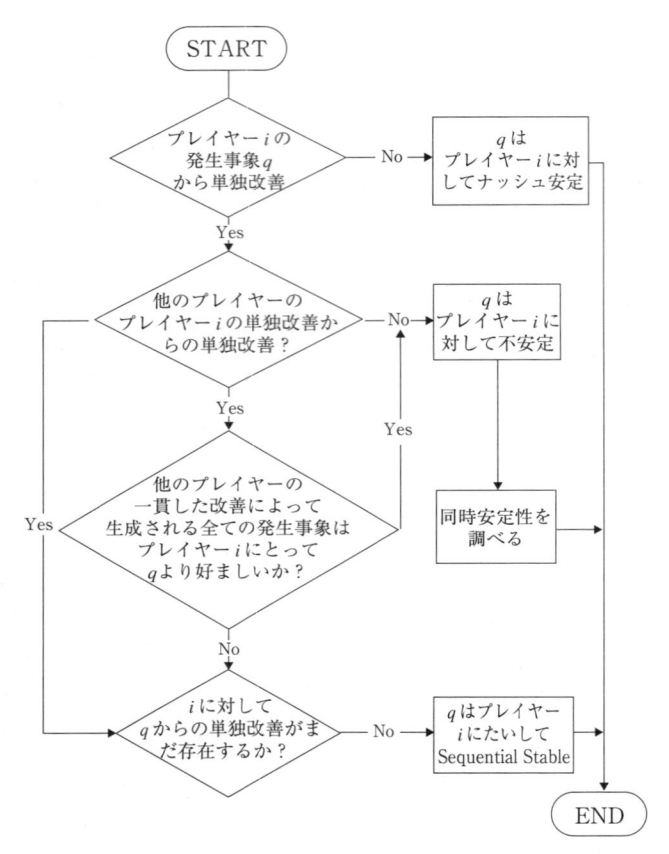

図 4.8.4 コンフリクト解析のアルゴリズム

という 2 つのオプションを有していることを意味する．

計画〜運用期間を 3 つの phase（期間）に分け，各 phase におけるプレイヤーを次のように設定する．

<u>phase0</u>：伊勢湾台風から計画立案まで．プレイヤーは建設省・愛知県・三重県・岐阜県・流域住民．

<u>phase1</u>：計画立案から建設着工まで．プレイヤーは建設省・愛知県・三重県・岐阜県・漁協・流域住民．

表 4.8.1　プレイヤーとオプション

player i	option j	m	action
(1) 建設省	(1) 計画を推進する (2) 計画見直し (3) プレイヤー m に対する action を起こす	愛知県 三重県 岐阜県	補償
(2) 環境庁	(1) 環境アセスメントの施行を建設省に勧告する		
(3) 愛知県 （名古屋市含む）	(1) 同意 (2) プレイヤー m に対する action を起こす	三重県 岐阜県	譲歩
		漁協 流域住民	補償
(4) 三重県	(1) 同意 (2) プレイヤー m に対する action を起こす	漁協 流域住民	補償
(5) 岐阜県	(1) 同意 (2) プレイヤー m に対する action を起こす	漁協 流域住民	補償
(6) 漁協	(1) 同意 (2) 反対運動を起こす		
(7) 環境住民	(1) 同意 (2) 反対運動を起こす		
(8) 環境保護団体	(1) 反対運動を起こす		
(9) マスコミ	(1) 環境派につく 　　ただし $\begin{cases} x_{91}=1 \to 環境派につく \\ x_{91}=0 \to 開発派につく \end{cases}$		

phase2：建設着工から運用開始まで．プレイヤーは開発派・環境庁・流域住民・環境保護団体・マスコミ．

phase はさらに，均衡解から次の均衡解が得られるまでの期間を示すいくつかの stage に分かれる．

(2)　各プレイヤーの態度変化関数

以下では一例として，phase2 においてコンフリクトに関わるプレイヤーの態度変化関数を示す．

① 開発派

$$\frac{df_1(t)}{dt} = -\{Q_1(t) + V_1(t) + \lambda_{71}(1-x_{71})\lambda_{81}x_{81} + \lambda_{91}x_{91}\}f_1(t)$$

$$+ \{P_1(t) + U_1(t) + \lambda_{71} x_{72} + \lambda_{91}(1-x_{91})\} \{1-f_1(t)\} \qquad (4.8.14)$$

② 環境庁

$$\frac{df_2(t)}{dt} = -\{\lambda_{82}(1-x_{81}) + \lambda_{92}(1-x_{91})\} f_2(t) + \{\lambda_{82} x_{81} + \lambda_{92} x_{91}\}$$
$$\{1-f_2(t)\} \qquad (4.8.15)$$

③ 流域住民

$$\frac{df_7(t)}{dt} = -\{Q_7(t) + V_7(t) + \lambda_{17}(1-x_{71})(1-x_{12}) \lambda_{87} x_{81} + \lambda_{97} x_{91}\} f_7(t)$$
$$+ \{P_7(t) + U_7(t) + \lambda_{17}(1-x_{71}) x_{12} + \lambda_{97}(1-x_{91})\} \{1-f_7(t)\} \qquad (4.8.16)$$

④ 環境保護団体

$$\frac{df_8(t)}{dt} = -\{\lambda_{18}(1-x_{11}) + \lambda_{18} x_{12} + \lambda_{28} x_{71} + \lambda_{78} x_{71}$$
$$+ \lambda_{78}(1-x_{92})\} f_8(t) + \{\lambda_{18} x_{11} + \lambda_{18}(1-x_{12}) + \lambda_{28}(1-x_{21})$$
$$+ \lambda_{78}(1-x_{71}) + \lambda_{78} x_{72} + \lambda_{98} x_{91}\} \{1-f_8(t)\} \qquad (4.8.17)$$

⑤ マスコミ

$$\frac{df_9(t)}{dt} = -\alpha \{\lambda_{79} x_{71} + \lambda_{79}(1-x_{72}) + \lambda_{89}(1-x_{81})\} f_9(t)$$
$$+ \beta \{\lambda_{79}(1-x_{71}) + \lambda_{79} x_{72} + \lambda_{98} x_{91}\} \{1-f_9(t)\} \qquad (4.8.18)$$

　プレイヤーの態度変化関数の値をもとにコンフリクトの発生を見極め，コンフリクト解析を行なう．パラメータは，長良川河口堰問題における歴史的事実を参照して，最小二乗法と同じ概念にもとづいて設定される．すなわち，史実において特に重要であると考えられる出来事に直面したとき，プレイヤーが現実に行なった挙動と同じ挙動を態度変化関数が示すように設定する．分析の結果として，均衡解の流れを図4.8.5に示す．

　各プレイヤーの態度変化関数の値（図では○で囲まれた数値）の意味は次の通りである．建設省・愛知県・三重県・岐阜県・漁協・流域住民・開発派は値

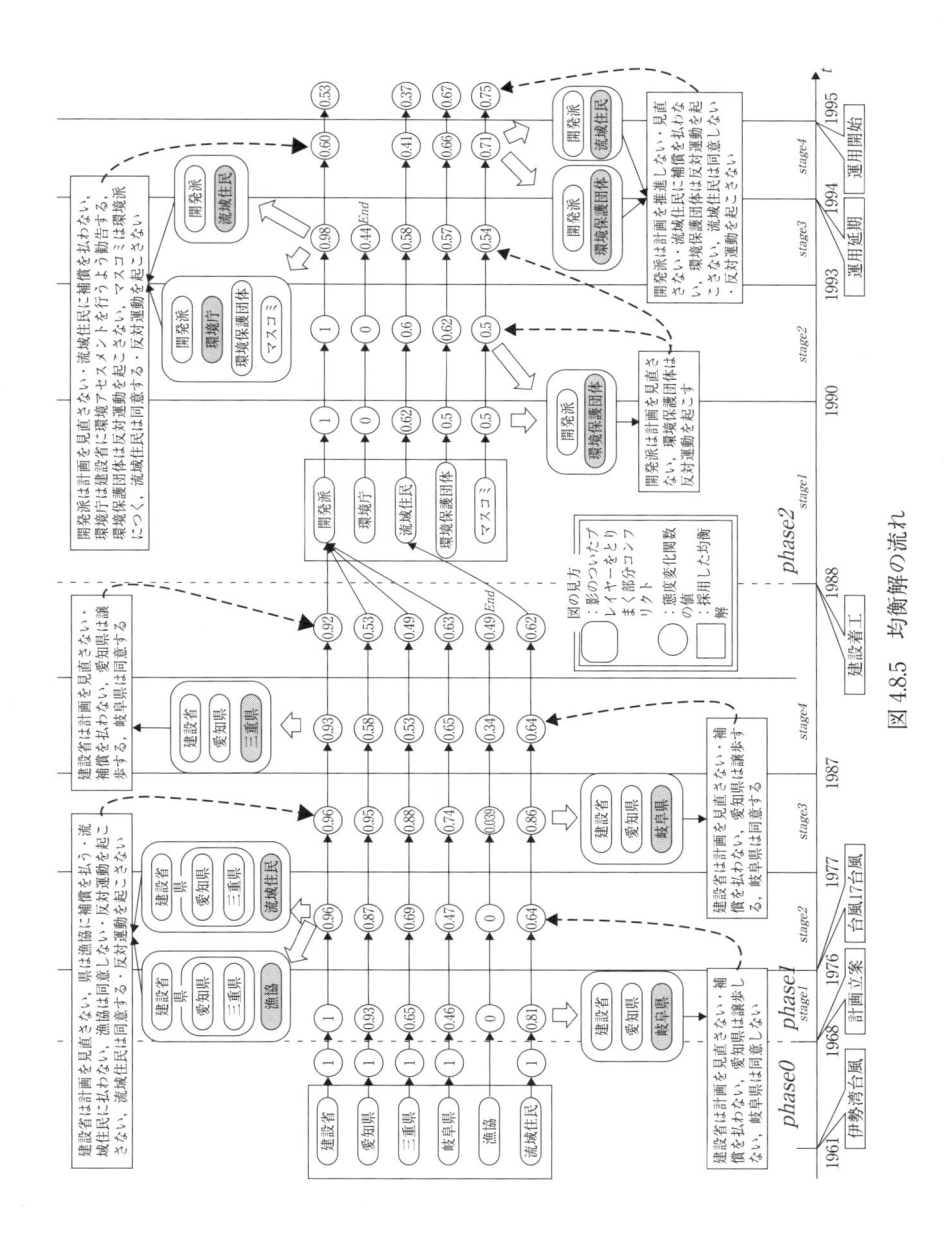

図 4.8.5　均衡解の流れ

が大きい程，計画に賛成することを意味する．環境庁は値が大きい程，環境アセスメントを行なうよう建設省に勧告する意志が強くなることを意味する．環境保護団体は値が大きい程，反対運動を起こす意志が強くなることを意味する．マスコミは値が大きい程，環境派よりの報道をすることを意味し，小さい程，開発派よりの報道をすることを意味する．

　ここで，マスコミの態度変化関数の中で用いられている α，β は，マスコミが環境派よりの報道をするか，開発派よりの報道をするかを決定するパラメータである．環境派のときは $\alpha=0$, $\beta=1$，開発派のときは $\alpha=1$, $\beta=0$，コンフリクトに関わっていないときは $\alpha=0$, $\beta=0$，中立な立場のときは $\alpha=1$, $\beta=1$，という値をとるとすることによって，マスコミの態度変化関数の値が持つ意味とも矛盾することなく，他のプレイヤーとは異なるマスコミの突発的なゲーム参加と態度変化を表現することができる．

(3)　分析結果

　分析結果の一例として，図 4.8.5 における phase2 の stage3 (1990〜1994) について説明する．stage2 で得られた均衡解を態度変化関数に適用して得られる関数値より，環境庁が環境保護団体の活動に敏感に反応し，関数値が 0 から 0.44 へと変化して閾値を越える．これによって，環境庁が一気に環境アセスメントを行なうよう勧告するかどうかを迷う状況となる．開発派も 1 から 0.98 に変化し，わずかながら影響を受けている．流域住民は，忘却と環境保護団体の活動により 0.6 から 0.58 に変化し，閾値を切って，計画賛成を迷い始めていることが分かる．マスコミの態度変化関数であるが，長良川河口堰の歴史を見ると，マスコミは環境派色の強い報道をしているので，モデルの中でこの動きを表現するために，式(15)のパラメータに $\alpha=0$, $\beta=1$ という値を与える．

　次に，部分コンフリクトをグループ化し，それぞれにおける均衡解を示す．

① 環境保護団体をとりまくコンフリクト：stage2 と選好ベクトルが変わらないので，同じ均衡解「開発派は計画を見直さず，このため環境保護団体は反対運動を起こす．」が得られる．

② 環境庁をとりまくコンフリクト：環境庁が環境アセスメントを行なうよう建設省に勧告するかどうか，ということに関わるコンフリクトである．得られた均衡解は，次の2つである．
ⅰ．開発派は計画を見直さず，環境庁は勧告しない．このため環境保護団体は反対運動を起こし，マスコミは環境派につく．
ⅱ．開発派は計画を見直さないが，環境庁は勧告する．このためマスコミは環境派につくが，環境保護団体は反対運動を起こさない．
実際に起こったのは均衡解ⅱであった．
③ 流域住民をとりまくコンフリクト：流域住民の態度変化関数値よりこの時点では同意する選好性が高い．得られた均衡解は，「開発派は計画を見直さず，流域住民に補償を払わない．しかし流域住民は計画に同意し，反対運動も起こさない」の1つである．

(4) 環境アセスメントの施行に関する分析

　図4.8.5において「環境庁は環境アセスメントを行なうよう建設省に勧告する」という均衡解を採用しているのは，実際に環境庁は環境保護団体の要求に答える形で建設省に勧告を行なっていたからであるが，環境アセスメントが行なわれた後も環境保護団体の反対運動は衰えを見せなかった．これは環境アセスメントを行なうタイミングが問題だったというよりも，むしろ，環境アセスメント自身に対する信頼が低かったからではないかと考えられる．
　このような推測のもと，影響力のパラメータ λ_{ki} の設定を変化させて分析を行なった．パラメータの性質上，値についての絶対的な評価はできないが，他のプレイヤーと相対的に比較するならば，環境庁にマスコミよりも大きな影響力がなければ，反対運動を止めることはできなかったという結果が得られた．

(5) シナリオを用いた分析－1

　ここでは，『建設省と県が対等な関係であったら』というシナリオを想定し分析を行なう．このシナリオは地方分権推進法案が可決され，地方自治体

（県）と国（建設省）が将来，対等な関係になっていくであろうという状況を想定し，設定したものである．ここで，影響力のパラメータを次式のように設定する．

$$\lambda_{31} = \lambda_{41} = \lambda_{51} = \lambda_{13} = \lambda_{14} = \lambda_{15} \tag{19}$$

このような設定により，建設省と愛知県・三重県・岐阜県が相互に与えあう影響力が等しいという状況をシナリオとしてモデル上で表現する．

この設定のもとで，phase1 について分析を行なった．この結果，歴史に即した分析と大きく異なる点は，岐阜県がすぐに計画反対を決めてコンフリクトには参加してこない点である．実際は長い間態度を決めかねていた岐阜県であるが，建設省と対等な関係にある場合には，迷いなく計画に反対することが分かる．

また，三重県も，実際には高度経済成長が衰えを見せ始めたことによって，水需要の期待が望めなくなり，利水の忘却率が変化して態度変化を起こしたのだが，シナリオを用いた分析では，それよりも早い段階での態度変化が起こる．これは，建設省の影響力がさほど大きくなく，自己の利益を追求した結果，建設省と三重県との間で早期の対話が実現していると解釈できる．

(6) シナリオを用いた分析－2

ここでは，図 4.8.5 における phase1-stage3 と stage4（1977-1988）において異なった均衡解が採用された場合を，シナリオとして想定し分析を行なう．これらの stage では岐阜県をとりまくコンフリクトが発生しており，歴史と符合する均衡解として以下のものを採用し態度変化関数に取り込んでいる．

解 1) 建設省は計画を見直さない・岐阜県に補償を払う・愛知県は岐阜県に譲歩しない・岐阜県は計画に同意する

他に得られた均衡解は，

解 2) 建設省は計画を見直さない・岐阜県に補償を払わない・愛知県は岐阜県に譲歩しない・岐阜県は計画に同意しない

解 3) 建設省は計画を見直さない・岐阜県に補償を払わない・愛知県は岐阜県に譲歩する・岐阜県は計画に同意する

である．すなわちコンフリクトの構造としては，岐阜県に対して何らかの措置をすれば岐阜県の同意を得られコンフリクトが解消する，というものになっている．ここで，歴史分析とは異なる均衡解2を採用して分析を行なってみる．この均衡解の採用は，岐阜県の計画に対する影響力が低い場合，あるいは，国や県がそれぞれ独自に計画に関わっており相互連携が行なわれない場合を想定したものである，という解釈を与えることができる．

分析の結果，岐阜県が計画に同意しないことにひきずられて，他のプレイヤーの態度変化関数も歴史分析の場合よりやや低下してくる．歴史分析と大きく異なるのは，当然岐阜県の態度変化関数の値であるが，これが閾値を下回るようになる．したがって，ここで岐阜県を無視した計画推進は，実行に到達するためには致命的な選択であったことが分かる．また，三重県の態度変化関数が閾値を切って，選好が「計画に同意する」から「計画に同意しない」に変化する．このため，再びコンフリクト解析を行なった．

歴史分析において，三重県の態度変化関数の値が「計画に同意する」寄りだったときに得られる均衡解は次の4つであったが，

解 4) 建設省は計画を見直さない・三重県に補償を払わない・愛知県は計画に同意する・愛知県は三重県に譲歩しない・三重県は計画に同意しない

解 5) 建設省は計画を見直さない・三重県に補償を払わない・愛知県は計画に同意する・愛知県は三重県に譲歩する・三重県は計画に同意する

解 6) 建設省は計画を見直さない・三重県に補償を払う・愛知県は計画に同意する・愛知県は三重県に譲歩しない・三重県は計画に同意する

解 7) 建設省は計画を見直さない・三重県に補償を払う・愛知県は計画に同意する・愛知県は三重県に譲歩する・三重県は計画に同意する

シナリオ分析を行なうことによって以下の2つが新たに得られた．

解 8) 建設省は計画を見直す・三重県に補償を払わない・愛知県は計画に同意する・愛知県は三重県に譲歩しない・三重県は計画に同意する

解 9) 建設省は計画を見直す・三重県に補償を払う・愛知県は計画に同意する・愛知県は三重県に譲歩しない・三重県は計画に同意する

コンフリクトの構造としては，三重県に対して何らかの措置をすれば三重県の同意を得られコンフリクトが解消する，というものになっている．しかし，三重県が計画に否定的になった場合，建設省は最も避けたい計画の見直しをしなければならなくなる可能性がでてくることが分かる．

　ここで，均衡解4を採用して分析を行なってみると，歴史分析では計画に同意していた愛知県が，このシナリオ分析では他県の態度変化に引きずられて「計画に同意しない」寄りになる．すなわち，計画実行の条件はすべてのプレイヤーの態度変化関数が計画賛成寄りになることであるから，今回採用した均衡解では計画実行にたどり着けず計画が流れてしまうことが分かる．

4.8.4　まとめ

　本稿では行動決定モデルを構築し，コンフリクト解析をあわせて用いることによって，大規模開発に付随して発生するコンフリクトの展開過程を時間的に捉えることを試みた．また，長良川河口堰問題に本モデルを適用し，史実と同様のコンフリクトの展開をモデル上で表現した．さらに，シナリオを用いて分析を行ない，将来の計画に有用な情報を得ることができた．以上のことから，歴史分析を行なうことは今後の計画に対しての情報得るために効果的であり，また本モデルによって将来に対する思考実験が可能になったといえる．

4.9　住民意識に基づく河川開発代替案の多元的評価

4.9.1　はじめに

(1)　背景

　自然環境への配慮や住民意識の反映を目的として，地域づくりにおける計

画プロセスが変化してきている．具体的には，大型公共事業の見直しやPI（Public Involvement）の推進，ステイクホルダー間の利害調整の重視，予定調和型の計画から複数案検討型の計画への変化などが挙げられる．我が国の河川行政においても，1997年に改正された河川法において，治水，利水に加えて環境の重要性が述べられ，また河川整備基本計画への住民の意見反映が明文化されている．

しかしダムや堰の建設，河床の浚渫，堤防の整備に代表される河川開発においては，治水，利水という開発がもたらす効用と環境保全の間でトレード・オフの関係が生じているものも少なくない．また長良川河口堰問題，吉野川可動堰問題，川辺川ダム建設問題のように，影響圏が広範で様々なステイクホルダーが存在する場合には，住民間で鋭いコンフリクトが生じ意思決定に多大な困難が伴う．これは，治水，利水，環境はそれぞれ扱う対象が異なるためそのままでは統一的に評価できないこと，また住民の意見を計画に結び付けるための手段としては「公聴会の開催等必要な措置（河川法第16－2条）」とあるのみで，評価に関する具体的な方法論が確立されていないことが原因として挙げられる．

以上を受け本稿では，複数の河川開発代替案がステイクホルダーに与える影響をその意識の面から評価し，意思決定のためのツールとして活用する方法を提案する．またこの方法を吉野川可動堰問題に適用し，その有効性を見る．

(2) 既存の研究と本研究のアプローチ

以上のようなコンフリクトの問題に関し，調整結果としての妥協解を見出す手法としては，数理計画の分野で

1. 目標間のトレード・オフ分析という視点から捉える「多目的計画法」
2. 複数主体（プレイヤー）間の交渉過程（ゲーム）と見なす「ゲーム理論」

という二つの主要なアプローチがある（吉川，1997）．前者はさらに，選好に関する意思決定者からの情報のタイプによって，次の四つに分類される（Yoon and Ching, 1995）．

・情報なし：パレート最適化モデル（特に代替案が連続的なとき，スカラー化手法，ε制限法）
・状況の見通しに関する情報あり：ラプラス基準，フルビッツ基準など
・目的に関する情報あり：選択原理，AHP（階層分析法），多属性効用分析，コンコーダンス分析など
・対話型で情報収集：STEP法，対話型 Frank-Wolfe 法，SWT 法など

　また後者には例えば，住民の意見分布とコンフリクトの到達しうる均衡状態との関連を分析したものとして坂本ら（2002）のアプローチが挙げられる．

　しかしステイクホルダー間の合意形成が課題となってきている近年，こうした政策決定に活かそうとする手法とは別に，代替案の持つ多様な側面を公正に評価することでステイクホルダーに社会的な視点を持たせ，合意形成のプロセスを通じてよりよい意思決定につなげるための手法の開発が急務である．こうしたアプローチとしては，

・環境の価値を貨幣尺度に変換し，開発費用と比較可能な形とする方法
・影響を多元的に評価し，合意形成や意思決定のためのツールとする方法

が挙げられる．まず前者にはCVM（Contingent Valuation Method）や旅行費用法などの方法があり，開発と環境の価値を統一的に表せるため住民に分かりやすいというメリットがあるが，スコープ無反応性やインセンティブの問題など，アンケートにおいてバイアスを生じる問題が指摘されており（大野，2000），政策決定の手段としては未だ研究段階にある．また後者は，代替案とその影響をマトリックスにまとめることで代替案の本質や特徴を明らかにし，ステイクホルダー同士の議論を通して合意形成や意思決定を図ろうとするものである（Carl *et al.*, 1999）．これが達成された場合には住民間の相互理解も深いものとなるが，議論の進行にかなりの経験と技術が要求される上，影響項目ごとに独立に評価が行なわれるため影響の大きさの相互比較を行なえないという問題がある．

　以上を受け本稿では，複数の河川開発代替案が各ステイクホルダーの意識に与える影響を評価する方法を提案する．具体的には，河川開発に伴うステイクホルダーへの影響を多元的に，かつその大きさの相互比較が可能となるように評価する方法論を構築することを目的とする．これにより，各ステイ

クホルダーは他のステイクホルダーへの影響を自身のそれとの比較の上で評価することが可能となり，合意形成に必要となる「歩み寄り」，そして「フレーム・オヴ・レファレンス（当事者の抱える判断・意味付けの枠組み）の組替え（合意形成研究会，1997）」をより促進できると考えられる．

4.9.2　満足関数の構築

(1)　評価に必要な要件

　河川開発代替案がステイクホルダーに与える影響は，治水，利水，環境と幅広く，また評価にあたってそれぞれ軸の単位も異なる．従ってこれらを統一的に扱うためには，前述のように統一測度（貨幣など）に変換するか，あるいは変数値を何らかの基準で関数に投影して共通単位に直す尺度化が必要である．内藤・西岡（1984）はこの尺度化の方法のうち，最も一般的な形として選好強さの差から構築される価値関数を挙げている．類似した関数として，"くじ"の選好から構築される効用関数もあるが，開発や環境に対する要望は確率概念を伴うものではなく，「どこまで改善したい」というように確実性を有したものであるため，本稿では価値関数を参考にする．これは変数x_iを何らかの関数によって，ある価値量v_iに変換するものである．

$$v_i = v_i(x_i) \tag{4.9.1}$$

　またKeeney et al. (1993) によれば，価値関数は以下の手順で作成される（図4.9.1参照）．

① 　評価基準の値xの変域（$x^0 < x < x^*$）を設定する．また$v(x^*) = 1$，$v(x^0) = 0$のように正規化する．
② 　このxの変域内の点x^mで，x^0であるときにx^mになることと，x^mであるときにx^*になることが無差別となる点（価値中点）を意思決定者に尋ね，このx^mに対応する価値$v(x)$の値を0.5とする．
③ 　同様の手順でx^0とx^mの価値中点などについても求め，適当なところでこれ

らの価値中点を滑らかな曲線で結べば価値関数が得られる．

しかしステイクホルダーごとに異なる価値関数を構築する場合にこの手法を適用すると，以下のような問題点が生じる．

- ステイクホルダー間で整合性のとれた価値関数の決定ができない．
- 価値中点を尋ねるための質問が分かりにくい．

前者の問題点に関して，Keeney *et al.* の手法では，評価基準の値 x の変域がステイクホルダーごとに任意に決定されるため，変域の取り方に不公平がないかどうかのチェックが不可能である．

従って本稿では，価値関数の「選好強さの差に基づいて構築する」という点は参考にしつつも，整合性の問題やアンケートの設計までも考慮に入れた「満足関数」というものを新たに定義し，これによってステイクホルダーの確実性下における選好強さを表現する．即ち，満足関数も価値関数と同様，評価基準の値 x_i を何らかの関数によってある価値量 s_i に変換するものである．

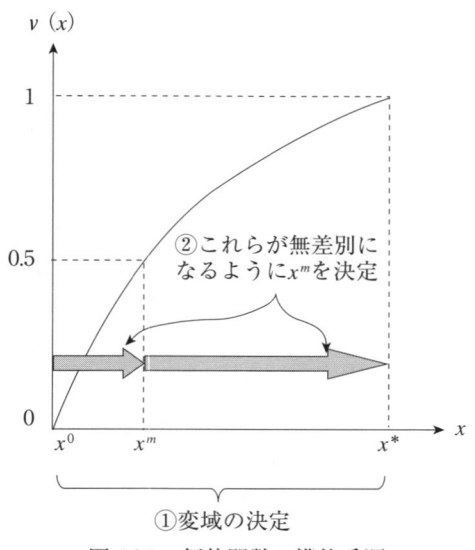

図 4.9.1　価値関数の構築手順

$$s_i = s_i(x_i) \tag{4.9.2}$$

なお以下では，この価値量 s_i を「満足量」と呼ぶことにする．

(2) 必要度に基づく満足関数の構築

本節では，前節で述べた二つの問題点を改善した，満足関数の構築手法について述べる．ここではまず，各ステイクホルダーをその評価基準の値により複数のグループに分割する．次に，改善を必要とする度合いをグループごとに求め，最後にそれを用いて各ステイクホルダーの満足関数を，整合性を取った上で構築するという流れをとる（図 4.9.2）．以下，その詳細について説明する．

(a) ステイクホルダー内の「グループ」の導入

同一のステイクホルダーではあっても，その便益や被害を受ける程度は人

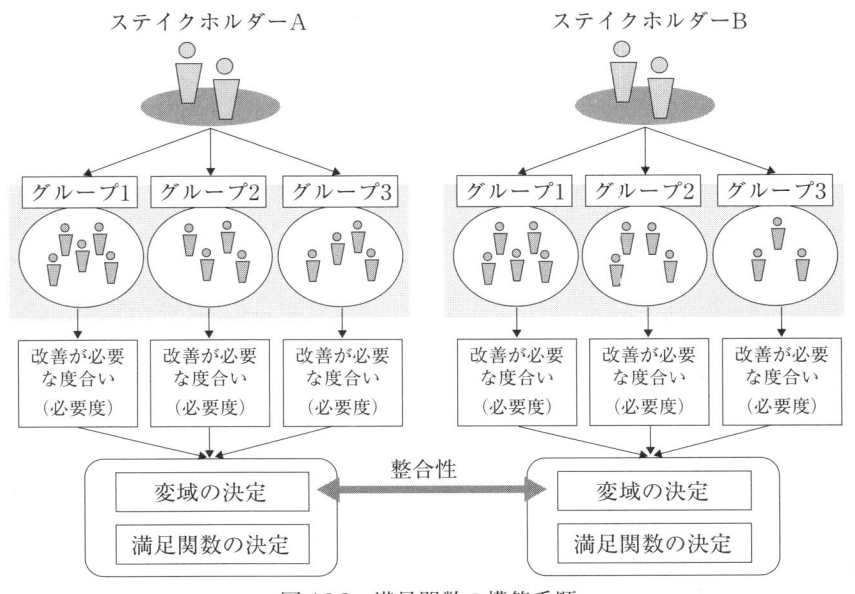

図 4.9.2 満足関数の構築手順

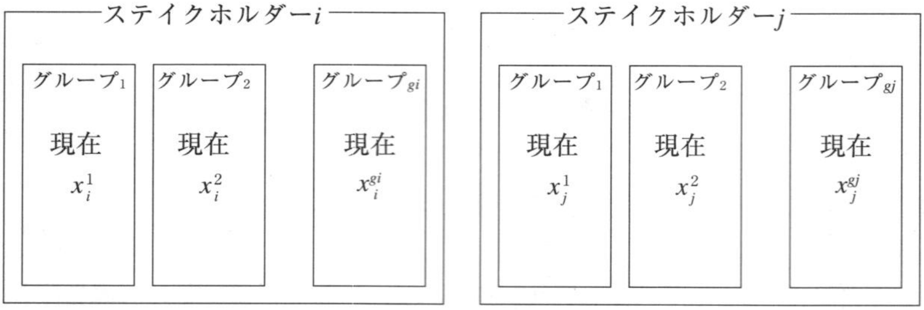

図4.9.3 ステイクホルダーとグループの関係

によって様々である．そこでまず，ステイクホルダーを単一の評価基準の値を持つ集団として考えるのではなく，いくつかのグループに分けて捉える．また，満足関数 $s(x)$ は評価基準の値 x に対して単調増加であると仮定する．いまステイクホルダー i が有する評価基準を x_i と表す．またこのステイクホルダーを g_i 個のグループに分割し，それぞれのグループの現在の状態（評価基準の値）を次のように表す（図4.9.3参照）．

$$x_i^1, x_i^2, L, x_i^{g_i} \qquad (ただし\ x_i^1 < x_i^2 < L < x_i^{g_i}) \qquad (4.9.3)$$

なお，どのような基準で，いくつのグループに分けるのかは，現地調査やヒアリングに基づき，住民を含めた関係者で議論を行なった上で最も妥当と判断される分け方を採用することが必要である．

(b) 必要度の定義

次に，改善を必要とする度合いを「必要度」として定義し，これをグループごとに求める．これは，4.9.2(2)(c)で「選好強さの差」を表現するために用いられる．

今この必要度が，それぞれのグループの現在の状態 $x_i^p (p=1,2,\cdots,g_i)$ がどの程度であるのか，将来的にはどの程度の改善が必要と考えているのか，そしてそれを必要と考える人はどの程度なのか，ということによって構成されるものとする．これは，大きな改善を必要と考える人の割合が高ければ高いほど，そのグループにとっての必要度は高いと考えられるからである．

そこでまず，対象となる人々に「あなたの現在の状態を考えた場合，自身

の評価基準（治水，利水，環境など）に関してどこまでの改善が必要だと考えますか？」という質問を行なう．これは，鋭いコンフリクトが生じている河川開発計画においては，「どこまで欲しいか」という「欲望」ではなく，「どれだけあれば我慢できるのか」という「必要性」の視点を意思決定に反映させていくことが重要だと考えられるからである．また「我慢」の視点から質問を行なえば，自身の評価基準の改善に伴って他に悪化する要素（治水安全度が上がる代わりに環境が悪くなるなど）がなかったとしても，回答者は改善の必要性に関して限界を示すものと考えられる（逆に，自身の評価基準の改善に従って他に悪化する要素がないときに「欲望」を尋ねると，回答者は「どこまでも改善して欲しい」と答えると考えられる）．

次にグループごとに，現在の状態 x_i^p（各グループに固有の数値）を原点に取り，横軸を将来的に望む x_i，縦軸をその x_i までの改善が必要と考える人の比率 r_i^p（x_i の関数）で表したグラフを描く（図 4.9.4 参照，以後これを「必要グラフ」と呼ぶ）．またこの比率 r_i^p は，現状に対して不満があり改善を必要と考える人々と，現状で満足している人々で合計が 1 となるように，

$$\int_{x_i^p}^{x_i^*} r_i^p dx_i = 1 - （現状で満足している割合） \tag{4.9.4}$$

ただし $r_i^p \geq 0$

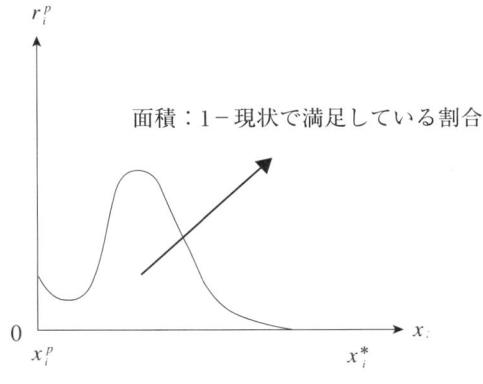

図 4.9.4　必要性とそれを望む人の割合（必要グラフ）

を満たすものとする．

そして，あるグループの現在の状態がx_i^pであるときの必要度$N_i(x_i^p)$を，以下の式

$$N_i(x_i^p) = \frac{1}{x_i^* + x_i^0} \int_{x_i^p}^{x_i^*} (x_i - x_i^p) r_i^p dx_i \tag{4.9.5}$$

ただし $x_i^0 \leq x_i^p \leq x_i^*$

で定義する．つまり必要度とは，現在の状態と必要とする将来値の差に，その将来値を必要とする人数の比率を掛け合わせ，最良値と最悪値の差で基準化したものであると定義する．この式(4.9.4)，式(4.9.5)を用いることにより，ステイクホルダーの評価基準x_iの単位に関わらず，必要グラフの形状から「改善を必要とする度合い」を算出することができる．すなわちステイクホルダー間の必要度の比較が可能となる．そしてこの必要度を，各グループに対して求める．あるステイクホルダー内に三つのグループがあるとしたときに，それぞれのグループ毎の必要グラフと必要度の関係を図示したものが，図4.9.5

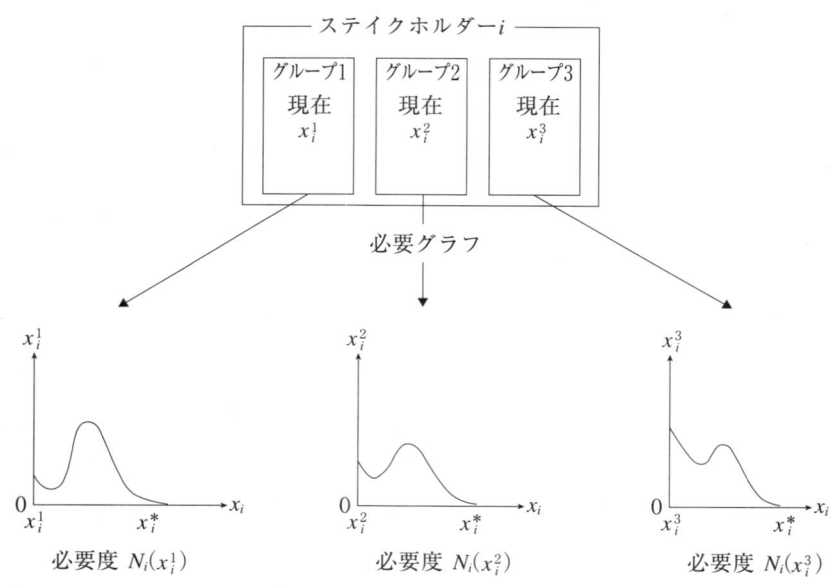

図4.9.5 グループ毎の必要グラフと必要度

である.

(c) 必要度から満足関数を構築する

最後にグループごとの必要度を用いてそのステイクホルダーの満足関数を求める.満足関数は確実性下での選好強さを表すものであるため,Keeney et al.(1993)の価値関数と同様,選好強さの差に基づいて構築されなければならない.そこで,「x^0 から x^m になることと x^m から x^* になることが無差別となる」ということを,「x^0 から x^m になったときに必要性の満たされた度合いと,x^m から x^* になったときに必要性の満たされた度合いが等しくなる」と解釈することで,必要度と満足関数の関係を求める.

いま,「必要性の満たされた度合い」を「必要度の減少量」とするならば,x_i 上に任意の 3 点 x_i^l, x_i^m, x_i^n(ただし $x_i^l < x_i^m < x_i^n$ とする)を取ったとき,「必要度の減少量が等しければ,その満足関数の値の差も同じ」であるので,

$$s_i(x_i^n) - s_i(x_i^m) = s_i(x_i^m) - s_i(x_i^l)$$
$$\Leftrightarrow N_i(x_i^m) - N_i(x_i^n) = N_i(x_i^l) - N_i(x_i^m) \tag{4.9.6}$$

が成り立つ.即ち,満足関数の値の差が同じとなるような状態変化の例をいくつか取ってくれば,それらの間では必要度の差も同じとなる.これは図 4.9.6 において常に

$$s_i(x_i^m) : \{1 - s_i(x_i^m)\}$$
$$= \{N_i(x_i^0) - N_i(x_i^m)\} : \{N_i(x_i^m) - N_i(x_i^*)\} \tag{4.9.7}$$

が成り立つことを意味する.従って,満足関数と必要度の関係は,

$$s_i(x_i^p) = \frac{N_i(x_i^0) - N_i(x_i^p)}{N_i(x_i^0) - N_i(x_i^*)} \tag{4.9.8}$$

として表される(図 4.9.7 参照).以上のことは,必要度と満足が一意の関係にあること,更に言えば,改善に対する必要性(必要度)が大きければそのグループにとっての満足は低いということを意味している.ただしこの式からも明らかなように,満足関数が x_i に対して単調増加であるためには,必要度は x_i に対して単調減少である必要がある.

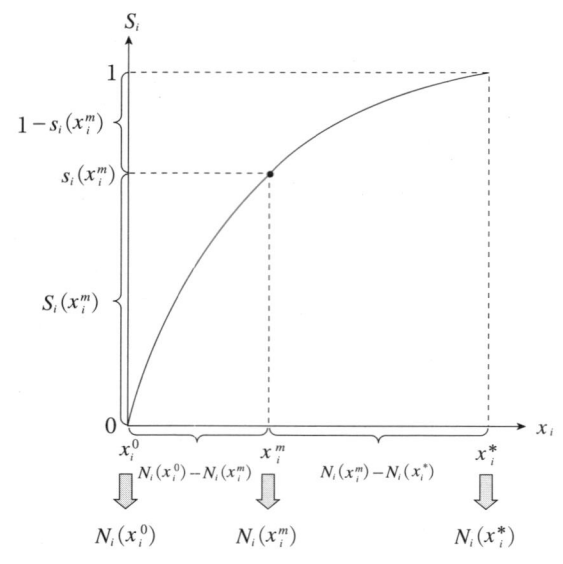

図 4.9.6　満足関数と必要度の比

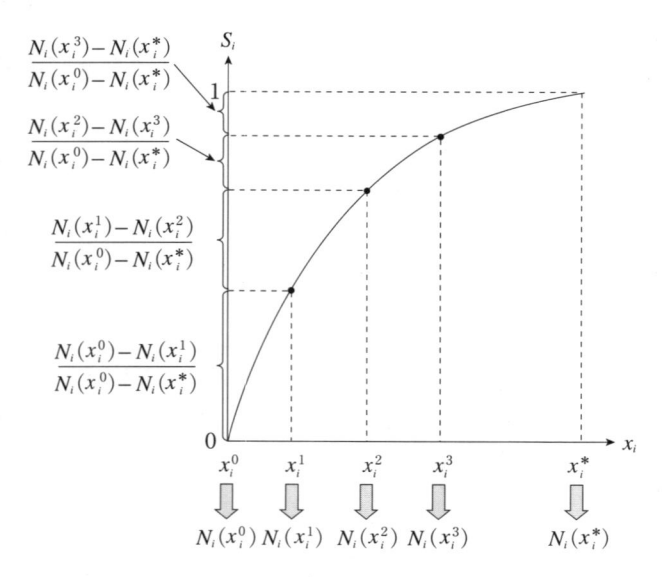

図 4.9.7　必要度と満足関数の関係

また必要度から満足関数を構築する意義は，必要度と異なり満足関数は0（悪い）〜1（良い）に基準化されるため，これを例えば0点〜100点のように表現すれば，住民にとってよりわかりやすい指標になると考えられることである．

(d) ステイクホルダー間の整合性

ここでは簡単のために，ステイクホルダーが2種であるときを例として，以上で構築した満足関数が，異なるステイクホルダー間で整合性が取れていると言えるのかについて考察する．

前節においても述べたように，Keeney *et al.*（1993）の手法では，必ず，構築された価値関数間での整合性の問題が生じる．そこで本稿では，各ステイクホルダーが有する別次元の軸をどのように突き合わせるのかという問いに対して，それぞれが持つ必要度で整合性を図るものとする．つまりステイクホルダー間の整合性を，「ステイクホルダーiの評価基準の値x_iとステイクホルダーjの評価基準の値x_jに対する満足が同じであれば，その点における必要度も同じである」と考えるならば，

$$s_i(x_i) = s_j(x_j) \Leftrightarrow N_i(x_i) = N_j(x_j) \tag{4.9.9}$$

が成り立たなければならないから，式4.9.8より，

$$\frac{N_i(x_i^0) - N_i(x_i)}{N_i(x_i^0) - N_i(x_i^*)} = \frac{N_j(x_j^0) - N_j(x_j)}{N_j(x_j^0) - N_j(x_j^*)} \tag{4.9.10}$$
$$\Leftrightarrow N_i(x_i) = N_j(x_j)$$

となり，これは即ち

$$N_i(x_i^0) = N_j(x_j^0) \quad \text{かつ} \quad N_i(x_i^*) = N_j(x_j^*) \tag{4.9.11}$$

を表す．言い換えると，x_iとx_jの最良値と最悪値における必要度が等しければ，前述の意味での整合性は取れたことになる．最良値のときの必要度が0（即ち最良値以上の改善を必要と考える人はいない）であるときには，最悪値における必要度が等しくなるようにx_iとx_jの最悪値を設定すればよい．

この整合性の意味は以下のように解釈できる．即ち，開発と環境といった

別次元の要求を同じ土俵で議論するために，改善に対する必要性の強さを表す「必要度」を導入し，これが異なるステイクホルダー間で同じであればその満足も同じであると考えることを意味している．

(e) モデルの前提条件と限界

本稿で提案したモデルの前提条件と限界を以下にまとめる．

- 満足関数は評価基準 x_i の上昇に従って単調増加でなくてはならない
- 必要度は評価基準 x_i の上昇に従って単調減少でなくてはならない
- 現状よりも悪くてよいと考えるステイクホルダーの意向は反映できない
- アンケートの結果，僅かな人が非常に大きな改善を望む場合には，式(4.9.5)から明らかなように，必要度が不当に低くなってしまう

4.9.3 吉野川可動堰問題への適用

(1) ステイクホルダーの設定

本節では，河川開発に関連するステイクホルダー間でコンフリクトが生じている問題の例として四国吉野川の可動堰問題を取り上げ，前節までで提案した満足関数構築モデルの適用を行なう．

旧吉野川流域への分流と塩水遡上防止を目的とした固定堰である「第十堰」は，およそ240年前に建築された．現在，治水上・利水上の様々な観点から第十堰の問題が指摘され，それを解決する方法として，その可動堰化が挙げられている．しかし環境保護の視点などからこの可動堰化には反対も多く，2000年1月に行なわれた徳島市住民投票では，投票者の9割以上の人々が反対の意思を表明した．この可動堰建設の是非を巡り，各ステイクホルダーがそれぞれ議論を行なっているが，各者が協同して解決に向けた議論を交わすことはなく，未だ平行線を辿ったままである．

従って吉野川可動堰問題に関わるステイクホルダーとしては，計画に伴って何らかの利害を被る住民と生態系に着目すると

① 治水に関して…第十堰のせき上げにより洪水時に被害を受けやすい人々
② 利水に関して…第十堰の流失時に利水被害を受ける旧吉野川流域の人々
③ 生態系に関して…可動堰建設によって生息環境に何らかの影響の出る生物（の代弁者）
④ 親水に関して…第十堰をアメニティ空間として利用している人々，又はその歴史的・文化的価値によって何らかの便益を受けている人々

の4種が考えられる（佐藤ら，2002）．しかし第十堰の流失の危険性の有無に関しては様々な意見があり，堰中の構造などのさらなる調査が必要となる．従って本稿では，それを除く治水に関するステイクホルダー，生態系に関するステイクホルダー，親水に関するステイクホルダーの3種を対象とし，代替案の多元的評価を行なうことにする．

　本来なら，直接的に利害を被る住民だけでなく，当該流域に特段の思い入れのある遠隔地の人々や，納税者としての国民全体などもステイクホルダーと捉えるべきである．しかし，「代替案の持つ多様な側面を公正に評価し，ステイクホルダーに社会的な視点を持たせよりよい意思決定につなげる」という本研究の目的を考えると，現状を正確に再現することは必ずしも必要ではない．なぜなら，まず直接的な利害を被る人の利己的意識を評価しそれを提示することで，「自分たちは他の人たちの状況も重要だと考える」とか「こんな人もステイクホルダーではないか」というフィードバック得て，それを元にステイクホルダーの再構成を繰り返すプロセスが合意形成のためには重要と考えられるからである．

　なお代替案としては，可動堰建設と現状維持の二つを評価の対象とする．

(2) 治水に関するステイクホルダーの満足関数

　治水に関するステイクホルダーの満足関数を構築するためには，4.9.2で述べたように，その被害の被りやすさによっていくつかのグループに分割する必要がある．従って洪水被害の程度を，「河川流域に住む一人の住民」という視点から，「いつ洪水がやってくるか」「洪水によりどの程度の深さまで浸水するか」の二つにより定義する．

　いま，第十堰上流の堤防が決壊した場合の洪水氾濫区域図（浸水深，時間

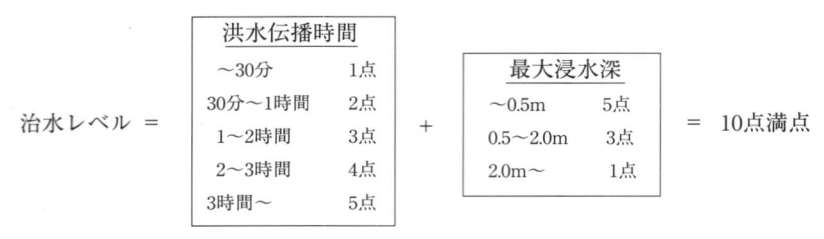

$$\text{治水レベル} = \begin{array}{|ll|} \hline \multicolumn{2}{|c|}{\text{洪水伝播時間}} \\ \sim 30\text{分} & 1\text{点} \\ 30\text{分}\sim 1\text{時間} & 2\text{点} \\ 1\sim 2\text{時間} & 3\text{点} \\ 2\sim 3\text{時間} & 4\text{点} \\ 3\text{時間}\sim & 5\text{点} \\ \hline \end{array} + \begin{array}{|ll|} \hline \multicolumn{2}{|c|}{\text{最大浸水深}} \\ \sim 0.5\text{m} & 5\text{点} \\ 0.5\sim 2.0\text{m} & 3\text{点} \\ 2.0\text{m}\sim & 1\text{点} \\ \hline \end{array} = 10\text{点満点}$$

図 4.9.8　治水レベルの定義

経過）のデータ（国土交通省）（約 300m メッシュごとに，破堤が生じたときの浸水深と，氾濫後浸水被害が発生するまでの時間を示したもの）を用いて，それらの組み合わせにより治水レベルを図 4.9.8 のように 10 点満点で評価する．そして，「洪水伝播時間」と「最大浸水深」のどちらか一方でも 1 点であればその住民は洪水に対して極めて危険であるとの認識から，この治水レベルが 6 点以下の住民を治水に関するステイクホルダーと定義する．なお 6 点以下の住民は第十堰左岸の上板町と右岸の石井町に集中しており，双方の町が可動堰建設を推進していることからも，この設定が妥当と考えられる．またその治水レベル（2,3,4,5,6 点）によって，五つのグループに分ける．

以上のようにグループを設定すれば，次はそのグループごとの必要グラフから必要度を算出することが必要である．そのため本稿では，以下のような仮定を置くことで治水に関するステイクホルダーの必要グラフを求めた．

- 誰もが治水レベルは 6 点以上であって欲しいと考えており，またその最大値は 10 点である
- より低い治水レベルのグループほど，より大きな改善を望む人の割合が高い
- 必要グラフにおける変化は全て線形で近似される

この仮定に従い，それぞれのグループごとの必要グラフを設定し，評価基準の最悪値として治水レベルが 2 点の人を取ったときの必要度を式(4.9.5)に従って計算したものが，図 4.9.9 である．

さらに式(4.9.8)を用いれば，治水に関するステイクホルダーの満足関数が得られる．満足関数の曲線としては，限界効用逓減の傾向を表現するために

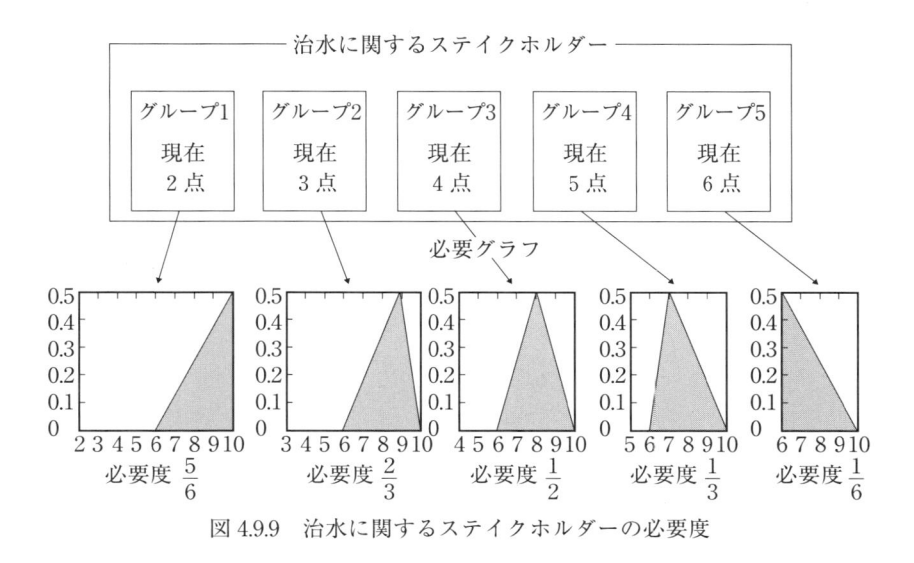

図 4.9.9 治水に関するステイクホルダーの必要度

$$f(x) = a + b \cdot \exp(cx) \tag{4.9.12}$$

を仮定して近似曲線を引くと，最小二乗法により図 4.9.10 の満足関数が得られる．

(3) 生態系に関するステイクホルダーの満足関数

本稿では可動堰建設により最も直接的で大きな影響を受けると考えられる「魚類」に着目し，これを生態系に関するステイクホルダーと考える．そして環境の変化が魚類にもたらす影響を，その代弁者が定量的に表現するための手法として，魚類の生息環境の評価指標である森下ら (2000) の HIM (Habitat Index Morishita) を用いる．HIM とは，「川が上下に連なっているか」「河床に大小の石があるか」など魚が生息するための条件を 10 項目選び，それぞれ 5 点満点で評価することで，合計最低 10 点，最高 50 点の評価値をつけるものである．つまりこの手法は，ある河川環境を目で見て，それが魚類全体にとってどの程度適切であるかどうかを評価するものである．しかしもちろん，魚種によって「上下の連なり」を特に重視するものから，「河

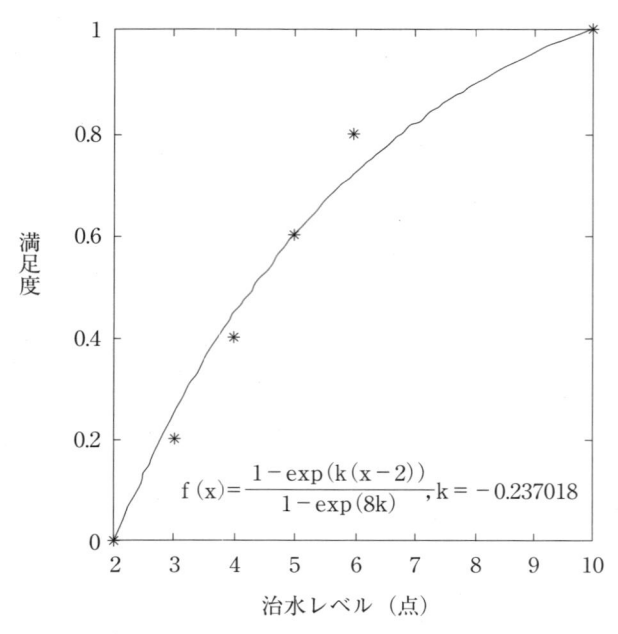

$$f(x) = \frac{1-\exp(k(x-2))}{1-\exp(8k)}, k = -0.237018$$

図 4.9.10 治水に関するステイクホルダーの満足関数

床の石」を重視するものまで様々であり，その重視の度合いを同様に魚種ごとに各項目につき5点満点で算出したものは，「要求度」と呼ばれている．従ってこの指標は，河川環境の変化を魚類の視点から定量的に表現できるということと，生息環境に対する魚種ごとの満足度合いが表現できるという点で，本稿の目的に合致した指標であると言える．

ここで対象地における現状の HIM を各項目 i ($i = 1,2,\cdots,10$) について h_i^s，ある魚種 j の各項目 i についての要求度を h_{ij}^d とし，各魚種 j にとっての「HIM 不足分」h_j^l を以下の式で定義する．

$$h_j^l = -\sum_{i=1}^{10} \lambda_{ij}$$

$$\lambda_{ij} = \begin{cases} h_{ij}^d - h_i^s, & \text{if } h_{ij}^d \geq h_i^s \\ 0, & \text{if } h_{ij}^d < h_i^s \end{cases} \tag{4.9.13}$$

つまり，この「HIM不足分」が負の方向に大きければ大きいほど，その魚種が現状の生息環境に対して不満を持っていることを意味する．本稿では，平成4〜6年度特定地点別の生息実態調査（1996）より，第十堰周辺に生息する周縁魚，回遊魚，純淡水魚の種類を抽出し，この不足分が−10，−8，−6，−4，−2，0のいずれであるかにより，魚類を6グループに分けた．その上で，生態系に関するステイクホルダーの必要グラフに関して以下のような仮定を置いた．

- どのグループにおいても不足分0を望む割合が最も高い．
- 必要グラフは線形で近似される．
- どのグループも全く同じ必要グラフの形状を有するものとする．

この必要グラフの形状は，現在第十堰周辺に生息している魚類について，HIM不足分とその魚種の数の関係から導いた（重相関係数 R = 0.68）．これらに従い，グループごとの必要グラフを設定したものが，図4.9.11である．

ところで必要グラフに基づいてグループごとの必要度を求めるためには，4.9.2(2)(d)で述べたように，ステイクホルダー間の整合性を保てるような最悪値の設定が必要となる．治水に関するステイクホルダーの最悪値における必要度が5/6であり，生態系に関するステイクホルダーもこれに合わせるためには，式(4.9.5)より「HIM不足分」が−17.8であればよい．従ってこれ

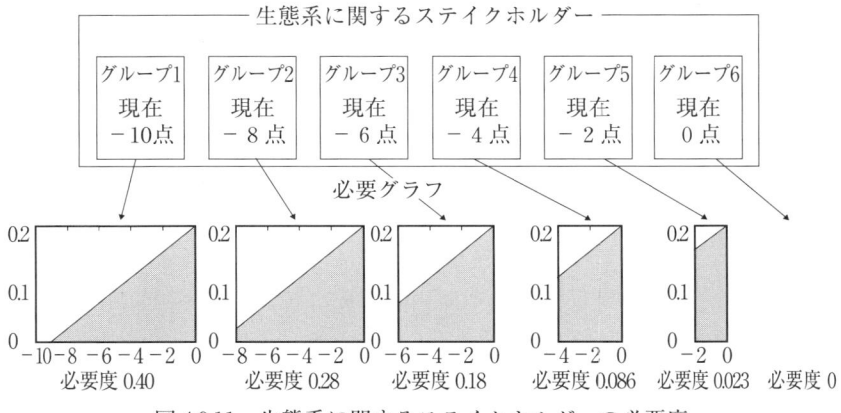

図4.9.11 生態系に関するステイクホルダーの必要度

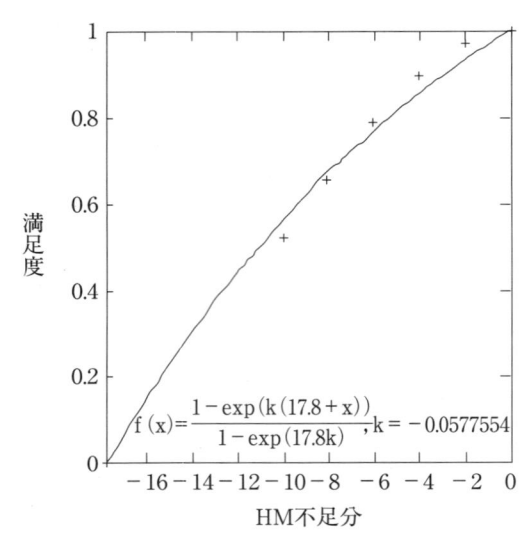

図 4.9.12 生態系に関するステイクホルダーの満足関数

$$f(x)=\frac{1-\exp(k(17.8+x))}{1-\exp(17.8k)}, k=-0.0577554$$

を生態系に関するステイクホルダーの最悪値として設定すれば,必要度は式 (4.9.5) より図 4.9.11 に示すようになる.

また満足関数の曲線として治水に関するステイクホルダーと同様に式 (4.9.12) を想定すると,最小二乗法により生態系に関するステイクホルダーの満足関数は図 4.9.12 のように得られる.

(4) 親水に関するステイクホルダーの満足関数

環境の価値は大きく分けて,利用価値と非利用価値からなると考えられる (萩原ら,1998).親水という観点からは,前者はレクリエーションなどによる現在あるいは将来の直接的利用を意味し,後者は環境の存在そのものに対する満足や,子孫へ環境を残そうという意志を意味する.後者の存在についてはおおよそ認められており,その評価は重要であるが,利用価値計測によって環境価値の相当部分が計測できることも指摘されている(大洞・大野,2002)ため,本稿では利用観察調査を基にした利用価値の評価によって親水に関するステイクホルダーの満足関数を構築することにする.

そのためにはまず，対象河川における親水レベルの大小を評価できる基準が必要となる．本稿では，萩原ら（1998）がまとめた「水辺デザインの目標」を基にして，HIM と同様各目標を 5 点満点で評価する方法をとった．水辺デザインの目標は表 4.9.1 にまとめる 20 項目であり，従って各代替案は 100 点満点で評価される．

また第十堰の利用行動を把握するために，現地での観察調査を，2002 年夏〜2003 年春の四季の日中，平日と休日 1 日ずつ計 8 日行ない利用実態調査を行なった．具体的方法としては，左右両岸それぞれ 2〜3 名の調査員が，全調査区を見渡せる位置に常時待機し，両岸の堰取り付き部へ来訪した全員の行動を観察し，位置と時刻および行為を地図に記録していった．その結果，およそ 20〜30 種の利用行為が観察された（村上ら，2004）．また第十堰は越流の有無（季節や天候によって変わる）や採取可能な生物資源（季節によって変わる），景観を際立たせるファクターの有無（花や夕陽など）によって卓越する利用行為が大きく変化することも調査の知見として得られている．従って本稿では，利用行為を「憩いを目的とした行為」「水に触れることを目的とした行為」「生物に関連した行為」「景観資源を利用した行為」の四つに分類し，親水に関するステイクホルダーをこの四つの行為に従い 4 グループに分けた（それぞれ順にグループ 1，…，4 と呼ぶ）．

また各種の行為に必要な水辺の要素を表 4.9.1 の水辺デザインの目標より抽出し，各グループはその要素のみ考慮するとした．各グループがある代替案によって受ける親水の程度を「親水レベル」と呼べば，これは

$$\text{親水レベル} = \frac{\sum_j (a_{ij} + p_j)}{5 \sum_j a_{ij}} \tag{4.9.14}$$

ここで
i：グループ（$i=1, 2, 3, 4$）
j：水辺デザインの目標（$j=1, 2, \cdots, 20$）
a_{ij}：グループ i が水辺デザインの目標 j を
　考慮するときは 1，考慮しないときは 0
p_j：対象とする代替案の水辺デザインの目標 j の得点（1, 3, 5 点）

表 4.9.1 水辺デザインの目標と代替案の評価

水辺デザインの基本目標	水辺デザインの目標	各利用に必要な項目 憩い	水に触れる	生物	景観資源	各代替案の評価 ○:5点 △:3点 ×:1点 現状維持	可動堰建設
水辺の安全性	流水が清浄であること（衛生的）		○	○		○	△
	安全な空間であること	○	○	○		×	△
	見通しが良いこと	○	○	○		○	△
	危険箇所が認知できること	○	○	○		△	○
アクセシビリティ	見通しが良いこと	○	○	○	○	○	△
	歩きやすいこと	○	○	○	○	○	○
	近づきやすいこと	○	○	○	○	○	△
景観性	見通しが良いこと				○	○	△
	阻害物・遮蔽物が無いこと				○	○	○
	変化に富んだ空間であること				○	○	×
	調和のある空間であること				○	△	×
	流水が清浄であること（透明な水）		○		○	○	△
	手入れされた空間であること	○	○		○	△	○
多様性	多様な空間から構成されていること		○	○	○	○	×
	多様な生物生息の場であること			○		○	△
	多様な遊びができること		○			○	×
	コミュニティの場であること	○				○	○
	愛護活動等の場であること	○				○	×
	文化・創作活動の場であること	○				○	△
	観察・採集・教育の場であること	○	○	○	○	○	○

のように評価される．なお分母の $5\sum_j a_{ij}$ は，考慮する要素の個数が異なるグループを統一的に評価するために，その最大値で割ることで基準化を行なう項である．

また，親水に関するステイクホルダーの必要グラフに関して以下のような仮定を置いた．

- どのグループの誰もが，多少なりとも何らかの改善を望んでいる
- どのグループでも最大値を望む人の数が最も多く，現状を望む人の数が最も少ない
- 必要グラフは線形で近似される

これらに従い，グループごとの必要グラフを設定したものが，図 4.9.13 である．なお生態系に関するステイクホルダーと同様，最悪値における必要度を 5/6 に合わせるためには，式より「親水レベル」が -0.6 であればよく，これを親水に関するステイクホルダーの最悪値として設定している．

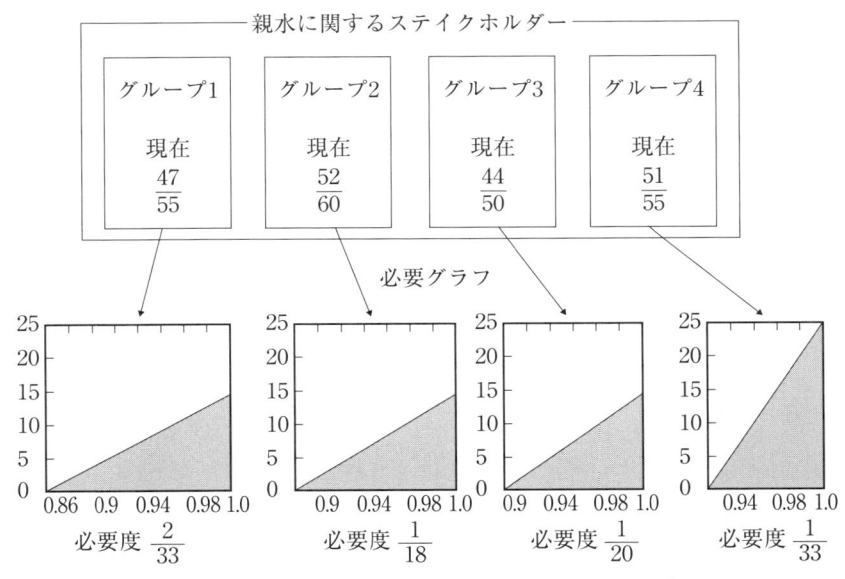

図 4.9.13　親水に関するステイクホルダーの必要度

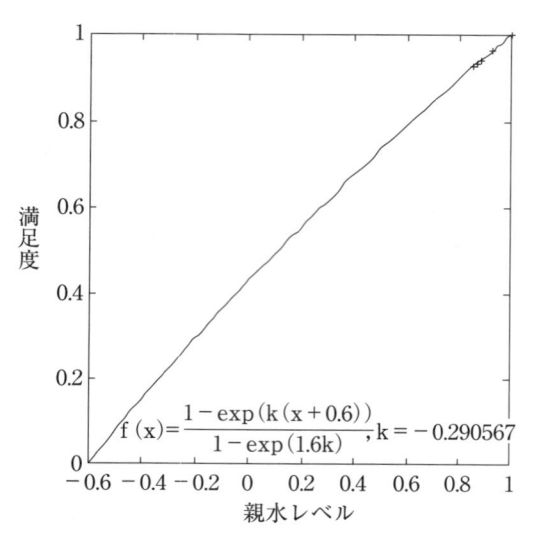

図 4.9.14　親水に関するステイクホルダーの満足関数

$$f(x) = \frac{1-\exp(k(x+0.6))}{1-\exp(1.6k)}, k = -0.290567$$

また満足関数の曲線も同様に式を想定すると，最小二乗法により，親水に関するステイクホルダーの満足関数は図 4.9.14 のように得られる．プロットが上部に限られているため，関数としての妥当性は十分でないが，上に凸であるという傾向を再現することはできているので，この結果は次節の多元的評価に用いる．

(5)　代替案の多元的評価

可動堰建設後の各ステイクホルダー・各グループへの影響は以下のように算出した．
・治水レベルに関しては，可動堰建設後の浸水深，伝播時間のデータがないため，全てのグループにとって治水レベルが2点上昇すると仮定した．
・HIM 不足分と親水レベルに関しては，可動堰建設によって HIM の「川が上下に連なっているか」など 10 項目，あるいは親水レベルの「流水が清浄であること」など 20 項目の得点がどのように変化するかを，現地調査などをもとに算定した．

図 4.9.10, 図 4.9.12, 図 4.9.14 によって現状維持と可動堰建設の代替案選択が各グループの満足量（0〜1）に及ぼす影響をファクタープロファイル形式で図にしたものが, 図 4.9.15 である. またそのグループを構成する人数（魚類の場合には種数）によってグループの重み付けを行ない, 各ステイクホルダーへの影響を同様に図示したものが, 図 4.9.16 である. このような図を作成することで, 各代替案がどのようなグループ, どのようなステイクホルダーにどの程度の影響を与えるのかを明確に示すことができ, より影響を受けや

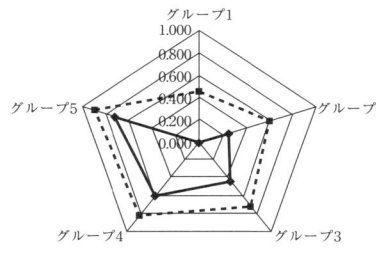

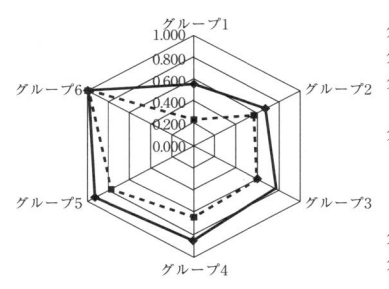

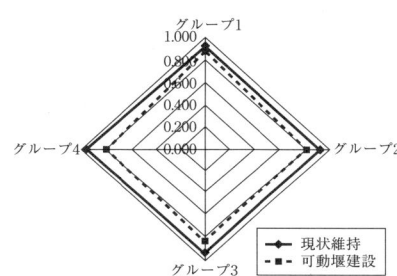

治水に関するステイクホルダー
グループ1：現状の治水レベル2点の人々
グループ2：現状の治水レベル3点の人々
グループ3：現状の治水レベル4点の人々
グループ4：現状の治水レベル5点の人々
グループ5：現状の治水レベル6点の人々

生態系に関するステイクホルダー
グループ1：ナマズ
グループ2：ウナギ, ギギ
グループ3：カマツカ, トウヨシノボリ, ヤリタナゴ
グループ4：アユ, オイカワ, ヌマチチブ, ウキゴリ, モツゴ, カワムツB型, シマドジョウ, タイリクバラタナゴ, カワヨシノボリ, アユカケ
グループ5：ウグイ, ドジョウ, ハス, チチブ
グループ6：ギンブナ, コイ, ゲンゴロウブナ, ブラックバス, ニゴイ, ブルーギル, カムルチー

親水に関するステイクホルダー
グループ1：憩いを目的とした行為
グループ2：水に触れることを目的とした行為
グループ3：生物に関連した行為
グループ4：景観資源を利用した行為

図 4.9.15　代替案が各グループに与える影響

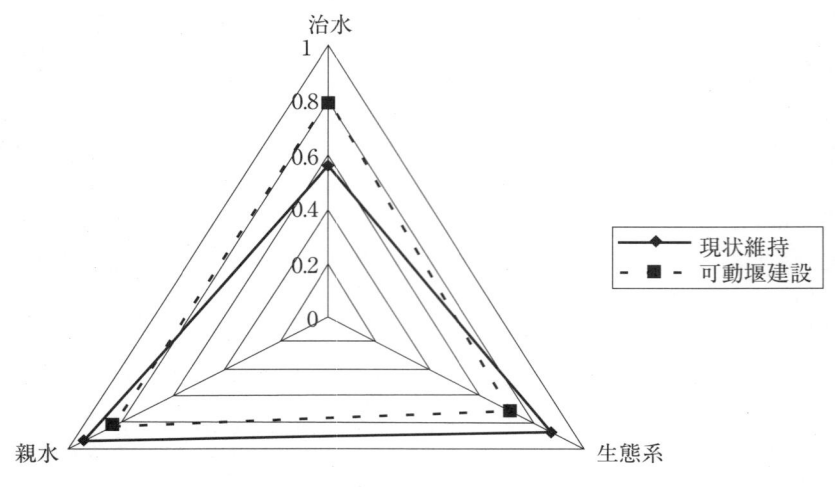

図 4.9.16　代替案が各ステイクホルダーに与える影響

すいグループへの配慮を促すことができる．

　この図から考察されるのは以下のようなことである．まず現状においては治水の得点が低く生態系や親水の得点が高いのに対し，可動堰を建設すれば，治水の得点が大きく上昇し生態系と親水の得点が減少するというトレード・オフの関係が確認される．また，可動堰建設の影響は全てのグループに同一ではなく，生態系で言えば例えばグループ 1 やグループ 3 に対して影響が強く，逆にグループ 6 にはほとんど影響がない．親水のグループは，他のステイクホルダーのグループと比して可動堰建設の影響は少ないが，その中でも最も影響を受けるのは景観資源を利用している人である．このように，河川開発と環境保全の価値を公正に評価し，代替案が個別のステイクホルダーに与える影響を捉えることのできる点が，本稿で提案したモデルと手法の特徴である．

　また本稿の結果をステイクホルダーが見ることで，「可動堰は治水にこんなによい影響があったのか」とか「生態系にこんなに悪い影響があるのか」など，状況を客観的に眺めて自分の知らなかったことを知ることができ，「それではこうした方がよいのではないか」といったやり取りをステイクホルダー間で行なえるような動機付けを作ることが可能だと考えられる．

さらに，本稿で提案した満足関数は，ステイクホルダー間で相互比較が可能なものとなっているため，「治水」「生態系」「親水」に適当な重みを設定することで代替案の総合評価が可能である．しかし誰もが納得する重みを設定することは困難で，またそれが仮にできたとしても，住民の意識の面からのみ代替案の総合評価をするべきではなく，治水安全度など従来のアプローチも含めて総合的に判断するべきである．従って無理に総合評価を行なおうとはせず，それを見た住民が自分自身の重み付けで総合評価を行なったり，あるいは上述のような使い方をすることが合意形成には必要だと考えられる．

4.9.4　おわりに

　本稿では，影響範囲が広範となる河川開発においてはコンフリクトが生じやすく，また住民意識を評価して計画に結び付ける体系的手法が存在しないことを背景として，ステイクホルダーの視点に基づいた代替案の多元的評価を行なう方法論の提案を行なった．そしてケーススタディとして吉野川可動堰問題に適用した．その結果，可動堰を建設することで治水に関するステイクホルダーの満足量は増加するが，生態系と親水に関するステイクホルダーの満足量が減少するというトレード・オフの関係が，定量的にかつ相互比較可能な形で確認された．河川開発に伴うコンフリクトにおいては，ステイクホルダーがそれぞれの主張を展開するだけという状況に陥りがちであるが，代替案の持つ多様な側面を公正に評価することで合意形成を進めることができると考えられる．

第5章
防災行動論

5.1 行動としての防災学

　防災を災害の総合的なリスクマネジメントと捉えることが有効であることは，第一章をはじめ本書のいろいろなところで述べてきた．その際，災害のリスクマネジメントを行なう主体である個々人や，その集まりである組織・グループが災害リスクに対してどのように行動するかということを理解することが肝要となる．これは第一章で紹介した都市の時空間五層システムモデルにおける最上層の「生活活動」に焦点を当てることとも解釈できる．本章では以下の節において，特に次のような側面から「行動としての防災」を例示することにする．

　①第1章では，行政，地域コミュニティ，個人による公助・共助・自助の連携がこれからの時代は大変に重要であることに触れた．実は，それが適切に機能するためには，そのいわば橋渡し役を担う第4の主体としてボランティアが不可欠になってきている．多くは，災害が発生した直後に地域の外部から応援に駆けつけるものであるが，最近では，地域の中にあって，住民たちが災害に対して事前に備え，総合的な防災力を高めておくための参加型の災害リスクマネジメントに，アドバイス役や推進役として関わるような活動をするボランティアも生まれてきている．このような防災に関わるボランティアの行動特性と役割に着目するとともに，行政，地域コミュニティ，個人という異なる立場の主体と一緒にどのように協同的な災害リスクマネジメントを進めていけば良いのであろうか．阪神淡路大震災の発生を契機に，ボランティア運動が特に防災との関わりで注目されるようになってほぼ10年を経過した

我が国の実情と今後の展望について検証しておこう．

② 一方，地域住民の中からも自主的・自発的に地域防災力を向上させようという取り組みがそこかしこで生まれてきている．たとえば名古屋都市圏では，東海集中豪雨災害の体験や，切迫していると言われる東海・東南海地震への危機意識の高まりも与って，住民の中から参加型の災害リスクマネジメントを目指す地域組織（社会的なネットワーク）づくりが成長してきている．

③ 災害直後の危機管理には，災害の進行状況を的確に把握し，それを他の組織・部局やその情報を必要としている当事者に伝えるとともに，適切な避難や救援・救急当の行動を効果的に実行させるための情報コミュニケーションが極めて重要となる．これには多様で多数の当事者が関与することになるが，このような災害リスクマネジメントのためのコミュニケーション（災害リスクコミュニケーション）の仕組みと技術が成否を握ることになる．そこでこのような情報技術と災害リスクコミュニケーションに関わる当事者との親和性と災害の特性を適切にふまえた情報処理システムの媒体として，RARMISコンセプトに則った方式（DiMSIS）を紹介する．実際に神戸市長田区において適用されている現場での実証的検討についても説明する．なお過疎地域では単に災害だけではなく，このシステムを安全で安心できる地域づくりに活かすという挑戦も行なわれている．これはまさに第一章で触れた持続的な地域づくりの枠組みのもとで，総合的な防災課題を包括的に取り扱っていこうとする戦略に相当する．ここでは特に地域コミュニティの人々が新しい情報技術になかなか親和的になれないために，非受容的な行動をとる傾向が見られることを指摘している．その上で，試行錯誤の結果，両者が相互に学習することで，結果としてそれが受容される方向に改善が見られたことを明らかにしている．これはある意味で，専門家の技術開発行動の自己修正学習と，地域住民や関係機関の潜在的利用者の情報システム利用行動の拡大とが同時に進行したことを示唆している．

以下の節において，5.2は主として①，5.3と5.5は②，また5.4は③の事項を取り上げて議論している．

5.2 災害ボランティアの現状[1]

5.2.1 はじめに

　災害ボランティアは，1995年の阪神・淡路大震災を契機に，日本社会に定着したといっても過言ではないだろう．最近では，2003年の宮城県北部連続地震や2004年の新潟・福井水害などの救援活動に多くのボランティアが参加した．また，2003年末のイラン南東部地震など，海外の災害救援にもボランティアが参加するケースが増えている．今や，災害が発生すれば，被害状況や被災者の声とともに，災害ボランティアに関する情報が報道されるのが当たり前ともなってきている．震災直後に形成された災害ボランティア組織も，活動内容を変化させながら，様々な変遷を遂げてきた．現在では，全国規模で，災害NPO（Non-Profit Organization　非営利組織）のネットワークが複数設立され，さらに，災害NPOに蓄積されてきた災害救援や地域防災活動の経験や教訓を市民と共有する試みが始まっている．本章では，災害ボランティアの歴史を簡単に振り返り，災害NPOのネットワークの一つを概観し，現在進行中の試みを紹介する．

5.2.2 災害ボランティア小史

　日本における災害ボランティアの歴史を五つの時期に分けて概観する[2]．まず，災害ボランティアが社会に定着していなかった阪神・淡路大震災以前を第1期として一括することができよう．もちろん，災害救援活動へのボランティアの参加は，阪神・淡路大震災に始まったわけではない．関東大震災でも伊勢湾台風でもボランティアが参加したという記録が残されている．しかし，阪神・淡路大震災以前には，災害ボランティアが社会に定着していた

---

[1] 本稿は，複数の台風による各地の被害（2004年）や新潟県中越地震（2004年10月23日）が発生する前に脱稿したものである．
[2] 災害ボランティアに関する阪神淡路大震災以前の歴史的な経緯は鈴木・菅・渥美（2003）を参照．

わけではなかった．また，中央政府等において，災害時のボランティア活動に関する検討が行なわれた痕跡はあるが，その議論は，主として，災害前の防災活動におけるボランティア活動に言及したものであり，災害発生後の緊急救援活動におけるボランティア活動を射程に入れたものではなかった．このように当時は，「災害が起こればボランティアが救援活動に参加する」という命題は，まだ社会における暗黙の前提にはなっていなかった．事実，阪神・淡路大震災が発生し，多くのボランティアが全国から救援に駆けつけたことは，意外なできごとの一つとして報じられ，「ボランティア元年」という呼称までが案出された．このことは，第1期において，災害ボランティア活動が定着していなかったことを如実に示している．

　続いて，阪神・淡路大震災直後のボランティアを含んだ救援活動の時期を第2期とすることができよう．多数のボランティアが神戸・阪神地区で救援活動に参加したことは，その後の日本社会における災害ボランティアにとって，大きな転機となった．ただし，当時は，ボランティアのコーディネートを念頭においた計画が事前にあったわけではないから，活動に重複が見られる一方で，被災地に入っても活動場所を見つけることができないボランティアがいるといった混乱が生じた．臨機応変にボランティアをコーディネートしていった事例[3]も見られたが，この時期は，あくまで ad hoc な連携が模索されるに留まり，多くのグループやネットワークが時間の経過とともに消滅した．

　阪神・淡路大震災の緊急救援活動が一段落した時期を第3期として捉えてみよう．被災地では，被災者の仮設住宅への入居に合わせて，入居者への支援活動を展開していく団体が出てくる一方で，緊急時の災害救援活動に特化したNPOが設立され，海外の災害救援を含めて活発に活動を展開した．また，阪神・淡路大震災を契機として，災害救援にボランティアが参加することを目の当たりにした人々は，その後の災害でもボランティアが参加することを期待した．こうした動きを承けて，災害時のボランティア活動に関する調査や研究も行なわれた．その結果，日本の災害救援の主役であった行政は，防

3　例えば，西宮市で活動した西宮ボランティアネットワーク（西宮ボランティアネットワーク，1995など参照）．

災計画等において，災害ボランティアとの連携を謳うようになった．阪神・淡路大震災から2年を経過した1997年に発生した日本海重油流出事故による重油回収作業などには，数多くのボランティアが参加し，行政とも連携しながら活動した．災害ボランティアが社会に定着する兆しが見えた時期であった．

震災から約3年が経った頃，災害救援を活動の一部とするNPOが互いに情報と経験の交流を図るために，ネットワークを形成する動きが生じた．この時期から2003年までを第4期としておきたい．全国規模のネットワークもあれば，各地域におけるローカルなネットワークもある．全国規模のネットワークとしては，「震災がつなぐ全国ネットワーク」が1997年11月に，「全国災害救援ネットワーク：Jネット」は，2000年1月に結成された．ローカルなネットワークとしては，1998年1月に，首都圏を主たる活動範囲とする東京災害ボランティアネットワークなどが結成されている．このようなネットワークは，平常時に各地で災害救援以外の活動を展開している団体が，緊急時には連携する可能性を念頭に緩やかなネットワークを形成している点が特徴である．また，この頃から，被災直後の被災地においてボランティアを受け付けてコーディネートすることを主たる任務とする災害ボランティアセンターが設立されるケースが多くなった．例えば，東海豪雨水害（渥美・杉万，2003）や宮城県北部連続地震（渥美ほか，2004）では，災害ボランティアセンターの迅速な開設がもつ意義が確認されている．なお，この時期に，国際ボランティア学会，日本ボランティア学会，日本NPO学会が相次いで設立され，学界としても議論や論文発表の場が生まれた．

2003年に入り，災害NPO間に新たな動きが生まれた．この時期から現在までの期間を第5期とする．この時期には，広域大規模災害への対応という視点が災害ボランティアの間にもひろがった．具体的には，阪神・淡路大震災のような局地的な災害ではなく，東海地震，東南海地震，南海地震の発生による大規模かつ広域の災害が発生するとの言説が流布し，各地の災害NPOに偏在している救援活動や防災の経験や教訓を広く市民に伝えていく必要性が各NPO間に共有された．そこで，様々な経験を積んできた災害NPOやそのネットワークが，今一度，災害ボランティア活動について検討を開始した．その具体的な動きが「智恵のひろば準備会」である．なお，こ

の時期も海外への救援活動は継続されており，2003年暮れにイラン南東部で発生した地震の救援には，阪神・淡路大震災の被災地にある災害NPOや諸団体が連携して救援活動に参加した．

5.2.3　全国災害救援ネットワーク：Ｊネット

　阪神・淡路大震災を契機とした災害ボランティアの第4期に入って，災害NPOが全国規模のネットワークとして形成した「全国災害救援ネットワーク：Ｊネット」の事例を紹介する．Ｊネットは，阪神・淡路大震災5周年を機に発足した．設立目的は，災害NPOのネットワークが，行政や企業と対立するのではなく，パートナーとして協力しながら，災害時には災害救援を行ない，平常時には災害に強いまちづくりに貢献することである．この目的を達成するために，構成団体の自主性を尊重し，各構成団体の技能を活かした災害救援活動を実施する．Ｊネットとしての平常時における主な活動は，年次大会の開催，情報の集約・発信を通じて，構成団体の交流を図ることである．

　Ｊネットには，全国各地の災害NPOが，約25団体加盟している．具体的には，天理教災害救援ひのきしん隊（本部：奈良県天理市）やSeRV（本部：東京都立川市）のように全国に展開している組織や，雲仙普賢岳の噴火災害を機に設立された島原ボランティア協議会（長崎県島原市），日本海重油流出事故の被災地で活動した丹後ボランティアネット（京都府竹野郡網野町：2003年度で解散），1998年の豪雨災害で近隣が被災し救援にあたったハートネットふくしま（福島県郡山市）など地域に根ざした団体である．事務局は，神戸市にある特定非営利活動法人日本災害救援ボランティアネットワーク（NVNAD）が担っている．NVNADは，阪神・淡路大震災直後に発足した西宮ボランティアネットワーク（NVN）を前身とする非営利組織である．詳細は，渥美（2001）参照．

(1) 設立の背景

　ボランティアを含んだ災害救援活動を円滑に進めるために，全国規模のネットワークを構築することは，NVNADの設立当初からの活動目標の一つであった．1997年以来，3回にわたって，災害救援に関心のある団体を交えた準備会を主催し，全国的なネットワークの構築を模索した．しかし，参加団体に十分な理解を得られるようなビジョンを提示することができなかったために，全国的なネットワークを発足させることはできなかった．1999年に入って，NVNADは，災害ボランティアに関わるNPO，企業，自治体，弁護士，研究者ら15名からなる災害ボランティア研究会を主宰した．研究会では，災害ボランティアのネットワークに関する現状と課題を整理し，Jネット構築へのアクションプランを提示した（国土庁防災局・都市防災研究所，1999）．

　Jネットを構想するにあたり，研究会が参考としたのは，アメリカにおける全国規模のネットワークである全米災害救援ボランティア機構（NVOAD）と，地域のネットワークであるロスアンゼルス緊急事態ネットワーク（ENLA：鈴木・渥美，2002）であった．まず，NVOADの歴史を調べ，全国規模のネットワークを構築する際には，構成団体の独自性を徹底的に保つべきだということを学んだ．そこで，Jネットでは，ピラミッド型の指示系統をもった全国組織を構築するのではなく，災害が発生した時にも，災害救援活動への参加（不参加）については，各団体が独自に決定することとなった．

　また，ENLAの設立経緯を追う中で，被災地では，その地域を知り抜いている地元密着型のボランティア組織が連携すれば，被災者の具体的なニーズに応じた細やかな救援を行なえることを学んだ．日本の場合，災害NPO自体が，平常時には地域に密着して多様な活動を展開している場合がある．例えば，ハートネットふくしまは，平常時には福島県郡山市周辺を基盤として福祉活動を展開しているし，また，島原ボランティア協議会は，長崎県島原半島において地域の活性化を目指して活動している．

　さらに，NVOADとENLAとの関係から，全国規模のネットワークがあれば，被災地に生まれたローカルなネットワークが地域のために活動を継続

する場合の拠り所となるということを学んだ．日本の場合には，天理教災害救援ひのきしん隊のように，以前から災害救援活動を専門に行なってきた全国規模の団体の災害救援に関する経験や専門知識が，地域で活動する災害NPOの活動と混ざり合うことで，効果的な救援活動が展開できると考えられた．

災害ボランティア研究会の主要な結論は，以下の三点であった．

① 災害ボランティア組織は，自然災害時に職務として出動したり，災害救援の学術的知見を追求するような災害救援専門組織の亜流ではない．従って，災害救援をキーワードとしながらも，生活の多様な側面について関心を払い，歓びを感じながら活動する人々の人間関係が大切である．
② 災害ボランティアのネットワークは，災害救援や防災活動を活動の一つとして含むNPOのネットワークである．
③ 災害ボランティアのネットワークは，小さく形成し，徐々に深い信頼をもとに拡充していくことが望ましい．その際，ネットワークには，人間関係を硬直させるようなルールは必要ないとしても，意思決定の根拠となるような規約等は必要である．

この研究成果をうけて，研究会に参加していた団体が呼びかけ団体となって，2000年1月に，全国災害救援ネットワーク（Jネット）が正式に発足した．

(2) 活動事例

Jネット発足直後(2000年3月)に発生した北海道有珠山噴火災害は，Jネットにとって，初めての大きな災害であった．Jネットからは，島原ボランティア協議会や天理教ひのきしん隊が現地で救援活動を行なった．現地では，災害救援ネットワーク北海道が他の団体と連携して北海道ボランティアサポートセンターを発足させた．Jネット事務局は，構成団体に連絡し，後方支援を行なった．

平常時の活動としては，2000年10月に，震災がつなぐ全国ネットワーク，および，東京災害ボランティアネットワークと協力して，Jネットの全国大会が島原で開催された．「災害ボランティアの在り方とネットワーク化の必

要性」をテーマとした分科会などを設け，参加者が意見交換を行なった．この会合は，Jネットの年次大会として位置づけられ，2001年には，第2回大会が福島県郡山市，2002年には第3回大会が愛知県名古屋市で開催された．

(3) 全国規模のネットワークの意義と課題

全国規模のネットワークが形成されたことが，今後のボランティアを含んだ災害救援に対して有する意義を整理し，現在の課題を列挙する[4]．まず第1に，災害救援活動がより円滑に進み得るという意義を持つ．災害は，多くの場合，局所的であるので，被災地外に様々な災害NPOがネットワークとして存在すれば，後方支援を含めて多重，かつ，長期にわたり，救援活動を展開することができよう．また，ネットワークに加盟するNPOは，平常時に各地で様々な団体と連携しているので，多種多様な資源を被災地外から調達することが可能となる．

第2に，ネットワークの存在は，加盟団体が災害救援活動への指向を再確認することに役立つ．日本国内では，災害は常時発生しているわけではない．従って，災害救援を活動の一部としている団体であっても，災害救援への意識は薄らいでしまうこともある．そこで，ネットワークが年次大会などを開催し，災害救援活動における新しい情報や経験を互いに共有する場を設けることによって，各加盟団体が災害救援活動をその使命の一つとしていたことを互いに再確認することができる．

第3に，ネットワークは，新しく生まれた災害救援団体の安定化に寄与する．大災害後の被災地には，災害ボランティアのネットワークが形成される場合が多い．ただし，このようにad hocに形成されたネットワークは，ともすれば，被災地の復興が進むに連れてその存在意義を失い，消滅してしまう可能性がある．消滅してしまえば，被災地での経験を続く世代や別の場所の人々に伝えることが困難になる．全国規模のネットワークは，新しい団体

---

[4] 本章では，全国規模のネットワークのうち，著者がより深く関わってきたJネットに焦点を絞って記述している．震災がつなぐ全国ネットワークの経緯や活動については別の機会に委ねるが，本節で述べる意義や課題は両ネットワークに共通すると考えている．

が加盟することによって，特定の災害救援活動から得た経験を他の団体の人々と共有する場となる．

　最後に，ネットワークは，他のセクターとの連携の窓口として機能する．中央政府や全国規模の企業などは，全国的に展開する災害NPOとの連携を必要とするかもしれない．しかし，現状では，災害NPOは各地に点在しており，中央政府や全国規模の企業が，個々に連携することは必ずしも容易ではない．ところが，全国規模のネットワークが存在すれば，このネットワークとの連携を進めることにより，異なるセクター間の協力が容易になり，より充実した災害救援システムを構築していくことが可能となる．

　しかしながら，全国規模のネットワークには，重大な課題が残されている．Jネットや震災がつなぐ全国ネットワークは，阪神・淡路大震災を契機に，局所的な大規模災害を想定して設立されたために，全国各地の災害NPOの活動をどのように集約するかということを偏重し，大規模かつ広域にわたる災害への対応は必ずしも考えられていなかった．言うまでもなく，全国各地で同時多発する災害に遭遇したときには，全国規模で活動を集約するような体制では対応できない．かといって，災害NPOは，全国津々浦々に多数存在するわけではないし，いつ起こるかわからない災害に向けて，無数の災害NPOを設立していくことなど現実的ではない．広域かつ大規模な災害への対応が大きな課題である．

　無論，教訓が全国に散在したままであっても，あるいは，教訓が災害NPO間だけで集約されていても，局所的な災害であれば各地の災害NPOが集結して対応することは可能であろうし，防災・減災活動も各地で独自に展開すればそれで十分なのかもしれない．しかし，現在想定されている大規模広域災害では，経験を積んできた災害NPOが集結して対応することはできないし，せっかく入手可能であったかもしれない防災・減災に関する知識や技術が普及せずに，地域で甚大な格差を生じるようでは，被害の拡大は避けられない．すなわち，大規模な広域災害では，地域ごとにそこに住む住民がローカルに，救援活動に当たらなければならないし，そういった緊急時に向けて，日頃からローカルに知恵を絞った防災・減災活動に取り組んでおく必要がある．そのためには，阪神・淡路大震災以降，災害NPOが蓄積してきた経験や教訓を集約し，市民にとってわかりやすい形で公開し，その利用を

全国各地で促進するようなシステムが必要となる．

　全国規模のネットワークを通して，現時点までにようやく芽生えてきたいわゆる「顔の見える関係」を基に，より広範な市民参加を視野に入れた災害・防災ネットワークを構築することが課題となる．最終節では，このことを目的とした現在の動きを紹介する．なお，ネットワークそのものを支える財政基盤が極めて脆弱であることや，ネットワーク加盟団体間の迅速かつ有効な情報ネットワークの整備が課題であることも付記しておく．

5.2.4　「智恵のひろば」準備会の動向

　東海地震・東南海地震・南海地震といった広域かつ大規模な災害の可能性が指摘される中，一刻も早く防災・減災・救援体制を整えることが求められている．大災害を想定した場合，伝統的な行政主導のシステムでは十分な防災・減災，また，救援対応ができないことは，阪神・淡路大震災の重大な教訓であった．また，災害NPOの全国規模のネットワークであっても，全国各地の災害NPOがもつ経験や教訓を集約し，局所的な災害への救援活動を効果的に行なうというだけでは対応できない．そこで，現在では，産官学民の連携が謳われ，とりわけ，市民が，災害NPOなどを通じてボランティアとして，防災・減災・救援活動に参画することが想定されるようになった．しかし，災害救援や防災・減災活動に関する知識や技術は，自治体の防災担当部署内部や一部の災害NPOに，極端に遍在しており，必ずしも，災害救援の全貌を視野に入れた整理ができているわけではない．各地に点在している災害NPOは，様々な災害救援活動，防災・減災活動に取り組んで経験を重ね，多様な教訓を獲得してきているが，それを一般の市民や行政，企業などにわかりやすい形で集約し，発信する作業はまだ緒についたばかりである．ボランティアやNPOを含んだ災害救援システムを構築するためには，遍在する知識，技術，経験，知恵（以下では，"智恵"と総称する[5]の集積を図り，

---

[5] 各地の災害NPOが蓄積してきた経験・知識・技術・知恵を単に知るだけでなく，それを使い，発信するという意味を込めて，「智恵」と総称することを「智恵のひろば準備会」で採択した．本節でもこれを踏襲する．

それを広く利用可能な形で公開することが喫緊の課題である．

　2003 年，このことを理解した震災がつなぐ全国ネットワークおよび全国災害救援ネットワーク（J ネット）の代表者らが集まり，智恵の集約と発信を中心とした場を設置することに合意した．具体的には，災害 NPO の有志と研究者が，「智恵のひろば準備会」を立ち上げ，救援や防災・減災に関する体験や教訓を共有し，公開することについて模索し，阪神・淡路大震災 10 年となる 2005 年 1 月 17 日の発足を目指して活動を開始した．特定非営利活動法人レスキューストックヤード（名古屋市）は，東海地震・東南海地震・南海地震を前に，災害救援をめぐる経験や知識の共有の必要性を最も強く感じていた NPO の一つであった．そこで，阪神・淡路大震災や東海豪雨水害での経験を共有すべく，「智恵のひろば準備会」の中心的役割を果たすことになった．これまで，数回の会合を開催し，「智恵のひろば」という組織の構成と活動内容を吟味してきている．

(1)　検討されている活動内容

　「智恵のひろば準備会」で検討されている活動内容を以下に列挙する．
　智恵ツリー　智恵のひろばの骨格となるべきデータベースである．ここには，災害 NPO が各地の災害救援活動や防災活動から得た教訓や経験を納める．例えば，避難所ではあたたかい食事が 1 品でもあれば安らぐこと，救援物資を送る際の注意点，災害ボランティアセンターの立ち上げ方と様々な書式，地域防災活動を楽しみながら継続するためのプログラム，など多岐にわたる．データベースには，少なくとも三つの課題が残されている．まず，公開方法である．現在のところ，インターネット技術を利用したシステムを考案しているが，携帯電話や PDA など日進月歩の IT 技術の利用を推進しつつも，新聞や雑誌などのメディアや街角での掲示といった従来からの方法との連動も考えておきたい．次に，利用者にとって利用しやすいような検索システムの構築が課題である．例えば，地域防災活動を地元の町内で実施しようとしてこのデータベースにアクセスした場合に，様々なキーワードからいくつかの活動が瞬時にリストアップされ，活動の進め方や注意点，実施事例，参考となる文書，そして，実施体験者等の問い合わせ先までが入手できるよ

うにしておきたい．最後に，データベースの更新システムの構築も課題である．データベースに収録されている智恵は，常に改訂に開かれている必要がある．新しい智恵の追加はもとより，掲載されていた智恵を利用した結果を付け加えたり，智恵そのものを改訂したりする必要が出てきて当然であるから，迅速に更新できるシステムを準備しなければならない．

　智恵袋　災害ボランティアセンターの立ち上げに関する智恵を集約した「道具セット」を智恵袋と呼んでいる．智恵袋には，災害ボランティアセンターの設立に関するマニュアルやビデオ教材を入れておく予定である．完成した智恵袋は，災害ボランティアセンターを開設する可能性のある場所（例えば，社会福祉協議会）に配布することを検討している．準備会では，マニュアルに工夫を凝らすことを議論した．例えば，マニュアルは手続きについて詳細を記したものではなく，災害ボランティアセンターを立ち上げる際に必要となる物や留意点を紙芝居形式（"智恵めくり"と呼ぶ）で示しておくことが検討された．また，ビデオについても，災害ボランティアセンターの全貌を具体的かつ簡潔に示すことを優先し，災害ボランティアセンター設立・運営に関する手順を一つ一つ具体的に示すということではなく，むしろ，実際に災害ボランティアセンターを立ち上げた災害NPOのメンバーを映像で捉え，彼らによるコメントを収録しておくこととした．現在のところ，NVNADの協力を得て，これまでに災害ボランティアセンターの開設時に中心的な役割を果たしたレスキューストックヤード（2000年東海豪雨水害），特定非営利活動法人ハートネットふくしま（郡山市：1998年北関東・南東北水害），および，南郷町社会福祉協議会（2003年宮城県北部地震）のメンバーへのインタビューを中心としたビデオが作られている．インタビューでは，「災害時にボランティアセンターは，必要か」，「災害ボランティアセンターでは何が大切か」，「上手くいった例とその理由」，「上手く行かなかった例とその理由」「センター設営について，NPO，行政，ボランティアに対するメッセージ」などが収録されている．また，ビデオには，過去の災害ボランティアセンターの記録（の所在）や，センターを開設・運営していく上で必要となる書類（様式）なども収録してある．なお，ビデオは，災害時に，被災地の社協職員等が見て参考にし，すぐに災害ボランティアセンターの開設に向けて動けるように，収録時間が極端に短く10分程度となっている．

智恵ブリディ　参加者によるメーリングリストを運営し，数十名の参加者が連日，順番に一つ一つの智恵を短い文章（200字）で提出し，共有する作業を行なっている．多種多様な智恵が集約されつつあることは言うまでもないが，このメーリングリストへの参加をもって智恵のひろば準備会への帰属が確認されてもいる．

(2)　今後の課題

　智恵のひろば準備会には，今後の正式発足に向けて大きな可能性とともに多くの課題も残されている．まず，智恵の活用に関する実効性のある方略を開発しなければならない．智恵の集約と発信を行なえば，智恵の利用が促進されるとは必ずしも言えないからである．多種多様な活動に忙しく従事している市民はもとより，災害救援に参加する災害NPOでさえ，平常時には，災害救援とは直接関係のない活動をしている場合が多い．平常時において，日頃から防災活動に必ずしも高い関心を抱いていない人々にとって，智恵の発信を受け取り，それを活用することは，端的に関心外のことであろう．また，どこかで災害が発生して救援活動を開始するという場合にも，智恵が活用できるというそのことを理解してもらえるようにすることも課題である．もちろん，こうしたことは，防災活動において旧来から指摘されてきたことでもある．防災や救援に関心を持って智恵を活用してもらうための智恵（メタ智恵）の開発に取り組むことが求められる．

　智恵を動的にとらえていくことも必要である．災害救援の現場では，大まかなシナリオがあっても，ローカルには，臨機応変の意思決定が要求され，いわば，即興（渥美, 2001）とも表現できるような事態が展開する．従って，智恵は，救援活動をいかに効率的に行なうかという技術レベルでの事柄のみならず，時々刻々と変化する現場で，智恵をもとにした意思決定を支援する智恵もまた必要になる．そして，現状に応じて智恵も刻々と変化する．このように智恵は，常時改訂されているというのが本来の姿であろう．

　さらに，市民，なかでも，智恵のひろばを通じて，災害ボランティア活動に実際に参加しようとする市民に対して，災害ボランティアの心理にも理解を求めていくことも課題となる．災害NPOや災害ボランティアが社会的に

果たす機能を検討することも大切だが，災害救援活動への参加が個々の災害ボランティアに対してもつ意味を吟味することも大切である．確かに，個々のボランティアが智恵を身につけ，ある程度の現場経験を積んでいけば，より効率的な救援活動が期待できる．しかし，個々のボランティアが災害救援活動に参加する動機は多様である．例えば，「楽しいから」といった理由で参加している場合もある．少なくとも，災害ボランティアにとって，救援活動に参加することは義務ではない．智恵のひろばの活動が進む中で，個々の災害ボランティアの心理への配慮を怠らないための具体案については，今後の課題となるであろう．

最後に，活動内容の充実とそのための経済的・人的資源の確保という現実的な課題がある．現在のところ，災害 NPO の有志が中心となっているが，智恵のひろばのための資金はどの団体も枯渇しているし，事務局員などを出せる余裕のある団体はない．幸い智恵袋に入れるビデオについては，その試作品を手にすることができたが，データベースの開発やメーリングリストの運営といった作業を支える資源は払底している．また，参加者も災害 NPO の有志と研究者のみであって，行政や企業としての参加はない．積極的な広報による資源の獲得と参加者の拡充が課題である．

5.3 RARMIS 概念実現に向けた神戸市長田区役所におけるフィージビリティスタディ

5.3.1 RARMIS 概念とは

阪神・淡路大震災時における倒壊家屋解体撤去支援活動は，災害現場における情報システムのあり方を考察する上で様々な知見をもたらした．この経験をもとに，災害直後から利用できる情報処理システムの構築を目指したRARMIS 概念（図 5.3.1）が提唱されていることを 2.6 で示した．

この概念は，「平常時と緊急時のシステムの連続的な利用」を核としており，情報処理システムのハード面のリスクを軽減化する「自律分散協調型システムの構築」，ソフト面からのリスクを軽減化する「時空間地理情報システム

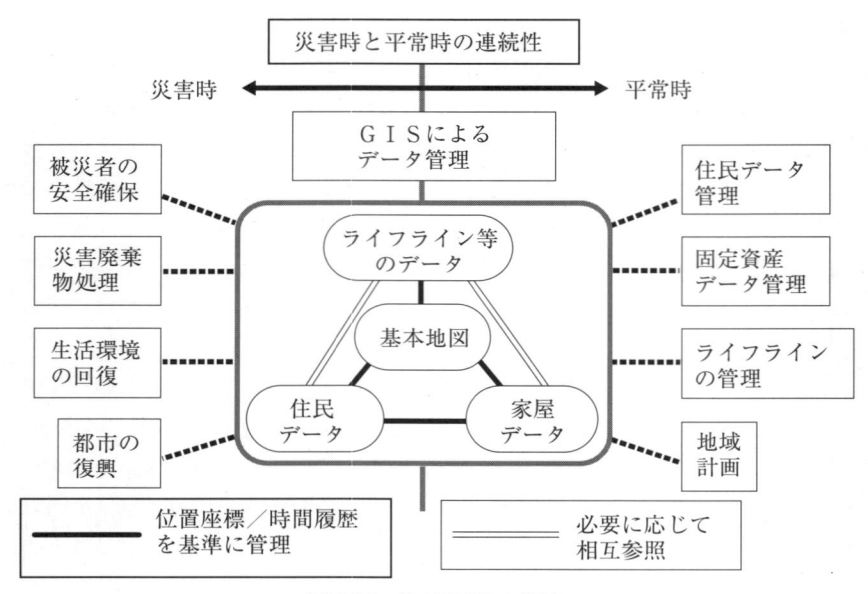

図 5.3.1　RARMIS の概念

を基盤としたデータ管理」により技術的な課題を克服することを必要条件としている．このうち，「自律分散協調型システムの構築」，「時空間地理情報システムを基盤としたデータ管理」に関しては，これを満たすソフトウエアとして DiMSIS が開発されていることを 2.6 で述べた．しかし，概念の核であり，運用の課題とされる「平常時と緊急時のシステムの連続的な利用」については，具体的なフィージビリティスタディ（実現可能性に関する検討）を通じて，その実現方法を模索していく必要がある．本稿では，倒壊家屋解体撤去業務支援活動以降に RARMIS 概念の実現（インプリメンテーション）を目指して行なわれた長田区での活動について示し，災害対応のための情報システムに関して考察する．

5.3.2 災害発生時に要求される情報処理の変遷

災害発生時より時間経過に従って情報処理に対する要求は変化する．この変化は，平常時を含めて以下の五つの段階に整理できる（S.Kakumoto *et al.*, 1997）．この流れは図 5.3.2 のように示され，各段階において情報処理システムは，以下のような場面で有効に活用できると考えられえる．

(1) 混乱期（主に災害発生より数日間）

被災地の情報システム，電力や電話などのライフラインは壊滅的な打撃を受け，情報網は寸断されている．破損しなかった携帯型パソコンなどの情報機器が集められたり，被災地へ運ばれたりしたら，情報収集・分析活動が始められる．ここで情報システムに求められることは，安否確認，救助支援，避難場所の割り振りなどである．

(2) 初動期（主に混乱期後から数週間）

無線通信や衛星通信などによる仮設の通信網ができ，仮設電源で情報拠点が

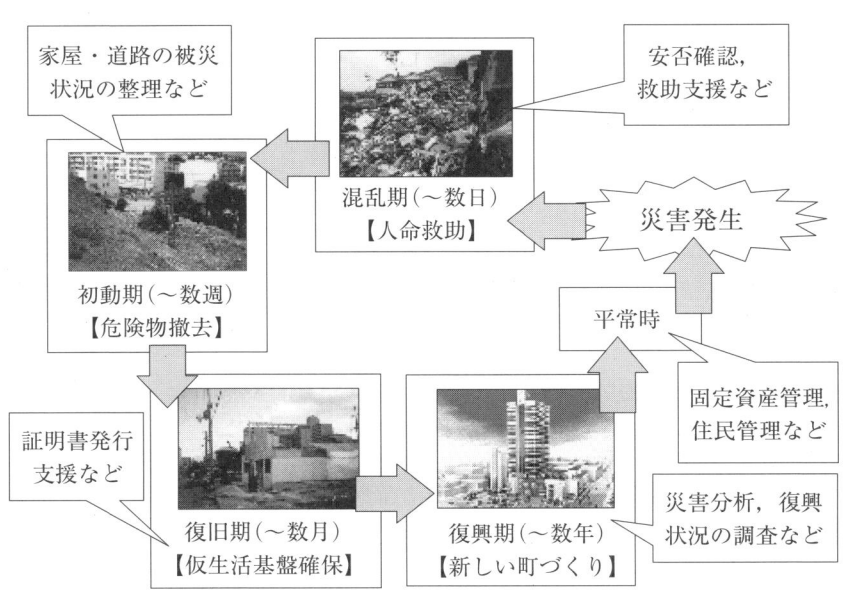

図 5.3.2 災害発生時からの情報処理の変遷

設けられる．情報システムには，家屋・道路・ライフラインの被災状況の整理，ボランティアなどの支援体制の確立，復旧計画策定の支援などが求められる．
(3) 復旧期（主に初動期後から数ヶ月）
電源や通信網などの情報システムを支える環境は復旧している．収集された被災情報を基に，罹災証明などの各種証明書の発行支援，ライフラインや道路の復旧状況のモニタリングと復旧計画の策定支援が行なわれる．
(4) 復興期（主に復旧期後から数年）
被災状況・復旧状況の整理分析，風土・地域の立地条件などによる災害分析や再開発計画立案の支援が行なわれる．また，被災地区の再測量などの基礎データ収集がなされる．
(5) 平常時（復興完了後）
住民移動の把握，家屋や土地などの固定資産管理，道路や公共施設の維持管理などの支援が行なわれる．これらのデータを利用して地域を分析することで安全な町にするための都市計画がなされ，新たな防災基礎データが構築される．

5.3.3 長田区における活動履歴

長田区では，震災時の倒壊家屋解体撤去支援活動以降，RARMIS概念を持つ情報処理システムの自治体へのインプリメンテーションを目的として様々な活動が行なわれた．活動は実務上の目的と研究的視点を持ち，さらに相互に関連もって行なわれている．ここでは，まず2.6で示した倒壊家屋解体撤去支援活動（1995年2月〜1996年3月）以降の活動の概要を時間履歴ととともに示す．

(1) 固定資産情報の時空間管理に関する適応実験
　　　（1995年7月〜1998年3月）

この実験は，倒壊家屋解体撤去支援活動と連動して行なわれた．情報処理システムを取り入れることで解体撤去の受付は迅速化,効率化を達成したが,この時点でその日のうちに発注作業までの処理を終えられるのは500件程度であった．受付初日に窓口に訪れた約3,000人（長田区役所担当者談）の受

付業務をその日のうちに行なえることを目標とした場合，固定資産情報の取得に問題があったことが後の分析でわかった．区役所での固定資産管理業務を分析した結果，倒壊家屋解体撤去の受付や管理業務は，平常時における固定資産管理業務と情報処理の面で双対関係にあることがわかったため，平常時における固定資産管理業務をRARMIS概念に基づくシステムで実現することで，災害時の窓口対応のさらなる効率化が可能になると考え，この業務に対応するシステムのプロトタイプ開発と利用に関する実験を行なった．システム開発時には，固定資産管理用の家屋番号を，それまでは地区担当者が，作成した手書き紙地図のレベルから，都市計画図情報をベースとするGISデータとし，さらに家屋の解体撤去と新築家屋の登記申請からわかる時間情報をもとに時空間情報化した．形状編集機能を応用し，家屋に関しては撤去，新築機能，土地に関しては分筆，合筆機能，さらにそれぞれの属性に関して検索，編集機能を作成し，ユーザである固定資産課職員に対して利用実験を行なった．評価はおおむね良好であり，システムに関する期待感を感じたが，データ更新は市役所理財局で一括管理されているため，適応実験の範囲にとどまった．

(2) 復興状況調査支援活動（1996年12月〜1997年1月）

神戸市は，復興推進懇話会の提案に基づき，被災の激しかった市街地6区（東灘区・灘区・中央区・兵庫区・長田区・須磨区）にモデル地区を設定し，その地区の復興状況と権利関係を明らかにする実態調査を1996年末に行なった（畑山・明石ら，1997）．この調査は，災害後の対応業務の一つに位置づけられる．当時，神戸市では，個人情報に関わる電子データの受け渡しはできなかったため，準備として平常時に管理されている，家屋・土地・住民の紙情報をあらかじめ入力し地理データとした．このデータを用いて，家屋の権利関係のABC判定（A：土地／B：家屋／C：住民）を補助するアプリケーションをDiMSIS上に開発した．このアプリケーションでは調査報告書に必要な個人情報をマウスのクリックのみで作ることができる．さらに，地図上から調査報告書に必要な情報を書き込めるようにした．入力したABC判定の結果や更地・新築調査などは，各家屋に網線をかけることにより，

ビジュアルに表現できるようにした．入力されたデータは，MS-EXCEL を用いて，指定フォーマットに整理され，プリントアウトできるようにした．

実証実験として長田区まちづくり推進課の職員 2 名に開発したアプリケーションを用いて，調査報告をまとめてもらった（両者とも DiMSIS の使用経験なし）．システムの立ち上げからの説明に約 1 日を費やしたが，実際の入力作業は，全件約 250 件を延べ 2 時間程度で終えることができた（仕事の合間を縫って作業してもらったので正確な時間ではない）．システムに対する，まちづくり推進課の評価は高く，その後この地域に隣接する別の地域の調査を，このシステムを利用して GIS 上にまとめることも行なわれた．

(3) 長田区総合防災訓練での適応実験（1996 年以降，毎年）

阪神・淡路大震災時には災害直後の情報処理を，コンピュータを用いて行なうことはできなかった．これを可能にすることは困難であるが，もし可能になれば，被災地内に錯綜する情報を一元的に管理でき，本当に必要な情報を被災地内で情報を求めている人に提供できることになる．これを可能にするためには，自治体職員が，平常時に利用しているシステムをうまく利用して災害時対応に切りかえることが必要となる．GIS のような高度な情報処理システムでは，これらの処理を実際にできる人材がいないという理由で利用されないケースが数多く存在する．そこでこのような処理を実際に行なうことできるかの適応実験を 1 年に 1 度の防災訓練で行なっている．（畑山・中谷ら，1997b，畑山・角本 2003）

阪神・淡路大震災のような都市型大災害発生時には，災害現場，避難所，病院等の拠点で同時に様々な活動が展開される．現地対策本部は被災地に点在する情報収集活動の拠点となる．災害対策本部は現地対策本部から個々に収集された情報を統合し，被災していない地域からの後方支援をもとに，状況判断と意志決定を行ない，その情報を被災地の現地対策本部にフィードバックする意志決定の拠点となる．このような活動拠点を結び，レスキュー活動などの緊急活動を効率良く支援するシステムが災害直後から利用できる情報システムと考えた．システム全体の構成を図 5.3.3 に示す．システムを構成する各活動拠点（対策本部，情報拠点，後方支援機関）で必要とされる

機能については，長田区役所で災害時に総務情報班となるまちづくり推進課と長田消防署とのミーティングを重ねることで以下のように分類されると考えている（現在も，機能に関する見直しは行なわれている）．

(a) 対策本部

災害発生時のシステムにおいて，中心に位置し，多くの情報が集められる．災害の規模に応じて階層的な体制が構築され（図5.3.3では2階層），上位階層ほど安全な場所に設置され，災害時における情報システムのもつリスク要因のうちハードの問題も早急に解決される．しかし，被災地内部での通信が完全であることは期待できない．

情報処理を用いた活動として，以下のような作業が考えられる．操作性の良く，多様な可視化が可能なシステムが求められる．

- 情報拠点で収集される情報（被災地情報）の管理．
- 被災地情報の後方支援機関への提供．

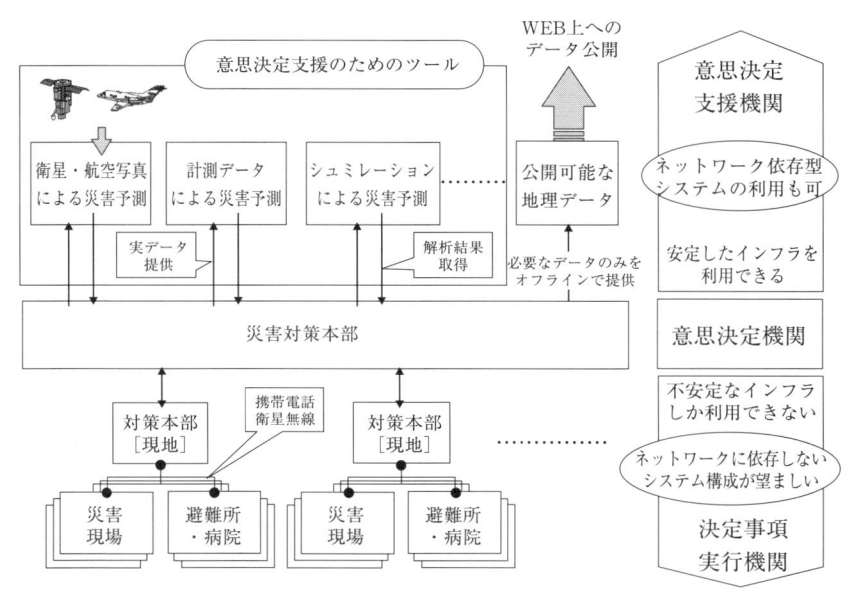

図5.3.3 災害発生時の情報処理システムの構成

● 後方支援機関での分析結果をもとにした，今後の活動事項の決定．

(b) 情報拠点

　災害発生時のシステムの中で，最先端に位置する機関で，必ず被災地に存在する．災害現場，避難所，病院などがこれにあたる．災害時における情報システムのもつリスク要因すべてが表面化する可能性がある．これらのリスクを軽減化するため，自治体は，情報処理の面でも地元の自主防災組織と連携することを考慮に入れる必要がある．

　情報処理を用いた活動として，以下のような作業が考えられる．携帯性に優れ，操作性の良いシステムが求められる．

- 情報収集（被災現場の状況，避難所の状況など）と対策本部への伝達
- 対策本部で決定された事項の実行
- ローカルなエリアでの意志決定と情報管理

(c) 後方支援機関

　災害分析解析，救助救援戦略研究機関などがこれにあたる．被災地ではない場所に存在すると考えられるため，災害時における情報システムのもつリスク要因に関しては考慮する必要はない．

　情報処理を用いた活動として，以下のような作業が考えられる．複雑な解析や大量のデータ処理が必要とされるので，システムは操作性より機能の豊富さを要求される．

- 災害発生時の観測データ（地震計情報など）の集計
- 航空写真や衛星写真などのデータ収集
- 対策本部から送られた情報の分析
- 分析・収集された情報の対策本部への伝達

　上記に基づく機能を DiMSIS 上に実装し，阪神・淡路大震災の翌年1996年以降，年に1度の総合防災訓練で，災害直後での利用時の課題抽出とその回避または軽減化に関する評価実験を行なってきた．訓練想定は，年によって異なるが，基本的には，「地震または集中豪雨を発端とする連鎖的災害」であり，その実施内容はおおよそ以下のようになる．

- 初動対応訓練：危険地区警戒パトロール・広報など
- 避難・救助訓練：避難所救護所開設・避難誘導など
- 救援・救護活動：救護活動・緊急物資搬送・など
- ライフラインの応急復旧訓練：ガス施設応急復旧など
- 消火訓練：地域住民の消火・消防署の消火

　システムでは，初動対応訓練，避難・救助訓練での情報処理を行なうことを目的とし，対策本部，後方支援機関，被災地情報拠点から構成される．対策本部はここでは，長田区役所を指し，被災地情報拠点として災害現場と避難所を置いた．後方支援機関は，衛星写真・航空写真や各種のセンサ情報を取得・分析する被災地外にある専門機関を想定した．データの共有は，対策本部と修正履歴地理情報を交換することで可能となる．被災地情報拠点と対策本部のデータ通信は，無線 LAN，携帯電話やアマチュア無線によるピアツーピア通信に加えて，これらの通信手段が動作しない場合を想定した，記憶媒体（フロッピーディスク，USB メモリなど）を人が運ぶことによる情報交換も行なった．

　訓練で利用した平常時のデータは，長田区都市計画図用地図データ，長田区内の指定避難所，長田区内の水防危険箇所，住民情報，平常時の状態（静止画・動画）である．長田区は神戸市の 1 部であり，都市計画用地図データ，住民情報の修正に関しては市全体の取組みとなるため，これらのデータの更新は行なっていない．つまり，データ面の問題に関する実験は行なっていない．以下に，各データの概要と更新の可能性について示す．

- 都市計画用地図データ（長田区全域）

　神戸市都市計画局が作成した 1：2500 相当の都市計画用地図データ．本システムを構成する全ての情報はこの地図を基盤として位置と時間情報とともに記述される．道路や建物などは作業規程や精度を考慮しない一時的な更新であれば担当部署において実行できる可能性があると考える．

- 長田区内の指定避難所（全箇所）

　長田区内の全指定避難所の位置と名称．避難所開設，避難経路決定の資料となる．長田区で指定しているため長田区役所内の平常業務で更新作業を行

なえる可能性がある．

●長田区内の水防危険箇所（全箇所）

消防署が調査している水防危険箇所の領域と名称．警戒パトロール結果の整理，避難勧告地域の設定の資料となる．長田消防署で更新可能であり，長田区役所との情報連携も可能である．

●設定箇所付近の住民情報

付近の住民の位置（1人1点の代表点）と属性．毎回の災害設定に最も近い地形を持つ水防危険箇所を選び，実験用の設定箇所とし仮想データを入力している．避難者確認における資料となる．住民票の管理を地理情報ベースに置き換えることにより，長田区での更新は可能である．しかし，住民票は，居住実態を示していない場合があるため，自主防災組織などの地域コミュニティと連携を図り実態情報を作成してもらうことも考えられる．2000年の実験では，地元の防災福祉コミュニティの協力を得て，災害弱者と考えられる高齢者の情報作成を行なってもらうことで，その可能性を示した．

●設定箇所付近の平常時の状態

設定箇所付近の平常時の状態を示す静止・動画像情報と撮影位置・方向の情報．避難経路決定時の資料となる．区役所のいくつかの部署で行なっている区内現地調査（苦情処理など）で収集されたデータを活用することで長田区役所内の平常業務で更新作業を行なえる可能性がある．

適用実験となる実際の訓練では，1996年から2005年までの継続的な実験で，様々な情報が寄せられる災害本部のメインパートの操作（図5.3.4）を担当した自治体職員は7名（転送されてきたデータを受信するサブパートの操作は，ボランティアを想定して実験に参加していた大学生が行なった），災害現場での操作に担当は，自治体職員8名であった（図5.3.5）．避難所での操作は，阪神・淡路大震災でも避難所運営にボランティアとして関わった地元の防災福祉コミュニティやまちづくり協議会の職員が担当した．対策本部内で区長端末操作をした自治体職員は，平常時に時空間地理情報システムを用いた空地管理処理システムを利用しているため，システムの詳細な説明

を必要としないでも，各機能の利用はスムーズであった．さらに，時間制約のある緊迫した場で利用したため，現実の災害時で利用するために必要な

図 5.3.4　対策本部での情報処理を担う自治体職員

図 5.3.5　災害現場での調査を行う自治体職員

ユーザインターフェースへの要求(ハード面における入力デバイスの工夫や，ソフト面でのGUIの改良)を出してもらうことができた．この要求にソフト，ハードの面から対応することで，実際に利用できるシステムにより近づいていくと考えている．

また，訓練では新たな技術の災害時での適応可能性に関する検証も行なっている．これまで，通信技術(アマチュア無線，携帯電話，無線LAN)，インターネット技術(Web配信，WebGIS)，データ収集機器(簡易型定点観測カメラ，バルーンカメラ，小型自律飛行ロボットなど)，シミュレータ(被害状況推定，火災，避難など(畑山ら，2001))の技術を紹介し，その利用場面(ユースケース)についても考察している．

(4) 苦情処理業務のシステム化と災害時問い合わせ対応
　　支援システムの開発(1999年11月～2002年3月)

自治体の防災組織体制下の実働部署では，地域の個別的な被害対応や，住民に対する窓口対応を行なうが，問い合わせの殺到による混乱など多くの課題が存在していることが指摘されている(多賀ら，1999)．しかし，組織の末端の階層に位置する部署であるため，大規模かつ高機能・高性能なシステムではなく，適当な規模で適当な機能・性能を有するシステム構築が求められている．また，緊急対応の専門家がいない場合が多いので，専門家でない人や場合によってはボランティアによる対応が余儀なくされる．このような状況下で平常時・災害時での連続運用を可能にするための考察を行なった(窪田・畑山，2002)．まず，平常時・災害時での連続運用可能なシステムが求められる業務の実例を分析するために，平常時と災害時で行なわれる業務の情報の流れを分析した．

災害時については，1999年6月29日の集中豪雨による新湊川氾濫時の対応を分析した．この水害では，住家被害34棟28世帯，最大時で12箇所の避難所が開設され避難者は139名にのぼった．長田区役所では災害対策本部が設置され，災害緊急対応が行なわれた．区災害対策本部の実働部署の一つである総務情報班(長田区防災組織計画)では，被害情報の収集と整理・被害対応状況の把握に追われて，膨大な情報の効率的な管理が深刻な課題となった．被害情報管理業務は，消防署から集められた1次的な情報を整理し

区役所として担当すべき被害箇所に関して，おおまかに以下のような対応をしている．

- 現地調査および写真撮影
- 被害場所の財産所有者確認
- 住民の安否確認・避難状況把握
- 拡大防止・復旧対応の進捗状況の把握
- 他機関への対応依頼
- 他機関・住民からの問い合わせ対応
- 市役所への定期的な集計報告
- マスコミへ情報提供

半日程度の時間に集中的に44件の被害が発生し，管理すべき情報量が処理能力を上回る事態に陥った．このため，効率的な情報管理まで手が回らず，収集された情報が整理されない，複数の職員が同一の現場に重複して赴いてしまう，どのような処理が進んでいるかがわからないという問題が発生した．その結果，他部署や住民からの対応依頼と情報の問い合わせに応じることが困難な状況となった．また，被害がある程度落ち着いた時に報告書を作成するが記録が混乱して作業に手間取る，などの事後的な問題も発生している．この業務における情報の流れは，「情報取得」「依頼」「問い合わせ」「集計」の四つに分類できる（表5.3.1）．

以上の考察より，この部署は各所に個別に収集管理されている情報を，「依頼」や「問い合わせ」に応じるために集め，また，情報を要求先に流す機能を担っている災害情報のハブ機関であると考えた．そして，この業務における情報管理の問題点は，「情報取得」「依頼」「問い合わせ」「集計」それぞれ

表5.3.1 被害情報管理業務の情報の流れ

情報取得	現地調査，写真撮影，安否確認・避難状況把握，所有者確認，対応進捗状況
依頼	他機関・部署への対応依頼
問い合わせ	安否確認，避難状況，他機関・住民からの問い合わせ対応，マスコミ対応
集計	市役所への定期報告，記録作成

を結びつけるための情報管理がうまく機能していないことにあると位置づけた．「情報取得」「依頼」「問い合わせ」「集計」を主な要素とする業務は，災害時だけでなく平常時にも行なわれている．そこでこれらの業務について調査を行なった．平常時業務は「長田区あんない地図」に記載の108項目に対し，以下の四つの基準を設け，具体的に業務に当たっている職員に対するヒヤリングをもとに類型化した．

　①他部署・住民から情報取得を行なう
　②他部署・住民からの依頼に応じる
　③他部署・住民からの問い合わせに応じる
　④地図を用いる

その結果，上記すべて満たす業務は平常時で2番目に多い主要な窓口業務であることがわかった．さらに，災害時の被害情報管理業務の持つ以下の五つ特徴を加味すると，この被害情報管理業務と同じ分類となる業務に平常時の苦情処理業務があることがわかった．

　⑤作業工程の履歴管理が必要
　⑥現地確認が必要
　⑦対応後他部署等に連絡
　⑧時間情報・位置情報が用いられる
　⑨帳票を作成する

そこで，平常時の苦情処理業務と災害時の被害情報管理業務を表裏一体の処理システムと考え，これを連続させるシステムの開発を行なった．

平常時にシステムを日常的に利用しているユーザに関して災害時の操作がスムーズに行なえるシステムを実現するため以下の点に取り組んだ．

- 平常時利用されるパソコン上で実現
- 簡易なシステム操作の実現
- 平常時と災害時の操作の共通化

それぞれの業務支援システムに必要な基本的要件は，以下であり

- 空間管理機能
- 履歴管理機能
- 文字・画像情報データベース機能

業務の主要な相違点は,
- 時間あたりの処理の集中度が異なる
- 時間管理の単位が異なる
- 個々の情報内容が異なる
- 帳票出力方式が異なる

ということがわかった．時間あたりの処理の集中度の違いに関しては，利用者の操作の問題と技術的な問題があるが，それ以外については研究が進められており（太田，1999）（畑山・松野，2000），技術的に解決することのできると考えた．利用者の操作の問題については，平常時に苦情処理システムを利用している職員を対象とした評価実験で，災害時の被害情報管理システムをスムーズに利用できることを確認した．ただし，自治体組織には定期的な人事異動があり，さらに，現実の災害対応では通常の職員だけでは対応できず，応援要員やボランティアなどシステム初心者が操作することも考えられるので，システムを機能させるためには効果的な導入マニュアルが必要である．本研究では，導入マニュアルの作成コンセプトについての提案・評価を行なった．このマニュアルは，基本的には平常時の苦情処理システムを利用するためのものであるが，災害時にも共通的な利用される部分とそうでない部分に分け，さらに共通部分についてはいくつかの読み替えを促すような工夫がなされたビデオ教材として開発した．

評価実験を行なったところ，平常時のマニュアルをもとに平常時の苦情処理システムを試用した人は，その後，説明なしに災害時の被害情報管理システムへのデータ入力を求められた場合，苦情処理システム試用時よりもスムーズにシステム利用に入り込めることを確認した．サンプル数が少ないため，統計的な分析はできないが，RARMIS概念実現の可能性は示されたと考えている．

(5) 地域コミュニティとの情報共有化に関する研究
　　　（1998年4月～　2001年3月）

災害直後に必要とされる作業として，住民の安否確認がある．この作業は，事前に住民の情報を時空間地理情報として管理しておけば簡略化されることが，防災訓練での適応実験によりわかっているが，ベースとなる住民情報を

どのように管理するかという課題が残る．自治体は住民基本台帳を持っているが，これは申請書ベースなので実際に住んでいる人と必ずしも一致しないし，個人情報保護の観点から住民課以外の部署に持ち出すことが難しい．そこで地域活動を行なっているコミュニティに情報システムを利用してもらい，地域の情報として住民情報を管理することでベースの情報とすることを試みた（畑山・正賀，1998，阿部ら，2002）．長田区内のいくつかの防災福祉コミュニティに，区役所で利用しているシステムと同じ基盤で動くシステムを持ち込みデータの維持管理に関する実験を行なった．自治体がベースとなる地図と GIS を平常時に地域に貸し出し，災害時には地域の情報を共有するという関係をつくることで災害時に情報面で地域と自治体の連携が可能になり，迅速で詳細な安否確認への第一歩となると考えられる．

5.3.4 災害時と平常時の連続性の実現に向けて

　上記のフィージビリティスタディを通して RARMIS 概念の一つの核である平常時と災害時の連続的な利用が可能な情報処理システムについて考察した．低頻度大規模災害である阪神・淡路大震災での支援活動から災害時に必要な要件をまとめ，高頻度中小規模災害と位置づけられる水害（新湊川の氾濫）での対応行動分析から，その妥当性を検証し，具体的な作業を明らかにした．さらに総合防災訓練において，災害時の対応行動に対して情報システムを利用した情報処理を行なうことで，内在するインプリメンテーション課題を明確化した．
　このような分析から，平常時と災害時の連続性を実現するシステムの構築に必要な課題として，データの収集と再利用性の確保，ソフトウエア操作者の訓練に焦点をあてた研究や検証実験を行なった．これらの研究結果から災害時での利用も考慮した平常時のシステム構築に関して様々な知見が得られたと考えている．またこれらの知見は，1999 年のトルコ・デュズゼ地震での被災地であるデュズゼ市（M.Hatayama *et al.*, 2003），2004 年の中越地震での被災地である川口町や山古志村などで利用され効果を挙げている（角本ら，2005）．

5.3.5　おわりに

　神戸市長田区でのさまざまな活動に関して，その概要をまとめた．これらの活動の詳細な成果に関しては参考文献を参照頂きたい．阪神・淡路大震災が発生したとき，コンピュータはまだ専用機であり，専門家の利用するものという印象が強かった．事実，本稿の活動の舞台である長田区役所にはパーソナルコンピュータは1台もなく，ワープロが2台あっただけであった．自治体職員もマウスに触れたこともない人ばかりで，情報処理システムの管理運用のハードルは大変高かったと記憶している．裏をかえせば，災害対応へのコンピュータ支援は阪神・淡路大震災を契機に始まったばかりともいえる．今後，このような作業をターゲットとする様々な情報処理システムが開発されると考えられるが，そのようなシステムの設計に対し，少しでも貢献でき，それが，災害時の被害軽減化につながるよう RARMIS 概念実現に関する研究に今後も取り組んでいくことを考えている．今後の課題としては，継続的な利用に向けての仕組みづくりと，個人情報保護の観点の捉え方という2点を重要視していく必要があると考えている．

5.4　行動としての防災学
　──西枇杷島町における家具転倒防止活動の取り組み

5.4.1　参加型リスクマネジメントの発展の可能性

　わが国は，近い将来における東海地震，東南海地震，南海地震の発生可能性が言われ，太平洋沿岸地域一帯の人口と一般家庭，企業，社会基盤等の莫大な資産がそのリスクにさらされている．中央政府，地方政府はこれに備え巨額の防災投資を行ない，災害時に備えた数々のシステム構築に努めてきた．しかし近年発生の緊迫性が増すにつれ，各人が自分の生命と資産を確保するためには個人，地域レベルの事前対応（プリペアドネス）が必要であるという視点が今までの防災行政に欠落していたと指摘されはじめている．この背景には，例えば，公共事業に対する説明責任の要請の高まりや，自己責任と

いう住民の意識の変容などがあるだろう．

　阪神淡路大震災から我々が得た教訓の一つは，平常時から地域がいかに地震発生時に自分達の身の上に及ぶ被害を想像し，備えることが重要かという点である．大規模地震が発生した場合，多数の地域が同時に被災するため外部からの救援が困難であることが予想され，被災直後は当該地域行政による救援・支援も有効に機能するとは限らない．したがって，個々の地域が自らその防災力を高め，自助努力によって災害発生直後の緊急時を克服することが重要となる．これを高めるためには，様々な主体の連携のもと防災活動に取り組んでいく必要があり，その手法の一つとして参加型コミュニティ・マネジメントがある．

　コミュニティレベルでのリスクマネジメントを実践するときには，災害時に，わが身や地域に起こりうる事態はどんなものか，それに備えるにはどんな行動をとるべきか，といった個々の住民の想像力や危険察知能力を向上させる取り組みが緊要である．そこで注目されるべき点は，これらのとりくみが行政主導ではなく，市民組織が自分達が直面しているリスクを認識し，行動に移すという新しい自助努力型のリスクマネジメントである点である．

　しかし行政主導型の防災に比べ自助努力型の事前対応は新しい取り組みであり，プリペアドネス向上のために効果的な規範的方法論は確立されていない．したがって防災に関わろうとする参加主体も日々模索しながら活動の幅を広げる試行錯誤段階にあるのが現状である．そこでここでは，実際行なわれている試みをシステム的視点から一定期間観察しモデル化することで，プリペアドネス向上を目的とするコミュニティ型防災の方法論に向けた試みを紹介する．

　また最後には，このモデル化によって指摘できる防災の専門家とコミュニティレベルでの防災活動の間の新しい関係性を指摘する．それがアクションリサーチと呼ばれる手法であり，専門家が単に客観的観察者にとどまらず，我々が学術的研究成果として蓄積してきた知識を積極的にコミュニティにおける防災に還元させる両者のつなぎ目や原動力の役割を果たす．防災に関わる専門家は大小の差はあれ，地域社会とのかかわりを持たざるを得ない．特にコミュニティレベルの防災においてコミュニケーション能力を持つ専門家が必要とされる理由を述べ，そのあり方について考える．

5.4.2 西枇杷島町における一連の取り組み

愛知県西春日井郡西枇杷島町（現・愛知県清須市）が防災活動や防災ボランティア活動の重要性に着目したきっかけは，2000年9月に東海豪雨災害で甚大な被害を被ったことに端を発する．豪雨災害によって日頃の備えの重要性を認識した町では，この直後に，西枇杷島町ボランティア連絡協議会が災害Ｖ（ボランティア）部門を再発足させた．また，そのころ中央防災会議や政府，マスコミを通じて東海地震の発生の可能性が頻繁に報じられ始め，それも町での防災活動の気運を高めた．そんな中，2002年12月頃よりボランティア連絡協議会会長を中心に，町ぐるみで家具転倒防止活動の可能性の模索が始まった．そして，2003年3月に，名古屋を拠点に事前防災の普及活動を行う特定非営利活動法人レスキューストックヤードに助言を請うこととなる．レスキューストックヤードは前年，名古屋市千種区東山学区にて家具転倒防止ワークショップを行っており，その経験を踏まえ，西枇杷島町における家具転倒防止プロジェクトを提案した．それは，地域防災を議論するワークショップで地域住民の防災意識を喚起し，そして家具転倒防止ワークショップへとつなげるというものであった．このように，同年5月に開催されたワークショップ「地域の防災をみんなで考えよう」では約70人の住民が参加し，災害に対する地域の課題を出し合い，その解決策を議論した．そして同年12月の家具転倒防止ワークショップにおいては，80人以上の参加者が阪神・淡路大震災の記録から家具転倒防止の重要性を学び，実際に同町の高齢者や障害者が住む自宅にて家具の固定を行った．

レスキューストックヤードが家具転倒防止作業の普及を重要視してきた理由は，いくら家屋構造が頑健であっても家具が固定されていなければ下敷きになって死亡するリスクが非常に高いという事実の他に，家屋の耐震改修に比べ家具転倒防止作業は物理的，金銭的障壁が低く，心理的コストも小さいために地震への備えの出発点として適しているという点が挙げられた．それに加え，ワークショップを開催することで，家具転倒防止の効果や家具を止める必要がある理由を参加者に考えてもらう機会を設定することで，実際の災害のイメージを形成してもらうという重要な副次目的を兼ねていた．

西枇杷島町での取り組みの問題となったのは，家具転倒防止作業は実際

には家具や家屋構造に関する専門的技術が要求され，家具転倒の専門家なしには成り立たないこと，および転倒防止作業を行なうために他人が寝室に上がりこむために，それが住民の作業に対する心理的コストを増加させている点などが浮上した．

本稿ではこの西枇杷島町における防災を取り巻く場及びその経過を研究対象と定め，場が大きく変化したと考えられる2000年9月東海豪雨災害，2003年3月家具転倒防止プロジェクト開始，同年5月ワークショップ「地域の防災をみんなで考えよう」開催，同年9月「わいわい防災訓練」開催，同年12月家具転倒防止ワークショップ開催の各時点における調査・分析を行なった．

5.4.3 人的ネットワークの形成に着目したゲームモデル化

プリペアドネスの向上には，防災活動を持続的に展開していくことが重要であるが，それを推進し維持していくための人的ネットワークの基盤の形成過程に着目する．すなわち地域において防災活動を企画し，それを地域に定着させていく過程で，各参加主体がどのように連携し，あるいは役割分担する体制が築かれていくのかについて考える．Okada(1993)は人的ネットワーク形成をそれに関わり参加している主要な主体が演じる役割分担ゲームモデルとして捉え（鈴木，1991），ゲームに参加する各主体をそれぞれの役割をもって協力・分担し合うプレイヤーであるとみなした．さらにプレイヤーたちはある活性化の事業（ゲーム）を達成するために互いにつながりを広げあい，互いに意思疎通を図りながら組織を活用し，その形を変化させていくものとした．本研究ではOkada (1993)が仮定した9プレイヤーに，コミュニティ・マネジメントにおいて重要な役割を果たすと思われる7プレイヤー（プロンプター，調停者，ファシリテーター，模倣者，観察者，記録者，診断者）を追加した以下の16のプレイヤーを仮定する．それらは，起案者（I），プロンプター（P），同好の士（C），理解者（A），指揮官（D），調停者（A），ファシリテーター（F），技術支援者（T），宣伝者（CR），資金提供者（F），ネットワーカー（N），ユーザー（U），模倣者（IM），観察者（O），記録者（AC），

診断者(DG)である.

　これらの取り組みにおける参加プレイヤーの関係を現地での聞き取り調査をもとに整理したものが表5.4.1,図5.4.1から5.4.5である.この図の中でリンクが二重線のものは同一主体を表し,双方向の矢印はその両端が意見を交換したり,影響しあう相互のコミュニケーションを表す.また一方向の矢印は矢印の向いている方向に何かを依頼したり,影響を及ぼすことを表す.

　この地域の人的ネットワークの変化と大地震に対するプリペアドネスとの関係について,「ネットワーク形態が進化すると地震に対するプリペアドネスが高まる」という仮説をたて検証する.ここで「地域コミュニティ帰属型人的ネットワークが進化する」とは,ネットワーク内に以下のいずれかの変化が認められることと定義し,また複数の変化が生じれば,ネットワークの進化が著しいと判断する.

①中核結合体(ネットワークの中枢的な役割を果たす主体の集合)ができる
②中核結合体が促進結合体(地域の外部から内部に働きかける形で,中核結合体をサポートし防災活動を促進する主体の集合)と結びつく
③各プレイヤーの役割の多様化と支援ネットワークの増結,ネットワーク全体の複雑化

　図5.4.1から5.4.5ではネットワークの中央に暗い円に囲まれたトライアングルが存在するが,これが中核結合体である.それに対して,図の上部に位置する長方形の集合が促進結合体である.また時間の経過に従い役割の多様化と支援ネットワークの増結,さらにネットワーク全体の複雑化も読み取ることができる.このネットワークの進化により,一連の防災活動を実行に移し,その結果2003年9月には町内12地区が自発的に防災マップ作りや,炊き出し訓練,応急救護訓練を実施,同年12月の家具転倒防止ワークショップにおいては実際に家具の固定を行なった点,が観察できた.これらの事実は当該地域のプリペアドネスが一定程度向上していることを否定するものではない.

　上記にあげた事実の他,一部の地区において自主防災組織を作る動きや,老人や障害者などの情報の管理なども計画されている.このように,今回の一連の取り組みの結果,地震防災に対する町や住民の意識に変化が起きていることは疑いのない事実である.つまり上述の仮説は現段階では反証性に耐

表 5.4.1　参加者の役割の位置づけ

時期 プレーヤー	2000 年 9 月 東海豪雨災害直後	2003 年 3 月 家具転倒防止プロジェクト開始時
起案者（I）	ボランティア連絡協議会（I1）	A 氏（I2）
プロンプター（P）	東海豪雨災害（P1）	レスキューストックヤード（P2）
同好の士（C）	西枇杷島町（C1） 社会福祉協議会（C2）	B 氏（C4） C 氏（C5）
評価者（理解者）（A）		西枇杷島町（A1） 社会福祉協議会（A2）
指揮官（D）		ボランティア連絡協議会（D1）
仲介者　調停者（AR）		
ファシリテーター（FC）		
技術支援者（T）		レスキューストックヤード（T1）
宣伝者（CR）		
資金提供者（F）		
ネットワーカー（N）		
ユーザー（U）		
模倣者（IM）		
観察者（O）		
記録者（AC）		
診断者（DG）	京都大学防災研究所（DG1）	京都大学防災研究所（DG1）

2003年5月 「地域の防災をみんなで考えよう」開催時	2003年9月 わいわい防災訓練実施時	2003年12月 家具転倒防止ワークショップ開催時
A氏（I2）	B氏（I3）	A氏（I2）
レスキューストックヤード（P2）	レスキューストックヤード（P2）	
B氏（C4） C氏（C5）	社会福祉協議会（C2） ボランティア連絡協議会（C3）	B氏（C4） C氏（C5）
西枇杷島町（A1） 社会福祉協議会（A2）		西枇杷島町（A1） 社会福祉協議会（A2）
ボランティア連絡協議会（D1）	各地区長（D2）	ボランティア連絡協議会（D1）
レスキューストックヤード（FC1）		レスキューストックヤード（FC1）
レスキューストックヤード（T1） 講師（T2）	レスキューストックヤード（T1） ボランティア連絡協議会（T3）	レスキューストックヤード（T1） 震災から命を守る会（T4） 建築協力会（T5） 建築士協会（T6）
西枇杷島町（CR1） 社会福祉協議会（CR2） ボランティア連絡協議会（CR3）	西枇杷島町（CR1） 社会福祉協議会（CR2） 各地区長（CR5）	町（CR1） 社会福祉協議会（CR2） ボランティア連絡協議会（CR3） 中日新聞社（CR4） レスキューストックヤード（CR6）
社会福祉協議会（F1）	西枇杷島町（F2）	社会福祉協議会（F1）
レスキューストックヤード（N1）		レスキューストックヤード（N1）
町民（参加者）（U1）	町民（U1）	依頼者（U1） 参加ボランティア（U2） 外部ボランティア（U3）
		他複数市町村（IM1） 尾張広域災害ボランティアネットワーク（IM2）
京都大学総合人間学部（O1） レスキューストックヤード（O3）		京都大学総合人間学部（O1） 京都大学防災研究所（O2） レスキューストックヤード（O3）
京都大学総合人間学部（AC1） レスキューストックヤード（AC3）		京都大学総合人間学部（AC1） 京都大学防災研究所（AC2） レスキューストックヤード（AC3）
京都大学防災研究所（DG1）	京都大学防災研究所（DG1）	京都大学防災研究所（DG1）

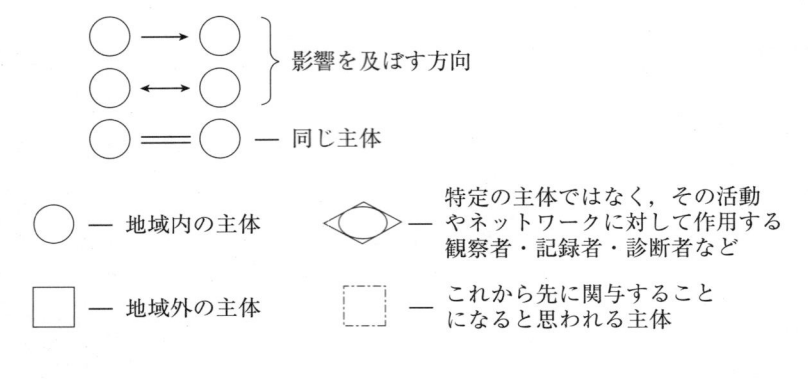

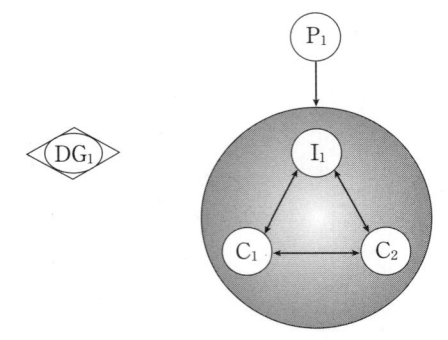

図 5.4.1　2000 年 9 月 東海豪雨災害直後のネットワーク

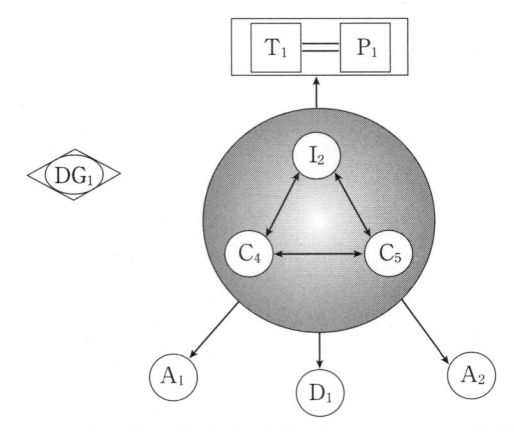

図 5.4.2　2003 年 3 月 家具転倒防止プロジェクト開始時

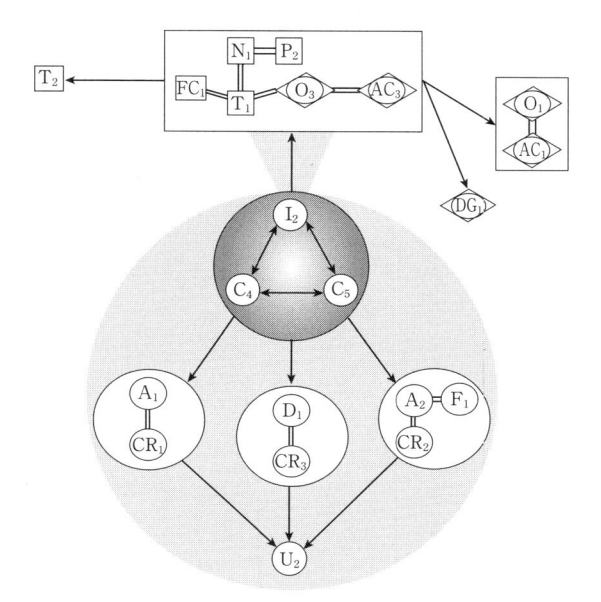

図 5.4.3　2003 年 5 月「地域の防災をみんなで考えよう」

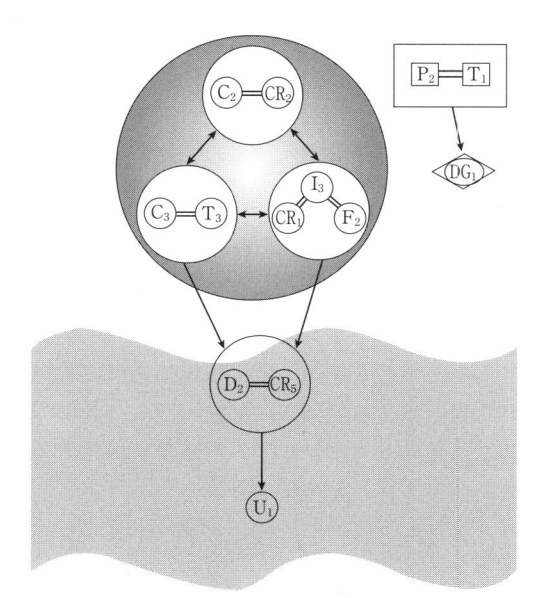

図 5.4.4　2003 年 わいわい防災訓練

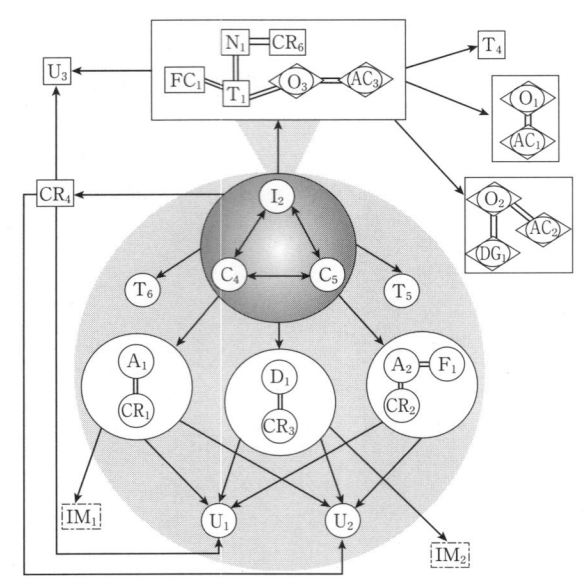

図 5.4.5　2003 年 12 月 家具転倒防止ワークショップ

えうる形で有効であると考察できるものの，ワークショップ参加者がその後に防災対策をどれほど実行に移したかなど，さらなる調査を行なわなければ具体的にどの程度プリペアドネスが高まったかは，この観察結果からでは判断することはできず，今後の継続的観察結果を待たねばならない．

　この取り組みにおける外部者の存在について考察する．地域において，防災活動を起案するプレイヤーが自発的に現れ，地域内だけで実行に移すのに十分な知識やネットワークが存在するケースは非常に稀だと考えられる．西枇杷島町の事例でも，プロジェクトの初期の段階における中核結合体の誕生やその結束の維持，またネットワークの複雑化の過程において，地域外からのサポートすなわち促進結合体の活躍が目立った．その中でも中心的な役割を担ったのが，防災活動の専門家として名古屋市を拠点に全国的に活動している特定非営利活動法人レスキューストックヤードである．各地での防災活動で得た知恵と外部者ならではの中立性や外部のネットワークをもって地域の防災活動を促進する役割を担っている．またレスキューストックヤードがネットワークによって繋いだ防災の専門家や大学の研究機関などの協力も一

連の活動においては大変重要であったと考えられる．

5.4.4 アクションリサーチにおいて専門家が果たす役割

地域におけるリスクマネジメントの方法論の理論的ベースとして適応的マネジメント（Adaptive Management）の適用可能性が考えられている．生態学や環境問題へのアプローチとして適用されている適応的マネジメントの特徴は，マネジメントに必要な情報は最初から与えられているわけではく，Plan → Do → See のサイクルを繰り返しながら新しい情報に更新していく点である．また，住民参加型のマネジメントであることも要求されている．

通常個々の地域は外部者からは知りえない困難な様々な事情を抱えているものであり，またその事情は刻一刻と変化するものでもある．そのような状況下では，地域からのフィードバックをもとに，外部の主体が地域における防災活動をサポートし，プリペアドネスの向上の程度を観察し評価するために，その地域に密着して活動（定点活動）を行なう必要がある．一度や二度の活動で地域の全容を理解し，そのプリペアドネスを十分なレベルまで持っていくことなど到底不可能だと考えられるからである．また長い期間関与を続けても，地域を遠くから眺めているだけではその地域を本当に理解するのは困難である．時には内部に入り込んで観察あるいは共同作業をするということが必要になる．これは「対象からの中立性」にこだわらない Action Research 型の科学的アプローチを取ることを意味する．Action Research 型アプローチを採用すると，分析者は単なる観察者ではなくネットワーク内部に影響を及ぼす主体とみなされる．上記の西枇杷島町における取り組みにおいても，今後は「内部者としての分析者」としてネットワーク内部に関与し，単なる観察結果の取得が目的でない，先述の PDCA サイクルを効果的に循環させるための分析方法の構築しなければならない．また西枇杷島町においても継続的に定点活動をすることで地域内に起きた変化，あるいはこれから起きる変化を観察，記録，診断していくことが必要である．

すなわちコミュニティレベルの防災における専門家には二つの役割が求められている．一つは「リスクマネジメントの専門家」としての役割であり，

この立場に立ったとき専門家はマネジメントのステークホルダーの一部として「場」に内部化されているべきである．そして地域住民との共同作業や共有体験，意見のやり取りなどを通じ，相互に学習するという役割を担う．もう一つの役割は，マネジメントプロセスの「客観的観察者」として，リスクコミュニケーションの達成度，有効性を評価することが求められる．内部化されただけの研究者による分析は普遍性を有するとは言いがたく，また外部からの観察だけではリスクコミュニケーションにおける相互学習過程の特有性を捉えることが困難になるだろう．よって両者はどちらも欠くことはできず，かつ専門家自身が意識的に使い分けなければならない．

　さらにこのようなアクションリサーチ型研究が目標とするマネジメントの有効性評価手法の確立に際しては，リスクコミュニケーションの積み重ねの結果，実際に地域コミュニティにおける震災リスクが軽減されたのかを定量的に評価する枠組みの構築が求められる．その枠組みの一部として私が修士論文で提案した認知リスクバイアスの計測手法を用いて個々の住民が表明する認知リスクの形成過程とマネジメント・サイクルの繰り返しにともなうリスク態度の変遷過程を観察・分析することにより，参加型リスクマネジメントにおける効果的かつ効率的なリスクコミュニケーションの方法論を体系化する．また，コンジョイント分析や因子分析など，旧来の費用分析手法や統計的手法に加え，ファシリテータや住民への個別のインタビューなど社会学的手法も積極的に取り入れ，総合的な地域マネジメント手法としての体系化を目指す必要がある．

　ただし，災害リスクの問題における地域の固有性を認めていることはまた，同じ手法が異なる地域で異なった問題に適用できるかどうかは明確ではないことを意味している．したがって，各種調査を通して適応的マネジメントが日本の震災リスク軽減に対する地域マネジメントに適しているかどうかを見極める必要がある．特に参加型のアプローチを地域によって実践するということは，前述の「場」における専門家と市民の共有体験であり，共有体験から専門家がより双方向的な調査論を確立しなければならないであろう．

5.5 利用者の受容性を考慮した情報処理技術の
インプリメンテーションプロセス——鳥取県智頭町を対象として

5.5.1 はじめに

　近年，情報処理機器の高性能化と低コスト化により，高度な情報処理技術を用いたソフトウエアが，安価なパソコンで動作するようになった．また，インターネットの普及により情報ネットワークの利用が容易になったことで，電子情報の共有化を用いた高度な情報システムの構築も容易になった．しかしながら利用者の立場から見ると，ハードな技術や機能は高度になっても，利用のしやすさは必ずしも一概に進展しているとは限らない．また個人利用が対象の場合と，集団利用が対象の場合とでは，状況が異なる．その結果として自治体などの集団利用を前提とする機関への高度な情報システムの導入は，当初予定していた効果を十分に満たしていない例が数多く存在する（秋元，2002）．

　本稿では，鳥取県智頭町を対象地域とし，「地域生活空間創造情報システム整備事業」の成果として導入された「ひまわり（智）情報システム」の開発過程を含む導入過程を事例として，情報技術のインプリメンテーション（システム供用から利用までの）プロセスに関する考察を行なう．

　本研究のきっかけは，システムが，智頭町役場に導入後一年を経た平成13年4月時点で開発時の目的の大部分を果たすことなく，そのままにされていたことに端を発している．そこで筆者らは，この普及阻害原因についてまず分析を行ない，それが情報処理システム導入時における利用者と開発者の間に存在する認知のずれによるところが大きいことを確認した．そこで，状況を改善するため，筆者ら自身がまず地域における利用者のニーズを再点検・再発掘することを試みた．その上ですでに導入済みの情報処理システムの機能と利用のしやすさを検証し，利用者のニーズとリテラシーから定義される初期段階における受容性を考慮に入れた補正的・簡便的な導入方法を考案した．さらに，提案手法に沿った導入方法で再度導入実験を行ない，最後にその効果の評価・検証と，智頭町の今後の取り組みならびに今後の課題について言及する．

5.5.2 対象地域における情報処理システム導入事例

対象地域である鳥取県八頭郡智頭町は，鳥取県東南部に位置する，人口1万人弱の中山間地域である．この町では，地域活性化を目指した様々な活動が十数年展開されている．この活動は「交流」を通じて「生活」と「生産」の質を高めることで，「智頭の良さを受け継ぎ発展させるしくみづくり」を目的としており，この枠組みで「ひまわりシステム」や「日本1/0村おこし運動」といった取組みが始められ，かつ，継続されている（岡田ら，2000）．

(1) 集落活性化活動と情報コミュニケーション

「ひまわりシステム」は，町役場と郵便局という異なる行政機関が連携した取組みであり，町内全域を回っている郵便外務職員による福祉サービスである．対象者は，自前の交通手段を持たない概ね70歳以上の比較的元気な独居高齢者であり，生活用品や薬などの買い物代行などの具体的なサービスと同時に「声かけ」サービスが行なわれている．また「日本1/0村おこし運動」は，集落単位のコミュニティが自身で身の丈にあった地域のビジョンを作り，小さくてもできることから行動していく（ゼロからイチを生み出す）ための住民自治形成モデル事業で，智頭町が町おこしグループの知恵を借りながら考案し，導入したものである．この活動に参加するためには，集落の全住民を構成要因とする集落振興協議会の設置が義務付けられており，参加が認められた集落は町役場からの人的・資金的援助を受けることができる．現在は，全体の約20％の集落がこの活動に参加し，着実に見える成果が参加集落ごとに出ており，全国的にも大きな反響を呼んでいる．

これらの活動は住民同士のふれあいの場を提供し，コミュニケーションを促進させることで，地域を活性化させる結果となっている．中でもフェース・ツー・フェースコミュニケーションの役割は重要である．しかし，住民の高齢化と地域全体の過疎化が同時進行する中山間地域においては，集落の多くは地理的に分断され，分散して立地している．この問題を補完的に解決する一つの手段として，情報ネットワークを用いたコンピュータシステムによる

コミュニケーションが考えられる．本研究では，このコミュニケーション方法を「情報コミュニケーション」と呼ぶことにする．

(2) 「ひまわり（智）情報システム」の開発と導入

上述した「ひまわりシステム」，「日本1/0村おこし運動」などの新しく生まれつつある社会システムを育成し，活用するため，町役場と町内の多数の機関同士での情報コミュニケーションを行なうシステムとして，智頭町では「ひまわり（智）情報システム」が2000（平成12）年8月に導入された．このシステムは，地理情報システム（GIS）をベースとした空間情報管理システムであり，役場・郵便局・集落公民館・福祉機関・学校・医療機関・商店等を一般公衆電話回線で接続し，行政サービスや商品の予約，行政・商店・集落の情報の受発信，さらに災害時の状況把握などを行なうシステムである．開発・導入過程の概略は以下のようになる．

- <u>1998年7月</u>　町役場内に，地域の情報化，行政の情報化についての勉強会（月1回開催）が発足．
- <u>1998年9月</u>　研究会名称を「鳥取県智頭町行政情報システム研究開発研究会」とする．メンバーは，町役場職員と外部有識者により構成．
- <u>1999年2月</u>　通産省（現経済産業省）の外郭団体の「地域生活空間創造情報システム整備事業－地域ニーズ型生活空間創造部門」（ニューメディア開発協会，2001）に，開発テーマ名「鳥取県智頭町ひまわり生活空間創造情報システム」で応募．目的は，智頭町内の集落を公衆回線で結ぶことによって実効的な距離を縮め，行政・福祉・防災などの公的アプリケーションと，農協・商店などによる取引等が可能な情報システムの開発．この時点で，鳥取県智頭町行政情報システム研究開発研究会にシステム開発企業6社からなるコンソーシアムが参加．
- <u>1999年7月</u>　提案が採択され，事業計画1年で整備事業開始．整備事業の進行状況を図1に示す．
- <u>2000年8月</u>　地域生活空間創造情報システム整備事業終了．

ここでは，本事業が外部の団体が率先する形で誘導的に導入されたものであり，その意味で智頭町の地域の人たちから見ると，十分にシステムの全体

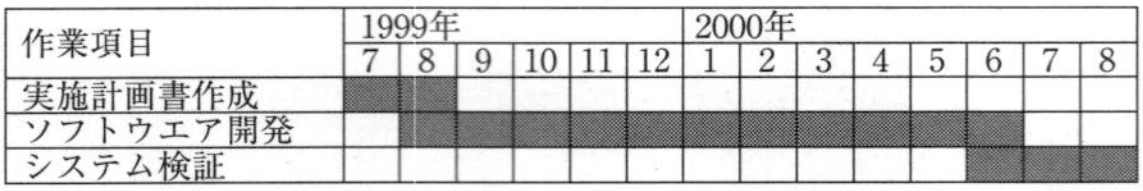

作業項目	1999年						2000年							
	7	8	9	10	11	12	1	2	3	4	5	6	7	8
実施計画書作成														
ソフトウエア開発														
システム検証														

図 5.5.1　地域生活空間創造情報システム整備事業の進行状況

的な機能とその必要性を認識しないまま，ある種「押しかけ的に降り立つ」方式であったということを指摘しておこう．

(3)　「鳥取県智頭町ひまわり生活空間創造情報システム」の目的

ひまわり生活空間創造情報システム（以下ひまわり（智）情報システム）は，過疎と高齢化が進む中山間地域という特徴を持つ町村に適用することにより，分散した集落を安価な公衆網で結び，実効的な距離を短縮することで時間と距離のハンディキャップを克服し，地域の生活空間を拡大するという効果をもたらすことを目的としている．つまり，このプロジェクトにおける生活空間拡大とは，情報システムにより中山間地域に存在する絶対距離を縮めることと解釈できる．この効果は，ひまわり（智）情報システムの利用を想定している町役場・集落・福祉機関・公共機関・商店の各関係者にモニターとして，システムを用いた各自から地域への情報発信，人と人による福祉サービスの拡大及び時間短縮を体感してもらうことにより検証を行なうこととしている．

(4)　「ひまわり（智）情報システム」の機能

「ひまわり（智）情報システム」は，自律分散通信機能を持つ，時空間データ管理が可能な GIS（畑山ら，1999）を基盤とし，情報通信，地図表示・更新・検索・印刷の共用アプリケーション機能と，以下の五つの支援機能を持つシステムである．

- ●ひまわりサービス支援機能
  町役場向けに，行政情報の発信，行政宛ての受信情報検索，行政サービスの

予約申込，手配，受取確認機能を提供する．
- ひまわり販売支援機能
  商店向けに，商店情報（広告）の発信，商店向け情報の検索，商品注文の予約申込の受付・手配・受取確認機能を提供する．
- ひまわり集落支援機能
  集落向けに，集落活動情報の発信，集落住民宛ての受信情報検索，集落住民の行政サービス及び商品の予約申込機能を提供する．
- ひまわり声かけ支援機能
  福祉機関向けに，ヘルパ等の集落高齢者訪問予定の入力，地域ヘルパ等による声かけ状態の確認機能を提供する．
- ひまわり防災支援機能
  防災対策本部（役場）及び災害現場向けに，災害対策本部での災害現場画像の表示，災害現場からの現場画像の伝送による報告機能を提供する．

図5.5.2に各機能間の関連を示す．

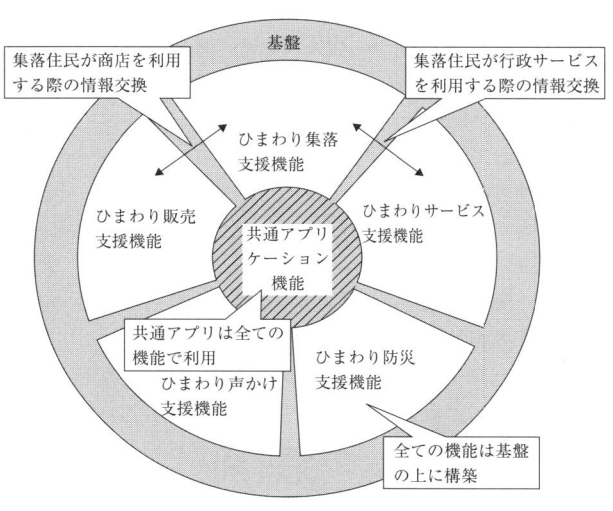

図5.5.2　各機能間の関連

5.5.3 地域生活空間創造情報システム整備事業におけるシステム検証

11ヶ月の開発期間を経て完成した「ひまわり（智）情報システム」に対して，整備事業の最終段階でシステム検証を行なっている．システム検証報告書にまとめられた六つの検証項目に対する検証結果をもとに開発当時のユーザの認識について考察する．

- 町役場における生活空間拡大効果

役場において，行政情報発信，行政情報サービス申込受付，防災支援について検証が行なわれ，その効果として「従来行政から集落住民への情報発信は，月1回の広報と防災無線のみであったが，文書やメッセージだけでなく地図と関連した情報を必要なときに必要な場所へ発信することが可能となった．また，集落住民が役場まで行かなくても行政サービスの申込が可能となった．災害現場では，画像の伝送によって，正確に被災状況を把握できることが可能となった．」としている．

- 福祉機関及び公共機関における生活空間拡大効果

福祉機関及び公共機関では，高齢者の声かけ（訪問予定），情報の発受信について検証が行なわれ，その効果について「ホームヘルパの訪問予定の粗密の調整や訪問先の位置確認がしやすくなった．また他の福祉機関に訪問予定を送信することができるようになったため，重複訪問が発生しないように日程調整を行なうことが可能となった．小学校では，このシステムを授業に取り入れたいとの声が聞かれた．」としている．

- 商店における生活空間拡大効果

商店では，情報発受信，販売支援について検証が行なわれ，その効果として「コストの面で月1回しか発行できなかった広告を，システムを通じて随時発信できるようになった．また，注文を電子文書データで受け取るため，見積もり計算や検算の省力化の方向が見えてきた．」としている．

- 集落における生活空間拡大効果

集落では，情報発受信，申込注文予約について検証が行なわれ，その効果として「集落同士における町おこし活動の情報交換は，年に1度開催される成果発表会だけであったが，お知らせや報告書等の情報交換が随時できるようになった．また，画像データを利用することによりお互いに顔が見える情報交換が可能となった．公民館にシステムを設置することにより，役場に出

向かずに行政サービスを利用できるようになった.」としている.また,問題点として「公民館が随時開錠しておらず,高齢者の申込代行を行ないにくいことが明らかになった.」としている.

● 災害現場における生活空間拡大効果

災害現場では,画像伝送報告についての検証が行なわれ,その効果として「地図とリンクした画像データを用いることで,従来の業務無線や電話での報告に比べ,情報の正確さ,豊富さが格段に向上した.」としている.また,問題点として「携帯電話の電波状態によっては使用できないという課題が明確になった.」としている.

● 地域における相乗的な生活空間拡大効果

検証手順の枠をはずした視点から様々な人がモニターとなり,システムの検証が行なわれている.「人と人による福祉サービスの向上」「実効的な時間短縮」「利用サービスの拡大」「地域情報の共有」「各期間の連携」に関して,高い評価がなされ,「集落住民個人へのシステムの導入」「導入集落の増加」「画像データを利用した医療への活用」「利用できるサービスの拡大」などの要望があげられている.

最後に総括として「システムを導入した数は限られているが,各自から地域への情報発信,人と人による福祉サービスの拡大及び時間短縮を実現できた.また,引き続きシステムを利用したいという多数のモニターの意見から,智頭町では,運用のするための計画を具体的に検討していくこととなった.」としている.この検証結果をみると「ひまわり(智)情報システム」は計画書立案時に提案していた機能をほぼ実現しており,ユーザ側からも利用したいという要望や,様々な活用方法の提案がなされるなど非常に期待は高かったと考えられる.

しかしながら,2000年に整備事業が終了し,供用された後は,実質的な利用には至っていない.この意味では,上記のシステム検証はあくまで事業導入側の想定にとどまっており,ユーザからは生活空間の拡大という本来の目的に関する検証とはわからない.これは,評価方法に問題があると考えられる.上記の評価は,以下の手順で行なわれている.

①システム開発者が,対象ユーザに対してデモと説明を行なう.
②ユーザ自身がシステム開発者の補助の下操作体験を行なう.
③ユーザに対してヒアリング調査を行なう.

この手順では，システムの機能に関する評価は可能であるが，本来の評価の視点である生活空間拡大効果をもたらす実運用の可能性までは，ユーザには評価できない．そこで次章では，システム普及阻害要因について分析を行なうことにする．

5.5.4　システム普及阻害要因の分析

「ひまわり（智）情報システム」について，利用者へのアンケート調査の結果から考察する．アンケートは，システム導入から約1年が経過した2001年12月に，システムの代表的利用機関である町役場と郵便局の全職員を対象に行なった．配布数は，全職員にあたる町役場100，郵便局23で，有効回答数は，町役場80，郵便局23であった．アンケート項目は，基本項目としてコンピュータに対する抵抗感と日常業務での利用状況に関するもの4項目，「ひまわり（智）情報システム」に対する認知度，利用状況に関するもの10項目である．この結果から，対象となった利用者は，コンピュータに対する抵抗感はあまりない（66/103），システムの認知度もある（75/103）ことがわかった．しかし，ほとんどのコンピュータにインストールされておらず（町役場：52台のパソコンのうち7台，郵便局：18台中2台）利用経験者を含めても利用者はほとんどいない（町役場：パソコン利用者52人中5人，郵便局：18人中5人）状況である．利用しない理由として「何ができるのかわからない」，「業務に直結しない」という理由が圧倒的多数であった．前者は，機能レベルでの認知がなされていないことを指し，後者は，実現した機能が利用者のニーズに合っていないということを示すと考えられる．そこでシステムの持つ機能と業務との関係について詳細に考察することにする．

- ●基盤と共用アプリケーション

　　自律分散通信を用いたシステムは，ピア・ツー・ピアでのデータのやり取りを行なうことで情報を共有する方式であり，セキュリティを考慮すべき情報の共有に有効である．また，通信手段を問わない情報共有は，多様な媒体から状況にあわせて通信手段を選択できるということを示し，これは通信トラ

ブルに対するリスク分散を可能にする．しかし，「ひまわり（智）情報システム」では，公衆回線を用いた情報交換に限定されたシステム構成として開発が行なわれている．このため，この整備事業の後，智頭町に整備された町内 LAN はこのシステムでは有効に利用できない．町役場職員は，町内 LAN を用いて事務作業を行なっており，情報共有のために，パソコンに公衆回線を接続する必要のあるシステム構成は，煩雑に感じられたと思われる．また，地図を用いたインターフェースが前面にでるソフトウエア構成は，地図ソフトの利用経験のない職員にとっては，なじみがないため，十分なトレーニングなしでは何ができるのかを理解することも困難であったと考えられる．

●ひまわりサービス支援機能

行政情報の発信と行政サービスの予約申込・手配・受取確認を行なう機能である．前者のニーズは，不特定多数の住民への情報公開であるため，インターネット上でのホームページの作成が適切な実現手段であったと思われる（現在はそのように実現されている）．後者は，住民票などの発行予約であり，住民と行政の双方向情報交換ではなく，住民から行政へ依頼に過ぎないため，インターネット上での申し込みシステムで十分にその役割を果たす．その後，行政サービス予約システムは，インターネット上に作られたが，実際の書類は，法律上郵便配達等で配送することができないため，時間的，空間的な効率化にはつながらないことがわかっている．

●ひまわり販売支援機能

商店情報（広告）の発信と商品の予約，手配，受取確認を行なう機能である．ひまわりサービス支援機能と同様の理由で，インターネット上で実現した方が，効率がよいと考えられる．

●ひまわり集落支援機能

集落情報の発信と，集落住民のひまわりサービス機能，ひまわり販売支援機能の利用インターフェースを提供する機能である．前者は，インターネット上での実現の方が，効率がよく，後者は提供される機能がインターネット上での実現の方が効率が良いことがわかっているので，この形態のシステム上に構築する必要はない．現在，いくつかの集落では，「日本 1/0 村おこし運動」の成果を独自のホームページ上で公開している．

●ひまわり声かけ支援機能

福祉機関向けに，ヘルパ，ひまわりシステム等の集落高齢者の訪問予定の入力と地域のヘルパによる声かけ状態の表示を行なう機能である．この機能については，高齢者の個人情報に関する情報というセキュリティレベルの高

い情報を取り扱うため，自律分散通信は有効である．また，高齢者への訪問予定の調整は，業務上必要とされている機能である．

● ひまわり防災支援機能

災害対策本部（町役場）と災害現場間での，情報の共有を図る機能である．この機能は，災害時での利用を想定している．この機能での情報共有は，災害により起こりうる通信トラブルに強い自律分散通信を用いることが有効であると考えられる．この機能は，平常時の機能の延長として災害時の機能を開発するという RARMIS コンセプトに基づくものであり，その他の支援機能が十分に利用されていないときは利用可能性は低い．実際，2002 年 1 月に起こった千代川土砂崩落事故時には，町役場職員が利用を試みたが，失敗に終わっている．

上記の考察から，その機能の認知度の低さゆえに利用されていなかったのは，ひまわり声かけ支援機能のみであり，ひまわりサービス支援機能，ひまわり販売支援機能，ひまわり集落支援機能については，その必要性は認められるが，実現方法に対して，利用者と開発者の意図の間にずれがあったと考えられる．さらに，ひまわり防災支援機能については，その他の機能が利用されていないことが利用できない原因となっていると考えられる．

さらに，実現方法に関する認識のずれがどこにあったのかを考察する．本システムの開発者の視点から見た特徴は，時空間情報を自律分散型で管理するコンピュータソフトウエアの部分であり，基盤と共通アプリケーションでこれを実現している．しかし，それだけでは具体的なイメージがわかないため，地域活動を支援する機能を，この特徴を有効に使うアプリケーションの例として作成している．つまり，「地域生活空間創造情報システム整備事業」の情報システム整備の部分に着眼し，情報システム＝コンピュータシステムと考え，整備事業の推進を行なったと考えられる．しかし，利用者側は，「地域生活空間創造情報システム整備事業」の地域生活空間創造の部分に着眼し，情報システム＝情報（電子情報に限らない）を取り扱うシステムととらえたと思われる．このため，期待したのはコミュニケーション支援システムである各支援機能であり，人間系も含めた社会的な意味でのシステムとして機能することを求めたということが，ヒアリング調査からわかっている．この認識のずれが実際に利用されないという状況を生み出したと考えられる．

5.5.5 情報処理システム導入過程における問題点

5.5.4での事例分析の結果から，情報処理システムの導入過程において，開発者と利用者には様々な認識のずれがあることがわかる．それらを整理すると，以下のようになる．

(1) 技術に対する認識のずれ

この問題は，システム開発過程で生じる．開発者と利用者が，システムに必要不可欠な機能を決める．実際には，利用者のニーズを十分に理解した開発者が，それらを最も効率よく実現するための技術を提案し，プロトタイプシステムなどを利用して，その技術に対する両者の認識のずれを修正する過程が必要である．しかし，「ひまわり（智）情報システム」の基盤で用いているような，自律分散通信機能や，時空間データ管理などの高度な情報技術を使う場合は，利用者，開発者だけでは認識のずれは解消できない．これを解消するためには，その技術に対する有識者の補助を受けた形での3者による認識あわせが必要となる．

(2) 情報リテラシーの二つの側面の認識

この問題は，利用者の技術に対する知識不足と，開発者の利用者の知識不足に対する知識不足の二つの知識不足を指す．前者は，情報リテラシーの格差による問題として一般に取り上げられる問題である．後者は，システム開発者のような情報処理技術に精通した人の間での常識は，時として情報処理技術に精通していない人にとっては理解しがたいものであることを示している．例えば，「ひまわり（智）情報システム」では，画面インターフェースがすべて地図システムを中心として構成されていたが，これは地図システムを開発している技術者にとっての常識であって，地図システムの利用経験のない人にとっては，理解が難しいインターフェースであったといえる．

(3) インプリメンテーションプロセス技術の不足

この問題は，インプリメンテーションという単語の持つ意味の解釈の違いから発生している．情報処理技術者の間では，この単語は，「仕様に基づいて実際にハードウエアやソフトウエアを構築すること」を指す（富沢，2003）．この意味でのインプリメンテーションプロセスは，地域生活空間創造情報システム整備事業において踏まれたステップである，①ニーズの明確化と対応方針の検討，②ハードウエア・ソフトウエアの開発，③開発したシステムの動作確認に相当することになる．実際，5.5.3で示した整備事業におけるシステム検証の方法は，基本技術である基盤と共用アプリケーションの動作確認の手段と，利用者ニーズに対する技術の妥当性を評価する手段にすぎない．これに対し，行政担当者などの利用者は，この単語を「仕様に基づいて実際にハードウエアやソフトウエアを構築し，利用できるようにすること」と解釈する．つまり，開発者側からは，実際に利用できるようにするための過程であると解釈できる．この意味でのインプリメンテーションプロセスは，①～③のプロセスに実際に利用できるようにするための過程，具体的には，④システム教育，⑤技術移転，⑥継続的な利用に対する問題点の明確化，⑦システムへのフィードバックを加えることである．つまり，ソフトウエアだけでなく，人間系までを含めた動作確認が達成されることで，社会システムとしてのインプリメンテーションが達成されると考えられる．この過程には十分な時間が必要と考えられるが，この整備事業では，システム評価という部分にしかこの過程に相当する部分はなく，その期間は3ヶ月とソフトウエア開発にかかる時間である7ヶ月に比べて非常に短い．また，その具体的な内容は③開発したシステムの動作確認に相当するものであり，④～⑦に相当するものは不足していたと考えられる．

5.5.6 利用者受容性を考慮した導入過程

(1) パラシュート型導入とパラサイト型導入

「ひまわり（智）情報システム」の導入過程では，短期間での開発であり，そこに至る検討にも十分な時間を割くことができなかったことが大きな問題であると考えられる．このような条件が付く開発では，多くの場合，すでに他で開発された技術を中心にしたシステム開発とマニュアル化された導入（利用者にとっては押しかけ的に空から降り立ったようなイメージがあるため，パラシュート型導入と呼ぶ）（Okada and Hatayama, 2003）が行なわれる．さらに，期間のほとんどはシステム開発時間にあてられ，情報システムの開発では必要不可欠な，利用者ニーズの明確化や，利用者教育，システム評価と結果のフィードバックにかける時間がほとんどない．これでは，社会システムとしてのインプリメンテーションを達成することは困難である．

情報処理のような新しい技術のインプリメンテーションでは，利用者のニーズと，情報処理技術への対応能力としての情報リテラシーの接点（多くの場合非常に狭い領域）として定義される初期段階での利用者の受容性に，身の丈があった形で入り込む導入過程（利用者にとっては寄生虫が住み着くようなイメージとなるため，パラサイト型導入と呼ぶ）（Okada and Hatayama, 2003）が適していると考えられる．この際，利用者の受容性を考慮してのこまやかなチューニングが必要となり，この作業が情報リテラシーを向上させ，さらに潜在的にあるニーズの掘り起こす．結果として，寄生虫が増殖するように，利用機能も拡大することになる．この意味では，パラシュート型導入は，十分条件からのアプローチ，つまり利用者のニーズを満たすために十分な機能を提示していくのに対し，パラサイト型導入は，必要条件からのアプローチ，つまり利用者が真に必要としている部分から必要に応じて機能を拡大していくという違いがあるといえる．また，パラシュート型導入では，トップダウン方向のみの流れで技術導入が行なわれるが，パラサイト型導入では，トップダウンとボトムアップの流れが相互に存在する形で技術導入が行なわれるため，実現までを考慮した技術開発が可能になると考えられる．

(2) 訪問管理システムの開発と導入

　提案したパラサイト型導入モデルを用いて，利用者の受容性を考慮した補正的・簡便的な導入を試みた．対象とした機能は，在宅介護センターで管理されているヘルパの高齢者訪問予定と，ひまわりサービスによる郵便局員の高齢者訪問予定の情報共有化である．この機能は，「ひまわり（智）情報システム」の中のひまわり声かけ機能の1部としてすでに作成されていたが，その他の機能の多彩さに埋もれた形になっていた機能である．この情報共有化により，高齢者への訪問日をヘルパ，郵便局員で分散させ，独居高齢者が人と触れ合う日をできるだけ多くすることが目的である．利用者は，ひまわりシステムを担当する郵便局員，ヘルパの日程を調整する在宅介護センター職員，システム全体を管理する町役場職員である．この機能は，システム開発者（著者の一人である河野）が，地域生活空間創造情報システム整備事業終了時に行なわれていた「ひまわりプロジェクト会議第二期」（2000年4月～2002年6月，参加メンバーは町役場職員と郵便局員）と連動して実現された．具体的には，2000年秋から約1年間（約2ヶ月間は智頭町に完全に張り付き，それ以外は2週間に1回のペースで訪問）にわたり，業務の問題点を，ひまわり（智）情報システムの利用想定機関の内部から観察し，利用者にとって本当に実現したいことと，利用者が受容できる手段に関してヒアリング調査を行なうことで明確化した．この結果をもとにソフトウエアの再作成を行なった（ひまわり（智）情報システムは，プログラムコードが公開でなかったため，もとのソフトウエアの修正という形はとれなかったため）．ひまわり（智）情報システムとここで開発された訪問管理システムの違いを表5.5.1に示す．

　また，システム開発者自身が，システム改良と利用の指導を行なったこと

表5.5.1　ひまわり（智）情報システムと訪問管理システムの比較

	ひまわり（智）情報システム	訪問管理システム
インターフェース	地図ベースがデフォルト（図5.5.3）	リストのみ（図5.5.4）
機能	多機能(訪問管理機能はそのうちの1つ)	単機能
ネットワーク	公衆電話網	庁内LAN

図 5.5.3 ひまわり（智）情報システム画面イメージ

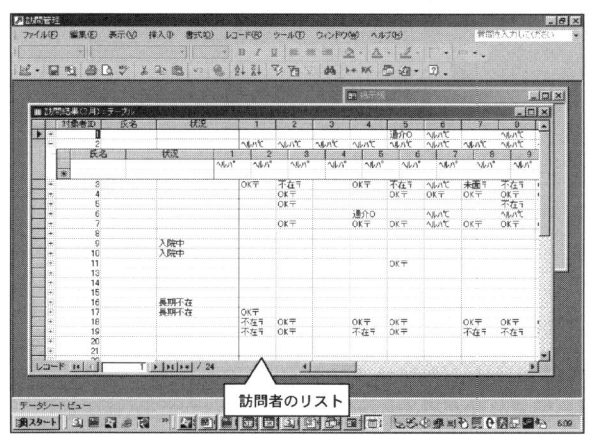

図 5.5.4 訪問管理システム画面イメージ

で実際利用されるシステムとなりえた．現在は，町役場職員がトラブル対応を行なっており，また担当変化に対応するための技術移転も利用者が行なっていることから，環境変化への開発者の全面的な協力なしでも継続的な利用が可能な状態になっていると考えられる．このシステムでは，「ひまわり（智）情報システム」の核であった時空間情報の分散管理は行なわれておらず，ひ

まわり声かけ支援機能のコンセプトのみが受け継がれている．これは，整備事業推進時に技術に対する認識のずれが存在していたことを示している．また，システム開発者は，整備事業時と違い情報処理技術に精通しておらず，情報リテラシーについては利用者と格差がほとんどない状態であったため，情報リテラシーに関する認識のずれは存在しなかったと考えられる．

5.5.7　導入過程の検証

　社会システムとしてのインプリメンテーションにおける導入過程を，導入する情報処理システムの周辺の人間系も含む環境変化に対して継続的な対応能力を利用者がつけたとき，または，対応能力をつけるための活動を利用者がやめたときまでの期間における過程を示すと定義する．ここで，前者は，次のフェーズへの移行，後者は，導入失敗を示す．この定義を用いれば，智頭町における事例は，地域生活空間創造情報システム整備事業終了時までが導入過程ではなく，訪問管理システム導入までが導入過程であると考えられる．なぜなら，智頭町では，整備事業終了前後から，ひまわりプロジェクト会議第二期を発足させ，「ひまわり（智）情報システム」の支援機能の一部である訪問管理システムの導入を行なったからである．この一連の活動においては，整備事業は利用者の情報リテラシーを向上させる段階であったと位置づけられる．

　導入過程を評価するには，導入に費やした期間・費用と，導入したシステムの利用者規模を考慮した完成度とその効果とのバランスを考えなければならない．また，次のフェーズへ移行することになった場合には，そこへの発展性も考慮する必要がある．今回の智頭町の事例を，整備事業終了時と訪問管理システム導入過程終了時で比較評価してみることにする．

　（I）期間

　　整備事業終了までは，1998年7月から2000年8月までの25ヶ月であるのに対し，訪問管理システム導入過程では1998年7月から2002年6月までの47ヶ月と，おおよそ倍の期間を費やしている．

（Ⅱ）費用

　　整備事業終了から訪問管理システム導入過程終了までの訪問管理システム開発者とひまわりプロジェクト会議第二期参加者の人件費分が上積みされている．整備事業の予算が公開されていないので，正確な分析はできないが，整備事業の予算に比べて少ない額の上積みであると推定できる．ただし，今回の訪問管理システム開発者は，学生であったが，本来，開発メーカの技術者であることを考えると，その費用は1ヶ月1人あたり100万円程度になると考えられる．

（Ⅲ）システムの完成度と効果

　　整備事業で当初，利用機関として想定していたのは，集落，町役場，商店，福祉機関，小学校，病院である．整備事業での成果はこれらの領域を支援するため，非常に多様な機能を持ってはいるが，事業終了後実際に利用した機関はない．唯一，千代川土砂災害時に，町役場職員が利用を試みたが，うまく利用できなかった．これより，当初目的とした生活空間拡大効果は得られなかった．これに対し，訪問管理システムは単機能であるが，町役場，郵便局，福祉機関（在宅介護センターのみ）で利用されており，その間の物理的距離を縮める効果を発揮している．また，対象となる高齢者にとっては訪問者の重複が避けられたことにより，従来よりもコミュニケーションの機会が増えたことになり，対象者へのサービスの向上と考えられる．

（Ⅳ）次のフェーズへの発展性

　　整備事業の成果として，得られたソフトウエアはプログラムソースコードが未公開のため改良できないが，智頭町全体の地図データと，基盤ソフトの利用は可能である．訪問管理システム利用者からは，地図との連動に関する要望もあがっているので，次期フェーズでは，ひまわり（智）情報システムの要素技術を用いた訪問管理システムへの移行も考えられる．また，整備事業において明確化された認識のずれは，事業に係わった利用者にとって，貴重な経験となると考えられる．

　以上（Ⅰ）～（Ⅳ）の考察から，今回の導入過程についてはニーズの掘り起こしと，情報リテラシーの向上に，多くの機関と費用をかけたバランスの悪い導入事例であったと考えられる．しかしながら，パラサイト型導入による補正的な開発を行なったために，情報リテラシーの向上に加えて，地図の利用や情報共有内容と範囲の拡大といったニーズの広がりをみせる結果となった．つまり，この評価は，この時点での評価であり，この経験をもとに，

次期フェーズでの導入過程が効率化されたり，さらに広範囲な領域への広がりが示されたりすれば，この導入過程の評価が変わる可能性も十分にあると思われる．

5.5.8 おわりに

鳥取県智頭町における「ひまわり（智）情報システム」の導入事例をもとに，情報処理システムのインプリメンテーションプロセスに関して考察を行なった．この事例をもとに，情報システム導入の際に，開発者と利用者の間に生じる認識のずれとして，技術に対する認識，情報リテラシーの認識，インプリメンテーションプロセス技術の認識を指摘し，これを克服するためのインプリメンテーションプロセスとして，パラサイト型導入モデルを提案した．このパラサイト型導入モデルを用いて，ニーズがあるにもかかわらず利用されていなかった，高齢者訪問管理機能を作成し，導入実験を行なった．この一連の過程を，社会システムとしてのインプリメンテーションにおける導入過程と位置づけ，考察を行ない，導入過程の評価を示した．現在智頭町では，この情報共有機能を，郵便局，在宅介護センター以外の福祉機関にも広げるべく，関係機関による研究会（ひまわりプロジェクト会議第三期（柿沼ら，2003））が行なわれている．これは，システム導入の次のフェーズに位置づけられる活動である．今回提案したような利用者が受容できるまでを評価項目にいれた形のシステム導入は，高度化する技術の開発においてますます重要となってくると思われる．

あとがき

　本書のタイトルを「総合防災学への道」とした理由は，約10年前，京都大学防災研究所に総合的かつ長期的な視点に立脚した防災科学の研究を行うことを目的にした総合防災研究部門（4研究分野：災害リスクマネジメント，防災社会構造，都市空間安全制御，自然・社会環境防災）の設立と運営に多大の貢献をなされた，本書の監修者である，亀田弘行京都大学名誉教授の「志」を表現するためである．また，亀田先生の退官（現在は退職）記念出版として，萩原・多々納が中心となり企画実行したものである．

　この約10年間の研究は，同じ志をもつ4研究分野の協働により，平たく言えば，「安全の質」，「社会の質」，「生活の質」そして「環境の質」をキーワードにして，(1) 問題（リスク）とは何か？　(2) どう調査・観察するか？　(3) どう解析するか？　(4) どう予測するか？　(5) どう診断するか？　(6) どう行動するか？
を総合的に明らかにしシステム化することであった．そして，この研究成果の一部が本書である．以下，簡単に振返っておこう．

　本書は5章より構成されている．まず「1. 総合防災学のperspective（岡田）」は計画方法論的哲学であり，編著者の考え方を代表している．ここで提示され論じられた内容は今後の防災研究の展開のあり方に多くの示唆を与えている．

　「2. 防災情報論（多々納）」，「3. 防災まちづくり論（多々納）」の前者は災害リスクや災害時の情報と人間や社会の行動の関係からより望ましい行動を誘導し，実際に役立つ情報システムの研究を紹介している．また後者は災害脆弱性の総合評価のモデルや方法を提示し，その上でいかなる対策を考えるべきかという方法を紹介している．

　「4. 防災環境論（萩原）」では，環境とはジオ・エコ・ソシオの相互作用で構成され，それが災害と双対関係にあることを強調し，災害とは自然災害と環境（破壊・汚染・文化）災害の複合災害であるという認識のもとでシス

テムズ・アナリシスによる適応的循環型計画方法論を提示し，その枠組みで都市・地域の水資源問題に関する防災・減災に関するモデルと方法を紹介している．

「5. 防災行動論（岡田）」は，行動としての防災学を提唱し，行動主体としてのボランティア活動の意義と限界を検証し，地域住民の自主的・自発的地域防災力の向上の取り組みに着目した参加型災害リスクマネジメントのための社会的ネットワークづくりを紹介し，さらに災害直後の情報技術と災害リスクコミュニケーションに関わる当事者としての親和性と災害特性に適応した情報処理システム（RARMIS）を紹介している．

以上が本書の要約である．しかしながら，本書は，編著者の１人である萩原が多くの現場で経験し悩んでいる問題には，未だ解答を与えてはくれない．以下にいくつかの例を紹介する．

① 京都市旧市街地の袋小路（約7000あるといわれている）の高齢者（婦人）との会話；「おばあちゃん，大きい地震がきたらどないすんや？」←「うちの生きとる時にはこましまへん」⇒そんなこと考えていたら生きていけない．

② 宮崎県椎葉村（2005年台風14号被災現場）の住民との会話；①上椎葉ダムで「四つのゲートから放流されると必ず被害を受ける場所がある．」←ある高級官僚，国土交通省審議会本委員に対して，横柄に「そんなことはありえない！」，②「道路が川になって横に溢れた水が滝となって土石流を引き起こし，人家が崩壊し死者も出た」，「県の人に言ったの？」⇒「ほどほどに【陳情】するのがここで生きていく知恵なのです」

③ バングラデシュの小さい農村；現地で赤い印のある井戸（ヒ素汚染）の利用者に健康リスクの説明→3日間の観察では緑（現時点では安全）の井戸を利用→（4ヵ月後）赤い井戸を利用⇒調査時点より赤い井戸の利用者の増加

等など．

これらの例から言えることは，生活者はリスク認知をしている．だが②の場合，リスクコミュニケーションが縦割り階層システムの障壁と村で生きる文化のために被災者の頭と心の思いが表現としては抑制されている．これと

他の二つの例も含め,「どうしたらいいの？」と悲しみと無力感にさいなまれる.これらのたった三つの例でも,役所的マニュアルや既存の経済学の理論の枠組みで考えることは不可能のように思われる.

　一例を挙げよう.仮に今はやりの民間の災害保険で対処するとしよう.当然,保険会社は,上の例の様な,年寄りで・貧乏で・危険極まりない場所に住んでいる人々を保険対象の母集団から削除するだろう.あるいは,取り入れても民間企業であるかぎり破産をすれば社会的責任を追及されない.防災（と環境）に関する民間企業の役割は,社会的公正という視点からも限定的なものであるだろう.このためには,まず防災と環境のための自律的な互助コミュニティ階層システムの構築が必要不可欠であることが分かる.

　本書は,(人命や財産の) 被害を受けたあるいは被害を受けるであろう人々に対して総合防災学研究として何に踏み込む努力をすればよいかというベクトルを提示しているともいえよう.このような意味で,本書は「総合防災学への道」であり,この道は長く続くはずである.5年ぐらいのプロジェクト研究で納得のいく解を見出すことはほとんど不可能であろう.単なる調査論文や（前提条件を無視した仮定による理論的）論文のための論文作成の研究であってはならないのである.このためには,災害の悲しみを胸に,情けを同じくし,これを克服する社会システムの構築を目指すことは21世紀の大きな課題である.

　本書は,断片的で部分的な防災研究やその実践で悩んでいる学生や研究者そして実務家にとって,社会的な意味で災害の痛みを総合的に理解し考えるきっかけになることを念じて,最新の研究成果をも含めて,編集したものである.このような意味で,本書はハンドブックと異なり思考プロセスを中心に編集した.

　2005年の防災研究所の改組により総合防災研究部門は社会防災研究部門に名称変更した.編著者の内,萩原は水資源環境研究センターの社会・生態環境研究領域を,岡田は巨大災害研究センターの災害リスクマネジメント研究領域を担当し,多々納は社会防災研究部門の防災社会システム研究分野を担当することになった.この3人は吉川和広京都大学名誉教授（土木計画学講座）の弟子で,今後,それぞれの総合防災学への思いを胸に,新たな研究領域に向かうことになる.

最後に，本書は京都大学教育研究振興財団の出版助成金を受け，京都大学学術出版会の小野利家，鈴木哲也，高垣重和氏の適切なアドバイスのもとに出版することができた．この方々に厚く御礼申し上げます．

2005 年 12 月 15 日
　　編著者を代表して

萩原良巳

参考文献

阿部淳平・畑山満則・亀田弘行（2002）「災害時の安否確認のための地域コミュニティにおける独居老人管理システムの開発」『平成14年度関西支部年次学術講演会講演概要』，pp. IV-82-1 - IV-82-2.

赤松俊秀・山本四郎（1969）『京都府の歴史』，山川出版社．

秋元雅晴（2002）「ごみ対策戦略情報GISシステムについて」，地理情報システム学会SIG自治体分科会第1回事例報告会．

Amendolla, A.（2001）*IMDR/DPRI Booklet* No3, DPRI, Kyoto University.

安東大介・片谷教孝（1999）「避難者の心理的要因の確率分布を考慮した災害時避難モデル」『地域安全学会講演集』，pp.176-179.

荒井良夫・岡本耕平・神谷浩夫・川口太郎（1996）『都市の空間と時間』，古今書院．

朝日ちさと・萩原清子（1999）「意識調査による水質リスクの経済的評価」『第13回環境情報科学論文集』，pp.223-226.

朝日ちさと・萩原清子（2001）「水道水におけるリスクの経済的評価――数値計算による投資決定に関する試論――」『総合都市研究』第76号，pp.171-179.

朝倉康夫・柏谷増男・藤原健一郎（1998）「道路網の機能的階層性と災害時の時間信頼性との関連」『土木学会研究集』，IV-38, pp.51-60.

足利健亮（1994）『京都歴史アトラス』，中央公論社．

渥美公秀（2001）『ボランティアの知――実践としてのボランティア研究』，大阪大学出版会．

渥美公秀・杉万俊夫（2003）「災害救援活動の初動時における災害NPOと行政との連携――阪神・淡路大震災と東海豪雨災害との比較から――」『京都大学防災研究所年報』，46B, pp.93-98.

渥美公秀・鈴木勇・菅磨志保・柴田慎士・杉万俊夫（2004）「災害ボランティアセンターの機能と課題――東海豪雨水害および宮城県北部地震を事例として――」『京都大学防災研究所年報』，第47号B.

Berknopf, R. L., D. S. Brookshire, M. Mckee and D. L. Soller（1997）Estinating the Social Value of Geologic Map Information. *Journal of Environmental Economics and Management*, 32, pp. 204-218.

Borge, D.（2001）*The Book of Risk*. John Wiley & Sons.

佛教大学（1993）『京都の歴史1 平安の陸運』，京都新聞社，pp.128-137.

文 世一（1997）「地域間人口配分から見た交通ネットワークの評価――集積の経済を考慮した多地域一般均衡分析――」『建設事業の技術開発に関する助成（助成番号95-06）研究成果報告書』，東北建設協会，p.58.

Cameron, S.（1990）Collision Detection by Four-Dimensional Intersection Testing, IEEE Trans. on *Robotics and Automation*, Vol.6, No.3, pp.291-302.

Cho, D. I. and M. Parlar（1991）A Survey of Maintenance Models for Multi-unit Systems. *European Journal of Operational Research* 51, pp.1-23, 1991.

Christopher, L.C. (2001) *The Risk Management Process*, John Wiley & Sons, 2001.
中央防災会議 (2003a)『東海地震に係る被害想定結果について』, p.18.
中央防災会議 (2003b)『東南海・南海地震の被害想定について』, p.45.
Desvousges, W.H., J.F. Reed and B.H. Spencer (1998) *Environmental Policy Analysis with Limited Information*, Edward Elgar, Cheltenham.
土木学会関西支部 (1998)「大震災に学ぶ」『阪神・淡路大震災調査研究委員会報告書』第Ⅱ巻, pp.110-111.
Earl, P.E. and S. Kemp (1999) *The Elgar Companion to Consumer Research and Economic Psychology*.
Fang, L., K.W. Hipel and D.M. Kilgour (1993) *Interactive Decision Making: The Graph Model for Conflict Resolution*, Wiley, New York.
Fischhoff, B., S. Lichtenstein, P. Slovic, S.L. Derby and R. Keeney (1981) *Acceptable Risk*, Cambridge, Cambridge Univercity Press.
Freeman, A.M. (1995) Evaluating changes in risk and risk perceptions by revealed preference, *The Handbook of Environmental Economics*, Ch. 27.
Fujita, M. (1989) Urban Economic Theory, Cambridge; Cambridge Univercity Press.
古田幸寛・能島暢呂・亀田弘行 (1996)「アンケート調査に基づく阪神・淡路大震災における生活機能障害の分析」『土木学会年次学術講演会講演概要集』.
合意形成研究会 (1997)『カオス時代の合意学』, 創文社.
後藤正美・山田真澄・鈴木祥之 (2002)「木造軸組の動的・静的実験による耐震性能評価」『第11回日本地震工学シンポジウム論文集』, pp.1511-1516.
Hagihara, K. and Y. Hagihara (1990) Measuring the benefits of water improvement in municipal water use: the case of Lake Biwa, *Environment and Planning C: Government and Policy*, 8, pp.195-201.
Hagihara, K., C. Asahi and Y. Hagihara (2004) Marginal willingness to pay for public investment under urban environmental risk: the case of municipal water use, *Environment and Planning C: Government and Policy*, 22, pp.349-362.
萩原清子 (1990)『水資源と環境』, 勁草書房.
萩原清子・萩原良巳 (1993)「水質の経済的評価」『環境科学会誌』第6巻, pp.201-213.
萩原清子・須田美矢子 (編著) (1997)『生活者からみた経済学』, 文真堂.
萩原良巳・小泉明・西澤常彦・今田俊彦 (1979)「アンケート調査をもとにした水需要構造ならびに節水意識分析」『土木学会第15回衛生工学研究討論会講演論文集』, pp.188-193.
萩原良巳・萩原清子・高橋邦夫 (1998)『都市環境と水辺計画』, 勁草書房.
萩原良巳・清水康生・亀田寛之・秋山智広 (2000b)「GISを用いた災害弱地域と高齢者の生活行動に関する研究——京都市上京区を例にして——」『総合防災研究報告書』, Vol.10, 京都大学防災研究所総合防災研究部門.
萩原良巳・萩原清子・B.A. Hoque・山村尊房・畑山満則・坂本麻衣子・宮城島一彦 (2003)

「バングラデシュにおける災害問題の実態と自然・社会特性との関連分析」『京都大学防災研究所年報』第46号 B, pp.15-30.
Haining, R., (1990) *Spatial Data Analysis in the Social and Environmental Sciences*, London, Cambridge.
浜田隆資・秋山仁 (1982)『グラフ理論要説』, 槙書店
Hanley, N., J.F. Shogren and B. White (1997) *Environmental Economics : In Theory and Practice*, Macmillan.
阪神・淡路大震災神戸市災害対策本部 (1996)『阪神・淡路大震災——神戸市の記録 1995 年——』, 神戸市.
阪神・淡路大震災調査報告編集委員会 (1997)『阪神・淡路大震災調査報告——ライフライン施設の被害と復旧』, 土木学会.
(財) 阪神高速道路管理技術センター (1995):大阪管理部管内災害応急復旧調査点検業務報告書
阪神高速道路公団・(財) 防災研究協会 (2002)「地震時における道路ネットワークのシステム機能と復旧プロセスのシミュレーションモデルの構築」(報告書).
梯上紘史・菊池輝・藤井聡・北村隆一 (2003)「防災行政と自主的防災行動とに対する京都市民の重要性認知分析」『土木計画学研究・論文集』Vol.20, No.2, pp.337-344.
畑山満則・角本 繁 (2003)「リスク対応型自治体情報管理システムの開発と神戸市長田区総合防災訓練での適用実験」『地域安全学会論文集』No.5, pp.115-160.
畑山満則・松野文俊 (2000)「災害時での利用を考慮した時空間地理情報システムにおけるデータ構造に関する考察」『情報処理学会論文誌:データベース』Vol.41, No.SIG1 (TOD5), pp.40-53.
畑山満則・明石健司・角本繁・亀田弘行 (1997a)「災害時/平常時自治体システムの開発——神戸市長田区復興状況調査への適用——」『第8回機能図形情報システムシンポジウム講演論文集』, pp.13-18.
畑山満則・中谷範之・永井潤・角本繁 (1997b)「リスク対応型自治体システムの神戸市長田区総合防災訓練への適用」『地理情報システム学会講演論文集』Vol.6, pp.145-150.
畑山満則・正賀伸・永井潤・角本繁・亀田弘行 (1998)「GISを応用した総合防災情報システムの地域活動への導入——リスク対応型地域空間情報システム実現に向けて (3) ——」『地理情報システム学会講演論文集』Vol.7, pp.37-40.
畑山満則・松野文俊・角本繁・亀田弘行 (1999)「時空間地理情報システム DiMSIS の開発」『GIS——理論と応用』Vol.7, No.2, pp.25-33.
畑山満則・松野文俊・高橋宏直 (2001)「自治体システムでの利用を考慮した RoboCupRescue GIS データのモデル化」『計測自動制御学会システムインテグレーション部門学術講演会 SICE SI2001 講演論文集』, pp.237-238.
畑山満則・寺尾京子・萩原良巳・金行方也 (2003)「京都市市街地における災害弱地域と高齢者コミュニティに関する分析」『環境システム研究論文集』Vol.31, pp.387-394.

Hatayama, M., S. Kakumoto, Y. Kajitani and K. Yoshikawa: A Study about (2003) Implementation Process of Spatial Temporal GIS to the Local Government - A Case Study for Duzce Municipality in Turkey -, *the 8th Int. Conf. on Computers in Urban Planning and Urban Management*, CD-ROM.

林康裕（2003）「木造住宅の地震被害率と建築年代の関係に関する考察──兵庫県南部地震と鳥取県西部地震の被害経験を踏まえて──」『日本建築学会　総合論文誌』，pp.71-75.

林康裕・宮腰淳一（1998）「兵庫県南部地震における被害率曲線」（災害部門 PD）『地震動の特性と建築物の被害──経験と予測──』，pp.15-20.

林康裕・宮腰淳一・田村和夫（1997）「1995 年兵庫県南部地震の建物被害に基づく最大地動速度分布に関する考察」『日本建築学会構造系論文集』No.502，pp.61-68.

林康裕・宮腰淳一・田才晃・大野義照（2000a）「1995 年兵庫県南部地震における RC 造建物群の耐震性能」『日本建築学会構造系論文集』No.528, pp.135-142.

林康裕・鈴木祥之・宮腰淳一・渡辺基史（2000b）「耐震診断結果を利用した既存 RC 造建築物の地震リスク表示」『地域安全学会論文集』No.2, pp.235-242.

林康裕・吹田啓一郎・井上真紀（2004）「1995 年兵庫県南部地震に基づく鉄骨造建物の被害率曲線」『日本建築学会構造系論文集』No.585.

肥田野登（1999）『環境と行政の経済評価 CVM〈仮想市場法〉マニュアル』，勁草書房．

Hipel, K.W., D.M. Kilgour, L. Fang and X. Peng (2001) Strategic Support for the Services Industry, *IEEE Transactions on Engineering Management*, Vol.48, No.3, pp.358-369.

広田すみれ・増田真也・坂上貴之（2002）『心理学が描くリスクの世界──行動的意思決定入門』，慶應義塾大学出版会．

Hosoya, H. (1971) Topological Index., A newly Proposed Quantity Characterizing the Topological Nature of Structural Isomers of Saturated Hydrocarbons, *Bull. Chem. Soc. Jpn.*, Vol.44, pp.2332-2339.

細谷治夫（1988）「分子のトポロジカル構造と諸物性との相関の研究」『文部省科学研究費研究報告書』，pp.41-46.

Hossian, M. (1996) *British Geological Survey Technical Report, Graphosman World Atlas*, Graphosman.

Hurlbert, S.L. (1978) The measurement of niche overlap and some relatives. *Äem Ecology* 39, pp.67-77.

市川伸一（編）（1996）『認知心理学』，東京大学出版会．

市岡修（1991）『応用一般均衡分析』，有斐閣．

飯田恭敬・岡田憲夫（1992）『土木計画システム分析』（現象分析編），森北出版．

飯村威・高澤信司・久保紀重・平井政二・大伴真吾・荒井徹哉（1998）「空間情報と時系列情報の統合化に関する研究──土地・建物情報管理のためのプロトタイピング──」『地理情報システム学会講演論文集』Vol.7, pp.113-117.

池田三郎・盛岡通（1993）「リスクの学際的定義」『リスク研究学会誌』Vol. 5, No. 1, pp. 14-17.

印東太郎（編）（1969）『数理心理学』東京大学出版会．

伊理正夫（監修）・腰塚武志（編集）（1993）『計算幾何学と地理情報処理』（第2版），共立出版．

岩井哲（2000）「阪神・淡路大震災における建物被害と地盤・地震動・建築構造・建設年代の相関」『日本建築学会中国支部研究報告集』第23巻，pp.101-104.

岩井哲・亀田弘行・碓井照子（1997）「阪神・淡路大震災における西宮市域の都市施設の被災・復旧・復興に関するGIS分析」『地域安全学会論文報告集』No. 7，pp. 246-249.

岩井哲・北川伸浩・碓井照子・亀田弘行（1998）「都市震害における建物被災データの問題点とGPS/GISを搭載した携帯型災害情報収集システムの開発」第10回『土木学会関西支部年次学術講演会』．

岩井哲・亀田弘行・碓井照子・盛川仁（1996）「1995年兵庫県南部地震による西宮市の都市施設被害のGISデータベース化と多重分析」『GIS――理論と応用』Vol.4，No.2，pp.63-73.

Kahneman, D., and Tversky, A. (1979) Prospect theory: an analysis of decision under risk, *Econometrica*, Vol. 47. pp. 263-291.

Kahneman, D., Slovic, P., and Tversky, A. ed., (1982) *Judgment under Uncertainty: Heuristics and Biases*, Cambridge University Press.

Kajitani, Y., Okada, N. and Tatano, H. (2005) Measuring the Quality of Human Community Life by Spatial-Temporal Age Groups Distributions - Case Study of the Recovery Process in a Disaster Affected Region, Natural Hazard Review, *American Society of Civil Engineering*, Vol. 6, No. 1, pp. 41-47.

梶谷義雄・岡田憲夫・多々納裕一（2002）「災害復興過程における人間活動分布の時空間分析に関する研究」『土木計画学研究・論文集』Vol.19 No. 2, pp.305-312.

梶谷義雄・前川和彦・岡田憲夫・多々納裕一（1997）「災害リスクを考慮した都市ライフラインネットワークの性能解析法の開発――トポロジカルインデックスによる」『日本リスク研究学会第10回研究発表会研究集』，pp. 94-97.

柿沼誠之・畑山満則・岡田憲夫（2003）「情報共有プロセスに着目した複合型高齢者福祉サービス導入過程に関する一考察」『平成15年度土木学会関西支部年次学術講演概要』，pp. IV-79-1-IV-79-2.

角本繁・Kiwi-Wコンソーシアム（2003）『カーナビゲーションシステム――公開型データ構造KIWIとその利用方法』，共立出版.

角本繁・伊奈秀時・畑山満則・大野茂樹・朴基顕（1995）「GISを用いた倒壊家屋解体業務支援」『地域安全学会論文報告集』No.5, pp.425-429.

角本繁・牧野秀夫・福山薫・浅野耕一・吉川耕司・伊村昇・山田博幸・古戸孝（2005）「震災時における自治体情報システム――中越地震における時空間情報システムを活用した自治体支援（1）――」『地理情報システム学会講演論文集』，Vol.14，pp.133-136.

Kakumoto, S., M. Hatayama, H. Kameda and T. Taniguchi: (1997) Development of Disaster Management Spatial Information System (DiMSIS), GIS'97 Conference Proceedings, pp.595-598.

Kakumoto,S., M.Emura and K.Iwamura (1990) High Speed Analysis Method of Geographical Information using a N-Dimensional Table, *Proc. of 4th International Symposium on SPATIAL DATA HANDLING*, Vol.12, pp.941-950.

亀田弘行（編集）(1995)『文部省緊急プロジェクト「兵庫県南部地震をふまえた大都市災害に対する総合防災対策の研究」報告書』.

亀田弘行 (1999)「防災／日常の情報課題の連携と地理情報システム（GIS）の活用――リスク対応型地域空間情報システムの提言――」『予防時報』第197号, pp.8-13.

亀田弘行・神田仁・杉戸真太 (1990)「震害要因とその経年的影響に基づく上水道の耐震健全度評価」『構造工学論文集』Vol.36A, pp.813-825.

亀田弘行・岩井哲・白木信彦 (1997a)「兵庫県南部地震における西宮地盤の地震応答解析」『土木学会第52回年次学術講演会講演概要集』第1部, pp. 514-515.

亀田弘行・角本繁・畑山満則・岩井哲 (1997b)「リスク対応型地域空間情報システムの構築へ向けて――神戸市長田区での災害情報処理の経験から――」『日本リスク研究学会・究発表会論文集』第10巻, pp.124-129.

亀田弘行・角本繁・大野茂樹・畑山満則・谷口時寛・岩井哲 (1997c)「阪神・淡路大震災下の長田区役所における行政対応の情報化作業とその効果分析――リスク対応型地域空間情報システムの提言――」『総合防災研究報告』第1号, 京都大学防災研究所総合防災研究部門.

亀田寛之・萩原良巳・清水康生 (2000)「京都市上京区における災害弱地域と高齢者の生活行動に関する研究」『環境システム研究論文集』Vol.28,pp.141-150.

神谷大介・萩原良巳 (2001a)「都市域の自然的空間利用における心理的要因と整備内容に関する研究」『土木計画学研究・論文集』Vol.18, No.2, pp.79-85.

神谷大介・萩原良巳 (2001b)「都市域における震災リスクの変化に関する地域分析」『日本地域学会第38回年次大会学術発表論文集』, pp.155-162.

神谷大介・萩原良巳 (2002)「都市域における環境創生による震災リスク軽減のための計画代替案の作成に関する研究」『環境システム研究論文集』Vol.30, pp.119-125.

神谷大介・吉澤源太郎・萩原良巳・吉川和広 (1997)「都市域における自然的空間の整備計画に関する研究」『環境システム研究論文集』Vol.28, pp.367-373.

神谷大介・坂元美智子・萩原良巳・吉川和広 (2001)「都市域における水・土・緑の空間配置に関する研究」『環境システム論文集』Vol.29,pp.207-214.

金子淳子・梶秀樹 (2002)「大震時による道路閉塞を考慮したリアルタイム避難誘導のための避難開始時刻決定に関する研究」『地域安全学会論文集』No.4, pp.25-30.

神崎幸康・萩原良巳 (2002)「震災リスク軽減のための高齢者の生活行動シミュレーション」『平成14年度土木学会関西支部年次学術講演会講演概要』, pp.IV-80-1-IV-80-2.

片田敏孝・山口宙子・寒澤秀雄 (2002)「洪水時における高齢者の避難行動と避難援助に

関する研究」『福祉のまちづくり研究論文集』Vol.4, No.1, pp.17-26.
Katagihara, K., Y. Suzuki, M. Goto, A. Kitahara and Y. Iwasa (2001) A Study on Dynamic Performance and Seismic Strengthening of the Traditional Wooden Structure in Japan, *IABSE Conference on Innovative Wooden Structures and Bridges*, Lahti, Finland.
Kawai, H., J. Koyanagi and M. Ohnishi (2002) Optimal Maintenance Problems for Markovian Deteriorating Systems, In *Stochastic Models in Reliability and Maintenance* (edited by S. Osaki), pp.193-218, 2002.
川上英二 (1993)「単純なネットワーク上に分布する需給点ペア間の連結確率の理論解」『土木学会研究集』No.459/I-22, pp.83-92.
川喜多二郎 (1996)『発想法』, 中公新書.
Keeney, R. L. and H. Raiffa. (1993) *Decisions with Multiple Objectives*, Cambridge University Press, pp.66-130.
京阪神都市圏交通計画協議会 (1993)『第3回京阪神都市圏パーソントリップ調査』.
建設省徳島工事事務所 (1996)『第十堰環境調査報告書 自然環境の現況編』.
経済産業省 (1995)『地域間産業連関表』.
吉川肇子 (1999)『リスク・コミュニケーション——相互理解とよりよい意思決定をめざして』, 福村出版, 1999.
吉川肇子 (2000)『リスクとつきあう——危険な時代のコミュニケーション』, 有斐閣.
金田一京介・柴田武・山田明雄・山田忠雄 (1996)『新明解国語辞典』(第4版), 三省堂.
Kinniburgh, D.G. and P.L. Smedly (2000) *Arsenic contamination of groundwater in Bangladesh* Vol2: Final report, pp.3-16.
小林正美 (1980)「道路網・ネットワークシステムの信頼度解析法に関する研究」『都市計画別冊』No.15, pp.385-390.
小林正美 (1981)「道路交通網の地震時信頼度解析に関する研究」『都市計画別冊』No.16, pp.205-210.
小林四郎 (1995)『生物群集の多変量解析』, 蒼樹書房.
神戸大学工学部建設学科土木系教室耐震工学研究室兵庫県南部地震アンケート調査グループ (編)(1996)「兵庫県南部地震に関するアンケート調査——集計結果報告書」.
神戸市長田区役所記録誌編集委員会 (1996)「人・街——ながた」倒壊危険家屋解体班, pp.19-35.
小池則満・秀島栄三・山本幸司・深井俊英 (2000)「震災時における傷病者の行動と搬送計画に関する一考察」『土木計画学研究・講演集』No.23 (2), pp.537-540.
国土庁 (1995)『防災白書』平成7年版.
国土庁防災局・都市防災研究所 (1999)『防災ボランティアの全国ネットワーク化に関する調査報告書』, 国土庁防災局・都市防災研究所.
国土庁計画・調整局総合交通課 (1996)『交通システムの信頼性向上に関する調査』(調査報告書, 野村総合研究所受託調査).

国土交通省（1995）『全国旅客純流動調査』．
国土交通省四国地方建設局徳島河川国道事務所：第十堰上流の堤防が決壊した場合の洪水氾濫区域図〜浸水深〜，〜時間経過〜，1/50,000.
近藤則夫編（1997）『現代南アジアの国際関係』，アジア経済研究所．
窪田崇斗・畑山満則（2002）「自治体空地管理型業務のための平常時・災害時連続運用対応システムの開発」『地域安全学会論文集』No.4, pp.275-280.
熊谷良雄・雨谷和広（1999）「町丁目を単位とした避難所要時間の算定モデルの開発——東京区部の避難危険度測定のために——」『地域安全学会講演集』, pp.172-175.
黒木進・牧之内顕文（1999）「位相空間データモデル Universe での空間，時間，時空間データ表現」『情報処理学会論文誌』Vol.40, No.5, pp.2404-2416.
京都市（1999）『堀川修景整備調査報告書』，2 章 3，4，5 節．
京都市（2002）『堀川水辺環境整備構想——新世紀によみがえれ京の堀川——』．
京都市保健福祉局（2002）『高齢者のためのサービスガイドブック』，京都市保健福祉局長寿社会部介護保険課, p.2.
京都市上下水道局（2004）「京都の下水道」, http://www.city.kyoto.jp/suido/main.htm.
京都市消防局（2001a）『京都の地震と活断層』，京都市消防局防災対策室．
京都市消防局（2001b）「大地震が京都を——阪神・淡路大震災を忘れないで——」, http://www.city.kyoto.jp/shobo/main.html.
Laffont, J.J. (1989) *The Economics of Uncertainty and Information*, MIT Press, 1989.
Lind, Niels C. (1992) A national standard for risk analysis, *Risk Abstract*, Vol. 9. No. 2, pp.1-3.
松原望（1992）『統計的意思決定』，放送大学教育振興会．
松田曜子・多々納裕一・岡田憲夫（2004）「CVM を用いた自然災害リスクに対する家計のリスクプレミアムの計量化」『土木計画学研究・論文集』Vol. 22, No2, pp.325-334.
南正昭（1997a）「道路網におけるリダンダンシーの評価および整備計画への適用に関する研究」北海道大学博士研究．
南正昭・高野伸栄・加賀屋誠一・佐藤馨一（1997b）「拠点的医療施設へのアクセスを 2 系統で保証する道路ネットワーク構造」『土木計画学研究・研究集』No.14, pp.679-686.
三根久・河合一（1984）『信頼性・保全性の基礎数理』，日科技連．
宮野道雄・土井正（1995）「腐朽・蟻害と木造住宅の被害　その 1 調査」『平成 7 年阪神・淡路大震災　木造住宅等震災調査報告書』，木造住宅等震災調査委員会, pp.261-269.
宮沢健一（編）（1975）『産業連関分析入門』，日経文庫．
木造軸組構法建物の耐震設計マニュアル編集委員会（2004）『伝統構法を生かす木造耐震設計マニュアル—限界耐力計算による耐震設計・耐震補強設計法』学芸出版社．
森野真理（2003）「生物多様性保全のための生息地管理に関するシステム論的研究」，京都大学博士学位論文．
森下郁子・森下雅子・森下依理子（2000）『川の H の条件』，山海堂．

Munich Re. (2003) : Annual Review: Natural Catastrophes 2002, http://www.munichre.com/pdf/topics_2002_e.pdf

村上修一・浅野智子・アロン・イスガー・佐藤祐一・永橋為介・安場浩一郎 (2004)「歴史的頭首工の親水空間としての可能性──吉野川第十堰の利用観察調査をとおして」『日本建築学会四国支部研究報告集』4, pp.89-90.

永谷敬三 (2003)『入門 情報の経済学』, 東洋経済新報社.

内閣府 (1995)『県民経済年報』.

内閣府編 (2003)『平成15年版 防災白書』.

内藤秀宗 (編著) (1996)『阪神大震災に学ぶ医療と人の危機管理』, はる書房.

内藤正明・西岡秀三編著 (1984)『環境指標──その考え方と作成手法──』, 国立環境研究所.

中村大輔・田中聡・岡田憲夫・亀田弘行 (2002)「震災発生後における高速道路システムの復旧に関わる要因の分析」『平成14年度土木学会関西支部学術講演会講演概要集』pp.IV-93-1-IV-93-2.

中瀬有祐・清水康生・萩原良巳・酒井彰 (2001)「震災時を想定した大都市域水循環システムの総合的診断」『環境システム研究論文集』Vol.29, pp.339-345.

(財) ニューメディア開発協会 (2001)「地域生活空間創造情報システム整備事業」報告書.

NHK「アジア古都物語」プロジェクト (2002) :『NHKスペシャル アジア古都物語京都千年の歴史』, 日本放送出版協会.

日本建築学会 (2002)『木質構造設計規準・同解説─許容応力度・許容耐力設計法』

日本建築学会 (2003)『木質構造限界状態設計指針(案)・同解説』

日本住宅・木材技術センター (2002)『木造軸組工法住宅の許容応力度設計』

日本道路協会 (1998)『道路震災対策便覧』(震災復旧編).

西村和司・萩原良巳 (2004)「大都市域水循環ネットワークの震災リスク評価指標に関する研究」『地域学研究』Vol.34.No.1, pp.83-96.

西村和司・清水康生・萩原良巳 (2001)「大都市域での下水処理水利用による水辺創成と地震害の軽減に関する研究」『環境システム研究論文集』Vol.29.pp369-376.

西村和司・萩原良巳・清水康生・阪本浩一 (2003)「安全性による大都市域水循環システムの震災リスク評価」『環境システム研究論文集』Vol.31.pp.83-89.

西宮ボランティアネットワーク (編) (1995)『ボランティアはいかに活動したか』, 日本放送出版協会.

野口悠紀雄 (1974)『情報の経済学』, 東洋経済新報社.

野島千里・樫原健一・鈴木祥之 (2002)「木造軸組の耐震性能評価法──変位増分法──」『日本建築学会大会学術講演梗概集』.

大洞久佳, 大野栄治 (2002)「利用価値計測のみによる環境経済評価の可能性」『環境システム研究論文集』30, pp.45-54.

岡部篤行・鈴木敦夫 (1992)『最適配置の数理』, 朝倉書店.

Okada, N. (2001) Integrated Urban Disaster Risk Management: A New Perspective and

Illustrations from Japanese Challenges. *The proceedings of the first annual IIASA-DPRI meeting on Integrated Risk Management, Luxemburg, Austria.* C-1, pp.397-398.

Okada, N. (1993) Entrepreneurship in the New Technological Regime, in Anderson. In E., Batten, D. F., Kobayashi, K. and Yoshikawa, K. (eds), *The Cosmo-Creative Society*, Springer-Verlag.

岡田憲夫・杉万俊夫・平塚・川原（2000）『地域からの挑戦』，岩波ブックレット．

岡田憲夫（1985）「災害のリスク分析的見方」『「土と防災」講習会テキスト』，土木学会・土と構造物委員会．

岡田憲夫（2000）「都市マネジメントの総合能力とリスクマネジメントとしての都市防災」『土木学会誌』Vol.85 No.1 pp. 65-67.

Okada, N. and M.Hatayama (2003) Implementation as a Trickle-down Process of Knowledge and Technology to a Local Community. 『京都大学防災研究所年報』第46号B，pp.67-74.

岡田憲夫・前川和彦（1997）「ニッチ分析技法を用いた都市災害リスクの評価法開発の試み」『京都大学防災年報』第40号B-2, pp.1-18.

岡田憲夫・キース W. ハイプル・ニル M. フレイザー・福島雅夫（1988）『コンフリクトの数理——メタゲーム理論とその拡張』，現代数学社．

岡田憲夫・梶谷義雄・榊原弘之・多々納裕一（1999）「直下型地震の発生を想定した都市圏道路網の分散・集中特性の性能評価モデルに関する研究」『土木学会論文集』No. 632/IV-45, 93-104.

岡本浩一（1992）リスク心理学入門，サイエンス社．

大窪健之・飯田悠也・土岐憲三（2002）「京都市の地域特性を考慮した地震火災時の文化財防災・水利整備に関する研究」『平成14年度関西支部年次学術講演会講演概要』，土木学会関西支部，pp. IV-92-1 - IV-92-2.

大西俊輔・亀田弘行・田中聡（2001）「高速道路施設における地震時フラジリティ曲線の算出に関する研究」『土木学会第56回年次学術講演会講演概要集』，I-A012.

大西俊輔・亀田弘行・田中聡・橋本崇（2000）「地震時における道路施設の構造損傷・機能障害の評価」『地域安全学会梗概集』No. 10, pp. 179-182.

大野栄治編著（2000）『環境経済評価の実務』，勁草書房．

大野茂樹・川口浩平・角本繁・亀田弘行（1996）「災害時／平常時自治体システムの構築——阪神大震災復興支援での経験を生かして——」『地理情報システム学会講演論文集』Vol.5, pp.69-72.

大阪府総務部消防防災安全課（1998）『大阪府地域防災計画 関係資料』．

大阪ガス株式会社（1995）兵庫県南部地震に対する大阪ガスの対応状況について，資料，平成7年1月18日〜．

Ohsawa, Y. and A.Nagashima (2001) A Spatial Temporal Geographic Information System Based on Implicite Topology Discription: STIMS. *Proc. of Dynamic and*

Multi-Dimensional GIS, IAPRS, Vol.34, Part2W2, pp.218-223.

大田守重(1999)「GIS のための時空間スキーマ」『GIS——理論と応用』, 地理情報システム学会 Vol.7, No-1, pp.37-44

Pianka, E.R. (1973) The Structure of Lizard Communities. *Ann. Rev. Ecol. Syst.*, 4, pp.53-74.

Raafat,H., Z.Yang and D.Gauthier (1994) Relational Spatial Topologies for Historical Geographical Information. *Int. Journal of Geographical Information Systems*, Vol.8, No.2, pp. 163-173.

Raiffa, H., J. Richardson and D. Metcalfe (2002) *Negotiation Analysis: the Science and Art of Collaborative Decision Making*, the Belknap Press of Harvard University Press, Massachusetts.

Rubinstein, A. (1998) Modeling Bounded Rationality, The MIT Press.

坂静雄(1941)「寺社骨組の力学的研究(第1部 柱の安定復元力)」『日本建築学会大会論文集』, pp.252-258.

酒井泰弘(1982)『不確実性の経済学』, 有斐閣.

酒井泰弘(1998)「経済学は不確実性をどう扱ってきたか」『経済セミナー』, 日本評論社, pp.22-29.

Sakakibara, H., N. Okada and D. Nakase (2002) The Application of Robustness Analysis to the Conflict with Incomplete Information. *IEEE Transaction on Systems, Man, and Cybernetics Part C*, Vol.32, No.1, pp.14-23.

榊原弘之・河上伸一・水戸崇文(2003)「不可逆性を有する計画コンフリクトにおける主体の初動モデル」『土木計画学研究・論文集』Vol.20, No.1, pp.59-69.

榊原弘之・梶谷義雄・岡田憲夫・片山武・古川浩平(2001)「都市構造を考慮したトポロジカルインデックスによる道路網評価」『土木計画学研究・講演集』, pp.701-704.

榊原弘之・古川浩平・岡田憲夫・片山武(2001)「人口・施設分布の乖離を考慮した地方都市道路網の定量的評価に関する研究」『京都大学防災研究所年報』, 第46号B, pp.81-91.

榊原弘之・五十部渉・岡田憲夫・多々納裕一(2001)「不完備情報下でのプロジェクト選択を巡るコンフリクトの調整メカニズムに関する研究」『土木学会論文集』IV-51, pp.3-16.

坂本麻衣子・萩原良巳(2000)「大規模開発におけるコンフリクトの展開過程の分析」『土木学会 環境システム研究論文集』Vol.28, pp.177-182.

坂本麻衣子・萩原良巳(2002)「水資源の開発と環境の社会的コンフリクトにおける均衡状態プロセスに関する研究」『環境システム研究論文集』30, pp.207-214.

佐藤祐一・萩原良巳・内藤正明(2002)「水資源開発に伴うコンフリクトと合意形成を考慮した意思決定システムの提案」『環境システム研究論文集』30, pp.215-222.

関政幸・熊谷良雄(2001)「震災時における老人福祉施設と地域住民組織との連携に関する研究」『地域安全学会論文集』Vol.3, pp.9-16.

Shabestari, K.T. and F. Yamazaki (2001) A Proposal of Instrumental Seismic Intensity Scale Compatible with MMI Evaluated from Three-Component Acceleration Records. *Earthquake Spectra*, Vol. 17, No. 4, pp.711-723.

Shannon, C.E. and W. Weaver (1949) *The Mathematical Theory of Communication*, Illinois University Press.

Shimizu,Y. and Y. Hagiwara (2004) Reconstruction of Urban Water Circulation Systems by Considering Water Reuse for Earthquake Disaster Mitigation. *Third International Conference on Water Resources and Environment Research* (ICWRER).

清水康生 (2002)『震災リスクの軽減を目的とした大都市域における水循環システムの再構成に関する研究』, 京都大学博士学位論文.

清水康生・萩原良巳 (2002)「水循環システムのネットワークモデルと評価指標」水資源シンポジウム.

清水康生・秋山智広・萩原良巳 (2000)「都市域における人工系水循環システムモデルの構築に関する研究」『環境システム研究論文集』Vol.28. pp277-281.

清水康生・萩原良巳・阪本浩一・小川安雄・藤田裕介 (2001)「水道システムの診断のための震災ハザードの推定」『平成13年度土木学会関西支部年次学術講演概要』pp.IV-80-1-IV-80-2.

清水康生・萩原良巳・西村和司 (2002)「グラフ理論による大都市域水循環システムの構造安定性の評価環境」『環境システム研究論文集』Vol.30.pp.265-270.

篠原弘章 (1989)『ノンパラメトリック法』(行動科学のBASIC第5巻), ナカニシヤ出版.

清水丞 (2000)『都市域における水辺の環境評価に関する方法論的研究』, pp.64-83.

Singh, N., P. Bhattacharga and G. Jacks (2002) Women and Water: The relevance of gender perspective in integrated water resources management in rural India. ICWRER 2002 Dresden, ポスターセッション.

震災復興都市づくり特別委員会 (1995)『阪神・淡路大震災被害実態緊急調査/被災度別建物分布状況図集』. pp.I-16-1-I-16-2.

白木信彦・篠塚正宣・亀田弘行・田中聡・鵜澤哲史 (1999)「西宮市における建築構造物の損傷度曲線の推定」『平成11年度木学会関西支部年次学術講演概要』. pp.I-16-1-I-16-2.

Slovic, P. (1987) Perceptions of risk. Science, Vol. 236.pp.280-285.

Slovic, P. (1997) The Perception of Risk. Earthscan.

損害保険料率算出機構 (2002)『東海・東南海・南海地震の被害想定結果(市区町村別被害想定結果一覧)』(CD-ROM).

シュタイニッツ, C. ほか (1999)『地理情報システムによる生物多様性と景観プランニング』(矢野桂司・中谷友樹訳), 地人書房.

杉本侃 (1996)『緊急医療と市民生活』, へるす出版.

杉戸真太・合田尚義・増田民夫 (1994)「周波数特性を考慮した等価ひずみによる地盤の

地震応答解析法に関する一考察」『土木学会論文集』No. 493 Ⅲ-27, pp. 49-58.
鈴木勇・渥美公秀（2001）「「集合的即興」の概念からみた災害救援に関する研究──アメリカ合衆国ノースリッジ地震における災害ボランティア組織の事例──」『ボランティア学研究』2, 61-86.
鈴木勇・菅磨志保・渥美公秀（2003）「日本における災害ボランティアの動向──阪神・淡路大震災を契機として──」『実験社会心理学研究』42, 2, pp.166-186.
鈴木賢（1991）「山間過疎コミュニティにおける地域活性化と知識技術の集積・伝搬に関する基礎的考察」鳥取大学工学部社会開発システム工学科卒業論文.
鈴木康久・大滝裕一・平野圭祐（2003）『もっと知りたい！水の都京都』, 人文書院.
鈴木祥之・中治弘行（1999）「木造住宅土塗り壁の実大実験による耐震性能の再検討」『日本建築会構造系論文報告集』第515号, pp. 115-122.
鈴木祥之・樫原健一・秦正徳・後藤正美・北原昭男（2000）「技術ノート木構造の構造力学的な再構築－1，なぜ構造力学的な再構築が必要か」『建築雑誌』, pp. 110-111.
鈴木祥之・後藤正美・山田真澄（2002a）「単位木造フレームを用いた振動台実験による木造軸組の耐震性能評価」『第11回日本地震工学シンポジウム論文集』, pp. 1517-1522.
鈴木祥之・後藤正美・大下達哉・前野将輝（2002b）「伝統木造軸組の柱傾斜復元力特性に関する実大静的・動的実験」『第11回日本地震工学シンポジウム論文集』, pp. 1361-1366.
鈴木祥之・清水秀丸・須田達・北原昭男（2002c）「実大振動実験による軸組構法2階建木造住宅の動特性と耐震性能──筋かい付及び土壁付木造軸組の振動台実験──」『第11回日本地震工学シンポジウム論文集』, pp. 1377-1382.
鈴木祥之・斉藤幸雄・樫原健一・五十子幸樹・野島千里（2002d）「木造軸組の耐震性能評価法──小変形から大変形・倒壊の領域まで評価する限界耐力計算──」『第11回日本地震工学シンポジウム論文集』, pp. 1523-1528.
鈴木祥之・前野将輝・大下達哉・清水秀丸・北原昭男（2002e）「伝統木造軸組の実大振動実験による柱──貫接合部のモーメント抵抗メカニズム」『第11回日本地震工学シンポジウム論文集』, pp. 1355-1360.
鈴木祥之・北原昭男・須田達・前野将輝・西塔純人（2002f）「伝統木造軸組の実大振動実験による動特性」『第11回日本地震工学シンポジウム論文集』, pp. 1349-1354.
鈴木祥之, 斎藤幸雄, 樫原健一, 野島千里（2003a）「伝統構法木造建物の耐震補強事例」『構造工学論文集』Vol. 49B, pp.627-633.
鈴木祥之, 前野将輝, 西塔純人, 北原昭男, 後藤正美, 須田達, 大下達哉（2003b）「伝統木造軸組の実大振動実験・静的水平力載荷実験」『日本建築学会構造系論文集』第574号, pp.35-142.
田部井明美（2001）『SPSS完全活用法──共分散構造分析（AMOS）によるアンケート処理』, 東京図書.
多賀直恒・清家規・村上正浩（1999）「直下地震による発災時の緊急対応と災害情報管理」『第4回都市直下地震災害総合シンポジウム』, pp.297-300.

高田至郎（1991）『ライフライン地震工学』，共立出版．
高田至郎・嘉嶋崇志（1996）「兵庫県南部地震に関するアンケート調査」『集計結果報告書』．
高木隆司（1992）『形の数理』，朝倉書店．
高山純一（1989）「異常気象時における道路網の連結性能評価法」『土木計画学研究・講演集』No.12, pp.559-565.
高山純一・大野隆（1988）「連結性能から見た道路網の信頼性評価法」『土木計画学研究・講演集』No.11, pp.251-258.
為広哲也・朝倉康夫・柏谷増男（1995）「災害時の通行規制下における道路網の信頼性評価モデル」『土木計画学研究・講演集』No. 17, pp.583-586.
Tanaka S., N. Nojima and H. Kameda (2000) Evaluation of Seismic Fragility for Highway Transportation Systems. *Proceedings of the 12th World Conference on Earthquake Engineering*, (CD-ROM).
Tanimoto, K., M. Matsushita and H. Tatano (2005) Lifecycle Cost Evaluation of Maintenance Policy -The case of water transmission system in Kobe. (Eds.: T. Arai, S. Yamamoto and K. Makino) *Systems and Human Science: For Safety, Security, and Dependability*, Elsevier (forthcoming).
Tatano, H. (1999) Risk Perceptions and Investment for Disaster Mitigation by Individual Households, Proceedings of the IEEE International Conference on Systems. *Man and Cybernetics*, pp.1003-1006.
多々納裕一他（2003）「参加型洪水リスクマネジメントのための性能設計型アプローチ」『自然災害学会平成15年学術講演会講演集』，III-5-5.
多々納裕一・小林潔司・喜多秀行（1996）「危険回避選好を考慮した2段階離散選択モデルに関する研究」『土木計画学研究・論文集』No.13, pp.159-162.
都市緑化技術開発機構・公園緑地防災技術共同研究会（編）（2000）『防災公園技術ハンドブック』，公害対策技術同友会．
豊田秀樹（1998）『共分散構造分析［入門編］――構造方程式モデリング――』，朝倉書店．
豊沢（2003）『IT英語のナゾ』，カットシステム．
月岡和紀・藤本護・亀田弘行・岩井哲・碓井照子・盛川仁（1996）「兵庫県南部地震による西宮市の都市施設被害のGISデータベース化と多重分析」『京都大学防災研究所都市耐震センター研究報告』，別冊第20号．
鶴来雅人・澤田純男・入倉孝次郎・土岐憲三（1998）「アンケート調査による兵庫県南部地震の大阪府域の震度分布」『土木学会論文集』．
堤武・萩原良巳（編著）（2000）『都市環境と雨水計画』勁草書房．
上田正昭・村井康彦（1993）『千年の息吹　京の歴史群像』中巻，京都新聞社，p.261．
（財）運輸政策研究機構（1995）『平成7年全国貨物純流動調査』．
碓井照子（1996）「GISによる阪神・淡路大震災の時系列災害データベースの作成と復興過程の分析」『平成7年度文部省科学研究費（総合研究A；藤原悌三代表）研究成果報告書』，pp.5-96-104.

ヴァリアン，ハル R.（1986）『ミクロ経済分析』（佐藤隆三・三野和雄訳），勁草書房．

Viscussi, K.W.（1990）Sources of Inconsistency in Social Responses to Health Risks. *American Economic Review* 80（2），pp. 527-554, 1990

Viscussi, K.W.（1998）*Rational Risk Policy*, Oxford University Press.

von Neumann, J. and O. Morgenstern（1944）*Theory of Games and Economic Behavior*, Princeton University Press, Princeton.

Von Neumann, J. and O. Morgenstern（1947）*Theory of Games and Economic Behavior*, 2nd edition, Princeton University Press.

若林拓史（1995）「交通管理運用面からみた広域道路網信頼性の実用的評価法」『文部省科学研究費研究成果報告書』．

若林拓史・飯田恭敬・福島博（1988）「道路網の信頼性解析に対するモンテカルロ法の適用」『土木計画学研究・講演集』No.11, pp.259-266．

Wang, H.（2002）A Survey of Maintenance Policies of Deteriorating Systems. *European Journal of Operational Research* 139, pp.469-489.

Whittaker, R.H. and C.W. Fairbanks（1958）A study of plankton copepod communities in the Columbia basin, southeastern Washington. *Ecology* 39, pp.46-65.

ウィルソン，R.J.（1985）『グラフ理論入門』，近代科学社．

Worboys, M.（1994）A Unified Model for Spatial and Temporal Information. *The Computer Journal*, Vol.37, No.1.

山口県防災会議（1995）「山口県地域防災計画」［資料編］．

山口健太郎・多々納裕一・田中成尚・岡田憲夫（1999）「単一中心都市における甚大な災害リスクに関する情報の提供効果に関する分析」『土木計画学研究・論文集』No.16, pp.333-340.

山口健太郎・多々納裕一・岡田憲夫（2000）「リスク認知のバイアスが災害危険度情報の提供効果に与える影響に関する分析」『土木計画学研究・論文集』No.17, pp.327-336.

安田三郎（編）（1973）『数理社会学』，東京大学出版会．

安田三郎・海野道郎（1976）『社会統計学』（改訂2版），丸善．

吉川和広（編著）（1985）『土木計画学演習』，森北出版．

吉岡敏治・田中裕・松岡哲也・中村顕（2000）『集団災害医療マニュアル』，へるす出版．

依田浩（1972）『信頼性理論入門』，朝倉書店．

Yoon, K.Paul and Ching-Lai Hwang.（1995）*Multiple Attribute Decision Making : An Introduction*, a Sage University Paper.

索　引

ア行

アカウンタブル，アカウンタビリティ
　　38, 99
アクションリサーチ　534, 543
アドレスポイント　198-199
アフォーダブルなテクノロジー　43
アメニティ空間　321
アンケート震度　210-211
安全基準　32
安全限界耐力　155
安全質　37
安全性　40, 46
　　――指標　351
安全と安心　22, 26
安定性指標　351
安定性分析　454
安否確認　519, 531-532
居合わせ交流度　269
意思決定　393
異常時　23
位相　128
一般選好指標モデル　399
入れ子構造　319
インスペクション　32
インセンティブ　31
インターネット技術　528
インプリメンテーション　518, 532
　　――プロセス　545, 556, 562
　　社会システムとしての――　556-557, 560, 562
飲料水の選択行動　401
飲料水のヒ素汚染　412
上町断層系地震　87
エクスポージャ　36, 142 → exposure
応急調査　205
御土居　326
オプション　101-102, 104-105, 108, 111
　　切り替え――　104-105

コンパウンド――　108, 110-111
オープンスペース　291
オペレーションズ・リサーチ　105

カ行

介護保険制度　310
回避行動アプローチ　394
家具転倒防止　535
仮想市場法　83 → CVM
カタストロフ・リスク　26, 41, 354 →低頻度・甚大被害型のリスク
価値関数　479
渇水リスク　353
活動パス　299-300
カーナビゲーション　128
可搬型　124
環境汚染リスク　353-354
環境傾度　271
環境災害　315
環境質　37
　　――のマネジメント　37
環境創生型の震災軽減計画　366
環境変量　271
環境問題　52
環境リスク　392, 411
観察能力の限界　399
間接効用関数　396
間接被害　217
簡便法的合理性　398
官民のパートナーシップ　41
危機管理　23, 49, 52 →リスクマネジメント
危険回避度　85, 92-93
期待効用理論　61, 81, 394
期待被害費用　179
機能的損傷　351
機敏性　137
逆トポロジカルインデックス（TII）　242 → TII

客観（的な）リスク　62-65, 70-71, 75-76, 81, 83, 87, 98
救助支援　519
境界線　135
共助　503
行政体別震災リスクの診断　377
協調利用　13
京都市市街地　288, 293
京都大水害　338
共分散構造分析　440
居住地選択行動　69
巨大都市　42
許容応力度計算　151-154
ギルド　280
均衡解　454
空間情報管理　128
空間スキーマ　128
空間的応用一般均衡モデル　218 → SCGEモデル
空間データ　127
　——整備　127
　——の更新　127
苦情処理業務　528, 530
クラメールのΦ一般化関連係数　418
経済（的）被害　33, 232
経済的リスク　392
継続的な利用　533
ゲームの理論　399
限界耐力計算　151-154
減災　40-41, 43 →ミチゲーション
　——効果　390
　——行動　62, 64-66
　——対策　39
顕示選好データ　405
建築基準法　147, 149
限定合理性　319, 398
公開型実行形式　128
公助　503
構造性能評価　157
構造耐力　147
構造的破壊　351
高速道路システムの復旧過程　214

交通ネットワーク　218
工程管理　115-116, 120
公的投資の効果　406
行動決定モデル　461
行動としての防災　503
神戸市長田区　113 →長田区役所
後方支援機関　524
高齢化　289
　——率　292
高齢者　290-291, 296, 300-304, 310, 526 →コミュニティ
　要介護——　310 →要介護認定
高齢社会　289, 292
互換性　127
個人情報保護　533
五層の生体システム　19
固定資産管理　520
コミュニティ　31, 288, 303, 307, 532, 546
　——の活性化　320
　——の再編成　349
　——の相補性　309
　居住地を中心とする——　308-309
　高齢者の——　289-290 →高齢者
　参加型——・マネジメント　534
　施設利用——　308-309
　地域——　526, 531
　地域——ポテンシャル　344
　袋小路——　308-309 →袋小路
コンフリクト（利害の対立）　53 →水資源コンフリクト
混乱期　519

サ行
災害NPO　505
災害危険度情報　67, 70
災害緊急対応　112
災害現場　522, 526
災害弱者　526
災害の証券化　41
災害のマネジメント　37
災害復旧事業　40
災害への備え　41 →プリペアドネス

災害保険　44
再構築基準に達する確率を表すフラジリティ　212 →フラジリティ曲線
再調達費　180
座標要素　138
産業連関表　229
時間管理　122, 131
時間情報　129
時間信頼性　236
時間推移　120
時間地理学　299-300
時間的変化　112
時間要素　130, 132, 138
時空間　118, 126
　　――解析　133
　　――管理　520
　　――五層システムモデル　503
　　――情報　121, 126, 139
　　――情報管理　128
　　――接続関係　134
　　――地理情報　531 →地理情報
　　――地理情報システム　517, 526 → DiMSIS
　　――データ管理　548
　　――データ構造　128
　　――データベース　126
　　――分布　112
軸組構法　146-147
時系列　120
　　――管理　121
時刻歴応答解析　155
時刻歴応答計算　155
自己責任　45
事後（的）対応　40, 123
自主防災組織　526
自助　503
四神相応の地　322
地震リスク　41, 177
システム検証　550-551
システムズ・アナリシス　316
事前警戒的アプローチ　48
事前的対応　41

事前的・予防的戦略　40
持続的（な）マネジメント　16, 37
持続的発展　34, 47
　　――論　36
自治体　528
　　――職員　120, 123, 522, 526
私的回避行動　395
シミュレータ　528
社会環境　412
社会基盤整備　38, 50, 53-54
社会システム　43
　　――工学　22
社会的に受容可能　15
社会福祉協議会　311
住宅品質確保促進制度　156
集中管理　123
住民基本台帳　532
住民情報　531-532
住民票　526
種間遭遇頻度　274
主観的（な）リスク　75, 81, 83-84, 87, 98
主観的認知度　41
受動的参加型　309
準リアルタイム期　112
消費者行動理論　399
情報課題　112
情報環境　400
情報技術　36
情報共有　124
情報拠点　524
情報構造　57
情報コミュニケーション　547
情報リテラシー　555, 557, 560-561
　　――の格差　124
初動期　112, 519
自律分散協調型システム　517
震災弱地域　288, 290, 292-293, 295-296, 302, 306-308
震災の帯　184
震災リスク　288, 290, 320, 353-354
　　――評価　365
浸水リスク　353

585

新耐震設計法　176
人的資源　125
信念　49
新湊川氾濫　528
信頼性解析　236
水質変換機能　355
水質リスクの評価　394
水防危険箇所　526
数理計画モデル　319
数量化理論第Ⅱ類　423
数量化理論第Ⅲ類　427
図形情報　131
スナップショット　130
スプロール化　36
生活活動　300, 302-303
　──調査　296
生活空間拡大　548, 552
　──効果　550-551
生活行動　303-304, 307
生活の質　18, 35
生活の場づくり　36
脆弱性　36, 58, 75 →バルナラビリティ，vulnerability
　災害──　32
制震補強　160
生存期間　132
生態リスク　353-354
生命体システム　10
ゼロ・リスク　51
選好性　49
全国災害救援ネットワーク（Jネット）　507
先進国　36
選択行動　61
選択肢　56
選択の自由　45, 51
全庁型システム　127
全点間信頼度　237
銭湯　314
全米災害救援ボランティア機構（NVOAD）　509
総合防災訓練　522, 524, 532

相互影響モデル　462
増殖度係数　251
想像力　25, 49
相対アバンダンス　271-272
双対グラフ　383
総務情報班　528
促進結合体　537
属性情報　131
即興　516
疎な結合　125
ソフト・アプローチ　54
損傷確率　178
損傷限界耐力　171
損傷限界変位　171
損傷度　363

タ行
対応マニュアル　120
対策本部　123, 522-523, 526
　災害──　522, 528
第3者の役割　319, 445
耐震診断　147, 177
　──法　156
耐震性能　147, 149, 156
　──評価　156, 160, 172
　──能評価法　147-148
耐震設計　147, 149
耐震補強　147-148, 156, 167, 177, 182
耐震要素　159
大数の法則　141
大都市域水循環システムモデル　353
高瀬川開削　326
多元的評価　319
代替案の多元的評価　498
多重指標　441
短期均衡　226
地域間交易　224
地域づくり　35
地域防災計画　185
地域防災力　349
智恵　513
智恵ツリー　514

智恵のひろば準備会　507, 513
智恵袋　515
智恵ブリディ　516
地域活性化　546
地域データベース　125
地球温暖化　47
地図データ　122
中越地震　140, 532
中核結合　537
中山間地域　546, 548
長期均衡　225
調査票の作成　415
町村合併　124
直接被害　216
直下型地震　41
貯留機能　356
地理情報　125, 131
　——システム　24, 113-114, 128, 183, 547
　　→GIS
地理・歴史情報　126
通信技術　528
通信手段　525
定期的な人事異動　531 →自治体職員
デイケアセンター　310-311, 314, 345
デイサービスセンター　310-311, 314, 345
定点観測カメラ　528
低頻度・甚大被害型リスク　26, 41 →カタストロフ・リスク
適応的マネジメント　16, 543
適応補正型のプロセス　48
データ共有　140
データ交換　127, 136, 138
データ統合　138
データメンテナンス　123
点検　101-110
問い合わせ対応　528
倒壊家屋解体撤去　517, 520
　——支援活動　113
東海豪雨　216
　——水害　27
東海地域集中豪雨災害　32
等価変分　227

動機の限界　399
到達可能性　363
動的計画問題　107
導入マニュアル　531
道路交通システム　204
都市型大規模災害　114
都市づくり　35
都市マネジメント　38
途上国　36, 40
鳥取県西部地震　157, 182
鳥取県智頭町　546
トポロジカルインデックス（TI）　235, 239, 241, 267 → TI
トポロジー構造　128
　——非明示（算出）型　129-131
　——明示型　129
トルコ・デュズゼ地震　532
トレードオフ　137

ナ行

長田区役所　517, 528 →神戸市長田区
長良川河口堰問題　467
ナッシュ安定性　449
南海地震　182
西宮ボランティアネットワーク　506, 508
西枇杷島町　535
日常性　23
ニッチ重なり合い指数　269-271, 273-274
ニッチ分析　268, 271, 287
日本1/0村おこし運動　546
日本災害求援ボランティアネットワーク（NVNAD）　508
認識のずれ　555
認知心理学　400
認知能力の限界　399
認知のずれ　545
認知バイアス　78
認知リスク　62-66, 70-71, 75-76, 81 →主観的なリスク
　——（の）バイアス　75, 77, 79, 82, 98
ネットワーク　507
　——化　13, 15

──のトラブル 123
震災がつなぐ全国── 507
人的── 536
能動的参加型 309

ハ行
バイアス 66, 68, 70-71, 84
波及効果 218
箱庭自然 315
ハザード 11, 142 → hazard
──マップ 55, 58, 67, 87, 93, 99
発ガン率 409
ハード・アプローチ 54
パートナーシップ 16
ハブ機関 529
パラサイト型導入 557-558, 562
パラシュート型導入 557
バルナラビリティ 36, 142 →脆弱性, vulnerability
阪神・淡路大震災 32, 41, 112-113, 122, 128, 140, 147, 184-185, 200-201, 204, 216, 238, 288, 307, 508, 517, 524, 526, 532-533 →兵庫県南部地震
阪神高速道路の被害 204
──データベース 208
ピアツーピア通信 525
被害関連マトリクス 354
被害情報管理 528, 530
被害率曲線 145, 172-173, 175, 178
比較静学分析 73
被災情報 520
被災度判定 205
ヒ素汚染 319
避難経路 291, 526
避難行動 289, 291, 300
　一次── 381
　一次──シミュレーション 382
避難者 528
避難所 522, 526, 528
　指定── 525
避難場所 302
日々変化する状況 121

ひまわりシステム 546
ひまわり（智）情報システム 545, 547-553, 555, 557-560
ヒヤットリスク 12
兵庫県南部地震 147, 156, 161, 163, 172-173, 180, 185, 205, 210 →阪神・淡路大震災
標準化 128
費用節約アプローチ 394
琵琶湖疏水事業 329
ファラッカ堰 446-447, 453
不安感 440
フェース・ツー・フェースコミュニケーション 546
不確実性 56
　測定可能な── 393
　測定不可能な── 393
普及阻害原因 545
普及阻害要因 552
復元力特性 165
複数端末を協調 136
袋小路 290-295, 308 →コミュニティ
不幸せさの総合指標化 437
不信感 440
復旧期 112, 520
復旧工事 214
復旧・復興戦略 40
復興期 520
復興状況調査 521
物資流動 219
不満感 440
フラジリティ曲線 178, 209, 211 →再構築基準に達する確率を表すフラジリティ
プリペアドネス 41-42, 533 →災害への備え
プロスペクト理論 82
ブロック化 200
分散環境 136
平安京 323
平常時 520
　──と緊急時の連続性 126
ベイズ学習 63

ベイズ的意思決定理論　404
壁量計算　152, 156
変形限界値　171
忘却モデル　461
防災基礎データ　520
防災・減災空間　321
防災システム　125
防災情報　55
防災投資　33
防災福祉コミュニティ　526, 532
方法論　44
訪問管理システム　558
保険　33
保守主義　46, 48
ボトルネック　38
ボランティア　114, 120, 526, 528, 531
　　──活動　506
　　──元年　506
　　──のコーディネート　506
　　災害──　505
　　防災──　535
堀川水辺環境整備事業　336, 340, 343
ボロノイ図　311

マ行
マズロー（Maslaw）の欲求段階説　18
窓口業務　530
まるごとの防災　18
マルコフの2状態吸収モデル　461
満足関数　319
　　治水に関するステイクホルダーの──　489
　　親水に関するステイクホルダーの──　494
　　生態系に関するステイクホルダーの──　491
水資源コンフリクト　319, 445 →コンフリクト
　　──の変化過程　460
水循環ネットワーク　351
　　──の安全性　362
　　──の安定性　358
　　──の構造安定性の評価指標　360
水と緑のネットワーク　336
水の満足度　423
水辺　320
　　──創生水路　318, 371
　　──創生ルート　390
　　──の喪失　331
ミチゲーション　37, 41, 44 →減災
未知のリスク　395
密集市街地　36
民生委員　300, 307

ヤ行
役割分担ゲームモデル　536
ユーザインターフェース　528
輸送機能　355
要介護認定　310 →高齢者
要求機能　120
要素間の接続関係　129
予見的アプローチ　48-49
吉野川可動堰問題　488
淀川水循環圏　350

ラ行
ライフライン　39, 185-186, 202-204
　　──地震工学　351
リアルタイム　112
　　──性　137
罹災証明　118, 520
リスク意識　402
リスク回避度　99
リスクコミュニケーション　51, 58, 79, 99, 343
　　災害──　59, 504
リスクコントロール　41
リスク選好　81-82
リスク対応型地域管理システム　113, 124-125 → RARMIS
　　──の概念　126
リスク転移　41
リスク（に関する）情報　99, 406
リスク（に関する）認知　68-71, 81, 99, 411

――能力　401
リスクファイナンス　30-31, 41-42
リスク負担　40
リスクプレミアム　81, 94-99
　――の計量化　82-83
リスクポテンシャル　30
リスクマネジメント　23, 26-27, 38, 44, 49-50, 79, 234, 249, 543 →危機管理
　環境の――　52
　災害の――　39, 51
　総合的な――　43, 53
　プロジェクトの――　53
リスク要因　122-123, 290
　災害――　124
リダンダンシィ　37, 234, 236-237, 243, 250-252
立地行動　68
リードタイム　52
利用者受容性　557
旅客流動　219
履歴情報　124
レスキューストックヤード　514, 535
連携（パートナーシップ）　15
連結行列　357
連結信頼性　236
老人クラブ　300
ロスアンゼルス緊急事態ネットワーク（ENLA）　509

ワ行
ワークショップ　535

A-Z
Arbitrator　450, 452
Coordinator　450, 452
CVM（Contingent Valuation Method）　83-84, 98 →仮想市場法
DiMSIS　24, 112, 127-131, 136, 139, 504, 518, 521, 524 →時空間地理情報システム
DM（Digital Map）　199

Donor　450, 452
exposure　142 →エクスポージャ
GIS　112-114, 118, 121, 127-128, 140, 183, 199, 522, 532, 547-548 →地理情報システム
　――GIS学会　114
　時空間――　128
　防災――　114, 140
hazard　142 →ハザード
ISM（Interpretive Structural Modeling）　359
ISO/TC204　128
JIS化　128
KIWI　128, 130
Lotka-Volterraモデル　272
man-made disaster　316
MIMICモデル　440
NIEs諸国　32
PI（Public Involvement）　477
PL指数（PIindex）　251
RARMIS　112-113, 124-125, 504 →リスク対応型地域管理システム
　――概念　125, 127-128, 517, 520-521, 531-533
SCGEモデル（Spatial Computable General Equilibrium Model）　218 →空間的応用一般均衡モデル
Sequential Stability　449
Snapshot View　130-131
Space-Time Approach　130-131
TI（Topological Index）　243, 245, 249, 252-253, 255, 260, 263, 265-267 →トポロジカルインデックス
　達成可能――分布　262
TII（Topological Inverse Index）　239, 243, 245, 252-253 →逆トポロジカルインデックス
vulnerability　142 →脆弱性, バルナラビリティ
VNM型期待効用関数　399

執筆者一覧 (50音順)

渥美　公秀（あつみ　ともひで）　大阪大学大学院人間科学研究科助教授（担当 5.2）
岩井　哲（いわい　さとし）　広島工業大学工学部教授（担当 3.4）
岡田　憲夫（おかだ　のりお）　京都大学防災研究所教授（担当 第1章, 5.1, 5.5）
角本　繁（かくもと　しげる）　（独）防災科学技術研究所地震防災フロンティア研究センター川崎ラボラトリー副所長（担当 2.6, 5.3）
梶谷　義雄（かじたに　よしお）　電力中央研究所研究員（担当 3.8）
神谷　大介（かみや　だいすけ）　琉球大学工学部助手（担当 4.4）
亀田　弘行（かめだ　ひろゆき）　京都大学名誉教授（担当 まえがき, 2.6）
酒井　彰（さかい　あきら）　流通科学大学商学部教授（担当 4.6）
榊原　弘之（さかきばら　ひろゆき）　山口大学工学部助教授（担当 3.7）
坂本麻衣子（さかもと　まいこ）　京都大学防災研究所研究員（担当 4.7, 4.8）
佐藤　祐一（さとう　ゆういち）　パシフィックコンサルタンツ（株）水工事業本部流域計画部（担当 4.9）
清水　康生（しみず　やすお）　（株）日水コン環境事業部課長（担当 4.3）
鈴木　祥之（すずき　よしゆき）　京都大学防災研究所教授（担当 3.2）
多々納裕一（たたの　ひろかず）　京都大学防災研究所教授（担当 2.1-2.3, 3.1）
田中　聡（たなか　さとし）　富士常葉大学環境防災学部助教授（担当 3.5）
田中　正吾（たなか　しょうご）　京都大学大学院工学研究科博士前期課程（担当 5.4）
谷本　圭志（たにもと　けいし）　鳥取大学工学部助教授（担当 2.5）
土屋　哲（つちや　さとし）　長岡技術科学大学環境・建設系助手（担当 3.6）
西村　和司（にしむら　かずし）　日本工営（株）大阪支店第一技術部第二課（担当 4.3）
萩原　清子（はぎはら　きよこ）　首都大学棟京大学院都市科学研究科教授（担当 4.5, 4.6）
萩原　良巳（はぎはら　よしみ）　京都大学防災研究所教授（担当 3.9, 第4章, あとがき）
畑山　満則（はたやま　みちのり）　京都大学防災研究所助教授（担当 2.6, 3.9, 4.2, 4.6, 5.3, 5.5）
林　康裕（はやし　やすひろ）　京都大学防災研究所助教授（担当 3.3）
福島　陽介（ふくしま　ようすけ）　京都大学大学院工学研究科博士前期課程（担当 4.6）
松田　曜子（まつだ　ようこ）　京都大学大学院工学研究科博士後期課程（担当 2.4, 5.4）
山口健太郎（やまぐち　けんたろう）　（株）三菱総合研究所社会システム政策研究部（担当 2.3）

総合防災学への道

2006年3月31日　初版第一刷発行

監修者	亀 田 弘 行
編著者	萩 原 良 巳
	岡 田 憲 夫
	多 々 納 裕 一
発行者	本 山 美 彦
発行所	京都大学学術出版会

京都市左京区吉田河原町15-9
京大会館内　　（606-8305）
電　話　075 - 761 - 6182
ＦＡＸ　075 - 761 - 6190
振　替　01000 - 8 - 64677
http://www.kyoto-up.or.jp/

印刷・製本　　株式会社 太洋社

ISBN4-87698-677-0　　定価はカバーに表示してあります
Printed in Japan　　© H. Kameda, Y. Hagihara, N. Okada & H. Tatano 2006